KB265313

13세기 고려와 김취려의 활약

한국중세사학회 연구총서 3

13세기 고려와 김취려의 활약

한국중세사학회 편

혜안

김취려장군 영정(전쟁기념관 봉안)

김취려장군 언양묘소(울산광역시 기념문화재 제7호) 전경

김취려장군 언양묘소 근경

김취려장군 언양묘소 묘갈비 앞면(상)과 부분(하)

김취려장군 언양묘소 묘표 앞면(좌)과 뒷면(우)

김취려장군 언양묘소 우측 문인석

김취려장군 언양묘소 좌측 문인석

김취려장군 언양묘소 태지유허비각

김취려장군 언양묘소 태지유허비 앞면

김취려장군 언양묘소 태지유허비 뒷면

김취려장군 강화묘소(인천광역시 문화재자료 제25호) 전경

김취려장군 강화묘소 사적비

김취려장군 강화묘소 출토 묘지석

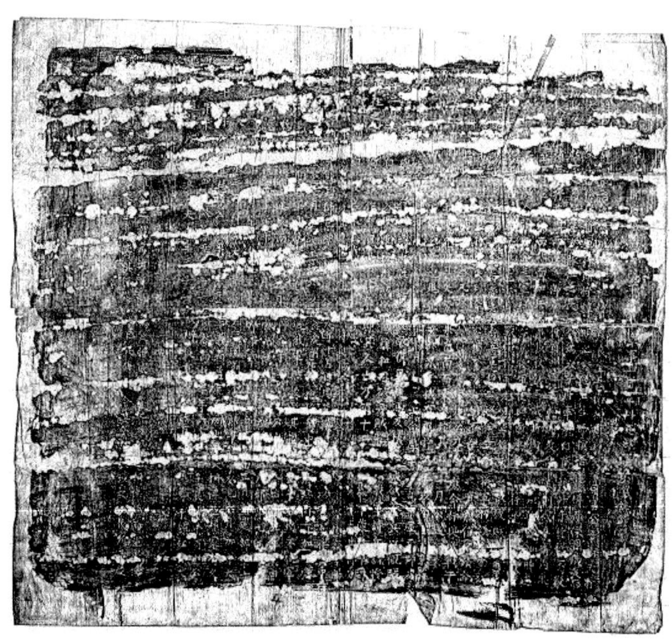

김취려장군 강화묘소 출토 묘지석 탁본

제천 박달재 고개 기념비

김취려장군 제천 박달재 기마상과 대첩비

김취려장군 제천 박달재 전적비 앞면

김취려장군 제천 박달재 전적비 뒷면

언양김씨 언양묘소 시조 신도비 앞면

언양김씨 언양묘소 시조 및 7위 선조단

언양김씨 2010년 추향시제

언양김씨 2010년 김취려장군 추향시제

책 발간에 붙여

위열공(威烈公) 김취려(金就礪, 1172~1234)는 13세기 중반 고려에 침입한 거란족을 물리쳐 위기에 빠진 왕조를 구하는 큰 공을 세웠다. 또한 세계제국 몽골과 공식으로 접촉한 고려왕조 최초의 인물로서, 두 나라 사이에 '형제맹약(兄弟盟約)'이라는 화평관계를 체결한 주역이다.

그럼에도 불구하고 그동안 김취려에 대해 본격적으로 학문적인 평가가 이루어진 적이 없었다. 본인이 한국중세사학회 회장으로 재임하던 2010년 무렵 **김취려의 서거 777주년을 맞아** 언양 김씨 종친회로부터 김취려에 관한 학문적인 평가를 위한 학술회의 개최를 제안받았다. 우리 학회는 여러 차례 회의 끝에 김취려에 관한 학문적인 접근이 필요하다는 결론을 얻어 학술행사를 하기로 결정했다. 2010년 8월 우리 학회는 울주문화원과 연구협약을 체결한 이후, 김취려의 역사적 위상을 검토하는 학술발표와 김취려에 관한 자료를 발굴 정리하는 두 가지 사업을 중심으로 본격적인 준비에 들어갔다.

먼저 학술회의는 2011년 2월 두 차례에 걸쳐 울산과 서울에서 개최하였다. 이때 발표된 5편의 논문이 이번 학술총서에 수록되어 있다. 그 가운데 김용선·신안식·김호동 선생의 글은 학술발표 후 『한국중세사연구』30호(2011년 4월 간행)에 게재되었다. 윤용혁 선생의 글은『한국인물사연구』15호(2011년 3월 간행)에 발표되었다. 박한남 선생의 글은 발표 당시의 글을 수정한 것이다. 학술논문의 제목은 다음과 같다.

박한남「13세기 초 동북아 질서와 고려의 대외관계」, 김용선「김취려의 관력과 활동」, 신안식「고려 고종초기 거란유종의 침입과 김취려의 활약」, 김호동「고려·조선초 언양김씨 가문의 관계진출과 정치적 위상」, 윤용혁「김취려 장군에 대한 인물사적 평가」 등이다.

다음 학술총서에 수록된 김취려 관련 자료는 학술용역 체결 후 약 1년 동안 연구책임자 숙명여대 홍영의 연구교수를 비롯한 숙명여대 역사문화학과 강사 전경숙 박사와 박사과정생인 이정기·이지선 선생이 참여하여 수집 정리한 것이다. 고려 당대의 1차 사료인 묘지명,『고려사』·『고려사절요』·『조선왕조실록』을 비롯한 정사류(正史類), 각종 개인 문집에 실려 있는 김취려에 관한 사료를 모두 뽑아 정리하였다. 또한 대한제국기 근대 교과서에 실려 있는 김취려에 관한 자료 등 44종을 뽑아 정리하였다. 더불어 김취려의 흔적을 찾을 수 있는 유적, 유물을 도판으로 함께 실었다.

이번 학술총서 발간 이전에 자료집은 일차로『위열공(威烈公) 김취려(金就礪) 문적(文籍) 조사자료 보고서』로 발간된 바 있다. 이 보고서는 다시 문중에서 자세하게 검토하여 여러 차례 수정된 끝에 학술총서에 수록되었다.

지금까지 고려시대 인물 가운데 이런 형식으로 종합적인 자료집이 발간된 예는 아직 없는 것으로 알고 있다. 이번 자료집은 대한제국기까지 폭넓게 자료가 수집되었으며, 일목요연하게 매우 체계적으로 정리된 학술적인 가치를 지니고 있어, 앞으로 개별 인물에 관한 자료집 발간의 선례이자 모범이 될 것이라 확신하다.

14세기 고려 지식인에 의해서 이루어진 김취려에 대한 재평가를 어떻게 해석해야 할 것인가 하는 것이 지금 우리의 몫이다. 이 학술총서를 통해서 김취려의 업적이 새롭게 인식되어지는 계기가 마련되고, 또다른 연구성과가 뒤따르기를 기대한다.

마지막으로 이번 학술총서는 전적으로 언양 김씨 문중의 도움으로 발간되었다. 특히 김일웅 대종회장님과 문중 임원님들은 우리 학회에 시작에서 마무리까지 모든 것을 맡기시고 그럼에도 혹시 뒷바라지가 부족할까 노심초사 할 정도로 신뢰와 헌신의 모습을 보이셨다. 배우고 느낀 바가 적지 않았다. 감사의 뜻을 다시 한번 전해드리고자 한다. 그리고 이번 학술회의에서 활발한 토론을 해주신 김순자(한신대)·김인호(광운대)·이재범(경기대)·이종서(울산대)·장동익(경북대)·최연주(동의대) 교수와 좌장을 맡아 토론을 이끌어 주신 김광철(동아대) 교수께도 고마운 마음을 전한다. 아울러 울산에서 성공적인 학술회의가 이루어질 수 있도록 도와주신 울주문화원 변양섭 원장님께 감사를 드린다.

2011년 8월
박종기(국민대 교수) 삼가 씀

목 차

부 록 611

13세기 초 동북아 질서와 고려의 대외관계

박 한 남

Ⅰ. 머리말

고려왕조(918~1392)가 존속했던 10세기부터 14세기의 동아시아 국제정세는 북방민족[1]의 흥기와 제국 건설이 연이어진 격동기였다. 격동의 시작은 5대 10국기 후진의 석경당에 의해 만리장성 밖 거란이 연운 16주를 양도받아 중원을 점거한 데서 비롯되었다[2]고 하겠다. 연운

---

[1] 북방민족이란 "선비족 이후 몽골리아의 초원과 만주 지역에 거주한 여러 '민족'을 통칭하는 것이며, 그 대차점에는 중원의 한족에 대비된다. 한족왕조는 이들을 胡 또는 狄이라고 불렀다."고 한다(『10-18세기 북방민족과 정복왕조 연구』, 동북아역사재단, 2009, 9쪽 책머리 참조).

[2] 936년 후당의 河東節度使 石敬瑭은 건국에 도움을 주었던 후당 명종의 후계자에서 배제되자, 거란 태종에게 군사 원조를 요청하고 후당을 멸망시켰다. 그리고 그 대가로 幽州(지금의 북경시), 雲州(지금의 산서성 대동시) 등 연운 16주를 거란에게 양도하고, 비단 30만 필의 공물로 바치며 거란에 신하의 예를 하였다. 하지만 석경당의 뒤를 이은 조카 出帝 石重貴는 이러한 불평등 관계를 파기하고자 거란에 세폐를 바치지 않음으로써 거란 태종의 침략을 받아 947년 멸망되었다. 석경당이 거란에 연운 16주를 양도한 것에 대해 같은 절도사 유지원은 '영원한 중국의 골칫덩어리'라고 하였듯이 이후 거란이 공식적으로 북방민족이 중원을 차지하는 계기를 만들어 주었으며, 이후 송과 거란, 남송과 금의 싸움은 바로 이 연운 16주의 탈환과

16주 소유를 계기로 북방민족들은 선진의 한 문화를 본격적으로 접하게 되어 제국건설에 도약을 이루었을 뿐 아니라, 국제적으로는 이들 나라와 연운 16주를 되찾으려는 송나라와의 전쟁과 강화(조약)는 바로 한반도의 고려왕조에도 그 영향을 미치며, 동북아 질서에 엄연한 한 축으로서 활동하는 계기를[3] 만들었기 때문이다.

그런데 13세기 몽골의 칭기즈칸(成吉思汗)[4]의 출현은 이전의 어느 북방민족의 출현보다 강력한 것이었다.[5] 전술하였듯이 지난 3세기 동안 대륙의 정세는 거란족의 遼(907~1125)나, 여진의 金(1125~1234)과

수성의 계속적 반복이었다.

3) 윤용혁은 "10세기 초 당의 멸망 이후 거란족에 의해 세워진 요가 중원의 송을 압박하고, 12세기 초에는 다시 여진족이 흥기하여 요·송을 아우르는 금을 건국하여 동아시아의 정세를 바꾸었다. 이 같은 중국 대륙의 정세 변동은 때로 직접적인 군사적 침입을 수반하여 고려의 내정 변화 요인으로 작용하였다."(『한국사』 권20, 고려후기 대외관계와 사회)고 하였으며, 이러한 북방민족의 활동에 주목하여 그동안 학계에서는 이정신, 「고려와 북방민족 관계사 연구현황」, 『10-18세기 북방민족과 정복왕조 연구』, 동북아역사재단, 2009에 지적되었듯이 역사 연구의 주체로 고려시기 북방민족에 대한 연구가 최근 비교적 활발히 이루어지고 있다.

4) 成吉思汗의 국어 표기는 현행 중고등학교 국사교과서의 표기에 따라 '칭기즈칸'으로 한다.

5) 참고로 칭기즈칸과 그 아들, 손자들에 의해 추진된 세계 정복 과정을 시기적으로 요약해 보면, 우선 1196년 타타르부(韃靼部) 공격을 시작으로 케레이트부(怯烈部) 병탄, 1204년 나인만부(乃蠻部)와 메르킷트부(滅里吉部) 공격 등 전 몽골족에 대한 통합 지배를 성공시킴으로써 1206년 테무진(鐵木眞)은 칭기즈칸(成吉思汗)에 즉위하였다. 이어 외부 정벌을 단행하여 1209~1210년(서하정벌), 1210~1215년(금 복속)·1231~1234(금정벌), 1216년(스페인·시칠리·이집트 정복), 1216~1220년(이란정복), 1220~1221년(터키정복), 1222~1223년(러시아정복), 1224년(독일정복), 1241년(폴란드·헝가리 정벌), 1258(페르시아정벌), 1279년(남송정벌)과 그 사이 고려와의 형제맹약(1219) 및 고려침입(1231~1259)이 있었다.

한족의 송나라가 양립(또는 각축)하였으나, 1206년 칭기즈칸의 몽골족 통일과6) 연이은 정복전은 한족과 북방정권의 양각 구도를 단일화시켜 갔으며,7) 이러한 중국대륙의 정세변화는 바로 고려왕조에게도 영향을 끼쳐왔다.

13세기 초 칭기즈칸이 몽골의 황제로 추대될 무렵 고려의 정세는 최충헌에 의한 1인 무인 독재체제가 확립되던 시기로, 그에 의해 옹립된 신종, 희종, 강종에 대한 고려왕 즉위를 인정하는 금의 책봉사 일행이 오는 등 아직 대륙의 변화가 직접적으로 고려에 미치지는 않는 듯하였다. 하지만, 희종 7년(1211) 5월 금에서 보낸 고려왕 생일사에 대한 답례로

---

6) 『케임브리지 중국사』, 185쪽에 의하면, 12세기 후반에 이르러 연평균 온도가 떨어지면서 몽골초원 지역에 동물을 방목할 풀이 부족하게 되는 위기가 닥쳐왔을 때 이들을 농업 세계의 풍요로움에 접근할 수 있게 해줌으로써 위기를 극복한 사람은 칭기즈칸(1162(?)~1227)이었다고 하였다. 한편, 몽골의 초기 발흥과정에 대해서는 김호동, 「몽고제국의 형성과 전개」『강좌중국사 Ⅲ-사대부사회와 몽고제국』, 지식산업사, 1989 참조.

7) 박종기는 "고려·송·거란, 고려·송·금의 세력균형을 축으로 한 다국가간 복합적인 외교관계가 10~12세기 국제질서의 중요한 특성이었다면, 이와는 반대로 13세기 이후 이러한 질서는 완전히 무너지고 원과 그 주변국이라는 일방적인 관계로 전면적으로 재편되었다."라고 하였다(「13-14세기 대외관계의 전개와 고려사회」『한국사』권6, 중세사회의 성립2). 나아가 김호동은 『몽골제국과 세계사의 탄생』에서 "특히 역사상 처음으로 유라시아 대륙의 거의 대부분을 통합한 몽골제국은 세계사를 이해하는 중요한 열쇠이다. 진정한 의미의 '세계사' 즉, 유라시아 각 지역이 그 이전의 상대적인 고립성을 극복하고 유기적으로 통합된 하나의 '세계'로 나아가는 결정적인 계기가 몽골제국의 시대에 이루어졌다고 생각한다.……그 증거로 몽골제국 시대에 아프리카 대륙을 포함한 상세하고 정확한 '세계지도'가 처음으로 제작되었고, 각 지역에 거주하는 민족들의 역사를 포괄적으로 서술한 '세계역사'가 처음으로 편찬되었다는 사실"에 이 시기를 '세계사의 탄생'으로 보고 있다(책머리와 결론).

금나라에 파견하였던 장군 金良器 일행이 금의 通州 땅에 이르렀다가 몽골병이 쏜 화살에 맞아 죽는 일이 발생하였으며,[8] 이어 금에 보낸 萬春節使(금황제 생일 축하 사신), 하정사 등도 사행길이 막혀 되돌아 올 수밖에 없었다. 그리하여 고려가 금에 사신을 보낸 것은 고종 즉위년 (1213) 윤 9월 강종의 부음을 전하기 위해 사신을 보낸 것이[9] 마지막이다.

그리고 3년만인 고종 3년(1216)에는 북계병마사를 통해 금 동경총관부 의 문서를 이첩 받게 되는데, 그 내용은 금나라가 몽골의 침략을 받아 싸움 끝에 강화를 맺었다는 사실과, 혼란을 틈타 반기를 든 거란족과 금 장수 포선만노의 배반 사실 등을 전하며, 아울러 금과 몽병의 협공에 쫓긴 거란적이 고려 경내로 도망쳐 올 가능성이 있으니 대비할 것이되, 지금은 이 거란적이 婆速路[10] 경내를 침범해오고 있으니 금군에 필요한 마필과 군량을 고려에서 지원해 줄 것을 요청해왔다.[11] 그렇다면 1216년 금 동경총관부의 문서는 고려에게는 몽골의 흥기로 금 왕조에 위기가 닥쳐왔음을 알게 해준 첫 소식통이라 하겠다.[12]

그런데 몽골군의 고려 경내 진입은 생각보다 가까이 있었다. 그것은 바로 그 다음달 8월 을축(14일) "거란 遺種인 金山·金始 두 왕자가 그 장수 鵝兒와 乞奴 두 사람을 보내어 군사 수만 명을 이끌고 압록강을

---

8) 『고려사』 권21, 세가 21, 희종 7년 5월조.

9) 『고려사』 권22, 세가 22, 고종 즉위년 윤9월조.

10) 안정복의 『동사강목』 제10상, 병자년 고종 3년 윤7월조에 의하면 파속로는 요양성 동쪽 470리에 있다고 하였다.

11) 『고려사』 권22, 세가 22, 고종 3년 윤7월 병술조.

12) 금의 동경총관부 이첩을 전해들은 고려 조정은 이틀 후 바로 消災道場을 宣慶殿에서 베푼 사실에서 사태의 심각성을 인지한 것으로 보인다(『고려사』 권22, 세가 22, 고종 3년 윤7월 무자조).

건너 寧朔과 定戎 지역을 노략[13]하기 시작하자, 결국 이들을 격퇴시킨다
는 명분을 빌어[14] 세계 정벌의 야욕을 가진 몽골군이 고려 경내에
들어왔기 때문이다. 물론 몽병의 고려 경내 침입 시기는 거란유종의
고려 침입 후 3년 후의 일이다. 거란 본진이 아닌, '거란유종의 고려
침입'이라는 비하적인 표현에도 불구하고 이들의 침입은 1216년 8월부
터 고려와 몽병의 연합군에 의해 와해되는[15] 1219년 1월까지 햇수로
3년에 걸쳐 고려 영토 북부지방 전역은 물론, 중부의 원주와 충주에
걸쳐 유린하였으며, 향후 몽골의 고려 침략과 강화의 전조가 된다는
점에서 주목될 사건이라 하겠다.

　하지만 '거란유종의 고려 침입'에 대해서는 여타 고려시대 항쟁사
연구에 비하면 그다지 주목받지는 못했다[16]고 할 수 있다. 하지만

---

13)『고려사』권22, 세가 22, 고종 3년 8월 을축조.

14)『고려사』권22, 세가 22, 고종 5년 12월 기해조.

15) 역사적 용어로 이 전투를 '江東城의 役'이라 부른다.

16) 조인숙,「13세기 거란족의 침구에 대한 고려의 대응」, 공주대 석사학위논문,
1998. 12, 주2)에 지적하였듯이 강동성 싸움에 이르는 당시 동아시아 정세를
비교적 다양한 자료에 의해 정리한 논문은 고병익,「몽고·고려의 형제맹약
의 성격」『백산학보』6, 1969(『동아교섭사의 연구』, 서울대출판부, 1970
재수록)이 거의 유일하였다. 이후 본격적인 논문은 아니지만 평론으로
장문평,「북방의 적을 제압한 조충」『군사』12, 1986이 발표되었고, 본격적인
대몽항쟁사 연구서인 윤용혁,『고려 대몽항쟁사 연구』, 일지사, 1991, 제2장
1편, '초기 려몽 관계의 성립과 파탄'에서 고종 18년 이래 46년간의 몽골의
고려 침구와 고려 저항을 설명하기 위한 도입부로서 거란유종의 고려침구와
형제의 맹약의 역사적 의미에 대해 연구된 바가 있다. 그리고 최근 몽골사에
대한 연구가 심화와 함께 이 시기 관련 연구도 활발해지고 있음을 아래의
논문들을 통해 확인할 수 있었다. 단, 지면관계상 일본과 중국에서 발표된
연구성과에 대해서는 생략하기로 한다.
정선용,「조충의 대몽교섭과 그 정치적 의미」『진단학보』93, 2002 ; 윤은숙,
『몽원 제국기 웃치긴가의 동북만주 지배』, 강원대 사학과 박사학위논문,

최근까지의 연구 성과에 힘입어 13세기 초 거란유종의 고려 침략이 있었던 당시 대륙의 정세를 살펴보면서 거란유종의 실체를 살펴보고, 그들이 고려 경내에 들어오게 된 과정과 그 결과 즉, 고려와 몽골의 형제맹약의 의미에 대해 살펴보기로 하겠다.[17]

Ⅱ. 13세기 초 몽골의 금 정벌과 남송의 대몽골 교섭

1206년 테무진이 오논강변에서 열린 쿠릴타이(성대한 집회라는 뜻)에서 전 몽골의 大汗인 칭기즈칸(강대하다는 뜻)으로 추대되어 대몽골국이 세워질 때, 대륙에는 4개의 나라가 있었다. 전술하였듯이 바로 몽골과 접경한 나라는 금 제국이다. 북부 중국과 만주 지방을 영유한 금 제국 아래에는 1127년 靖康의 變으로 금의 공격을 받아 양자강 남쪽에 자리 잡은 송(남송)이 있었으며, 이외에도 거란의 후예 耶律大石이 지금의 신강 서부와 아시아 중부 일대로 이동해 세운 西遼와 탕구트족(黨項族)의 西夏가 금·송의 동서의 교통요지에 자리잡고 있었다. 그리고 한반도

2006. 8 ; 이규열, 「'김공행군기'에 나타난 이제현의 현실대응의식」, 경북대 교육대학원 석사학위논문, 2008. 1 ; 이재선, 「고려 고종대 대동진관계의 추이와 성격」, 고려대 한국사학과 석사학위논문, 2008. 12.

17) 13세기 동아시아 정세와 고려의 대외관계에 대해서는 이미 박종기, 「13-14세기 대외관계의 전개와 고려 사회」에서 '①13세기 전반 고려와 원 관계 ②13세기 후반 이후 고려와 원·명과의 관계'(위의 책, 한길사, 1994, 242~254쪽)와 윤용혁, 「몽고침입에 대한 항쟁」『한국사』권20, 국사편찬위원회, 1994에 잘 정리 되어 있다. 또한 본 발표에서 제한한 13세기 초 국제정세에 대해서도 윤용혁은 「몽고족의 흥기와 여몽관계의 성립」(같은 책)이라는 글을 통해 '①13세기 몽고족의 흥기, ②몽고군의 고려입경 ③강동성 전투와 여몽관계의 성립' 등을 발표함으로써 이 글을 쓰는데 많은 참고가 되었다.

에는 1197년 이래 실권을 쥔 최충헌의 무인통치가 안정기에 접어들고 있던 고려가 있었다.

칭기즈칸의 대규모 정복전쟁은 동으로 서하 원정을 시작으로 하여, 다시 그 세력을 남쪽의 중원지역으로 확장하여 금나라 정벌을 단행하였다. 이미 칭기즈칸 즉위 전과 직후에도 국지적인 소규모 서하를 침략한 바 있으나 칭기즈칸이 직접 원정군을 이끌고 서하정벌에 나선 것은 1209년이다. 이듬해까지 이어진 이 싸움에서 수도 中興府(興慶)를 공격당한 서하국 왕 부르칸(不兒罕 : 李安全)은 그의 딸과 인질을 바치고 세공과 함께 정복전쟁에 원병을 보내는 것을 조건으로 투항하였다.[18]

서하 1차 공격을 끝낸 몽골은 1211년, 국경을 접하고 있던 대제국 금을 공격하기 시작하였다.[19] 일찍이 몽골족을 지배하며 부족간의 통일을 저지해 왔던 금이었으며, 개인적으로는 조상 암바이 칸(俺巴該汗)이 금에게 피살된 원한까지 갖고 있던 터이라,[20] 그는 몽골 본토 수비를 위한 소수의 군대만을 남겨둔 채 네 아들(쥬치, 차카타이, 오고타이, 툴루이)을 거느리고 총 12만 9천호의 대병력을 동원 원정에 직접 나섰

---

18) 1210년 몽골의 신속국이 된 서하는 1227년 몽골에 의해 정복되어 멸망하였다.

19) 몽골의 금 정벌 당시 금의 황제는 위소왕 完顔永濟(1208~1213)였다. 몽골 건국 이전, 칭기즈칸이 공물을 바치러 정주(지금의 내몽골 훅호트시 동북)에 갔을 때 금나라를 대표하여 공물을 접수한 자가 바로 완안영제였다. 그런데 당시 완안영제는 칭기즈칸이 규례대로 예를 차리지 않았다고 하여 조정에 돌아가 몽골을 칠 것을 요구한 적이 있기 때문에 칭기즈칸과 위소왕 사이에는 서로 좋은 감정을 갖고 있지 못하였다고 한다(『中國歷史故事』).

20) 1211년 몽골의 금 침략이 선조 암바이칸 살해에 대한 복수뿐 아니라(유원수 역, 『몽골비사』, 사계절, 2004, 41~42쪽), 정치적으로 이제 막 부족을 통일한 시기였으므로 여러 부족을 전시체제하에 둠으로써 이탈을 방지하기 위함이 었다고 보기도 한다(윤은숙, 「웃치긴의 세력 형성 과정」『몽·원 제국기 웃치긴가의 동북만주 지배』, 강원대 사학과 박사학위논문, 2006, 68쪽).

32

다.21)

1211년에 시작된 몽골의 금국 정벌 시기는 3단계로 구분시켜 볼 수 있다. 제1단계는 1211년부터 1216년까지 칭기즈칸의 친정기이다. 2단계는 1217년부터 1229년까지 무칼리의 지휘 하에 진행된 전쟁으로 무칼리 사후에는 그의 아들 보골(孛魯)에 의해 계승되어 추진되었다. 3단계는 1230년부터 1234년까지로서 서하정벌 도중 사망한 칭기즈칸을 이어 오고타이 칸에 의해 진행, 완성되었다.

칭기즈칸은 우선 금에 대한 적대적인 거란인들을 휘하로 끌어들여 자신의 세력으로 만들면서 금국의 동북 변경을 교란시키는데 성공한 후, 중군 및 좌우의 3군으로 나누어 만주지역을 집중 공략하여 금의 수도를 고립시켰다.22)

첫 몽골의 공격에 금의 수도 중도(북경)이 함락되니, 쿠데타로 황위에 오른 宣宗(장종의 이복동생으로 이름은 完顔珣)은 衛紹王의 조카딸을 몽골에 바치고 금·은 등의 막대한 물자를 바치는 조건으로 화의를 맺음으로써 몽골군을 황하 북쪽으로 철수시켰다(1214년 3월).23) 이후

---

21) 신생몽골국의 모든 군대가 참가했던 1211년 이 정벌의 군대 편성을 보면, 칭기즈칸과 막내아들 툴루이는 중앙에서, 동생들과 무칼리(木華黎) 장군은 동쪽에서, 나머지 아들들과 보르추(孛斡兒出) 장군은 서쪽에서 금을 향해 진격하였다.

22) 첫 원정에서 금의 수도 중도뿐 아니라 많은 영토를 장악하여 전쟁을 승리로 마무리짓고 있을 무렵, 몽골 본토로부터 메르키트 부 독타이 베키의 형제인 쿠투와 그 세 아들이 반역을 도모한다는 소식을 듣고 칭기즈칸은 1216년 귀환하고, 좌익군 총수 무칼리(木華黎)에게 태사 국왕의 칭호를 하사하여 금 정벌을 이어가게 하였다(『원사』 권1, 태조본기).

23) 그러나 이듬해 몽골군이 재침하여 수도 연경을 점령하자 금은 하북지방의 수비를 포기하고 약 100만의 병사를 이끌고 하남지방으로 옮겨갔다.

금나라는 수도의 안정을 꾀하여 지속적인 국가의 안녕을 보장받기 위해 中都인 수도를 버리고 남쪽 汴京(개봉)으로 천도하였다. 하지만 몽골은 이를 배신행위로 여겨 1215년(금 선종 정우 3/ 고려 고종 2) 5월에 다시 쳐들어왔다. 이에 금나라는 대부분의 지역을 상실한 채 황하 이남의 영토만을 지키는 신세로 전락하였다. 한편, 선종의 즉위에서 보이듯이 몽골의 공격이 있자 금 지배층 내부의 권력다툼이 일어나 위소왕은 피살되었으며, 금 지배 아래서 착취에 시달려온 한족 농민들의 반란이 일어났다.[24] 게다가 거란족의 반란이 끊이지 않았으며, 후술되듯이 변방을 지키는 여진장수 조차 독립국을 세우며 나라의 분열을 재촉하였다.[25] 그러나 몽골의 1219년부터 시작된 코레즘 공략과 그 뒤를 이은 서하정벌로, 금의 명맥은 1234년 태종 오고타이(窩闊台)대까지 존속할 수 있었다.

금의 국세가 이렇다보니, 12세기 초 이래 금에 대하여 '稱臣上表'의 사대외교를 전개해 왔던 고려는 고종 원년(1214) 이후 금에 대한 사신왕래를 중단하고,[26] 수차례의 금측의 원병요청을 거절하며 국제정세를

---

24) 위소왕 즉위 초 일어난 대규모 한족 농민봉기는 산동 益都 출신 말 장수 楊安兒에 의해 조직된 紅襖軍이 있다. 양안아는 1214년 정식으로 왕을 칭하기도 하였다. 그의 뒤를 이어 李全, 劉二祖, 彭義斌 등으로 우두머리를 바꾸어가며 송과 연합전선을 구축하여 중원 땅 회복을 위해 몽골군에 저항하였다. 이에 금 선종이 죽은 후 황위에 오른 哀宗 完顔守緒는 난국을 수습하고자 농민들을 위무하고, 송과의 전쟁을 종식시키고 서하국과는 강화를 맺어 남하하는 몽골군을 막아내려는 노력을 하기도 하였다.

25) 조계찬, 「고려 무신집권기의 대금관계고」 『대학원논문집』 8, 동아대, 12~13쪽.

26) 고려에서 금에 마지막으로 사신을 보낸 것은 고종 즉위년(1213) 강종의 부음을 전하기 위해 낭장 노육부를 파견한 것이다. 이후 고종 4년에 금에서 반란군 진압을 위해 군사지원 요청해 왔으나 거절하였다(『고려사』 권22,

34

관망하다가 드디어 고종 11년(1224)에는 금나라 연호 사용을 정지하기에
이르렀다.[27]

한편, 1127년 금의 공격을 받아(靖康之變) 양자강 남쪽으로 밀려나
있던 송은 '雪恨報仇' '恢復中原'을 국가의 최고 이념으로 삼고, 금
후방에서 일어나는 거란의 반란이나 몽골족의 움직임에 관심을 쏟고
있었다. 그러나 역사적으로 송나라는 국가의 이념과 현실 사이에 괴리가
많은 나라에 속한다. 송조는 황제가 전권을 장악하는 군주독재제의
외피를 띠고 있지만 실제 재상국가라고 할 수 있을 정도로 실제 권력을
재상이 장악하고 있었다. 역대 재상들은 여론의 추이를 맞추기 위해서도
몽골고원의 미묘한 정세변동에 대한 소문에 비상한 주의를 기울여
바로 국정 전반에 직결하였다. 이 위력을 입증하는 대표적인 사례가
1206년(남송 영종 개희 2/ 고려 희종 2) 재상 韓侂胄에 의해 시도된
開禧北伐이었다. 그러나 개희북벌은 남송측의 참담한 실패로 끝났다.[28]
그 결과 개희북벌은 남송에게 불투명한 북방민족들에 대한 기대보다는
금나라와의 공존을 추구하는 현실적인 정책으로 대외노선을 바꾸게
하였다. 하지만 이러한 평화공존론적 시책은 1211년 칭기즈칸에 의한
금 공격이 있자 다시 바뀌었다. 이러한 분위기에 편승하여 몽골과 남송간
의 외교접촉은 1214년 1월 칭기즈칸이 주부칸(主不罕)을 남송에 파견하
여 금 공격을 제의한 때부터 1227년까지 모두 8차례에 걸쳐 진행되었
다.[29] 이를 표로 정리하면 아래와 같다.[30]

세가 22, 고종 4년 정월 갑신조).

27) 나준, 『寶慶四明志』 권6, 고구려국조 "嘉定17年 高麗乃棄金正朔 以甲子紀年".

28) 개희북벌 실패로 남송은 금측의 요구대로 한탁주의 목을 금측에 보내는
   것으로 마무리 짓고 전쟁을 중단하였다.

29) 몽골과 남송의 외교접촉에 대해서는 박원길, 「대몽골제국과 남송의 외교관

<표> 태조대 몽골의 남송과의 사신왕래

횟수	파견 시기	파견국	사신 이름	전 거
1	1213년	몽골	主不罕(Jubkhan)	『몽골비사』 251절 『建炎以來朝野雜記』乙集 권19
2	1218년 5월	몽골	葛葛不罕(Jubkhan)	『元史』 石珪傳
3	1221년 봄	남송	趙珙	
4	1221년 1월 초	남송	苟夢玉	『元史』 太祖紀
5	1221년 4월	몽골	정사-葛合赤孫 (Khakha-Chisun) 부사-主卜罕(Jubkhan)	『雙溪醉隱集』 凱歌樂詞九首
6	1222년 겨울	몽골	蒙古不花(Monggol-Bukha)	『元朝名臣事略』 魯國忠武王
7	1223년	남송	苟夢玉	『元史』 太祖紀
8	1227년 2월	몽골	불명	『歷代名臣奏議』 李鳴復奏

당시 대다수 사대부의 중론은 신흥의 몽골과 연합하여 금조를 멸망시키자는 것이었다. 그러나 집정자들은 과거 요금 교체기 때의 교훈과 불과 몇 년 전 '개희북벌'의 실패를 기억하며 오히려 금조를 지원해 남송의 울타리로 삼자는 주장을 굽히지 않았다.

이러한 양측의 팽팽한 주장은 1217년(송 영종 가정 10/ 금 선종 흥정 1) 4월 세폐 중단에 대한 보복으로 금이 남송을 공격해오자 몽골과의 연합을 강구하는 쪽으로 여론이 바뀌었다. 하지만 1224년(남송 영종 가정 17/ 금 애종 정대 원년) 6월까지 약 7년간 지속된 이 전쟁은 비록 금조가 우세하였으나 금이나 남송 모두에게 큰 타격을 주었으며 오히려 몽골 장수 무칼리(木華黎, Mukhali)가 황하 이북의 산동이나 하남 등의 지방 세력을 장악할 수 있는 기회를 주었을 뿐이다.

물론 칭기즈칸 사후 태종 오고타이 칸(재위 1229~1241) 시대에도 금 제국에 대한 협공을 둘러싸고 남송과 몽골의 교섭은 14차례 진행되기

계 분석」 『중앙사론』 12·13합집, 1999의 연구성과를 주로 인용하였다.
30) 이 표는 박원길, 위의 글, 270쪽의 도표를 참조하여 작성되었다.

도 하였다. 하지만 몽골과 송의 목적이 달랐던 만큼 금나라가 멸망하자 두 나라의 교섭은 불가능한 것이었으며, 제5대 쿠빌라이 칸에 의한 남송 정벌로 막을 내렸다(1279년/ 남송 위왕 2/ 고려 충렬왕 5).

Ⅲ. 거란유종의 고려 침입 배경과 동진국의 등장

몽골의 금에 대한 침략이 있자 금의 지배하에 있었던 거란족이 반란을 일으키면서 그 여파가 고려에 미치게 되었다. 이른바『고려사』에 표현된 '契丹遺種'의 고려 침입이었다. 거란유종의 고려 침입은 곧 몽골의 군사가 고려 땅을 밟는 '명분'이 되었고, 이로써 고려는 세계정벌의 야망을 품은 몽골과 '형제의 맹약'을 맺으며 몽골과의 교류를 시작하게 되었다. 그렇다면 거란유종이 본거지를 떠나 고려로 도망해 오기까지 정세는 어떠했는지 살피기로 하자.

금나라는 지배층인 여진족이 소수인데다가 송나라와의 잦은 전쟁에 신경을 써야 했기 때문에 興安嶺 서쪽에서 침략과 약탈의 기회를 엿보던 몽골계 유목 제부족에 대한 경계를 위해서 前朝 유민인 거란인 등으로 외인부대격인 糺軍을 구성하여 서북변 방비를 맡겨야했다. 이에 송나라 의 거란인에 대한 지속적인 반란책동과 요나라 종실 耶律大石이 세운 西遼(黑契丹)의 존재는 금 치하의 거란인 복속을 어렵게 하였다.

이미 12세기 중엽 금 해릉왕이[31] 남송 정벌을 위해 거란인을 징집하자

---

31) 더구나 희종(1135~1148)을 시해하고 즉위한 해릉왕(1149~1160)은 오히려 여진인을 견제하기 위해 거란인을 중용하기까지 했다. 하지만 송 정벌의 야망을 실현시키고자 南征을 단행한 것이 자신의 생명을 단축한 결과를 낳고, 오히려 송으로 하여금 해주, 사주 등 고토회복을 실현시키게 하였다.

蒙骨招討司譯史(통역인)인 移剌撒八이 撫州에서 거병하였고, 거란인은 요 천조제의 자손 老和尙을 추대하여 몽골지역부터 남북 만주지역에 이르는 대반란을 일으켰다.

평소 해릉왕의 정책에 반대해 오던 금 황실은 세종을 추대하여 1년 반 만에 거란인 반란을 진압하였으나, 반군의 무리는 송이나 몽골에 투항하였고 도처의 거란인 반란은 계속되었다.[32]

또한 몽골초원 서쪽에 있던 서위구르국이 있었는데 몽골족이 흥기하고 서하를 누르게 되자 그 국왕은 칭기즈칸의 병영에까지 찾아와 귀순의 뜻을 표하였다. 하지만 이 나라는 서쪽에 있는 西遼(黑契丹)의 속국으로 있었다. 서요는 거란족을 지배층으로 하고 위구르주민을 통치하였는데 지배층은 불교, 피지배층은 이슬람교를 신봉하는 관계로 종교 갈등이 적지 않았다. 그런데 나이만(乃蠻) 부족이 칭기즈칸에게 섬멸될 때 부족장의 아들 구츄루크(Kuchuluk)가 이곳으로 망명해 와서는 도리어 왕위를 빼앗아 차지하고 있었다(1211년). 이에 칭기즈칸은 찬탈자 구츄루크를 토벌한다는 명분으로 1216년 부장 체배(者別, Chebe)에게 명하여 2만 명의 병사를 이끌고 공격하니, 1218년 구츄루크를 포살함으로써 서요를 멸망시켰다.[33]

---

32) 1196년(금 장종 승안 원년) 길림성 회덕현에서 거란인 덕수와 타쇄의 난, 이듬해 금주에서의 규군 출몰 등이다(일본 동아연구소 편, 서병국 역,『이민족의 중국통치사』, 대륙연구소, 1991, 제3장 금의 중국통치 제6절 거란인 정책 참조).

33) 지배층과 종교적 갈등을 해오던 서요의 하층민들은 몽골병을 해방자로 여겼으며, 몽골 역시 서요에 대해 약탈, 파괴, 살육은 거의 없었으며, 다루가치를 주둔시켜 통치하게 하였다고 한다(고병익, 「蒙·麗의 형제맹약」『동아교섭사의 연구』, 서울대 출판부, 1970).

비슷한 시기 몽골족은 금 정벌을 통한 남쪽 농경지대로의 침입과 병행하여 서쪽 진출도 병행하였다. 이에 금의 위소왕은 만주의 거란인들이 몽골군에 협력할 것이라고 판단하고 거란인의 행동을 감시하는 일환으로 거란 유민 1호에 여진 2호를 끼어 살게 하였다. 그러자 금나라의 북변수비 임무를 맡고 있던 거란인 北邊千戶 야율유가는 불안을 느끼면서 1212년(위소왕 숭경 1/ 고려 강종 1/ 남송 영종 가정 5) 융안(길림성 농안현)·한주(길림성 이수현 팔면성)로 도주하여 거란인을 규합, 길림성 豊安縣에서 거병하여 금나라에 반기를 들었다.[34] 야율유가는 몽골군과 내통하여 금군을 격파하고, 1214년(금 선종 정우 2/ 고려 고종 원년) 자립하여 遼王이라 칭하고 함평지역에 도읍을 정하여 中京으로 삼아 세력을 정비하고는,[35] 1215년에는 금의 동경(遼陽)을 함락시킬 정도로 세력이 커졌다. 당시 몽골과 야율유가의 동맹관계를 살필 수 있는 『원사』 1212년 봄의 기사를 보면,

> 태조는 안진 노안(按陳那衍)과 운도고(渾都古)에게 군대를 출동시켜 遼땅에 이르게 하였다. 안진은 (야율유가를) 만나 어디서 왔냐고 물으니, 유가는 "우리는 거란군으로 대국에 귀부하러 가려 했으나 길이 험하고 말이 병들어 이곳에 머무르고 있습니다."라고 했다. 안진이 말하기를 "나는 황제의 명을 받아 여진을 토벌하러 왔는데 너를 만났으니 이것은 어찌 하늘의 뜻이 아니겠는가? 네가 힘껏 순종하겠다고 하지만 무엇으로 믿을 수 있겠는가?"라고 했다. 이에 야율유가가 휘하 사람들을 거느리고 金山에서 안진과

---

34) 송인주, 앞의 책, 172쪽.

35) 당시 서하와 금에게 원정을 벌리고 있던 몽골로서는 적국인 금제국 안의 거란족 반란은 매우 환영할 일이었다. 칭기즈칸은 곧 야율유가에게 후원을 약속하였다고 한다(윤용혁, 앞의 글)..

대면하여 白馬와 白牛의 목을 베어, 높은 곳에 올라 북쪽을 바라보며 화살을 꺾어 (충성을) 맹세하였다. 안진이 말하기를 "나는 돌아가 이 사실을 아뢸 것이다. 마땅히 요의 정복에 대한 책임은 네게 있다." 라고 했다. (한편) 금나라에서 胡沙로 하여금 군사 60만을 거느리고 호왈 '백만'이라 칭하며 유가를 공격했다. …… 이에 유가가 대적하기 어려움을 헤아리고 급히 표를 올려 도움을 요청하니 황제의 명령에 따라 按陳·보도굴(字都歡)·아르 도칸(阿勒都罕) 등이 千騎를 이끌고 유가와 연합해 금의 군대와 적길노르(廸 吉腦兒)에서 대치하였다. 유가는 조카 안노(安奴)를 선봉으로 삼아 호사의 군을 향해 돌격하여 대패시키고 포로와 군수품을 헌상했다. 황제가 안진을 소환하고, 가특가를 유가의 부장으로 삼아 그 땅에 주둔케하였다. (『원사』 권149, 耶律留哥傳).

라는 기록에서 보듯이, 按陳那衍[36]은 자신의 임무가 여진 정벌에 있음을 밝히고 유가와의 만남을 기뻐하였다. 그러면서도 그가 야율유가의 진심을 의심하자 유가는 유민군을 이끌고 金山에서 백마와 백우를 죽이고 북쪽을 바라보고 화살을 꺾어 맹세하였다. 이 광경을 본 안진나연은 태조에게 보고하여 요동정벌의 책임을 유가에게 맡기게 하겠다고 약속했다.

금산의 맹세를 통해 안진의 신뢰 하에 몽골군의 지원을 받아 금에 대항하였다. 야율유가는 한주에서 금 추격군을 격퇴시킨 후 몇 달 사이에 10여 만의 거란군을 규합하기에 이르렀다. 이때 거란군의 위용을 보면 병영 장막이 100리에 이를 정도로 그 위세가 완전히 요동을 진동시킬 만하였다. 이에 금은 胡沙로 하여금 60만의 군사를 이끌고 야율유가를

---

36) 윤은숙은 안진나연을 칭기즈칸의 막내동생 옷치킨으로 보고 있다(『몽원 제국기 옷치킨가의 동북만주 지배』, 강원대 박사학위논문. 2006).

공격하게 하고. 유가를 죽이는 자에게 금과 은으로 포상하겠다는 현상금
까지 걸었다.[37)

　이에 야율유가는 전황이 불리함을 알아차리고 태조 칭기즈칸에게
도움을 요청하니 안진은 보도굴, 아르도칸 등과 함께 기병 3천명을
거느리고 야율유가를 도와 금나라 군사와 대치하게 하여 금국을 격파하
고 노획품은 태조에게 바치니, 태조는 야율유가를 믿게 되어 안진을
소환하고 대신 야율유가로 하여금 요동땅을 다스리게 하면서, 可特哥를
부장으로 삼게 하였다.

　이 승리를 계기로 야율유가의 무리들은 요동이 아직 평정되지 않자
1213년 야율유가를 왕으로 추대하고, 그의 처를 비로 삼았다. 또한
유가의 친족인 耶廝不을 郡王으로, 피사·승가노·야적·이가노 등을 승상,
원수, 상서로, 통고여와 저발을 행원수부사로 하고 국호를 遼라고 하였
다.

　이듬해 금나라는 사태의 심각성을 절감하고 다시 靑狗를 유가에게
보내 항복을 설득했으나 거절당하였을 뿐 아니라 금 사신 청구조차
유가에게 굴복해버리고 말았다. 금 선종은 다시 선무 浦鮮萬奴에게
40여 만의 군사를 이끌고 공격하게 하였으나 대패하였다. 이로써 야율유
가는 요동의 주군을 모두 차지하고 함평(요녕성 개원현)에 도움을 두어
中京이라 했다. 그 후에도 금은 10만의 군대를 동원하여 반격했으나
실패하였다.

　1215년(고려 고종 2/ 금 선종 3) 야율유가가 요동의 동경을 격파하자

---

37) 유가의 뼈 1냥을 얻는 자에게 금 1냥을 주고, 산 1냥을 얻는 자에게는
　　은을 상으로 주고 천호직을 세습시키겠다고 하였다(『원사』 권149, 야율유가
　　전).

야시불 등이 유가에게 칭제를 권하였으나, 유가는 단호히 거절하였다. 그 아유는 전일 몽장 안진나연과 금산에서의 약속 때문에 칭제할 수 없다는 것이다. 하지만 무리들이 더욱 칭제를 권하자 야율유가는 병을 핑계대고 나타나지 않으면서 아들 薛闍와 함께 대량의 보물과 재화(금폐 90수량, 금은패 500)를 갖고 몽골땅으로 들어가 태조를 만났다.

한편, 거란 진영의 乞奴·金山·靑狗·統古與 등은 야율유가가 사망한 것으로 보고 耶厮不(耶律斯布)을 새 지도자로 추대하여[38] '황제'라 칭하고 등주(요녕성 해성현)에서 天威라고 개원하며, 大遼收國을 세웠다 (1216년).[39] 모처럼 국가의 통치체제가 마련되어 안정을 찾나싶더니 한달이 지나 원수인 청구는 금나라로 귀순하고, 야시불은 70여 일만에 부하에게 살해되었다.

이에 승상 乞奴가 대신 나라를 감독하여[監國] 행원수인 鴉兒와 함께 군사와 백성을 좌우 양익으로 나누어 개주와 보주에 주둔시켰다. 그러나 거란군은 금나라 蓋州 수장 衆家奴의 공격을 받고 패했다. 고려로 달아난 걸노는 금산에게 살해되고, 금산은 자칭 국왕이라 하고 天德이라 개원하였다가 통고여에게 죽임을 당했고, 통고여는 다시 喊舍에게 죽임을 당하고 함사는 자립했다.

---

38) 이들의 세력 다툼에 대해 윤용혁은 "갑자기 규합된 거란족 사이에서 야율유가는 충분한 지도력을 확립하지 못하여 지도층내에서의 세력갈등이 계속되고 몽골족에 대한 태도의 결정에도 이견이 대립되었다."고 보았으나(앞의 글), 조인숙은 금나라에 반기를 든 거란족들은 크게 친몽골계와 반몽골계로 나뉘었다고 보고, 칭제건원을 거부한 야율유가는 당시 강력해진 몽골과의 관계를 고려해 이를 거부한 친몽골계였으므로 결국 야율유가는 몽골에 귀부하게 된 것으로 설명하고 있다(조인숙, 「13세기 거란족의 침구에 대한 고려의 대응」, 공주대학교 석사학위논문, 1998, 7쪽).

39) 『원사』 권149, 열전 36 야율유가.

42

이때 위기에 처한 거란군을 구한 것은 야율유가였다. 유가는 몽골군 수천을 이끌고 도착하여 2천호와 자신의 형과 처 등을 구출했다. 행원수인 아아가 패잔병을 거느리고 동쪽으로 도주하자 야율유가는 몽골군, 고려군 및 몽골에 투항한 포선만노의 군과 연합하여 대동강 부근의 강동성에서 요의 거란인을 토멸하고 나서는 거란의 잔여세력을 이끌고 임황부(내몽골 자치구 巴林左翼旗) 부근으로 거처를 옮겼다(1219).

금 혼란기를 맞아 거란인의 민족적 염원이 성취되지 못한 것은 마치 요나라 말기 금나라를 세운 여진족의 공격으로 발해 유민의 발해부흥운동이 수포로 돌아간 것과 상황이 유사하다고 하겠다. 한편, 태조와 관계가 돈독했던 야율유가의 맏아들은 1230년부터 1237년까지 고려, 동진, 만노국을 침공하는 전쟁에 가담하였으며, 야율유가의 손자 收國奴 역시 고려 침략 몽골군의 대열에 가담했다.[40]

결과적으로 볼 때 야율유가의 거란에 대한 배반행동으로 태조 칭기즈 칸은 요동땅을 힘들이지 않고 장악하게 되었으며, 거란인의 염원, 즉 독립쟁취는 더 이상 모습을 드러내지 않게 되었다.[41]

한편 대요수국의 야시불은 자립한 지 70여 일 만에 부하에게 피살되어 승상 乞奴가 監國이 되어 거란족을 통솔하였다. 걸노는 행원수 鴉兒와 함께 휘하 거란족을 좌우로 나누어 봉황성인 개주와 보주(의주)에 자리를 잡았다.[42] 그러나 야율유가가 1216년 몽골군을 이끌고 이들을 공격하

---

40) 몽골 헌종 몽케는 수국노가 3대에 걸쳐 나라를 위해 힘을 썼다고 칭찬하는 것을 잊지 않았다고 한다.

41) 서병국, 「몽고의 한족통치와 거란관료의 기여」 『실학사상연구』 28, 2005.

42) 몽골의 침입도 있었지만 걸노와 아아가 당초 고려 국경에 가까운 개주와 보주에 자리잡은 것은 고려에 침입하기 위함이었다고 보기도 한다(김상기, 『고려시대사』, 1985, 415쪽).

자, 걸노가 이끄는 거란유종은 금의 군대 공격을 받는 한편, 또 몽골족에
쫓기어 같은 해 8월 고려로 도망쳐 들어왔다. 그러나 이들은 남하하면서
고려 각지의 성을 공격해 빼앗고 분탕질하면서 익년 봄에는 개경까지
위협하였고, 동주(철원)과 원주까지 밀고 내려왔다가 김취려가 이끄는
고려군의 반격을 받아 도망하기 시작하였다. 이들은 대관령을 넘어
명주(강릉), 등주(안변), 함주(함흥)을 거쳐 여진인이 사는 땅까지 들어갔
다. 여기서 거란족은 다시 군세를 정비하여 화주(영흥) 등의 여러 성을
점거하고 1218년 9월(고려 고종 5/ 몽골 태조 13) 서경 평양의 동쪽
강동성에 점거하기에 이르렀다.

이처럼 2년에 걸친 거란족의 분탕이 고려 양계지방을 마비시켰다.
한편 고려군의 공격을 받은 거란족은 치열한 통솔권 투쟁이 벌어져
걸노가 金山에게 살해되고 금산은 다시 統古與에게, 통교여는 다시
喊舍에게 살해되었다. 고려의 강동성을 점거할 때 통솔자는 함사였다.

한편 이무렵 금의 요동진무 蒲鮮萬奴는 야율유가의 반란을 토벌하기
위해 파견되었다가 패하자 도주하여 요동의 東京에 웅거하여 1215년(고
종 2) 大眞國(또는 동진국)을 세웠다.[43]

그러나 금군이 자주 동경과 봉천을 공격하고, 몽골병이 요서지방에
대기하고 있어 고립되자 포선만노는 다시 동쪽으로 군사를 이동해
두만강 유역에 둥지를 틀었다. 동진국은 1215년부터 1233년까지 약

---

43) 포선만노가 세운 대진국 혹은 동진국이라고 하지만『고려사』기록에 의거
    동진국으로 쓴다. 한편 포선만노가 세운 나라의 국호에 대해서는 箭內
    亘,「동진국강역고」『만선역사지리』2, 1913 ; 池內 宏,「포선만노의 국호에
    관한 문제 재검토」『만선사연구』중세 3, 1963 ; 황종동,「포선만노국호에
    대하여」『계명사학』1, 1967 ; 이재선,「고려 고종대 대동진관계의 추이와
    성격」, 고려대 석사학위논문, 2008 참조.

19년간 존속한 작은 나라이지만 금은 포선만노의 동향에 항상 관심을
두고, 고려에게 포선만노에 대한 경계와 협조를 구해왔으며,[44] 동진
역시 살아남기 위한 방편으로 몽골과의 관계를 맺고[45]는 고려에 접근하
였다.[46] 그러다가 동진은 거란유종의 침입으로 어려움을 겪고 있는
고려를 도와주겠다는 명분으로 온 몽골의 연합군이 되어 강동성 전투에
참여하기에 이른다.[47]

　결국 1219년(고종 6) 정월 고려와 몽골·동진국의 연합군에 의해 함사가
이끄는 거란유종은 평양 동쪽 江東城에서 섬멸되었으며,[48] 이로써 고려

---

44) "금의 동경총관부에서 聖旨를 받들어 이첩하기를 '역적 만노가 한 방면의
　　중한 책임을 버리고 황국의 은혜를 잊고 마음 쓰는 것이 착하지 못하므로
　　하늘의 도움을 받지 못할 것이다. …… 만일 이들 무리가 국경을 통과하면
　　귀국에서 방비를 엄히 하여 이들을 잡아 문서와 함께 보내주기 바란다.
　　아울러 지금 공문을 보내 양식과 마필을 빌리고자 하니 귀국은 역량에
　　맞추어 양식과 마필을 보내줌으로써 환난을 서로 구원하기를 바란다.'
　　…… 이때 금의 선무 포선만노가 요동에 웅거하여 참람히 천왕이라 칭하고
　　국호를 대진이라 하였다. 이에 앞서 금에서 두 번이나 공문을 보내 쌀을
　　팔아 줄 것을 요구하였으나 나라에서 국경관리에게 명하여 거절하고 접수하
　　지 못하게 하였다."라고 하였다(『고려사』권22, 세가 22, 고종 3년 윤7월
　　병술).
45) 1215년 10월 나라를 세운 포선만노였으나 이듬해 무칼리가 이끄는 몽골군의
　　압박을 견디지 못하고 항복함으로써 1217년 몽골군은 요동에서 철수하였다.
　　하지만 포선만노가 근거지를 두만강으로 옮기고 자립하여 동하(동진)을
　　세웠으나 1218년 몽골군에 의해 다시 복속되었다.
46) "금 만노의 군사가 와서 대부영(大夫營)을 깨뜨렸다."(『고려사』권 22, 세가
　　22, 고종 4년 4월 기미)
47) 몽골 원수 哈眞 및 札剌가 군사 1만을 거느리고 동진의 만노가 보낸 完顔子淵
　　의 군 2만과 함께 거란적을 친다고 성언하고 화주·맹주·순주·덕주의 4성을
　　공격하여 이를 격파하고 곧 강동성으로 향하였다(『고려사』권22, 세가
　　22 고종 5년 12월 기해).
48) "조충·김취려가 합진과 (완안)자연 등과 함께 군사를 합하여 강동성을

와 원은 형제맹약을 맺음으로써 몽골과 최초의 공식적 외교관계를 갖게 되었다.[49]

한편, 비록 1218년 몽골의 1차 침략이 있은 후 동진국과의 협공의 필요성을 생각해보지 않은 고려는 아니었으나, 당초부터 고려는 동진에 대해 달갑게 여기지 않고 있었으며,[50] 그리 중요한 국가로 인식하고 있지도 않았다.[51]

그런데 몽골이 주변국을 침략하거나 외교교섭을 벌일 때 "친구가 되자"나 "一家가 되자"라는 정형화된 용어를 사용하고 있는데, 이는 '항복 요구'의 다른 표현이다. 그렇다면 고려가 몽골과 맺은 형제맹약

에워싸니 적이 성문을 열고 나와 항복하였다"(『고려사』 권22, 세가 22 고종 6년 정월 신사).

49) 몽골의 고려 진입은 동진에 대한 군사작전과 연계를 갖는 것이었으며 금에 대한 정벌을 전제로 배후를 차단시키는 전략의 일환이었다고 보고, 당시 거란족의 침입에 처한 고려의 상황은 몽골의 고려 진입에 좋은 구실을 주었다고 보았다(윤용혁, 앞의 글).

50) 이미 이제현의 「金公行軍記」와 『고려사절요』 고종 6년의 기사에도 있듯이 강동성 전투 후 몽골과 동진에 감사 표시를 위해 몽골 진영을 방문한 김취려가 몽골 원수 합진의 요청에도 불구하고 동진의 포선만노에게는 절하지 않은 사실에서 동진에 대한 비우호적인 자세를 알 수 있다. 물론 이러한 김취려의 행동이 개인의 임기응변식 행동이라고 표현되어 있지만 고려정부의 입장을 대변하고 있는 것으로 연구자들은 보고 있다.

51) 동진에 대해 소극적이었던 양국관계는 고종 7년(1220) 한순·다지의 의주민 항쟁을 거치면서 변화되고, 1219년부터 1221년까지 몽골사신 편에 같이 사신을 보냈던 동진이, 1222년부터 동진이 멸망하는 1233년까지 독자적으로 사신을 파견하자 고려 역시 당시 집정 최우의 집에 모여 이들의 영접절차에 대해 의논할 정도로 적극성을 띠고 있었다. 이에 대해 이재선은 1232년 강화천도를 단행하여 대몽강경책을 쓰기에 앞서 동진과의 공조를 모색하기 위한 것으로 분석하였다(「고려 고종대 대동진 관계의 추이와 성격」, 고려대 한국사학과 석사학위논문, 2008 참조).

역시 불평등한 관계 수립임에는 틀림없다. 하지만 당시 몽골의 정복전쟁 결과 국가 존망 자체가 와해되는 당시 국제정세를 감안해 볼 때 고려와 몽골이 맺은 형제맹약은 매우 예외적인 일이라 하겠다. 이것은 그동안 고려가 외교적으로 견지해온 금 및 송의 존재 및 포선만노의 동진국과의 연계가능성 등을 감안한 판단 하에, 몽골은 동일한 위치에서 고려와 형제관계를 수립함으로써 동북아 지역에 대한 안정을 구축하고자 했음을 반증하는 외교적 결정이라고 하겠다.

Ⅳ. 맺음말

앞서 말하였듯이 고려시대에는 북방민족으로부터 여러 차례에 걸친 침략을 받아, 11세기 말에서 12세기 초에 걸친 거란족의 침입, 12세기의 여진족과 13세기 몽골족의 침입, 그리고 14세기 홍건적의 침입 등 연이은 이민족의 침략은 일찍부터 주목의 대상이 되어 많은 연구가 이루어졌다.

하지만 13세기 초 고종 3년(1216)부터 동왕 6년까지 3년간 지속된 거란족의 고려 침입과 이에 대한 고려측의 대응에 대한 문제에 대해서는 강동성의 役이라 하여 몽골 침략의 전조가 되었다는 점에서 부분적인 논의만 진행되어 왔다. 물론 거란유종의 침입과 강동성 전투, 그리고 형제맹약 과정[52]에 대하여 100년 후, 이제현은 「김공행군기」를 통해 주목하기도 하였지만,[53] 거란유종의 고려 경내 침입과 파괴의 기간이

---

52) 여몽간의 형제맹약 체결이 갖는 의미에 대해서는 고병익 박사의 논문이 거의 완벽하므로 가능한 언급을 피하려 하였으며 추후 논문을 쓰는 과정에서 정리하도록 하겠다.

53) 한편, 당시 여몽간의 형제맹약 체결에 중심인물이었던 김취려에 대해서는

3~4년에 걸친 것이었고, 세계 정벌을 목표로 하는 몽골이 당시 동북아시아의 패자 금에 대한 정벌을 전제로 배후를 차단시키는 전략의 일환으로 참여한 몽골의 참전이었던 '사건'이었다는 점에서 거란유종의 침입에 대한 당시 국제적인 정세에 대해 좀더 초점을 맞춰보고자 하였다.

이제현의 글과 『고려사』 권103, 열17 김취려전에도 자세히 언급되어 있지만, 조선후기 유학자 木齋 洪汝河의 김취려 논찬을 소개해보고자 한다. 김취려는 무능한 병사들을 이끌고 전쟁에 나갔음에도 뛰어난 지략과 용병술로 전쟁을 승리로 이끌었다는 것과, 당시 국제정세에 대해 정확한 판단력으로 몽골 장수 합진과의 맹약 체결에 임하는 당당한 태도와 만노에게 절하지 않음으로써 고려 왕의 권위를 손상시키지 않은 기개와 의리 등에 주목하여 김취려는 서희와 강감찬의 업적을 능가하는 영웅호걸로 세상에 나기 드문 인물이라 주목한 바 있다(『彙纂麗史』 권27, 명신 6, 김취려전 논왈 참조).

김취려의 관력과 활동

김 용 선

Ⅰ. 머리말

　김취려(명종 2~고종 21, 1172~1234)는 무인정권기에 고려를 침입해 온 거란을 물리친 장군으로 유명하다. 특히 그는 고종 6년(1219) 정월에 몽고와의 연합작전으로 江東城을 함락시키면서 거란군을 패배시켰는데, 당시 西北面兵馬使였던 그가 副元帥급의 지위로 참전한 이 전쟁은 고려와 몽고와의 첫 번째 접촉이자 이후의 麗蒙 내지는 麗元관계에 커다란 영향을 끼쳤다. 이때 나이 48세였던 그가 어떠한 경력을 거쳐 이러한 중책을 맡게 되었는지 궁금해진다. 또 그 이후 63세로 사망할 때까지 여러 관직을 거치면서 마침내 최고의 지위인 首相에까지 올랐는데, 이 동안 그가 구체적으로 어떤 활동을 하였는지도 궁금해진다. 그러나 지금까지 이러한 면에 대한 연구는 거의 이루어지지 않은 듯하다. 이에 이 글을 통해 이와 같은 점을 간단하게 검토해 보고자 한다.

　김취려의 관력과 활약을 보여주는 주요한 기록으로는 『고려사』 열전에 수록된 그의 전기[1](이하 「열전」이라고 약칭한다), 李齊賢이 지은

---

1) 『고려사』 권103, 열전 金就礪傳.

「門下侍郞平章事 判吏部事 贈諡 威烈公 金公行軍記」[2](이하 「행군기」라고 약칭한다), 그리고 현재 남아있는 「金就呂 묘지명」[3](이하 「묘지명」이라고 약칭한다)을 꼽을 수 있다. 그밖에 『고려사』 세가 등에도 단편적인 연대기 기사가 다수 있고, 조선시대에 만들어진 기록도 있다. 이들을 종합하여 「김취려 연보」를 만들어 제시하면 다음과 같은데, 이를 참고하면서 그 자취를 찾아보고자 한다.

<표 1> 김취려 연보

	왕대	간지	서기	나이	관직	비고	전거
1	명종 2년	임진	1172	(生)		(慶大升 殁, 1183)	「墓」
2	명종 16년	병오	1186	15세	正尉(校尉?, 正9)	父蔭 入仕 (12월 父 金富, 將軍으로 禮部侍郎이 됨)	「記」·「傳」·「墓」(「世」)
3					東宮衛(太子府牽龍)	(李義旼 집권기)	「記」·「傳」·「墓」
4					牽龍行首(別將級, 正7)		「墓」
5					御牽龍行首		「墓」
6					指諭(郞將級,正6)	(崔忠獻 집권, 1196)	「墓」
7					中郞將(正5)	領羽林	「記」
8					將軍(正4)	東北界 鎭戍	「記」·「傳」
9					千牛衛大將軍(從3)		「記」

---

2) 『익재난고』 권6, 소수.

3) 「김취려 묘지명」, 김용선 편, 「고려묘지명집성」(제4판), 한림대학교 출판부, 2006, 362~364쪽. 김취려는 『고려사』를 비롯한 대다수 문헌 기록에는 金就礪라고 되어 있으나, 李承休의 『帝王韻紀』와 「묘지명」에는 金就呂라고 되어있다. 이에 대해 李齊賢이 지은 「행군기」에는 처음에는 就礪였으나 뒤에 就呂로 고쳤다고 하였다. 改名한 이름을 써주는 것이 관례에 맞겠지만, 就礪라는 이름이 더 많이 알려져 있으므로 金就礪로 표기하는 것이 혼란을 피할 수 있으리라 여겨진다.

10	강종 2년	계유	1213	42세	西北面知兵馬使(3品)	國境 巡撫	「記」·「傳」·「墓」
11	고종 3년8월	병자	1216	45세	大將軍(在) 後軍兵馬使	8월 契丹 침입	「世」·「墓」·「傳」
12	8월				攝上將軍	9월 丹兵大破·長子戰死	「記」
13	4년 1월	정축	1217	46세	金吾衛上將軍(正3) 後軍兵馬使	3월 負傷으로 歸京	「記」·「墓」「傳」·「世」
14	4년 5월				上將軍(在) 前軍兵馬使	최충헌 추천·7월 朴達峴 大捷·10월 遘疾 歸京	「世」·「傳」
15	5년 1월	무인	1218	47세	神號衛·判禮賓省事(正3)		「墓」
16	7월				西北面兵馬使(3品) 兼 上將軍(正3)		「世」·「記」
17	9월				中軍兵馬使	12월 蒙古와 江東城 공격	「墓」
18	6년 2월	기묘	1219	48세	西京齋祭使	1월 江東城 함락	「記」·「墓」
19	6년 10월				右軍兵馬使	9월崔忠獻歿·崔瑀 집권 9월 韓恂·多智의 亂	「世」·「墓」·「傳」
20	7년 1월	경진	1220	49세	樞密院副使(正3)		「墓」
21	2월				中軍兵馬使	4월 契丹殘兵 격파 5월 개선	「世」
22	8년 12월	신사	1221	50세	樞密院使(從2)·兵部尙書(正3)·判三司事	12월 최우, 宰樞와 몽고방비논의	「墓」「世」·「傳」
23	9년 12월	임오	1222	51세	金紫光祿大夫·叅知政事(從2)·判戶部事	(10년 7월 최우, 羅城修築)	「世」·「墓」·「傳」
24	12년 12월	을유	1225	54세	判三司事(在)	1월 著古與 피살 6월 최우, 政房설치	「墓」
25	14년 1월	정해	1227	56세	叅知政事(在)		「世」
26	15년 12월	무자	1228	57세	守太尉·中書侍郎平章事(正2)·判兵部事		「世」·「墓」「傳」
27	17년 1월	경인	1230	59세	判吏部事	7월 최우, 家兵査閱	「墓」·「傳」

28	12월				守大保	(18년 8월 撒禮塔 침공)	「墓」
29	19년 1월	임진	1232	61세	首宰(在)	1월 철수하는 蒙兵 慰送	「世」
30	3월				守大傅·開府儀同三司·門下侍郎平章事(正2)	2월~6월 천도논의 7월 江華 천도	「墓」
31	20년 12월	계사	1233	62세	特進 柱國		「墓」
32	21년 5월	갑오	1234	63세	侍中(在) (卒)	(葬地 : 鎭江縣 大谷洞 西麓)	「世」(「墓」)
33					贈諡 威烈公 高宗配享功臣		「志」·「傳」

* 전거의 「墓」·「記」·「傳」·「世」·「志」는 「김취려묘지명」, 「김공행군기」, 『고려사』 김취려전과 세가와 志를 의미함

Ⅱ. 入仕

김취려는 처음 어떻게 관리가 되었을까. 이에 대해서는 대체로 비슷하지만 세부적으로는 다른 내용을 보여주는 세 가지의 기록이 있으므로, 이를 비교하면서 검토해 보기로 한다.

1) 취려는 蔭으로 正尉에 補해졌다(就礪蔭補正尉 : 『고려사』 권103, 열전 김취려전).
2) 어려서 父蔭으로 正尉에 기용되었다(少以父蔭 起爲正尉 : 「김공행군기」).
3) 어려서 父□으로 등용되었는데 □ 병오년에 隊伍의 長에 충원되었다(幼以父□起家□丙午年充隊伍之長 : 「김취려 묘지명」).

먼저 「열전」에는 그가 '蔭', 즉 蔭敍를 받았다고 간단하게 적혀 있으나, 「행군기」와 「묘지명」에는 '父蔭'이라는 음서의 명칭이 구체적으로 밝혀

져 있다. 고려시대의 음서는 잘 알다시피 일정한 관품에 올랐거나 특별한 공훈을 세운 관리의 자손에게 관직을 주는 제도이다. 음서는 門蔭, 功蔭 등 다양한 형태로 시행되었는데, 그중에서도 5품 이상의 관리의 자손에게 관직을 주는 문음이 가장 일반적인 것이었다. 또 托蔭者가 누구인가에 따라 그 음서의 명칭도 父蔭·祖蔭·外祖蔭 등으로 구분되었다.[4] 그러므로 김취려는 아버지 金富를 탁음자로 하여, 부음을 통해 관리가 되었다고 정리할 수 있다.

그러면 김취려가 음서를 받은 것은 언제이고, 초음직으로는 어떤 관직을 받았을까. 앞의 「묘지명」 기록을 보면 '丙午年'이라는 구체적인 연대가 기록되어 있다. 이 병오년은 명종 16년(1186)에 해당되는데, 이때 김취려는 15세였다. 고려시대의 음서는 규정상으로는 18세부터 시행될 수 있었지만, 실제 사례를 보면 그보다 훨씬 낮은 나이인 평균 15.4세 정도에 제수되었다.[5] 그렇다면 김취려는 다소 이른 나이에 음서를 받기는 하였지만, 당시의 일반적인 추세에서 크게 벗어나지는 않는 것이라고 보아도 좋지 않을까 한다.

그런데 이와 관련하여 한 가지 흥미로운 사실은 김취려가 부음을 받은 해인 명종 16년 12월에 김부가 장군으로 禮部侍郎에 임명되었다는 점이다.[6] 이때 상장군 崔世輔가 同修國史에 임명되고, 장군 崔連도 김부와 함께 예부시랑이 되었는데, 이것은 무인이 儒官職에 임명된 고려 최초의 사례로 기록되어 있다.[7] 이 인사가 김취려의 음서와 어떤

---

4) 고려시대의 음서에 대하여는 김용선, 『고려시대의 음서제도』, 일조각, 1991 참고.
5) 김용선, 위의 책, 1991, 76~78쪽.
6) 『고려사』 권20, 세가 명종 16년 12월 신축.
7) 『고려사』 권100, 열전 崔世輔傳.

관련이 있는지는 확실하지 않다. 그러나 적어도 명종 16년 당시에 김부는 정4품의 장군직에 있었으므로, 그는 5품 이상의 관리로서 규정에 따라 자손에게 음서의 혜택을 줄 수 있는 자격을 갖추고 있었음은 분명하다. 따라서 김취려는 고려시대의 가장 일반적인 형태의 음서인 門蔭, 그 중에서도 4품의 관직을 가진 父의 蔭을 통해 관리가 되었다고 정리할 수 있을 것이다.

한편 김취려가 받은 첫 관직에 대해「열전」과「행군기」에는 正尉라고 되어 있으나,「묘지명」에는 '隊伍의 長'에 충당되었다고 하였다. 正尉라 는 관직은 고려시대의 다른 기록에는 나오지 않는 것이므로, 그 실체가 무엇인지 분명하게 알 수가 없다. 그런데 '隊伍의 長'은 '伍有尉'라는 표현에서 보듯이, 50명으로 조직된 단위부대의 지휘관인 校尉(또는 伍尉[8])를 말하며, 그 품계는 정9품에 해당한다.[9] 그렇다면 김취려는 말단장교직인 교위를 蔭職으로 받았다고 보는 것이 무난하지 않을까 한다.

김취려의 아버지 김부는 낭장[10]과 장군을 거쳐 金吾衛大將軍에 올랐 고, 조부 金彦良은 金吾衛攝郎將이었다.[11] 그리고 외조부는 檢校將軍行 郎將인 朱世明이었다.[12] 즉 김취려는 전형적인 무반가문에서 태어난

---

8) 이렇게 보면「열전」등에 표기된 正尉는 어쩌면 伍尉의 잘못이 아닌가 생각된다.

9) 이기백,『고려사 병지 역주 1』, 고려사연구회, 1969, 18쪽의 역주 ③ '校尉' 조 참고.

10) 명종 3년에 金甫當의 난이 실패로 돌아가면서 많은 문신들이 다시 죽임을 당할 때, 郎將 김부가 이를 만류하면서 문반과의 통혼을 주장한 일이 있다(『고 려사』권128, 열전 鄭仲夫傳).

11)「김취려 묘지명」『고려묘지명집성』, 362쪽.

12)『栢谷先生集』3에 실린「金威烈公墓碑文」등에는 김취려의 외조부가 '朱世明'

것이다.13) 이러한 점에서 무인정권이 막 시작된 명종 2년(1172)에 태어나고 무인정권과 함께 성장한 그가 초음직으로 무반직을 받았다는 것은, 그의 출신성분이나 당시의 시대상황을 감안할 때 지극히 자연스러운 선택이 아니었나 여겨진다. 또 관리가 된 이후 그가 무반의 다른 음서출신 자처럼 문반으로 改班하지 않고, 무반으로서만 활약하고 출세하게 되는 것도 지극히 당연스러운 일이 되지 않았을까 한다.14)

Ⅲ. 초기의 관직과 활동

김취려는 15세 때 교위를 첫 관직으로 받은 뒤, 바로 牽龍軍으로 뽑혀 太子府에 소속되었다. 「묘지명」에 적혀 있는

병오년에 隊伍의 長으로 충원되었다가 곧 太子府牽龍이 되었다.

이라고 하였으나, 『묘지명집성』에는 '宋世明'이라고 하였다(362쪽, 제3행). 「김취려 묘지명」의 탁본사진을 자세히 검토하면, 해당 부분의 글자는 하부의 '木'만 남아 있고 윗 부분은 깨어져 있는데, 이 글자는 '宋'이 아니라 '朱'로 읽힐 수 있다. 그러므로 외조의 이름은 '朱世明'이 옳을 것이다.

13) 「김취려 묘지명」에는 妻父가 '僕射 趙彦□'이라고 되어 있다(『고려묘지명집성』, 363쪽 제29행). 그러나 『만성대동보』의 「언양김씨족보」에는 그 이름이 趙彦通이라고 하였고, 「김취려 묘비문」 등에는 조언통의 관직이 金吾衛精勇將軍이라고 적고 있다. 이 기록을 따른다면 김취려는 친가와 외가뿐 아니라, 처가도 무반 출신임을 알 수 있다.

14) 예컨대 무반가문 출신인 최충헌은 의종 때 문음으로 벼슬하였는데, 처음 良醞令同正·衛尉注簿同正 등 문반직을 받았다가 이후 무반직으로 옮겼다(「최충헌묘지명」『고려묘지명집성』, 330쪽). 고려시대 음서제도를 통한 무반의 문반직으로의 改班에 대해서는 김용선, 앞의 책, 1991, 150~155쪽 참고.

라는 기록이 그러한 사실을 말해준다. 「열전」이나 「행군기」에는 그가 東宮衛에 소속되었다고 하였다. 그러나 이 밖에는 동궁위에 관한 기록이 다른 사서에 전혀 나오지 않으므로, 이 「묘지명」 기록을 따르는 것이 자연스럽다고 여겨진다.15)

이후 그는 <연표>에서 보듯이 牽龍行首, 御牽龍行首를 거쳐 指諭의 지위에 올랐다. 즉 처음 태자를 호종하는 태자부견룡을 시작으로 하여 임금을 수종하는 어견룡행수가 되었고, 지위도 정7품급인 행수를 거쳐 견룡군의 최고책임자인 정6품급인 지유로 승진한 것이다.16)

견룡은 국왕과 태자 및 諸妃府에 소속되어 그 측근에서 호종을 담당하는 부대로, 고려시대에 국왕의 친위군이었던 禁軍 중에서도 핵심적인 무력부대였다. 무신난의 3巨頭인 鄭仲夫·李義方·李高가 견룡군 출신이거나 현역 견룡군 장교였고, 무신난이 성공한 뒤 견룡군 등 금군 출신 인물들이 대거 고위 무관직을 차지했다는 점이 그와 같은 성격을 잘 말해준다17). 그러므로 당시 견룡은

견룡의 직은 낮지만 임무는 중요하여 權貴의 자제들이 모두 여기에 소속되기를 원하였다(『고려사』 권102, 열전 權守平傳).

라는 기록에서 보듯이, 장차의 출세를 위해 매우 중요한 비중을 가지고

---

15) 東宮衛라는 명칭은 그 이름으로 비추어 '東宮(왕세자)을 호위하는 군대'라는 뜻으로, 태자부견룡과 같은 것으로 보아 좋지 않을까 한다.

16) 견룡군의 군관조직은 최고 책임자인 지유와 그 아래 행수, 행수 예하에 산원·교위·대정 등의 체계를 갖추고 있었다(송인주, 『고려시대 친위군 연구』, 일조각, 2007, 93~101쪽).

17) 김낙진, 「견룡군과 무신난」 『고려무인정권연구』, 서강대 출판부, 1995 참고.

있었다.

또 김취려는 정5품의 中郎將이 되어서 ‘羽林’을 거느렸다고 하는데, ‘羽林’ 역시 국왕의 근위군이었을 것으로 짐작된다.[18] 그 뒤 장군(正4)이 되어서는 잠시 동북계를 진수하였지만, 대장군(從3)으로 승진한 뒤에는 千牛衛에 소속되었다. 천우위는 국왕을 시위하는 儀仗부대로 고려 중앙군인 2군 6위의 하나였다.

이렇게 보면 김취려는 태자부견룡이라는 첫 보직부터 대장군이라는 고위직에 오를 때까지 거의 국왕 측근의 친위군 소속으로 복무하였다고 말할 수 있다. 철저하게 무반의 엘리트 코스만을 따라 승진해 갔던 것이다. 또 현재 남아있는 기록에 따를 때, 이 동안 그는 문반직은 단 한 차례도 역임한 적이 없이 오직 무반직만을 거쳤다는 점도 주목된다. 이러한 배경에는 그가 정통파 무반가문 출신이라는 점도 작용했겠지만, 한편으로는 다른 요인도 있었다고 보는 것이 합리적이지 않을까 싶다.

즉 친위군은 원래 국왕의 핵심군사력이 되어야 하겠지만, 무인정권이 성립한 뒤 국왕의 권력이 약해지면서(또는 국왕의 권력을 약화시키기 위해) 집권자들은 그들의 측근을 친위군에 소속시켜 국왕을 견제하고 감시하는 역할을 맡겼을 가능성도 다분히 있다는 점이다. 특히 명종 26년(1196)에 최충헌은 李義旼을 제거하고 새로운 집권자로 등장하는데, 이때 김취려는 25세의 젊은 나이지만 경력 10년차의 장교로 복무하고 있었다. 농민출신의 정중부나 노비출신의 이의민과 달리 정통파 무반가문 출신인 최충헌의 입장에서는, 비록 하급장교이기는 하지만 견룡군 소속의 전문군인인 김취려 같은 젊은 인물을 측근세력으로 포섭할

---

18)『국역 익재집』I (고전국역총서 197), 민족문화추진위원회, 1979, 177쪽의 각주 15).

가치는 충분히 있다고 계산하지 않았을까. 또 김취려의 입장에서도, 가문이나 출신배경이 비슷한 최충헌 같은 인물에게 충성을 바치는 것이 무반으로서 자신의 출세에 더 유리하다고 생각하지 않았을까.

아마도 이러한 요인이 동시에 작용하면서 김취려는 친위군 소속의 엘리트장교로서 계속 복무해 가지 않았을까 추측된다. 어쨌든 이제 40대에 접어들며 대장군의 지위에 오른 그가 한 단계 더 높이 출세하기 위해서는 새로운 기회가 주어져야 했는데, 마침 찾아온 그 기회를 그는 놓치지 않았다.

Ⅳ. 거란의 침공과 활약

김취려가 중랑장을 거쳐 장군급의 중견무반으로 승진해 가는 동안 동아시아에는 커다란 변화가 일어나고 있었다. 가장 큰 변화는 북아시아의 초원지대에서 일어났는데, 돌풍의 주인공인 칭기즈칸은 1206년에 몽고의 황제로 등극하였다. 신흥제국 몽고가 통일의 여세를 몰아 북중국을 지배하던 金을 공략하자, 그 혼란을 틈타 여러 지역에서 독립세력이 성장하기 시작하였다. 契丹族도 그 중의 하나였는데, 이들도 마침내는 몽고에 쫓기는 신세가 되어 남쪽으로 도망쳐 고려를 침략해 왔다. 이때가 고종 3년 8월이었다. 이에 고려가 이들과 전쟁을 벌이게 되자, 당시 45세의 대장군이었던 김취려는 攝上將軍으로 승진함과 동시에 後軍兵馬使가 되어 전투에 참여하였다.[19] 중·전·후·좌·우 5군 병마사로 구성된

---

19) 『고려사』 세가에는 이때 대장군 김취려를 후군병마사로 삼았다고 되어있으나, 「행군기」에는 섭상장군으로 후군병마사가 되었다고 하였다. 후자의 기록이 더 정확하다고 생각된다.

고려의 전투 편제에서 후군병마사는 주로 병참의 수송이나 후방지원을 맡았지만, 김취려는 이러한 임무수행 이외에도 여러 차례 직접 전투에 참여하면서 큰 승리를 거두기도 하였다. 그러다가 9월에는 전투의 와중에서 큰 아들이 전사하는 아픔을 겪기도 하였다.[20]

이듬해 1월에는 金吾衛上將軍으로 승진하였는데, 금오위는 고려의 중앙군인 2군 6위 중에서 수도의 치안을 책임지던 경찰부대였다. 이 부대는 비록 핵심전투부대는 아니지만, 김취려가 금오위의 지휘관이 되었다는 사실도 어쩌면 그가 당시의 실권자인 최충헌의 측근으로 인정받으면서 권력의 핵심부에 그만큼 더 다가섰다는 의미가 될 것이다. 어떻든 '攝'자를 떼어내고 정식으로 상장군으로 승진한 김취려는 후군병마사로서 계속 전투에 참여하다가 그 해 3월에는 큰 부상을 입고 서울로 돌아왔다.

그러나 전쟁이 점차 장기화되자 김취려는 5월에 前軍兵馬使가 되어 다시 전장에 나서게 되었다. 그런데 여기서 한 가지 주목되는 사실은 김취려를 전군병마사로 추천한 사람이 바로 최충헌이었다는 점이다. 이에 대하여 『고려사』에는 다음과 같이 기록하고 있다.

(고종 3년 5월) 적이 東州(철원)를 함락시키니 최충헌이 奏를 올려, "거란병이 동주를 지나 장차 남쪽으로 내려갈 기세인데, 五軍은 머뭇거리며 싸우지 않으면서 한갓 식량만 허비하고 있습니다. 청하건대 (中軍兵馬使 吳)應夫를 파면하고 아들과 사위의 직을 삭탈하며, 전군병마사 崔元世로 대체하고 (김)취려를 전군병마사로 삼으십시오."라고 하니 왕이 따랐다. (『고려사』

---

20) 「행군기」 참조. 이 아들의 이름은 알 수 없다. 「묘지명」에는 그의 자녀로 3남 1녀가 있었다고 하는데, 그 자녀 중에서 金佺(또는 金佺)만이 이름을 남기고 있다.

권103, 열전 김취려전)

이 기록에서 보듯이 김취려는 전적으로 최충헌의 천거에 따라 전군병마사가 되었던 것이다. 최충헌이 이렇듯 자신에 대한 신임을 공개적으로 밝히는 단계에 이르게 되자, 김취려는 아직 완쾌되지 않은 몸을 이끌고 다시 전투에 임하여 과연 그 기대에 부응하는 혁혁한 전과를 올렸다. 7월에 벌어진 박달재 대첩이 그 대표적인 전투이다. 승기를 잡은 김취려는 계속 거란군을 추격하여 9월에는 定州로 들어가고, 10월에는 豫州로 옮겼으나, 그 달에 갑자기 병이 들었다. 그는 서울로 돌아가 병을 치료하라는 참모들의 건의를 거부했지만, 「행군기」에 적힌 대로 병세가 '물도 마시지 못하고 사람을 알아보지도 못할' 지경에 이르자 명령을 받고 서울로 올라와 병을 치료하였다.

이듬해 5년 1월에는 神虎衛上將軍·判禮賓省事(正3)가 되었다. 신호위는 左右衛·興威衛와 함께 고려 중앙군의 핵심전투부대였는데, 김취려가 이러한 부대의 지휘관이 되었다는 것은 그만큼 무반으로서의 그의 정치적 비중도 커졌다는 것을 의미한다. 또 하나 특이한 것은 김취려가 예빈성의 판사라는 관직을 맡았다는 점이다. 禮賓省은 賓客에게 연회를 베푸는 일 등을 맡은 관청이다.[21] 오로지 무반직만 맡으면서 전문군인으로 출세한 김취려에게 이러한 직책이 주어졌다는 점은 매우 이채롭게 여겨진다. 그러나 한편으로 생각해보면 이러한 인사는 고도의 정치적 계산에 의한 결과가 아니었나 여겨진다. 즉 고려시대에 일반적인 交聘업무는 예부에서 담당했지만, 예빈성에서 접대하는 빈객은 주로 宋의 귀화인이나, 女眞의 사신과 추장, 耽羅왕족 등이었다.[22] 따라서 당시

---

21) 『고려사』 권76, 백관지 1 密直司.

거란과 전쟁을 수행하는 과정에서 거란과의 외교적 협상이나, 고려 북방에 거주하고 있는 여진족 등 다른 민족을 회유하거나 협조를 얻기 위해서 당시 이 직책은 여러모로 역할이 컸으리라 짐작된다. 어쩌면 최충헌은 자신이 매우 신임하던 김취려에게 이 직책을 겸임하게 하여, 그로 하여금 최대의 능력을 발휘하려고 한 배려는 아니었을까. 더구나 그 해 7월에 김취려는 신호위상장군으로서 서북면병마사가 되어 서북면(북계) 지방의 군사와 행정에 관한 일을 장악하였고, 9월에는 中軍兵馬使가 되어 5군 병마사 편제의 핵심적 위치를 차지하였다. 이러한 잇단 인사는 거란과의 전쟁을 수행하면서 그가 맡은 비중이 어느 정도로 커져갔는지, 또 동시에 그의 정치적 위상도 어느 정도 높아졌는지 충분히 짐작하게 해준다.

한편 거란군을 쫓아 몽고군이 남하해 오자, 그 해 12월 고려군은 몽고군과 연합하여 거란군이 웅거하고 있던 江東城을 공격하고 이듬해 1월에는 마침내 강동성을 함락시켰다. 이 전투에서 고려군의 원수는 趙沖이었고, 김취려는 그의 하급자에 지나지 않았다. 그리고 고려군이 승리하는 데 조충의 역할이 매우 컸다는 사실은 여러 기록을 통해 확인할 수 있다.[23] 그러나 특히 전투가 끝난 뒤 몽고군과 회맹을 맺을 때의 광경을 보면, 김취려는 조충과 거의 대등한 위치에서 활약했다는 사실을 주목할 수 있다. 예컨대 「행군기」에 잘 묘사되어 있듯이, 당시 실제 나이가 48세이면서도 6척 5촌이나 되는 큰 키와 배 아래까지 드리운 긴 수염으로 60대에 가까운 老將의 당당한 풍모를 풍기면서

---

22) 박용운, 『고려사 백관지 역주』, 신서원, 2009, 294~295쪽.

23) 특히 『고려사』 권103, 열전 조충전, 「趙沖 誄書」(이규보, 『동국이상국집』 권36) 및 「조충 묘지명」(『고려묘지명집성』, 334~337쪽) 참고.

몽고 장군 哈眞을 제압하고, 그로 하여금 형으로 대우하겠다고 토로하게 만든 일화는 그러한 모습을 잘 전해 준다. 또 승전을 축하하는 연회 석상에서도 몽고의 합진이 가운데 앉고, 조충과 김취려가 각각 좌우에 나란히 앉았다는 儀典사례도 김취려의 위상을 잘 보여준다. 이러한 파격적인 대우는 아마도 김취려가 판예빈성사라는 직함을 가지고 있었기 때문에 공식적으로 가능했을 것이다. 그렇다고 하더라도 훗날 이제현이 이 全과정을 서술하면서「김공행군기」라는 제목을 붙여 김취려를 전면에 내세운 점에서도 알 수 있듯이, 김취려는 이 전역에서 조충에 못지않은 중요한 역할을 했다는 사실은 주목해야 하지 않을까 한다.

이러한 점과 관련하여 조충과 김취려의 관계에서 주목되는 것은 바로 최충헌의 태도이다. 특히 강동성 전투가 끝난 뒤 조충이 개선할 때에,

> 충헌은 (조충의) 공을 시기하여 환영하는 의식(迎逆禮)을 정지시켰다.
> (『고려사』 권103, 열전 조충전)

라는 기록은 최충헌이 조충을 노골적으로 견제하고 있었다는 사실을 말해주기에 충분하다. 그런데 김취려는 강동성 전투가 끝난 직후인 2월에 西京齋祭使가 되었다. 서경에서 전투의 승리를 고하며 제사를 지내는 임무를 맡았던 것이다. 그렇다면 전투가 끝나고 몽고병을 배웅한 직후 조충은 서울로 돌아오고 김취려는 따로 서경으로 간 셈이 되는데, 이러한 조치와 관련하여 다음과 같은 기록은 특히 주목된다.

> 이때에 조충이 거란병을 격파하고 개선하자, (최)충헌은 (조충의) 공을

시기하여 迎逆禮를 정지시키고 사사로이 竹板宮에서 장수들에게 연회를 베풀었는데, 백관에게 銀을 거두어 그 비용에 충당하였다. 처음 충은 서경에 머물면서 그 軍功의 차례를 정하려 하였는데, 충헌은 變이 일어날까 두려워하여 글을 빨리 보내서 돌아오기를 재촉한 것이다.(『고려사』권129, 열전 최충헌전)

이 기록에서 보듯이 최충헌은 서경에 머물고자 하였던 조충을 급하게 서울로 불러들이고는, 조충을 홀대하면서 논공행상의 주도권을 자신이 쥐고자 하였다. 그리고 대신 김취려에게는 齋祭使의 임무를 맡기면서 서경으로 파견하였던 것이다. 더구나 명문 문반가문 출신의 조충은 당시 '出將入相'의 전형적인 인물로 크게 존경을 받고 있었다. 이렇게 본다면 조충을 고려군의 원수로 삼되, 김취려를 부원수급으로 삼은 것도 어쩌면 무인집권자인 최충헌의 의도적인 정책이 아니었나 여겨진다.[24] 이처럼 한편으로 조충을 견제하려는 의도로 김취려를 그 직책에 임명하였다면, 그만큼 최씨정권의 핵심인물로서의 김취려의 위상도 높아졌다는 뜻이 될 것이다.

Ⅴ. 최우정권과 김취려

강동성 전투가 끝난 바로 그 해 고종 7년 9월에 최충헌이 사망하고, 아들 崔瑀가 새로운 집권자로 등장하였다. 그런데 그 달에 義州의 낭장인 韓恂과 多智가 난을 일으키자 김취려는 右軍을 거느리고 토벌에 참여하

---

24) 최충헌과 조충의 대립 및 최충헌의 조충 견제에 대하여는 정선용, 「조충의 대몽교섭과 그 정치적 의미—최충헌정권과 국왕의 관계에 주목하여—」 『진단학보』93, 2002 참고.

였고, 이듬해 정월에는 中軍병마사가 되어 그 난을 완전히 진압하였다. 또 4월에는 거란의 잔당을 완전히 토벌함으로써 거의 5년이나 계속된 거란과의 전쟁을 마침내 완전하게 끝냈다. 이때 그의 나이 49세였다. 그러면 새로 등장한 최우정권 아래에서 김취려는 어떠한 역할을 하게 되었을까.

거란과의 전쟁을 계기로 고려는 몽고와 형제맹약을 맺었지만, 몽고는 은인으로 자처하면서 해마다 고려에 무거운 貢物을 요구하였다. 이에 고려가 불응하는 일이 생기면서 양국 간의 사이는 점차 벌어지기 시작하였다. 이제 새로 집권한 최우에게는 점차 악화되어 가는 몽고와의 관계를 어떻게 처리할 것인가 하는 문제가 중요한 현안으로 등장한 것이다. 그리고 그 결론은 강경책이었다는 점은 우리가 잘 알고 있는 사실이다.

이러한 상황 아래에서 김취려는 최우가 집권한 이듬해인 고종 7년 1월에 樞密院副使(정3)가 되었다. 이듬해 12월에는 樞密院使(종2)로 승진하면서 동시에 兵部尙書와 判三司事를 겸임하였다. 김취려는 추밀 직을 받아 드디어 宰樞의 반열에 오르게 된 것이다. 동시에 추밀이 軍機, 즉 軍事機密 내지는 軍事機務의 정사를 관장하는 임무를 맡았다는 점을 고려하면,25) 김취려가 이때 어떠한 일을 수행했을지 충분히 짐작할 수 있다. 이에 더하여 그가 무관의 선발과 군사관계의 일반 업무들을 관장하던 兵部의 책임자가 되었다는 점도 추밀직 임무수행의 연장선에 놓여있는 것으로 보아도 좋지 않을까 한다.26) 즉 당시 긴장감을 더해가던

---

25) 추밀원은 王命의 출납, 宿衛, 軍機之政을 관장하였다(『고려사』 권76, 백관지 1 밀직사).

26) 추밀원은 軍事와 관련하여 전장에 출정하는 군사의 파병, 군사의 징발, 열병, 군 기강의 사찰, 군사업무와 관련한 군사적 현안 논의 등 변방에 관한 포괄적인 군사업무를 맡았다(송인주, 앞의 책, 2007, 128쪽).

대몽관계에서 군사전문가로서 그는 이 직책을 맡으면서 최우의 정책수립에 적지 않은 영향을 주었으리라는 것이다.

이와 관련하여 한 가지 흥미로운 사실은 고종 7년 1월에 김취려가 추밀원부사가 될 때 최우도 추밀원부사직에 있었다는 것이다.[27] 그뿐 아니라 김취려가 고종 8년 12월에 병부상서가 될 때에도, 최우도 함께 병부상서에 임명되었다.[28] 즉 원래 정원이 1명인 병부상서직을 김취려와 최우가 동시에 맡고 있었던 것이다. 또 김취려는 고종 9년 12월에 참지정사가 되었는데, 최우는 그보다 1년 전인 고종 8년 12월에 참지정사가 되었다.[29] 이와 같이 갓 실권자로 등장한 최우와 김취려가 동시에 혹은 앞서거니 뒷서거니 하면서 같은 직책을 맡았다는 것은 최우와 김취려와의 관계를 잘 보여준다고 생각한다. 즉 최우정권 내에서도 김취려는 아주 중요한 측근 중의 측근으로 대우받았다는 점이다.

한편 김취려는 고종 8년의 判三司事에 이어, 이듬해에는 判戶部事가 되었다. 삼사는 고려의 중앙과 지방의 錢穀의 출납을 주로 담당한 기관이고, 호부는 재정일반에 대한 업무를 관장하였다. 원래 군사전문가였던 김취려가 삼사나 호부와 같은 재정을 담당하는 부서의 장이 된 것도 당시 증대해가는 군비 조달의 문제와 관련되었기 때문이 아니었을까.

고종 8년 윤12월에 최우는 재추를 자신의 집에 불러 모아 몽고에 대한 방어책을 의논하였다.[30] 그보다 한 달 앞서 김취려는 재신인

---

27) 『고려사절요』 권15, 고종 7년 정월. 이 직책은 직제상으로 정원이 2명이었으나(『고려사』 권76, 백관지 1 밀직사), 무인정권 당시에는 동시에 3명씩 임명되기도 하였다(박용운, 『고려시대 중추원 연구』, 고려대 민족문화연구원, 2001, 81쪽).

28) 『고려사』 권22, 세가 고종 8년 12월.

29) 위와 같음.

66

추밀원사직과 함께 병부상서와 판삼사사에 임명된 바 있으므로, 그 회의에는 당연히 김취려가 참석하였을 것이다 또 고종 9년 12월에 김취려는 판호부사가 되었는데, 그 이듬해 7월에 최우는 개경의 羅城을 수축하였다.31) 기록에는 이때 최우의 家兵이 부역군으로 동원되고 경비도 최우의 私財로 충당하였다고 되어 있지만,32) 이와 같은 국가적 현안 사업에 재정의 책임을 맡고 있는 판호부사가 뒷짐만 지고 있지는 않았을 것이다.

물론 이러한 일련의 정책이 수행되는 과정에서 김취려가 구체적으로 어떠한 역할을 했는지는 구체적인 기록이 없으므로 알 수 없다. 그러나 당시 병부상서나 판호부사와 같은 직책을 가지고 있던 그가 군사의 동원이나 군비조달 등과 같은 정책 수립과 실행에 깊숙하게 개입되어 있었다는 점은 분명하다고 할 것이다.

고종 12년 1월에는 귀국하던 몽고 사신이 압록강 가에서 살해되는 사건이 일어났다. 고려는 이를 金의 도둑의 소행이라고 주장하였지만, 몽고는 이를 고려의 책임으로 돌리고 국교를 단절하였다. 전쟁의 분위기가 점차 짙어진 것이다.

한편 김취려는 고종 9년 12월에 僉知政事가 되어 재신의 반열에 오르면서 판호부사를 겸하였는데, 고종 15년에는 判兵部事, 고종 17년에는 判吏部事가 되었다. 고려에서는 尙書 위에 判事를 따로 두고 중서문하성의 재신이 겸직하게 하였는데, 상서6부의 서열에 따라 판이부사는 首相이 되고, 판병부사는 亞相, 판호부사는 三宰가 되었다. 즉 김취려는

---

30)『고려사절요』권15, 고종 8년 윤12월.
31)『고려사절요』권15, 고종 10년 7월.
32) 위와 같음.

차례로 판호부사, 판병부사를 거친 다음 마침내 판이부사가 되어 수상의 지위에 오른 것이다. 이때 그의 나이 59세였다.[33]

김취려가 수상이 된 이듬해인 고종 18년 8월에 살례탑이 이끄는 몽고군이 고려를 침략해 왔다. 드디어 몽고와의 전면전이 시작된 것이다. 몽고의 제1차 침입으로 불리는 이 전투에서 고려군은 龜州 등 일부 지역에서 완강하게 저항하였지만, 몽고군이 수도인 개경을 압박하자 고려는 강화를 요청하였다. 이에 화의가 이루어져 몽고는 이듬해 1월에 군대를 철수시켰다. 이때 수상인 김취려는 淮安公 侹 등과 함께 철수하는 몽고군을 위로하며 배웅하기도 하였다.[34]

몽고군이 물러간 뒤 최우는 몽고와의 항쟁을 결의하고, 그 해 7월에는 서울을 江華로 옮겼다. 그런데 이때 천도를 결정하기까지 여러 차례 회의가 열렸다. 기록에 남아 있는 공식적인 회의만 하더라도, 2월에는 재추가 典牧司에 모여 천도문제를 논의하였고,[35] 5월에는 재추가 宣慶殿에 모였다가 다시 문무 4품 이상이 모인 확대회의가 열렸으며,[36] 6월에는 최우가 그의 사저에 재추를 모아 의논한 뒤 마침내 천도할 것을 확정하였다.[37] 이 일련의 회의에서 민심도 그러하고 대부분의

---

33) 고려에서는 문하시중이 수상이 되었지만, 문하시중이 결원일 때는 판이부사가 수상직을 맡았다(박용운, 「고려시대의 문하시중」『고려시대 중서문하성 재신 연구』, 일지사, 2000, 118~119쪽). 그런데 김취려는 판이부사로 수상이 되었지만, 언제 문하시중이 되었는지는 명확하지 않다. 「열전」에는 그가 문하시랑평장사·판병부사를 거쳐 시중에 올랐다고 하였고, 『고려사』 세가 에는 고종 21년에 '侍中 김취려가 사망하였다'라고 기록되어 있다. 그러나 「묘지명」에 적혀 있는 그의 관직 중에는 문하시중직이 없다.

34) 『고려사』 권23, 세가 고종 19년 1월.

35) 『고려사』 권23, 세가 고종 19년 2월.

36) 『고려사』 권23, 세가 고종 19년 4월.

68

관료들은 천도를 반대했지만, 재추 鄭畝와 어사대부 大集成, 상장군 金鉉甫 등이 천도론을 적극 지지하여 마침내 천도를 결정하게 된 것이다.38)

그렇다면 천도를 결정하기까지의 과정에서 김취려는 어떠한 역할을 하였을까. 아쉽게도 이때 그의 역할을 보여주는 자료는 하나도 남아있지 않고, 그의 입장에 대해 언급한 기존의 연구도 하나도 없다. 그러나 당시 그는 판이부사로서 수상의 지위에 있었던 만큼, 의장으로 재추회의를 주재하는 위치에 있기도 하였다. 또 이때 천도론을 적극 지지한 사람은 모두 최우와 밀착된 인물이었다.39) 그렇다면 김취려의 입장이나 역할은 분명한 것은 아니었을까.

김취려는 최우의 최측근 중에서도 측근의 인물이었다. 게다가 한창 천도문제가 논의되던 3월에 그는 수태부·개부의동삼사·문하시랑평장사로 승진하였고, 천도한 뒤 이듬해 12월에는 特進 柱國이 되었다. 이러한 사실만 보더라도 천도를 전후한 시기에도 그는 최우로부터 끝없는 신임을 받았음을 확인할 수 있다.40) 그러므로 김취려는 수상으로서 천도론을 적극 지지하고, 그것을 실행에 옮긴 또 하나의 중요한 인물로 소개해야 할 것이다.

그는 강화로 천도한 다음다음 해인 고종 21년(1234) 5월41)에 63세의

---

37) 『고려사절요』 권16, 고종 19년 6월.

38) 이 과정에 대해서는 윤용혁, 『고려대몽항쟁사연구』, 일지사, 1991, 134~146쪽 참고.

39) 윤용혁, 위의 책, 1991, 140~146쪽.

40) 이제현은 「행군기」에서 김취려가 사망할 때까지 8년 동안 冢宰로 있었다고 하였다.

41) 『고려사』에는 그가 고종 21년 5월 己未에 사망하였다고 하였다(『고려사』

나이로 피난지에서 사망하고 그곳의 鎭江縣 大谷洞에 묻혔다. 사후 그에게 威烈公이라는 시호가 추증되었고, 高宗 묘정에 공신으로 배향되었다.42)

Ⅵ. 맺는말

이상에서 검토한 바를 요약하면 다음과 같다.

김취려는 전통적인 무반가문에서 태어나 15세 때에 父蔭을 받아 관리가 되었다. 그의 첫 관직은 9품의 무반직인 校尉였고, 첫 근무부서는 太子府牽龍軍이었다. 이후 그는 行首와 指諭를 거치면서 주로 견룡군에서 복무하였는데, 견룡은 국왕의 친위군으로 무반들의 출세를 위해 중요한 의미를 갖는 부대였다.

고종 3년에 거란족이 침입해오자 그는 攝上將軍으로 승진함과 동시에 後軍兵馬使가 되었다. 특히 최충헌의 적극적인 신임을 받으면서 그는 前軍병마사를 거쳐 中軍병마사로 승진하였고, 금오위와 신호위상장군을 역임하면서 군인으로서 핵심적인 위치에 올라섰다. 특히 몽고와 연합한 江東城 전투에서는 원수인 趙沖 못지않은 공로를 세우는 등 큰 활약을 하면서 최충헌의 핵심 측근인물로 부각되었다.

최우정권이 들어선 다음에도 그는 추밀직과 재신직을 역임하면서

권23, 세가 고종 21년 5월).『묘지명집성』에는 김취려가 '二月'에 사망했다고 판독하였다(363쪽 28행).「김취려 묘지명」탁본사진을 보면 이 글자의 중간 부분이 마모되어 있는데, 일견 '二'자로도 보이나『고려사』등의 기록을 따라 '五'로 고쳐 읽는다.

42)『고려사』권60, 예지 2 禘祫功臣配享於庭 高宗室.

그의 정치적 비중을 키워갔다. 특히 그는 몽고에 대해 강경책을 수립하는데 큰 역할을 하였으며, 首相이 된 뒤에는 江華 천도를 결정하는 데에도큰 역할을 하였을 것으로 추정하였다.

이렇게 볼 때 김취려는 초반에는 견룡군 소속의 엘리트 장교로 성장하였고, 중반에는 거란과의 전투를 승리로 이끈 능력있는 지휘관으로활약하였으며, 후반에는 군사전문가이자 고위 행정관료로, 또 최씨정권의 주요한 핵심인물로서 대몽강경책을 수립하는 데 중요한 역할을하였다고 정리할 수 있을 것이다.

고려 고종초기 거란유종의 침입과
김취려의 활약

신 안 식

Ⅰ. 머리말

고려왕조는 건국으로부터 멸망할 때까지 송·거란(遼)·여진(金)·몽골
(元)·명 등 다양한 대외환경에 처해 있었다. 특히 대륙에서의 새로운
왕조가 등장하는 시기에는 지금까지 억눌려 있던 민족들이 봉기하여
새로운 독립국가를 세우려는 움직임이 분출하기도 하였다.[1] 12세기
몽골이 흥기하면서 지금까지 금나라의 지배를 받던 거란족 耶律留可는
혼란을 틈타 부하 10여 만을 거느리고 몽골에 투항하여 나라(遼)를
세웠지만 이후 그 부하들에게 쫓겨나게 되었다. 하지만 야율유가는
몽골의 후원을 받으면서 재차 그 부하들을 공격하게 되었고, 여기에서
밀려난 세력들이 새로운 독립 거점을 찾아 고려 내지로 침략해 들어왔으
니 그들이 바로 契丹遺種이었다.[2] 거란유종의 고려 침략은 1216년(고종

---

[1] 12세기 동아시아의 대외환경에 대해서는 高柄翊, 「蒙古·高麗의 兄弟盟約의
性格」『東亞交涉史의 研究』, 서울대출판부, 1970, 137~139쪽 ; 姜晋哲, 「蒙古
의 侵入에 대한 抗爭」『한국사』7, 국사편찬위원회, 1973, 335~337쪽 등을
참조할 수 있다.

3) 8월부터 江東城에서 고려와 몽골 연합군에 의해 진압되었던 1219년 (고종 6) 정월까지였다. 이 시기의 고려는 양계 지역으로부터 중부 지역까지 그들의 침략을 당했고 그 피해도 상당했던 것으로 알려져 있다.

지금까지 거란유종의 침략에 대해서는 최충헌집권기 민의 항쟁사나 몽골과의 대몽항쟁사에 관한 연구에서 일부 다루어지기는 했지만,[3] 본격적인 전쟁사[4] 혹은 김취려 등과 같은 개별 인물에 대한 연구성과는[5] 전무한 실정이다. 거란유종의 침략은 희종대 이래 소강상태에 있었던 지방사회의 저항이 재차 촉발되었던 계기였다. 이런 점에서 최충헌정권 의 임전자세는 이 시기 지방사회의 동향에도 커다란 영향을 끼칠 수밖에 없었다. 또한 거란유종의 침략 결과는 몽골이 고려 영토로 들어올 수 있었던 명분이 되었고, 이를 대몽전쟁의 시작으로 보는 견해도[6] 있다. 따라서 거란유종의 침략은 종국에는 진압되었지만, 고려의 입장에서는

---

2) 박용운, 『고려시대사』, 일지사, 2009, 550~551쪽.

3) 邊太燮, 「農民·賤民의 亂」 『한국사』 7, 국사편찬위원회, 1973 ; 周采赫, 「몽골-고려사 연구의 재검토-몽골-고려 전쟁사 연구의 시각문제」 『애산학보』 8, 1989 ; 朴宗基, 「12, 13세기 農民抗爭의 原因에 대한 考察」 『東方學志』 69, 1990 ; 채웅석, 「12, 13세기 지방사회의 변동과 '민'의 대응」 『역사와 현실』 3, 1990 ; 尹龍爀, 『高麗對蒙抗爭史硏究』, 一志社, 1991 ; 李貞信, 『高麗 武臣政權期 農民·賤民抗爭 硏究』, 고려대 민족문화연구소, 1991 ; 申安湜, 『高麗 武人政權과 地方社會』, 景仁文化社, 2002.

4) 거란유종의 침략 과정을 정리한 것은 金庠基의 글이(『新編 高麗時代史』, 서울대출판부, 1985, 415~427쪽) 참고된다.

5) 김취려에 대한 인물사적인 연구는 거의 없고, 다만 김취려에 대한 평전 및 소설 형식 등으로 출판된 것은 다음과 같다. 李相文, 「김취려(金就礪)」 『軍史』 11, 1985 ; 황천우, 『英雄 김취려』, 도서출판 명석, 2010.

6) 高柄翊, 앞의 논문, 1970 ; 周采赫, 「高麗內地의 達魯花赤 置廢에 관한 小考」 『淸大史林』 창간호, 1974.

몽골과의 새로운 대외환경이 조성되었을 뿐만 아니라 최충헌정권의 정국운영을 알아볼 수 있는 사례이기도 하다.

이 글에서는 거란유종의 침략을 저지할 수 있었던 중요한 전투를 중심으로 김취려의 행적을 살펴보고자 한다. 거란유종의 침략 과정은 당시 고려왕조의 전투역량을 살펴볼 수 있는 것이며, 전쟁의 승패는 무장들의 개별적인 능력을 가늠할 수 있는 것이기도 하다. 이를 위해 본문에서는 거란유종을 격퇴한 중요한 전투였던 香山·朴達峴·江東城 전투를 중심으로 거란유종 침략 과정의 특징과 김취려의 활약상을 살펴보도록 하겠다.

Ⅱ. 거란유종의 침략과 김취려

1. 거란유종의 병력

고종 3년 윤7월 병술일(5일)에 금나라 東京總管府에서 北界의 병마사를 통해 거란족의 침략이 있을 것이라는 첩장을 보내왔고,7) 그 다음달

---

7) 『高麗史』 권22, 세가22, 고종 3년 윤7월 丙戌. 금나라에서는 이후에도 고려로의 침략을 감행하려는 이민족의 동태를(『高麗史』 권22, 세가22, 고종 3년 11월 庚寅, "金移牒日 韃靼兵來攻大夫營 乘閒入城 然己盡殺 尙恐餘黨 逃入貴邦 煩請照會 堤防掩殺") 계속해서 고려에 알려왔다. 금나라에서 고려에 위협을 가할 수 있는 동진국 혹은 거란족 등의 동태를 고려에 통보해 준 것은 그 세력의 확대를 차단하려는 의도뿐만 아니라 금나라의 혼란에 따른 고려의 상황을 예의주시하고자 한 목적이었을 것이다. 이러한 금나라의 의도는 고려에 의해 수용되어 양국의 연합 작전을(『高麗史』 권22, 세가22, 고종 3년 9월 戊子, "金來遠軍 移牒寧德城 約與夾攻契丹 仍索兵馬糧";『高麗史』 권22, 세가22, 고종 3년 11월 庚寅, "金移牒日 韃靼兵來攻大夫營 乘閒入城 然己盡殺 尙恐餘黨 逃入貴邦 煩請照會 堤防掩殺") 계획하기도 하였다.

8월 을축일(14일)에[8] 고려로의 본격적인 침략이 개시되었다. 그들이 고려로 침략을 감행한 의도는 다음을 통해서 파악할 수 있다.

> 가-① 거란 병이 글을 급히 보내어 보고하기를, "大遼는 개국한 지 2백여 년 중간에 女眞에게 침범된 지 또한 장차 1백년이 되었다. 그 여진에게 함락된 여러 邑은 모두 수복되었으나, 오직 婆速路 한 城만 항복받지 못했으므로 여러 번 공격하여 마침내 항복을 받고 관리들은 그대로 임용하였으며, 백성들도 또한 예전대로 생업에 안정되어 있다. 만약 너희들이 항복하지 않으면 곧 대군을 보내 살육하고 조금도 가벼이 용서함이 없을 것이다"라고 하였다. (『高麗史』 권22, 세가22, 고종 3년 8월 乙亥)

이 자료에서는 거란유종이 자신들의 정체성을 요나라에 두었음을 알 수 있게 한다. 요나라는 금나라 이전 고려와 조공 책봉의 관계였다. 금나라 쇠퇴기에 요나라의 의미를 내세운 것은 동아시아의 전통적 질서를 재설정함으로써 고려와의 관계를 회복하고자 했던 의도였을 것이다. 그런데 이 문서는 고종 3년 8월 을해일(24일)에 보내진 것이었고, 거란유종의 침략은 10일 전인 8월 을축일(14일)부터 이미 진행되고 있었다. 따라서 고려와 거란의 전통적 관계를 강조한 것은 침략을 위한 명분이었고, 침략 목적은 금나라와 몽골의 압박으로부터 벗어날 수 있는 독립 거점을 확보하는데 있었을 것이다.

한편 거란유종의 침략은 모든 병력이 동시에 고려로 들어온 것이 아니라 두 개의 병력으로 나누어진[9] 것으로 보인다.

---

8) 『高麗史』 권22, 세가22, 고종 3년 8월 乙丑.
9) 거란유종의 병력이 선발대와 후발대 두 개로 나뉘었다는 것은 두 병력이

가-② 契丹遺種 金山·金始 두 왕자가 그 장수 鵝兒·乞奴 두 사람을 보내어, 군사 수만 명을 이끌고 압록강을 건너와서 寧朔·定戎의 경계를 침략하였다. (『高麗史』 권22, 세가22, 고종 3년 8월 乙丑)

가-③ 義州·靜州·朔州·昌州·雲州·燕州 등의 주와 宣德鎭·定戎鎭·寧朔鎭 등의 여러 진에 난입하여 모두 저의 妻子를 데리고 다니니 산과 들에 사람이 가득 찼다. 곡식과 우마를 마음대로 빼앗아 먹고 한 달 동안이나 있다가 먹을 것이 없어지자 雲中道로 옮겨 갔다. (『高麗史節要』 권14, 고종 3년 8월 丙寅)

가-④ 北界에서 보고하기를 "다시 거란 병이 와서 이미 寧德城을 도륙하고 나아가 安州·義州·龜州의 세 주를 포위하였으며, 또 군사들이 麟州·龍州의 두 州의 경계로부터 와서 鐵州·宣州의 두 주를 공격합니다"라고 하였다. (『高麗史』 권22, 세가22, 고종 3년 8월 辛未)

가-②·③의 자료에서 보면, 고종 3년 8월 을축일(14일)에 처음으로 침략한 병력은 鵝兒와 乞奴가 이끈 것이었다.[10] 이들은 압록강을 건너 寧朔鎭과 定戎鎭에 대한 침략을 시작으로, 8월 병인일(15일)에는 義州·靜州·朔州·昌州·雲州·燕州 등의 주와 宣德鎭·定戎鎭·寧朔鎭 등에도 난입하였다. 이틀 사이에 9개 지역을 공략하였음을 볼 때, 선발대의 전투부대들이 대군으로 움직인 것이 아니라 몇 개의 단위 부대로[11] 흩어져

시차를 두고 고려로 침략했을 뿐만 아니라 그 부대를 이끌었던 수장이 아아·걸노(『高麗史』 권22, 세가22, 고종 3년 8월 乙丑) 또는 금산·금시 왕자(『益齋亂稿』 권6, 記, 門下侍郎平章事判吏部事贈諡威烈公金公行軍記)로 각각 되어 있었다는 점에서 착안한 것이다. 또한 『元史』에서도 거란유종의 병력이 左翼과 右翼(『元史』 권149, 열전36, 耶律留可傳, "…… 推其丞相乞奴監國 與其行元帥鵝兒 分兵民爲左右翼 屯開·保州兮 ……")으로 분리되었음을 확인할 수 있다.

10) 아아와 걸노가 이끈 병력을 '거란유종 선발대' 혹은 '선발대'라고 부르고자 한다.

움직였을 가능성이 있다고 하겠다. 이들이 유목계 병력의 주축을 이루었던 기병이었는지는 추정하기 어렵지만, 전투 과정에서의 노획물 중에 말도 다수 포함된 것으로[12] 보아 속도전을 위한 기병도 있었을 것이다.

그런데 가-③의 자료에서 보면, 8월 신미일(20)에 '다시 거란 병이 와서[再至丹兵]'라고 하였는데, 이때의 병력은 金山·金始 왕자가 이끈 병력이 아니었을까 한다.[13] 이는 고종 3년 9월에 창주분도장군 김공석이 "거란의 뒤에 오는 군사들이 지난달부터 대거 변경으로 들어왔는데[契丹後至者 自前月大入境], 이들은 곧 금산·금시의 군사입니다"라고[14] 보고한 데서도 추정해 볼 수 있다.

---

11) 거란유종이 고려군과 전투를 벌일 때 2,000여 명(『高麗史』 권22, 세가22, 고종 3년 9월 乙卯, "西京兵 至成州之狗淺 遇丹兵二千餘人 交戰 斬獲共一百十五人") 혹은 5,000여 명(『高麗史』 권22, 세가22, 고종 4년 4월 庚戌. "丹兵五千餘人 至金郊驛") 등의 부대를 확인할 수 있다.

12) 『益齋亂稿』 권6, 記, 門下侍郎平章事判吏部事贈諡威烈公金公行軍記, "我三軍至朝陽鎭 中軍軍城中 右軍·後軍軍城外 朝陽人走報賊已近 三軍各選精銳禦之 軍候員吳應儒, 神騎將丁純祐獨所斬馘八十餘級 擒而致者二十餘人 得生馬數百匹 符印器仗甚衆 吳應儒又引步卒三千五百 遇賊于龜州直洞村 斬二百級 擒三十五人 得生馬戰具銀牌銅印甚衆 將軍李陽升亦破賊于長興驛 皆公麾下也 三軍遣神騎將跡賊 遇賊與戰于新里 斬首一百九十級 進次延州 以光裕·延壽·周氏·光世·君悌·趙雄六將守師子巖 永驕·迪夫·文備三將守楊川 九月二十五日 九將斬賊七百級 得馬騾生牌印兵仗 不可殫記". 이런 말의 용도가 전투용 혹은 생계용 어느 쪽이었을까는 분명하지 않지만, 거란유종의 경우에는 두 용도 모두 포함해서 이해할 필요가 있을 것이다.

13) 금산과 금시 왕자가 이끈 병력을 '거란유종 후발대' 혹은 '후발대'라고 부르고자 한다.

14) 『高麗史節要』 권14, 고종 3년 9월, "昌州分道將軍金公奭飛報 契丹後至兵 自前月大入境"; 『益齋亂稿』 권6, 記, 門下侍郎平章事判吏部事贈諡威烈公金公行軍記, "昌州分道將軍金公碩報曰 契丹後至者 自前月大入境 卽金山·金始之兵也".

　　이런 점에서 보면, 거란유종의 병력은 크게 선발대와 후발대로 나뉘어 졌음을 알 수 있는데, 이는 고려 군사력의 분산을 위한 전술이었던 것으로 파악된다. 거란유종의 전체 병력이 어느 정도였는지는 자세하지 않지만 10만 내외였을 것으로 보이고,[15] 선발대와 후발대 각각의 병력은 거의 동일했을 것으로 추정된다. 그것은 사료 가-②에서 거란유종이 8월 14일에 처음 침략했을 때 고려에서 파악한 병력이 수만 명이었다거나, 또한 이들이 9월에 고려군에 쫓겨 淸塞鎭 밖으로 밀려난[16] 이후 고종 4년 2월 무오일(11일)에 다시 고려로 들어왔을 때 정주분도장군 박유가 보고했던 '약3만 명의 병력[三萬許]'[17] 등에서 알 수 있다. 특히 3만 명이라는 병액에서 고려군과 선발대와의 전투 과정에서 손실한 병력을 감안해 본다면 선발대와 후발대의 병력 수가 거의 동일했다고

---

15)　『元史』 권139, 열전36, 耶律留可傳, "留哥皆擊走之 因與耶的合勢募兵 數月衆至 十餘萬 推留哥爲都元帥 …… 與其行元帥鴉儿 分兵民爲左右翼 屯開·保州兮" 라고 하여, 야율유가가 금나라로부터 벗어날 때 거느린 병력이 10여 만이었 고, 뒤에 이들을 左·右翼으로 분리했음을 확인할 수 있다. 그리고 『元史』 권208, 열전95, 外夷1, 高麗傳에서는 "太祖十一年 契丹人金山 元帥六哥等 領衆九萬餘 竄入其國"이라고 하여 거란유종의 병력을 9만여 명으로 파악하 였음을 알 수 있다.

16)　『高麗史節要』 권14, 고종 3년 9월, "賊奔入香山 燒普賢寺 三軍追擊之 斬獲摠二 千四百餘人 溺死南江者 亦以千數 餘衆夜遁於昌州 婦女小兒 委棄路旁 號哭聲 如萬牛之吼 有一人棄兵 自稱官人 直前請曰 我等擾貴國邊疆 固有罪矣 婦子何 知 請無庸盡殺 且無薄我 我則刻日自返矣 就礪使謂之曰 汝言何可信 與之酒 快飮而去 俄而 鴉兒乞奴 送符文陳乞 如其所言 三軍各遣二千人 躡其後 見賊所 棄資糧器仗 狼藉於道 牛馬則或斫其腰 或刺其後 蓋使得之 不可復用也 所遣六 千人 戰于淸塞鎭 擒殺過當 平虜鎭都領祿進 亦擊殺七十餘級 賊遂踰淸塞鎭 遁去".

17)　『高麗史』 권22, 세가22, 고종 4년 2월 戊午, "定州分道將軍朴儒馳報 丹兵三萬許 來寇燒柵".

하겠다. 또한 그들의 병력은 모두 군사로만 이루어진 것이 아니라 妻子 등도 동행했던[18] 것으로 보인다. 따라서 실제로 전투를 치를 수 있는 거란유종의 병력은 고려 군사력이 감당하지 못할 정도의 큰 병력은 아니었을 것으로 파악된다.

이에 대한 고려의 대처는 중앙에서 조직된 3군과 북계 각 지역에 상주한 병력에 의해서 이루어졌다. 고종 3년 8월 을축일(14일)에 거란유종의 첫 침략이 이루어진 4일 뒤인 기사일(18일)에 중군·우군·후군의 3군이[19] 조직되었고, 9월에는 중군의 요청에 따라 전군과 좌군의 2군이[20] 추가로 조직되었다. 하지만 거란유종 선발대와 후발대에 대한 초기 전투는 앞서 조직된 3군이 주로 담당하였다. 3군의 병력은 13領 13,000여 명의 군사와 神騎 등으로 구성되었다.[21]

---

18) 『高麗史節要』 권14, 고종 3년 8월 丙寅, "闌入義靜朔昌雲燕等州 宣德定戎寧朔 諸鎭 皆以妻子自隨 瀰漫山野 恣取禾稼牛馬而食之 居月餘食盡 移入雲中道"; 『益齋亂稿』 권6, 記, 門下侍郎平章事判吏部事贈諡威烈公金公行軍記, "聖武赫 怒 大擧伐之 二王子席卷而東 請地及糧於我 我不許 二王子固有窺覦之心 又挾 斯憾 使鵝兒乞奴先引兵數萬渡江 妻子皆以自隨 由鎭戎寧朔趣阿史川".

19) 『高麗史節要』 권14, 고종 3년 8월 己巳, "以上將軍盧元純爲中軍兵馬使 知御史 臺事白守貞 知兵馬事 左諫議大夫金蘊珠爲副使 上將軍吳應富爲右軍兵馬使 崔宗俊 知兵馬事 侍郎庾世謙爲副使 大將軍金就礪爲後軍兵馬使 崔正華 知兵 馬事 陳淑爲副使 以禦之".

20) 『高麗史節要』 권14, 고종 3년 9월, "以左承宣車倜爲前軍兵馬使 大將軍李傅 知兵馬事 禮部侍郎金君綏爲副使 上將軍宋臣卿爲左軍兵馬使 將軍崔愈恭 知 兵馬事 刑部侍郎李實椿爲副使 從中軍之請也". 전군과 좌군의 2군이 거란유 종 선발대와 직접적인 전투를 벌인 사례를 찾아보기 어렵다. 때문에 이들 부대는 거란유종 후발대에 대처하기 위해 조직된 것으로 파악된다.

21) 『高麗史』 권103, 열전16, 金就礪傳, "於是 以上將軍盧元純爲中軍兵馬使 知御史 臺事白守貞 知兵馬使 左諫議大夫金蘊珠爲副使 上將軍吳應夫爲右軍兵馬使 崔宗峻 知兵馬事 侍郎庾世謙爲副使 就礪爲後軍兵馬使 崔正華 知兵馬事 陳淑 爲副使 十三領軍及神騎屬焉".

2. 선발대와 香山 전투

〈표 1〉 거란유종 선발대의 침략 양상

연대 (1216, 고종3)			침략 양상	출전
8월	Ⓐ	乙丑 (14)	契丹遺種金山·金始二王子 遣其將鵝兒·乞奴二人 引兵數萬 渡鴨綠江 侵寧朔·定戎之境	史
	Ⓑ	丙寅 (15)	闌入義靜朔昌雲燕等州 宣德定戎寧朔諸鎭 皆以妻子自隨 瀰漫山野 恣取禾稼牛馬而食之 居月餘食盡 移入雲中道	節要
	Ⓒ	壬午 (2)	以大將軍李溥爲西海道防護使 大將軍崔愈恭爲東界兼春州道防護使 朝陽鎭奏 契丹兵至鎭 甲仗別監東大悲院錄事劉性臧 副將李純老等 擊殺二十九人 取旗幟鉦鼓 乃拜性臧 司宰注簿 純老 大悲院錄事	史
	Ⓓ		北界兵馬使文漢卿 與丹兵戰 擒八人	
	Ⓔ		三軍各發別抄一百 神騎四十人 行至朝陽阿爾川邊 與契丹兵戰 我兵稍却 後軍郎將丁純祐 突入賊中 斬持纛者 丹兵奔潰 乘勝斬馘八十二級 擄十人 幷獲楊水尺一人 得牛馬數百匹 符印器仗甚衆 乃拜純祐爲將軍	節要
	Ⓕ		三軍又與丹兵 戰于連州東洞 斬首百餘級	節要
	Ⓖ	壬辰 (12)	昌州分道將軍金公奭 與丹兵 戰于昌州 斬首四十二級 延州郎將玄章等 屢戰 斬殺七十餘級 獲牛馬八十 雲州副使薛得儒 再戰 殺五十餘級	史
	Ⓗ	己亥 (19)	西京兵與契丹 戰于朝陽豐端驛 斬一百六十餘級 溺江死者亦衆	史
9월	Ⓘ	24일	丹兵自昌州 移屯延州之開平·原林兩驛 終日絡繹不絶 三軍遣神騎將追之 與戰于新里 斬一百九十級 三軍進次延州 以光裕·延壽·周氏·光世·君悌·趙雄等六將 守獅子嵒 永麟·迪夫·文備三將 守楊州	
	Ⓙ	25일	翼日 九將戰于朝宗戌斬獲共七百六十餘人 得馬驟牛及牌印兵仗 不可殫記 契丹不復分兵 聚屯開平驛 三軍旣至 皆莫敢前 右軍據西山之麓 中軍受敵于野 小退屯獨山 後軍兵馬使金就礪 拔劍策馬 與將軍奇存靖 直衝賊圍 出入奮擊 丹兵潰 追過開平驛 賊設伏驛北 急擊中軍 就礪回擊之 契丹又潰 中軍兵馬使盧元純 夜謂就礪曰 彼衆我寡 右軍又不至 始齎三日糧耳 今已盡 不如退據延州城 以俟後便 就礪曰 我軍屢捷 鬪志尙銳 請乘其鋒 一戰而後議之 賊布陣墨匠之野 軍勢甚盛 元純 馳召就礪 且揚黑幟爲信 士卒冒白刃爭赴 無不一當百 就礪與文備 橫截賊陣 所向披靡 三合三克 就礪長子死	益齋 ＋ 節要
	Ⓚ		賊奔入香山 燒普賢寺 三軍追擊之 斬獲摠二千四百餘人 溺死南江者亦以千數 餘衆夜遁於昌州 婦女小兒 委棄路旁 號哭聲 如萬牛之吼 有一人棄兵 自稱官人 直前請曰 我等擾貴國邊疆 固有罪矣 婦子何知 請無庸盡殺 且無薄我 我則刻日自返矣 就礪使謂之曰 汝言何可信 與之酒 快飮而去 俄而 鵝兒乞奴 送符文陳乞 如其所言 三軍各遣二千人 躡其後	節要

9월	Ⓚ	見賊所棄資糧器仗 狼藉於道 牛馬則或斫其腰 或刺其後 蓋使得之 不可復用也 所遣六千人 戰于淸塞鎭 擒殺過當 平虜鎭都領祿進 亦擊殺七十餘級 賊逐踰淸塞鎭遁去	節要
10월	Ⓛ	契丹復聚衆 連日耀兵於昌州門外 百五十人犯昌州門 官軍擊走之	

* 출전 : 『高麗史』 권22, 세가22, 고종 3년→史, 『高麗史節要』 권14, 고종 3년→節要
『益齋亂稿』 권6, 記, 門下侍郞平章事判吏部事贈諡威烈公金公行軍記→益齋

<표 1>-Ⓐ와 Ⓑ의 자료에서 보면, 아아와 걸노가 이끈 거란유종 선발대가 파상적으로 침략하면서 북계의 많은 지역이 피해를 입었음을 알 수 있다. 특히 Ⓑ의 자료에서 보면, 선발대가 북계 지역을 침략하여 약 1달 동안 약탈하면서 머물렀다가 雲中道로 옮겨갔음을 확인할 수 있다. 이는 곧 고려의 수도 개경으로 내려가기 위한 통로를 확보하기 위한 것이었을 것이다. 후술하겠지만 고종 3년 10월에 거란유종 후발대가 청천강을 넘어 서경 지역으로 내려간 것을 보면,[22] 선발대는 고려군의 전력을 분산시키기 위해 운중도 쪽으로 옮겨갔을 가능성이 있다. 운중도는 서경 지역으로 나아가거나 혹은 서경 지역을 우회하여 개경 혹은 東界 지역으로 진출하기 위해서는 반드시 거쳐야 했던 도로였다.[23] 따라서 고려군과 거란유종 선발대의 운중도 지역에서의 전투는 전쟁 초기의 승패를 가름할 수 있는 중요한 것이었다고 할 수 있다.

거란유종 선발대와의 본격적인 전투는 고종 3년 9월 임오일(2일)에 朝陽鎭에서 있었다(Ⓒ). 그런데 <표 1>-Ⓒ·Ⓔ·Ⓕ의 자료에서 보면, 고려군과 거란유종의 전투에서 29명(Ⓒ)·8명(Ⓔ)·100여 명(Ⓕ) 등 그다지

---

22) 『高麗史節要』 권14, 고종 3년 10월, "丹兵屯於藥山南 石牛·新豐·玉兒等驛之野 營主文漢卿 會諸城兵 戰于渭州城外 殺五百七十餘級 我軍死者三十餘人 三軍屯博州 夜遣卒 襲賊于興郊驛 虜四十餘人 翼日夜 戰于洪法寺克之 金公甈與賊百餘人 戰於州城門外 殺獲五十四人 公甈入城休卒 賊夜涉淸川江 指西京".
23) 신안식, 「고려시대 兩界의 성곽과 그 특징」 『軍史』 66, 2008, 13~15쪽.

많지 않은 병력이 사살되었음을 알 수 있다. 이런 점은 선발대의 병력이 단위 부대들로 분산되었음을 추정할 수 있게 한다. 선발대의 대규모 이동에 따른 본격적인 전투는 고종 3년 9월 임진일(12일)의⒢ 昌州·延州·雲州·龜州[24] 등의 지역에서이다. 특히 구주에서는 거란 군사 300여 명이 直洞村으로 들어오자 裨將 吳應儒가 보졸 3,500명을 동원하여 250명을 죽이고, 33명을 사로잡는 등 적을 섬멸하는 전과를[25] 올렸다. 또한 구주에서 3,500명의 보졸을 동원했다는 것은 다른 지역에서도 이와 비슷한 병력이 동원되었을 것으로도 추정된다. 이는 3군의 13,000여 명의 병력과 합하면 거란유종의 병력과 큰 차이가 없었음을 알 수 있게 한다.

　한편 <표 1>-ⓒ·ⓔ·ⓕ·ⓗ의 자료에서는 고려와 거란유종 선발대의 군사가 조양진 인근에서 수차례 전투를 벌였음을 확인할 수 있다. 조양진은 운중도를 통해 북방에서 서경 혹은 동계 지역으로 뻗어나갈 수 있는 길목으로서 821間 규모의 성곽과[26] 3,900여 명의 州鎭軍을 보유한[27] 중요한 지역이었다. 비록 소규모의 전투였지만 조양진 전투에서의 고려군의 연이은 승리는 延州 지역에서의 승리로⒤·⒥ 이어져 선발대

---

24) 『高麗史節要』 권14, 고종 3년 9월.

25) 『高麗史節要』 권14, 고종 3년 9월, "丹兵三百餘人 來屯龜州直洞村 裨將吳應儒 率步卒三千五百人 銜枚擊之 散員咸洪宰 甄國寶 李稷 校尉任宗庇等 突入賊中 斬二百五十餘級 虜三十三人 獲牛馬戰具 銀牌銅印甚多".

26) 『高麗史』 권82, 지36, 병2, 성보, 태조 13년, "城朝陽鎭八百二十一閒 門四 水口一 城頭·遮城各二".

27) 『高麗史』 권83, 지37, 병3, 주현군, 北界, 朝陽鎭, "將一 副將一 中郎將一 郎將五 別將八 校尉二十 隊正四十一 行軍一千一百四十三人 精勇十五隊 內馬二隊 左軍十五隊 內馬弩各二 右軍三隊 保昌五隊 神騎四十二人 步班四十四人 白丁六十七隊".

의 많은 병력을 살상했을 뿐만 아니라 고려 군사의 사기를 끌어올리는 성과를 거뒀다.

이와 같은 결과에 따라 거란유종 선발대를 물리칠 수 있었던 중요한 전투가 <표 1>-ⓚ의 자료에서 볼 수 있듯이, 香山[28] 전투였다. 선발대가 향산 전투에서 고려군에게 수천 명이 사살되면서 남은 무리들이 1차적으로 창주로 후퇴하였고[餘衆 夜遁於昌州], 선발대의 나머지 군사들도 청새진 밖으로 후퇴하지[賊遂踰淸塞鎭 遁去] 않을 수 없었다. 그 결과 거란유종의 파상공세에 처음에는 밀리는 모습을 보였던 고려군은 최충헌 정권의 안일한 대처에도[29] 불구하고 거란유종의 선발대를 청새진 밖으로 물리칠 수 있었다.

거란유종 선발대와의 전투에서 많은 전과를 올렸던 대표적인 인물이 김취려였다. 그는 고종 3년 8월 기사일(18일)에 후군병마사로 임명된[30] 이후 많은 전투에 직접 참여하였다. 그 과정에서 나타난 그의 무장으로서의 능력은 다음과 같이 평가할 수 있다.

첫째, 그는 뛰어난 勇壯이면서 전술가였다. <표 1>-ⓙ의 자료에서 보면, "거란이 군사를 다시 나누지 못하고 개평역에 모여서 주둔하니, 3군이 이미 이르렀으나 모두 감히 앞으로 나아가지 못했다. 우군은

---

28) 향산은 오늘날 평안북도 향산군과 구장군, 평안남도 영원군, 자강도 희천시에 걸쳐 있는 妙香山으로 알려져 있다(金庠基, 앞의 책, 1985, 417쪽). 『高麗史』 권58, 지12, 지리3, 안북대도호부, 淸塞鎭, "高宗四年 以禦丹兵有功 陞威州防禦使 後投狄背國 改稱熙州爲价州兼官 有妙香山[卽太伯山]".

29) 『高麗史節要』 권14, 고종 3년 8월, "三軍啓行 先是 崔忠獻自謂國富兵强 每有邊報 輒罵之曰 何以此等小事 煩驛騎驚國家乎 輒流其告者故 邊將解體曰 必待賊兵 來陷兩三城然後 乃可飛報 至是 京城無備 人情恟懼 皆怨忠獻".

30) 『高麗史』 권22, 세가22, 고종 3년 8월 己巳.

〈지도 1〉 거란유종 선발대의 이동 경로

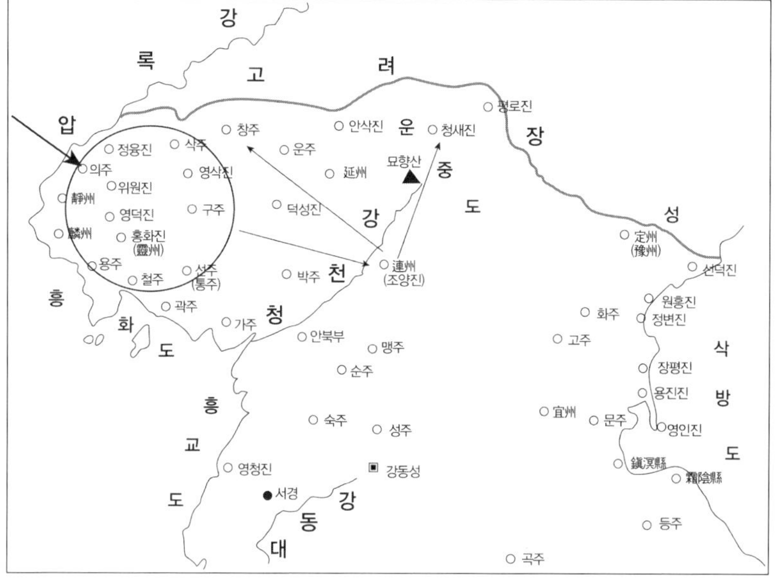

서산의 기슭에 웅거하고, 중군은 적군을 들에서 맞이하여 조금 후퇴하여 獨山에 주둔하였다. 후군병마사 김취려가 칼을 뽑아들고 말을 채찍질하여 장군 기존정과 더불어 적군의 포위를 돌파하고 드나들면서 후려치니 거란의 군사가 무너졌다. 이를 뒤쫓아 개평역을 지나가자 적이 역의 북쪽에 군사를 매복시켰다가 급히 중군을 치므로 김취려가 되돌아와서 이를 치니 거란의 군사가 또 무너졌다"라고 했듯이, 김취려는 뒤에서 군사를 독려하기보다 직접 전투에 뛰어들어 승리를 이끌어내는 뛰어난 용장이었음을 알 수 있다.

또한 "중군병마사 노원순이 밤에 김취려에게 말하기를, '저들은 군사가 많고 우리는 군사가 적으며 右軍도 이르지 않았소. 당초에 3일 먹을 양식만 준비했는데 지금 벌써 다 떨어졌으니, 물러가서 연주성에 웅거하여 후일의 기회를 기다리는 것만 같지 못할 것이요'라고 하였다. 이에 김취려가 말하기를, '우리 군사가 여러 번 이겼으므로 투지가 아직 왕성하니, 그 예봉을 이용하여 한 번 싸운 뒤에 의논하기로 합시다'라고 하였다. 적군이 墨匠들에 진을 치니, 기세가 매우 강성하였다. 노원순이 빨리 김취려를 불러오고, 또 검은 깃발을 날려 신호를 하니, 사졸들이 시퍼런 칼날을 무릅쓰고 다투어 나아가서 한 사람이 백 명을 당해 내지 않는 사람이 없었다. 김취려가 文備와 더불어 적진을 가로 끊으니 가는 곳마다 적군이 쓰러졌다. 세 번 싸워서 세 번 모두 이겼다"라는 데에서는 그가 뛰어난 전술가였음을 알 수 있게 한다. 다른 장수가 어렵다고 할 때 적의 기세에 눌리지 않고 군사의 사기를 직접 끌어올리면서 승리를 이끌어낸 것은 그의 전술가다운 모습을 잘 보여주고 있다.[31] 이런 점에서 중군병마사 노원순이 말 위에서 술을 따라 주며 祝壽하고, 중군과 우군의 장졸과 여러 성의 父老들도 모두 머리를 조아리며 경의를 표할 정도였다.[32]

---

31) 김취려가 썼던 전술은 손자병법의 "군대를 이용하여 전쟁을 할 때는 빠른 승리처럼 귀중한 것이 없다. 전쟁이 오래 지속되면 병사가 둔해지고 예기가 꺾인다" 혹은 "전쟁을 잘하는 자는 전쟁의 승패를 氣勢에서 구하지 병사들을 문책하지 않는다"(『孫子兵法』第2, 作戰篇, "其用戰也 貴勝 久則鈍兵挫銳" ; 『孫子兵法』第5, 勢篇, "故善戰者 求之於勢 不責於人")라는 것과 상통한다고 하겠다.

32) 『高麗史節要』 권14, 고종 3년 9월, "昌州分道將軍金公奭 飛報 契丹後至兵 自前月大入境 三軍次延州 唯留內廂自衛 其餘悉發 後軍獨遇于楊州 擒殺數十百級 兩軍 先回博州 就礪護輜重徐行 至沙現浦 賊突出狙擊 就礪告急於兩軍 兩軍 守便宜不出 就礪力戰却之 卒護輜重而至 盧元純 出迎西門外 賀曰 卒遇强敵 能摧其鋒 使三軍負荷之士 無一毫之失 公之力也 馬上酌酒爲壽 兩軍將士及 諸城父老 皆扣頭曰 今者 與强寇角立 而自戰其地 可謂難矣 而於開平墨匠香山原林之役 後軍 每爲先鋒 以少擊衆 使我老弱 存其性命 顧無以報 但祝壽而已".

둘째, 그는 승리에 자만하지 않고 보다 완벽한 승리를 이끌어내는 장수였다. <표 1>-Ⓚ의 자료에서 보면, "적군이 달아나 香山으로 들어가 보현사를 불태웠다. 3군이 이를 추격하여, 목베고 사로잡은 것이 모두 2,400여 명이나 되고, 南江에 빠져 죽은 자 또한 1,000여 명이었다. 남은 무리들은 밤에 昌州로 도망가면서 부녀와 어린아이들을 길가에 버리고 가니, 목 놓아 우는 소리가 만 마리의 소 울음소리와 같았다"라고 했듯이, 향산 전투에서 고려군은 큰 승리를 거두었다. 이에 선발대의 잔여병력이 후퇴하고자 했을 때, 김취려는 적의 퇴로를 열어주면서도 동시에 추격병을 보내 적의 후방을 공격하여 큰 전과를 올렸다. 이는 이미 후발대가 북계 지역으로 들어왔던 상황에서 선발대의 전력을 약화시킴으로써[33] 고려의 군사력을 다른 쪽으로 집중할 수 있도록 하기 위함이었을 것이다.

3. 후발대와 박달현 전투

앞에서도 살폈듯이, 아아와 걸노가 이끈 거란유종의 선발대가 고려군과 전투를 벌이는 사이에 금산과 금시 왕자가 이끌었던 거란유종 후발대가 선발대보다 6일 뒤인 8월 신미일(20일)에 북계 지역으로 침략해 들어왔다.

<표 2>-①의 자료에서 보면, 거란유종 후발대는 고종 3년 8월 신미일(20일)에 침략을 개시하여 먼저 寧德城을 도륙하고 나아가 安州·義州·龜

---

33) 거란유종 선발대가 다시 활동을 재개한 것은 <표 1>-Ⓛ의 자료에서 고종 3년 10월과 고종 4년 2월이었지만(『高麗史』 권22, 세가22, 고종 4년 2월 戊午, "定州分道將軍朴儒馳報 丹兵三萬許 來寇燒柵"), 이때는 이미 그 세력이 상당히 약화된 상태였다.

州의 세 주를 포위하였으며, 또 군사들이 麟州·龍州의 두 州의 경계로부터 와서 鐵州·宣州의 두 주를 공격하였음을 알 수 있다. 이들 지역은 앞서 선발대가 이미 지나간 지역이었다. 이로써 보면 선발대는 고려 내지로 깊숙이 내려가기보다는 후발대가 고려 내지로 들어갈 수 있는 길을 터주는 임무를 맡았던 것이 아닌가 한다.

〈표 2〉 거란유종 후발대의 침략 양상

연대(고종)				침략 양상	출전
3년	8월	①	辛未 (20)	北界邊報 再至丹兵 己屠寧德城 進圍安·義·龜三州 又有兵自麟·龍兩州界 來攻鐵·宣二州	史
	9월	②		昌州分道將軍金公奭飛報 契丹後至兵 自前月大入境 三軍次延州 唯留內廂自衛 其餘悉發 後軍獨遇于楊州 擒殺數十百級 兩軍先回博州 就礪護輜重徐行 至沙現浦 賊 突出狙擊 就礪告急於兩軍 兩軍守便宜不出 就礪力戰却之 卒護輜重而至 盧元純 出迎西門外 賀曰 卒遇强敵 能摧其鋒 使三軍負荷之士 無一毫之失 公之力也 馬上酌酒爲壽 兩軍將士 及諸城父老 皆扣頭曰 今者 與强寇角立 而自戰其地 可謂難矣 而於開平·墨匠·香山·原林之役 後軍每爲先鋒 以少擊衆 使我老弱 存其性命 顧無以報 但祝壽而已	節要
	10월	③	乙卯 (6)	西京兵 至成州之狗淺 遇丹兵二千餘人 交戰 斬獲共一百十五人	史
		④		丹兵屯於藥山南 石牛·新豐·玉兒等驛之野 營主文漢卿 會諸城兵戰于渭州城外 殺五百七十餘級 我軍死者 三十餘人 三軍屯博州 夜遣卒 襲賊于興郊驛 虜四十餘人 翼日夜 戰于洪法寺克之 金公奭 與賊百餘人 戰於州城門外 殺獲五十四人 公奭入城休卒 賊夜涉淸川江 指西京	節要
		⑤		三軍 戰于渭州城外 敗績 將軍李陽升等千餘人死 京都聞之 哭者滿城	
	11월	⑥		西京留守奏 賊屠安定·林原等驛及昆華·妙德·花原等寺 三軍不能沮遏 時 賊氷渡大同江 遂入于西海道	
	12월	⑦	丙寅 (13)	丹兵屠黃州	史
		⑧		鄭叔瞻·趙冲等 聞契丹至鹽·白二州 退屯于興義·金郊兩驛之間 又退屯于國淸寺	節要
		⑨		平州 擒送契丹軍二人 其人云 我軍 約於今月晦日 將犯京城 崔忠獻 聞之 使將軍申宣冑·奇允偉等 勒兵市街 忠獻父子 擁兵數萬以自衛 瑀又耀兵于宣義門外	

4년	정월	⑩	甲午 (16)	塩州人擊走丹兵　獻數十人	史
		⑪	丁酉 (19)	安西都護府與丹兵戰　斬首百餘級　來獻	
	3월	⑫		五軍元帥　聞丹兵屯安州　往擊之　行至太祖灘　遇雨　留止置酒宴樂　不設備　有一人　乘白馬　突入陣中　擧旗而麾　俄而　賊兵大至　急圍五軍　前軍先潰　逐薄中軍　縱火燒壘　諸軍士卒散走　唯左軍拒戰　鄭邦輔·趙冲奔左軍　左軍亦敗　五軍皆潰　大將軍李義儒·白守貞　將軍李希柱　戰死　軍士死者　不可勝紀　輜重資粮器仗　皆爲所奪　邦輔·冲奔　還于京　潰卒絡繹於道　賊追至宣義門　焚黃橋而退　朝野大震	節要
		⑬	丙戌 (9)	丹賊六人　入國淸寺　僧擒殺一人　餘皆散走　又諜者三人　入宣義門　門卒捕訊之　乃楊水尺及我降卒也　丹兵五六人又至　殺門卒三人　擄門外良家女一人　而去	史
		⑭	己丑 (12)	丹兵　寇牛峯縣　逐趣臨江·長湍	
		⑮	庚寅 (13)	命將軍申宣胄·奇允偉·崔俊文等　各帥其軍　備丹兵于崇仁·弘仁二門外　丹兵至白領驛	
	4월	⑯	庚戌 (4)	丹兵五千餘人　至金郊驛	史
		⑰	戊午 (12)	更閱五軍　以上將軍吳應夫爲中軍兵馬使　上將軍崔元世爲前軍兵馬使　借將軍貢天源爲左軍兵馬使　借將軍吳仁永爲右軍兵馬使　上將軍柳敦植爲後軍兵馬使　各率師　出崇仁門　以禦之	
	5월	⑱		丹兵　指交河　過澄波渡　五軍與戰于楮村　却走之	節要
		⑲	庚辰 (4)	丹兵陷東州　罷吳應夫　以前軍兵馬使崔元世代之　上將軍金就礪爲前軍兵馬使	史
		⑳	壬午 (6)	丹兵數十騎　寇城東籍田里	
		㉑	癸未 (7)	丹兵掠桃源驛　吏得其文牒　略曰　兩國相戰　徒殺無辜之民　宜遣信實大臣　幸表歸	
		㉒	癸巳 (17)	丹兵入原州　州人力戰却之　丹兵退屯于橫川	
		㉓		五軍　奏捷云　丹兵至豐壤縣曉星峴　我師欲戰　將渡橫灘　賊　尾擊之　左軍先戰　敗走　中軍後軍　自山外　出賊背　擊却之　追至盧元驛　宣義場　斬馘　甚多　牛馬衣物　悉棄而去　時有隊正安彭祖　中矢　還京云　丹兵　被殺　唯二人　餘死者　皆我軍也	節要
		㉔		前軍·右軍與丹兵　戰于砥平縣　敗之　獲馬千餘匹	
		㉕		丹兵　陷安陽都護府　執按察使　魯周翰　殺之　官屬　亦多被害	
		㉖	己亥 (23)	丹兵陷原州　州人久與賊　相持凡九戰　食盡力窮　且無外援　遂陷	史 + 節要

4년	5월	㉗		前軍·右軍與丹兵 遇于楊根·砥平兩縣 屢戰 取金銀牌·傘子等物 忠獻褒之 以右軍兵馬使吳孝貞爲上將軍 前軍知兵馬事郭公儀爲衛尉卿	節要
	7월	㉘	庚辰 (5)	崔元世·金就礪 追丹兵于忠·原二州閒 戰于麥谷 追至朴達峴 大敗之 賊踰大關嶺而遁	史
		㉙		中軍·左軍·前軍 復追丹兵 至溟州毛老院 敗之 獲玉帶·金銀牌·器仗	節要
	8월	㉚		丹兵圍溟州 翼日 四軍追之 後軍不及 屯于剛州	
		㉛	壬子 (7)	交州防護兵馬使吳壽祺 與丹兵戰 敗績	史
		㉜		右軍與丹兵 戰于登州 敗績 陣主吳守貞 死之	節要
		㉝		丹兵趣咸州 遂入女眞地 我軍退縮 莫有追躡者	

* 출전 : 『高麗史』 권22, 세가22, 고종 3·4년→史, 『高麗史節要』 권14, 고종 3년→節要, 『高麗史節要』 권15, 고종 4년→節要, 『益齋亂稿』 권6, 記, 門下侍郎平章事判吏部事贈諡威烈公金公行軍記→益齋

그런데 <표 2>-②의 자료에서 보면, 지금까지 거란유종 선발대와 싸웠던 고려군이 창주분도장군 김공석의 보고에 따라 후발대 지역으로 옮겨가면서 거란유종의 공격을 받았음을 알 수 있다. 그 시기는 <표 1>-ⓚ의 자료 다음에 나타나는 것으로 보아 9월 말경으로 추정된다. 그렇다면 약 한 달 반 동안 거란유종 후발대의 행적이 묘연해지는 셈이다. 또한 고려군과 후발대와의 전투가 9월 말경에 벌어지면서, 양군(중군과 우군)이 博州로 들어갔음을 확인할 수 있다. 박주는 북방에서 청천강 남쪽의 안북부를 거쳐 서경 지역으로 내려갈 수 있는 흥화도의 요충이었다. 이런 점에서 후발대가 침략하면서 청천강으로 곧바로 내려가지 않고 선발대를 지원하거나 혹은 2,000~5,000여 명 정도의 단위부대를 먼저 파견하여 본진이 전진할 수 있는 길을 확보하는 중이었을 것으로도 생각해 볼 수 있다. 이는 10월 을묘일(6일)에 서경병이 후발대로 보이는 병력과 成州에서 전투를 벌였던 사례에서도(③) 살펴볼 수 있다.34) 성주는 청천강이남 지역으로 서경과 근접 거리에 있었다.

그리고 <표 2>-④의 자료에서는 거란유종 후발대가 藥山 남쪽 石牛驛·新豐驛·玉兒驛 등의 벌판에 진을 쳤음을 확인할 수 있다. 이들 역은 운중도 소속 참역이었는데,35) 이는 앞서 살폈듯이 거란유종의 선발대와 이를 지원했던 후발대가 조양진을 뚫지 못했기 때문에 새로운 통로로 博州 지역을 선택했음을 알 수 있게 한다. 또한 박주는 興郊道 소속이며, 興郊驛은 박주 소속의 참역이었다.36) 이 지역이 뚫리면서 후발대가 본격적으로 남하하게 되었는데, 이는 전쟁 발발 2개월 이후인 10월 중순이었다(④). 이런 점에서 거란유종의 군사력이 강성하지 못했을 것이라는 점과 고려군의 선방으로 고려군의 방어선을 쉽게 뚫지 못했을 것이라는 추정은 가능할 것이다. 이런 가운데 선발대와의 격렬한 전투로 인한 고려군의 전투력도 많이 떨어졌을 뿐만 아니라 계절이 11월 겨울로 접어든 것이 후발대에게 유리하게 작용하였다(⑤·⑥).

청천강과 대동강 방어선이 뚫리면서 거란유종 후발대의 본격적인 남하가 시작되어 고종 3년 12월 병인일(18)에는 黃州가 도륙되었고(⑦), 이듬해 정월 갑오일(16일)에는 鹽州까지 진출하였다(⑧·⑨·⑩). 황주와 염주는 개경과 근접 거리에 있었던 곳이고, 12월과 정월이면 이미 한겨울로서 북방 민족의 병력들이 고려 내지로 침투하는데 유리한 계절이었다.

---

34) 『高麗史』에서는 성주 전투를 9월 乙卯로 기록하였는데(『高麗史』 권22, 세가 22, 고종 3년 9월 乙卯, "西京兵 至成州之狗淺 遇丹兵二千餘人 交戰 斬獲共一百十五人"), 을묘는 9월에 없는 날일뿐만 아니라 『高麗史節要』에서는 10월로 표현되어 있다(『高麗史節要』 권14, 고종 3년 10월, "西京兵 至成州之狗淺 遇丹兵二千餘人 交戰 斬獲共一百十五人"). 전후의 사정을 고려하면, 성주 전투는 9월보다는 10월의 사실로 이해된다.

35) 석우역은 渭州, 신풍역은 撫州, 옥아역은 雲州의 站驛이었다(『高麗史』 권82, 지36, 병2, 站驛, 雲中道).

36) 『高麗史』 권82, 지36, 병2, 站驛, 興郊道.

북계 지역에서의 고려군의 용전으로 잦은 패배에도 불구하고 청천강을 넘은 이후 후발대의 남하 속도가 빨랐던 것은 북방 민족의 전투 과정에서 흔하게 엿볼 수 있다. 이는 또한 여러 지역에서 전투를 벌임으로써 고려의 군사력을 분산시킬 수 있었기 때문일 수도 있다. 이렇듯 거란유종이 파상적으로 개경 혹은 그 아래 지역으로 내려가려는 의도는 고려 정부를 압박하여 항복을 받아내려는 것일 뿐만 아니라 금나라와 몽골의 사정권에서 멀어지려는 전략에서 비롯되었을 것으로 판단된다.

한편 고려군의 분전으로 청새진 밖으로 밀려났던 거란유종 선발대가 다시 활동한 것은 고종 3년 10월에 북계의 昌州 지역[37] 그리고 고종 4년 2월에 약 3만 명의 병력이[38] 동계 지역의 定州로 침략한데서 확인할 수 있다. 이를 통해 선발대의 잔여 병력이 두개의 병력으로 나뉘어져 활동한 것으로 보인다. 또한 고종 4년 6월과 7월에도 이들의 활동은 계속되었다.[39] 이는 곧 고려의 군사력이 후발대 진압에만 집중할 수 없게 하였을 것이고, 후발대의 침략을 보다 유리하게 하였을 것이다. <표 2>-⑫에서는 급기야 5군의 전군과 좌군이 차례로 후발대에게 패배함으로써 이제 본격적으로 개경 일대에서 전투가 벌어지게 되었다.

고종 4년 3월(⑬·⑭·⑮), 4월(⑯·⑰), 5월(⑳)의 자료에서 확인되듯이,

---

37) 『高麗史節要』 권14, 고종 3년 10월, "契丹復聚衆 連日耀兵於昌州門外 百五十人 犯昌州門 官軍擊走之".

38) 『高麗史』 권22, 세가22, 고종 4년 2월 戊午, "定州分道將軍朴儒馳報 丹兵三萬許 來寇燒柵".

39) 『高麗史』 권22, 세가22, 고종 4년 6월 甲戌, "淸塞鎭 執丹人王俟烈 來尋斬之"；『高麗史』 권22, 세가22, 고종 4년 7월 丁丑, "西北面兵馬使奏 契丹二百餘人 寇淸塞鎭 判官周孝嚴·京將韓貂 出戰 擒男女二人·馬十匹·鐵甲·朱記·銀牌等物 王 以孝嚴爲 興王都監判官 貂爲郞將 以前樞密院使趙爲西北面兵馬使".

<지도 2> 거란유종 후발대의 남진 경로

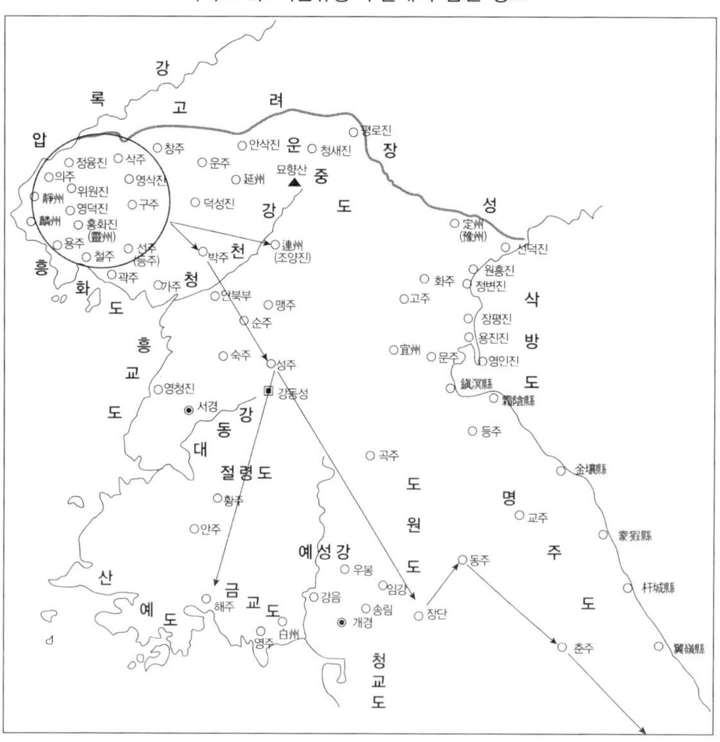

거란유종 후발대가 國淸寺·金郊驛·白領驛·牛峯縣·臨江縣·長湍縣 등 개경의 서쪽과 동쪽뿐만 아니라 경기 지역까지 위협을 가했음을 알 수 있다. 국청사와[40] 금교역은[41] 개경의 나성 서쪽에 있던 절과 경기 지역인 江陰縣에 위치한 참역이었고, 백령역은 개경의 동쪽 장단현에 위치했던 참역이었다. 그리고 우봉현·임강현·장단현은 개경 북쪽과 동쪽의 경기 지역이었다. 후발대가 이들 지역까지 내려왔다는 것은

---

40) 『高麗圖經』 권17, 祠宇, 國淸寺, "在西郊亭之西 相去三里許".

41) 『松京廣攷』 권5, 門闕, "長平門[未祥所在]肅宗十年十月 王至自西京 發金郊驛 至長平門外 麑于輦中[世家]".

고려사회 전체가 전쟁의 소용돌이에 휩쓸렸음을 의미한다. 하지만 개경은 고려의 수도였고, 당시 최씨정권의 사병과 정규군인 5군 등 고려의 중요 병력이 이곳에 집결해 있었기[42] 때문에 이를 공략하기는 어려웠을 것이다.

따라서 개경 일대를 장악하는데 실패한 거란유종 후발대는 남진을 계속할 수밖에 없었다. 이들은 고종 4년 5월 경진일(4일)과 계미일(7일)에는 東州(지금의 철원)와 桃源驛을 각각 점령하였다(⑲·㉑).

동주는 桃源道에서 朔方道와 春州道로 통할 수 있는 중요한 지역이었으며, 도원역은 장단현에 위치하여 경기 지역에서 동계와 삼남 방면으로 진출할 수 있는 중요한 참역이었다. 후발대가 이런 지역을 점령했다는 것은 그들의 남하를 더욱 유리하게 이끌 수 있었을 것이다. 이런 점은 약 10일 만인 5월 계사일(17일)에 원주(原州)로 나아갈 수 있었고(㉒), 아울러 5월 기해일(23일)을 전후해서 安陽都護府(지금의 춘천)와 원주를 각각 점령할 수 있었다(㉕·㉖). 이 시기의 후발대의 침략은 주로 춘주도·平丘道·廣州道 등지를 공략했는데, 이는 남부 지역으로 내려갈 수 있는 주요 교통로였다. 이때 전군과 우군이 砥平縣에서 후발대와 싸워 승리하여 말 1,000여 필을 획득했다고 했는데(㉔), 이는 거란유종

---

42) 『高麗史節要』 권14, 고종 3년 12월, "崔忠獻 閱家兵 自左梗里 至右梗里 軍士成列數重 連亘二三里 槍竿懸銀瓶 誇示國人 以募來附者 子瑀家兵 自選地橋 過梨嶺 至崇仁門 用旗鼓習戰 門客 有請從軍北征者 卽流遠島";『高麗史』 권22, 세가22, 고종 4년 3월 庚寅, "命將軍申宣冑·奇允偉·崔俊文等 各帥其軍 備丹兵 于崇仁·弘仁二門外 丹兵至白領驛";『高麗史』 권22, 세가22, 고종 4년 4월 戊午, "更閱五軍 以上將軍吳應夫爲中軍兵馬使 上將軍崔元世爲前軍兵馬使 借將軍貢天源爲左軍兵馬使 借將軍吳仁永爲右軍兵馬使 上將軍柳敦植 爲後軍兵馬使 各率師 出崇仁門 以禦之".

의 공세가 어느 정도였을까를 보여주는 사례라고도 할 수 있다.

거란유종 후발대가 원주를 점령한 것은 그 다음 忠州와 堤州(지금의 제천)로 침투하여 충청도와 경상도 지역으로 뻗어나갈 수 있는 기회를 얻은 셈이었다. 고려의 입장에서는 후발대가 남부 지역으로까지 내려간다면 경상도·전라도·충청도의 후방 지원 군사력이 끊길 뿐만 아니라 그들을 진압하기가 한층 어려워질 수밖에 없는 상황이었다. 이제 고려군은 후발대의 삼남 지역으로의 진출을 막아야하는 절박한 시점에 이르렀다. 이 시점에서의 중요한 전투가 麥谷과[43] 朴達峴(지금의 박달재)의 전투였다(㉘). 이 전투에서 많은 활약을 보여준 장수가 바로 김취려였다.

김취려는 앞서 거란유종 선발대의 침략을 계기로 대장군(종3품)으로서 후군병마사를 역임하여[44] 많은 공로를 세웠고, 이후 고종 4년 1월에는 金吾衛上將軍(정3품)에 임명되어 후군을 이끌다가 부상을 입고 개경으로 잠시 돌아왔다.[45] 그런데 그 해 4월에 5군을 재편성하면서 김취려는 제외되었지만,[46] <표 2>-㉙의 자료에서 볼 수 있듯이 거란유종 후발대가 동주를 함락하면서 위기를 느낀 최충헌에 의해 전군병마사로 임명되

---

43) 맥곡은 '보리실'로도 불리며, 오늘날 강원도 원주시 부론면 일대로 알려져 있다.

44) 『高麗史節要』 권14, 고종 3년 8월 己巳.

45) 『高麗史』 권103, 열전16, 金就礪傳, "明年就拜就礪金吾衛上將軍"; 『金就呂墓誌銘』, "丁丑一月 上命行營元帥將五軍 授公以金吾衛上將軍 仍領後軍 公□□ 行營□屯至安州境 見行營失利奔潰 公獨奮力抗戰 不知槍矢之貫體僅不殞 命而還于國"; 『益齋亂稿』 권6, 記, 門下侍郎平章事判吏部事贈諡威烈公金公行軍記, "丁丑二月 就拜公爲金吾衛上將軍 三月 五軍次于安州大棗灘 戰不利 賊氣得馳突 公與文備·仁謙逆擊之 仁謙中流矢死 公奮劍獨拒 槍矢交貫于身 病瘡如京".

46) 『高麗史』 권22, 세가22, 고종 4년 4월 戊午.

어 다시 전투에 참여하게 되었다. 김취려가 이끈 전군을 비롯하여 우군이 후발대의 파상공세에 맞서 砥平縣과 楊根縣 전투에서 승리함으로써 남하하던 후발대의 후방을 차단할 수 있었던 것으로 보인다(㉔·㉗).

나-① 중군과 전군이 거란병을 忠州와 原州 사이의 法泉寺로 추격하여, 禿岾으로 행군을 옮겼다[移次]. 최원세가 "내일 나가는 길이 두 갈래인데, 내가 어느 길로 가는 것이 좋겠는가"라고 물었다. 김취려가 "군사를 나누어 掎角[양편에서 동시에 들이치려는 작전 태세]으로 편대하는 것이 역시 좋지 않겠는가"라고 대답하였다. 원세가 이 말을 따라 다음날 麥谷에서 모여 적과 더불어 싸워서 적의 목 300여 급을 베고, 堤州의 냇가까지 바싹 뒤쫓으니, 물에 떠오른 시체가 내를 덮어 떠내려갔다. 3일이 지나 朴達峴까지 쫓아갔는데, 加發兵馬使 임보도 군사를 거느리고 와서 한데 모였다. 최원세가 김취려에게 이르기를, "고갯마루 위쪽은[嶺上] 대군이 머무를 곳이 못 되니, 산 아래로 내려가 둔치고자 하노라"라고 하였다. 김취려가 말하기를, "用兵하는 법은 비록 人和가 귀하나, 地利 또한 가볍게 여겨서는 안 된다. 만약 적이 먼저 고개에 웅거하면 우리가 아래에 있게 될 것이니, 적이 들이친다면 날쌘 원숭이[猿猱]라도 지나지 못할 것인데, 하물며 사람임에랴"라고 하여, 3군이 드디어 고개에 올라 밤을 지냈다. 새벽에 적이 과연 고개 남쪽으로 진군하여, 먼저 수만 명에게 좌우의 봉우리를 두 패로 나누어 올라가게 하여 요해처를 빼앗으려 하였다. 최원세 등이 장군 申德威·李克仁에게 왼편을 담당하게 하고, 崔俊文·周公裔에게 오른편을 담당하게 하며, 최원세와 김취려는 가운데에서 북을 치며 기세를 올리니 군사들이 모두 죽기를 무릅쓰고 싸웠다. 3군이 바라보다가 또한 큰소리를 지르며 앞을 다투어 쳐들어가니, 적이 크게 무너져 노약한 남녀와 兵器·輜重을 낭자하게 버리고 달아났다. 적이 이로 말미암아 남쪽으로 내려가지 못하고 모두 동쪽으로 달아나자 溟州 大關山嶺까지 쫓아갔는데, 장졸이 겁내고 약하기 때문에 물러나 둔쳤다가 열흘 만에야 진군하였더니, 적은 벌써 고개를 넘어갔다. (『高麗

史節要』 권15, 고종 4년 7월)

나-①의 자료에서 보면, 거란유종 후발대의 남하를 일차적으로 저지한 전투가 麥谷 전투였다. 맥곡은 원주에서 충주 지역으로 나아갈 수 있는 곳으로, 이에 대한 방어는 충주 지역으로 내려갈 수 있는 일차적인 도로를 차단할 수 있는 것이었다. 또한 원주에서 충주로 곧바로 내려갈 수 있는 도로가 차단되면 堤州 쪽으로 우회할 수밖에 없었다. 따라서 맥곡 전투에서 승리하고 다음 전투가 벌여졌던 朴達峴까지 3일 동안 추격하였다는 것은 그만큼 후발대의 군사를 지치게 만들 수 있었을 것이다.

박달현은 오늘날 제천의 구학산(971m)과 시랑산(691m) 사이에 위치한 해발 453m의 험준한 고개이다.[47] 이곳은 제주에서 충주로 나아갈 수 있는 고개였고, 맥곡에서 충주로의 진출을 차단당한 거란유종 후발대로서는 반드시 거쳐야 할 곳이었다. 거란유종은 유목민족으로서 산악 전투에는 익숙하지 못한 단점이 있었다. 김취려가 취했던 '군사를 나누어 앞뒤에서 동시에 적을 치는 전술[分軍掎角]' 혹은 '用兵하는 전술은 비록 人和가 귀하나 地利 또한 가볍게 여겨서는 안 된다[用兵之術 雖貴人和 地利亦不可輕]'라는 전술은[48] 지형에 따른 전략으로 많은

---

47) 박달현은 지금의 박달재이다. 이는 치악산의 지맥이 흘러내려 백운산을 이루고, 그 줄기가 다시 남으로 뻗으면서 구학산과 시랑산을 만들면서 두 봉우리 사이를 넘어 봉양으로 가는 고개다. 『輿地圖書』忠淸道, 堤川, 山川, 朴遂山, "在縣西三十五里舟遊山之南幹也 卽高麗金就礪扼丹賊之慶所 也".

48) 김취려가 주장했던 전술은 손자병법에서 "지형을 잘 아는 자를 이용하지 못하면 지리적인 이득을 얻을 수 없기 때문에 군대는 사기를 쳐서라도 적보다 우위에 서야하고 이득이 있을 때 기동해야 하고, 분산과 집합을

<지도 3> 맥곡과 박달현 전투

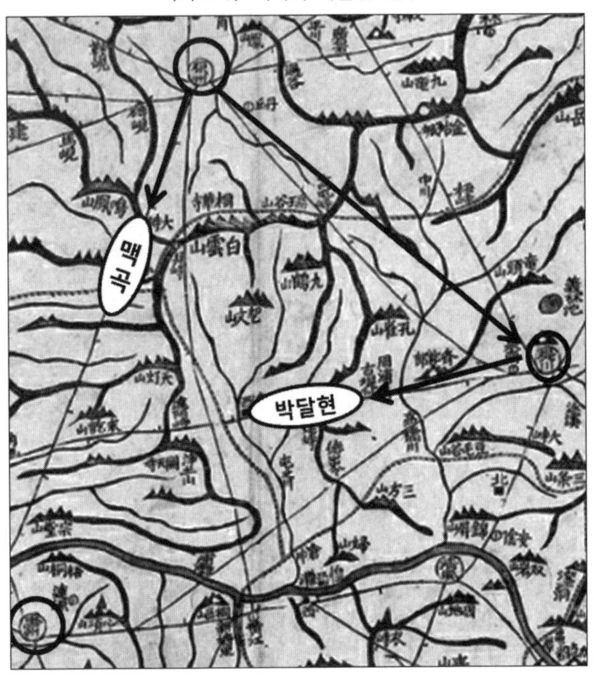

적을 효과적으로 제압할 수 있는 것으로 생각된다. 이 또한 김취려의
전술가다운 면모를 잘 보여주는 것이라 하겠다.

맥곡과 박달현 전투에서의 대승리는 거란유종 후발대의 남하를 완벽
하게 차단할 수 있었고, 이들을 다시 북쪽으로 밀어붙일 수 있었다.

통해 변화에 적응해야 한다"(『孫子兵法』第7, 軍爭篇, "不用鄕導者 不能得地
利 故兵以詐立 以利動 以分合爲變者也")는 것과 "전쟁터의 좋은 거처를
선점하여 적군을 상대하는 군대는 편안하고, 후에 도착하여 좋은 거점을
놓친 군대는 피로하기 때문에 전쟁을 잘하는 자는 적병을 내 의도대로
통치하며 적에게 통치되지 않아야 한다"(『孫子兵法』第6, 虛實篇, "凡先處戰
地而待敵者佚, 後處戰地而趨戰者勞. 故善戰者, 致人而不致於人")는 것과 통
한다고 생각된다.

하지만 승세를 이용하여 좀 더 강력하게 진압하지 못했던 결과로 인하여 후발대의 잔여세력들이 대관령을 넘어 溟州로 도망칠 수 있는 기회를 주고 말았다. 이들을 진압하기 위해 중군·좌군·전군·후군이 뒤를 추격하였고(㉙·㉚), 우군은 동계에서 그들의 퇴로를 막았던 것으로(㉜) 보인다. 맥곡 전투가 벌어진 것이 고종 4년 7월 경진일(5일)이고, 그 4일 뒤에 박달현 전투가 있었으며, 그 잔여병력이 동계의 交州에서 전투를 벌였던 것이 8월 임자일(7일)이었다(㉛). 후발대가 1달 이상 전투와 후퇴를 거듭했다는 것은 그만큼 전투력이 크게 떨어졌을 것이지만, 交州와 登州에서 고려군의 패배는(㉛·㉜) 그들을 咸州를 넘어 女眞 지역으로 후퇴할 수 있게(㉝) 하였다. 결국 끝낼 수 있는 전쟁을 끝내지 못한 것이 이후 거란유종의 재침략과 고려 영역으로 몽골 병력이 들어올 수 있는 명분을 주게 되었다고 하겠다.

Ⅲ. 강동성 전투와 김취려

거란유종 선발대는 고종 3년 8월 14일에 고려로의 침략을 개시하여 그 해 9월말 청새진 밖으로 후퇴할 때까지 1개월 반 동안 고려의 북계 지역을 유린하였다. 또한 거란유종 후발대는 고종 3년 8월 20일에 선발대가 휩쓸고 간 지역을 중심으로 침략하면서, 이후 청천강과 대동강을 차례로 넘어 고종 4년 7월 5일을 중심으로 한 맥곡과 박달현 전투에서 패배하면서 같은 해 8월 말에 동계를 넘어 여진 지역으로 후퇴하였다. 이들의 후퇴는 전쟁이 끝난 것이 아니라 재침략을 통해 고종 6년 정월 江東城 전투에서 섬멸될 때까지 고려사회를

98

전쟁으로 몰아넣었다.

<표 3> 거란유종의 재침략 양상

연대(고종)				침략 양상	출전
4년	9월	ⓐ	丁酉 (23)	丹兵 入義·靜·麟三州及寧德城之界	史
		ⓑ	戊戌 (24)	丹兵 移諜請糧	
	10월	ⓒ		丹兵 得女眞兵復振 長驅而來 金就礪回軍 遇於豫州桂川 交綏而退 忽遘疾 將佐 請歸就醫藥 答日 寧爲邊城鬼 豈可興疾 求安於家乎 疾甚 勅歸京理疾 以肩輿至京 累月乃瘳	節要
		ⓓ		金就礪所留兵 與丹所留兵 兵戰于渭州 敗績	
	11월	ⓔ	丙子 (2)	丹兵復聚 寇高州·和州 以上將軍文漢卿爲中軍兵馬使 大將軍柳敦植爲後軍兵馬使 大將軍奇允偉爲加發兵馬使 禦之	史
		ⓕ	丙申 (22)	丹兵 陷寧仁鎭	
		ⓖ	己亥 (25)	陷長平鎭	
		ⓗ	庚子 (26)	朔州分道將軍白胤誘 引丹兵二十餘人 飮之酒 乘其醉 盡殲	
		ⓘ	壬寅 (28)	以文漢卿爲中軍兵馬使 貢天源爲左軍兵馬使 李茂功爲右軍兵馬使 丹兵陷豫州	
5년	4월	ⓙ	丙寅 (25)	中軍兵馬使報 丹兵大至	史
	8월	ⓚ	癸亥 (24)	丹兵寇楊州	
		ⓛ	己巳 (30)	西海道防守軍 與丹兵戰于谷州 斬首三百餘級	
	11월	ⓜ		西北面兵馬使金君綏奏 丹兵在肅州·永淸之境 率諸城軍 擊之 斬首四百三十餘級 虜男女二十一人 獲馬五十三匹	節要
	12월	ⓝ	己亥 (1)	朔 蒙古元帥哈眞及札剌 率兵一萬 與東眞萬奴所遣 完顔子淵兵二萬 聲言討丹賊 攻和·猛·順·德四城 破之 直指江東城	史
6년	정월	ⓞ	辛巳 (5)	趙冲·金就礪與哈眞·子淵等 合兵 圍江東城 賊開門出降	

* 출전 : 『高麗史』 권22, 세가22, 고종 4·5·6년→史, 『高麗史節要』 권15, 고종 4·5·6년→節
要, 『益齋亂稿』 권6, 記, 門下侍郞平章事判吏部事贈諡威烈公金公行軍記→益齋

<표 3>에서 보면, 거란유종 후발대의 여진 지역으로의 후퇴 이후 거란유종의 재침략은 선발대로부터 먼저 시작되었음을 알 수 있다. 선발대는 앞에서도 서술했듯이 고종 3년 9월 말 창주와 청새진으로 후퇴한 이후 계속해서 재침략을 시도하였다.[49] 하지만 그 세력은 그다지 큰 위력을 보여주지는 못했다. 그것은 선발대를 이끌었던 아아와 걸노가 이미 피살되었기[50] 때문으로 판단된다. 따라서 선발대의 움직임은 아마

---

49) 『高麗史節要』 권14, 고종 3년 10월, “契丹復聚衆 連日耀兵於昌州門外 百五十人 犯昌州門 官軍擊走之”; 『高麗史』 권22, 세가22, 고종 4년 2월 戊午, “定州分道 將軍朴儒馳報 丹兵三萬許 來寇燒柵”; 『高麗史』 권22, 세가22, 고종 4년 6월 甲戌, “淸塞鎭執丹人王侯烈 來尋斬之”; 『高麗史』 권22, 세가22, 고종 4년 7월 丁丑, “西北面兵馬使奏 契丹二百餘人 寇淸塞鎭 判官周孝嚴·京將韓貂 出戰 擒男女二人·馬十四·鐵甲·朱記·銀牌等物 王 以孝嚴爲興王都監判官 貂爲郞將 以前樞密院使趙冲爲西北面兵馬使”.

50) 金庠基, 앞의 책, 1985, 418쪽. 거란유종 선발대를 이끌었던 아아와 걸노, 후발대를 이끌었던 금산과 금시 왕자의 행적에 대해서는 자세한 기록이 없다. 그런데 아아와 걸노가 향산과 약산사 전투에서 사망한 것으로 된 자료가 있고(『高麗史』 권103, 열전16, 金就礪傳, “或云 香山之戰 賊將只奴中箭 死 金山摠領其衆 或云 擒一婦人云 我是鵝兒妻 吾夫初入藥山寺見殺 只奴兼領 其軍”), 걸노 또한 금산 왕자에게 피살된 것으로 나타난 자료도(『元史』 권149, 열전36, 耶律留可傳, “乞奴走高麗 爲金山所殺”) 있다. 피살되었다는 점에서는 두 자료가 같지만, 언제 어떻게 피살되었는지는 정확하지 않다. 다른 기록에서는 권력 쟁탈에서 서로의 목숨을 빼앗은 것으로 표현하기도 했다(『元史』 권149, 열전36, 耶律留可傳, “丙子(1216, 고려 고종 3) 乞奴·金山· 靑狗·統古與等 推耶厮不 僭帝號于澄州 國號遼國 改元天威 以留哥兄獨剌爲平 章 置百官 方閱月 其元帥靑狗叛歸于金 耶厮不爲其下所殺 推其丞相乞奴監國 與其行元帥鴉兒分兵民爲左右翼 屯開·保州兮 金蓋州守將衆家奴引兵攻敗之 留哥引蒙古軍數千适至 得兄獨剌倂妻姚里氏 戶二千 鴉兒引敗軍東走 留哥追 擊之 還度遼河 招撫懿州·广宁 徙居臨潢府 乞奴走高麗 爲金山所殺 金山又自稱 國王 改元天德 統古與復殺金山而自立 喊舍又殺之 亦自立 戊寅(1218, 고려 고종 5) 留哥引蒙古·契丹軍及東夏國元帥胡士兵十萬 圍喊舍 高麗助兵四十萬 克之 喊舍自經死”).

도 후발대를 후원하는 역할을 주로 했을 것으로 추정된다.

<표 3>-ⓐ와 ⓑ의 자료에서 보면, 고종 4년 9월 정유일(23일)에 거란병이[51] 義州·靜州·麟州·寧德城 지역으로 침략해 들어왔음을 확인할 수 있다. 이들이 들어온 지역이 북계였다는 점에서 거란유종 선발대의 잔여병력으로 파악되고, 그 목적이 식량을 얻기 위해서였다. 이와 유사한 사례가 ⓗ의 자료에서 확인되는데, 고종 4년 11월 경자일(26일)에 삭주분도장군 백윤이 거란병 20여 명을 유인하여 술을 먹이고 취한 틈을 타서 모두 죽였다는 것이다. 이들이 9월에 들어온 병력과 같은 것이었는지는 확인할 수 없지만, <표 3>에서도 확인되듯이 활발한 전투를 벌인 것으로는 파악되지 않는다. 그런데 ⓓ의 자료에서는 같은 해 10월에 김취려가 '남겨놓은 병력[留兵]'이 북계의 渭州에서 거란병과 싸워 패배하였음을 알 수 있다. 이 시기의 김취려는 ⓒ의 자료에서 확인되듯이 부상을 치료하기 위해 개경으로 올라간 상황이었다. 또한 김취려는 전군병마사로서 거란유종 후발대를 동계의 최북단까지 추격하여, 군사

---

51) 이때의 '丹兵'을 『高麗史』의 기사에(『高麗史』 권103, 열전16, 趙冲傳, "黃旗子軍 來屯麟·龍·靜三州之境 西北面兵馬使趙冲 與戰 斬獲五百十餘級 卽復冲舊職 冲又與黃旗子軍 戰于麟州暗林平 大敗之 擒殺溺江者 不可勝數 僅三百餘騎 遁去") 따라 黃旗子軍의 誤記로 보는 견해가(金庠基, 앞의 책, 1985, 421쪽) 있다. 하지만 <표 3>-ⓐ에서 보듯이 거란병이 고려로 들어온 시기가 고종 4년 9월 정유일(23일)이었고, 황기자군이 고려에 들어온 것은 『高麗史』에 따르면 고종 4년 9월 신사일(7일)이었다(『高麗史』 권22, 세가22, 고종 4년 9월 辛巳, "西北面兵馬使報 女眞黃旗子軍 自婆速府 渡鴨綠江 來屯古義州城"). 또한 <표 3>-ⓓ에서 보면, 이들과 김취려의 잔여 병력이 북계의 渭州에서 전투를 치르기도 했다. 물론 고려 쪽에서 잘못 알 수도 있었을 것이고, 기록자의 실수도 있을 수 있다. 하지만 같은 해 10월 경신일(16일)에 황기자군이 조충에 의해 분명히 진압되고 있었다(『高麗史』 권22, 세가22, 고종 4년 10월 庚申, "趙冲與黃旗子軍 戰于麟州 大敗之").

를 定州와 興元鎭 두 지역으로 분리하여 방어하고 있었다.[52] 그렇다면 前軍이 동계에서 북계 지역으로 옮겼음을 의미한다.

전군의 새로운 배치는 이 시기의 북계 지역에 새로운 위기가 발생했기 때문이기도 하였을 것이다. 일찍이 거란유종이 몽골에 쫓겨 開州館에서 금나라와 싸워 그 병력을 大夫營으로 밀어내고, 이를 기회로 고려에 선전포고까지 했다.[53] 대부영은 압록강 유역에 있었던 금나라의 전진기지로서 거란유종 또한 이를 고려 침략의 거점으로 삼았을 것이다. 이런 대부영이 고종 4년 4월에 몽골의 지원을 받은 포선만노에게 점령당했고,[54] 포선만노 또한 이 대부영을 거점으로 같은 해 9월 신사일(7일)에 고려로의 침략을 시도하였다.[55] 이들은 같은 해 10월 경신일(16일)에 趙沖에 의해 진압될 때까지 義州·麟州·龍州·靜州 등의 지역에서 고려군과 충돌하였다. 따라서 대부영이 포선만노에게 장악되었음은 거란유종의 북방으로의 퇴각로가 차단되었고, 이는 곧 거란유종 선발대의 잔여세력이 북계 지역으로 침략해ⓐ·ⓑ 들어올 수밖에 없었던 배경이 되었을 것이다.

한편 여진 지역으로 후퇴한 거란유종 후발대의 재침략은 <표 3>-ⓒ

---

52) 『高麗史節要』 권15, 고종 4년 9월, "前軍兵馬使金就礪 承中軍牒 移兵定州 使覘賊 返曰 賊在咸州 與我比境 雞犬之聲相聞 就礪 築鹿角垣 三周其隍 留李克仁·盧純祐·申德威·朴蕤等四將 守之 移據興元鎭".

53) 『高麗史』 권103, 열전16, 金就礪傳, "高宗三年 契丹遺種金山王子金始王子 脅河朔民 自稱大遼收國王 建元天成 蒙古大擧伐之 二王子席卷而東與金兵三萬 戰于開州館 金兵不克 退守大夫營 二王子進攻之 遣人告北界兵馬使云 爾不送粮助我我 必侵奪汝疆 我於後日樹黃旗 汝來聽皇帝詔 若不來 將加兵于汝".

54) 『高麗史』 권22, 세가22, 고종 4년 4월 己未, "金萬奴兵 來破大夫營".

55) 『高麗史』 권22, 세가22, 고종 4년 9월 辛巳, "西北面兵馬使報 女眞黃旗子軍 自婆速府 渡鴨綠江 來屯古義州城".

에서 보는 바와 같이 여진의 병력을 보완하여 감행되었다. <표 3>-ⓔ·
ⓕ·ⓖ·ⓘ의 자료에서 보면, 이들은 고종 4년 11월 병자일(2일)에 동계의
高州와 和州에 대한 침략을 시작으로 병신일(22일)에는 寧仁鎭, 기해일
(25일)에는 長平鎭 그리고 임인일(28일)에는 豫州를[56] 차례로 함락하였
다. 후발대의 재침략은 이제 선발대의 재침략과 더불어 새로운 전쟁이
시작되었음을 의미한다.

이에 따라 <표 3>-ⓘ의 자료에서 볼 수 있듯이, 고려군은 고종 4년
11월 임인일(28)에 중군·좌군·우군의 3군을 편성하였다. 그런데『고려사
절요』에 따르면 이때의 3군은 기존의 5군과 加發兵을 혁파하고 새롭게
조직한 것이었다.[57] 하지만 이 3군이 북계와 동계 지역으로 쳐들어온
거란유종과 전투를 벌인 기사는 거의 찾아볼 수 없다. ⓙ의 자료에서
보면, 고종 5년 4월 병인일(25일)에 가서야 중군병마사의 보고에 의해
거란병이 크게 이르렀다고 했을 뿐이다. 이후 ⓚ·ⓛ·ⓜ의 자료에서는
거란병이 같은 해 8월 계해일(24일)에 楊州를 침략했고, 같은 달 기사일
(30일)에는 서해도방수군과 거란병이 谷州에서 전투를 벌였으며, 같은
해 11월에는 고려군과 肅州·永淸에 있던 거란군과의 전투가 있었음을
확인할 수 있다. 이들 전투에서는 대부분 고려군이 거란군을 격퇴한
것으로 되어 있다. 그런데 ⓝ과 ⓞ의 자료에서 보면, 같은 해 12월
기해일(1일)에 몽골과 동진국의 3만 병력이 동계의 和州와 德州, 북계의
猛州와 順州 4城을 공략하고 곧바로 江東城으로 향하였고, 그 이듬해

---

56) 예주는 동계의 定州이며(『高麗史』 권58, 지12, 지리3, 동계, 豫州, "睿宗十一年
　　爲豫州防禦使 後屬定州"), 지금의 원산 일대이다.

57)『高麗史節要』 권15, 고종 4년 11월, "罷五軍及加發兵 置三軍 以文漢卿爲中軍兵
　　馬使 李實椿 知兵馬事 李得喬爲副使 貢天源爲左軍兵馬使 宋安國 知兵馬事
　　金奕興爲副使 李茂功爲右軍兵馬使 權濬 知兵馬事 金沿亮爲副使".

정월에는 강동성에서 여몽연합군에 의해 거란유종의 잔여세력을 완전히 소탕한 것으로 되어 있다.

여기서의 의문점은 몽골군이 왜 동계 지역으로 들어왔으며, 거란유종의 잔여세력들이 왜 서경 동쪽의 강동성으로 집합했을까 이다.

먼저 몽골군이 동계 지역으로 들어온 이유는 고려의 서북 지역[북계]은 계속적인 전쟁으로 인하여 어느 정도의 방어력이 잔존하고 있었기 때문으로 생각된다. 앞에서도 언급했듯이 고종 4년 4월에 포선만노는 大夫營을 점령하고 동년 9월에 이를 기반으로 고려를 침략했지만 동년 10월 조충에 의해 진압된 적이 있었다. 또한 동년 11월에 고려군은 5군에서 3군으로 재편성되었지만(ⓘ), 고종 5년 7월에 조충을 서북면원수로, 김취려를 병마사로, 차장군 정통보를 전군으로, 오수기를 좌군으로, 신선주를 우군으로, 이림을 후군으로 각각 임명하는 등 8개월만에 5군으로[58] 또다시 재편성되었다. 이런 점에서 보면 서북면의 군사력이 더욱 보강되었다고 하겠다. 따라서 몽골과 동진국의 병력이 고려의 양해를 받지 않고 북계 지역으로 들어오기는 어려웠을 것이다.[59] 그리고 몽골의 후원을 받은 포선만노가 대부영을 점령함으로써 이 지역을 중심으로 활동하던 거란유종 선발대의 잔여세력이 북계 지역으로 남하

---

58) 『高麗史節要』 권15, 고종 5년 7월, "以趙冲爲西北面元帥 金就礪爲兵馬使 借將軍鄭通寶爲前軍 吳壽祺爲左軍 申宣胄爲右軍 李霖爲後軍 李迪儒 知兵馬事". 이때 김취려가 병마사가 되었다고 했는데, 5군의 편성으로 보아 중군병마사로 판단된다.

59) 강동성에서 승리를 거두고, 고려와 몽골의 '형제맹약'을 체결한 이후 몽골군이 돌아갈 때에는 북계의 義州를 통해서였다. 따라서 몽골과 동진이 북계가 아니라 동계 지역을 이용한 것은 처음부터 고려군과 충돌하지 않으려는 전략에서 비롯되었다고 생각된다.

104

했을 것이고, 이들은 주로 고려군과의 전투를 벌일 수밖에 없었다. 그 나머지 거란유종 후발대의 잔여세력은 동계 지역을 중심으로 활동했을 것이고, 이는 곧 몽골과 동진국의 목표가 되었을 것이라고 생각된다.

두 번째로 거란유종의 잔여세력들이 왜 서경 동쪽의 강동성으로 집합했을까 이다. 우선 거란유종 선발대는 압록강 유역에 있던 대부영이 포선만노에게 점령당함으로써 그 일대로의 퇴각로가 차단된 셈이었고, 거듭된 전투로 인해 전투력이 상당히 소진되었을 것으로 판단된다. 이들은 주로 고려군과 전투를 벌였고, <표 3>-ⓛ과 ⓜ의 자료에서 확인되듯이 서경 인근의 谷州·肅州·永淸에서 대패하였다. 또한 거란유종 후발대의 잔여세력은 和州·德州·猛州·順州 등지로 쳐들어오는 몽골과 동진국 군사에게 밀릴 수밖에 없었을 것이다. 따라서 거란유종의 잔여세력들은 퇴각로가 차단된 가운데 의도하든 의도하지 않던 간에 강동성으로 집결하게 될 수밖에 없었을 것이다.

강동성은 『신증동국여지승람』에 의하면 성곽은 "土築으로 둘레는 5,759척(약 1.8km)이며 안에 우물이 둘이다"라고[60] 하였다. 그다지 규모가 크지 않은 성곽에 많은 거란유종이 집결한 것은 이미 전세가 완전히 기울어진 상태였다고 할 수 있다.

한편 <표 3>-ⓝ과 ⓞ의 자료에서 보면, 몽골과 동진군이 고종 5년 12월 기해일(1일)에 고려 지역으로 들어와 화주·맹주·순주·덕주 등의 성을 차례로 파괴하면서 고려군과 연합하여 강동성을 포위한 것이

---

60) 『新增東國輿地勝覽』 권55, 平安道, 江東縣, 古跡, "古邑城 在西江東岸 土築周五千七百五十九尺 內有二井 高麗高宗三年 契丹遺種金山金始二王子 自稱大遼收國王 席卷而東入保江東城". 강동성의 둘레가 5,759尺이라 함은 조선시대의 營造尺(1尺=약31cm)을 기준으로 계산하면 약 1.8km이다.

1달이나 지난 1219년(고종 6) 정월 신사일(5일)이었다. 기동력으로 움직이는 몽골군의 성향으로는 전진 속도가 지체된 점이 있었다. 그 이유를 "곧바로 강동성으로 향하다가 마침 큰 눈을 만나 군량길이 막혔다[直指 江東城 會天大雪 餉道不繼]"라고[61] 하였다. 북방민족이 고려를 침략할 때 보통 추수기인 음력 7~8월에 이루어지는데, 이는 현지에서 식량을 조달하기 위함이었다. 그럼에도 불구하고 몽골군이 왕성하게 활동할 수 있는 음력 12월에 군량 조달 때문에 공격을 지체했다는 점은 특이한 것으로 생각된다.

<표 4> 고려와 몽골의 '兄弟盟約'

	몽골의 요구		고려의 대응
㉠	丹兵 逃在爾國 于今三年 未能掃滅故 遣兵討之		
㉡	資糧是助 無致欠闕	㉤	大國 興兵救患弊封 凡所指揮 悉皆應副 趙冲 卽輸米一千碩
㉢	請兵	㉥	就礪 乃與知兵馬事韓光衍 領十將軍兵 及神騎·大角·內廂精卒 往焉
㉣	帝命 破賊之後 約爲兄弟	㉦	哈眞與札剌 請冲及就礪 同盟曰 兩國 永爲兄弟 萬世子孫 無忘今日 冲設犒師之宴

* 출전 : 『高麗史節要』 권15, 고종 5년 12월, 고종 6년 정월

<표 4>는 고려와 몽골의 '兄弟盟約' 체결 과정을 정리한 것이다. 우선 몽골이 고려 지역으로 들어오면서 내세운 명분이 '거란적을 토벌하고자 한다[聲言討丹賊]'였다(<표 3>-㉩). 이를 <표 4>-㉠의 자료에서는 "거란병이 너희 나라로 도망한 지가 지금까지 3년인데, 이들을 능히 쓸어 없애지 못했으므로 군사를 보내 이를 토벌하고자 한다"라고 하였

---

61) 『高麗史節要』 권15, 고종 5년 12월.

다. 즉 거란유종의 토벌은 몽골의 입장에서는 금나라와 남송을 공략하기 위해 지금까지 외교관계가 없었던 고려와 접촉할 수 있는 명분이 되었던 셈이다. 이런 점에서 "적을 깨뜨린 후에는 조약을 맺어 형제가 되고자 한다"라는(ㄹ) 것은 최종적인 명분이 되는 것이었다.

이러한 몽골의 명분이 성립될 수 있는 것은 고려에서 군량의 협조와 (ㄴ) 군사 동원을 통한 연합작전이었다(ㄷ). 이에 조충이 쌀 1천석을 먼저 수송해 주었고(ㅁ), 김취려가 자청하여 군사를 이끌고 가서(ㅂ) 그들과 연합하게 되었다. 이는 몽골의 요구를 수용하여 거란유종과의 오랫동안의 전쟁을 종식하고자 했던 의도에서 비롯되었을 것이다. 또 한편으로는 이미 고려 땅으로 들어온 몽골의 의도를 간파하여 정권의 안정을 구가해야 하는 중앙 정부의 의도도 아울러 작용했을 것으로 판단된다.

이런 과정을 직접 실천한 인물이 김취려였다. 그가 몽골 진영으로 가기를 자청한 것은 "나라의 利害가 바로 오늘에 달려있으니 만약 저들의 뜻을 어겼다가 뉘우친들 어찌 미치겠는가"라는[62] 의도에서였다. 즉 몽골이라는 새로운 적의 등장은 고려의 입장에서는 위기적인 상황이었고, 이를 감내해야 하는 장수로서의 憂國衷情을 보여주는 의식이라고 할 수 있다. 그 결과 강동성 전투를 성공적으로 마무리 했고, 종국에는 "두 나라는 길이 형제가 되어 만세 뒤의 자손이라도 오늘을 잊지 말게 하라"는 '형제맹약'을 체결하기에 이르렀다.

결국 강동성 전투에서 거란유종을 진압한 것은 3년이라는 긴 전쟁을 종식할 수 있었던 반면, 고려와 몽골이 '형제맹약'을 체결함으로써

---

62)『高麗史節要』권15, 고종 6년 정월, "金就礪曰 國之利害 正在今日 若違彼意 後悔何及".

새로운 대외환경이 조성되는 계기가 되었다고 하겠다.

Ⅳ. 맺음말

지금까지 거란유종의 침략 양상과 김취려의 활약에 대해서 알아보았다. 이를 간략하게 요약하면 다음과 같다.

고종 3년 8월 을축일(14일)에 거란유종의 침입을 계기로 김취려 장군은 기사일(18일)에 후군병마사에 임명되어 많은 전과를 쌓았다. 거란유종의 선발대가 파죽지세로 남하하던 것을 김취려의 분전으로 조양진과 향산 전투에서 저지함으로써 이들을 청새진 밖으로 물리칠 수 있었다. 이어서 거란유종 후발대와의 전투는 더욱 치열했다. 고려군이 선발대와의 전투에서 전투력이 떨어진 틈을 타 후발대는 청천강과 대동강을 넘어 개경과 중부 지역으로 전선을 확대하면서 계속해서 남진하였다. 이들의 남진은 국가 건설의 기반을 확보하는 한편, 금나라와 몽골의 사정권으로부터 벗어나고자 했던 것으로 파악된다. 이런 남진을 저지한 전투가 김취려의 맥곡과 박달현 전투였다. 원주와 충주로 이어지는 길은 경상도 지역으로 내려갈 수 있는 중요한 군사 요충이었고, 이에 대한 일차적인 저지선이 맥곡 전투였다. 이 맥곡 전투에서의 승리는 후발대를 제주 쪽에서 충주 지역으로 넘어가는 길목이었던 박달현으로 유도할 수 있었고, 박달현 전투에서의 대승이 후발대를 대관령을 넘어 명주 지역으로 후퇴시킬 수 있었다. 하지만 침략군을 완전하게 제압하지 못했던 것이 이후 후발대가 동계 지역을 거쳐 여진 땅으로 넘어갈 수 있게 하였다. 그 결과 거란유종 선발대는 북계 지역에서, 후발대는

〈지도 4〉 거란유종의 침략 경로

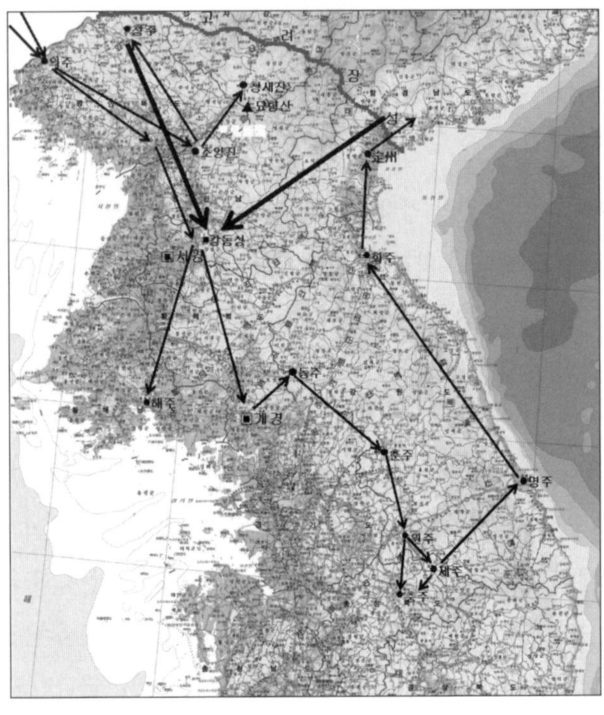

여진 군사를 보충하여 동계 지역에 출몰하면서 전쟁은 계속되었다.

한편 거란유종의 여진 땅으로의 퇴각은 그 지역의 동진국에게는 고려 침략의 빌미를 제공했고, 이는 결국 몽골과 동진국의 연합군이 동계 지역으로 전격 침략해 들어오는 계기가 되었다. 몽골과 동진국 연합군의 고려 침공은 비록 거란유종 소탕이라는 명분을 내세웠지만 고려에게는 새로운 위기를 가져왔다. 이런 위기를 극복하는데 중요한 역할을 했던 자가 김취려였다. 그는 몽골의 의도를 간파하면서 적극적인 대처에 따라 강동성 전투에서 거란유종의 잔여세력을 완전하게 소탕하였고, 종국에는 고려와 몽골이 '兄弟盟約'을 맺음으로써 새로운 전쟁의 위기를 극복할 수 있었다.

　결국 '형제맹약'은 거란유종과의 3년이라는 긴 전쟁을 종식하는데 의미가 있었지만, 또 한편으로 몽골이라는 새로운 대외환경이 조성되는 결과를 초래하였다. 하지만 이 맹약은 이후 대몽전쟁과 강화협상 과정에서 고려왕조에 유리한 국면을 이끌어 내는 데 중요한 역할을 했음을 아울러 기억할 필요가 있을 것이다.

고려·조선초 언양김씨 가문의 관계진출과 정치적 위상

김 호 동

Ⅰ. 머리말

충선왕 때 왕실과 통혼할 수 있는 15개 '宰相之宗'에 포함된 언양김씨는 무신집권시대에 무신으로 등장한 가문이다.[1] 언양김씨를 재상가의 반열에 올려놓은 인물은 金就礪이다. 그는 고종 3년(1216)에 거란의 침입을 격퇴하는데 공을 세워 벼슬이 시중에 이르렀고, 그의 아들 佺도 평장사에 올랐다. 김전의 아들인 김양감이 딸을 충렬왕에게 출가하면서 언양김씨는 더욱 번성하여 '재상지종'에 포함될 수 있었다. 그렇지만 조선 성종조의 成俔이 『慵齋叢話』(권10)에서 언급한 15세기의 대표적인 名門 '鉅族' 75개 성관에는 언양김씨가 포함되지 않았으나, 이수건이

---

1) 민현구는 「고려후기의 권문세족」(『한국사』 8, 국사편찬위원회, 1974, 28~29쪽)에서 宰相之宗에 포함된 가문은 ① 고려초기 이래의 문벌귀족인 정안임씨·철원최씨·해주최씨·청주이씨·파평윤씨·경주김씨·경원이씨·안산김씨, ② 무신집권시대에 무신으로 등장한 언양김씨·평강채씨, ③ 무신정변 이후 새로운 관인층으로 대두하여 성장한 가문인 공엄허씨·당성홍씨·황려민씨·횡천조씨, ④ 대원관계의 전개 속에서 신흥세력으로 등장한 평양조씨로 분류한 바가 있다.

112

성현이 열거한 75개 명문거족에 더하여 『新增東國輿地勝覽』 각읍의 인물조와 『國朝榜目』 및 『國朝人物考』를 참고하여 조선초기 名門巨族 121성관을 열거하였는데, 거기에는 언양김씨가 포함되므로[2] 조선초까지 명문거족의 범주에 포함시킬 수도 있을 것이다.

언양김씨는 조선초기까지 재경세력은 족세가 크게 번성하여 서울 주변에 분포되었지만 본현에 남은 김씨는 족세가 미약하여 재지세력으로서의 사족 또는 이족관계 자료에 등장하지 않는다.[3] 『世宗實錄地理志』 언양현조를 살펴보면

土姓이 2이니, 박·김이며, 來姓이 3이니, 玄·崔·金이다. 人物은 門下侍郎平章事 威烈公 金就礪와[고려 고종 때 사람] 그 아들 門下侍郎平章事 翊戴公 金佺, 그 손자 都僉議參理 文愼公 金胼[충렬왕 때 사람] 그 증손 都僉議左政丞 貞烈公 金倫[충숙왕 때 사람]이다.

라고 하여 고려시대의 언양김씨인 김취려와 김전, 김변, 김륜만을 열거하고 있다. 『新增東國輿地勝覽』의 언양현 '인물'조의 경우 『世宗實錄地理志』에 실린 인물 외에 김취려의 증손인 金文衍이 추가되었고, 조선시대의 인물로 金赭가 수록되었을 뿐이다. 조선후기에 만들어진 『언양현읍지』에서도 '인물'조에서 『新增東國輿地勝覽』에 거론된 인물을 열거하고 '효자'편에 언양김씨인 金敬直과 金希祖를 추가하였지만 이들 역시 고려 때 활약한 인물들이다. 成俔이 『慵齋叢話』에서 언급한 15세기의 대표적인 名門 '鉅族' 75개 성관 중에 언양김씨가 포함되지 않을 정도로

---

2) 이수건, 『한국중세사회사연구』, 일조각, 1984, 349~350쪽.
3) 이수건, 『영남사림파의 형성』, 영남대민족문화연구소, 1979, 43~44쪽.

상대적으로 조선시대에는 두드러진 인물을 배출하지 못하였음을 알
수 있다.

이 글은 '13세기 거란유종의 고려 침략과 대응, 김취려 장군의 활약상'
의 기획발표의 소주제로 집필된 것이다. 다른 소주제에서 김취려의
묘지석 분석을 통한 관력과 활동, 인물사적 평가가 이루어지기 때문에
중복을 피하기 위하여 본고는 시간적으로 원간섭기 이후에서 조선초기
까지의 김취려 아들 이후의 관계진출과 정치적 위상을 다루었다. 또
주어진 주제에 의해 주로 재경세력을 중심으로 논의를 전개하였다.
물론 여기에는 재지세력 자료가 전하지 않는 한계성 때문이기도 하다.
김취려의 아들 대인 김전과 그 아들, 그리고 그 손자, 증손자대의 4대가
활약한 시기가 언양김씨 가문이 가장 정치적 위상이 높았던 시기였고,
우왕 이후 고려말 조선초의 시기는 언양김씨 가문의 정치적 위상이
축소되어가는 시기이다. 그런 점에서 전자에 해당하는 시기, 김전 이하
4대가 활동한 시기에 관한 논의를 '원간섭기 언양김씨 가문의 관계진출
과 정치적 위상'으로 하고, 후자의 시기에 관한 논의를 '조선초기 언양김
씨 가문의 관계진출과 정치적 위상'이라고 하여 살펴보고자 한다.

Ⅱ. 원간섭기 언양김씨 가문의 관계진출과 정치적 위상

1. 세속간의 출세

언양김씨는 무신정권에 起家하여 金富(생몰년 미상)와 金就礪 부자에
의해 무반 가문으로 성장한 가문이다. 金富는 명종 3년(1173) 동북면병마
사 金甫當의 反武臣亂 실패 직후에 많은 문신들이 살육당할 때 당시

114

낭장으로서 무신 집정자였던 鄭仲夫에게 문신과 무신 가문간의 통혼만이 서로의 알력을 해소하고 후환을 없애는 문제해결의 방안임을 건의, 살육의 화를 중지하게 하였다. 김부는 명종 16년(1186) 장군으로서 예부시랑을 겸하였다. 무신정변 이후 무신으로서 文翰을 관장하는 儒官職을 겸한 최초의 인물이다. 언양김씨를 재상가의 반열에 올려놓은 인물이 김부의 아들인 김취려이다. 그는 고종 3년(1216), 거란의 침입을 격퇴하는 데 공을 세워 시중에까지 이르렀다. 그의 아들 佺도 평장사에 오르고, 손자 대에 문반으로 옮기면서 문무를 겸비한 가문이 되고, 왕실과의 통혼을 계기로 왕실의 외척이 되어 고려 원간섭기를 대표하는 명문인 '재상지종'에 포함되었다.

『高麗史』 김취려 열전에는 김취려의 아들 金佺만이 기록되어 있다. 「김취려묘지명」[4])의 경우 趙氏 부인(복야 趙彦通[5])의 딸)과의 사이에 3남 1녀를 두었다고 하였지만 그 이름을 밝혀 놓지 않았다. 『益齋亂藁』 (권6) 「金就礪行軍記」에 長子가 고종 3년(1216)에 거란과 싸우다가 전사하였음이 확인된다.[6]) 사위 이지위는 고종 39년(1252)에 侍郞으로 있으면서 추밀원부사 李峴과 함께 몽고에 사신으로 간 기록이 보이고[7]) 원종 3년(1262)에 상서 좌복야,[8]) 원종 4년에 동추밀원사,[9]) 원종 7년(1266)에

---

4) 「김취려묘지명」, 國立中央博物館(No. 本11941).

5) 趙彦通에 관한 기록은 찾을 수 없다.

6) 이익주, 「묘지명 자료를 통해 본 고려후기 관인의 생애―金賆(1248~1301)의 사례―」 『한국사학보』 23, 2006, 135쪽.

7) 『高麗史節要』 권17, 고종 39년 정월 ; 『高麗史』 권24, 세가 고종 39년 정월 병오일.

8) 『高麗史』 권26, 세가 원종 3년 12월 정축일.

9) 『高麗史節要』 권18, 원종 4년 12월.

형부상서[10]가 된 기록이 전한다. 족보에는 참지정사를 역임한 것으로 기록되어 있다.

3남 1녀 가운데 뚜렷한 행적을 보인 인물이 김전이다. 김취려 열전에는 김전(?~1271)이 문하시랑평장사를 역임한 사실과 金良鑑, 金頵, 金仲保, 金胼의 4남을 두었다는 기록이 있다.[11] 김변의 묘지명에 의하면 김전은 철원최씨인 崔宗梓(崔惟淸-誢-종재)의 딸과 결혼하였다. 김전은 위 4남 외에 족보에 의하면 승려 坦如란 아들 한 명을 더 두었고, 3녀를 두었는데 그 사위는 李汾陽,[12] 金琿,[13] 金由祉[14]이다.

『高麗史』에 의거해 김전의 환력을 정리하면 다음과 같다 고종 45년(1258) 12월 임인일에 좌복야에 임명되었고,[15] 원종 3년(1262) 12월 정축일에 추밀원사에 임명되었고,[16] 원종 4년(1263) 12월 병인일에 수사도지문하성사에 임명되었다.[17] 원종 9년(1268) 11월 을축일에 참지

---

10) 『高麗史』 권26, 세가 원종 7년 11월 신축일.

11) 『高麗史』 권103, 열전 金就礪, "그(김취려＝필자 주)의 아들 侄은 門下侍郎平章事로 있었다. 김전의 아들은 金良鑑, 金頵, 金仲, 金保, 金胼이 있었다".

12) 족보에 의하면 김양감의 사위 이분양은 연안인으로서 시랑을 역임하였고, 1남 2녀를 두었다.

13) 김전의 사위인 김혼은 경주김씨로서 樞密院副使 金慶孫의 아들이다. 이 혼인에 대해 이익주는 "개인적인 친분에 의한 것이라기보다는 家格이 비슷한 집안끼리의 통혼한 사례로 보고 뒷날 충선왕이 복위교서에서 제시한 '宰相之宗' 가운데 '신라왕손김혼일가'와 김변의 '언양김씨일종'은 나란히 이름을 올렸다"고 하였다(이익주, 「묘지명 자료를 통해 본 고려후기 관인의 생애－金胼(1248~1301)의 사례」 『한국사학보』 23, 2006, 138쪽).

14) 족보에 의하면 김양감의 사위 김유지는 광산인으로 재신을 역임한 것으로 나오지만 사서류에서 확인할 수 없다.

15) 『高麗史』 권24, 세가 고종45년 12월 임인일.

16) 『高麗史』 권26, 세가 원종 3년 12월 정축일.

17) 『高麗史』 권26, 세가 원종 4년 12월 병인일.

정사인 김전을 團練造兵都監判事에 임명하였다[18]고 한 것으로 보아 그 이전에 참지정사가 된 듯하다. 그리고 원종 11년(1270) 5월 갑자일에 평장사 김전이 전 평장사 유경과 함께 강화도에서 나와 왕을 뵈었다[19]고 한 것으로 보아 김전은 그 이전에 문하평장사에 임명되었다는 사실과 강화도에서 개경으로 출륙환도를 지지하는 입장이었음을 알 수 있다. 그 이듬해인 원종 12년 5월 문하평장사로 재직하다가 생을 마감하였다.[20] 『高麗史』의 경우 김전이 역임한 관직의 인사이동에 관한 이력만이 기록될 정도이고, 그의 정치적 입장이나 사상 등을 엿볼 수 있는 내용이 없다. 다만 그의 아들 胖과 허공의 딸과의 혼인 내력을 통해 그의 정치적 입장을 간접적으로 엿볼 수 있을 뿐이다.

당시 임연이 나라의 정권을 잡고 위세와 화복을 제멋대로 좌우하고 있어 그 아들 임유무로 하여금 허공의 딸과 결혼하게 하려고 하였는데 허공은 허락하지 않았다. 임연이 강요하였으나 허공은 굳이 거절하였다. 임연이 왕에게 그 사연을 고하였다. 왕이 허공을 불러다가 이르기를 "임연은 간사하고 흉악한 사람이니 그에게 반감을 사서는 안 될 것이다. 그러니 그대는 깊이 생각해서 처리하라!"고 하였다. 허공이 대답하기를 "제가 차라리 화를 입더라도 저의 딸을 역적된 신하의 집안에 감히 시집보내지는 않겠습니다"라고 하니 왕이 그 뜻을 의롭다고 여기고 "그대가 잘 처리하도록 하라!"고 하였다. 허공이 물러 나와서 이내 그 딸을 평장사 金佺의 아들 胖에게 시집보냈다. 임연이 마음 속 깊이 이 일을 언짢게 생각하고 있었다.[21]

---

18)『高麗史』권26, 세가 원종 9년 11월 을축일.
19)『高麗史』권26, 세가 원종 11년 5월 갑자일.
20)『高麗史』권27, 세가 원종 12년 5월 을해일.
21)『高麗史』권105, 열전 許珙.

무신집정 임연이 자기의 아들 임유무와 허공의 딸과의 결혼을 원하였음에도 불구하고 허공이 김전의 아들 김변에게 딸을 시집보냈다는 것을 통해 김전은 임연-임유무와는 달리 왕정복고와 함께 원과의 강화와 출륙환도를 지지하는 입장을 견지하였을 것이다. 그런 그였기 때문에 원종 11년 무신정권을 붕괴시킨 유경과 함께 강화도에 나와서 왕을 뵙는데 앞장을 섰다고 볼 수 있다. 이러한 그의 선택은 원간섭기에 접어들어 언양김씨 가문이 정치적 권력을 유지시켜나가는데 일조를 하였을 것이다.

김전의 아들 가운데 김군과 김중보, 탄여는 사서에 거의 이름이 등장하지 않으므로 간략히 살펴보고, 사료가 비교적 많은 장남인 김양감과 막내아들인 김변계를 중심으로 관계진출의 과정을 살펴봄으로써 언양김씨의 정치적 위상을 가늠해보고자 한다.

김전의 둘째 아들인 金頵의 경우 충렬왕 7년(1281)에 충렬왕이 여원연합군의 일본동정을 독려하기 위해 경상도에 가서 안동에 들렀을 때 安東府使로 있었다는 기록[22]과 동왕 14년에 전법판사,[23] 22년에 부밀직사사에 임명되었다[24]는 기록이 보인다. 족보에 '匡靖大夫都僉議叅理'로 치사하였다고 하였다. 민종유의 아들인 閔頔에 관한 열전에서 "외조부 兪千遇가 그를 보고 기특하게 여겨 후일에 귀하게 되겠다고 하였으며, 재상을 지낸 이모부 金頵이 그 말을 듣고 자기 집에서 길렀다"[25]고 한 것으로 보아 김군은 유천우의 딸과 혼인한 것을 알 수 있다.[26]

김군은 족보에도 후사가 기록되지 않은 것으로 보아 민적을 자식 대신에 길렀다고 볼 수 있다. 민적의 아들인 민사평은 김군의 조카인 김륜(김변－김륜)의 사위가 되었다.[27]

김전의 셋째 아들 仲甫의 경우 족보에 평장사를 지냈다는 기록과 伯綏(上將軍)·用綏(副令)의 두 아들이 있었다는 기록이 있지만 사서류에서 확인할 수 없다.

① 金良鑑系

김전의 첫째 아들인 김양감의 경우 『高麗史』 김취려 열전에 尉衛尹을 역임하였고, 金文衍(미상~1314/충숙왕 1)이란 아들과 淑昌院妃(충렬왕비)를 딸로 두었다는 기록만이 보인다.[28] 그렇지만 족보에 의하면 김양감은 貞州鄭氏(태사 準의 딸)와 결혼하여 3남(光啓·光衍·文衍)과 5녀(사위 趙允溫·王誠·申汝柱·金光, 숙창원비)를 두었다. 그들 가운데 김문연의 행적을 사서를 통해 살펴보기로 한다.

고종 때 최우의 신임을 받아 출세했고, 원종 4년(1263) 무렵에는 "오랫동안 정권을 잡고 있었으므로 사대부들이 모두 붙좇았다(『高麗史』 권105, 열전 兪千遇)"는 세평을 들을 정도로 권세를 누리고 있었다. 이 말처럼 사대부들이 유천우와 연결되고자 했을 때 혼인이야말로 가장 좋은 방법이었을 것이므로 김전의 아들 김군과 민황의 아들 민종유가 유천우의 딸과 결혼하였다. 언양김씨나 여흥민씨 등 당대의 명문이 家格의 차이를 무릅쓰고 유천우 집안과 혼인한 것은 유천우의 개인적인 능력에 대한 나름의 평가 때문이었을 것이다(이익주, 「묘지명 자료를 통해 본 고려후기 관인의 생애－金賆(1248~1301)의 사례－」『한국사학보』 23, 2006, 138쪽).

27) 『高麗史』 권108, 열전 민종유 부 민적.

28) 『高麗史』 권89, 열전 后妃 淑昌院妃 金氏, "淑昌院妃 金氏는 尉衛尹으로 있다가 치사한 金良鑑의 딸이니 용모가 아름다웠다".

　김양감의 아들은 김문연이다. 김문연은 어려서 중이 되었다가 귀속하였
으나 나이 30세가 넘도록 자기 힘으로 출세하지 못하였다. 그러다가 누이동
생 淑昌院妃가 충렬왕의 총애를 받게 되자 그의 덕으로 左右衛散員으로
임명되었으며 벼슬이 여러 번 뛰어올라 僉議侍郞贊成事에 이르렀다. 그후
妃가 또 충선왕에게 총애를 받아 淑妃로 책봉되자 김문연을 僉議中護로
임명하였다. 원나라에서는 信武將軍, 鎭邊萬戶 벼슬을 주고 王珠虎符도
주었으며 본국에서는 彦陽君으로 봉하였다. 후에 禿魯花를 데리고 원나라
로 갔었는데 원나라에서 또 벼슬 鎭邊萬戶府 達魯花赤을 더 주었다. 그
후 충숙왕 원년에 귀국하던 도중에서 죽었다. 김문연은 위인이 활달하고
마음이 솔직하여 매양 숙비의 곁에 있는 사람들이 지나치게 사치하는
것을 볼 때마다 그리 못하게 억제하였다. 그의 시호는 榮信이라 하였고
아들은 없었다.[29]

　김문연의 경우 어렸을 때 승려였다는 점, 그리고 별다른 재능 없이
30세까지 지내다가 그의 여동생이 충렬왕의 비(淑昌院妃)가 되어 총애를
받음으로써 그 덕으로 左右衛散員이 된 후 충렬왕 28년 6월에 軍簿判
書,[30] 동 10월에 監察大夫,[31] 29년 11월에 密直副使,[32] 31년 2월에
平壤府使,[33] 같은 해 8월에 同知密直司事에 임명되었고,[34] 충선왕 2년
(1310)에 僉議評理가 되었다.[35]
　김문연의 누이인 숙창원비에 대한 후비열전을 살펴보면

---

29)『高麗史』권103, 열전　金就礪.
30)『高麗史』권32, 세가 충렬왕 28년 6월 경진일.
31)『高麗史』권32, 세가 충렬왕 28년 10월 신사일.
32)『高麗史』권32, 세가 충렬왕 29년 11월 임신일.
33)『高麗史』권32, 세가 충렬왕 31년 2월 을미일.
34)『高麗史』권32, 세가 충렬왕 31년 8월 갑오일.
35)『高麗史』권33, 세가 충선왕 2년 9월 을유일.

120

淑昌院妃 김씨는 尉衛尹으로 있다가 치사한 金良鑑의 딸이니 용모가 아름다웠다. 일찍이 進士 崔文에게 시집갔다가 일찍 과부가 되었다. 제국공주가 죽자 세자로 있던 충선이 궁녀 無比가 충렬왕의 총애를 독차지하는 것을 밉게 보고 무비를 죽였다. 세자가 충렬왕의 마음을 위안하기 위하여 김씨를 맞아들이게 하였다. 후에 숙창원비로 봉하였다. 충렬왕이 죽자 충선왕이 殯殿에서 제사를 지내다가 비의 형 金文衍의 집으로 가서 비와 여러 시간 대면하고 있었으므로 그때부터 사람들이 의심하기 시작하였다. 10여 일 후에 왕이 김문연의 집에 가서 유숙하면서 비와 관계를 맺었으며 얼마 후에 숙비로 봉하였다. …… 한 번은 4월 8일에 등불(燈)을 후원에 설치하고 불산(火山)을 만들었으며 풍악을 갖추고 스스로 즐기었는데 그때 사용한 황색 발(黃簾)이며 수놓은 천막은 모두 왕이 사용하는 물건들이었다. 구경꾼들이 많이 모여서 저자를 이루었으며 이렇게 3일간 계속하고 놀이를 파하였다. 비는 일찍이 모친상을 입고 있을 때에도 재상들을 초청하여 연회를 베풀었으며 또 銀字院에 가서 불공을 드렸으며 재상들도 함께 참석하였다. 이때 왕은 원나라에 체재중이었는데 비는 원나라 사신들을 연회에 초대하기도 하고 혹은 박연으로 놀러 가기도 하였으며 혹은 사원에 가서 중들에게 음식을 먹이는 등 그의 출입이 절도가 없었고 차마와 복장이며 衣仗을 공주와 다름없이 차렸다.36)

위 기록에 의하면 충렬왕비인 제국대장공주가 죽자 충렬왕의 총애를 받던 무비를 죽이고, 김양감의 딸을 맞이하게 하여 숙창원비가 되었다. 충렬왕이 죽은 직후 김문연의 집에서 충선왕이 숙창원비와 관계를 맺었다. 고려시대 임금은 신하들의 집에 유숙하는 것이 일반적이었다. 충선왕이 김문연의 집에 가서 숙창원비와 오랜 시간 대면한 것이 충렬왕 34년(충선왕 즉위년) 10월 계사일이고,37) 10여 일 후인 기유일에 김문연

36) 『高麗史』 권89, 열전 后妃 淑昌院妃 金氏
37) 『高麗史』 권33, 세가 충렬왕 34년 충선왕 즉위년 10월 계사일.

의 집에 가서 숙창원비와 관계하였으며, 얼마 후에 그를 淑妃로 책봉하였
다.38) 충렬왕이 33년(1307)에 원나라에서 돌아와 숙창원비의 저택에
처소를 정하였다고 한 기록으로 보아39) 아마도 이것은 김문연의 집일
가능성이 많다. 왜 충렬왕이 원나라에 돌아와서 숙창원비의 저택에
처소를 정하고, 충선왕이 충렬왕이 죽은 직후 제사를 지내면서 빈번히
김문연의 집을 들락날락 거렸을까? 이에 대한 해답을 충렬왕의 원나라행
과 귀국 전후 사이에 있었던 충렬왕과 충선왕의 권력투쟁을 통해 살펴보
기로 한다. 원에서 충렬왕에게 입조하여 신년 축하의식에 참가하라고
요구한 것은 충렬왕 31년(1305) 7월이었다.40) 10월에 충렬왕은 수강궁에
서 숙창원비의 저택에 처소를 잡았고,41) 11월 전왕(충선왕)의 비 홍씨의
집으로 처소를 옮겼다.42) 그로부터 나흘 후에 충렬왕이 원나라로 출발하
였는데, 왕의 손자들인 廣平公, 江陵侯 및 한희유,43) 왕유소, 고세,
김문연, 한신, 송방영, 송린, 홍자번,44) 최유엄, 유비, 김심, 김연수 등이
왕을 따라갔다.45) 행성의 사업을 김전의 사위인 우중찬 김혼에게 대리하

---

38) 『高麗史』 권33, 세가 충렬왕 34년 충선왕 즉위년 10월 기유일.

39) 『高麗史』 권32, 세가 충렬왕 33년 5월 정축일.

40) 『高麗史』 권32, 세가 충렬왕 31년 7월 갑자일, "상호군 秦良弼이 원나라에서
　　돌아왔는데 황제가 왕에게 입조하여 신년 축하의식에 참가하라 했다고
　　전하였다".

41) 『高麗史』 권32, 세가 충렬왕 31년 10월 정해일.

42) 『高麗史』 권32, 세가 충렬왕 31년 11월 갑인일. 충선왕의 비 홍씨는 충렬왕이
　　원나라에 간 이듬해 8월에 죽었다(『高麗史』 권32, 세가 충렬왕 32년 8월
　　신해일).

43) 한희유는 이듬해 7월 원나라에서 죽었다(『高麗史』 권32, 세가 충렬왕 32년
　　7월 신사일).

44) 홍자번 역시 충렬왕 32년 9월 원에서 죽었다(『高麗史』 권32, 세가 충렬왕
　　32년 9월 무자일).

게 하였다.[46] 충렬왕이 언양김씨의 일족인 숙창원비의 집에 처소를 정하였고, 또 원나라에 갈 때 김문연을 대동하고, 숙비를 잘 섬긴 김전의 사위인 김혼으로 하여금 행성의 사업을 잠시 대리하게 한 것은[47] 충렬왕이 숙창원비, 언양김씨 일족에 기대고 있음을 보여준다. 그런데 숙창원비와 김문연은 충선왕과 연결되어 있었다.

원 연경에서 충렬왕은 충선왕의 저택에 숙소를 정하였다. 충렬왕 32년에 왕을 호종한 신하 가운데 왕유소, 송방영, 송린, 한신이 충선왕을 참소한 사건이 발생하였는데, 그 진행의 과정을 보면 김문연은 전왕, 즉 충선왕과 깊이 연결되고 있음을 알 수 있다.

이 해에 왕유소, 송방영, 송린, 한신이 전 왕을 왕에게 참소하였으며 또 황후 및 좌승상 阿忽台, 평장 八都馬辛에도 참소하였는바 그들은 전왕의 머리를 깎아 중으로 만들려는 것과 瑞興侯 王琠에게 寶塔實憐 공주를 개가시키려는 음모였는데 최유엄 등이 중서성으로 가서 왕유소가 흉악한 반역 음모를 하고 있는 사실을 논증하였으므로 중서성의 관원이 왕유소 등을 체포하여 가두었다. 그래서 고세, 김문연, 진양필이 왕에게 귀국하기를

---

45) 『高麗史』 권32, 세가 충렬왕 31년 11월 무오일.

46) 『高麗史』 권32, 세가 충렬왕 31년 11월 경오일. "왕이 원나라에 갔을 때에 김혼에게 行省의 사무를 임시로 대리하게 하였다가 바로 파면하였다.(『高麗史』 권103, 열전 김경손 부 김혼)"고 한 기록을 통해 김혼은 곧 파면되었다.

47) 충렬왕, 충선왕이 김혼을 총애하였는데 그 이유에 관해 "그는 敬順王后의 從弟인 관계로 충렬왕의 총애를 받았으며 또 淑妃와 連戚 관계가 있으므로 충선왕도 그를 총애하고 잘 대우하였다. 일찍이 그가 왕을 男山 서재로 청하여 잔치를 베푼 일도 있었으며 숙비를 대단히 근실하게 섬겼다. 그가 만년에 직위와 封君을 얻게 된 것은 모두 숙비의 주선으로 된 것이다(『高麗史』 권103, 열전 김경손 부 김혼)."라고 하였다. 김혼이 숙비를 잘 섬긴 것은 충렬왕 때부터였을 것이다.

권하니 왕이 그 제의를 거부하면서 말하기를 "내가 듣건대 전 왕이 사람을 보내 귀국하는 길가에서 기다리고 있다가 나를 강물 속에 던져 넣으려고 한다. 내가 비록 늙기는 하였으나 내 어찌 죽음을 두려워하지 않으랴!"고 하였다. 그래서 고세 등이 중서성에 글을 보내 왕유소의 죄상을 극론하고 왕을 모시고 귀국할 것을 요청하였더니 중서성의 관원들이 황제에게 이 일을 보고하고 왕이 빨리 귀국할 것을 독촉하였다. 왕은 구실을 붙일 계책이 없어서 일부러 약을 마시고 痢疾이 생기게 하였다. 그리고 여름부터 가을에 이르기까지 자리에서 일어나지를 않았다. 公主가 왕유소 등이 고소 당하였다는 소식을 듣고 아주 노하여 김문연을 불러다가 곤장을 쳤으며 또 사람을 시켜 문을 지키게 하고 무릇 임명장을 가지고 왕의 서명을 받으러 오는 자는 왕의 처소에 출입하지 못하게 금지하였다. 이렇게 되자 왕을 따라 갔던 신하들이 모두 흩어지고 다만 비서승 李兆年과 內竪 崔晋 두 사람만이 왕의 곁에 남아서 시중하였다.[48]

왕유소 등이 전왕을 참소하였고, 이때 공주가 왕유소 등이 고소당하였 다는 소식을 듣고 김문연을 불러 곤장을 쳤다는 것으로 보아 김문연은 전왕, 즉 충선왕과 깊이 연결되었을 것이다. 이듬해인 충렬왕 33년 정월에 원 성종이 죽자[49] 충선왕은 3월에 김문연과 김유를 순군부에

---

48) 『高麗史』 권32, 세가 충렬왕 32년 11월 갑오일.

49) 충렬왕 33년 정월에 원의 성종이 죽자(『高麗史』 권32, 세가 충렬왕 33년 정월 계유일) 충선왕은 성종의 조카 懷寧王을 武宗으로 옹립하는데 일익을 담당하였다(『高麗史』 권32, 세가 충렬왕 33년 5월 신묘일). 충선왕의 원 무종 옹립과정에 관한 사료, "충선왕은 원나라에 가서 숙위한 지 대략 10년이었다. 그 사이 武宗과 仁宗은 아직 왕위에 오르기 전이라 충선왕과 더불어 침식을 같이 하면서 주야로 서로 떨어지지 않고 지내다가 충렬왕 33년에 원나라 황제의 조카 愛育黎拔力八達太子와 우승상 答剌罕, 院使 別不花들이 충선왕과 더불어 定策하고 懷寧王 海山을 맞아들여 황제로 삼으려고 하였다. 그런데 좌승상 阿忽台와 平章 八都馬辛 등은 安西王 阿難達 을 황제로 삼으려는 음모를 가지고 난을 꾸미려 하였다. 팔달 태자가 그들의

124

보내 대규모의 인사이동에 관한 결재[批判]를 전달하였는데 이때를 전후해 충선왕은 이미 국정을 장악하였다.[50] 서흥후 왕전, 왕유소, 송방영, 송린, 한신, 송균, 김충의, 최연이 사형당하였고,[51] 본국의 관료들 중 반심을 가진 자들은 모두 처벌된 것으로 보아 충렬왕이 귀국 후 숙창원비의 저택에 처소를 정한 것은[52] 김문연과 숙창원비가 충선왕과 깊이 연결되어 있었기 때문일 것이다. 충선왕이 충렬왕이 34년 7월에 신효사에서 죽었을 때 숙비의 저택에 빈전을 만들고[53] 김문연의 집에 거처를 잡은 것도 김문연·숙창원비가 충선왕의 복위를 깊이 모의하였다고 보아야 할 것이다.

음모를 알아차리고 거사하기 하루 전에 아홀태 등을 체포하여 대왕 都剌와 원사 별불화 및 충선왕에게 맡겨 심문하고 나서 이들을 처단하였다(『高麗史』 권33, 세가 충렬왕 34년 충선왕 즉위)."고 한 기록을 통해 왕유소 등이 기대는 阿忽台와 平章 八都馬辛 등이 원에서의 성종에서 무종으로의 왕위계승에 따라 처단되자 충선왕이 고려의 국정을 장악하게 되었고, 왕유소 등은 처단될 수밖에 없었다.

50) 『高麗史』 권32, 세가 충렬왕 33년 3월 신묘일, "전왕이 동지밀직사사 김문연, 상호군 金儒를 보내 밤중에 巡軍府로 들어가서 결재(批判)를 전달하였는바 그것은 최유엄을 도첨의 중찬 판 전리 감찰사사로, 유비를 도첨의 찬성사 판 군부사사로, 이혼을 도첨의 찬성사 판 판도사사로, 金深을 도첨의 참리 판삼사사로, 許評을 판밀직사사로, 김연수와 김태현을 지밀직사사로, 김문연을 동지밀직사사로 (중략) 夜先旦과 洪承緖를 좌우 부승지로 임명한다는 것이었다. 그 밖에도 관직에 임명된 자가 80여 명이었다. 전 왕(충선왕)이 원나라 태자의 지시에 의하여 왕유소, 송방영, 송린, 한신, 宋均, 金忠義, 崔涓 및 그 일당인 악한들을 (전 왕의) 저택에 잡아 가두고 왕을 慶壽寺로 숙소를 옮기게 하였다. 이때로부터 왕(충렬)은 팔짱을 끼고 앉아 있게 되었고 국정은 모두 전 왕(충선)의 수중에 장악되었다".
51) 『高麗史』 권32, 세가 충렬왕 33년 4월 갑진일.
52) 『高麗史』 권32, 세가 충렬왕 33년 5월 정축일.
53) 『高麗史』 권32, 세가 충렬왕 34년 7월 정축일.

충선왕은 즉위 직후 16개조에 달하는 개혁교서를 발표하였는데, 그 가운데 同姓不婚을 언급하면서 종친과 혼인할 수 있는 '宰相之宗'을 다음과 같이 열거하였다.

지나간 至元 12년에 원나라 세조가 阿禿因을 우리나라에 보내 聖旨를 전하였고 또 지원 28년에 내가 정가신, 유청신 등과 함께 원나라에 갔을 때에 紫檀殿에서 세조의 성지를 받았는바 '同姓 사이에 통혼하지 않는 것은 온 천하의 공통된 윤리이다. 하물며 당신의 나라는 文字를 알고 공자의 도덕을 실천하고 있으니 응당 동성간에는 혼인하지 말아야 할 것이다'라고 하였다. 당시에 李守丘가 유청신에게 이 뜻을 전달하였고 또 정가신에게도 통역하여 전달하였었다. 그런데 우리나라에서는 오늘 내일 하다가 속히 개혁하지 못하였다. 이제부터는 만일 宗親 중에서 동성끼리 혼인하는 일이 있다면 이는 성지를 위반하는 것으로 논죄할 것이니 금후는 여러 대를 내려오면서 재상을 지낸 가문의 딸과 혼인할 것이며 재상들의 자손은 종실의 딸들과 결혼할 것을 허락한다. 그러나 만일 그 집안이 한미하다면 반드시 그렇게 할 것까지는 없다. 신라 왕손 金暉의 일문은 역시 順敬 태후의 숙부 백부 되는 가문이다. 彦陽김씨 일문과 定安 任 태후의 일족 그리고 慶源 이 태후, 安山 김 태후, 철원최씨, 해주최씨, 孔岩허씨, 평강채씨, 청주이씨, 唐城홍씨, 黃驪민씨, 橫川조씨, 파평윤씨, 평양조씨 등은 모두 누대 공신, 재상의 친척으로서 대대로 혼인할 만하다. 남자는 왕실의 딸에게 장가들고 여자는 왕실의 妃로 삼을 것이며 문무 양반의 가문에서 동성간의 혼인을 하지 말 것이다. 그러나 외가 사촌끼리는 구혼하는 것을 용인할 수 있다.

재상지종의 경우 위 사료에서 보다시피 '모두 누대 공신, 재상의 친척'으로 규정하고 있는데, 교서에서 언급된 경주김씨 이하 안산김씨까지는 '태후'라고 언급하고 있다.54) 다만 그 사이 '언양김씨'의 경우

태후라고 하지 않고 '언양김씨 일문'이라고 한 것은 충렬왕비인 숙창원
비와 충선왕과의 관계 때문에 그렇게 표현한 것이다.[55] 따라서 '숙비'로
의 책봉은 이 교서 발표 이후에 이루어졌을 것이다. 위 자료에서 지금까지
간과된 사실은 김문연의 집에 유숙한 날에 개혁교서를 발표하였다는
점이다. 그런 점에서 개혁교서의 경우 김문연과의 최종 검토가 있었다고
보아야 한다.

김문연은 원나라에서는 信武將軍, 鎭邊萬戶 벼슬을 주고 王珠虎符도
주었으며 본국에서는 彦陽君으로 봉하였다.[56] 충숙왕이 즉위한 직후
상왕인 충선왕이 김문연을 원나라에 보내 세자 王燾를 머물게 하여
禿魯花로 삼게 하였다.[57] 원나라에서는 김문연에게 鎭邊萬戶府 達魯花
赤을 더 주었다. 그 후 충숙왕 원년에 귀국하던 도중에서 죽었다.[58]

충선왕대 숙비를 중심으로 언양김씨 가문이 결집하였을 것이다. 김전

---

54) '태후'의 사전적 의미는 임금의 살아 있는 어머니, 혹은 앞선 임금의 살아
   있는 아내이다.

55) 감찰규정 우탁이 충선왕과 숙창원비의 간통사건에 대해 소복 입고 도끼
   들고 집 방석을 메고 궁궐에 나아가 상소문을 올리자 좌우에 있던 자들이
   놀라 떨고 왕은 부끄러운 기색을 지었다고 한 것으로 보아 충선왕과 숙창원
   비에 대한 비난이 적지 않았음을 알 수 있다.(『高麗史』 권109, 열전 禹倬,
   "여러 번 승진하여 監察糾正이 되었다. 이때에 충선왕이 淑昌院妃를 간통하
   였으므로 우탁이 소복 입고 도끼를 들고 집 방석을 메고 궁궐로 들어가
   상소문을 들어 대담한 말을 하였으므로 측근 신하가 상서문을 펼쳐 놓고
   감히 읽지 못하였다. 우탁이 소리를 질러 말하기를 '그대는 近臣으로서
   임금의 잘못을 바로 잡지 못하고 이와 같은 추악한 일을 저지르게 하였으니
   그대는 자기의 죄를 아는가?' 라고 하였다. 좌우에 있던 자들이 놀라 떨고
   왕은 부끄러운 기색이 있었다.")

56) 『高麗史』 권103, 열전 金就礪 附 金文衍.

57) 『高麗史』 권34, 세가 충숙왕 즉위년 5월 병진일.

58) 『高麗史』 권103, 열전 金就礪 附 金文衍.

의 사위인 김혼이 숙비를 대단히 근실하게 섬겼고, 만년의 직위와 封君이 모두 숙비의 주선 때문이었다고 한 것이나,[59] 숙비의 조카 金之甲이 任瑞로부터 통행증이 탈취되는 사건에 관해 숙비가 신하들을 시켜 원나라 중서성에 제의한 것[60] 등을 통해 볼 때 충렬왕~충숙왕 대 언양김씨가 숙비를 구심점으로 하여 뭉쳤음을 알 수 있다.

② 金䁻系

무신정권 때 외적의 침입에 공을 세운 무반가문으로서의 위치를 세운 김취려 가문은 충렬왕대에 외척가문이 되었고, 손자인 金䁻으로 인해 무와 함께 문을 겸비하는 가문이 될 수 있었다. 당초 김변은 원종 4년(1263)에 문음으로 東面都監判官이 되었다. 동면도감판관은 사면도감의 갑과 권무직으로, 고려후기에 음직으로 권무직이 쓰이던 현실을 반영하는 것이다.[61] 그렇지만 김변은 원종 9년(1268)에 과거에 급제하였다.[62] 이때의 지공거는 柳璥과 金皚였고, 동문으로는 장원인 尹承琯을 비롯하여 朴全之와 李混이 찾아진다.[63] 과거에 급제한 이듬해에 김변은

---

59) 주 47) 참조.

60) 『高麗史』 권110, 열전 金台鉉, "충선왕이 西藏으로 귀양가고 충숙왕 역시 원나라에 억류되자 국내에서는 당파가 생기고 首相은 왕을 따라 갔다. (중략) 伯顔禿古思가 충선왕에게 위해를 가하려 하였고 그의 형 任瑞가 金之甲의 통행증을 탈취하는 등의 사건과 관련하여 淑妃가 신하들을 시켜 원나라 中書省에 제의하였을 때 김태현은 솔선하여 이에 서명하였으나 白元恒과 朴孝修는 구실을 붙여 서명하지 않았다." ;『高麗史節要』 권24, 충숙왕 10년 9월.

61) 이익주,「묘지명 자료를 통해 본 고려후기 관인의 생애－金䁻(1248~1301)의 사례－」『한국사학보』 23, 2006, 139~140쪽.

62) 金䁻墓誌銘.

63) 박용운,『고려시대 음서제와 과거제 연구』, 일지사, 1990, 429~430쪽.

128

정7품 국자박사가 되었고, 또 그 다음 해에는 참직인 합문지후가 되었다. 제술업 급제자가 7품의 실직을 받는 것은 파격적인 超遷이었다.64) 김변의 동문 가운데 장원급제한 윤승관은 행적이 밝혀지지 않고, 또 가문 배경이 대단하지 않았던 이혼은 급제한 직후에 외직인 廣州參軍으로 나갔다가 들어와 겨우 정9품 국학학정이 되었고,65) 박전지의 경우 급제한 후 내시에 속하였지만 관직은 비서성의 정9품 교서랑에 그쳤고 3년이 지난 뒤에야 종8품 대관승이 된 것과66) 비교하더라도 파격적이다. 김변이 음서를 거친 후 과거에 급제함으로써 대단히 유리한 위치에서 관직생활을 시작했기 때문이라고 볼 수 있다.67)

　김변은 과거에 합격한 원종 9년(1268)에 21세였는데, 일곱 살 아래인 14세의 許珙의 딸과 혼인하였다.68) 이때 김전은 이미 재상의 지위였음에도 불구하고 허공은 당시 36세의 나이로서 4~5품의 낭관에 불과하였다. 허공의 집안은 아버지 許遂가 추밀원부사까지 올랐지만 할아버지 許京은 종4품 예빈소경, 증조 許利涉은 종8품 典厩署丞일 정도로 김전의 집안과는 비교가 안 된다. 그럼에도 불구하고 이 결혼이 성사된 데는 김변의 처부가 된 허공의 능력과 정치적 위상이 작용했던 것으로 보인다. 허공은 일찍부터 文才와 吏幹이 뛰어나다는 평가를 받아 유경의 천거로 정방에 들어가 일한 적이 있는 '能文能吏'의 문신관료였다. 그런 그는 고려전기 이래의 명문인 파평윤씨 尹克敏의 딸을 처로 맞아들였고,69)

---

64) 박용운, 위의 책, 300쪽.

65)『高麗史』권108, 열전 李混.

66) 朴全之墓誌銘.

67) 이익주, 앞의 글, 140~141쪽.

68)『高麗史』권105, 열전 許珙 및 金賆妻許氏墓誌銘.

69) 許珙墓誌銘.

자신의 딸을 김전의 아들인 김변에게 혼인시킴으로써 당대 명문가와 중첩적 혼인관계를 맺음으로써 자신이 수상의 지위에까지 오르고, 그 가문이 '재상지종'에 이름을 올릴 수 있었을 것이다.

김변은 원종 11년(1270)에 禮部郎中이 되었고, 그 이듬해에 충렬왕이 세자로서 원나라에 갈 때 김변이 배행하였다. 원종 15년(1274) 8월에 충렬왕이 몽고에서 돌아와 즉위했을 때 김변도 함께 귀국하였다. 충렬왕은 원나라 공주와 결혼하여 작위를 받고 귀환한 후 김변의 공로가 제일 컸으므로 시종했던 사람들에 대한 포상을 할 때 2등공신에 책봉하면서 "그대의 공은 대단히 큰데 내가 준 상은 그보다 적다. 그대가 비록 앞으로 죄를 범하는 일이 있더라도 열 번에 아홉 번은 용서를 받을 것이며 자손의 대에 이르기까지 또 이와 같이 하리라!"고 기록한 誓券을 주었다.70) 당시 충렬왕은 몽고에서 자신을 시종했던 사람들을 중심으로 측근세력을 육성했으므로 김변도 그에 포함되었을 것이다.71) 그렇지만 충렬왕 즉위 이후 김변은 권력의 핵심에 들지 못하고 仁州·開城·安西 등의 지방관으로 전전하였다. 김변묘지명에서는 이에 대하여 "젊은 나이에 중요한 직위를 맡았으므로 분수를 지키고 승진을 늦추고자 하여 외직에 보임해주기를 거듭 청하였다"고 하였지만 충렬왕 3년(1277)에 中道, 즉 충청도의 안렴사로 나간 기록 이후 충렬왕 11년(1285)에 3품직에 오르기까지 관력이 확인되지 않는 것으로 보아 다른 이유 때문일 것이다.

김변묘지명에 의하면 충렬왕 11년 3품에 오른 뒤 전리판서와 寺·監의

---

70) 『高麗史』 권103, 열전 金就礪 附 金賆.

71) 이익주, 「고려 충렬왕대의 정치상황과 정치세력의 성격」 『한국사론』 18, 서울대 국사학과, 1988, 172~173쪽 및 이익주, 앞의 글, 144~145쪽.

130

판사를 거치면서 지제고를 겸하였다.[72) 그 가운데 충렬왕 16년(1290)에 판비서사로서 동지공거가 되어 지공거인 정당문학 鄭可臣과 함께 崔咸 ㅡ 등 31명을 선발하였다.[73) 김변의 고시관 역임은 언양김씨의 家格을 높이는데 큰 기여를 하였다고 할 수 있다. 고시관의 역임 이듬해에 판비서시사 문한시강학사 지제고가 되었고, 충렬왕 21년에 史館修撰官 으로서 同修國史로서 치사하였던 任翊과 함께 원나라 世祖의 사적을 편찬하였다는 점을 특기할 만하다.[74) 뒤이어 右承旨로 임명되었다가 충렬왕 23년에 副知密直司使로 승진하여 재추의 반열에 올랐다.[75) 음서로 관직에 오른 지 34년, 과거에 급제한 지 29년만의 일이었다.

이듬해인 충렬왕 24년에는 충선왕의 개혁을 둘러싸고 충렬왕과 충선 왕 측의 대립이 격렬하게 전개되어 관리들에 대한 인사도 빈번하게 이루어졌기 때문에 김변 역시 여러 관직을 전전하였다. 김변묘지명에는 이 한 해 동안 봉익대부 부지밀직, 서북면지휘사, 감찰대부를 지낸 것으로 되어 있지만 이 밖에도 7월에 동지자정원사 의조판서 동수국사, 11월에 동지밀직사사가 된 것이 『高麗史』에서 확인된다.[76)

김변이 충렬왕과 충선왕의 대립에서 어떤 태도를 보였는지는 알 수 없다. 하지만 충렬왕이 복위한 뒤 충선왕을 지지했던 사람들에 대한 보복이 가해지는 가운데서도 김변은 오히려 판삼사사를 거쳐 지도첨의 사사로 승진하여 재신의 반열에 올랐던 점이 주목된다. 충선왕 재위기간

---

72) 김변묘지명, "至三十八乙酉 拜三品 歷吏卿 位至判諸曹 不離誥院".
73) 『高麗史』 권73, 선거지, 科目 충렬왕 16년 5월.
74) 『高麗史』 권103, 열전 金就礪 附 金胼 ; 『高麗史』 권31, 세가 충렬왕 21년 3월.
75) 『高麗史』 권31, 세가 충렬왕 23년 8월 신축일.
76) 『高麗史』 권31, 세가 충렬왕 24,년 7월 무술·11월 경술.

중 3품 이상 관직에 올랐던 34명 가운데 20명 이상이 충렬왕 25년(1299) 3월 이후 파직되거나 스스로 물러났다.[77] 이때 김변의 매형인 김혼도 치사하였고,[78] 처남 허숭은 파직되었으며,[79] 동서인 김순은 사직하고 관직에서 물러났다.[80] 그러한 속에서 김변이 관직을 유지한 것은 충선왕 지지파로 분류되지 않았기 때문이고, 다른 한편으로는 질녀, 즉 형인 김양감의 딸이 충렬왕 25년(1297) 충렬왕과 혼인하여 숙창원비가 되어 총애를 받았던 것과도 무관하지 않을 것이다.[81] 김변은 충렬왕 26년 (1300)에 첨의참리 집현전대학사 동수국사에 오른 후 그 이듬해에 세상을 떠났다.[82]

김변의 경우 그 자신의 묘지명뿐만 아니라 부인, 아들 김륜과 며느리, 손녀와 손녀서 등 3대에 걸친 부부의 묘지명이 온전하게 남아 있기 때문에 이 집안 3대의 가족관계와 혼인관계를 살펴볼 수 있다.『高麗史』 열전에 의하면 김변은 金倫과 金禑 두 아들을 두었는데 김륜은 별도의 열전이 있고, 김우는 지조가 청렴하고 代言 벼슬을 지냈다고 하였다.[83] 그렇지만 김변과 처 허씨의 묘지명에 의하면 김변은 4남 3녀를 두었다.[84]

---

77) 이익주, 「충선왕 즉위년(1298) '개혁정치'의 성격」『역사와 현실』7, 2007, 138쪽.

78) 『高麗史』 권31, 세가 충렬왕 24년 11월 경술.

79) 『高麗史』 권31, 세가 충렬왕 25년 5월 병술.

80) 金恂墓誌銘.

81) 이익주, 앞의 글, 2006, 148쪽.

82) 『高麗史』 권103, 열전 金就礪 附 金賆.

83) 『高麗史』 권103, 열전 金就礪 附 金賆.

84) 김변묘지명, "공의 同腹으로는 누이 세 명과 형 네 명이 있다. 큰 누이는 御牽龍行首 郞將 李汾陽에게 시집갔으나, 이공이 일찍 작고하여 홀로 되었다. 큰 형은 朝奉大夫 衛尉尹으로 벼슬에서 물러나 은퇴한 貯로, 일찍 작고하였으나 그 딸이 궁중에 들어가 淑昌院妃가 되었다. 둘째 누이는 重大匡 都僉議侍郞

김변의 장남 김륜(충렬왕 3/1277~충목왕 4/1348)은 충렬왕 20년(1294)에 최서의 딸과 결혼하였다. 당시 김륜은 18세, 부인 최씨는 16세였다. 장인인 최서는 고려전기 이래의 명문인 해주최씨 최충의 후손으로서, 언양김씨와 함께 뒷날 '재상지종'에 포함된 가문이다. 김변이 1285년 이후 誥院을 떠나지 않았고, 최서 역시 1286년과 1290년 지제고를 겸하였기 때문에 두 사람은 오랫동안 고원에서 함께 일하였다. 그런 인연으로 인해 통혼이 이루어졌을 가능성이 있고, 두 가문의 결혼은 가격이나 관직 등 여러 가지 면에서 대등한 집안끼리의 통혼이었다.

김변의 2남 김우는 전승의 딸과 결혼하였는데 전승의 본관은 천안이고 선대에 고위 관직에 오른 사람을 찾아볼 수 없지만 전승의 妻祖가 崔滋였다.[85] 전승의 아들인 全信이 이창우의 딸과 결혼하였는데,[86] 이창우는 김변의 사위인 이계감의 아버지이므로[87] 결국 김변·전승·이

贊成事 上將軍) 金珥공에게 시집갔는데, 무인년(충렬왕 4, 1278)에 작고하였다. 둘째 형은 匡靖大夫 都僉議參理로 은퇴한 頯으로 기해년(충렬왕 25, 1299) 11월에 작고하였다. 셋째 형은 奉翊大夫 密直副使 版圖判書로 벼슬에서 물러나 은퇴한 仲甫로 지금 건강하게 생존해 있고, 넷째 형은 華嚴業의 僧統 坦如로 기해년(충렬왕 25, 1299) 8월에 입적하였다. 셋째 누이는 小府少尹 金由祉에게 시집갔다. 공의 후사는 모두 4남 3녀이다. 장남 牽龍行首 郎將 倫은 奉翊大夫 密直副使 文翰學士로 은퇴한 崔瑞공의 딸과 결혼하였고, 차남 近侍別將 禑는 奉翊大夫 知密直司事 版圖判書 文翰學士承旨 全昇공의 딸과 결혼하였다. 3남은 瑜伽業의 三重大師 玄抙이고, 4남은 어리다. 장녀는 近侍 前 朝奉大夫 李季珹에게 시집갔으나 경자년(충렬 26, 1300) 5월에 먼저 작고하였다. 차녀는 무자년(충렬 14, 1288)에 衣冠의 童女로 뽑혀 元으로 갔고, 3녀는 어리다. 들이 공의 형제와 자손들인데, 손자와 조카들은 글이 번거로워 적지 않는다".

85) 全信墓誌銘.
86) 全信墓誌銘.
87) 李挺神道碑.

창우 세 사람이 자녀들의 혼인을 통해 서로 인친으로 연결되었던 것이다. 이러한 현상은 통혼권의 폐쇄성을 보여주는 것으로서 고려시대에는 드물지 않은 현상이기도 하다.

김변의 네 아들 가운데 3남과 4남은 출가하여 중이 되었다. 이에 대해서는 별도로 다룬다.

김변의 세 딸 가운데 장녀는 李季瑊[88]에게 시집갔고, 2녀는 공녀가 되어 몽고에 갔으며, 3녀는 元善之[89]에게 시집을 갔다. 둘째 딸이 공녀로 뽑혀 몽고에 보내진 것은 충렬왕 14년(1288), 김변이 41세였을 때였다. 당시 허공이 수상의 지위에 있었음에도 불구하고 외손녀를 공녀에서 빼지 못할 정도였다. 무신정권을 무너뜨리는데 결정적인 공을 세운 洪奎가 딸을 공녀로 보내지 않으려고 승려를 만들었다가 발각되어 가혹한 형벌을 당하고 섬에 유배된 사건이 같은 해였기 때문에[90] 김변이 딸을 공녀에서 빼내기 더더욱 어려웠을 것이다.

김륜의 행적을 그의 열전과 묘지명, 처 최씨의 묘지명을 통해 살펴보면 다음과 같다.[91] 김륜은 충렬왕 16년(1290)에 원의 叛賊 哈丹이 쳐들어오자, 14세의 나이로 가족을 이끌고 강화도로 난을 피했다. 門蔭에 의해 鹵簿判官에 보임된 후 여러 번 전직 후에 神虎衛護軍이 되었다. 그리고

88) 사위인 이계감은 김변묘지명에 近侍 前朝奉大夫라고 하였다. 그렇지만 조선 태종 때 세워진 아들 李挺의 신도비에 의하면 이계감의 본관은 청주였고, 조·부는 李粧(전중감)과 李昌祐(판도총랑)이다. 이정이 29세에야 문음으로 팔관보판관이 된 것으로 보아 이계감 당대에 그다지 번성한 집안은 아닌 것 같다(이익주, 앞의 글, 2006, 149~150쪽).

89) 『高麗史』 권107, 열전 元傅 附 元善之.

90) 『高麗史節要』 권21, 충렬왕 14년 11월.

91) 『高麗史』 권110, 열전 金倫 및 金倫妻崔氏墓誌銘.

洪子藩의 추천에 의해 辨正都監副使가 되었고, 監察侍丞이 되었다. 김륜은 각종 소송사건을 맡아 처리하는데 이름을 떨친 사례가 그의 열전에 실려 있는 것으로 보아 법관의 자질을 갖고 있었다고 보아야 한다.

김륜이 일찍이 충렬왕을 따라 원에 갔을 때 충선왕이 날마다 왕에게 문안오자 다른 사람은 위축되었으나 홀로 시중을 들어 충렬왕이 그 성의를 가상하게 여겼고, 충선왕도 그를 인사성 있게 대하였다. 충선왕 2년(1310)에 검교 평리 충주 목사가 되었고,[92] 충숙왕이 즉위한 직후 상왕인 충선왕이 김륜을 검교첨의평리로 임명하였다.[93]

충숙왕이 원에 5년간 머물러 있자 瀋陽王 暠를 고려왕으로 세우려는 무리들이 연판장에 서명을 강요하자, 김륜은 아우인 元尹 金禑와 함께 끝내 서명하지 않았다. 얼마 안 가서 경상, 전라 都巡問使로서 合浦를 진수하였다. 이때 그의 지휘와 명령이 엄격하고 명철하였으므로 관민이 단합하여 평온하게 지냈다. 후에 僉議評理, 商議會議都監事, 三司右使로 승진하였다.

曹頔이 난을 일으켰다가 처형된 후 충혜왕이 김륜으로 하여금 그들의 당파를 巡軍府에서 신문하게 하였다. 그 결과를 원나라에 통보하자 원 승상 伯顔이 조적의 무리를 비호하여 황제에게 말하여 충혜왕을 불렀다. 충혜왕이 도중에 김륜과 함께 가려고 불렀다. 그 이유는 조적의 난을 신문한 사람이 김륜이기 때문에 그 사건을 가장 잘 알고 있었기 때문이다. 이때 김륜은 나이 60이 넘었으나 수일간에 급히 달려가 압록강에서 따라 잡았다. 원나라에 도착한 즉 백안이 황제에게 말하여 1340년

---

92) 『高麗史』 권33, 충선왕 2년 9월 을유일.
93) 『高麗史』 권34, 충숙왕 즉위년 9월 기유일.

정월 김륜을 옥에 가두고 5부(중서성, 추밀원, 어사대, 종정부, 한림원)의 관리를 시켜서 합석 심문하게 하였다.[94] 조적의 무리는 구변이 좋은 자가 많았으나 김륜은 단숨에 말로 그들을 꺾었는데 그 말이 간단하고 굳굳하였다. 5부 관원들은 놀라며 김륜을 가리켜 白鬚宰相이라 하였다. 1342년에 충혜왕이 귀국한 후 그의 공을 1등으로 평정하여 벽에 그의 초상을 그렸고 彦陽君을 봉하였으며 推誠贊理功臣의 칭호를 주었고 그의 부모에게 벼슬을 주었으며 처자에게 노비를 주었다.[95]

후에 원나라 황제가 高龍普를 보내 왕에게 의복과 술을 주었는데 뒤미처 타적(朶赤)을 보내 왕을 잡아 갔다. 김륜은 李齊賢과 함께 왕을 구출하기 위해 노력했으나 대신들이 협조하지 않아 실패했다.[96] 충목왕 즉위년 4월에 찬성사가 되었고,[97] 10월에 좌정승이 되었다.[98] 이때 그의 사위였던 민사평이 감찰대부로 임명되었다. 김륜은 언양부원군에 봉해졌고, 충목왕 4년(1348)에 세상을 떠났다.[99]

金倫 열전에 의하면 "아들은 金可器, 金敬直, 金淑明, 金希祖, 金承矩이며 아들 두 사람은 出家하였다"고 하였다. 익제 이제현이 쓴 김륜의

---

94) 원나라는 충혜왕을 형부에 가두고, 김인윤, 金倫, 韓宗愈, 홍빈, 李蒙哥, 李儼, 노영서, 安千吉, 손수경, 윤원우, 南宮信 등을 옥에 가두고 중서성, 추밀원, 어사대, 한림원, 종정부들에 명령하여 합동 심문하게 하였다(『高麗史』 권36, 충혜왕 경진 후 원년 정월 신미일).

95) 『高麗史』 권110, 열전 金倫 ; 『高麗史』 권36, 세가 충혜왕 임오 후3년 6월 경자일.

96) 『高麗史』 권110, 열전 金倫.

97) 『高麗史』 권37, 세가 충목왕 즉위년 4월 계유일.

98) 『高麗史』 권37, 세가 충목왕 즉위년 10월 갑자일.

99) 이제현, 『益齋集』「益齋亂藁」 권7,「輸誠守義協贊輔理功臣壁上三韓三重大匡 彦陽府院君 贈諡 貞烈公 金公 墓誌銘」.

묘지명에 의하면

　7남 2녀를 낳았는데, 可噐는 版圖摠郞金海府使로 먼저 졸하였고, 敬直은
重大匡陽城君이고, 宗烜은 출가하여 華嚴師가 되었고, 達岑은 역시 출가하
여 禪師가 되었고, 淑明은 開城判官이고, 希祖는 典理判書藝文提學이고,
承矩는 通禮門副使이다. 딸 하나는 驪興君 閔思平에게 출가하였고, 하나는
宗簿令 金輝南에게 출가하였으나 또한 먼저 졸하였는데, 휘남은 化平 사람
으로 공과 같은 김씨가 아니다. 庶出의 아들은 穢迹이고 2녀는 출가하지
아니하였다. 내가 공의 알아줌을 입어 詩友가 되었었고, 희조는 또 나의
委禽이 되어 공의 묘갈명을 청하니 의에 저버릴 수 없으므로, 執義 李達衷이
지은 행장을 삼가 취하여 바로잡아 序를 쓰고 이어 辭를 지었는데, 사는
다음과 같다.100)

　김륜은 7남 2녀를 낳았다. 이제현의 묘지명을 통해 김륜과 이제현은
詩友였고, 아마도 이런 인연으로 인해 김륜의 아들인 김희조가 이제현의
사위가 될 수 있었을 것이다.101) 김경직의 경우 趙仁規의 딸과 혼인하였
다.102)

　김륜의 첫 아들인 김가기는 김륜의 묘지명을 통해서 볼 때 版圖摠郞金

---

100) 金倫墓誌銘.

101) 이색이 쓴 이제현의 묘지명에 의하면 "공(이제현)은 모두 세 번 결혼하였는데,
　　吉昌國夫人 權氏는 2남 3녀를 낳았으니, 장남 瑞種은 봉상대부 종부부령이요,
　　다음 達尊은 봉상대부 전리총랑 보문각 직제학 지제교이며, 장녀는 정순대
　　부 판사 복시사 任德壽에게 시집갔고, 다음은 중정대부 전농정 李係孫에게
　　시집갔고, 다음은 은청광록대부 첨서추밀원사 한림원태학사 金希祖에게
　　시집가서 義和宅主에 봉하였다(『東門選』 권126, 「鷄林府院君諡文忠李公墓
　　誌銘」)"고 하였다.

102) 『稼亭集』 권3, 「趙貞肅公祠堂記」.

海府使를 역임한 것을 마지막으로 하여 아버지인 김륜보다 먼저 세상을 버렸다. 일찍 요절하였으므로 그에 관한 기록은 『高麗史』 등의 다른 기록에는 보이지 않는다. 다만 족보에 의하면 仁川蔡氏인 정당문학 蔡允臣의 딸과 혼인하여 아들 受忠·受益을 낳았다. 수익은 나주정씨인 鄭弘義의 딸과 혼인하였고, 전라도 관찰사를 역임하였다.

김경직은 충정왕 원년(1349)에 왕에게 욕설을 하였다는 죄로 섬에 귀양갔다는 기사가 있지만[103] 신하인 김경직이 왕에게 욕설한 연유에 대한 언급이 없다. 다만 다음의 사료에 의하여 유추해본다면

> 전 밀직 金敬直을 유배하고, 전 밀직 李承老와 代言 尹澤을 좌천시켰다. 전에 충숙왕이 燕京의 私邸에 있을 때, 澤이 나아가 뵈었는데, 충숙왕이 그를 한 번 보자 그 사람됨을 중히 여겨서 후사를 부탁하는 말이 있었는데, 그 뜻은 강릉군을 후계자로 삼으려는 데 있었다. 뒤에 충숙왕이 병들어 눕게 되어서 다시 전에 한 말을 당부하니, 그때 택이 꿇어앉아 아뢰기를, "聖慮를 번거롭게 하실 것이 없습니다." 하였다. 충목왕이 薨하고 백성의 신망이 강릉군에게로 돌아가자 택은 승로 등과 주창하여 곧 중서성에 글을 올려, 우리나라의 兄弟叔侄이 왕위를 계승한 故事와 어린 임금은 국무를 감당할 수 없다는 정상을 말하였는데, 이때에 와서 좌천되어, 택은 광양 감무가 되고 승로는 宣州句堂이 되었다. 경직 역시 일찍이 왕을 헐뜯었으므로 섬으로 유배되었는데, 경직은 金倫의 아들이다.[104]

윤택, 이승로와 함께 처벌을 받은 것으로 보아 강릉군, 즉 후일의 공민왕을 후계자로 세워야 한다는데 뜻을 같이 한 것으로 보인다. 충정왕

---

103) 『高麗史』 권37, 세가 충정왕 원년 7월 갑진일 ; 『高麗史』 권110, 열전 金倫 附 金敬直.
104) 『東史綱目』 권14, 기축년 충정왕 원년 7월.

3년(1351) 10월 공민왕이 즉위한 직후의 인사 때 김경직과 윤택이 함께 서용되었다는 것은[105) 두 사람이 충정왕의 즉위를 반대하고 공민왕을 왕으로 옹립하려고 한 것에 대한 보답의 의미가 있을 것이다. 이때 김경직이 '밀직부사'에 임명되었음을 『高麗史』에서 확인할 수 있다.[106) 진주 관노의 손자인 姜融(본명 姜莊)이 충숙왕 때 端誠協戴功臣에 오르는 등 벼슬이 찬성사에까지 이르러 晉寧府院君으로 봉해졌는데, 공민왕이 그의 누이가 원나라 승상 탈탈의 총희였기 때문에 밀직 김경직에게 명령하여 강융의 비첩 소생인 강천유를 사위로 삼게 하였다. 강천유는 후일에 하성부원군이 되었다.[107) 족보에 의하면 김경직은 3남 3녀를 두었는데, 둘째 사위인 姜仁祐(晉州人贊成晉州君)가 바로 그 강천유일 것이다. 공민왕 3년(1354) 2월에 김경직을 첨의평리로 임명한[108) 직후에 그를 원에 보내 황제의 생일을 축하한 것과[109) 연관시켜 보면 자신의 옹립을 주장한 김경직을 통해 원과의 원활한 관계 조성을 위한 적임자라는 판단 때문에 두 가문의 혼인을 주선하였을 것이다. 김경직은 공민왕 4년에 언양부원군으로 임명되었다. 이때 그의 동생인 김희조의 장인인 이제현 역시 김해부원군으로 임명되었다.[110)

김경직은 공민왕 5년에 전라도 도순문사에 임명되었고,[111) 이듬해 2월에 서북면도원수에 임명되었고, 3월에 守司徒 上柱國 彦陽伯에 임명

---

105) 『東史綱目』 권14, 신묘년 충정왕 3년(공민왕 즉위년) 11월.

106) 『高麗史』 권38, 세가 공민왕 즉위년 11월 을해일.

107) 『高麗史』 권124, 열전 폐행 鄭方吉 附 姜融.

108) 『高麗史節要』 권27, 공민왕 3년 2월

109) 『高麗史』 권38, 세가 공민왕 3년 3월 갑신일.

110) 『高麗史』 권38, 세가 공민왕 4년 5월 무술일.

111) 『高麗史』 권38, 세가 공민왕 5년 6월 을묘일.

되었다.112) 공민왕이 안동 몽진에서 개경으로 돌아와서 임시로 종묘의 신주를 彌陀寺에 봉안하였다. 그때 태조·충선왕·충숙왕·충혜왕의 4실의 신주를 난리통에 유실하였으므로 새로 4실의 신주를 제작하려고 還安都監을 설치하여 白文寶·金敬直에게 그 일을 주관하게 하여 9室의 神主를 도로 태묘에 봉안하였다.113) 그가 죽을 때의 벼슬은 檢校侍中이었다.114)

김희조는 과거에 급제하고 여러 관직을 거쳐 都官佐郎이 되었다.115) 충목왕 즉위한 직후 書筵을 설치하고 왕의 글공부를 시독하게 하였는데, 여기에 김륜과 그 아들 도관정랑 김희조, 그리고 김희조의 장인인 이제현이 포함되었다.116) 그런 점에서 김희조의 학문 조예가 상당하였음을 알 수 있다. 김희조는 공민왕 초에 軍簿判書가 되었다. 공민왕 2년에 장인인 이제현이 지공거가 되어 을과에 이색이 포함되었다.117) 그 해 군부판서인 김희조가 원에 들어가 태자 책봉을 하례하였을 때 이색이 서장관을 따라 원에 가서 制科에 합격하였다.118) 「목은시고」(권2)에서 이색은 "내가 京師에 會試를 보러 가려고 하는데, 마침 나라에서 판서 김희조를 경사에 보내어 東宮 책립을 하례하게 하므로, 내가 書狀官이 되어 함께 가는 도중에 짓다"119)라고 한 것으로 보아 김희조와 각별한

---

112) 『高麗史』 권38, 세가 공민왕 6년 2월 임자일·3월 신묘일.
113) 『東史綱目』 권14, 계묘년 공민왕 12년 4월.
114) 『高麗史』 권110, 열전 金倫 附 金敬直.
115) 『高麗史』 권110, 열전 金倫 附 金希祖.
116) 『高麗史』 권37, 세가 충목왕 즉위년 6월 을묘일.
117) 『高麗史』 권73, 선거지 과목 공민왕 2년 5월.
118) 『高麗史節要』 권26, 공민왕 2년 10월.
119) 『牧隱集』 「牧隱詩稿」 권2, '詩'.

140

인연이 있었다. 이제현과 이색은 좌주와 문생의 관계에 있었고, 이제현의 사위인 김희조와 함께 원나라에 가서 이색이 제과에 합격하였기 때문에 두 사람은 각별한 관계에 있었다. 김희조의 부인 이씨에 대한 아래와 같은 만사를 지을 수 있었던 것은 이런 인연이 있었기 때문에 가능한 일이다.

> 金思亭의 부인 李氏에 대한 만사[120]
> 죽헌엔 이제 거문고 소리 끊어졌고 / 竹軒今絶響
> 김해는 예전부터 명성이 전해 왔네 / 金海舊流芳
> 돌이켜 생각하니 정은 끝이 없어라 / 回首情無極
> 외로운 사정엔 석양만 걸려 있구려 / 思亭掛夕陽

공민왕 5년에 김희조는 첨서추밀원사에 이르러[121] 이듬해에 동지공거가 되어 지공거 정당문학 이인복과 함께 진사를 뽑았는데, 염흥방 등 33명에게 급제를 주었다.[122] 김변이 충렬왕 16년(1290)에 동지공거가 된 이후 67년만인 공민왕 6년(1357)에 손자인 김희조가 동지공거가 된 것이고, 장인 이제현이 고시관이 된 4년 후의 일이다. 김희조의 경우 정동행성의 유학제거에 임명되기도 하였는데,[123] 이 당시의 정동행성의 중점적 기능이 대원외교에 있음을 감안할 때 그가 事大吏文에 밝은 인물이었기 때문에 이 직에 임명되었을 것이다.[124]

---

120) 思亭은 김희조의 호이고, 竹軒은 김륜의 호이다. 김희조의 아버지 김륜이 죽은 지 오래이므로 "죽헌엔 이제 거문고 소리 끊어졌고"라고 읊은 것이다.
121) 김희조가 첨서추밀원사로 임명된 것은 공민왕 5년 7월 정해일이다(『高麗史』 권39, 공민왕 5년 7월 정해일).
122) 『高麗史』 권73, 선거지 과목 공민왕 6년 4월.
123) 閔思平, 『及菴詩集』 권2, 「賀思亭金希祖受儒學提擧」.

공민왕 8년(1359) 8월에 김희조는 동지추밀원사에 임명되었다.[125] 그 해 12월에 西海道都指揮使에 임명되었는데, 그것은 홍건적의 고려 침입 때문이다. 홍건적이 침입으로 인해 어려움을 겪는 상황에 설상가상으로 이듬해 왜적이 전라도·양광도를 분탕질을 쳐서 경성에 계엄이 내려졌다. 이때 김경직, 김희조 형제는 전쟁에 대처하는 방법에 대하여 자신의 직분에 따라 상이한 대응을 하고 있다.

　5월에 왜적이 전라도 會尾·沃溝 등을 침범하고, 양광도 平澤·牙州·新平 등의 고을을 침범하였는데, 龍城 등 10여 고을을 불태우니, 경성에 계엄을 내리고, 전 평장사 柳濯을 京畿兵馬都統使로, 判樞密院事 李春富를 東江都兵馬使로, 判軍器監事이던 우리 桓祖를 西江兵馬使로 삼아, 坊里의 장정들을 뽑아서 군인을 삼고, 백관에게 전쟁을 돕게 하였다. 간관이 궁문에 나아가 절하고 하직하니, 參政 鄭世雲이 아뢰기를, “간관이 전쟁에 나가는 것을 옛날에 듣지 못하였으니, 나라의 체면이 무슨 꼴이 됩니까.” 하니, 왕이 특별히 이를 면하여 주었다. 國子博士 등이 아뢰기를, “신등은 공자의 廟庭을 모시고 있는데, 예부터 學官이 전쟁터에 나가는 예는 없었나이다.” 하니, 시중 廉悌臣과 이암이 모두 말하기를, “네가 공자를 모시지 않으면 공자가 어디로 도망가느냐.” 하였다. 僉書 金希祖도 쟁론하였으나, 뜻대로 되지 못했다.[126]

　紅賊이 몰려가자 倭賊이 또 楊廣의 여러 고을에 침입하니 경성이 계엄 상태에 있었다. 김경직이 왕궁에 갔을 때 재추들이 바둑을 두며 농담을 하는 것을 보고 곧 발길을 돌려 집으로 돌아왔다. 그는 크게 탄식하기를 “나라가 장차 망하려는가 내 가슴이 불에 타는 것 같다. 시절이 비록 태평한다

---

124) 장동익, 『고려후기외교사연구』, 일조각, 1994, 79쪽.
125) 『高麗史』 권39, 공민왕 8년 8월 계해일.
126) 『高麗史節要』 권27, 공민왕 9년 5월.

하더라도 재상은 농담을 하여서는 안 될 것이어늘 이제 전쟁의 피해와 기근을 구제하지 않고 오락을 이렇게 하고 있으니 망하지 않으려 한들 될 수 있겠는가. 만일 내 아버지가 살아서 이 말을 들었다면 곧 죽으려고 하였을 것이다.”라고 하였다.[127]

왜구의 침입으로 인해 개경에 계엄이 내렸을 때 김희조는 학관이 전쟁에 나가는 것을 반대하는 입장을 내세웠다. 그에 반해 김경직은 계엄상태 하에서 재상들이 바둑이나 두면서 농담을 하고 있는 장면을 목격하고 나라가 장차 망하려는가 하면서 가슴이 불타는 것 같은 심정을 토로하고 있다. 김희조의 경우 과거 출신자이고, 동지공거를 역임하였기 때문에 학관 등을 전쟁에 동원하는 것은 마땅하지 않는다는 입장을 견지하였을 것이고, 김경직은 왜구 침입을 보다 심각하게 받아들였기 때문에 재추들이 전쟁의 피해와 기근 구제에 골몰하지 않고 바둑이나 두며 농담하는 것을 못마땅하게 여겼다.

공민왕 10년에 김희조는 지추밀원사에 임명되었다.[128] 공민왕 12년에 홍건적이 쳐들어오자 복주, 즉 안동으로 몽진 떠났을 때 김희조는 국왕을 따라갔지만[129] 공민왕이 안동에서 상주로 간 후 평장사 李公遂, 참정 黃裳, 추밀원사 金希祖를 보내어 경성을 지키게 하였다.[130] 김희조는 왕을 호종한 공로로 공 1등을 받았다.[131] 얼마 안 가서 사고로 인하여

---

127) 『高麗史』 권110, 열전 金倫 附 金敬直. 『高麗史節要』에서는 김희조의 사료 다음에 김경직의 일화가 나오지만 내용이 『高麗史』의 기록이 보다 상세하므로 이것을 사료로 실었다.
128) 『高麗史』 권39, 공민왕 10년 11월 병인일.
129) 『高麗史』 권110, 열전 金倫 附 金希祖.
130) 『高麗史節要』 권27, 공민왕 11년 3월.
131) 『高麗史』 권110, 열전 金倫 附 金希祖.

順天府로 귀양갔다.[132)]

德興君이 사변을 일으켰을 때 여러 州의 군대가 장차 서북면으로 가서 방어하기 위하여 경성 東郊에 집결하였다. 아직 군대가 출발하기 전에 平澤에 있는 군대가 반란을 도모하다가 처단되었다. 宰樞들이 토의한 결과 군대의 반란은 틀림없이 귀양갔거나 좌천된 재상들이 일으킨 것이라 하여 그들의 성명을 열거하여 극형에 처하려 하였다. 그때 李春富도 좌천되었었다. 왕이 말하기를 "김희조, 이춘부가 어찌 이러한 반란 도모를 하였겠는가?"라고 하고 명단에서 그들의 이름을 지워 버렸다. 비록 귀양갔지만 김희조는 이처럼 공민왕의 지우를 받았다.

金承矩는 공민왕 2년에 監察掌令에 임명되었다.[133)] 이어 典議令으로서 江陵道存撫가 되었다. 그가 출발하기 전에 낭장 康伯顔과 싸우다가 그를 구타하였는데 강백안은 이전에 왕을 호종한 공로를 믿고 왕께 호소하였다. 왕이 노하여 김승구를 순군에 가두었다가 朴樹年의 청을 들어 용서해 주고 면직시키는 데 그쳤다. 후에 전라도 안렴사로 갔다가 병으로 돌아오는 도중에 죽었다. 김승구는 소행이 청렴결백하였다. 그러므로 중년에 일찍이 죽은 것을 사람들이 모두 애석하게 여겼다.[134)]

목은 이색이 읊은 4수의 시가 언양김씨 가문을 잘 표현하고 있다.[135)]

원나라 천자가 우리 고려를 돌볼 적에 / 大元天子撫桑墟

---

132) 『高麗史』 권110, 열전 金倫 附 金希祖. 『高麗史』 권40, 공민왕 12년 5월 을미일조에도 "밀직 상의 김희조를 순천으로 귀양 보내었다"라는 기록만이 있기 때문에 그 이유를 알 수 없다.
133) 『高麗史』 권38, 공민왕 2년 정월 무자일.
134) 『高麗史』 권110, 열전 金倫 附 金承矩.
135) 李穡, 『牧隱集』 「牧隱詩稿」 권19, '金漁友求銘乃祖幽堂 因吟 四首'.

144

정렬공 가문이 처음 조서를 받들었으니 / 貞烈公家奉詔初
공 없는 여러 장수는 논하잘 것도 없이 / 諸將無功終不問
백 년 동안 태평이 여기서 비롯되었네 / 百年熙洽此權輿

시랑은 당시에 중서를 협찬하였거니와 / 侍郞當日贊中書
정렬공의 손자들은 여유작작도 하여라 / 貞烈諸孫裕有餘
술로 명칭 얻은 건 공의 아량 때문인데 / 以酒爲名公雅量
뭇사람 분주한 곳에 홀로 느긋했었네 / 衆奔馳處獨徐徐

찬성의 어진 아들은 한가한 삶을 즐기어 / 贊成令子樂閑居
늘그막엔 벼슬 버리고 초려에 누웠었네 / 到老休官臥草廬
내 일찍이 급암 댁에서 잠깐 뵈었었는데 / 曾向及菴叨半面
나도 이제는 벌써 백발이 성성해졌다오 / 吾今亦已鬢毛疎

찬성의 어진 손자는 옥호 청빙 같은 이로 / 賢孫淸潤玉壺如
성균관서 함께 놀던 꿈을 공허에 돌렸으니 / 泮水同游夢墮虛
급류에서 용퇴한 걸 나는 따를 수 없어라 / 勇退急流吾不及
어느 날 도롱이 입고 그대와 고기잡을꼬 / 綠簑何日伴君漁

　위 시에 나오는 정렬공은 김륜을 가리킨다. 원나라 천자의 조서를 받들었다는 것은 김륜의 증조인 김취려를 말함이다. 그는 일찍이 수차에 걸쳐 契丹兵을 크게 격파하여 물리쳤고, 또 蒙古軍, 女眞軍과도 연합하여 거란병을 끝내 분쇄하기에 이르렀는데, 詔書를 받들었다는 것은 뒤에 東女眞이 사자를 보내어 김취려에게 말하기를, “과연 우리와 화호를 맺으려거든 의당 먼저 몽고 황제에게 멀리 禮拜하고, 다음은 우리 萬奴皇帝에게 예배해야 한다”고 하자, 김취려가 말하기를 “하늘에는 두 태양이 없고 백성에게는 두 임금이 없는 법인데, 천하에 어찌 두 황제가 있을 수 있단 말인가. 몽고 황제에게만 예배를 하고 만노에게는 예배하지 않겠다”고 하여, 바로 원나라의 前身인 몽고를 천자로 받들었던 데서 온 말이고, 백년 동안 태평이란 백여 년 남짓 되는 원나라의 歷年을 이른 말이다. 그리고 ‘시랑’은 김취려의 아버지인 예부시랑 金富를 가리키는데 김부는 본디 무관으로서 문관직인 예부시랑을 겸직하여, 고려시대에 무관으로 문관을 겸한 최초의 사례가 된 것을 지칭한 것이다.136) ‘술로 명칭 얻은 건 공의 아량 때문인데’라고 한 것은 김륜이 매양 술자리마다 반드시 남보다 먼저 취하여 잤다고 하였는데, 아마도 이것을 두고 한 말인 듯하다. ‘贊成’은 김륜의 아들로 벼슬이 첨의평리, 찬성사에 이른 김경직을 가리킨다. ‘及菴’은 김륜의 사위인 閔思平의 호이다.

고려의 문벌들을 살펴보면 누대 문벌을 유지한 가문은 3품이상의 관료들을 지속적으로 배출하고, 그에 인연하여 음서와 과거를 적절히 활용하여 후손들이 계속 환로에 나서야만 한다. 그에 더하여 가세를 확장하기 위해서는 첫째, 고려 최고의 귀족인 왕실과의 통혼을 바라마지

---

136) ‘시랑’을 김부로 파악한 것에 대해 토론의 과정에서 시 첫 首에서 김취려를 읊고 난 뒤 두 번째 首에서 김취려의 아버지인 김부를 언급한 것은 잘못 해석한 것이라고 하면서 ‘중서성’이라는 용어에 주목하여 시랑은 공민왕 관제 개혁 이후의 사정을 말하는 것이라는 지적을 받은 바가 있다. 공민왕 관제 개혁 이후의 상황을 담은 것이라면 세 번째 首에서 읊은 김경직, 혹은 다른 인물을 상정하여야 하는데 세 번째 首가 찬성의 아들, 네 번째 수가 찬성의 손자를 읊은 것으로 보아 김경직 등의 이력 등과 맞지 않는다. 그런 점에서 첫 번째, 두 번째 수에서 김륜의 조부와 그 증조부를 읊고, 세 번째, 네 번째 수에서 김경직의 아들, 손자를 읊은 시가 아닌가 한다. ‘시랑은 당시에 중서를 협찬하였다’는 것은 고려시대에 무관으로 문관을 겸한 최초의 사례가 김부이므로, 그것을 이색이 주목하여 읊은 것이라고 보는 것이 낫다는 생각이다.

않았다. 왕실이나 문벌의 입장에서나 상호간의 통혼을 바랐던 것이다. 왕권의 안정과 왕실의 권위를 높이기 위해서는 당대의 최고 문벌을 골라 후비를 삼으려 했던 것이며, 권귀의 입장에서는 왕실과의 통혼은 곧 家格을 높이고 정권을 장악하는 첩경이기도 했기 때문이다. 충선왕 때의 '宰相之宗' 역시 그런 의미를 갖고 있었다. 언양김씨의 경우 김양감의 딸이 충렬왕비인 숙창원비가 됨으로써 외척 가문이 되었다. 그런데 외척으로 발전하기 위해서는 먼저 왕의 후비를 내어야 하겠지만 후비가 된 다음에는 그 자녀가 다음 대의 왕이 되거나 후비가 되어야 한다. 역대 외척 가운데 국왕의 처가와 외가를 구비한 가문이 대표적인 외척가문이자 대표적인 문벌로 존재할 수 있었다. 그렇지만 원간섭기에는 제1비가 원나라 공주이고, 거기에 난 자식이 다음 왕위에 올랐기 때문에 언양김씨를 비롯한 '재상지종'이 왕실의 외척으로서 고려전기의 안산김씨와 인주이씨와 같은 권세를 누릴 수는 없었다. 둘째, 종묘배향공신을 배출하는 것 역시 가문의 위세를 확장시키는 것이다. 고려시대 인신으로서 최고의 영예는 국왕과 함께 종묘에 향사를 받는 禘祫功臣이 되는데 있다. 배향공신은 일반적으로 국가에 공로가 있고 평생에 대과없이 고관요직을 역임한 자로서 사망 당시의 국왕과 함께 배향되었다. 그러다 보니 당대 집권세력의 권력관계를 논할 때 외척가문과 과거고시관인 '좌주'를 역임한 자와 함께 禘祫功臣을 들 수 있다. 언양김씨의 경우 김취려가 고종의 禘祫功臣이 되었고, 김변의 장인인 허공이 충렬왕의 禘祫功臣이 되었다. 고려후기 체흡공신 24명 가운데 조영인·조충 부자를 제외하면 한 가문에 2명 이상을 낸 가문은 없다는 점에서[137] 언양김씨

---

137) 이수건, 『한국중세사회사연구』, 일조각, 1984, 235쪽.

가문이 이름을 떨칠 수 있었던 데 영향을 많이 미쳤을 것이다. 셋째, 가문을 유지하기 위해서는 과거고시관인 지공거를 배출하는 것이다. 앞에서 언급한 바와 같이 고려시대 과거는 사족의 등용문으로서 가장 선망의 대상이 되었고 또 고시관은 좌주와 문생이란 특별한 관계가 맺어지기 때문에 지공거에 선임되는 것은 문신으로서 최고의 영예였다. 지공거에는 일반적으로 당대를 대표하던 고급 문신이 선임되었는데, 예부상서·한림학사·지제고 등 문한직에 있는 자로서 지공거는 宰樞二府가, 동지공거는 卿監(3품)이 맡았다. 열전이나 묘지에서 개인의 이력과 공적을 기술할 때 반드시 지공거 역임을 기재하고 또 고시관으로서 많은 문사와 인재를 선발했다는 사실을 특기하고 있는 것은 科擧試官을 그만큼 중시한 증거라 하겠다. 언양김씨의 경우 김변과 김희조가 동지공거가 되었다. 넷째, 고려시대의 경우 가문을 유지하기 위해서는 고승을 배출하는 것이다. 고려왕조의 통치이념이 불교에 바탕을 두었다는 것은 재론의 여지가 없지만 왕실과 문벌은 불교와의 상호보험적인 관계에 있었다. 중세 사회에서 불교는 종교적 신앙의 대상일 뿐만 아니라 관혼상제의 일상예절마저 불교적 의식에 의해 치러졌다. 당시 사람들은 출생에서 죽음에 이르기까지 일상의 삶을 불교에 기대고 있었다. 이런 연유로 불교는 교속 양권을 장악하고 있었다. 그런 점에서 왕실의 입장에서 왕권의 안정은 교·속 양계의 장악에 있었으니 왕자 중에 한쪽은 세속계로 나가고, 한쪽은 출가하여 국사·왕사·대찰의 주지로서 불교계를 영도할 필요가 있었다. 중앙의 문벌귀족과 재지세력들도 왕실과 마찬가지로 여러 아들 가운데 한쪽은 출사하여 속권을 장악하고 다른 한쪽은 승려로 진출하였던 것이다. 왕실과 마찬가지로 역대 지배세력들도 자기들의 세력기반을 구축하기 위해서는 역시 교·속 양계로 진출하는 것이 소망스

148

러웠던 것이다. 언양김씨의 경우 이에 관해서는 절을 달리 해 살펴보기로 한다.

2. 出家와 불교계와의 관련성

고려시대 문벌귀족의 자제가 승려가 되었다는 기록은『高麗史』에도 자주 발견되지만, 특히 고려묘지를 통해 볼 때 고려시대 대표적인 명문대족 가운데 승려가 나지 않은 가문은 거의 없다. 고려가 법제적으로 인민에게 '四子中一子' 또는 '三子中一子'의 出家爲僧을 허용하였기 때문에 당연한 결과라 하겠다. 언양김씨의 경우도 예외 없이 출가하였고, 이를 통해 불교계와 밀접한 관련을 맺고 있다.

김전의 다섯 아들 가운데 한 아들인 坦如가 출가하였음을 족보에서 확인할 수 있다. 그렇지만 탄여의 경우 다른 사료에서 그 행적을 찾을 수 없다.

김전의 아들뿐만 아니라, 손자도 3명이나 출가하였다. 김양감의 아들인 김문연의 경우 어려서 중이 되었다가 환속하였다.[138] 그의 누이인 숙창원비도 다음의 기록에서 보다시피 보살계를 받았다.

왕이 중 紹瓊을 궁중에 불러다가 부처를 그리고 눈동자를 찍게 하였으며 華嚴經을 읽게 하였고 왕과 淑昌院妃가 菩薩戒를 받았는데 한희유는 승지 崔崇과 함께 "秘記에 이르기를 '임금이 남녘 땅 승려를 존경하면 반드시 나라가 망한다'는 말이 있으니 삼가하기를 바랍니다"라고 말하였더니 왕은 듣지 아니 하고 갑자기 한희유를 좌중찬으로 삼았다.[139]

---

138)『高麗史』권103, 열전 金就礪 附 金文衍.
139)『高麗史』권104, 열전 韓希愈.

충렬왕과 숙창원비에게 보살계를 준 소경은 임제종 楊岐派의 고승인 鐵山이었다.[140] 일본의 靜嘉堂文庫에 소장된 「高麗國大藏移安記」(『天下同文』前甲集, 卷第7)의 기문에 의하면 철산화상이 고려의 산수가 아름답다는 소문을 듣고 관광하기를 바랐던 차, 고려 道俗의 요청이 있어서 충렬왕 30년(1304) 가을에 와서 3년간 머물면서 고려 왕실의 극진한 예우를 받으면서 檜巖寺, 금강산 楡岾寺 등 국내의 여러 사찰을 유람하였다.[141] 그러면서 江華 普門社에서 3권의 대장경을 보고, 그 가운데 許評의 부부가 봉안한 1본을 얻어서 江西 宜春縣의 大仰山으로 옮겼다.[142]

철산 소경은 충렬왕과 숙창원비에게 보살계를 준 것 뿐만이 아니라 사족 및 부녀자에 이르기까지 깊은 영향을 주었다. 權呾의 경우 그에게 출가까지 하였고,[143] 김변의 처인 허씨도 그에게 대승계를 받았다. 허씨는 말년에 출가하여 비구니가 되었고, 사후에 眞慧大師에게 추봉될 정도로 독실한 불교신자였다.[144] 김변과 허씨 사이에 난 네 아들 가운데 3남과 4남은 출가하여 중이 되었다. 3남 玄抃은 김변묘지명이 지어진 1301년 이전에 이미 출가하여 瑜伽業의 三重大師가 되어 있었고, 1324년에 지어진 김변처 허씨묘지명에는 感恩寺의 주지가 되어 있었다. 4남

---

140) "기묘일에 江南 지방의 중 紹瓊이 내조하였으므로 승지 安于器를 보내 교외에서 영접하게 하였다. 소경이 스스로 號를 鐵山이라 하였다. (중략) 정해일에 왕이 여러 신하들을 인솔하고 예복을 갖추어 입고 소경을 수녕궁으로 맞아들여 說禪을 들었다(『高麗史』 권32, 세가, 충렬왕 30년 7월)."고 한 기록을 통해 소경은 법명이고, 철산이라고 自號하였음을 알 수 있다.

141) 조명제, 『고려후기 간화선 연구』, 혜안, 2004, 163~164쪽.

142) 허흥식, 『고려불교사연구』, 일조각, 1986, 706~717쪽.

143) 權呾墓誌銘 및 『高麗史』 권107, 열전 權呾.

144) 金賆妻許氏墓誌銘.

如璨은 김변묘지명에 '어리다[微少]'고 되어 있었지만 허씨묘지명에는 가지산문에 투신한 후 首座에 네 번이나 뽑혔고, 상상과에 합격하여 명성을 떨쳤으며 선사에 임명되었음을 알 수 있다. 김변의 처 허씨, 김변의 두 아들만이 출가한데 그치지 않고, 김륜묘지명에 의하면 "宗烜은 출가하여 華嚴師가 되었고, 達岑은 역시 출가하여 禪師가 되었다"고 한 것에서 보다시피 손자 두 명도 출가하여 각각 화엄사와 선사가 되었던 것은[145] 김변의 처 허씨의 독실한 불심의 영향뿐만 아니라 언양김씨 또한 불교계와 깊이 연결되었기 때문일 것이다. 앞에서 본 바와 같이 김문연은 어릴 적 승려였고, 그의 누이인 숙창원비의 경우 철산에게 보살계를 받았고, 충선왕 2년(1310)에 발원하여 畵師內班從事 金祐文에게 「楊柳觀音像」을 그리도록 하였다는 점에서[146] 언양김씨 가문은 불교와 깊은 관련을 맺고 있었다.

　김변의 아들 종훤에 관해서는 정도전이 쓴 '화엄종사 우운을 전홍한 시의 서'를 통해 그 행적을 알 수 있다.

　　　送華嚴宗師友雲詩序 按 友雲은 珠公의 호이다. 濟生君을 봉받았다.

　　화엄종사 우운은 바로 시중 竹軒(金倫의 호임) 김공의 아들이며, 시중 息齋公(金敬直의 호)이 그의 형이다. 그는 어려서 화엄종에 투신하여 머리를 깎고서 賢首의 敎觀을 배웠다. 그 학이 통하자, 그는 압록강을 건너 遼東·瀋陽

---

145) 金倫墓誌銘.

146) 「楊柳觀音圖」(水月觀音圖)는 현재 일본 佐賀縣 唐津市 鏡町 大字鏡 鏡神社에 서 所藏하고 있다. 일본에의 전래 경위에 대해서는 불명하지만, 덕성 2년 (1391) 良賢이라고 하는 승려에 의해서 唐津市의 鏡神社에 봉납되었다고 전해진다.

등지를 경유하여 북으로 燕京에 들어갔다가 드디어 남으로 江浙에 노닐고 吳會까지 갔다. 몇 만리를 가고 오는 동안에 이르는 곳마다 尊宿들이 허여를 하고 儕輩들도 추앙하여, 以心傳心한 偈와 贈別한 시가 行裝 속에 가득 찼으니, 그는 善財童子의 기풍을 듣고 흥기한 자가 아니겠는가? 그는 귀국한 뒤로 아우 曹溪岺公과 함께 이름이 있어서 공민왕의 知遇를 받아 이름난 사찰의 주지를 역임하다가 늙은 뒤에는 경주[鷄林]의 檀菴으로 물러가서 5~6년간 산수를 즐겼는데, 국가에서 억지로 그를 나오게 하여 大公山 符仁寺의 주지를 삼으니, 그 절은 실로 큰 사찰이었다. 얼마 안 가서 그를 松京 法王寺로 맞아다 화엄종사로 삼아서 敎宗의 풍기를 부식시키고 후배들을 깨우치게 하였는데, 겨우 1년이 지나고는 떠나기를 간절하게 구하므로 국가에서는 부득이 그를 허락하였다. 그러자 한산 목은 선생이 시를 지어 그를 전송하니, 여러 사람들이 그를 이어 화답하는 자가 많았다. 그의 문인인 義砧이 선생의 명령을 가지고 와서 서문을 청하였다. 그러나 도전이 민첩하지 못하니 어떻게 지을 수 있겠는가? 김씨는 본디 三韓의 甲族으로 詩書·禮樂을 가정의 교훈으로 삼았으니, 공의 소양은 기본이 있다 하겠고, 華嚴은 법을 융화시켜 일체가 되고 이치에 통달하면 두 갈래가 없으니 공의 학문은 크다 하겠으며, 여러 곳을 두루 다니면서 널리 산천을 보고 많은 인물을 겪었으니 공은 觀感하여 얻은 것이 깊다고 하겠다. 이 세 가지를 가졌으니 어디에 간들 뜻을 얻지 못하겠는가? 그런데도 공은 더없이 순진하고 미련없이 돌아가며 담박하여 세상에서 구하는 것이 없으니, 그 행실이 높다 하겠다. 공이 물러가면 사람들은 나오게 하고, 공이 떠나가면 사람들은 생각하게 되는 것이 마땅하다고 하겠다. 이것이 제공들이 시를 노래하게 된 뜻이요, 도전이 감히 이로써 서문을 삼는다.[147]

위 사료에 의하면 화엄종사 友雲은 宗烜임을 알 수 있다. 그는 동생인 조계종의 선승 達岺과 함께 공민왕의 知遇를 받아 팔공산 부인사 주지

---

147) 『三峯集』 권3, 「送華嚴宗師友雲詩序」.

등을 역임하였고, 개경의 법왕사에서 화엄종사로 활동하였다. 우운에 대하여 정도전은 시서·예악과 화엄의 이치를 통달하고, 널리 산천을 보고 많은 인물을 겪어 觀感하여 얻은 것이 깊다고 하였다. 鄭摠의 『復齋集』에「題華嚴宗師友雲詩卷」이 있거나,[148] 李詹(1345~1405)이 '游方袖有詩'로 평한 것으로 보아[149] 정도전의 평처럼 시에도 조예가 깊었음을 알 수 있다.

김변은 충렬왕 27년(1301)에 향년 54세의 나이로 세상을 떠났는데, 장지가 대덕산 남쪽 기슭이었다. 불심이 깊었던 부인 허씨는 김변의 묘 근처에 感應寺를 지었다.[150] 김변의 묘와 감응사를 중심으로 자손들의 무덤이 모이기 시작하였다. 김변의 아들 김륜은 "대덕산 감응산 동남쪽 언덕의 문신공묘에 부장했다"고 하였고,[151] 김륜의 처 최씨의 경우도 "대덕산 감응사 동쪽에 있는 舅姑의 묘에 부장했다"고 하였다.[152] 이것은 고려후기가 되면서 부부·부자가 동일한 지역에 매장되는 경향이 보편화되어 갔으며, 그 결과 族墳이 형성되었다는 설명과[153] 부합하는 모습을 언양김씨 김변 가문에서도 발견할 수 있다.[154]

언양김씨 가문을 통해 왕실과 마찬가지로 원간섭기의 지배세력들도

---

148) 『復齋先生集』上,「題華嚴宗師友雲詩卷」, "蟬聯胤胄自新羅　領首山門道氣多　飛錫曾遊燕塞雪　浮杯又亂浙江波　年垂八秩形如槁　法說三乘辯若河　擬向虎溪陪杖屨　秋風此別乃如何".

149) 『雙梅堂先生篋藏文集』권1,「送華嚴宗師友雲還住所」, "玉泉曾駐錫　半面識當時　持戒心無累　游方袖有詩　野花初寂寂　園果正離離　雲向公山去　因之有所思".

150) 金賆妻許氏墓誌銘.

151) 金倫墓誌銘.

152) 金倫妻崔氏墓誌銘.

153) 김용선, 『고려 금석문 연구─돌에 새겨진 사회사』, 일조각, 2004, 188~197쪽.

154) 이익주, 앞의 글, 2004, 152~153쪽.

자기들의 세력기반을 구축하기 위해서는 역시 교·속 양계로 진출하고, 불교계와 밀접한 관련을 맺고 있음을 확인할 수 있다.

Ⅲ. 조선초기 언양김씨 가문의 관계진출과 정치적 위상

언양김씨는 무신정권시대 무신으로 득세하여 성장한 가문이었지만 김취려로부터 5대에 걸쳐 수상 내지 재상의 지위에 오른 사람만도 사위 3인을 합하여 모두 12명이나 되었고, 마침내 충렬왕 때 왕실과 혼인하여 왕실의 외척이 되었다. 뿐만 아니라 당초 무반 가문이었음에도 불구하고 김변대부터 과거를 통해 관직에 진출하고, 과거고시관인 지공거까지 됨으로써 문무를 겸비한 가문으로 탈바꿈하였다. 이를 바탕으로 언양김씨는 당대의 명문인 해주최씨와 이중의 혼인을 맺은 것을 비롯, 철원최씨·공암허씨·경주김씨·천안전씨·원주원씨·평양조씨·여흥민씨·성주이씨들과 혼인을 맺었다. 그 가운데에는 약간 성격이 다르거나 그렇게 떨치는 집안이 아닌 가문이 없지 않으나 대체적으로 당대의 명문으로 알려진 세족들이다.[155] 당대의 세족가문과 왕실과의 혼인을 통해 혈연을 매개로 한 강력한 유대관계를 가진 언양김씨는 원간섭기 명실상부한 '宰相之宗'으로서의 정치적 위상을 갖고 있었다.

언양김씨는 원간섭기 '재상지종'으로서의 정치적 위상을 갖고 있었지만 원간섭기에 있었던 몇 차례의 개혁정치, 즉 충선왕의 개혁정치, 충숙왕의 개혁시도, 충목왕대의 개혁운동, 공민왕의 개혁정치에 적극적으로 참여한 흔적이 거의 보이지 않는다. 그렇지만 공민왕 대까지만

---

155) 박용운, 『고려시대사』, 일지사, 2008, 605쪽.

154

하더라도 공민왕의 지우를 입었다. 그러나 우왕 이후 권문세족에서
신흥사대부에게로 권력의 중심이 바뀌어가는 상황 하에서 시대적 변천
을 내다보고 앞선 활동을 한 인물을 배출하지 못함으로써 그 정치적
위상이 위축되었다고 볼 수 있다.

언양김씨 가운데 『高麗史』 열전 폐행에 이름을 올린 김취려의 증손인
金興慶은 아버지가 누구인지 알 수 없지만 어머니는 積善翁主 柳氏였다.
폐행이다보니 족보상에 김흥경이 등재되지 않았기 때문에 그 가계를
확인할 수 없다. 공민왕 때 선발되어 于達赤이 된 후 왕의 마음에 들어
內速古赤이 된 후 총애를 받아 三司左尹, 左右衛上護軍이 되었다. 공민왕
이 子弟衛를 설치하여 김흥경으로 총관하게 하였다. "김흥경에 대한
왕의 총애가 극도에 달하고 온 나라의 권세가 그에게 집중되었다"고
할 정도였다. 우왕 즉위 후에 사형에 처해졌다.156)

佺－良鑑－光啓－奕－用輝로 이어지는 가계에서는 용휘와 그의 아
들 金賞과 金穀이 고려말 조선초에 환로에 진출하였다. 金用輝의 경우
"김흥경이 代言에 임명되어 있을 때 상호군 金用輝가 김흥경에게 아부하
였다"고 한 기록157)으로 보아 김흥경의 도움을 받은 듯하다. 그렇지만
공민왕 때 왜구 격퇴에 공을 세운 무장이었기 때문에 김흥경이 제거되었
음에도 불구하고 환로에 계속 있을 수 있었을 것이다. 우왕 2년에 密直商
議로 양광·전라·경상도 助戰元帥가 되어 楊伯淵과 함께 班城縣에서
왜적을 무찌르는데 일조를 하였고,158) 6년 3월에 왜적이 광주와 능성·화
순현을 침범하자 김용휘 등이 나아가 막았다.159) 그렇지만 8월에 왜적이

---

156) 『高麗史』 권124, 열전 폐행 金興慶.
157) 『高麗史』 권124, 열전 폐행 金興慶.
158) 『高麗史』 권114, 열전 楊伯淵 ; 『高麗史節要』 권31, 辛禑 5년 4월.

沙斤乃驛에 둔을 치자 원수 裵克廉 등과 함께 공격하였으나 패전하여 수경과 배언이 죽고, 죽은 장교와 군사가 5백여 명이나 되었다. 이로 인해 왜적이 드디어 咸陽을 도륙하였다.160) 우왕 8년에는 북방의 定遼衛의 군대를 방비하기 위해 前知門下事商議 김용휘를 都按撫使 겸 부원수로 삼았다고 한 기록으로 보아161) 그간 면직되었음을 알 수 있다. 우왕 9년에는 문하찬성사, 서북면 도순찰사로서 변경을 방비하였다.162)

김용휘의 경우 두 차례나 권력 다툼에 휩싸여 희생되었다. 첫 번째는 우왕 5년의 양백연 숙청사건에 연루된 것이다. 양백연은 왜구의 격퇴에 공을 세워 그것을 믿고 교만하자 이인임, 임견미가 양백연이 몰래 처제와 간통한 것, 또 전 판사 李仁壽의 첩을 빼낸 것, 또 밤에 기병 수십 기를 보내 죽은 밀직 成大庸의 어머니 집을 포위하고 성대용의 별실로서 여승이 되어 절개를 지키는 여성을 강간한 것 등 사건을 규탄하게 하여 합주로 귀양보내었는데, 최영이 왕에게 말하기를 "상호군 全天吉이 일찍이 나에게 말하기를 '양백연이 두 시중을 모해하고 자기가 수상이 되려 한다'라고 하였으니 그 당파를 문초해 처벌하기 바랍니다"라고 한 것을 기화로 하여 고위 관직자들을 포함한 20명이 연루되어 죽임을 당하거나 관직에서 쫓겨난 사건으로 확대되었다.163) 이 사건의 경우 우왕이 양백연과 김도·홍중선 등을 자신의 후원세력으로 만들려고 하는 사실 때문에 이인임과 임견미, 최영이 불만을 품고 양백연 등을 숙청한 사건으로 여겨진다.164) 이때 판밀직사사였던 김용휘도 연좌되

---

159) 『高麗史節要』 권31, 辛禑 6년 3월.
160) 『高麗史節要』 권31, 辛禑 6년 8월.
161) 『高麗史節要』 권31, 辛禑 8년 2월.
162) 『高麗史節要』 권32, 辛禑 9년 8월.
163) 『高麗史』 권114, 열전 楊伯淵.

156

어 옥에 갇혔다. 그렇지만 김용휘는 양백연의 처형이었지만 양백연과 田民을 다투어 틈이 있었다. 그런 까닭에 최영 등이 사건에 참여하지 않았다고 여겨 석방하였다.[165]

한차례의 위기를 넘겼지만 결국 김용휘는 우왕 14년(1388)에 찬성사로 있다가 염흥방의 族黨으로 지목되어 죽임을 당하였다.[166] 우왕 10년을 전후하여 임견미·염흥방 등이 지나치게 권력을 남용하면서 무장세력의 대표자격인 최영과 충돌하는 등의 일로 인하여 범이인임세력과 무장세력의 공조가 점차 흔들리게 되었다. 더욱이 우왕이 외척과 측근의 양성을 통하여 후원세력을 의욕적으로 양성하기 시작하였다. 그런 상황에서 임견미·염흥방 등의 불법이 가해지면서 우왕과 최영에 의해 숙청되었다.[167] 이때 김용휘는 결국 염흥방의 족당으로 지목되어 죽임을 당하고 말았다.

김상은 「찬성공행장」에 의하면 무과에 급제하여 우왕 3년(1377)에 장령으로 이성계의 휘하에서 활약하였다고 한다. 그렇지만 고려시대에 무과가 시행된 것은 공양왕 3년이므로 이 기록은 의문이 간다. 권신 李仁任의 족질로 우왕 3년에 이인임과 池奫 사이에 틈이 생기자 이를 이간질하려 했다는 죄명으로 유배에 처해졌다.[168] 그뒤 풀려나 우왕

<hr>

164) 이형우, 「고려 우왕대의 정치적 추이와 정치세력 연구」, 고려대학교 박사학위논문, 1999, 103~117쪽.
165) 『高麗史』 권114, 열전 楊伯淵.
166) 『高麗史節要』 권33, 辛禑 14년 정월 을유일.
167) 이형우, 앞의 글, 204~211쪽.
168) 『高麗史』 권124, 열전 간신 池奫. 이에 관해서는 이형우, 「고려 우왕대의 정치적 추이와 정치세력 연구」, 고려대학교 박사학위논문, 1999, 90~117쪽 참조.

13년(1387)에 밀직부사로서 全羅道助戰元帥로 임명되었다.[169) 이것은 왜군이 전라도에 많이 출몰하였기 때문이다. 우왕 14년(1388) 요동정벌 때 조전원수로서 우군도통사 이성계의 우군에 속하였다.[170) 그리하여 이성계의 위화도 회군에 참여하여 공양왕 3년에 회군공신을 수록하고 교서를 내렸을 때 교서에 "故領三司事 邊安烈 (중략) 진주등처병마절도사 金賞, 한양윤 金伯興 등은 그 몸은 죽었으나 그의 공을 잊어서는 안 되며"라고 한 기록[171)을 통해 회군공신에 포함되었음을 알 수 있다. 그렇지만 김상은 왜적이 함양, 진주에 침입하자 절제사로서 구원하러 가서 왜적과 싸우다가 패배해 전사하였다.[172) 왜구 격퇴에 공을 세웠던 김용휘–김상 부자의 죽음은 언양김씨가 조선조에 들어와서도 거족으로서의 위상을 이어가지 못하였음을 상징적으로 보여주는 것이다.

　김상은 「찬성공행장」에 의하면 조선 태조조에 순성일대원종공신 태종백 좌찬성 언양군에 봉군되었다고 한다. 그렇지만 사서류에서 그것을 확인할 수 없다. 김상은 남원양씨 찬성 양관의 딸과 혼인하여 능성현령 金躍을 낳았다고 「찬성공행장」에서 기록하고 있다. 金穀은 癸酉에 문과 급제하여 부사 소윤을 역임하였다고 하나 사서에서 확인할 수 없다.

---

169)『高麗史』권136, 열전 辛禑 13년 11월.
170)『高麗史』권136, 열전 辛禑 14년 4월 정미일.
171)『高麗史』권45, 세가 공양왕 2년 4월 임인일.
172)『高麗史』권137, 열전 신창 즉위년 7월 경유일, "왜적이 咸陽, 晋州에 침입하였으므로 節制使 金賞이 구원하러 가서 왜적과 싸우다가 패배 당하였다. 관군이 그를 구원치 않아서 김상이 말을 버리고 달아나다가 내장이 녹아서 죽었다. 그래서 體覆別監 李雍을 보내 국문하였던바 副鎭撫 河致東과 陪吏 波豆 등이 전일에 李賥이 전사할 때에도 구원치 않았고 이번에도 또 구원치 않았으므로 그를 죽였다. 또 都鎭撫 河就東 등 13명에 대하여는 곤장 1백 도씩 때렸다".

158

金躍의 3자인 金季甫는 형제로 맏형 金孟甫와 둘째 형 金叔甫가
있다. 金季甫는 세종조에서 등과하여 刑曹都官正郞에 이르렀다. 단종이
폐위되고 세조가 왕위에 오르자 낙향하여 전라남도 곡성군 古達面
帶社里 鶉子江 나루터에 鰲戴亭을 짓고 세상을 피해 살았다. 은거하며
申叔舟의 동생인 歸來亭 申末舟와 가깝게 교유하였다. 단종이 승하하자
통곡하며 말하기를 "지하로 上王을 따르리라" 하여, 근심하다가 병으로
죽었다. 오대정에서 읊은 시 몇 수가 전해진다.173) 『신증동국여지승람』
함평현의 누정조에 觀政樓의 鄭麟趾 기문에 의하면 김계보가 함평의
수령으로 와서 관풍루를 지었다고 하였고, 김계보를 문무를 겸비한
인재라고 하였다.174) 언양김씨의 김양감계가 지금까지 전라도에 많이

---

173) 『용성속지』 ; 『전라문화의 맥과 전북인물』 ; 언양김씨대종회(http://unyang kim
   .or.kr/).

174) 『신증동국여지승람』 권36, 전라도 함평현 누정조, 觀政樓 鄭麟趾의 기문에,
   "누관을 짓는 것이 정치하는 데에 무슨 관계가 있으랴마는 국가가 다스려지
   고 문란한 자취나 고을이 창성하고 쇠퇴한 유래를 여기에서 엿볼 수 있다.
   예전에 單襄公이 陳縣을 지나다가 숙박할 곳이 없자 진이 앞으로 망할
   것을 알았고, 공자가 蒲에 들어가서 담과 집이 견고한 것을 보고 仲由(子路)의
   선정을 알았다. 대체로 조정이 도리를 잃으면 정치와 법령이 가혹하고
   아전이 용렬하고 백성이 원망하고 고을이 쇠락하고 피폐하게 되니, 어찌
   누관이 설치되기를 바라겠는가. 반드시 조정이 맑고 밝아서 정사가 닦여진
   뒤에야 수령의 자리에 인재를 얻어 백성이 편안하고 재물이 풍부해져서
   여러 가지 피폐한 것이 모두 부흥하여 주군이 창성하고 정치가 날로 융성해
   지는 것이다. 우리 국가는 밝은 임금과 어진 신하가 서로 만나서 안팎이
   태평한 지 50년이 넘었다. 여러 고을의 수령은 모두 그 선발하여 임명함을
   잘하였다. 더욱 함평은 바다 곁에 있고 토지가 비옥하다. 바다 곁에 있으므로
   경비가 해이하지 않고, 토지가 비옥하므로 백성이 많으니, 반드시 문무를
   겸비한 인재라야 비로소 수령이 될 수 있는데, 오늘날에 있어서는 金季甫가
   바로 그 사람이다. 부임한 지 1년 만에 아전에게 위엄이 행해지고 백성에게
   은혜가 더해지고 七事는 여러 고을 중에 으뜸이어서 일을 처결하고 사람에게

분포하게 된 계기가 이 때문이라고 할 수 있을 것이다.

조선시대에 언양김씨로서『조선왕조실록』등의 사서류에 이름을 뚜렷이 남긴 인물은 金赭이다. 그는 좌정승 부원군 김륜의 증손이고, 부사 金可器의 손자이고, 고려 同知密直司事로서[175] 조선이 개국하여 原從功臣에 서훈된 金受益[176]의 아들이며, 어머니는 鄭弘義의 딸이다. 태종 8년에 "李稷 등이 뽑은 김자 등 33인을 仁政殿에서 覆試하여 魚變甲으로 제일을 삼고, 변갑에게 校書副校理를 제수하였다"는 기록을 통해[177] 김자가 과거에 급제하였음을 알 수 있다. 태종 12년(1412)에 김자는 承政院注書로서 풍해도의 풍우 곡식 피해 사실의 실사를 위해 파견된 바가 있다.[178]

태종 16년(1416)에 문과 重試에서 이조정랑으로 장원을 하여 直藝文館에 임명되었다.[179] 그 이듬해 장령 김자가 직관으로 있을 때 감찰방에 모여 술 마시고 上妓를 불렀다고 하여 避嫌하고 仕進하지 않았다.[180]

응접하는 것이 넉넉하고 여유가 있었다. 이윽고 마음속으로 생각하기를,… (하략)…" 하였다.

175) 김수익은 고려 공양왕 4년(1392) 정월 기유일에 동지밀직사사로 임명되었다 (『高麗史』권45, 세가 공양왕 4년 정월 기유일).

176) 『太祖實錄』권2, 태조 1년 10월 정사(9)일.

177) 『太宗實錄』권15, 태종 8년 3월 신유(12)일.

178) 『太宗實錄』권24, 태종 12년 8월 임술(10)일.

179) 『太宗實錄』권32, 태종 16년 8월 병자(17)일. 성현이 찬한『용재총화』에 의하면 이때 "이조정랑 김자가 병조좌랑 양여공과 같이 과거장에 들어갈 새 양은 글에 능하고 김은 호걸스러웠다. 저녁에 글을 다 지으니 김이 양에게 이르기를 네가 시골내기로 병조랑관이 되었으니 그만하면 족하다 하고 즉시 시권을 빼앗아 이름을 고쳐 써서 냈더니 김이 드디어 장원으로 뽑혔다"고 하였다.

180) 『太宗實錄』권34, 태종 17년 8월 계사(10)일.

160

세종이 즉위하여 경연을 처음 열었을 때 檢討官으로 경연에 나아가 『大學衍義』를 강론하였고,[181] 백관을 거느리고 국학에 거동하여 명륜 당에서 조용으로 하여금『洪範』을 강하게 하니 김자 등이 정초와 곽존중, 권도와 함께 논란을 벌였다.[182] 그로 인해 세종 2년 집현전의 인원수를 정하고 관원을 임명할 때 김자는 종3품의 直提學에 임명될 수 있었고,[183] 사신이 성균관에 가서 문묘를 배알한다고 할 때 집현전 직제학인 신장과 김자를 가사예로 삼고,[184] 원자에게『소학』을 가르치게 한 것,[185] 그리고 세자 右輔德에 임명한 것[186] 등은 김자의 학문적 능력을 높이 평가함 때문일 것이다.

김자는 세종 4년에 同副代言에 임명되어[187] 누천하여 세종 8년에 우대언에 임명되었다.[188] 이듬 해 인정전 문과전시 때 대독관이 되었다. 뒤에 관직이 좌대언에 이르렀다.

김륜－김경직－金復生－金汶으로 이어지는 김문의 아버지 김복생 은「서헌공(김문)행적」에서 황가선대부 공조전서를 지냈다고 하지만 실록 등에서는 확인되지 않는다. 김문(미상~세종 30년/1448)은 가난한 집안에서 태어났으나, 어려서부터 학문에 증진하여, 세종 2년(1420) 식년문과에 병과로 급제, 성균관에 들어갔다. 세종 17년(1435) 文名으로

---

181)『世宗實錄』권1, 세종 즉위년 10월 계미(7)일.
182)『世宗實錄』권2, 세종 즉위년 12월 병자(1)일.
183)『世宗實錄』권7, 세종 2년 3월 갑신(16)일.
184)『世宗實錄』권8, 세종 2년 4월 기유(11)일.
185)『世宗實錄』권11, 세종 3년 1월 을해(12)일.
186)『世宗實錄』권13, 세종 3년 10월 을묘(26)일.
187)『世宗實錄』권18, 세종 4년 12월 병신(13)일.
188)『世宗實錄』권33, 세종 8년 9월 갑오(4)일.

集賢殿修撰에 뽑히었고, 사신과의 강론을 대비하기 위해 注簿가 되었다.[189] 이듬해 집현전 부교리, 그 이듬해 집현전 직제학으로 승진하였다. 1446년에 집현전이 抗疏하여 時事를 논할 때와 鄭昌孫의 방면을 청하는 집현전의 모임에 참여하지 않아 비난을 받기도 하였다. 1448년 四書를 번역하는 사업을 주관한 공으로 陞資되면서 발탁이 예상되었으나 갑자기 죽었다. 1455년(세조 1)에 原從功臣에 추록되었다. 김문의 학통은 정몽주에서 권근을 거처 그에게 이어졌다고 『東國文獻錄』에 실려 있다. 經史子集의 모든 분야에 밝았고, 특히 사학에 정통하여 궁중에 기거하면서 세종 때의 文運에 이바지하였다. 그러나 正音廳의 國文字 보급계획에는 崔萬理 등과 함께 반대하였다.[190]

김문은 세종이 義鹽의 法을 창립하려는 것에 대해 염법의 편의여부를 논의하자는 다음과 같은 상소문을 올렸다.

집현전 직제학 金汶 등이 上書하기를, "그윽이 들으니 국가에서 義鹽의 법을 창립한다 하니, 국가를 유족하게 하고 백성을 편하게 하려는 것이나, 법이 서면 폐단이 생기는 것은 필연한 형세입니다. 이 법이 한 번 서면 어찌 다른 날에 소금을 전매하고 억지로 분배하는 폐단이 생기지 않겠습니까. 소금을 전매하고 억지로 분배한 폐단은 前史에 갖추 실려 있고, 성상께서도 보시어 분명히 아시는 것입니다. 하물며 국가에서 법을 세움에는 반드시 정부·육조·대간·侍從으로 하여금 편안한 것을 익혀 살펴 연후에 행하는 것인데, 지금 큰 법을 세우면서 관장하는 提調에게만 의논하게 하시고 여러 사람에게 묻지 않으시니, '정치를 도모할진댄 虞나라를 스승 삼아야 한다'는 뜻에 어긋남이 있습니다. 더군다나 근년 이래로 수재·한재가 서로

---

189) 『世宗實錄』 권67, 세종 17년 3월 계사(21)일.
190) 『世宗實錄』 권103, 세종 26년 2월 경자(20)일.

162

겹치어 백성이 의뢰하여 살 수가 없는데, 금년에 더욱 심하니, 바로 백 가지 영위하는 일을 쓸어 없애고 흉년 구제에만 전심할 때를 당하였는데, 편하고 편하지 않은 것을 시험하고자 하여 別監을 나누어 보내어 각도에서 소금을 구우니 불가한가 하옵니다. 원컨대, 鹽法의 편의 여부를 정부·육조·대간·시종으로 하여금 반복하여 상량 논의하게 하시면 심히 다행이고, 또 시험하는 일도 풍년든 한 곳에 한 사람을 보내어 시험하면, 그 나머지도 알 수 있을 것입니다. 엎드려 聖上의 재가를 바랍니다." 하니, 임금이 말하기를, "내가 여러 대신으로 더불어 상량하고 의논한 것이 이미 10여 년이니 여러 사람에게 묻지 않고 갑자기 행한 것이 아니다. 또 내가 이 일을 옳다고 하여 억지로 행하려는 것이 아니고 우선 편하고 편하지 않은 것을 시험할 뿐이다. 나는 원래 백성과 이익을 다투고 싶은 마음은 없다." 하고, 인하여 承政院에 이르기를, "집현전의 말이 옳다. 여러 도에서 농사가 조금 잘된 한 고을[一邑]을 골라서 각각 별감을 보내게 하고, 여러 고을의 숨은 鹽戶는 수색하여 들추지 말게 하라." 하고, 드디어 柳規를 경기에, 金浣之를 충청도에, 田稼生을 전라도에, 安質을 경상도에, 鄭之夏를 강원도에, 申自守를 황해도에 보냈다.191)

다음 날 세종은 김문 등에게 본궁 장리를 內需所義倉이라 고치어 다시 2, 3州郡에 설치하여 시험하고, 호조로 하여금 주장하게 하면 어떻겠는가라고 묻자 "文公이 社倉을 두자는 古事에 의하여 士類로 하여금 주장하게 하소서"라고 의견을 개진하였다.192) 그리고 호조에서 楮貨를 쓰기를 청하니 이에 대한 古制를 상고하여 진언하였고, 세종이 鐵錢의 便否 여부를 의논하게 하였다.193) 이처럼 경제분야에 대해서도 자기 주관을 분명히 갖고 있었다. 또 부모의 喪期는 천자로부터 서인에까

---

191) 『世宗實錄』 권109, 세종 27년 9월 을해(5)일.
192) 『世宗實錄』 권109, 세종 27년 9월 병자(6)일.
193) 『世宗實錄』 권110, 세종 27년 10월 임자(11)일.

지 귀천의 구분이 없음을 상서하였다.[194] 저서로는 세종 18년 왕명에 의해 이계전과 함께 펴낸『資治通鑑訓義』[195] 및 辛碩祖 등과 함께 편찬한『醫方類聚』가 있다.[196]

세종 30년 김문이 죽자 김문에 대한 평이『世宗實錄』에 다음과 같이 실려 있다.

집현전 직제학 金汶의 葬事에 賻儀하는데 棺槨과 쌀 10석, 종이 70권을 썼다. 汶의 字는 潤甫인데, 세계가 본디 寒微하여, 사람들이 말하기를, "그 어머니가 무당노릇을 하여 紺嶽祠에서 먹고 지냈다"고 하였다. 汶은 침착하고 重厚하여 말이 적고, 젊어서는 학문을 즐겨 하였다. 과거에 급제하여 성균관에 들어와서 여러 번 옮겨 注簿가 되었고, 을묘년에 集賢殿修撰으로 뽑혀 直提學까지 승진하였다. 經書와 子史에 연구하여 궁달하지 않은 것이 없고, 그 학문은 통달하면서도 고루하지 아니하며, 박학하면서도 능히 精深하여서, 義理의 의심날 만한 것이나 典故의 상고할 만한 것을 묻는 자가 있으면, 즉시 대답해도 문득 맞으므로, 당세가 모두 탄복했으며, 임금도 또한 중히 여겼다. 그러나 능히 저술을 하지 못하여 무릇 글을 지으려면 반드시 동료에게 지어 달라고 하였다. 사람됨이 아집적이고 권모술수가 있어, 밖으로는 청렴하고 정숙한 것 같으나, 안으로는 실상 욕심이 많으며, 자기에게 아첨하는 사람은 좋아하고 아부하지 않는 자는 미워하였다. 鄭麟趾가 일찍이 汶에게 대면하여 말하기를, "학문이란 心術을 바르게 함을 가장 귀히 한다." 하니, 汶이 부끄러워하고 한스럽게 여겨, 제자 梅佐를 데리고 뜰에 서서 하늘을 쳐다보며 밤새도록 자지 아니하였다. 병인년에 집현전에서 抗疏로써 시사를 하나하나 들어서 논할 적에 汶은 병을 핑계하고 나오지 아니하였으며, 또 執義 鄭昌孫 등이 言事로써 옥에 갇혔을 적에

---

194)『世宗實錄』권111, 세종 28년 3월 계사(26)일.
195)『世宗實錄』권74, 세종 18년 7월 임술(29)일.
196)『世宗實錄』권110, 세종 27년 10월 무진(27)일.

온 집현전이 詣闕하여 용서해 주기를 청하였으나, 汝만이 홀로 참여하지 않았으므로, 당시의 여론이 비루하게 여겨 말하기를, "金汝은 六經을 통하였으나 아무짝에도 쓸모없다." 하였다. 이에 이르러 汝을 명하여 四書를 譯述하게 하고, 특별히 자급을 승진시켜 바야흐로 장차 뽑아 쓰려고 하였는데, 中風으로 暴死하였다. 汝이 항상 禁中에 있을 적에 그 배운 것을 배우는 사람들에게 전해 주지 않으므로, 사람들이 자못 한스럽게 여기었다.[197]

세종~성종 연간에 활동한 金瓘은 『世宗實錄』, 『文宗實錄』, 『世祖實錄』, 『成宗實錄』, 『國朝榜目』에 이름을 남기고 있다. 이에 의거해 그 환력을 정리하면 다음과 같다. 세종 29년(1447) 사마시에 합격하고, 문종 1년(1451) 증광문과에 정과로 급제, 승문원정자에 임명되었으나, 처가 장사치의 무늬있는 비단을 절취한 사건에 연루되어 황해도 敬天站으로 귀양가서 그곳 驛吏가 되었다. 세조 2년(1456) 어머니 徐氏의 간청으로 귀양에서 풀려나게 되었다. 세조 7년(1461) 都官左郎으로 대마도경차관 金致元의 종사관이 되어 대마도에 다녀왔으며, 전라도경차관을 거쳐 세조 11년(1465)에는 예조정랑에 이르렀다. 세조 13년(1467) 李施愛의 난이 일어나자 龜城君 浚의 종사관으로 활약한 공으로 精忠出氣敵愾功臣 2등에 녹훈되고 宗簿寺正에 임명되었다. 이듬해 강원도관찰사로 있을 때, 낙산사의 조성비용을 민간에서 지나치게 거둬들였다는 혐의를 받아 부호군으로 좌천되었으나, 뒤에 낙산사의 조성공사가 무사히 끝나자 도리어 論賞되었다. 예종 1년(1469) 충청도관찰사를 거쳐 황해도관찰사로 전임되었으나 도적을 잡지 못하였다고 하여 체직되었다. 성종 6년(1475) 영안도관찰사를 역임하고, 성종 10년(1479) 동지중추

---

197) 『世宗實錄』 권119, 세종 30년 3월 무술(13)일.

부사로 천추사가 되어 명나라에 다녀왔으며, 이듬해 彦陽君에 봉해졌다. 성종 12년(1481) 전주부윤을 지내고, 성종 14년(1483) 謝恩使가 되어 다시 명나라에 다녀왔으며, 성종 15년에 전라도관찰사에 이르렀다. 전라도 금구의 六松祠宇에 모셨다.[198]

직장공 金涑의 아들인 金四知의 경우『국조방목』에 성종 23년의 別試에서 병과 11등으로 합격하였음이 기록되어 있다. 성종조 사간원 正言으로 있으면서 환관과 의관에게 함부로 벼슬을 준 일에 대해 논계하고,[199] 흥복사의 불사를 수창한 자를 국문할 것을 청하는 등[200] 강직하였다. 金宗直의 문인으로 무오사화 때 교리 姜輯과 함경도 홍원으로 귀양을 가 살다가 별세하니 후손들의 入北祖가 되었다고 한다.[201]

金穀－金何遜－金石川－金自修로 이어지는 김자수는『국조방목』에 의하면 중종 2년(1507)의 增廣試에서 병과 21등에 합격하였다. 중종 19년에 영천군수,[202] 그 후 영광군수로 옮겼다가 試官으로 입시하여 출제하기도 했다.[203]

이상에서『조선왕조실록』등의 사서류와『국조방목』등에 나오는 언양김씨의 환력을 살펴보았다. 언양김씨 족보에는 더 많은 인물이 관계에 진출한 것으로 되어 있지만 그것은 제외하였다. 고려시대에

---

198)『練藜室記述』별집 권4, 祀典典故.
199)『成宗實錄』권288, 성종 25년 3월 병신(7)일.
200)『成宗實錄』권288, 성종 25년 4월 신미(13)일.
201) 언양김씨대종회(http : //unyangkim.or.kr/)
202)『中宗實錄』권51, 중종 19년 8월 을묘(23)일·8월 신유(29)일.
203)『中宗實錄』권51, 중종 19년 8월 신유(29)일 ;『中宗實錄』권52, 중종 19년 12월 계묘(13)일. 鄭士龍(1491~1571)의『湖陰雜稿』의「書金自修畵軸」이 언양김씨의 김자수라면 그림에 조예를 가졌다고 볼 수 있다.

비해 관계 진출이 훨씬 미치지 못하였다. 그래서 조선 성종조의 成俔이 『慵齋叢話』에서 언급한 15세기의 대표적인 名門 '鉅族' 75개 성관에는 언양김씨가 포함되지 않았다. 그런 점에서 언양김씨는 고려조에 비해 조선시대에 그 정치적 위상이 떨어졌다고 볼 수 있을 것이다.

Ⅳ. 맺음말

고려시대 언양김씨는 무신정권시대 무신으로 득세하여 성장한 가문이었지만 김취려로부터 5대에 걸쳐 수상 내지 재상의 지위에 오른 사람만도 사위 3인을 합하여 모두 12명이나 되었고, 마침내 충렬왕 때 왕실과 혼인하여 왕실의 외척이 되었을 뿐만 아니라 종묘배향공신도 배출하였다. 그뿐만 아니라 당초 무반 가문이었음에도 불구하고 김변대부터 과거를 통해 관직에 진출하고, 과거고시관인 지공거까지 됨으로써 문무를 겸비한 가문으로 탈바꿈하였다. 이를 바탕으로 언양김씨는 당대의 명문인 해주최씨와 이중의 혼인을 맺은 것을 비롯하여 철원최씨·공암허씨·경주김씨·천안전씨·원주원씨·평양조씨·여흥민씨·성주이씨들과 혼인을 맺었다. 그 가운데에는 약간 성격이 다르거나 그렇게 떨치는 집안이 아닌 가문이 없지 않으나 대체적으로 당대의 명문으로 알려진 세족들이다. 당대의 세족가문과 왕실과의 혼인을 통해 혈연을 매개로 한 강력한 유대관계를 가진 언양김씨는 원간섭기에 명실상부한 '宰相之宗'으로서의 정치적 위상을 갖고 있었다.

언양김씨 내에서 김양감─김문연의 가계는 주로 무적 능력을 구비하면서 무장으로서의 활약이 두드러진 점이 있다. 그에 반해 김변─김륜

가계는 상대적으로 문적 능력을 구비하면서 문인으로서 활약이 뛰어났다. 김양감 가계에 비해 상대적으로 과거를 통해 관직을 획득하였고, 동지공거를 배출하는 등 문학적 자질을 갖고 있었다고 할 수 있다.

　언양김씨는 원간섭기 '재상지종'으로서의 정치적 위상을 갖고 있었지만 원간섭기에 있었던 몇 차례의 개혁정치, 즉 충선왕의 개혁정치, 충숙왕의 개혁시도, 충목왕대의 개혁운동, 공민왕의 개혁정치에 적극적으로 참여한 흔적이 거의 보이지 않는다. 결국 고려말 권문세족에서 신흥사대부로의 권력의 추가 바뀌어가는 상황 하에서 시대적 변천을 내다보고 앞선 활동을 한 인물을 배출하지 못함으로써 그 정치적 위상이 위축되었다고 볼 수 있다. 그것은 김전의 4대 이후에 언양김씨 가운데 『高麗史』나 조선조의 『조선왕조실록』에 등장하는 인물이 현저하게 줄어들었음을 통해 확인할 수 있다. 조선 성종조의 成俔이 『傭齋叢話』에서 언급한 15세기의 대표적인 名門 '鉅族' 75개 성관에는 언양김씨가 포함되지 않았다. 그런 점에서 언양김씨는 고려조에 비해 조선시대에 그 정치적 위상이 떨어졌다고 볼 수 있을 것이다.

김취려 장군에 대한 인물사적 평가

윤 용 혁

Ⅰ. 머리말

고려시대에서 '거란족의 침입'이라고 하면 누구나 서기 1000년을 전후한 세 차례의 거란(요) 침입을 상정한다. 그리고 서희와 강감찬을 떠올리게 된다. 그러나 거란족의 침입은 이 시기에만 있었던 것은 아니다. 몽고의 침입 직전인 13세기 초, 수년에 걸친 거란의 침입은 고려에 큰 위협이 되었었다. 이 사건은 결국 몽고군의 개입을 초래하였고, 이후 몽고 침략의 단초가 되었다. 그러나 13세기의 거란 침입은 이후 몽고군의 대대적인 침입과 오랜 전란에 묻혀 거의 사람들의 기억에 남지 않게 되었다. 결과적으로 13세기 초 거란적의 방어에 진력하며, 격렬한 외침의 압박 속에서 이를 물리친 위인에 대해서도 역시 기억하지 못하게 되었다. 13세기 거란 침입에 대한 논문이 거의 발표되지 않았던 것이 저간의 학계 사정을 반영한다.[1]

---

[1] 13세기 거란족의 고려 침입은, 강동성 전투와 초기 여몽관계의 성립에 대한 검토과정에서 부수적으로 다루어져 왔을 뿐이다. 고병익, 「몽고·고려의 형제맹약의 성격」『동아교섭사의 연구』, 서울대출판부, 1970 ; 이개석, 「여몽관계사 연구의 새로운 시점」『13-14세기 동아시아와 고려』(학술회의

그러나 13세기의 거란 침입은 그 침입의 강도와 고려에 미친 피해의 심각성을 생각할 때 별도로 검토되고 논의되어야 할 사항이다. 그리고 이 시기 국가적 안위를 걱정하며 애썼던 위인에 대한 재평가를 요하는 것이기도 하다. 우리 역사 속의 전란을 정리한 조선조의 『동국병감』에서도 이 점을 간과하지 않았다.[2] "거란적이 고려를 침범하다[丹賊寇高麗]"라는 제목을 설정하여 그 전말을 정리한 것이 그것이다. 그러나 식민지시대 '만선사' 연구의 일환으로 논의된 이후로는[3] 깊이 있는 연구가 이루어져 있지 않다.

본격적인 몽고침략의 전야, 거란적의 침입에 당하여 가장 큰 공을 남긴 인물이 위열공 김취려(1172~1234)이다. 그는 여러 차례의 내우외환을 극복하는 데 큰 공을 세우며, 위기에서 흔들리는 나라의 기틀을 굳건히 유지할 수 있도록 하였다. 이러한 공으로 그는 무반을 넘어 문하시중, 최고위의 직에까지 벼슬이 이르렀으며 고종의 배향공신으로 되어 있다.[4]

발표자료집), 경북대 한중교류연구원·동북아역사재단, 2009 ; 이개석, 「여몽형제맹약과 초기 여몽관계의 성격」『대구사학』101, 2010은 초기 여몽관계를 다룬 대표적 논문이다.

2) 『동국병감』은 문종(1450~1452)의 명에 의하여 편찬된 것으로, 국경 방비에 대한 우려에 입각하여 "삼국시대로부터 고려에 이르기까지 외적이 침범해 온 사실, 그에 대한 우리나라의 방어 대책 및 항전 경과와 득실 등을 살펴 장차의 외침에 대비해야 한다"는 의정부의 의견을 문종이 받아들여 시행한 것이다. 편찬의 경위와 편찬자가 밝혀져 있지 않지만, 김종서가 이에 관여된 것으로 추측된다. 국방부 전사편찬위원회, 『동국병감』 권두의 해설, 1984 참조.

3) 池內 宏, 「金末の滿洲」『滿鮮地理歷史硏究報告』10, 1922.

4) 묘지명에 의하면 金就礪는 뒤에 金就呂로 이름이 바뀐 것으로 되어 있다. 그러나 『고려사』 등의 거의 대부분 기록은 金就礪로 일관되어 있다.

본고는 13세기 대외관계상의 공적을 남긴 김취려에 대하여, 시대에 따라 그에 대한 평가가 어떻게 반영되고 있는지를 파악하고, 아울러 인물사의 측면에서 인간 김취려에 대하여 접근함으로써 13세기 대외관계사의 일부를 보완하고자 한다.

Ⅱ. 13세기 초의 대외관계와 김취려

13세기의 역사는 한마디로 몽고의 시대이다. 세계사적으로도 그렇지만, 한국 역사에 있어서도 40년 항쟁과 그에 뒤이은 원간섭기는 '몽고'를 키워드로 하는 세계사적인 흐름과 그대로 일치한다. 13세기의 초는 고려가 몽고와 처음으로 접촉이 이루어지던 시기이고, 그 접촉의 단서를 만든 것은 금 지배하에 있던 거란이 세력을 확장하여 여러 해에 걸쳐 고려에 침입한 사건이었다. 이러한 점에서 13세기 초는 이후 국제정세의 격변과 전란의 장기화라는 사건을 예고하는 시기였다고 할 수 있다. 거란과의 전투, 그리고 몽고와의 접촉이라는 13세기 초의 대외관계 속에서 김취려는 중심적 역할을 담당한 인물이다.

몽고군이 압록강을 건너 고려에 처음 진입한 것은 1218년(고종 5) 11월 무렵의 일이다. 몽고의 원수 哈眞과 札剌가 군사 1만을 거느리고 동진 完顔子淵의 軍 2만과 함께 고려에 입경한 것이다. 이들은 화주, 맹주, 순주, 덕주를 공파하고 거란적을 추격하여 12월 평양에서 가까운 江東城에서 마지막 전투를 치른다. 이른바 강동성의 싸움이 그것이다. 이를 계기로 고려의 몽고와의 직접적 접촉이 처음으로 이루어지게 되는데, 그 단서를 제공한 것이 1216년 8월 이후 거란족의 고려 침입이었다.

　'대요수국'이라는 나라를 세운 이들 거란인은 금의 공격을 받아 고려로 밀려들어왔고, 이후 이듬해 1217년(고종 4)에는 고려군의 저지에도 불구하고 원주, 춘천을 거쳐 충북 제천에까지 이르렀다가 김취려에 의하여 격파되었다. 일단 국경 밖으로 쫓겨갔던 거란족들은 다음해 1218년 고려에 재침하였고, 이때 몽고는 동진군을 이끌고 거란을 몰아내 준다는 명분으로 고려에 따라 들어온 것이다.

　고려가 몽고와의 맹약 관계를 처음으로 맺게 된 것은 여몽간의 연합작전에 의한 강동성 전투가 끝난 후인 이듬해 1219년(고종 6) 1월의 일이었다. 이에 의하여 몽고에 대한 정기적인 세공 납부라는 것이 맹약의 중요한 조건이었다.

　1219년 초 여몽간의 화의 체결은 몽고군의 적극적 요구에 의하여 실현된 것이었다. 몽고의 哈眞·札剌 등은 강동성 전투 직전 고려 원수부에 보낸 편지에서 적을 격파한 다음에는 고려와 형제맹약을 맺도록 하라는 蒙帝의 명이 있었음을 통보하고 있다.[5] 이것은 몽고가 거란족 진압 이후 고려와 처음부터 관계 체결이라는 계획을 가지고 들어온 것을 말하며, 동시에 몽고군 입`경의 목적이 바로 고려와의 화약 체결에 있었음을 암시한다.[6] 1218년 12월 몽고는 군량 1천 석을 호송한 중군판관

---

5) 『고려사』 103, 조충전.

6) 이개석은 몽고군의 본격적 진입에 앞서 이미 이 같은 강화 요청의 제안이 몽고측으로부터 국경지역에 전달된 적이 있음을 「조충묘지명」에 근거하여 밝힘으로써 和約의 초안이 몽고에 의하여 제안된 것임을 재확인하였다(이개석, 「여몽관계사 연구의 새로운 시점」 『13-14세기 동아시아와 고려』(학술회의 발표자료집), 경북대 한중교류연구원·동북아역사재단, 2009, 136~137쪽). 묘지명에 의하면 당시 몽고측은 고려 진입에 앞서 40여 인

김양경에게 형제맹약의 체결을 언급하였다. 그리고 1219년 1월 13일 고려측은 結和의 첩문을 작성하여 몽고 행영에 가져가자, 1월 14일 찰라가 조충, 김취려에게 答謝하고, 20일 양측이 동맹 내용을 재확인하고, 24일 몽고 蒲里伶完이 칭기즈칸의 국서를 고종에게 전달하는 일련의 과정을 통하여 여몽 형제맹약 교섭의 과정은 정리되었다.[7]

1219년 여몽간의 和約은 몽고로부터의 무리한 공물 요구가 수반되기는 하였지만, 기본적으로는 국가간의 상호관계로서 위치 지워진 관계였다. 몽고 침입이 개시되고 고려가 정복의 대상이 되는 시기에 고려가 목표로 한 것은 1219년 화약 단계의 양국관계 회복이었다. 즉 정치적 요구가 수반되지 않는 제한된 조건에서의 양국 관계 설정이었다. 원간섭기에 있어서 1219년의 '맹약'은 이것이 여원관계의 출발이었다는 점에서 주목되고, 특히 그것이 우호적 분위기에서 출발된 것이었음을 강조하려 하였다. 『고려사』의 세가에서는 화약을 맺게 된 것에 대하여 합진이 '강화를 청하였다'고 간단히 적은 다음 이들 몽고군 진영에서의 사신이 매우 거칠고 무례한 행동으로 조야를 놀라게 한 사실을 장황하게 적고 있다.[8] 반면 金就礪傳에서는 합진과 찰라가 고려의 조충·金就礪 등과 형·동생을 서로 삼고 酒席을 같이하면서 "양국이 영원히 형제가 되어 만대에 이르기까지 오늘의 맹약을 잊지 말자"는 다짐을 장황하게 설명하

사절이 첩장을 휴대하고 선편으로 定州에 당도한 것으로 되어 있다. 묘지명에서는 "先是 蒙古軍遣使十與人 賷牒乘船□□□定州 請如今日講和事"(김용선 편, 『고려묘지명집성』「조충묘지명」, 한림대 아시아문화연구소, 2001, 335쪽)라 하였다.

7) 이개석, 「여몽관계사 연구의 새로운 시점」『13-14세기 동아시아와 고려』(학술회의 자료집), 경북대 한중교류연구원, 2009, 136쪽.

8) 『고려사』 22, 고종세가 6년 정월.

고 있다.[9] 이는 이제현이 지은 「김공행군기」에 의거한 것으로 보이는데,[10] 조충과 함께 '맹약'의 주역을 담당하였던 金就礪의 행적을 우호적 여원관계 성립이라는 관점에서 주목한 것이다. 반면 『원고려기사』 등 원의 기록은 몽고의 고려 정복이 이미 이 시기에 관철되었다는 시각에서 이 사건을 정리하는 관점의 차이를 보여주고 있다.

1218년 합진 등 몽고군의 고려 입경은 고려와 몽고의 공식적 접촉의 시작이거니와, 이를 몽고의 제1차 침입으로 보는 견해도 있다. 이듬해 초의 '형제맹약'이라는 것 자체가 불평등한 것일 뿐 아니라, '군사 원조 형식을 빙자한 몽고의 고려 정복'이라는 것이다.[11] 이 시기의 몽고 입경이 고려에 대한 침략적 성격이 있는 것은 사실이지만, 그러나 그것이 1231년부터의 고려 침입과 구분되는 것도 사실이다. 1231년 이후 몽고와 고려는 직접적인 교전의 상대국이었지만, 1218, 1219년의 경우는 연합 군사작전의 전개와 조공을 매개로 한 화의의 체결로 양국관계를 정리하였기 때문이다. 몽고의 침입이 장기화하면서 고려가 몽고에 대하여 희망했던 양국관계의 모델이 1219년 '형제맹약' 수준의 양국관계였다는 점도, 1231년 이후의 전쟁과 그 성격이 다르게 파악되어야 한다는 근거가 된다. 김취려에 대한 인식과 평가도 이 같은 전제 위에서 출발하지 않으면 안 될 것이다.

---

9) 『고려사』 103, 김취려전.

10) 李齊賢, 『益齋亂藁』 6, 「門下侍郎平章事判吏部事贈諡威烈公金公行軍記」.

11) 주채혁, 「살례탑 1·2·3차 고려침공기의 몽골·고려전쟁고」『몽·려전쟁기의 살리타이와 홍복원』, 혜안, 2009, 124~125쪽 참조.

Ⅲ. 13세기의 평가와 김취려, 묘지명과 이규보

김취려에 대한 자료중 가장 중요한 것은 묘지명 자료와 이제현이 작성한 「김공행군기」일 것이다. 묘지명은 1234년 7월 장례 때에 작성된 것이라는 점에서 가장 이른 시기의 자료에 속한다고 할 수 있다. 묘지명에서는 내용의 많은 부분을 고종 3년(1216) 이후 6년까지의 거란에 대한 김취려의 전공을 설명하고 있다. 여기에는 크게 2개의 장면이 나온다. 첫 번째는 고종 3년(1216) 거란이 국경을 침입하면서 주로 서북면 일대에서의 전투에서부터 이듬해 4년 5월 충주지역 일대 전투에 이른다. 두 번째 장면은 고종 6년 2월 여몽간의 '형제맹약'에 대한 부분인데, 이에 대해서는 사실의 추이가 비교적 단순하게 정리된 반면, 김취려의 개인적 풍모를 묘사하는데 더 강조점이 있는 것이 특징이다.

김취려의 행적 가운데 특히 주목되는 것은 강동성 전투에 참여하여 몽고군과 공동작전 이후 고려가 몽고와 '형제맹약'을 맺게 되는 과정에서 그 핵심적 역할을 하였다는 점이다. 형제맹약의 체결에 대하여 김취려 묘지명에는 다음과 같이 언급되어 있다.

> 몽고의 장수가 "공의 나이는 몇 살입니까"라고 물은 후 형이라 부르기로 하고, 동쪽에 앉게 하였다. 몽고가 우리 공을 공경하는 것이 이와 같다는 소식을 우리 원수가 듣고 모든 군대를 동원하여 (성)에 이르니 적들이 두려워하며 나와서 항복하였다. 몽고는 기뻐하여 우리 군사와 더불어 형제가 되기로 (약속하고) 돌아가게 되니 공이 이에 朝陽까지 가서 송별하였다. (김취려 묘지명)[12]

---

12) 번역은 김용선, 『역주 고려묘지명집성』상, 한림대 아시아문화연구소, 2001, 582쪽.

176

묘지명에서는 몽고를 그대로 '蒙古'로 기록하면서 몽고와의 조우와 '맹약'에 대해 매우 담담하게 간략히 정리하고 넘어가고 있다. 이에 비해 강조점이 두어진 것은 김취려가 몽고로부터 신뢰와 존경을 받았다는 점이다. 이 자료의 작성 시기는 김취려가 세상을 뜬 고종 20년(1234)의 시점이다. 강화도에의 천도에 의하여 몽고와의 교전 상태에 있었던 상태라는 점이 읽혀진다. 그러나 비슷한 시기 다른 묘지명의 경우보다 몽고에 대한 표현은 온건하다. 韓光衍(?~1237)의 묘지명은 같은 시기의 몽고를 '달단'으로 지칭하고 합진과 찰라를 '오랑캐 장수[虜帥]', 그 진영을 '오랑캐 진영[虜營]'이라 표현하고 있다.13) 金仲文(1175~1237) 묘지명은 몽고를 달단, 胡人 등의 용어로 지칭한다.14) "그들은 겉으로는 사람의 얼굴을 하고 있지만, 속으로는 짐승의 마음을 가지고 있어서 사람들이 모두 가까이 하기를 꺼렸다"15)는 것이 몽고에 대한 당시의 일반적 관점이었던 것이다. 이에 대하여 김취려 묘지명은 몽고에 대하여 적대적 묘사를 드러내지 않으면서, 그들로부터까지 존경 받은 인물이었다는 것이 묘지명의 중요한 줄거리이다.

1234년 몽고 침입기 강도에서 작성된 김취려 묘지명에 비하여, 1220년 (고종 7)에 작성된 조충의 묘지명은 당시 몽고와의 관계 정립에 대한 보다 상세한 정보를 담고 있다. 조충 묘지명에 의하여 확인된 새로운 사실은, 1218년 11월 합진·찰라 군의 입경 이전, 몽고가 '40여 명을 보내 定州에 와' 고려에 강화를 요청한 사실이 있었다는 것, 그리고

---

13) 김용선,『고려묘지명집성』(제3판)「韓光衍 묘지명」, 한림대 아시아문화연구소, 2001, 366~367쪽.
14) 위 책의「金仲文 묘지명」, 368~369쪽.
15) 위 책의「崔義 묘지명」, 340~341쪽.

무인정권 내부에서는 집권자의 아들인 최우가 조충 등 현지 사령관의
의견에 동조하였다는 사실이 기록되어 있다.

> 이에 앞서 몽고국에서 40여 명을 보내 정주에 와서 오늘과 같이 강화를
> 요청한 일이 있었다. 조정에서 의논하여 말하기를 이들이 거란의 유종인지
> 알 수가 없고, 일반인이 거짓 몽고문자로 글을 써 거란에게 복수한다는
> 것을 명분으로 삼지만 실은 □하려는지도 모른다고 하여 마침내 응답하지
> 않았다. (중략) 조정의 신하들은 오히려 이전의 논의를 고집하여 오랫동안
> 확실하게 결정하지 못하였다. 오직 지금의 추밀사인 최공(최우)이 말하기를
> "원수가 □ 저들을 거짓되고 망령되게 알려오겠습니까"라고 하였다. (중략)
> 강화할 것을 허락하였다. (김용선, 『고려묘지명집성』(제3판) 「趙沖 묘지명」)

이개석은 이 자료를 근거로 몽고군이 고려에 들어오기 전 이미 몽고가
첩문을 보내 고려에 강화를 요청이 있었으며, 몽고와의 형제맹약은
이에 근거하여 고려에서 초안을 만들어 보냄으로써 성립한 것이라고
파악하였다. 아울러 당시 강화의 조건은 군량과 군사의 지원 및 공물
이외에도 '국왕의 입조'가 포함되어 있었다고 파악하였다. 이러한 의미
에서 '형제맹약'은 평등관계가 아니고 복속관계의 의미를 갖는다는
것이다.[16)

이개석 교수의 논의는 초기 여몽관계 수립의 사실관계 파악에 대하여
매우 유익한 내용을 많이 담고 있는 것이 사실이다. 그러나 1219년
최초의 여몽관계의 협약 내용을 '6사'와 연계하여, 1231년 이후 몽고의
요구사항 기본 내용이 모두 담겨져 있었던 것이라고 파악하는 것에

---

16) 이개석, 「여몽형제맹약과 초기 여몽관계의 성격」 『대구사학』 101, 2010,
   84~98쪽.

대해서는 동의하기 어렵다. 당시 몽고가 요구한 군량과 군사 지원이라는 것은 상시적인 것이라기보다는 거란에 대한 연합작전 수행을 위한 일시적 요구였고, 혹 '국왕의 입조'라는 사항이 언급되어 있었다 하더라도 이것은 어디까지나 상징적 문구로 보아야 할 것이기 때문이다. 결국 13세기 초 몽고의 고려에 대한 관계는 기본적으로 공물을 전제로 하는 외교관계로서, 과거 요, 금과의 관계와 유사한 것으로 고려정부에서는 파악하고 있었다. 이러한 점에서 이 시기 몽고의 고려에 대한 요구가 복속국에 대한 '6사'와는 성격이 달랐다는 것이 필자의 의견이다.[17]

한편 몽고와의 화의 체결에는 김취려, 조충 등 현지 사령관의 역할이 컸던 것은 사실이지만, 이것이 고려정부 혹은 무인집정자의 입장과 반드시 배치된 것이었다고 보기는 어렵다고 보아야 할 것이다.[18] 정부와

---

17) 거란 침입 초기인 고종 3년 9월, 금의 來遠軍에서 영덕성에 공문을 보내 거란에 대한 연합작전의 제안과 함께 군사, 마필, 식량, 사료의 조달을 요구한 적이 있다(『고려사』 고종세가). 이에 대하여 고려는 특별한 반응을 보이지 않은 것 같다.

18) 당시 조충 등 현지사령관의 입장과 집권자 최충헌의 입장이 서로 달랐다는 견해가 있다. 즉 조충 등은 최충헌의 의사와는 달리 몽고와 '형제의 맹'을 맺었으며, 여기에는 고종의 뒷받침이 작용했다는 것이다. 이것은 기본적으로 고종과 최충헌의 관계를 상호 대립적으로 파악하는 데서 비롯된다. 즉 고종은 대외관계상에서의 대표성을 기반으로 '국왕으로서의 지위를 회복하려' 노력하였으며, 이것이 고종이 조충, 김취려로 하여금 몽고와의 적극적인 외교적 교섭을 추진하게 한 배경이 된다는 것이다(정선용, 「조충의 대몽교섭과 그 정치적 의미」 『진단학보』 93, 2005). 그러나 몽고와의 외교를 둘러싸고 야기된 고종과 최충헌의 갈등에서 조충, 김취려가 고종의 입장을 뒷받침한 것이라는 이 같은 견해는, 당시의 국내외적 상황과 초기 여몽관계의 사실적 측면에 크게 어긋나는 가설이라고 생각한다. 조충을 대거란전의 사령관으로 추천한 이가 최충헌이었으며, 고종 6년(1219) 최충헌의 묘지명은 최우의 요청에 의하여 조충이 작성한 것이었다. 이러한 조충을 최씨정권과 대립각을 세우는 관계였다고 볼 수는 결코 없는 것이다.

무인정권은 수동적이기는 하지만 현지사령관의 판단을 수용하였기 때문이다. 앞의 조충 묘지명에서 최우가 이를 지지하였다는 것도 정부 내에서 최소한의 동의가 전제되었음을 반영하는 것이다.

　김취려에 대한 직접적 자료는 아니지만 거란 평정시에 작성된 이규보의 글이 있다. 이규보는 고려 영토를 휩쓰는 거란족의 횡포에 분개하면서도 강동성 전투에서 적이 평정된 이후 조충, 김취려의 행적 혹은 몽고군의 개입에 대해서는 그 평가를 삼가하고 있다. 거란을 물리친 것은 '달단'의 도움도 우리 군의 用兵 때문도 아니고, '聖皇'(고종)의 공이요 하늘의 가호였다는 것이다.

사나운 저 오랑캐
우리 변방에 함부로 들어오네
우리 백성을 씹어서
피가 그 이에 흐르네
우리 聖皇 크게 화내시어
그 무리 몰아내구려
모르는 자는 모두 이렇게 말하네
이것은 韃靼의 도움이며
우리 군사가 용병을 잘한 때문이라고
그러나 나는 이렇게 말하네
이것은 너희들이 논할 바 아니요
우리 성황의 받으신 명은
실로 하느님이 주신 것이라네
하느님이 우리 聖皇을 위하여
달단에게 손을 빈 것이네.[19]

---

19) 이규보, 「平契丹頌」『동국이상국전집』19(번역은 민족문화추진회, 『국역

　여기에서 거란침입의 극복을 '우리 聖皇'의 공으로 치하하는 것을 文面대로 국왕 고종의 공으로 인식한 것이라고 보기는 어려울 것이다. 그리하여 그는 몇 년을 끌었던 전란의 종식이 몽고의 덕도 아니고, "우리 군사가 용병을 잘한 때문"도 아니라고 하였다. 몽고군과의 연합작전, 혹은 조충, 김취려의 공적이 주효한 것이라는 일반적 여론과는 다른 평가인 것이다. 이규보의 이 같은 평가는 새로운 영웅의 등장을 경계하는 다소 정치적 의도가 개재된 것처럼 생각된다. 개선장군이 된 조충에 대하여 최충헌이 노골적인 경계심을 보였던 것과 궤를 같이 하는 것이라 할 수 있다.[20] 조충에 대한 경계는 곧 김취려에 대한 경계이기도 하였을 것이다.[21]

　거란 침입을 물리치고 몽고와 화약을 맺은 김취려의 공에 대한 당대의

　동국이상국집』, 1978에 의함).

[20] 최충헌은 거란을 격파하고 개선하는 조충을 시기하여 환영행사를 최소화하고, 혹 변란이 일어날까 두려워하여 서경에서 군공을 정하는 조충의 군을 서둘러 돌아오도록 재촉하였다는 것이다. 군공에 대한 최충헌의 논공행상도 공정하지 않아 불만을 토로하는 자를 100여 명이나 붙잡아 참수하였다는 것을 보면, 당시 최충헌은 새로운 군사 영웅의 등장으로 심경이 매우 예민해져 있었던 것이다(『고려사』 129, 최충헌전 및 103, 조충전). 이규보는 이 같은 최충헌의 심기를 잘 알고 있었을 것이며, 거란 평정의 시에서 구태여 그 공을 '聖皇'에게 돌렸는지를 이해할 수 있게 된다.

[21] 김취려는 몽고와의 형제맹약을 맺고 강동성의 싸움에서 개선하였지만, 그에 부응하는 포상을 받지는 못하였던 것 같다. 묘지명에 의하면 그가 고종 5년(1218) 거란적의 전선에 부원수로 파견될 때 '신호위 판예빈성사'의 직에 있었다고 되어 있으나, 개선 이후 새로운 직책이나 승진에 대한 언급이 없기 때문이다. 『세종실록』(권61, 15년 8월 갑자)에는 "고려시중 김취려는 섭상호군으로서 거란 도적을 쳐부셨는데, 조정에서 관등을 초월하여 승진을 시키지 아니하고 단지 상호군으로 삼았을 뿐"이라는 許稠의 언급이 보인다. 포상이 적정하지 않았다는 이야기일 것이다.

평가는 공식적으로는 긍정적이었지만, 다른 한편으로는 몽고에 대한 경계 내지 새로운 영웅의 출현에 대한 경계심으로 인하여 상충하는 평가가 이루어졌던 것이다. 이 때문에 김취려 묘지명에서 거란에 대한 군공 이외에, 여몽 형제맹약이 갖는 역사적 평가보다는 에피소드와 같은 형식으로 당시의 사정을 언급하였던 것이다.

김취려는 고종의 配享臣 4인 중에 포함되어 있다.[22] 13세기 당대 김취려 장군의 평가를 입증하는 것이라 할 수 있다. 김취려 이외에 고종의 배향신은 李延壽(?~1227), 최종준(?~1246), 최이(?~1249) 등인데, 최종준, 최이는 강화 천도의 공신이고,[23] 이연수는 거란 침입시에 출전했던 인물이다. 이러한 배향신 지정은 고종 사후 원종 연간의 일로 보이는데, 거란 방어전의 조충이 포함되지 않은 점이 특이하다.[24] 그러나 그후『고려사』에서는 고종의 배향 공신으로서 조충, 李杭, 김취려의 3인이 열거되고 있다.[25] 최종준과 최이가 제외되는 것으로 보아, 고종의 배향공신은 무인정권 붕괴 이후 재조정되었음을 암시하는데, 김취려는 변함없이 포함되고 있음이 주목된다.

---

22) 이승휴『제왕운기』하, 여기에서는 김취려의 이름이 묘지명에서와 같이 '金就呂'로 기재하였다.

23) 시중 최종준이 강화천도와 관련하여 공이 특별한 공이 있었던 것에 대해서는 윤용혁, 「최씨정권의 강화천도」『고려 대몽항쟁사 연구』, 일지사, 1991, 140~142쪽 참조.

24) 조충의 아들 조숙창이 몽고에 항복한 것이 혹 그 이유가 되었는지 모르겠다. 조숙창은 몽고침입이 개시되는 1231년 국경 관문 함신진(의주)의 방수장군으로 있었는데, 몽고에 바로 항복하여 북계 제성의 항복을 종용하는데 이용된다.『고려사』130, 조숙창전 참고.

25)『고려사』60, 예지 2, 길례대사, 태묘.

Ⅳ. 14세기의 김취려에 대한 평가, 이제현의 「김공행군기」

묘지명으로부터 1백년 뒤, 14세기 전반에 작성된 이제현의 「김공행군기」[26]는, 『고려사』를 비롯한 각종 문헌 기록의 모체가 되었다는 점에서 13세기 거란 관련의 가장 중요한 기본 자료라 할 수 있다. 그러나 묘지명이 몽고와 대결하고 있던 시기에 작성된 것인데 비하여 「김공행군기」는 몽고에 대한 복속기에 정리된 것이어서 그 시대적 배경에 차이가 있다. 고려가 몽고에 복속한 원간섭기에 있어서, 여몽관계의 성립이 '형제맹약'으로부터 시작되었다는 사실은 매우 높게 평가되었다. 그 사건의 중심에 김취려가 있는 것이기 때문에, 자연 김취려에 대한 평가도 높아질 수밖에 없었다.

이제현은 「김공행군기」를 매우 공들여 작성하였고, 이 때문에 그 분량도 긴 장문의 글이 되었다. 이 글을 통하여 이제현은 몽고군이 처음 고려지경에 입경하는 사정, 그리고 양측이 '형제맹약'을 체결하게 되기까지의 과정을 상세히 정리하였다. 『고려사』 등 후대 사서의 관련 기록도, 말하자면 이제현의 이 글이 중심 자료가 되었다고 할 수 있다. 이러한 점에서 김취려 관련 자료중 「김공행군기」는 가장 핵심적 자료라 할 수 있다. 여기에서 우선 이제현이 「김공행군기」를 작성한 이유는 무엇일까 하는 점이 의문이다.

원간섭기의 고려는 원과의 끊임없는 외교적 현안에 시달렸는데, 이 문제를 해결하는 데 있어서 1219년의 여몽간의 이른바 '형제맹약'을

---

26) 「김공행군기」의 정식 제목은 「문하시랑평장사 판이부사 증시 위열공 김공행군기」(『익재난고』 6)이다. 필자는 「김공행군기」의 작성 시기를 대략 1330년대의 일로 추정한다. 이에 대해서는 뒤에 언급한다.

확인하는 것은 전략상 매우 긴요하게 되었다. 즉 원의 무리한 압박을 방어하는데 있어서, 몽고의 본격적 침략 이전 단계에 맺어진 '형제맹약'의 정신을 확인하는 것은 그 중요한 논리적 근거가 되었다는 것이다. 이제현은 바로 이 점을 명확히 인식하였다. 그리하여 유청신, 오잠 등에 의한 입성론이 비등할 때 이제현은 이를 저지하기 위한 논리를 전개하면서 1219년 여몽간의 형제맹약을 장황히 언급하고 있다. "때마침 큰 눈이 내려 군량을 수송할 수 없게 되자 우리 충헌왕(고종)이 조충과 김취려를 시켜 식량과 무기를 보급하고 전투에 참여함으로써 미친 듯이 날뛰던 적을 대나무를 쪼개듯 무찔렀습니다. 이에 두 원수는 조충 등과 형제의 의를 맺고 영원토록 잊지 않을 것을 맹서하였던 것입니다." 아울러 즉위 이전의 원종(태자 전)이 몽고에 입조하였다가 즉위 이전의 쿠빌라이를 찾아 인사한 것, 일본 정벌, 합단 침입시 몽고와의 공동작전을 펼친 것을 언급하면서 입성론이 이러한 기반에서 세조가 천명한 기준과 어긋난다고 공박한 것이다.[27] 이 같은 논리는 충선왕이 참소를 입고 귀양 갔을 때 충선왕의 석방운동 과정에서 원 관원에게 보낸 편지에서도 동일하게 나타나고 있다. 즉 1219년 형제맹약은 원의 고려에 대한 지나친 압력을 견제하는 역사적 典據로서 중요하였던 것이다. 이 점에서 조충, 김취려의 事蹟은 높은 평가를 받지 않을 수 없었다. 따라서 당시 형제맹약에 이르는 전말을 사실관계에 입각하여 상세히 정리하는 것은 매우 중요한 일이 되었다.

　강동성 전투에서 최고 지휘관은 조충이었다. 그럼에도 불구하고 조충이 아닌 김취려를 주인공으로 하는 「김공행군기」가 작성된 이유는,

---

27) 『고려사』 110, 이제현전.

김취려의 역할이 실제 매우 컸다는 점이 하나의 이유가 된다. 가령 강동성에 대한 여몽 간의 연합작전 여부가 아직 미정인 상태에서 몽고가 군과 식량의 조달을 요청하였을 때, 이를 받아들여야 한다고 가장 먼저 의견을 낸 것이 김취려였고, 김취려는 실제 군을 이끌고 몽고의 진영으로 나가게 된다.[28] 조충은 김취려에 대하여 동의하고 그의 의견을 적극 뒷받침하였는데, 이때 조충은 김취려에 대해 "군의 모든 일을 공에 의지하고 있는" 실정이라고 언급하고 있다. 조충은 문신이었고, 김취려는 무반이었기 때문에 전투의 현장에 임해서는 김취려의 역할이 매우 중요하였을 것이다. 더욱이 김취려는 거란 침입 초기부터 전투의 현장을 누비면서 박달재전투와 같은 전공을 쌓았기 때문에 조충으로서는 김취려의 의견을 경청하지 않을 수 없었을 것이다.

그러나 「김공행군기」 작성의 보다 결정적인 계기를 만든 것은 아마 이제현과 김륜의 인연이었다. 김륜은 이제현과 정치적 입장이나 인간적 관계로 매우 친밀한 관계에 있었는데, 김취려가 바로 김륜의 증조부이었기 때문이다. 이 때문에 이제현은 김륜을 통해 13세기 초의 역사적 사정에 대하여 풍부한 자료를 접할 수 있었을 것이다.

이제현(1287~1367)은 김륜(1277~1348)이 세상을 떴을 때 그의 묘지명을 작성하였다. 김륜은 이제현의 10년 연배이지만, 원과의 관계, 혹은 정부 내의 복잡한 세력관계 속에서 이제현과 각별한 관계를 유지하였다. 묘지명에서 이제현은 김륜에 대하여 다음과 같이 평하고 있다.

> 宗族과 인척에게는 인후하고 친구에게는 신의가 있었으며, 그들이 찾아오면 반드시 술자리를 만들어 종일토록 즐겼으며, 병이 들었다는 말을 들으면

---

28) 『고려사』 103, 김취려전.

그때마다 약을 사가지고 찾아가 보았다. (중략) 때문에 어진 사람은 그의 행실을 사모하고 불초한 사람은 그의 의를 두려워하였으며, 거리의 아동과 부녀들도 竹軒이라 칭송하였으니, 또한 공의 사람됨을 알 수 있다. (『익재난고』「김륜묘지명」)

또 "온화하면서도 엄려하고 위엄이 있으면서도 화락하다. 추운 겨울의 송백과 같고 거센 물결의 砥柱와 같도다"라는 인간평을 덧붙이고 있다. 묘지명의 작성이라는 그 자체가 이미 특별한 관계일 뿐 아니라, 정치적 학문적 선배로서 내심 김륜에 대한 이제현의 신뢰와 존경을 읽을 수 있다. 이 때문에 이제현의 작품 가운데는 김륜에 대한 여러 편 시가 남겨져 있다. 다음은 '죽헌 김정승에게 봉하다(奉賀竹軒金政丞)'라는 제목의 시이다.

위열공 집안에 익대공 났으니
大山의 업적 뒤이어 대산의 功 이루었네
적선한 집안에 남은 慶事 있음을 알려거든
그 손자 다시 시중된 것을 보시오

요즘 무단히 세론이 엇갈려
훌륭한 인물을 진흙같이 여기네
바라노니 그대는 옛 승평 회복하여
이역에서 떨친 공명 잃지 않기를

또 '죽헌과 석상에서(竹軒席上)'라는 시이다.

만발했던 정원 꽃 어지럽게 지는데

186

> 큰 술잔 휘저어 바닥까지 마셨네
> 주인을 위하여 얼굴에 물뿌리지 마오
> 취한 손님 치마에 글씨 쓴들 어떻소.

그 끝에 "죽헌은 술좌석에서 흔히 먼저 취하여 잤다(竹軒 多於酒場 少先醉而眠)"는 설명을 이제현은 곁들이고 있다. 두 사람이 마음으로부터의 극히 자별한 관계라는 점이 표현되어 있는 것이다. 김륜이 먼저 세상을 뜨자, 이제현은 다음과 같이 그 감회를 피력했다. '죽헌 김정승 륜을 슬퍼하다(悼竹軒金政丞倫)'라는 시이다.[29]

> 시 짓고 술마시던 친구 유명을 달리하니
> 華屋을 볼 때마다 또 한번 슬퍼지네
> 늙은 말은 사람 마음 알아보고
> 마을 앞 지날 때마다 멈추곤 하네.

이 같은 김륜과의 개인적 배경에서 「김공행군기」의 작성 동기를 상당부분 이해할 수 있게 된다. 「김공행군기」는 제목 그대로 김취려의 군사적 활동을 기록한 것이다. 기술의 시간적 범위는 고종 3년(1216)부터 고종 7년(1220)까지, 거란족의 침입 사정과 그에 대응한 김취려의 군사적 활동, 그리고 몽고와의 만남이 그 중심이 되어 있다. 이제현은 충숙왕 10년(1323) 두 차례에 걸친 이른바 '입성책동'을 저지하는데 적극 나섰다.[30] 이때 원 조정을 설득하기 위하여 작성된 3편의 글이 『익재난고』(권

---

29) 『익재집』에는 여기에서 소개한 작품 이외에도 김륜과 관련하여 「夜坐呈竹軒 金宰相」(권4), 「雪後約竹軒訪李柯亭山齋」(권3) 등의 시가 실려 있다.

30) 김혜원, 「원간섭기 입성론과 그 성격」『14세기 고려의 정치와 사회』, 민음사,

6)와 『고려사』에 실려 있다. 그리고 그 글에서 논리 전개 핵심의 하나가 1219년 조충, 김취려에 의한 몽고와의 형제맹약이었다. 입성책동에 대한 반대운동을 전개하면서 이제현은 1219년 여몽 형제맹약의 의미를 인식하게 되었고, 김취려에 대한 나름의 역사적 평가가 가능하였을 것이다. 따라서 「김공행군기」의 작성 시점은 아마 입성책동 저지활동 이후의 시점, 대략 1320년대의 중후반일 가능성이 많다고 생각된다. 김취려의 사후 100년 뒤의 역사적 재평가라 할 수 있다.

「김공행군기」에는 거란을 물리친 김취려의 군공이 상세히 정리되어 있다. 그러나 정작 이제현이 강조하고자 하였던 것은 김취려의 군사적 공보다 이를 통하여 몽고와의 '형제맹약'을 맺게 된 경위와 의미를 상세히 정리하는 것이었다. 여기에는 100년 전의 고려 위인, 김취려에 대한 존경의 마음이 배어 있다. 국가의 운명이 좌우되는 절대 절명의 시점에서, 시세에 대한 명확한 판단을 통하여 누구도 결단치 못하는 결정을 주도해간 판단력과 추진력은 원간섭기, 그의 시대에 있어서도 절실히 요구되는 것이었기 때문이다.

김취려는 위기의 시대에 정확한 판단과 결단력으로 문제를 정리해가는 지도자로서의 중요한 덕목을 가지고 있었다. 1219년 몽고와의 연합과 화의 체결이라는 것은 실제 당시로서는 곤혹스러운 문제였다. '몽고'라는 상대 자체에 대한 정보가 빈약하였고, 무엇보다 몽고에 대한 부정적 선입관이 지배하고 있었던 것이 엄연한 현실이었기 때문이다. 이 때문에 현지에서의 건의에도 불구하고 고려 조정에서조차 그 판단을 정하지 못하여 우왕좌왕하였던 것이다. 이 시기 사령관은 원수 조충이었다.

1994, 79~93쪽.

부사령관 지위의 김취려는 몽고와의 연합과 화의 체결이 불가피하다는 판단에서 이를 수용할 것을 주장하여 그 흐름을 정리하였던 것이다.

지도자에게 중요한 것은 충직과 용기와 애민의 정신 등이지만, 그 핵심은 정확한 판단과 이를 결정짓는 결단력이라 할 수 있다. 이러한 점에서 고려의 몽고와의 형제맹약은 현실의 맥락에 입각한 김취려의 결단력이 가져온 역사적 생산물이었다. 14세기 이제현은 다른 누구보다 당시 김취려의 결단에 대하여 절실한 공감을 가지고 있었던 것이다.

V. 15세기 조선조의 김취려에 대한 평가

조선조의 김취려에 대한 평가는『고려사』『고려사절요』『동국병감』『조선왕조실록』『동사강목』 등의 조선조 편찬 사서를 통하여 파악할 수 있을 것이다. 조선조 시점에서의 '근현대사'에 속하는 14세기의 인물을 제외하면, 김취려는 사서에서 가장 많은 지면이 할애된 인물 중의 한 사람에 속한다.『고려사』 열전에서 편집 사료량을 수치로 표시할 경우 김취려는 26.6에 이른다. 최승로(41.0), 김부식(37.4), 김방경(47.3), 최충헌(51.1), 최이(31.1)에는 미치지 못하지만, 매우 상세하게 열전이 작성되었음을 파악할 수 있다.[31] 당연 거란족과의 전투가 많은 내용을 차지하고 있다.

『고려사절요』를 기준으로 거란 침입기(고종 3~6년)의 편집 사료량을 수치로 표시하면 21.3, 23.7, 7.5, 13.4 등으로 연평균 16.48로서, 고종 연간의 연평균(6.77)에 비해 크게 높은 수치이다.[32] 이것은 이 시기

---

31) 수치는『고려사』 기록의 1면을 1.0, 1행을 0.1로 계산한 것임.

거란 침입에 대한 기사가 상세히 정리된 것에 큰 이유가 있으며, 특히 14세기 이제현의 「김공행군기」의 자료가 사용되었기 때문이다. 다만 『고려사』 김취려전에서 「김공행군기」를 많이 참조된 반면 세가에서는 여몽간의 '형제맹약'에 대해서 거의 언급하고 있지 않다는 점에서 열전과는 차이가 있다. 오히려 맹약 이후 전개되는 여몽간 관계에서 고려의 몽고에 대한 경계심과 의구심을 그대로 표시하고 있다.

조선조에서 기억되는 김취려는 역시 '형제맹약'이라는 여몽간의 외교적 역할보다는 거란족 침입에 대한 대응에서 보여준 영웅적 항전의 측면이다. 이 점이 고려시대와 조선시대의 김취려에 대한 강조점에 대한 차이라 할 수 있을 것이다. 임진왜란이 끝난 직후의 한 상소에서는 다음과 같이 김유신과 김취려를 신라와 고려의 가장 대표적 武將으로 거론하고 있다.

> "용맹 있는 장사를 등용하여 국가를 보호해야 합니다. 지금 신하중에 한 명도 창을 들고 관방을 지키려는 자가 없으니 어찌 통탄할 일이 아니겠습니까. 하찮은 무리들이 있으나 어찌 웅비지재라 칭할 수 있으며, 저 김유신과 김취려 같은 자가 있겠습니까. 속히 산림 속에 숨어 있는 인재를 수소문하여 만일 부름에 응하는 자가 있으면 1백 여 인을 선발하여 將相의 자리에 앉혀서 국가를 부흥시키십시오." (『선조실록』 39, 26년 6월 경자)

또 이 같은 무공에 대해서도 당시 김취려에 대한 포상이 매우 엄격한 것이었음이 예로 들어지고 있다.

---

32) 윤용혁, 「고려시대 사료량의 시기별 대비」 『논문집』 24, 공주사범대학, 1986, 202~203쪽.

許稠가 아뢰기를 "고려시중 김취려는 섭상호군으로서 거란 도적을 쳐부셨는데, 조정에서 관등을 초월하여 승진을 시키지 아니하고 단지 상호군으로 삼았을 뿐입니다. 관아의 구실아치들이 분주하게 사무에 종사한 사소한 수고를 가지고 공을 헤아리어 관직을 요구함은 부당합니다." (『세종실록』 61, 15년 8월 14일, 갑자)

이것은 관작과 승진을 함부로 하지 않도록 하는 논리로서 제시한 것이지만, 말을 바꾸면 김취려의 무공에 비한다면 그 포상이 충분한 것이 아니었다는 이야기가 된다. 단종대에는 고려의 국왕 제사에 충신이나 명장을 함께 제사하도록 조치하고 있는데, 고종에 대해서는 조충, 김취려, 김방경의 3인이 이에 포함되고 있다.[33] 김취려는 고려를 대표하는 국난 극복의 명장의 1인으로 인식되었던 것이다.

Ⅵ. 김취려의 인물−충직, 그리고 義勇과 寬厚

김취려는 13세기 초 대외관계의 불안정 속에서 거란군의 침입에 적극 대응하여 국가적 위기 극복에 크게 공헌하였다. 특히 몽고군의 돌연한 개입에 봉착하여 몽고와의 연합전선을 통하여 상황을 극복하고 몽고와의 최초 관계를 연착륙시켰다는 점에서 주목을 받는다. 그러나 여기에서 초점을 맞추고자 하는 것은 무엇보다 그의 인간적 측면, '인간 김취려'에 대하여 접근해 보려는 것이다.

김취려는 우선 외모와 체격이 출중한 인물이었다. "공은 나면서 총명

---

33) 『단종실록』 4, 즉위년 12월 신축. 고종 이전에는 태조 공신 이외에 서희(성종), 강감찬(현종), 윤관(예종), 김부식(인종) 등이 함께 조치되었다.

하고 재능과 학식이 넓고 깊었으며 풍채가 훌륭하였다.”(묘지명)는 것은 김취려 장군의 출중한 외모를 언급한 것인데, 키고 훤칠하고 풍채가 뛰어났지만, 그 가운데 특히 유달리 긴 수염이 사람들의 이목을 끌었다.

> 김취려는 키가 6척 5촌이나 되는 체격에 수염이 길어 배를 지났으므로 예복을 입을 때마다 반드시 여종 2명에게 수염을 좌우로 갈라들게 한 다음 띠를 매곤 하였다. 합진이 김취려의 용모가 뛰어나므로 …… 크게 기이하게 여겼다. (『고려사』 103, 김취려전)

그는 이 풍모와 체격으로 몽고군과의 첫 만남에서 몽고 장군 합진의 특별한 관심과 호감을 끌었던 것이다. 신장 6척 5척이라면, 1척의 길이를 30cm만 잡아도 195cm에 이른다.[34] 한편 다른 기록에는 김취려의 외모와 능력에 대하여 다음과 같이 묘사되어 있다.

> 김취려는 제비턱(燕頷) 같은 기이한 모습이요, 이무기 수염처럼 특이한 풍채였다. 활쏘는 재주는 묘한 지경에 달하여 벽력의 소리와 같고, 전술은 귀신을 통하여 번개같이 빨랐다. (『동문선』 27, 「제재신김취려최정분최종준김중구 麻制」)

‘이무기 수염’은 복부 아래까지 내려오는 긴 수염을 지칭한 것이고, 제비턱[燕頷]이라는 것은 예로부터 지도자 풍의 관상을 말한다. 새끼

---

34) 조사된 자료에 의하면 고려시대 1척의 길이는 대개 31cm 전후로 추정되고 있다(이종봉, 『한국중세 도량형제 연구』, 혜안, 2001, 76~86쪽). 신장이 ‘6척 5촌’이라는 것은 정확히 6.5척이라는 것보다 ‘6척’이 넘는다는 의미가 아닐까 한다. 6척을 31cm로 계산하면 188cm이고, 따라서 김취려의 신장 ‘6척 5촌’은 대략 190cm를 조금 넘는 정도가 아닌가 생각된다.

많은 제비가 입이 넓은 것을 빗댄 것으로 아랫사람을 많이 거느리는 카리스마의 표징인 것이다. 몽고 장군 합진은 곧바로 김취려를 형으로 모시기로 하고 다음과 같이 말하였다. "내가 일찍이 6개국을 정벌하면서 훌륭한 인물을 많이 보았으나 형의 용모를 보니 어찌 그리 기이한가." 그리고 나아가 합진은 "내가 형을 존경하기 때문에 형의 휘하 병졸에 대해서도 역시 한집안 사람으로 대하겠다"는 약속을 하였다. 작별하고 헤어질 때 손을 잡고 문 밖까지 따라 나와 말에 올라타는 것을 직접 거들기까지 하였는데, 이는 각별한 존경의 표시라 할 수 있다.

김취려는 외모와 풍채가 훌륭하였는데, 더욱 인상적인 것은 자신이 스스로 이 같은 뛰어난 외모의 관리에 각별히 유의하고 있었다는 점이다. 외양보다는 내실의 중요성을 흔히 강조하는 선인들의 일반적 가치관을 생각하면, 자신에 어울리는 외관을 특별 관리하며 다른 사람에게 깊은 인상을 갖게 하였다는 것은 김취려가 세련된 개성을 가진 인물임을 의미한다.

김취려에 대해서 가장 인상적인 것은 역시 무엇보다 공직자로서의 책임감이 투철하고, 전투에 임하여서는 죽음을 두려워하지 않는 용기 있는 군인의 표본이었다는 점이다. 그가 위기에서도 흔들리지 않는 담력 있는 인물이었다는 일화가 있다. 고종 4년(1217) 7월 아직 아물지 않은 상처를 무릅쓰고 거란의 남진을 막기 위해 충주에 파견되었다. 도중 대형 선박으로 강을 건너는데 마침 우기를 당하여 홍수로 남한강 물이 넘치면서 휩쓸려온 돌에 배가 부서져 침몰 직전이 되었다. "동승했던 3백여 명이 모두 사색이 되었으나, 공은 까딱하지 않고 그대로 앉아 정신과 기색이 여전하였다"는 것이다.[35)]

고종 3년(1216) 가을 거란이 처음 침입하였을 때 3군의 後軍使가 되어 참여하였는데, 이때 그는 "홀로 아군의 선봉이 되어" 적을 격파하였다. 이듬해(고종 4년/1217) 1월 금오위 상장군에 임명되어 5군의 후군을 이끌고 안주 부근에 주둔하였는데, 行營이 패하여 도망하자 "공이 홀로 마주 싸워 창과 화살이 몸을 뚫는 것조차 알지 못하였고" 이때 그는 거의 전사할 뻔하였다고 한다. 이때의 모습이 「김공행군기」에 다음과 같이 묘사되어 있다.

> (1217년) 3월, 5군이 안주 大棗灘에 주둔하였는데 싸워 이기지 못하니 적은 기세등등하게 돌진해왔다. 공은 문비, 인겸과 함께 반격하다가 인겸은 流矢에 맞아 죽었다. 공은 칼을 날려 혼자 막아내다가 창과 화살에 온몸이 찔려 중상을 입고 서울로 왔는데도 분개하는 충의의 기색이 오히려 말과 안색에 나타나니 듣는 사람들이 장하게 여겼다.

그해 10월 장군은 병이 들어 낫지 않았다. "병이 도져 물도 마시지 못하고 사람을 알아보지 못할 정도"로 심한 상태였다.[36] 장수와 군사들이 모두 개경으로 돌아가 병구완할 것을 권하였으나 그는 한사코 치료를 거부한 채 "차라리 죽어서 변경을 지키는 귀신이 될지언정 어찌 서울에서 편안히 있겠습니까." 하였다. 결국 11월 왕명으로 가마에 실려 서울로 옮겨 여러 달 걸려 겨우 치료를 마치게 되었다.[37] 공인으로서의 충직성을 짐작하기에 부족함이 없다고 할 것이다.

고종 5년(1218) 12월에 몽고군이 고려에 들어와 고려와의 연합작전을 요구하였을 때, 결단을 촉구하고 나선 것이 김취려였다. 그러나 막상

---

35) 이제현, 『익재난고』 6 「김공행군기」.
36) 이제현, 『익재난고』 6 「김공행군기」.
37) 김용선, 『역주고려묘지명집성』 「김취려 묘지명」, 580~581쪽.

군을 이끌고 위험을 무릅쓰고 몽고 진영에 보낼 인물이 마땅치 않았다. 아랫 사람을 보내야 할 일이지만, 누구도 선뜻 위험을 무릅쓰고자 하지 않았기 때문이다. 마침내 그는 자신이 일을 직접 책임지기로 하였다. "일이 어렵더라도 사양하지 않아야 하는 법이니, 내가 곧 그 임무를 맡겠습니다." 하고 출정함으로써 몽고와의 연합작전이 성사된 것이다.

전투란 항상 자신의 목숨을 담보하고 판단하고 행동하지 않으면 안된다. 위대한 지도자는 자신의 安危를 개의치 않고, 자신보다는 다른 사람과 국가를 기준으로 판단하고 행동하는 것이다. 이른바 '先公後私'의 정신이라 할 수 있다. 이순신도 왜적의 공세에 군이 크게 위축되자 병법을 인용하여 비슷한 말을 한 적이 있다. "반드시 죽고자 하면 살고, 반드시 살려고 하면 죽는다." 1597년 명량대첩을 앞둔 절박한 시점에서의 일이었다. 이 때문에 김취려는 종종 고려의 이순신과 같은 인물로 평가되기도 한다.

김취려는 높은 벼슬에 있으면서도 아랫사람에 대하여 퍽 관후하였다. 위험한 전투에 임하여 솔선수범하며, 아랫사람을 후대하였는데, 이것이 김취려가 군사를 장악하는 비결이었다.

> 술이 생기면 잔을 가져다가 군졸들과 함께 마셨기 때문에 병사들이 그의 명령이라면 죽을 힘을 다 바쳤다. (『고려사』 103, 김취려전)
> 맛있는 음식을 먹지 않고 적은 것도 나누어 먹어서 군사들이 사력을 다하였다. (이제현, 『익재난고』 6 「김공행군기」)

전공에 대한 포상도 소홀히 하지 않았으며, 포상을 논의하는 데에는 반드시 여러 장군들과 회의를 통하여 미리 의견을 정리함으로써 부정확한 포상으로 인한 불만이 야기되지 않도록 유의하였다. 목숨을 걸고 전장을 거칠게 누비는 장군의 내면에는 이처럼 아랫사람들에 대한 세심한 마음씀씀이가 있었던 것이다.

전쟁은 종종 무고한 백성들에 대한 피해를 수반하게 된다. 그는 군율을 엄격히 하여 백성들의 피해가 없도록 하였다. 한순 다지의 난을 평정하는 과정에서 이를 진압한 후 반적에 복속한 지역민에 대한 징벌문제가 제기되었을 때, 김취려는 단호히 이를 반대하였다. "대군이 이르는 곳은 요원의 불길 같아서 무죄한 백성들이 재난을 많이 당하게 되고, 더욱이 거란 침략으로 관동지방이 폐허가 되어 있는데 이제 우리 군대를 놓아 국가의 울타리라 할 변방의 성을 허물어버리는 것이 옳은가, 여타 사람들에 대해서는 일체 죄를 묻지 말라"라고 한 것이다. 그리고 곽원고, 김보정 등을 의주에 파견, 피난민들을 불러들여 안착할 수 있도록 도와주었다. 그는 백성들의 질고와 사정을 익히 알고 그들의 입장에서 정책을 결정하고자 하였으며, 이것이야말로 진정 국가의 장래를 위한 올바른 결정이라는 확신을 가지고 있었다.

김취려는 전투에 임하여는 용기 있는 군인이었고 아랫사람에게는 관대한 상관이었지만, 공직자로서는 매우 엄격한 인물이었다. 앞에서 언급한 '선공후사'의 정신에 입각한 것이라 할 수 있다. "김취려는 검소하고 정직하며 충성과 의리를 신조로 삼았으며 군대를 통솔함에 있어서는 명령이 엄격하였다." 그가 재상으로서 정치를 맡아 행할 때에 '정직하게' 아랫사람을 통솔하였기 때문에 아랫사람들이 그를 기만하지 못했다는 것이다.[38] 아들 김문연이 "위인이 활달하고 마음이 솔직하여"

---

38) 『고려사』 103, 김취려전.

항상 사람들이 지나치게 사치하는 것을 볼 때마다 그렇게 하지 못하도록 하였다는데, 이 역시 김취려 장군의 풍모를 연상시키는 것이다.

전투에 나가면 반드시 이기고 국가를 위기에서 구해내는 器局 있는 인물이었지만, 그러나 그는 자신의 공을 내세우지 않는 겸손한 인격의 소유자였다. 강동성 전투의 공도 조충에게 그 공을 돌렸으며, 적군과 싸울 때에는 신기한 전술을 많이 내서 큰 공을 이루었지만 "한번도 그 공을 자랑한 적이 없었다"는 것이다.[39] 이에 대해 묘지명에서는 "공은 어려서부터 여러 관직을 두루 거쳤는데, 의로우면서 용감하고, 겸손하면서 강직하여서, 나가면 장수가 되고 들어오면 재상이 되니 나라와 가문에 도움을 준 것이 오래 되었다."고 정리하면서, 더 수를 누리지 못한 것에 대한 아쉬운 마음을 피력하고 있다.

> 오직 공을 일러 세상에서 훌륭하다고 하도다.
> 나가서 장수가 되면 위엄이 벼락치는 듯하고
> 들어와 재상이 되면 덕망이 비가 내리는 듯하였다.
> (거란적을) 물리치자 무리들이 모두 엎드려 절을 하였으니
> 가히 공로와 업적을 논하게 되면 마땅히 수와 복을 누려야할 것이나
> 어찌 환화(幻化)를 좇아 급하게 신선이 되었는가.
> (「김취려 묘지명」)[40]

Ⅶ. 맺는말

13세기 초 거란의 침입에 대하여 위열공 김취려(1172~1234)는 특별한

---

39) 『고려사』 103, 김취려전.
40) 김용선, 『역주고려묘지명집성』 「김취려 묘지명」, 583~584쪽.

군사적 공적을 세웠다. 근대의 평가는 외침의 국난에 맞선 그의 군사적 공적을 강조하는 것이었다. '거란 침략 물리친 김취려 장군', '충의의 용장 김취려 장군', '영웅 김취려' 등이 그러한 업적을 기리는 표현이라 할 수 있다.

그러나 그에 못지않은 또 다른 공헌은 출중했던 군사적 전공보다도, 대외정세가 유동적인 불안정한 정세 속에서 몽고라는 새로운 세력에 대하여, 외교적 방식에 의한 평화체제를 구축하는데 결정적 역할을 하였다는 점이다. 바로 이 점이 14세기 이제현에 의하여 김취려라는 인물이 재조명되는 중요한 이유가 되었을 것이다. 반면 조선조에 있어서 김취려에 대한 평가는 국난 극복에 공헌한 고려의 대표적 명장 중의 한 사람이었다. 한편 본고에서는 군사적 혹은 외교적 업적이라는 측면 이외에, 김취려의 인간적 측면, 즉 공직자의 측면, 혹은 인격적인 면 등에 대하여 검토함으로써 우리 시대에 있어서의 시사점을 얻으려 노력하였다.

갈등요소가 있는 대외관계에 있어서, 군사력 사용의 무조건적 부정을 전제로 하는 이상론적 평화주의자, 혹은 문제의 해결을 손쉬운 군사적 방식에 의존하려 하는 딱딱한 군사주의자 모두에게 김취려는 중요한 교훈을 준다. 공보다는 사를 앞세우고, 국가와 사회의 공익보다는 개인적인 사익을 중시하는 오늘의 현실적 풍조에 대해서도 김취려의 생각과 행동은 교훈하는 바가 크다. 이상적 가치만을 절대시하고 현실적 상황에는 눈을 감는 이상론자, 혹은 현실의 풍조만을 쫓느라 가치와 방향에 무감각한 인간군들에 대한 따끔한 교훈도 그의 행적에서 만날 수 있다.

1234년 그가 63세의 나이에 전시수도 강화에서 숨을 거두게 된 것은 몽고군의 침입으로 인하여 강화로 도읍을 옮긴 지 채 2년이 되지 않은 시점에서의 일이었다. 1231년 8월 몽고와의 전란이 야기되었을 때 그는 判吏部事의 직에 있었다. 이듬해 1232년 1월 그는 철군하는 몽고군을 송별하는 역할을 맡았다.[41] 3월 문하시랑평장사로 옮기고, 6월 강화천도가 결정됨에 따라, 다음달 7월에는 다른 신료들과 함께 강화도에 입주하였을 것이다. 전투에 임하여서는 물불을 가리지 않는 용장이었지만, 김취려는 결코 호전론자는 아니었다. 그것이 일찍이 몽고와의 형제맹약의 체결을 가져왔고, 이에 의하여 한동안 고려는 몽고로부터의 군사적 압박을 모면할 수 있었다. 1231년 몽고의 고려 침입, 그리고 이에 대하여 1232년 강화천도라는 대응책으로 상황이 전개된 것에 대하여 역전의 노장 김취려의 입장은 과연 어떠한 것이었을까, 궁금하지 않을 수 없다.

김취려는 전투에서는 추호도 흔들림 없는 무장이었다. 그러나 다른 한편으로 원만한 국제관계의 중요성, 전쟁으로 인한 참화가 민간에 미치는 피해 등 전쟁이 갖는 부정적 측면들에 대해서도 두루 인지하고 있는 인물이었다. 1231년 몽고군의 돌연한 침입이 우선 그에게는 남다른 충격이었을 것이다. 몽고와의 '형제맹약'이라는 외교적 관계 수립을 주도한 장본인이 그였기 때문이다. 그같은 역사적 맥락에도 불구하고 몽고군의 돌연한 침입이 야기되도록 사전 외교적 조치를 취하지 못하였던 고려 정부의 입장이 우선 한스러운 점이었을 것이다. 동시에 몽고와의 장기적 무력 대결의 양상으로 전개된 강화천도에 대해서도 과연 그가 이를 긍정하였을 것인가는 의문이 아닐 수 없다. 아마도 그는 전후의 상황에서 일단 외교적 방식으로 몽고와의 관계를 해결하여야 한다고

---

41) "壬辰 蒙兵還 遣淮安公侹 首宰金就礪 大將軍奇允肅 慰送"(『고려사』 23, 고종세가 19년 정월).

믿었을 것이다. 그러나 그의 이 같은 인식과는 달리 최씨정권의 전격적 천도 결정에 의하여 도성은 이전되고 전쟁의 장기적 전개는 돌이킬 수 없는 상황이 되어버렸다. 몽고의 침입 이후 천도에 이르는 몇 년이, 만년의 그에게 얼마나 고통스러운 시간이 되었을지는 상상하기 어렵지 않다. 여몽대결의 상황이 기정사실화 한 현실에서는 비록 그가 고위직에 있었다 하더라도 실제 그가 할 수 있는 역할도 거의 없었기 때문이다.

1234년 2월, 그의 죽음은 강화천도로부터 2년이 되지 않은 시점에서 돌연히 초래된 것이었다. 이 때문에 묘지명에서도 그의 죽음을 "어찌 幻化를 좇아 급하게 신선이 되었는가"라고 하여 그가 뜻하지 않게 사망하였음을 암시하고 있다. 몽고의 침략, 그리고 천도라는 이상과 현실의 극단적 상충 속에서 밀려온 그의 심적 고통은 그의 돌연한 죽음에 일정한 요인이 되었을 것이다. 그의 묘소는 강화도의 "진강현 대곡동 서쪽 기슭에 장사지냈다"[42]고 되어 있다. 이 묘역은 일제시대, 1910, 1920년대 유물을 탐하는 도굴꾼의 무차별한 도굴과정에서 묘지석이 나옴으로써 확인되게 되었다.[43] 묘소의 위치는 강화군 양도면 하일리 산71번지이다.[44]

---

42) 김용선, 『고려묘지명집성』(제3판) 「김취려 묘지명」, 583쪽.

43) "시중 김취려묘 : 在霞逸里後 宋老谷岡上(霞峴南)하니 失傳이 舊이러니 頃年에 其誌石이 爲墓寇所發하야 後孫이 覺之하고 改封塋域하니라"(『속수증보 강도지』, 제1편, 7장 1절 66장, 1932). 강화도 고려 고분의 도굴 실태에 대해서는 정규홍, 「개성·강화도 일대 고려 능묘의 파괴」『우리 문화재 수난사』, 학연문화사, 2005, 219~230쪽 참조.

44) 김취려의 묘소는 진강산의 서쪽 기슭으로서 "진강현 대곡동 서쪽 기슭에 장사지냈다"고 한 묘지명의 기록과도 일치하고 있다.

김취려 관련 자료

범 례(凡例)

1. 이 자료집은 현존 사서 가운데 근대 이전(교과서 포함)의 김취려 관련 내용을 취합한 것이다.

2. 자료의 순서는 1차, 2차, 3차 사료의 중요도에 따라 시대순으로 정리하였다.

3. 자료의 배열은 출전의 해제와 원문, 번역문 순으로 하였다.

4. 부록으로 추가한 것은 이 외에 김취려 용례(이름)가 나오는 것을 순차적으로 정리하였다.

5. 이 자료 중 문집류는 한국고전번역원에서, 묘지명은 한국금석문 종합영상정보시스템에서 구축한 것을 재작업하였고, 이 외의 자료들은 새로이 작업·정리하였다.

김취려 묘지명(金就呂 墓誌銘)[1]

【원문】

(1)　　　贈諡威烈公守大師開府儀同三司門下侍郎平章事上將軍判吏部事
金公墓誌銘

(2) 公之姓曰金諱曰就呂彦陽縣人也祖諱曰彦良金吾衛攝郎將父諱曰富
金吾衛大將

(3) 軍母大夫人朱氏守檢校將軍行郎將諱世明之女也公生而穎悟器識博
而深風儀爽而

(4) 重幼以父蔭起家至丙午年充隊伍之長旋入爲太子府牽龍自隊正階升
于將級不數

(5) 年復入是府補牽龍行首因而遷　御牽龍行首以至于指諭及管千夫則戍
邊衛內俱

(6) 有聲績累遷至大將軍遂爲西北面知兵馬事以杖鉞之威折衝□□名以
此雷於時迄

(7) 丙子秋　　上聞丹賊入疆卽命三軍討之公爲後軍使與兩軍整旅而行逢
敵力戰而

(8) 勝捷之功多矣至若朝陽開平墨匠香山之戰獨我軍先爲之鋒大破之故

---

1) 묘지명은 묘지에 대한 명문(銘文)을 이르는 말이며, 죽은 이의 덕(德)과
공로를 글로 새기어 후세에 영원히 전한다는 뜻을 지닌 글이다. 김취려
묘지명은 현재 서울 국립중앙박물관(No. 本11941)에 소장되어 있으며, 고종
(高宗) 21년(甲午, 1234)에 쓰여졌다.

204

彼賊避我軍

(9) 入於西海道丁丑一月　上命行營元帥將五軍授公以金吾衛上將軍仍領後軍公

(10) 上命行營□屯至安州境見行營失利奔潰公獨奮力抗戰不知槍矢之貫體僅不殞命

(11) 而還于國　上更命五軍禦賊南路又以公代他將爲前軍使公乃忍痛應命行與敵戰于

(12) 麥谷克之自朴達峴大捷以來彼且失勢賊果面南而東還於其國十一月公遘□疾

(13) 將卒咸請歸京理病公曰寧死爲邊鬼豈可安於京乎俄有詔許公還京以肩輿到京累

(14) 月而後疾瘳戊寅正月轉神虎衛判禮賓省事九月　上命學士趙冲爲中軍元帥次

(15) 命公爲之使□與元帥行□洞州成殷州頭頭受敵俱見捷焉及據慈州城欲養兵以觀賊

(16) 變十二月蒙古自東陲入界連拔數城以兩國講和同破丹賊爲成文句我軍請兵諸將

(17) 無勇往之言公獨奮髯作聲曰事不辭難吾卽其人也乃領十千人至放幕下蒙之帥問

(18) 公年幾許謂公曰兄使之東坐我元帥聞蒙古敬我公如是擧軍□至賊寇畏而出降蒙

(19) 古喜與我軍盟爲兄弟及其還也公乃送□□于朝陽時有□以公拜西京齋祭使齋祭畢

(20) 後還放寧州與元帥班師己卯三月復命又同年十月因處置義州□民

公以右軍使與中

(21) 中軍後軍行庚義州辰正月　　上授公以樞密院副使代他將爲中軍使時北隣亐加下應

(22) 義州逆民到義州聞我軍怨聲反斬逆民傳首我軍然後還其國我軍止于義州不使軍

(23) □□□□民□□處置逆民而辛巳五月□日至于王都□公□□兵終始□五年□由

(24) □□二月遷爲知樞密事壬午十二月轉金紫光祿大夫叅知政事判戶部事乙酉十二

(25) 月判三司事戊子十二月除守大尉中書侍郎平章事判兵部事庚寅正月判吏部事十

(26) 二月爲守大保壬辰三月拜守大傳開府儀同三司門下侍郎平章事癸巳六月加將大

(27) 是年十二月加特進柱國公　早歲揚歷顯官義而勇廉而剛出將入相裨益邦家者久

(28) 矣忽於甲午二月十四日微恙至二十一日翛然而逝享年六十三天子震悼吊有□公

(29) 娶僕射趙諱彦通之女爲夫人生三子一女以辦後事卽於七月十二日葬于鎭江縣大

(30) 谷洞西麓

(31) 　　　　　　　　　　銘曰

(32) 將上之重兼之者誰唯公之謂爲世所奇出爲之將威如雷馳入爲之相德猶雨施斥攘

(33) 衆賊都摠拜可如論功業宜享壽祺何從幻化已促仙己今其卜宅誌以

記之後所承慶

(34) 蔭騺在玆

【번역문】

추증된 시호가 위열공(威烈公)이고 수대사 개부의동삼사 문하시랑평장사 상장군 판이부사(守大師 開府儀同三司 門下侍郎平章事 上將軍 判吏部事)인 김공(金公) 묘지명

공의 성은 김씨(金氏)이고, 이름은 취려(就呂)이며, 언양현(彦陽縣) 사람이다. 조부 언량(彦良)은 금오위섭낭장(金吾衛攝郎將)이고, 아버지 부(富)는 금오위대장군(金吾衛大將軍)이다. 어머니 대부인 주씨(大夫人 朱氏)는 수 검교장군 행낭장(守檢校將軍行郎將) 세명(世明)의 딸이다.

공은 나면서부터 총명하고 재능과 학식이 넓고 깊었으며, 풍채가 □ 훌륭하였다. 어려서 부음(父蔭)으로 벼슬하여, 나아가 병오년(명종 16, 1186)에 대오(隊伍)의 장(長) 〈隊正?〉으로 충원되었다가 태자부견룡(太子府牽龍)으로 옮겼다. 대□(隊正?)으로부터 품계가 장급(將級)으로 올랐으며, 몇 년 되지 않아 다시 태자부(太子府)에 들어와 견룡행수(牽龍行首)가 되었는데, 이로 인하여 어견룡행수(御牽龍行首)로 옮겼다. 지유(指諭)가 되어 1,000명의 군사를 거느리게 되자 곧 변방을 막고 나라를 지키는 일에 모두 공적이 있었다. 여러 차례 승진하여 대장군(大將軍)이 되고, 서북면 지병마사(西北面 知兵馬事)가 되어 장월(杖鉞)의 위엄으로 □□ 적의 예봉을 꺾었으므로 명성이 당시 우레와 같았다.

병자년(고종 3, 1216) 가을에 거란적이 변경을 침입하였다는 소식을 임금이 듣고 곧 삼군(三軍)에 명하여 토벌하도록 하였다. 공은 후군사(後軍使)가 되어 양군(兩軍)과 함께 부대를 정비하고 나아가 적을 만나

싸워 이기니 공훈이 많았다. 조양(朝陽)·개평(開平)·묵장(墨匠)·향산(香山)의 싸움에서 홀로 아군의 선봉이 되어 크게 격파하자, 그 적들이 아군을 피하여 서해도(西海道)로 퇴각하였다.

정축년(고종 4, 1217) 1월에 임금이 행영원수(行營元帥)에게 오군(五軍)을 거느리게 하고 공을 금오위 상장군(金吾衛上將軍)에 임명하였다. 이에 후군을 이끌고 공이 안주(安州) 부근에 주둔하였으나, 행영이 패하여 도망하였다. 공이 홀로 힘써 마주 싸워 창과 화살이 몸을 뚫는 것도 알지 못하였으니, 거의 죽을 뻔하였다. 명을 내려 (개경으로?) 돌아오게 하였으나, 임금이 다시 오군에 명하여 남로(南路)를 막게 하고, 또 공을 다른 장수에 대신하여 전군사(前軍使)로 삼았다. 공이 이에 고통을 참고 명에 따라 행군하면서 적과 맥곡(麥谷)에서 싸워 이겼다. 박달현(朴達峴)에서 크게 승리한 이래로 적들은 세력을 잃자 마침내 남쪽 방면으로 가다가 동쪽으로 하여 그들의 나라로 돌아갔다.

11월에 공이 병이 들자 장수와 군사들이 모두 서울로 돌아가 병을 다스릴 것을 청하였으나, 공은 "차라리 죽어서 변경을 지키는 귀신이 될지언정 어찌 서울에서 편안하게 있겠습니까."라고 하였다. 곧 조서가 내려와 공에게 서울로 돌아가도록 하니, 가마를 타고 서울로 오게 되었다. 돌아온 뒤 몇 달만에 병이 나았다.

무인년(고종 5, 1218) 정월에 신호위(神虎衛) 판예빈성사(判禮賓省事)로 옮기고, 9월에는 임금이 명하여 학사(學士) 조충(趙冲)을 중군원수(中軍元帥)로 삼고, 공을 부원수로 삼아 돕게 하였다. 원수와 함께 동주(洞州)·성주(成州)·은주(殷州)로 행군하면서 곳곳마다 적과 만나 모두 이겼다. 자주성(慈州城)에 웅거하게 되자 군사를 훈련시키면서 적의 동태를 살피고자 하였다.

　12월에 몽골이 동쪽 변방으로부터 국경을 침입해 들어와 몇 군데의 성을 잇달아 함락시키면서, 양국이 강화함으로써 함께 거란적을 물리치고자 하여 글[文句]을 □(보내어?) 아군의 병사를 내어주기를 청하였다. 여러 장수들은 용감하게 나서겠다는 말을 하지 못하였으나 □(공이) 홀로 수염을 휘날리면서 소리내어 말하였다. "일이 어렵더라도 사양하지 않아야 하는 법이니, 내가 곧 그 임무를 맡겠습니다." 하고, 이에 1만 명을 거느리고 몽고의 막하에 도착하였다. 몽골의 장수〈哈眞이〉 "공의 나이가 몇 살이나 됩니까."라고 물은 뒤 형이라고 부르기로 하고, 동쪽에 앉게 하였다. 몽고가 우리 공을 공경하는 것이 이와 같다는 소식을 우리 원수가 듣고, 모든 군대를 동원하여 이르니 적들이 두려워하며 나와서 항복하였다. 몽고는 기뻐하여 우리 군사와 더불어 형제가 되기로 □(약속하고?) 돌아가게 되니 공이 이에 조양(朝陽)까지 가서 송별하였다. 이때에 명이 있었으므로 공을 서경재제사(西京齋祭使)로 □(삼았는데), 재제(齋祭)를 마친 뒤 영주(寧州)로 돌아와 원수와 함께 개선하였으며, 기묘년(고종 6, 1219) 3월에 임금께 복명(復命)하였다. 또 그 해 10월에 의주(義州)의 반역민을 처치하기 위해 공을 우군사(右軍使)로 삼고 중군·후군과 함께 의주로 떠났다. 경진년(고종 7, 1220) 정월에 임금이 공을 추밀원부사(樞密院副使)로 임명하면서 다른 장수를 대신하여 중군사(中軍使)로 삼았다. 이때에 북쪽 변경에서 우가하(亐加下)가 의주의 반역민에 호응하여 의주(義州)에 이르렀으나, 아군의 원성을 듣고 도리어 반역민들을 베어 죽이고 아군에게 □□(귀부해 왔다?). 그런 연후에 그들의 경내로 돌아섰으나, 아군은 의주에 머물면서 군사들로 하여금 무고한 역민은 다스리지 않게 하고 반역민들을 처치하였다. 신사년(고종 8, 1221) 5월에 서울로 왔다.

공이 군사들과 함께 싸운 것이 모두 5년이었다. 이로 말미암아 12월에 지추밀사(知樞密事)로 승진하고, 임오년(고종 9, 1222) 12월에 금자광록대부(金紫光祿大夫) 참지정사(叅知政事) 판호부사(判戶部事)로 옮겼다. 을유년(고종 12, 1225) 12월에 판삼사사(判三司事)가 되고, 무자년(고종 15, 1228) 12월에 수대위(守大尉) 중서시랑평장사(中書侍郞平章事) 판병부사(判兵部事)에 임명되었다. 경인년(고종 17, 1230) 정월에 판이부사(判吏部事)가 되고 12월에는 수태보(守太保)가 되었으며, 임진년(고종 19, 1232) 3월에 수태부(守太傅) 개부의동삼사(開府儀同三司) 문하시랑평장사(門下侍郞平章事)에 임명되었다. 계사년(고종 20, 1233) 6월에 수태사(守太師)를 더하고, 이해 12월에 특진 주국(特進柱國)을 더하였다.

공은 어려서부터 여러 관직을 두루 거쳤는데, 의로우면서 용감하고 겸손하면서 강직하여서, 나가면 장수가 되고 들어오면 재상이 되니 나라와 가문에 도움을 준 것이 오래되었다. 갑자기 갑오년(고종 21, 1234) 2월 14일에 병이 들었는데 21일이 되자 급하게 돌아가시니, 향년 63세이다. 천자(天子)가 매우 슬퍼하고 조문하니, 부의가 있었다.

공은 복야(僕射) 조언통(趙彦通)의 딸을 취하여 부인으로 삼았는데, 3남 1녀를 낳았으며, 뒷일을 처리하게 하였다. 7월 12일에 진강현(鎭江縣) 대곡동(大谷洞) 서쪽 기슭에서 장례지냈다.

명(銘)하여 이른다.

장상(將相)의 중책을 다 겸한 이는 누구인가,

오직 공을 일러 세상에서 훌륭하다고 하도다.

나가서 장수가 되면 위엄이 벼락이 치는 듯하고

들어와 재상이 되면 덕망이 비가 내리는 듯하였다.

여러 적을 물리치자 도총(都摠)에 임명되어야 할 것이다.

가히 공로와 업적을 논하게 되면 마땅히 수와 복을 누려야 할 것이나
어찌 환화(幻化)를 좇아 급하게 신선이 되었는가.
이제 그 묘소를 점쳐 정하고 묘지명을 기록하여 적으니
후손들에게 복이 이어지고 음덕이 여기에 있으리라.

동국이상국집(東國李相國集)[2]

1. 『동국이상국집』 권28, 서·상·표 인국교통소제(隣國交通所製)

【원문】

蒙古兵馬元帥幕. 送酒果書. [都省行]

某月日. 右謹致書于某官幕下. 早春. 伏惟鈞候動止何若. 瞻企瞻企. 我國久爲契丹侵擾. 病在腹心. 不能自除. 豈意元帥閣不將爲小邦. 掃淸醜穢. 擧義遠來. 暴露草莽. 其在小邦. 職宜早致犒師之禮. 少慰勤苦. 然初不知大軍入境之日. 且係寇賊梗道. 由是稽延. 不以時修問於尤右. 竊思無狀. 良用兢惕. 惟大度寬之. 始聞賊徒入江東城自保. 小國乃以爲此已圈牢中物耳. 不足患也. 方遣人致謝. 兼問起居. 其使人未及上道. 續有急報. 果聞其黨出城自降. 咸就梟俘. 擧國快心. 異手同抃. 此實大邦扶弱恤隣之義. 而小國萬世一遇之幸也. 感荷大恩. 罔知所報. 今者伏承王旨. 略備不腆酒果儀物等事. 特差某某官等. 賷押奉送. 其數目具在別牋. 幸勿以微薄却之. 亦不以遲緩罪之也. 惶恐惶恐.

【번역문】

　몽고(蒙古) 병마도원수(兵馬都元帥)의 군막(軍幕)에 주과(酒菓)를 보

---

2) 고려의 문신 이규보(李奎報)의 시문집이며, 53권 13책으로 이루어져 있다. 이규보의 아들 함(涵)이 고종 28년(1241)에 전집(全集) 41권을, 그 이듬해에 후집(後集) 12권을 편집·간행하고, 1251년에 고종(高宗)의 명령으로 손자 익배(益培)가 분사대장도감(分司大藏都監)에서 증보판을 간행하였다.

212

내는 서(書) [도성(都省)에서 보낸 것]3)

모월 모일에 삼가 모관(某官) 막하에 글월을 보냅니다. 이른 봄인데 균후(鈞候)의 동지(動止)가 어떠하신지, 우러러 편안하기를 기원해 마지 않습니다.

우리나라는 오래도록 거란(契丹)의 침략을 입어 그 피해가 깊었는데도 스스로 제거할 수 없더니, 어찌 원수(元首) 각하께서 소국(小國)을 위해 더러운 것을 씻어 버리려고 거의(擧義)하여 멀리 와서 풍찬 노숙하실 줄을 생각이나 하였겠습니까. 우리 소국으로서는 직분상 호군(犒軍)의 예절을 베풀어 그 노고를 조금이나마 위로했어야 마땅하나, 처음에는 대군이 국경을 넘어 들어오는 날을 알지 못하였고, 또 도적들이 길을 막는 관계로 지체되어 수시로 원수께 위문을 드리지 못하였으니, 스스로 생각하매 면목이 없어 실로 두렵고 부끄럽습니다. 오직 넓은 도량으로 너그러이 용서해 주소서.

처음에 들으니 도적이 강동성(江東城)으로 들어가 스스로 보존하고 있다 하므로, 소국은 곧 이는 이미 우리 속에 든 물건이라 걱정할 것이 아니라 하고 바야흐로 원수께 사람을 보내 치사하고 겸하여 기거를 물으려 하였는데, 그 사자(使者)가 미처 길에 오르기도 전에 이어 급보가 전해 온 결과 과연 그 무리가 성(城)을 나와 스스로 항복하여, 모두 목을 베었거나 포로가 되었다고 들었습니다. 온 나라가 마음이 통쾌하여 함께 손뼉을 치며 기뻐하였으니 이는 실로 큰 나라가 약한 것을 돕고

---

3) 몽고(蒙古) 병마도원수(兵馬都元帥)의 군막(軍幕)에 주과(酒菓)를 보내는 서
(書) : 이 편지는 몽고 원수(元帥) 합진(哈眞)에게 보낸 것. 1218(고종 5)~1219
년 양년에 걸쳐 몽고 원수 합진이 동진병(東眞兵)과 우리나라 조충(趙冲)·김
취려(金就礪)와 합세하여 강동성(江東城)의 거란병(契丹兵)을 격파한 데 대해
감사를 표한 것이다.

이웃을 구제하는 의리요, 소국으로서는 만대에 한번 당하는 다행한 일이라, 큰 은혜에 감사하여 보답할 바를 알지 못하겠습니다.

지금 왕지(王旨)를 받들고 보잘것없는 주과(酒果)와 의물(儀物) 등을 갖추어, 특별히 모모관(某某官)을 시켜 단속하여 봉송(奉送)합니다. 그 물목은 별지에 갖추어 있거니와, 아무쪼록 보잘것없다 하여 물리치거나, 늦게 왔다 하여 죄 주지 마소서. 황공하고 황공합니다.

2. 『동국이상국집』 권28, 서·상·표 인국교통소제

【원문】

謝蒙古皇帝表 [不行]

云云. 小邦無罪. 久罹强寇之侵凌. 大聖應期. 特遣神兵而汎掃. 恩靈所及. 疲瘵同蘇. 伏念世承箕子之封. 地攝契丹之壤. 曾未有與我釋憾之故. 奈今擧如此無名之兵. 闌入封疆. 大殘人物. 顧蜂毒之尙甚. 出虎旅以莫除. 豈謂皇帝陛下義篤恤隣. 仁深字小. 勅降鷹揚之衆. 克平蟻聚之徒. 僞王自斃於城中. 餘黨悉降於鉞下. 函生再活. 擧國讙呼. 臣敢不祝天壽之無疆. 少酬萬一. 述臣職而嚮內. 罔有二三云云.

【번역문】

몽고 황제(蒙古皇帝)에게 사은하는 표(表)[보내지 않았다]

운운. 소국이 죄 없이 오랫동안 강한 도적의 침략에 빠졌더니, 성스러운 대국이 적시에 신병(神兵)을 보내어 소탕하시어, 신령한 은혜가 미치는 곳에 병들었던 것이 모두 깨어났나이다.

엎드려 생각하건대, 대대로 기자(箕子)의 봉토를 이어받았고 땅은

214

거란(契丹)의 지역을 인접하여, 일찍이 우리와 유감을 가질 까닭이 없었으니 어찌 이 같은 명색 없는 군사를 일으켜, 우리 국경에 함부로 들어와 크게 백성들을 유린할 줄 뜻하였겠습니까. 벌처럼 쏘는 독이 너무도 극심하와, 범같이 날쌘 군사를 내었으되 제거하지 못하였는데, 어찌 황제폐하께서 이웃을 구제하는 독실한 의리와 소국을 사랑하는 깊은 사랑으로 매와 같이 날랜 군사를 내려 개미처럼 뭉쳐진 무리를 평정하실 줄 생각했겠습니까. 위왕(僞王)이 성중에서 자결하고[4] 잔당이 칼날 앞에 굴복하와, 온 민생이 다시 살아났고 온 나라가 환호를 울렸나이다. 신이 어찌 감히 성수의 무궁함을 빌어 만분의 일이나마 보답하지 않겠으며, 신하의 직분을 닦아 대국을 향함이 한결같지 않겠습니까. 운운.

3. 『동국이상국집』 권28, 서·상·표 인국교통소제

【원문】

蒙古皇帝上起居表 戊戌十二月日. [以致仕述]

云云. 千里靑丘. 雖守區區之分. 九重丹闕. 想瞻穆穆之光. 願天壽之無疆. 獨臣心之所有. 云云.

表

云云. 戴天無貳. 指日可明. 諒直之懷. 披露迺已. 中謝 伏念臣邈居荒服. 叨據蔽藩. 自惟僻陋之小邦. 須必庇依於大國. 矧我應期之聖. 方以寬臨. 其於守土之臣. 敢不誠服. 申以兩年之講好. 約爲萬世之通和. 投拜已夾.

---

4) 위왕(僞王)이 …… 자결 : 위왕은 거란적(契丹賊)의 괴수 함사(喊舍)를 가리킨다. 1219년(고종 6) 김취려(金就礪)·조충(趙冲) 등이 몽장(蒙將) 합진(哈眞) 등과 합세하여 강동성(江東城)에 잔유한 거란병을 공격하자, 함사는 성 중에서 목을 매어 자살하고 장졸은 모두 투항하였다(『高麗史』 世家 高宗).

聊生有冀. 蓋昔己卯辛卯兩年講和已後. 自謂依倚愈固. 擧國欣喜. 惟天地神明知之. 豈謂事難取必. 信或見疑. 反煩君父之譴訶. 屢降軍師而徵詰. 民無地著. 農不時收. 顧玆茂草之場. 有何所出. 惟是苞茅之貢. 無奈未供. 進退俱難. 惝惶罔極. 因念與其因循一時而姑息. 孰若冒昧萬死而哀號. 玆殫瘠土之宜. 粗達微臣之. 伏望皇帝陛下. 仁深柔遠. 德尙好生. 但勿加兵革之威. 俾全遺俗. 雖不腆海山之賦. 安有曠年. 非上于今. 期以爲永. 云云.

物狀

云云. 僻土下臣. 久曠侯藩之禮. 殘邦薄産. 又非天府之容. 前件物等. 品色未精. 名般最少. 雖有輕干之愧. 尙憑大度之寬. 云云.

【번역문】

몽고 황제(蒙古皇帝)에게 올리는 기거표 무술년(1238, 고종 25) 12월 [치사(致仕)할 때 지은 것이다]

운운. 천리나 먼 청구(靑丘)에서 비록 구구한 분수를 지키오나, 구중궁궐의 그 심원한 광경을 우러러 상상하와, 천수(天壽)의 무강함을 축원하는 것이 다만 신심(臣心)의 가진 바입니다. 운운.

몽고 황제에게 올리는 표

운운. 하늘을 이고 두 마음이 없음을 해를 가리켜 밝힐 만하옵기에, 정직한 회포를 드러내고야 말겠나이다. 중사(中謝)

엎드려 생각하건대, 신이 멀리 황복(荒服)에 살며 외람되이 폐번(弊藩)을 차지하고 궁벽한 작은 나라로서 반드시 대국에 의지할 것을 생각하는데, 하물며 천운을 탄 성상께서 바야흐로 너그럽게 임하시니, 땅을 지키는 신하가 정성으로 심복하지 않으리까. 더구나 양년(兩年)의 강화로[5] 만세(萬世)의 화평을 약속하여 투배(投拜)한 이래로 갱생(更生)의 희망을 얻었나이다.

지난 기묘·신묘 두 해에 강화한 뒤로부터 소국은 의지함이 더욱 굳었다 하여 온 나라가 기뻐함은 오직 천지신명이 알 것입니다. 어찌 일을 기필하기 어렵고 믿을 만한 것이 혹은 의심을 사게 되어, 도리어 군부(君父)의 꾸지람을 번거로이 하고 자주 군사를 내려 힐책할 줄 생각하였으리까. 백성들이 붙어 살 땅이 없고 농사를 제때에 거둘 수 없게 되었습니다. 돌아보건대 잡초만 우거진 이 땅에 무슨 소출이 있겠습니까. 오직 띠풀로 싼 공물도 공진(供進)할 수 없사와, 진퇴양난에 황공하기 그지없나이다.

인하여 생각하건대 잠시 머무적거리며 고식하는 것보다는 만번 죽음을 무릅쓰고 슬피 부르짖음만 못하기에, 척토(瘠土)의 산물을 긁어모아 미천한 신의 간절한 정성을 표하나이다.

엎드려 바라건대 황제께서는 먼 나라를 회유하는 어짊에 깊으시고, 살리기 좋아하는 덕을 높이사, 다만 병혁(兵革)의 위엄만은 더하지 말아 소국을 보전하게 하여 주시면, 비록 보잘것없는 해산(海山)의 공부(貢賦)일망정 어찌 궐하는 해가 있겠습니까. 지금뿐만이 아니라 영원히 그러할 것을 기약하옵니다. 운운.

몽고 황제에게 올리는 물장(物狀)

운운. 구석진 땅의 하신(下臣)이 오래 번국의 예절을 궐하였거니와,

---

5) 양년(兩年)의 강화 : 기묘년(1219, 고종 6)에 조충(趙冲)·김취려(金就礪)가 몽고 및 동진병(東眞兵)과 합세하여 강동성(江東城)을 함락한 다음 몽고로부터 강화(講和)의 조서를 받아 화호를 맺은 일과, 신묘년(1231, 고종 8)에 몽고병이 평주(平州)에 쳐들어와 있을 때 강화한 일을 가리킨다.

빈약한 나라의 박산(薄産)이 또한 대국에 용납될 것이 못되옵니다. 앞의 물건들은 품질이 정미하지 못하고 건수도 매우 적사와, 비록 경홀히 드리는 부끄러움이 있으나 넓은 도량으로 너그러이 받아주실 줄 믿사옵니다. 운운.

김변 묘지명(金䏌 墓誌銘)[6]

【원문】

(1)　　　文愼公墓誌銘(題額)

(2)　匡靖大夫都僉議叅理集賢殿大學士同修國史金　䏌　　墓誌

(3)　　　　　　　　匡靖大夫政堂文學寶文閣大學士同修國史致仕
金晅　撰

(4)　公姓金諱䏌字損之彦陽郡人也王考金紫光祿大夫守大傅門下侍郎平
章事上將軍判吏部事贈謚翊

(5)　戴公諱王祖考金紫光祿大夫守大師特進開府儀同三司門下侍郎平章
事上柱國判吏部事大

(6)　子大師贈謚威烈公諱**就礪**曾王父朝議大夫金吾衛大將軍諱富妣昌原
郡大夫人崔氏考銀靑光祿

(7)　大夫尙書右僕射翰林學士承旨諱宗梓特進三重大匡開府儀同三司守
大師中書侍郎平章事修文

(8)　殿大學士監修國史上柱國判吏部事諱詵之子也中書平章集賢殿大學
士諱惟淸之孫也匡靖大夫僉議中

(9)　贊修文殿大學士監修國史判典理事世子師贈謚文敬公許諱珙公之氷
淸也此公之家世也

---

6) 김변 묘지명은 국립중앙박물관(No. 新5860)에 소장되어 있으며, 충렬왕(忠烈
王) 27년(元 大德 5年, 1301)에 쓰여졌다.

【번역문】

문신공(文愼公) 묘지명 〈題額〉

광정대부 도첨의참리 집현전대학사 동수국사(匡靖大夫 都僉議叅理 集賢殿大學士 同修國史) 김변(金賆) 묘지

광정대부 정당문학 보문각대학사 동수국사(匡靖大夫 政堂文學 寶文閣大學士 同修國史)로 벼슬에서 물러나 은퇴한 김훤(金晅)이 짓다.

공의 성은 김씨(金氏)이고, 이름은 변(賆)이며, 자는 손지(損之)로, 언양군(彦陽郡) 사람이다. 아버지는 금자광록대부 수대부 문하시랑평장사 상장군 판이부사(金紫光祿大夫 守大傅 門下侍郎平章事 上將軍 判吏部事)이자 추증된 시호가 익대공(翊戴公)인 전(佺)이고, 조부는 금자광록대부 수대사 특진 개부의동삼사 문하시랑평장사 상주국 판이부사 대자대사(金紫光祿大夫 守大師 特進 開府儀同三司 門下侍郎平章事 上柱國 判吏部事 大子大師)이자 추증된 시호가 <u>위열공(威烈公)인 취려(就礪)</u>이며, 증조는 조의대부 금오위대장군(朝議大夫 金吾衛大將軍)인 부(富)이다. 어머니는 창원군대부인 최씨(昌原郡大夫人 崔氏)이다. 외조부는 은청광록대부 상서우복야 한림학사승지(銀靑光祿大夫 尙書右僕射 翰林學士承旨) 종재(宗梓)인데, 특진 삼중대광 개부의동삼사 수대사 중서시랑평장사 수문전대학사 감수국사 상주국 판이부사(特進 三重大匡 開府儀同三司 守大師 中書侍郎平章事 修文殿大學士 監修國史 上柱國 判吏部事) 선(詵)의 아들이고, 중서평장 집현전대학사(中書平章 集賢殿大學士) 유청(惟淸)의 손자이다. 광정대부 첨의중찬 수문전대학사 감수국사 판전리사 세자사(匡靖大夫 僉議中贊 修文殿大學士 監修國史 判典理事 世子師)이고 추증된 시호가 문경공(文敬公)인 허공(許珙)이 공의 장인이다. 이상이 공의 가세(家世)이다.

김륜 묘지명(金倫 墓誌銘)[7]

【원문】

(1)　　　有元高麗國輸誠守義協贊輔理功臣壁上三韓三重大匡彦陽府院君贈諡貞烈

(2)　　　　　公金公墓誌銘[幷序]

(3)　公姓金氏諱倫字無己號竹軒又號戇村雞林彦陽人也曾大父皇太師門下侍郎平章

(4)　事贈諡威烈公諱**就礪**大父皇太傅門下侍郎平章事贈諡翊戴公諱佺考皇都僉議叅

(5)　理集賢殿大學士監脩國史贈諡文愼公諱賆妣皇陽川郡大夫人許氏僉議中贊修文

(6)　殿大學士贈諡文敬公諱珙之一女以至元十四年丁丑夏六月二十有九日丁亥生公

【번역문】

　원 고려국(有元 高麗國)의 수성수의협찬보리공신 벽상삼한 삼중대광(輸誠守義協贊輔理功臣 壁上三韓 三重大匡) 언양부원군(彦陽府院君)이며 추증된 시호가 정렬 김공(金公) 묘지명 및 서문

　공의 성은 김씨(金氏)이고, 이름은 륜(倫)이며, 자는 무기(無己)이다.

___

7) 김륜 묘지명은 『익재난고(益齋亂藁)』 권7에 실려 있으며, 충목왕(忠穆王) 4년(元 至正 8년, 1348)에 쓰여졌다.

호는 죽헌(竹軒)이고, 또 다른 호는 당촌(戇村)으로, 계림(雞林) 언양(彦陽) 사람이다. 증조부는 태사 문하시랑평장사(太師 門下侍郞平章事)이며 추증된 시호가 위열공(威烈公)인 취려(就礪)이고, 조부는 태부 문하시랑평장사(太傅 門下侍郞平章事)이며 추증된 시호가 익대공(翊戴公)인 전(佺)이며, 아버지는 도첨의참리 집현전대학사 감수국사(都僉議叅理 集賢殿大學士 監脩國史)이며 추증된 시호가 문신공(文愼公)인 변(胼)이다. 어머니는 양천군대부인 허씨(陽川郡大夫人 許氏)로 첨의중찬 수문전대학사(僉議中贊 修文殿大學士)이며 추증된 시호가 문경공(文敬公)인 공(珙)의 맏딸인데, 지원(至元) 14년 정축년(충렬 3, 1277) 여름 6월 29일 정해일에 공을 낳았다.

익재난고(益齋亂藁)⁸⁾

1. 『익재난고』 권제4, 시(詩)

【원문】

奉賀竹軒金政丞

威烈公家翼戴公. 大山功後大山功. 要知積善多餘慶. 又見賢孫拜侍中.

近日無端世論乖. 衣冠人物棄如泥. 願公力復昇平舊. 莫遣功名在狄鞮.

誰將國病付庸醫. 豈念蒼生命若絲. 幸有耆婆一丸藥. 從今試手療瘡痍.

【번역문】

죽헌(竹軒) 김 정승(金政丞)에게 봉하(奉賀)하다

위열공 집안에 익대공 났으니 / 威烈公家翼戴公

대산의 업적 뒤이어 대산의 공 이루었네 / 大山功後大山功

적선한 집안에 남은 경사 있음을 알려거든 / 要知積善多餘慶

그의 손자 다시 시중 된 것을 보소 / 又見賢孫拜侍中

요즈음 무단히 세론이 엇갈려 / 近日無端世論乖

---

8) 고려 말의 대표적 문신 학자인 이제현(李齊賢, 1287/충렬왕 13~1367/공민왕 16)의 시문집이다. 1363년(공민왕 12) 아들 창로(彰路)와 손자 보림(寶林)이 엮어 간행하였고, 1600년(선조 33) 후손 시발(時發)이 중간(重刊)하였으며, 1793년(숙종 19) 경주부(慶州府)에서 3간하였다. 10권 4책으로 구성되어 있다.

의관과 문물을 진흙같이 여기네 / 衣冠人物棄如泥

바라노니 그대는 옛 승평 복구하여 / 願公力復昇平舊

적제에 떨친 공명 버리지 마오 / 莫遣功名在狄鞮

그 누가 국병을 용의에게 맡겼는가 / 誰將國病付庸醫

실낱같은 창생 목숨 생각이나 해봤는지 / 豈念蒼生命若絲

다행히 환약 가진 노파가 있어 / 幸有耆婆一丸藥

지금부터 상처 치료 시도하였네 / 從今試手療瘡痍

2. 『익재난고』 권제6, 기(記)

【원문】

門下侍郎平章事, 判吏部事. 贈謚威烈公金公行軍記.

公諱**就礪**. 後改**就呂**. 雞林彦陽郡人也. 少以父蔭. 起爲正尉. 選補東宮衛. 遷中郎將領羽林. 不數年. 擢將軍. 鎭東北界. 羯貊不敢犯. 以功拜千牛衛大將軍. 康王二年癸酉. 巡撫塞上. 邊民畏而愛之. 高王三年丙子八月. 契丹入境. 西北面知兵馬使獨孤靖以聞. 書以是月十二日至. 王命上將軍盧元純爲中軍. 吳應夫爲右軍. 而公以攝上將軍爲後軍. 十三日. 大閱于順天館. 二十二日. 右軍軍于西普通. 中軍于樓橋院. 後軍于苽田. 信宿啓行. 初. 皇元太祖聖武皇帝擧兵攻金之燕都. 金宣宗遷于汴. 聖武北歸. 留兵戍燕. 燕人饗之醉而殲之. 有契丹遺種金山王子, 金始王子. 以其黨鵝兒乞奴爲將. 脅河朔之民. 自稱大遼收國王. 聖武赫怒. 大擧伐之. 二王子席卷而東. 請地及糧於我. 我不許. 二王子固有窺覦之心. 又挾斯憾. 使鵝兒乞奴先引兵數萬渡江. 妻子皆以自隨. 由鎭戎, 寧朔趨阿史川. 我三軍至朝陽鎭. 中軍軍城中. 右軍, 後軍軍城外. 朝陽人走報賊已近. 三軍各選精銳禦之. 軍候員吳應儒, 神騎將丁純祐獨所斬馘八十餘級. 擒而致者二十餘人. 得牛馬數百匹. 符印器仗甚衆. 吳應儒又引步卒三千五百. 遇賊于龜州直洞村. 斬二百級. 擒三十五人. 得牛馬戰具銀牌銅印甚衆. 將軍李陽升亦破賊于長興驛. 皆公麾下也. 三軍遣神騎將跡賊. 遇賊與戰于新里. 斬首一百九十級. 進次延州. 以光裕, 延壽, 周氏, 光世, 君悌, 趙雄六將守師子巖. 永騂, 迪夫, 文備三將守楊州. 九月二十五日. 九將斬賊七百級. 得馬騾牛牌印兵仗. 不可殫記. 賊不復分兵. 聚屯關平驛. 三軍旣至. 皆莫敢進. 右軍據西山之麓. 中軍受敵于野. 小退屯獨山. 公拔劍策馬. 與將軍奇存靖直衝賊圍. 出入奮擊. 賊潰. 追過開平驛. 賊設伏驛北. 急擊中軍. 公回軍擊之. 賊又潰. 盧公夜謂公曰. 彼衆我寡. 右軍又不至. 始齎三日糧耳. 今已盡. 不如退據延州城. 以候後便. 公曰. 我軍屢捷. 鬪志尙銳. 請乘其鋒. 一戰而後議之. 賊布陣墨匠之野. 軍勢甚盛. 盧公馳騎召公. 且揚黑幟爲信. 士卒冒白刃爭赴. 無不一當百. 公與文備. 橫截賊陣. 所向披靡. 三合三克. 公之長子死焉. 追奔至香山南江. 賊溺死者以千數. 其婦子聚哭. 聲如萬牛之吼. 有一人棄兵. 自稱官人. 直前請曰. 我等擾貴國邊疆. 固有罪矣. 婦子何知. 請無庸盡殺. 且無薄我. 我則剋日自返矣. 公使謂之曰. 汝言何可信. 與之酒. 快飮而去. 俄而. 鵝兒乞奴送符文陳乞如其所言. 三軍各遣二千人躡其後. 見賊所棄資糧器仗狼藉於道. 牛馬則或斫其腰. 或刺其後. 蓋使得之不可復用也. 所遣六千人. 戰于淸塞鎭. 擒殺過當. 平虜鎭都領祿進. 亦擊殺七十餘級. 賊遂踰淸塞鎭遁去. 昌州分道將軍金公碩報曰. 契丹後至者. 自前月大入境. 卽金山, 金始之兵也. 三軍次延州. 唯留內廂自衛. 其餘悉發. 後軍獨遇于楊州. 擒殺數十百級. 兩軍先回博州. 公護輜重徐行. 至沙現浦. 賊突出沮擊. 公告急於兩軍. 兩軍守便宜不出. 公力戰却之. 卒護輜重而至. 盧公出迎西門外賀曰. 猝遇强敵. 能摧其

鋒. 使三軍負荷之士. 無一毫之失. 公之力也. 馬上酌酒爲壽. 兩軍將士及
諸城父老皆扣頭曰. 今者與强寇角立. 而自戰其地. 可謂難矣. 而於開平,
墨匠, 香山, 元林之役. 後軍每爲先鋒. 以小擊衆. 使我老弱. 存其性命.
顧無以報. 但祝壽而已. 公持軍嚴. 士卒不犯秋毫. 有酒卽用一厄. 與最下
者亦均飮. 故得其死力. 及戰有功. 必與諸將帥會議. 聯名以聞. 未嘗矜其
能. 十月二十日. 三軍夜遣卒. 襲賊于興郊驛. 明日. 夜戰于洪法寺. 又明日.
戰于州城門外皆克. 我軍入城休士. 而賊夜涉淸川. 至西京. 天寒履氷. 渡
大同入于西海道. 國家復以參知政事鄭叔瞻爲元帥. 樞密院副使趙冲爲
副. 幷前三軍爲五軍. 又遣承宣金仲龜. 領南道兵以會. 鄭元帥逗留失律.
樞密院使鄭方甫代之. 丁丑二月. 就拜公爲金吾衛上將軍. 三月. 五軍次
于安州大棗灘. 戰不利. 賊氣得馳突. 公與文備, 仁謙逆擊之. 仁謙中流矢
死. 公奮劍獨拒. 槍矢交貫于身. 病瘡如京. 忠憤之氣. 猶形言色. 聞者壯之.
五月. 以上將軍崔元世將中軍. 以公將前軍. 大將軍任甫將新定五領. 號
加發兵. 遣詣忠州. 公瘡未合. 力疾受命. 七月. 至黃驪縣法泉寺之南川上.
五軍爭舟. 公退須諸軍畢濟. 然後乘舟. 忠州城壞於水. 木石崩蕩. 公舟爲
巨石所輵. 柁櫓俱脫. 板漏水湧. 同載者三百餘人. 面若死灰. 公堅坐不移.
神色自若. 俄而. 有三人乘柂. 截流相救. 舟人連斷繩擲之. 三人者牽以登
岸. 問之. 原州村居人奴也. 與其尤壯者偕行. 再宿會本軍于法泉寺. 移次
禿岾. 崔公曰. 明日之路有二岐. 吾行如何則可. 公曰. 分軍掎角. 不亦可乎.
崔公從之. 會于麥谷. 與賊戰. 斬獲三百餘級. 迫于堤州之川. 流尸蔽川而
下. 搜山谷得老弱男女. 送于忠州. 牛馬與獲者. 至朴達峴. 崔公曰. 嶺上非
大軍所止. 欲退屯山下. 公曰. 用兵之術. 雖先人和. 地利尤不可輕. 賊若先
據此嶺. 我在其下. 猿猱之捷. 亦不得過. 況於人乎. 乃與加發兵登嶺而宿.
質明賊果進大軍于嶺之南. 先使數萬人分登左右峯. 欲爭要害. 公使將軍

226

申德威, 李克仁當左. 崔俊文, 周公裔當右. 公從中鼓之. 士皆殊死鬪. 三軍望之. 亦大呼爭登. 賊大奔. 由是不果南下. 皆東走. 追至溟州. 戰于橖嶺. 于大峴. 于丘山驛. 于燈臺壞. 于惡坂. 于登州之東壞. 凡六戰. 賊莫能枝梧. 奔還女眞地. 九月. 公承中軍牒. 移兵定州使覘賊. 返曰. 賊在咸州. 與我比境. 犬鷄之聲相聞. 公築鹿角垣. 三周其隍. 留克仁, 純祐, 德威, 朴蕤等四將守之. 移據興元鎮. 十月. 賊得女眞兵復振. 長驅而來. 公回軍遇於豫州之桂川. 交綏而退. 忽遘疾未瘳. 將佐請歸就醫藥. 公曰. 寧爲邊城鬼. 豈可轝疾求安於家乎. 疾甚. 水漿不入口. 目視不辨人物. 有勑歸京理疾. 兵馬錄事洪昌衍, 將軍李中立等. 肩轝公至京. 累月乃瘳. 於是賊破數十城. 如蹈無人之境. 是月二十九日. 所留兵與賊戰于渭州. 敗績. 李陽升死之. 戊寅七月. 以守司空趙冲爲元帥. 公爲兵馬使. 借上將軍鄭通寶爲前軍. 吳壽祺爲左軍. 申宣胄爲右軍. 李霖爲後軍. 李迪儒爲知兵馬使. 九月六日. 元帥袍笏承命出. 具戎服. 再見大觀殿受鉞. 道長湍指洞州. 遇賊東谷. 擒其毛克女眞官名高延, 千戶阿老. 次成州. 以待諸道兵. 慶尙道按察使李勣引兵來. 遇賊不得前. 遣將軍李敦守, 金季鳳擊之. 以迎李勣之兵. 旣而賊從二道. 俱指中軍. 我張左右翼鼓而前. 賊二軍望風而北. 李敦守等與李勣來會. 錄事申仲諧. 分其兵輸軍食. 賊又要之. 將軍朴義隣敗之于禿山. 賊散而復集. 騎數萬盡銳來攻. 我又敗之. 亞將脫刺逃歸. 賊魁亦欲引還. 慮我要其歸路. 入保江東城. 十二月. 皇元哈眞, 扎刺兩元帥. 其兵一萬. 與東眞完顏子淵兵二萬. 聲言討丹賊. 指江東城. 會天大雪. 餉道不繼. 賊堅壁以疲之. 哈眞患之. 使者十二人與我德州進士任慶和. 來請兵與糧. 且言帝命破賊之後. 約爲兄弟. 我元帥以聞. 王許之. 遣金良鏡, 晉錫押卒一千以赴. 哈眞屢責添兵. 諸將皆憚於行. 公曰. 國之利害. 正在今日. 若違彼意. 後悔何及. 趙公曰. 是吾意也. 然此大事. 非其人. 不可遣. 公曰.

事不辭難. 臣子之分. 吾雖不材. 請爲公一行. 趙公曰. 軍中之事. 徒倚公重. 公去可乎. 己卯二月. 公與知兵馬使韓光衍. 領十將軍兵及神騎大角, 內廂精卒往焉. 哈眞使通事趙仲祥語公曰. 果與我結好. 當先遙禮蒙古皇帝. 次則禮萬奴皇帝. 萬奴者. 蓋東眞之主也. 公曰. 天無二日. 民無二王. 天下安有二帝耶. 於是. 只拜聖武. 不拜萬奴. 公身六尺五寸以長. 而鬚過其腹. 每盛服. 必使兩婢子分擧其鬚而後束帶. 及是. 哈眞見狀貌. 又聞其言. 大奇之. 引與同坐. 問年幾何. 公曰. 近六十矣. 哈眞曰. 我未五十. 旣爲一家. 君其兄而我其弟乎. 使公東向坐. 明日. 又詣其營. 哈眞曰. 吾嘗征伐六國. 所閱貴人多矣. 見兄之貌. 何其奇歟. 吾重兄之故. 視麾下士卒亦如一家. 臨別. 執手出門. 扶腋上馬. 數日. 趙公亦至. 哈眞問元帥年與兄孰長. 公曰. 長於我矣. 乃引趙公坐上座曰. 吾欲一言. 恐爲非禮. 然於親情. 不宜自外. 吾其坐兩兄之間如何. 公曰. 是誠吾等所望. 但未敢先言耳. 坐定. 置酒作樂. 蒙古之俗. 好以鍂刀刺肉. 賓主相啗. 往復不容瞥. 我軍士素號勇者. 莫不有難色. 公與趙公. 跪起承迎甚熟. 哈眞等極懽. 約詰朝會江東城下. 去城三百步而止. 哈眞自城南門至東南門. 鑿地廣深十尺. 西門以北. 委之完顔子淵. 東門以北. 委於公. 皆令鑿隍以防逃逸. 是月十四日. 賊勢窘. 開城門出降. 王子自縊. 其僞丞相以下皆斬之. 哈眞曰. 我等來自萬里. 與貴國合力破賊. 千載之幸也. 禮合往拜國王. 吾軍頗衆. 難於遠行. 但遣使陳謝. 二十日. 哈眞與扎刺. 請趙元帥及公同盟曰. 兩國永爲兄弟. 萬世子孫. 無忘今日. 我設犒師之宴. 哈眞以婦女童男七百口及吾民爲賊虜掠者二百口歸于我. 以女子年十五左右者. 遺元帥及公各九人. 駿馬各九匹. 元帥送哈眞至義州. 公與扎刺至朝陽. 會有西京齋祭使之命. 吳壽祺代公送之. 九月. 義州郎將多知, 別將韓珣. 殺守將. 連諸城以叛. 樞密院使李克修將中軍. 李迪儒將後軍. 公將右軍討之. 庚辰正月. 以公爲樞密院副使.

代克修將中軍. 多知等請兵於遼陽溫知罕. 溫知罕誘斬二人. 傳首于我. 三軍請理諸城從逆之罪. 公曰. 書云殲厥渠魁. 脅從罔理. 大軍所臨. 如火燎原. 無辜受禍多矣. 況因丹寇. 關東爲虛. 今又縱兵于此. 自殘藩籬可乎. 唯誅多知, 韓珣之黨. 餘一不問丹之漏網者. 竄伏寧遠山中. 時出鈔盜. 爲民患. 而義州人昌名與秀甫公理又謀叛. 公遣李景純, 李文彦討寧遠之賊. 文備, 崔珙討昌名. 昌名時攻鐵州. 官軍至. 賊黨瓦解. 遂斬昌名, 秀甫公理. 而景純, 文彦亦破賊于寧遠城. 北境以安. 五月. 凱以班師. 其後公卒相高王. 位冢宰八年. 功德載諸信史. 此但記五年行軍之事而已.

論曰. 國家之德未衰. 而禍亂之萌或作. 必有魁傑才智之臣得君委用. 弘濟時艱. 蓋社稷之靈有以陰相之也. 自我太祖啓宇至于高王. 三百有餘年矣. 崔氏父子繼世秉政. 內擁堅甲. 以專威福. 而謀深者必不用. 外委羸兵. 以責攻戰. 而功高者多見疑. 當斯之時. 欲以有爲. 其亦難矣. 爾乃金宗訖錄. 遼孼構禍. 窺我土疆. 圖爲巢穴. 遠鬪窮寇. 鋒不可當. 聖元龍興. 萬里遣將. 壓境徵師. 諭以討賊. 順之則莫委其情. 逆之則必生他變. 安危之機. 間不容髮. 乃能左提右挈. 遠交近攻. 定宗盟於經綸之始. 安邦基於呼吸之間. 豈非魁傑才智之臣. 而社稷之靈有以陰相者歟. 觀其絶甘分少. 能得死力. 令行禁止. 莫犯秋毫. 可謂有古名將之風矣. 開平之戰. 我乃再救中軍. 沙峴之役. 盧公則不相助. 訖無一言而生嫌隙. 不伐其勞. 歸功於衆. 是則大人君子之用心也. 至於先詣哈眞. 固與國之心. 不拜萬奴. 明尊王之義. 多知韓珣旣授首矣. 斂兵而止. 以安邊民. 遠謀大節. 尤可尙已. 史氏稱其忠義. 太常諡以威烈. 不亦宜哉.

【번역문】

　문하시랑 평장사 판이부사(門下侍郎平章事判吏部事) 증시(贈諡) 위

열공(威烈公) 김공(金公) 행군기(行軍記)

공의 휘(諱)는 <u>취려(就礪)</u>인데, 뒤에 <u>취려(就呂)</u>라고 고쳤으니, 계림(鷄林) 언양군(彦陽郡) 사람이다. 젊었을 때 부음(父蔭)으로 정위(正尉)에 기용되었다가 동궁위(東宮衛)에 뽑혔고, 중랑장(中郞將)으로 전임하여 우림군(羽林軍)을 거느리다가 몇 해 안 되어 장군으로 발탁되어 동북(東北) 국경을 진수(鎭守)하였는데, 말갈(靺鞨)이 감히 침범하지 못하니, 그 공로로 천우위 대장군(千牛衛大將軍)에 임명되었다.

강종(康宗) 2년(계유)에 국경을 순무(巡撫)하자 변방 백성들이 두려워하면서도 사모했으며, 고종(高宗) 3년(병자) 8월에 거란(契丹)이 국경을 침범하자, 서북면 지병마사(西北面知兵馬使) 독고정(獨孤靖)이 '이달 12일에 쳐들어왔다.'고 계문(啓聞)하므로, 왕은 상장군(上將軍) 노원순(盧元純)을 중군(中軍)으로 삼고, 오응부(吳應夫)를 우군(右軍)으로 삼고, 공을 섭상장군(攝上將軍)으로 후군(後軍)을 삼고는 13일 순천관(順天館)에서 크게 열병(閱兵)하고, 22일 우군은 서보통(西普通)에, 중군은 누교원(樓橋院)에, 후군은 과전(苽田)에 진을 쳤다가 이틀 밤을 지내고 길을 떠났다.

당초에 원(元) 나라 태조성무황제(太祖聖武皇帝)가 군사를 일으켜 금(金) 나라의 연도(燕都)를 치자, 금(金) 선종(宣宗)은 변경(汴京)으로 도읍을 옮겼다. 성무황제는 북으로 돌아가며 군사를 남겨두어 연도를 지키도록 하였는데, 연도 사람들이 연향을 베풀어 술이 취하자 섬멸하였다. 이에 거란의 유종(遺種)인 금산 왕자(金山王子)·금시 왕자(金始王子)는 그의 당인 아아(鵝兒)·걸노(乞奴)를 장수로 삼아, 하북(河北) 지방의 백성을 위협하고는 스스로 '대요수국왕(大遼收國王)'이라 일컬었다.

성무황제는 몹시 화를 내어 크게 군사를 일으켜 토벌하자, 두 왕자는 무리를 모두 데리고서 동으로 와서 우리에게 땅과 식량을 요청했으나, 우리가 허락하지 않자, 두 왕자는 본래부터 노리는 마음이 있는데다 또한 유감을 가져, 아아·걸노로 하여금 먼저 군사 수만 명을 이끌고 강을 건너게 하고, 처자(妻子)는 모두 자신이 데리고 진융(鎭戎)·영삭(寧朔)을 거쳐 아사천(阿史川)으로 나왔었다.

우리 삼군(三軍)은 조양진(朝陽鎭)에 이르러, 중군은 성 안에 진을 치고 우군과 후군은 성 밖에 진을 쳤는데, 조양 사람들이 달려와 적(賊)이 이미 가까이 왔다고 고하므로, 삼군은 각각 정예 군사를 뽑아 방어하였다. 그리하여 군후원(軍侯員) 오응유(吳應儒)와 신기장(神騎將) 정순우(丁純祐)가 단독으로 머리를 벤 것이 80여 급(級), 사로잡은 것이 20여 명이며, 우마(牛馬) 수백 필과 부인(符印)·기장(器仗)을 매우 많이 노획하였다.

오응유는 다시 보병 3천 5백 명을 이끌고 귀주(龜州) 직동촌(直洞村)에서 적을 만나 머리 2백 급을 베고 35명을 사로잡았으며, 우마·전구(戰具)·은패(銀牌)·동인(銅印)을 매우 많이 노획했고, 장군 이양승(李陽昇) 역시 장흥역(長興驛)에서 적을 깨뜨리니 이들은 모두 공의 휘하(麾下)였다.

삼군이 신기장을 보내어 적의 뒤를 밟아, 신리(新里)에서 적을 만나 싸워서 머리 1백 90급을 베고, 연주(延州)에 진군한 다음 광유(光裕)·연수(延壽)·주민(周民)·광세(光世)·군제(君悌)·조웅(趙雄) 여섯 장수로 하여금 사자암(師子巖)을 지키게 하고, 영린(永驎)·적부(迪夫)·문비(文備) 세 장수로 하여금 양주(楊州)를 지키게 하여, 9월 25일 아홉 장수가 적의 머리 7백 급을 베었으며, 노획한 말·노새·소·패인(牌印)·병장(兵仗)이 이루 다 기록할 수 없을 정도였다.

적이 다시는 군사를 나누지 못하고는 개평역(開平驛)에 집결하니, 삼군이 이미 당도하였으나 모두 감히 전진하지 못하였다. 우군은 서산(西

山)의 기슭에 웅거했고, 중군은 들판에서 적을 받게 되자 조금 후퇴하여 독산(獨山)에 주둔했는데, 공은 칼을 빼들고 말을 달려 장군 기존정(奇存靖)과 함께 곧바로 적진 속으로 돌격하여 출입하면서 분격(奮擊)하니 적이 붕괴되었다. 추격하여 개평역을 지나는데, 적이 역 북쪽에 군사를 매복(埋伏)시켰다가 갑자기 중군을 공격하자, 공은 군사를 돌려 반격하니 적이 또다시 붕괴되었다.

밤에 노공(盧公)은 공에게 말하기를, "저들은 많고 우리는 적은데다 우군도 오지 않고, 또한 당초 사흘 양식밖에 가져오지 않아 이제 이미 다 되었으니, 후퇴하여 연주성(延州城)에 웅거했다가 뒤를 기다림만 못하다." 하자, 공이 "우리 군사가 누차 승전하여 투지(鬪志)가 아직 강하니 이 예기(銳氣)를 이용하여 한 번 싸운 뒤에 의논하자." 하였다. 적이 묵장(墨匠)의 들에 포진(布陣)하였는데, 군사의 기세가 매우 성하였다. 노공은 기병을 달려보내어 공을 부르고, 한편 검은 깃발을 날려 신호를 하니, 사졸들이 칼날을 무릅쓰고 다투어 전진하여 하나가 백을 당하지 않는 사람이 없었다. 공이 문비(文備)와 함께 적진을 가로막으며, 가는 곳마다 휩쓸어 세 번 싸워 세 번 이겼으나, 공의 장자는 전사하고 말았다.

추격하여 향산(香山)의 남강(南江)에 이르자, 적은 빠져 죽은 자가 1천 명이나 되니, 부녀자들이 모여 우는 소리가 마치 천만 마리의 소가 고함지르는 것과 같았다. 한 사람이 무기를 버리고 관원이라 자칭하며 앞으로 다가와 청하기를, "우리들은 귀국의 국경을 소란하게 하였으니 진실로 죄가 있지만, 부녀자들이야 무엇을 압니까? 다 죽이지 마시고 또한 우리를 너무 궁박(窮迫)하게 마십시오. 우리는 하루바삐 스스로 돌아가겠습니다." 하니, 공은 사람을 시켜 말하기를, "너의 말을 어찌 믿을 수 있느냐?" 하고, 술을 주니 통쾌하게 마시고 갔는데, 조금 있다가 아아·걸노가 부문(符文)을 보내어 소원을 말했는데, 그의 말과 같았다.

삼군은 각각 2천 명씩 보내어 그들의 뒤를 밟아 보니, 적들이 버린 군량과 기장(器仗)이 길에 낭자(狼藉)하였다. 소와 말을 혹은 허리를 부러뜨리기도 하고 혹은 뒷부분을 찌르기도 하니 이는 노획하더라도 다시 사용할 수 없게 한 것이었다. 보낸 6천 명이 청새진(淸塞鎭)에서 싸워 생포하고 죽이기를 수없이 하였고, 평로진 도령(平虜鎭都領) 녹진(祿進)도 또한 공격하여 7천여 급을 죽이니, 적들은 마침내 청새진을 넘어 도망갔다.

창주 분도장군(昌州分道將軍) 김석(金碩)이 보고하기를, "거란의 뒤에 오는 군사들이 지난달부터 많이 국경으로 들어왔는데, 이들은 곧 금산(金山)·금시(金始)의 군사입니다." 하므로, 삼군이 연주에 주둔하고 있었는데, 오직 내상군(內廂軍)만 남겨 자위(自衛)하게 하고 그 나머지는 모두 출발했으나, 후군만이 홀로 양주(楊州)에서 적을 만나 수백 급을 사로잡거나 죽였으며, 양군(兩軍)은 먼저 박주(博州)로 돌아갔다.

공은 치중(輜重 : 군수물품)을 호송하느라 천천히 행군하여 사현포(沙現浦)에 당도하자, 적들이 갑자기 나타나 공격하므로 공은 양군에게 위급함을 알렸으나, 양군은 편리한 데만 지키고 나오지 않았다. 공은 힘을 다해 싸워 물리치고 마침내 치중을 호송하여 오니, 노공은 서문 밖까지 나와 맞이하여 축하하기를, "졸연히 강한 적을 만났으나 능히 그 예봉(銳鋒)을 꺾어, 삼군의 짐을 진 군사들을 조금의 손실도 없게 한 것은 공의 힘이오." 하고, 말 위에서 술을 따라 축수(祝壽)하였으며, 양군의 장졸과 모든 성(城)의 부로(父老)들은 모두 머리를 조아리며 말하기를, "이번에 강한 도적과 대치하여 그 자리에서만 싸우기도 어려운 일이라 하였는데, 개평(開平)·묵장(墨匠)·향산(香山)·원림(元林)의 전쟁에 후군이 매양 선봉이 되어, 적은 군사로 많은 적을 쳐부수어, 우리 노약(老弱)들이 생명을 보존하게 되었습니다. 생각건대 보답할 길이 없으니 단지 축수만 할 뿐입니다.” 하였다.

공은 엄격히 군율을 지켜 사졸들이 백성의 물건을 조금도 범하지 못했으며, 술이 있으면 곧 잔 하나를 가져다가 가장 낮은 자들과 함께 고루 마시기 때문에 그들이 죽도록 힘을 써주었으며, 전공을 세우게 되면 반드시 모든 장수들과 회의하고는 연명(聯名)하여 계문(啓聞)하고, 한번도 자신의 능력을 자랑하지 않았다.

10월 20일, 삼군이 밤에 군사를 보내어 흥교역(興郊驛)에서 적을 습격하고, 이튿날 밤 홍법사(洪法寺)에서 싸웠으며, 그 다음날 다시 고을의 성문 밖에서 싸워 모두 이기고는 우리 군대가 성으로 들어가 군사를 휴식시키니, 적들이 밤에 청천(淸川)을 건너 서경(西京 : 평양(平壤))으로 갔다가, 일기가 추워지자 얼음 위로 대동강(大同江)을 건너 서해도(西海道 : 황해도)로 들어갔다.

국가에서는 다시 참지정사(參知政事) 정숙첨(鄭叔瞻)을 원수로 삼고, 추밀원 부사(樞密院副使) 조충(趙冲)을 부원수로 삼아, 앞의 삼군(三軍)과 합하여 오군(五軍)을 만들고는, 다시 승선(承宣) 김중구(金仲龜)를 보내어 남도(南道)의 군사를 거느리고 정 원수와 만나도록 했는데, 정 원수가 머뭇거리며 군율을 잃자, 추밀원사(樞密院使) 정방보(鄭方甫)로 대신하였다.

정축년 2월에 공을 금오위 상장군(金吾衛上將軍)으로 제배(除拜)하고, 3월에 5군이 안주(安州) 대조탄(大棗灘)에 주둔하였는데, 싸워 이기지 못하니 적은 기세가 당당하게 돌진(突進)해 왔다. 공은 문비(文備)·김

234

인겸(金仁謙)과 함께 반격하다가 인겸은 유시(流矢)에 맞아 죽었다. 공은 칼을 날려 혼자 막아내다가, 창과 화살에 온 몸이 찔려 상처가 심하여 서울로 왔는데도 분개하는 충의의 기색이 오히려 말과 안색에 나타나니, 듣는 사람들이 장하게 여겼었다.

5월에 상장군 최원세(崔元世)로 중군(中軍)을 거느리게 하고, 공으로 전군(前軍)을 거느리게 하였으며, 대장군 임보(任甫)로 새로 정한 오군(五軍)을 거느리도록 하되, 가발병(加發兵)이라 이름하여 충주(忠州)로 보냈는데, 공은 상처가 아직 아물지 않았는데도 아픔을 참고 명을 받았다. 7월에 황려현(黃驪縣) 법천사(法泉寺)의 남쪽 시냇가에 이르렀는데, 오군이 서로 먼저 건너려 하자 공은 물러나 모든 군사가 다 건너기를 기다렸다가 배를 탔는데, 충주성이 물에 파괴되어 나무와 돌이 무너져 내려왔다. 공이 타고 있던 배가 큰 돌에 부딪혀 키와 노가 모두 부서지고, 갑판이 새어 물이 솟으니, 같이 탄 사람 3백여 명이 모두 사색(死色)이 되었으나, 공은 까딱하지 않고 그대로 앉아 정신과 기색이 여전하였다. 조금 있자 사람 셋이 떼를 타고 물을 가로질러 구원해 주려 하므로 배에 있는 사람들이 끊어진 새끼를 연결시켜 던지니 세 사람이 언덕으로 끌어올렸는데, 물어보니 원주(原州)에 사는 사람의 종들이었다.

그 중에 특히 건장한 사람과 동행하여 이틀밤을 자고, 본군(本軍)을 법천사로 모았다가 독점(禿岾)으로 옮겨 주둔하였는데, 최공(崔公)이 "내일 갈 길이 두 갈래니 우리가 어디로 가면 좋은가?" 하자, 공이 "군사를 나누어 양쪽에서 공격하는 것이 좋지 않겠는가?" 하니, 최공은 따랐다. 맥곡(麥谷)에 모여 적과 싸워 3백여 급을 베고, 제주(堤州)의 냇가로 추격하니 시체가 내를 덮어 떠내려갔다. 산골짜기를 수색해서 노약(老弱) 남녀를 찾아내어 충주로 보내고, 우마(牛馬)와 노획한 것을

가지고 박달재[朴達峴]에 이르니, 최공이 "고개 위에는 대군이 머무를
수 없으니 산 아래로 물러나 주둔하려 한다." 하자, 공은 "작전하는
방법이 비록 인화(人和)를 앞세우지만, 지리(地利)도 또한 무시할 수
없다. 만약 적이 먼저 이 고개를 점령하고 우리가 그 밑에 있게 되면,
원숭이처럼 빠른 재주로도 또한 지나갈 수 없을 것인데, 더구나 사람이겠
는가?" 하였다. 마침내 가발병(加發兵)과 함께 고개로 올라가 잤다.

날이 새자, 과연 적의 대군이 고개 남쪽으로 진격해 오는데, 먼저
수만 명을 좌우 봉우리에 나누어 오르게 하여 요충(要衝)을 차지하려
하자, 공은 장군 신덕위(申德威)·이극인(李克仁)으로 왼쪽을, 최준문(崔
俊文)·주공예(周公裔)로 오른쪽을 맡게 하고, 공은 중앙에서 지휘하니,
사졸들이 모두 사력을 다하여 싸웠다. 삼군은 이것을 바라보고는 또한
크게 외치며 다투어 올라오자, 적은 크게 무너졌다. 이 때문에 적은
남쪽으로 내려오려던 계획을 실현하지 못하고 모두 동으로 도망갔다.

추격하여 명주(溟州)에 이르러, 추령(楸嶺)·대현(大峴)·구산역(丘山
驛)·등대양(燈臺壤)·악판(惡坂)·등주(登州)의 동양(東壤)에서 싸워, 무릇
여섯 차례를 싸우니, 적은 지탱할 수 없어 여진(女眞) 땅으로 도망하였다.

9월에 공이 중군(中軍)의 통첩에 따라 군사를 정주(定州)로 옮기고,
적을 엿보게 하였더니 돌아와서 말하기를, "적이 함주(咸州)에 있는데
우리와 지경이 연해 있어 개와 닭 우는 소리가 서로 들린다." 하므로,
공은 사슴뿔 모양의[鹿角] 울타리를 해자(垓字) 밖에 세 겹으로 쌓고는,
이극인(李克仁)·정순우(丁純祐)·신덕위(申德威)·박유(朴蕤) 등 네 장수
를 남겨 지키도록 하고, 흥원진(興元鎭)으로 옮겨가 있었다.

10월에 적이 여진의 구원병을 얻어 다시 떨쳐 깊이 쳐들어왔다. 공은
군사를 돌려 예주(豫州)의 생천(桂川)에서 대치하였다가 서로가 후퇴하

여 물러왔었는데, 갑자기 병이 나 낫지 않자, 장수와 보좌진들이 돌아가 치료할 것을 청했으나, 공이, "차라리 변방 성의 귀신이 될지언정, 어찌 수레에 실려 집으로 가서 편히 있겠는가?" 하였다. 병이 도져 물도 마시지 못하고, 사람을 보고도 알아보지 못하므로 서울로 돌아와 병을 치료하라는 명령이 내리자, 병마녹사(兵馬錄事) 홍창연(洪昌衍)과 장군 이중립(李中立) 등이 공을 가마에 싣고 서울로 와 여러 달 만에 나았다. 이때 적은 수십 개의 성을 부수어 마치 무인지경(無人之境)처럼 하였고, 이달 29일에는 남아 있던 군사가 적과 위주(渭州)에서 싸우다가 패전하여, 이양승(李陽升)이 전사하였다.

무인년 7월에 수사공(守司空) 조충(趙冲)을 원수로 삼고, 공을 병마사(兵馬使) 겸 상장군으로 삼았으며, 정통보(鄭通寶)를 전군으로, 오수기(吳壽祺)를 좌군으로 삼고, 신선주(申宣胄)를 우군으로, 이임(李霖)을 후군으로 삼았으며, 이적유(李廸儒)를 지병마사(知兵馬使)로 삼았다.

9월 6일에 원수가 관복 차림으로 명을 받고 나가, 융복(戎服 : 군복)을 갖춘 다음 다시 대관전(大觀殿)에서 임금을 알현(謁見)하고 부월(斧鉞)을 받았으며, 장단(長湍)을 거쳐 동주(洞州)로 가다가 동곡(東谷)에서 적을 만나, 모극(毛克)[여진의 벼슬 이름] 고연(高延)과 천호(千戶) 아로(阿老)를 사로잡았다.

성주(成州)에 머물러 제도(諸道)의 군사를 기다리는데, 경상도 안찰사(慶尙道按察使) 이적(李勣)이 군사를 인솔하고 오다가 적을 만나 전진하지 못한다 하므로, 장군 이돈수(李敦守)·김계봉(金季鳳)을 보내어 공격하게 하여 이적의 군사를 맞이했는데, 벌써 적이 큰 길을 따라 모두 중군에게 향하므로, 우리 군사를 좌우익(左右翼)으로 배치하고 지휘하여 전진하니, 적의 이군(二軍)은 풍문을 듣고는 두려워하여 패주하였다.

이돈수 등이 이적과 모이게 되자, 녹사(錄事) 신중해(申仲諧)가 그 군사를 나누어 군량을 수송하였는데, 적이 또다시 요격하므로, 장군 박의린(朴義隣)이 독산(禿山)에서 패전시켰다. 적은 흩어졌다가 다시 기병 수만 명을 모아 예기(銳氣)를 다해 쳐들어오므로 우리가 또다시 패배시키니, 아장(亞將) 탈라(脫剌)는 도망가고, 적의 괴수도 역시 군사를 끌고 돌아가려고 하였으나 우리가 그의 돌아가는 길에서 요격할까 염려하여, 강동성(江東城)으로 들어가 있었다.

12월에 황원(皇元)의 합진(哈眞)·찰라(札剌) 두 원수가 군사 1만 명을 거느리고 동진(東眞) 완안자연(完顔子淵)의 군사 2만 명과 함께 거란적(契丹賊)을 토벌한다고 선언하고 강동성(江東城)으로 갔는데, 이때 마침 큰 눈이 내려 군량 길이 막히자, 적은 성벽(城壁)을 굳게 지키며 그들을 지치게 하니, 합진은 근심하여 사자(使者) 12명과 우리나라 덕주(德州) 진사(進士) 임경화(任慶和)를 보내어 군사와 식량을 청하고, 또 황제가 '적을 부순 다음에는 형제가 되기를 약속했다.'고 말하므로, 우리 원수가 계문(啓聞)하니, 왕이 허락하고 김양경(金良鏡)·진석(晉錫)에게 군사 1천 명을 딸려 보냈었다.

합진이 누차 군사를 더 보내라고 책하자, 여러 장수들은 모두 가기를 꺼려하였는데, 공은 말하기를, "국가의 이해가 바로 지금에 달렸는데, 만일 그의 뜻을 어기면 후회한들 무슨 소용이 있겠는가?" 하니, 조공이 "나의 의견도 그러합니다. 그러나 이는 큰 일이니 적당한 사람이 아니면 보낼 수 없소." 하였는데, 공이 "어려운 일을 사양하지 않는 것이 신자(臣子)의 분수이니, 내가 비록 재능은 없지만 공을 위해 한 번 가 보겠소." 하니, 조공이 "군중(軍中)의 일을 오직 공만 믿고 있는데, 공이 가면 되겠소?" 하였다.

기묘년 2월 공이 지병마사 한광연(韓光衍)과 함께 10장군의 군사와 신기(神騎)·대각(大角)·내상(內相)의 정예한 군사를 거느리고 가니, 합진은 통사(通事) 조중상(趙仲祥)을 시켜 공에게 말하기를, "과연 우리와 우호를 맺게 되었으니, 마땅히 먼저 몽고 황제께 요배(遙拜)하고, 다음으로는 만노 황제(萬奴皇帝)께 요배해야 한다." 하니, 만노란 대개 동진의 임금을 말하는 것이었다. 공은 말하기를, "하늘에는 두 해가 없고, 백성은 두 임금이 없는데, 천하에 어찌 두 황제가 있겠는가?" 하고는, 이에 성무황제에게만 요배하고 만노에게는 요배하지 않았다.

공은 키가 6척 5촌이나 되며 수염이 배 아래까지 내려가 매양 성복(盛服)을 할 때에는 반드시 두 여종을 시켜 수염을 나누어 들도록 한 다음에야 띠를 띠었었는데, 이때 합진은 용모를 보고, 또 말하는 것을 듣고는 참으로 훌륭하게 여겨 인도하여 한자리에 같이 앉으며 나이를 물었다. 공은 "60세에 가깝소." 하자, 합진은 "나는 아직 60이 못 되었습니다. 이미 한 집안이 되었으니, 당신은 형이고 나는 아우가 아니겠습니까?" 하며, 공에게 동향(東向)하여 앉게 하였다. 다음날 또 그의 군영에 나아가니, 합진은 "내가 일찍이 여섯 나라를 정벌하면서 귀인(貴人)을 많이 보았는데, 형의 모습은 어찌 그리 훌륭하십니까? 내가 형을 중히 여기므로 휘하(麾下)의 사졸들도 또한 한 가족처럼 여기겠습니다." 하였으며, 작별할 때는 손을 잡고 대문까지 나와 부액(扶腋)하여 말에 태웠다.

며칠 뒤에 조공도 갔었는데, 합진은 "원수와 형은 누가 나이가 위입니까?" 물으므로, 공은 "나보다 위입니다." 하자, 합진은 곧 조공을 인도하여 상좌에 앉히면서, "내가 한 말씀 하려는데 예가 아닐까 두렵습니다만, 친한 정리에 따로 앉음은 마땅치 않으니, 내가 두 형의 사이에 앉는 것이 어떻겠습니까?" 하므로, 공은 "이는 진실로 우리들의 소망이었는데, 다만 감히 먼저 말하지 못했을 뿐입니다.” 하였다. 자리를 정하고 앉자 술자리를 베풀고 무악(舞樂)을 하였다. 몽고의 풍속은 날카로운 칼 끝으로 고깃점을 꿰어 빈주(賓主)가 서로 먹여주기를 좋아하는데, 삽시간에 빠르게 왕복하니, 우리 군사 중에 평소 용맹이 있다고 이름난 자들도 모두들 난색을 표하지 않는 자가 없었다. 공과 조공은 꿇어앉았다가 일어나 수작하기를 매우 익숙하게 하니, 합진 등은 몹시 좋아하였다. 다음날 새벽에 강동성 밑에서 모이기로 약속하고는 성에서 3백 보쯤 떨어진 거리에 주둔하였다.

합진은 남문에서 동남문에 이르기까지 너비와 깊이가 열 자씩 되게 땅을 팠는데, 서문 이북은 완안자연(完顔子淵)에게 맡기고, 동문 이북은 공에게 맡겨, 모두 도랑을 파 적이 도망할 길을 막도록 하였다. 이달 14일에 적은 세(勢)가 궁하여, 성문을 열고 나와 항복하니, 왕자(王子)는 스스로 목매 죽었다. 그들의 가짜 승상(丞相) 이하를 모두 베고는 합진이 말하기를, “우리들이 만 리나 되는 먼 곳에 와서 귀국과 힘을 합쳐 적을 멸망시켰으니, 천추(千秋)에 다행스러운 일입니다. 예의가 마땅히 국왕에게 가서 뵈어야 하는데, 우리 군사가 자못 많아 멀리 가기 어려우니, 다만 사자(使者)를 보내어 진사(陳謝)하겠습니다.” 하였다. 20일에 합진과 찰라가 조 원수와 공을 청하여 함께 맹세하고는, “두 나라가 길이 형제가 되었으니 만세의 자손들은 오늘을 잊지 말아야겠습니다. 그래서 내가 호군(犒軍)하는 잔치를 마련했습니다.” 하고는, 합진이 부녀자와 동남(童男) 7백 명과 적에게 약탈되었던 우리 백성 2백 명을 우리에게 돌려주었으며, 원수와 공에게 15세 전후의 여자 각각 9명씩과 준마(駿馬) 각각 9필을 주었다. 원수는 합진을 의주(義州)까지 전송하고, 공은 찰라와 조양(朝陽)에 이르렀는데, 마침 서경재제사(西京齋祭使)로 임명되었으므로 오수기(吳壽祺)가 공을 대신해서 전송했다.

9월에 의주(義州) 낭장(郎將) 다지(多知)와 별장(別將) 한순(韓珣)이 지키는 장수를 죽이고 여러 성(城)과 연합하여 모반하자, 추밀원사(樞密院使) 이극수(李克修)는 중군을, 이적유(李迪儒)는 후군을, 공은 우군을 거느리고 토벌하였다. 경진년 정월에 공을 추밀원 부사(副使)로 삼아 이극수를 대신하여 중군을 거느리게 하였는데, 다지 등이 요양(遼陽)의 온지한(溫知罕)에게 군사를 청하자, 온지한은 두 사람을 유인하여 머리를 베어 우리에게 보내왔다. 삼군은 반역에 따른 모든 성의 죄를 다스릴 것을 청하자, 공은, "『서경(書經)』에 '괴수만 죽이고 위협에 따른 자는 다스리지 않는다.' 하였으니, 대군이 임하는 곳에는 마치 벌판의 불길과 같아 죄없이 화를 입는 사람이 많을 것이다. 더구나 거란적 때문에 관동(關東)이 텅 비었는데 이제 또 이곳에 군사를 풀어놓아 스스로 변방 울타리를 잔해(殘害)해서야 되겠는가?" 하며, 오직 다지와 한순의 도당만 베고 나머지는 모두 불문에 붙였다.

거란의 잔당들이 영원(寧遠)의 산 속에 숨어 살며 수시로 나와 노략질하므로 백성의 근심거리였는데, 의주 사람 창명(昌名)이 또한 수보(秀甫)·공리(公理)와 함께 모반하였다. 공은 이경순(李景純)·이문언(李文彦)을 보내어 영원 도적을 토벌하고, 문비(文備)·최공(崔珙)을 보내어 창명을 토벌하였다. 창명은 이때 철주(鐵州)를 침략하고 있었는데, 관군(官軍)이 오자 적당이 무너지므로 마침내 창명·수보·공리를 베었으며, 경순·문언도 또한 영원 성에 있는 적을 깨뜨리니, 북쪽 변경(邊境)이 안정되었으므로 5월에 개선(凱旋)하였다. 그 뒤에 공은 마침내 고종(高宗)을 도와 8년 동안이나 총재(冢宰 : 이부상서(吏部尙書)의 별칭)로 있었는데, 그 공덕은 모든 신사(信史 : 믿을 만한 확실한 사적)에 기록되어 있다. 여기에서 단지 5년 동안 행군(行軍)한 사적만을 기록한 것이다.

나는 다음과 같이 논한다.

국가의 덕이 쇠퇴하지 않았는데도 혹 화란의 싹[孽]이 자라게 되면, 반드시 재주와 지략이 뛰어난 신하가 나와 임금의 신임을 받으며 시국의 간난(艱難)을 크게 구제하니, 대개 사직(社稷)의 신령이 남모르게 돕기 때문이다. 우리 태조께서 나라를 세움으로부터 고종에 이르기까지 3백여 년 동안이었는데, 최씨(崔氏) 부자가 대대로 정권을 잡아, 안으로는 강한 군사를 두고 권력을 마음대로 행사하되 지모가 깊은 사람은 반드시 써주지 않았고, 밖으로는 병약한 군사를 주어 싸우게 하면서 공이 많은 사람은 대부분 의심을 받게 되었으니, 이때를 당해서는 훌륭한 일을 하고자 하여도 또한 어렵다.

그런데 금(金)나라가 망하게 되자, 요(遼)의 유종들이 화근을 조성하여 우리 강토를 저들의 소굴로 만들려고 노리므로 궁해진 적들과 멀리 가서 싸우니, 그 예봉(銳鋒)을 당해내기 어려웠다. 성원(聖元 : 원나라를 높인 말)이 용흥(龍興 : 제왕이 되는 것)하자, 먼저 먼 길에 장수를 보내어 국경을 위압하고 구원병을 요구하면서 적을 토벌하려는 것이라고 말하였는데, 순응하자니 그 심정을 알 수 없고, 거부하자니 반드시 딴 변이 생겨서 안위가 매우 긴박하였다. 그러나 공은 능히 이리저리 주선하고 먼 곳과 사귀면 가까운 곳을 공격해서 경륜(經綸)하는 첫머리에 맹약(盟約)을 정하고, 국기(國基)를 순식간에 안정시켰으니, 어찌 재주와 지략이 뛰어난 신하를 사직의 신령이 남몰래 도운 것이 아니겠는가?

맛있는 음식을 먹지 않고 적은 것도 나누어 먹어서 군사들이 사력을 다하게 되고, 금령(禁令)이 잘 행해져 조금도 범하는 일이 없었음을 보건대 옛적 명장들의 풍도가 있다 하겠다. 관평(關平) 싸움에는 그가 두 차례나 중군을 구원했고, 사현(沙峴) 싸움에서는 노공(盧公)이 서로 협조하지 않았지만, 끝내 한 마디도 하지 않아 혐의를 내지 않았으며, 자신의 공로를 자랑하지 않고 대중들에게 공을 돌렸으니, 이는 대인(大人) 군자(君子)만이 갖는 마음이다.

먼저 합진에게 나아가 그 나라의 마음을 굳히고, 만노(萬奴)에게 요배(遙拜)하지 아니하여 존왕(尊王)하는 의리를 밝혔으며, 다지(多知)·한순의 머리를 베게 되자, 군사를 거두어 변방 백성을 편안케 하였으니 원대한 계책과 큰 기절(氣節)이 더욱 가상하다. 사씨(史氏)는 그의 충의(忠義)를 찬양하였고, 태상(太常)은 '위열(威烈)'이라고 시호(諡號)한 것이 또한 당연한 일이 아니겠는가?

민사평의 처 김씨 묘지명 (閔思平 妻 金氏 墓誌銘)[9]

【원문】

(1) 彦陽郡夫人金氏墓誌銘幷序

(2) 夫人姓金氏彦陽郡人高祖諱**就礪**大師門下侍郎謚威烈曾祖諱佺大傅門下侍郎謚

(3) 翊戴祖諱賆都僉議叅理謚文愼父諱倫輸誠守義協贊輔理功臣壁上三韓三重大匡

(4) 彦陽府院君謚貞烈母卞韓國大夫人崔氏大儒中書令文憲公諱冲十三世孫副知密

(5) 直司事諱瑞之女也

【번역문】

언양군부인 김씨(彦陽郡夫人 金氏) 묘지명 및 서문

부인의 성은 김씨이고, 언양군(彦陽郡) 사람이다. 고조 취려(就礪)는 대사(大師) 문하시랑(門下侍郎)으로 시호가 위열(威烈)이고, 증조 전(佺)은 대부(大傅) 문하시랑(門下侍郎)으로 시호가 익대(翊戴)이며, 조부 변(賆)은 도첨의참리(都僉議叅理)로 시호가 문신(文愼)이며, 아버지 륜(倫)은 수성수의협찬보리공신(輸誠守義協贊輔理功臣) 벽상삼한(壁上

9) 민사평의 처 김씨의 묘지명은 현재 『목은문고(牧隱文藁)』 권16에 전하며, 우왕(禑王) 즉위년(甲寅, 1374)에 쓰여졌다.

三韓) 삼중대광(三重大匡) 언양부원군(彦陽府院君)으로 시호는 정렬(貞烈)이다. 어머니 변한국대부인(卞韓國大夫人) 최씨(崔氏)는 대유학자인 중서령(中書令) 문헌공(文憲公) 충(冲)의 13세손인 부지밀직사사(副知密直司事) 서(瑞)의 딸이다.

고려사(高麗史)[10]

1. 『고려사』 제22권, 고종1, 고종 3년(1216)

【원문】

八月

己巳 以上將軍盧元純爲中軍兵馬使 上將軍吳應富爲右軍兵馬使 大將軍 **金就礪**爲後軍兵馬使禦之.

【번역문】

(8월) 기사일에 상장군 노원순(盧元純)을 중군 병마사로, 상장군 오응부(吳應富)를 우군 병마사로, 대장군 <u>김취려(金就礪)</u>를 후군 병마사로 임명하여 거란군을 방어하게 하였다.

---

10) 조선초기 김종서(金宗瑞)·정인지(鄭麟趾) 등이 세종의 교지를 받아 만든 고려시대의 역사책으로, 문종 1년(1451)에 완성되었다. 세가(世家) 46권, 지(志) 39권, 연표 2권, 열전 50권, 목록 2권, 총 139권으로 되어 있으며, 기전체(紀傳體)로 만들어졌다. 이 책은 김부식의 『삼국사기』와 더불어 우리나라 관찬 사서의 2대 정사이며, 『고려사절요』와 함께 고려시대 연구의 기본 사료이다. 현존하는 판본은 동아대학교박물관에 소장되어 있고, 총 139권 75책으로 된 완질본으로 보존 상태는 완벽에 가까운 매우 좋은 상태이다. 이 판본은 1482년(성종 13)에 인출된 것으로 추정되는 을해자본(乙亥字本)을 1613년(광해군 5)에 번각한 목판본이다.

2. 『고려사』 제22권, 고종1, 고종 4년(1217)

【원문】

五月

庚辰 丹兵陷東州 罷吳應夫以前軍兵馬使崔元世代之上將軍**金就礪**爲前
軍兵馬使.

【번역문】

(5월) 경진일에 거란군이 동주(東州)를 함락시켰다. 오응부(吳應夫)를
파직시키고 전군 병마사 최원세(崔元世)로 그를 대신하게 하고, 상장군
<u>김취려(金就礪)</u>를 전군 병마사로 임명하였다.

3. 『고려사』 제22권, 고종1, 고종 4년(1217)

【원문】

庚辰 崔元世**金就礪**追丹兵于忠原二州閒戰于麥谷追至朴達峴大敗之賊
蹂大關嶺而遁

【번역문】

(7월) 경진일에 최원세(崔元世), <u>김취려(金就礪)</u> 등이 충주(忠州), 원주
(原州) 사이로 거란군을 추격하다가 맥곡(麥谷)에서 교전하였으며 박달
현(朴達峴)까지 추격하여 크게 쳐부셨다. 적들은 대관령(大關嶺)을 넘어
도망하였다.

4. 『고려사』 제22권, 세가 제22, 고종 5년(1218)

【원문】

辛卯 以守司空趙冲爲西北面元帥 **金就礪**爲兵馬使

【번역문】

　(7월) 신묘일에 수사공 조충(趙冲)을 서북면 원수로, 김취려(金就礪)를 병마사로 각각 임명하였다.

5. 『고려사』 제22권, 세가 제22, 고종 6년(1219)

【원문】

六年 春正月 辛巳 趙冲**金就礪**與哈眞子淵等合兵圍江東城賊開門出降

【번역문】

　6년(1219) 봄 정월 신사일에 조충(趙冲), 김취려(金就礪) 등이 합진, 자연 등과 군사를 합하여 강동성을 에워싸니 적이 성문을 열고 나와 항복하였다.

6. 『고려사』 제22권, 세가 제22, 고종 6년(1219)

【원문】

以樞密院副使李克偦將中軍李迪儒將後軍**金就礪**將右軍討義州

【번역문】

248

(10월) 추밀원 부사 이극서(李克偦)는 중군을 거느리게 하고, 이적유(李迪儒)는 후군을 거느리게 하고, 김취려(金就礪)는 우군을 거느리게 하여 의주의 적을 쳤다.

7. 『고려사』 제22권, 세가 제22, 고종 7년(1220)

【원문】

二月 辛未 召李克偦爲平章事 以**金就礪**爲中軍兵馬使 吳壽祺爲右軍兵馬使.

【번역문】

2월 신미일에 이극서(李克偦)를 소환하여 평장사로 임명하고, 김취려(金就礪)를 중군 병마사로, 오수기(吳壽祺)를 우군 병마사로 각각 임명하였다.

8. 『고려사』 제22권, 세가 제22, 고종 8년(1221)

【원문】

甲午 以李延壽爲太尉門下侍郎同中書門下平章事判吏部事 金義元爲中書侍郎平章事判兵部事 崔瑀叅知政事吏兵部尚書判御史臺事 史洪紀知門下省事吏部尚書判工部事 文惟弼守司空左僕射 **金就礪**爲樞密院使兵部尚書判三司事 鄭通輔知樞密院事禮部尚書 韓光衍同知樞密院事戶部尚書 李勣爲樞密院副使尚書左僕射 貢天源爲右僕射.

【번역문】

　(12월) 갑오일에 이연수(李延壽)를 태위 문하시랑 동중서문하 평장사 판이부사로, 김의원(金義元)을 중서시랑 평장사 판병부사로, 최우(崔瑀)를 참지정사 이부 및 병부상서 판어사 대사로, 사홍기(史洪紀)를 지문하성사 이부상서 판공부사로, 문유필(文惟弼)을 수사공 좌복야로, <u>김취려(金就礪)</u>를 추밀원사 병부상서 판삼사사로, 정통보(鄭通輔)를 지추밀원사 예부상서로, 한광연(韓光衍)을 동지추밀원사 호부상서로, 이적(李勣)을 추밀원 부사 상서 좌복야로, 공천원(貢天源)을 우복야로 각각 임명하였다.

9. 『고려사』 제22권, 고종1, 고종 9년(1222)

【원문】

冬十二月 丁酉 以李延壽守太保柱國 崔甫淳爲中書侍郎平章事判兵部事 史洪紀叅知政事 **金就礪**叅知政事判戶部事 文惟弼知門下省事 鄭通輔 韓光衍並爲樞密院使 宋臣卿知樞密院事吏部尙書 李勣同知樞密院事 李迪儒爲左散騎常侍判三司事 貢天源爲樞密院副使尙書左僕射 吳壽祺爲樞密院副使工部尙書 柳澤爲尙書右僕射 金仲龜爲兵部尙書樞密院知奏事 崔甫延爲刑部尙書 文漢卿爲工部尙書 柳彦琛爲刑部尙書判閣門事 咸壽爲戶部尙書 李公老爲樞密院右副承宣.

【번역문】

　겨울 12월 정유일에 이연수(李延壽)를 수태보 주국으로, 최보순(崔甫淳)을 중서시랑 평장사 판병부사로, 사홍기(史洪紀)를 참지정사로, <u>김취</u>

250

려(金就礪)를 참지정사 판 호부사로, 문유필(文惟弼)을 지문하성사로, 정통보(鄭通輔)와 한광연(韓光衍)을 추밀원사로, 송신경(宋臣卿)을 지추밀원사 이부상서로, 이적(李勣)을 동지추밀원사로, 이적유(李迪儒)를 좌산기상시 판삼사사로, 공천원(貢天源)을 추밀원부사 상서 좌복야로, 오수기(吳壽祺)를 추밀원부사 공부 상서로, 유택(柳澤)을 상서 우복야로, 김중구(金仲龜)를 병부상서 추밀원 지주사로, 최보연(崔輔延)을 형부상서로, 유언침(柳彦琛)을 병부상서 판합문사로, 함수(咸壽)를 호부상서로, 이공로(李公老)를 추밀원 우부승선으로 각각 임명하였다.

10. 『고려사』 제22권, 세가 제22, 고종 14년(1227)

【원문】

十四年 春正月 戊午 立太子府遣門下侍中李延壽叅知政事**金就礪**賜冊印.

【번역문】

14년 봄 정월 무오일에 태자부(太子府)를 설치하고 문하시중 이연수(李延壽)와 참지정사 김취려(金就礪)를 보내 책문과 인장을 주었다.

11. 『고려사』 제22권, 세가 제22, 고종 15년(1228)

【원문】

戊辰 崔甫淳加守太師判吏部事 **金就礪**守太尉中書侍郎平章事判兵部事 貢天源崔正份並叅知政事 崔宗俊知門下省事吏部尙書 金仲龜知樞密院

事 奇泞同知樞密院事 陳湜爲樞密院副使御史大夫 史光補兪升旦並爲樞
密院副使左右散騎常侍 洪斯胤爲尙書右僕射 崔正華爲樞密院使仍令致
仕 朴世通爲兵部尙書 趙廉卿爲禮部尙書 金叔龍爲樞密院知奏事 金良鏡
爲刑部尙書翰林學士 金承俊試戶部尙書 崔宗藩爲左承宣 李頲爲左副承
宣 崔林壽試秘書監左諫議大夫.

【번역문】

　(12월) 무진일에 최보순(崔輔淳)을 수태사 판이부사로, 김취려(金就
礪)를 수태위 중서시랑 평장사 판병부사로, 공천원(貢天源), 최정분(崔正
份) 등을 모두 참지정사로, 최종준(崔宗俊)을 지문하성사 이부상서로,
김중구(金仲龜)를 지 추밀원사로, 기저(奇泞)를 동지 추밀원부사 어사대
부로, 사광보(史光輔), 유승단(兪升旦)을 모두 추밀원부사 좌우산기상시
로, 홍사윤(洪斯胤)을 상서 우복야로, 최정화(崔正華)를 추밀원사로 각각
임명하여 이내 퇴직하게 하고, 박세통(朴世通)을 병부상서로, 조염경(趙
廉卿)을 예부상서로, 김숙룡(金淑龍)을 추밀원 지주사로, 김양경(金良
鏡)을 형부상서 한림학사로, 김승준(金承俊)을 시호부상서(試戶部尙書)
로, 최종번(崔宗藩)을 좌승선으로, 이정(李頲)을 좌부승선으로, 최임수
(崔林壽)를 시비서감(試秘書監) 좌간의대부로 각각 임명하였다.

12.『고려사』제23권, 고종2, 고종 19년(1232)

【원문】

壬辰 蒙兵還遣淮安公侹首宰**金就礪**大將軍奇允肅慰送.

【번역문】

(1월) 임진일에 몽고 군사가 철수하였다. 이날 회안공(淮安公) 왕정(王
侹), 수재(首宰) 김취려(金就礪), 대장군 기윤숙(奇允肅) 등을 시켜 그들을
위로하여 보내게 하였다.

13. 『고려사』 제23권, 고종2, 고종 21년(1234)

【원문】

(5월) 己未 侍中**金就礪**卒

【번역문】

기미일에 시중 김취려(金就礪)가 졸하였다.

14. 『고려사』 제31권, 충렬왕4, 충렬왕 20년(1294)

【원문】

帝嘗使翰林學士撤剌蠻問高麗歸附年月王使鄭可臣上書以對曰 太祖聖
武皇帝肇興朔方時則有大勢國助征金國恃功而驕不用帝命有金山王子
者改其國號自稱大遼奪掠中都等處子女玉帛東走江東城拒守朝廷遣哈
眞札 剌追討時方雪深道險粮餉不繼高王聞之遣趙冲**金就礪**濟兵犒師殲
其醜虜因奉表請爲東藩 太祖遣慶都虎思優詔荅之大加稱賞于今七十有
六年矣

【번역문】

(5월) 황제가 일찍이 한림학사 살라만(撒剌蠻)을 시켜서 고려가 원나라에 귀속한 연월(年月)을 물었으므로 왕이 정가신을 시켜 다음과 같이 회답문을 보냈다.

"태조 성무(聖武) 황제가 북방(朔方)에서 처음 일어났을 때에 대세국(大勢國)이란 나라가 있어 금(金)나라를 정벌할 때 방조한 일이 있었는바 그 공을 믿고 교만하게 황제의 명령에 복종하지 않았다. 그런데 금산(金山) 왕자가 그 국호를 고쳐서 대요(大遼)라고 자칭하고 중도(中都) 등지에서 자녀(子女)와 옥백(玉帛)을 약탈하고 동쪽으로 강동성(江東城)에 도망가서 황제의 명령을 거역하고 성을 고수하고 있었다. 그래서 조정에서는 합진(哈眞)·찰라(札剌)를 파견하여 추격, 토벌하게 되었다. 그때는 마침 눈이 깊이 쌓였고 길이 험하여 군량 수송이 보장되지 못하였는데 고왕(高王)이 소식을 듣고 조충(趙沖)과 김취려(金就礪)로 하여금 황제의 군대에 식량을 공급한 결과 그 놈들을 섬멸하였다. 그 후 곧 황제에게 글을 올려 동쪽 번병(藩屛)으로 될 것을 요청하였더니 태조 황제가 경도호사(慶都虎思)를 보내 조서로써 크게 칭찬하고 상을 후하게 주었었다. 이 사실이 지금부터 76년 전의 일이다. ……"

15. 『고려사』 제36권, 충혜왕 2년(1332)

【원문】

六月 壬辰 耆老權溥等上書行省曰 藩翰之寄難以久虛蒭盌之言或有可採事係安危理宜詳審 小邦自開國以來四百二十二年 而王氏子孫相繼以牧斯民者二十有八代矣太祖聖武皇帝應天奮起我忠憲王首先內附修其職

254

貢 歲. 戊寅 有契丹遺種金山王子者妄圖興復陸梁肆毒驅掠人民東入海
島 太祖遣哈眞扎臘討之時方雨雪粮道不繼 忠憲王命趙冲**金就礪**轉餉濟
師左提右挈卒擒滅之 兩元帥與趙冲等指天日以同盟分俘虜而爲信此則
小邦盡力於太祖者也憲宗皇帝南征而晏駕阿里孛哥搆患於朔方世祖皇
帝班師襄陽我忠敬王跋涉山川蒙犯霜露拜於梁楚之郊於是天下覩遠人
之自服知天命之有歸 此則小邦盡力於世祖者也 世祖感誠念功下詔云 苟
裕民而治國當適便以從宜尙體朕懷綏爰有衆

【번역문】

　6월 임진일에 기로 권부(權溥) 등이 왕의 복위 문제에 관한 서면을
행성에 보내었다. 그 내용은 다음과 같다.

　“일국의 왕위는 오랫동안 비울 수 없는 것이며 견문이 적은 사람에게
서도 혹 들을 만한 말이 있는 것이라. 더구나 사건이 나라의 안녕 여부에
관련되는 까닭에 자세히 심사하는 것이 사리에 당연할 것이다. 나라는
개국(開國)한 이래 4백 22년 동안에 왕씨 자손이 대대로 계승하여 이
백성을 다스린 지 28대나 되었다. 귀국의 태조 성무황제가 천명에 순응하
여 분연히 궐기할 제 우리 충헌왕이 선참으로 내부(內附)하여 자기
의무를 수행하였다. 무인년에 거란의 남은 종족인 금산(金山) 왕자라는
자가 망한 나라를 회복하겠다는 망령된 행동으로 철없이 날뛰며 인민들
을 침략하다가 동녘으로 바다 섬에 들어갔다. 귀국의 태조 황제가 합진(哈
眞)과 찰랍(扎臘)을 보내 토벌할 때에 마침 눈비가 쏟아져 군량이 계속되
지 못하였다. 우리 충헌왕이 조충(趙沖)과 김취려(金就礪)를 시켜 군량을
운반하여 귀국 군대를 협조하였으며 백방으로 협력함으로써 종내 금산
의 무리를 평정하였던 것이다. 이때 귀국의 두 원수는 조충 등과 더불어

하늘과 해를 가리켜 맹세하고 포로를 나누어 신의를 표하였으니 이는 우리나라가 귀국의 태조를 위하여 진력하였던 표시이다. 귀국의 헌종 황제가 남방으로 출정하였다가 별세하자, 아리패가(阿里孛哥)가 북방에서 내란을 일으키고 세조 황제가 양양(襄陽)에서 환군[班師]할 때 우리 충경왕이 산을 넘고 물을 건너 서리와 이슬을 무릅쓰면서 양초(梁楚) 지방까지 가서 황제를 맞이하였다. 이때에 온 천하에서 원방 사람들이 모두 원나라에 복종한 것을 목격하였고 천명(天命)이 원나라로 돌아갔다는 것을 알게 되었다. 이것은 우리나라가 세조를 위하여 진력한 표현이었다. 그러므로 귀국의 세조 황제가 우리나라의 성의와 공로에 감동되어 조서를 내려 이르기를, '진실로 백성들을 풍족하게 살 수 있게 하며 나라를 잘 다스린다면 마땅히 편리한 방법을 취할 것이며 오직 나의 생각을 본받아 백성들을 편안케 하라!'고 하였다.

16. 『고려사』 제36권, 세가 제36, 충혜왕 즉위년(1339), 윤7월

【원문】

庚寅 王寄書太師右丞相曰 禎傳荷洪造尙主受封今已就國天地父母恩何報謝 竊聞前行省左右司郎中蔣伯祥上告都堂欲於小邦立省置官變更國俗上下無不驚惶況予東來坐席未暖遽聞此事安得無恐切念小邦臣服聖朝歲修職貢百有餘年未嘗小懈 歲. 戊寅 太祖聖武皇帝應天奮擧之初有亡遼遺種金山王子驅掠中原陸梁東土略無歸順之意妄有興復之謀 朝廷命哈眞扎刺以討其罪天寒雪深粮道不繼 我五代祖忠憲王遣趙冲**金就礪**助兵餽餉恊力攻破 於是兩元帥聞奏朝廷與冲等結兄弟之盟世世子孫無

忘今日 歲己未 世祖皇帝回軍江南我四代祖忠敬王率群臣跋涉六千餘里
迎拜於梁楚之地世祖大加褒賞卽降聖訓不改國俗依舊管領 中統元年 詔
諭安南國有日 本國風俗一依舊制不須更改况高麗比遣使來請已經不詔
悉依此例

【번역문】

(윤7월) 경인일에 왕이 원나라 태사 우승상(연첩목아)에게 다음과
같은 내용의 서한을 보냈다.

"나는 오로지 귀국의 큰 은혜를 입어 공주를 맞아 왔고 책봉을 받아
현재 이미 나라를 다스리고 있으니 그 큰 은혜를 어찌 다 보답하리요?
그러나 소문에 의하면 전 행성 좌우사 낭중 장백상(蔣伯祥)이 귀국
도당(都堂)에 보고하여 우리나라에 행성을 설치하고 관리를 배치하여
우리나라의 풍속을 변경시키려고 한다 하니 온 나라의 전체 관민들이
놀라서 두려워하지 않는 사람이 없다. 더욱 내가 귀국하여 앉은 자리가
아직 더울 사이도 없는 이때에 이러한 소문을 듣고 보니 어찌 당황하지
않겠는가? 가만히 생각하여 보건대, 우리나라가 귀국에 순종하여 해마
다 공물을 바친 것도 벌써 백여 년이 경과하였으나 조금도 해이함이
없었다. 지나간 무인년에 귀국의 태조 성무(聖武) 황제가 천명(天命)에
순응하여 나라를 창건할 때 패망한 요(遼)나라의 종족 금산(金山) 왕자가
중원(中原)을 침략하고 우리나라를 짓밟으려고 하면서 조금도 귀순할
의사는 없고 망령스럽게도 나라를 다시 회복하려는 의사를 가졌었다.
그리하여 귀국 조정에서 합진(哈眞), 찰라(扎剌)에게 명령하여 금산을
토벌할 때에 날씨는 차고 눈은 깊어 군량 수송이 계속되지 못하였다.
이때 우리 5대조 충헌왕(忠憲王)이 조충(趙沖)과 김취려(金就礪)를 보내

귀국 군대를 도와 군량을 조달하고 힘을 합쳐 금산을 격파하였다. 여기서 두 원수가 귀국 조정에 보고하고 조충 등과 형제의 맹약을 맺어 대대손손이 이날을 잊지 말자고 하였다. 또 기미년에 귀국의 세조 황제가 강남(江南)에서 회군할 때에 우리 4대조 충경왕(忠敬王)이 여러 신하들을 인솔하고 6천여 리 길을 여행하여 양초(梁楚) 지경에서 영접하였으므로, 세조가 그 공로를 크게 찬양하면서 즉시로 명령을 내려 우리나라의 풍속을 변경하지 말고 예전대로 통치하라고 하였다.

17. 『고려사』 제60권, 지14, 예2, 길례 대사2, 체제와 합제 때에 공신들을 묘정에 배향하는 일 (禘祫功臣配享於庭)

【원문】

高宗室 平章事文正公趙沖侍中李杭侍中威烈公**金就礪**.

【번역문】

고종 실(高宗室)

평장사(平章事) 문정공(文正公) 조충(趙沖)

시중(侍中) 이항(李杭)

시중(侍中) <u>위열공(威烈公) 김취려(金就礪)</u>

18. 『고려사』 제87권, 표2, 연표4

【원문】

己卯 宋嘉定十二年 高宗六年, 金興定三年 三月 趙沖**金就礪**殲丹兵于江

東城. 蒙古 太祖十四年

【번역문】

기묘 송 가정 12년, 고종 6년(1219), 금 흥정 3년 3월에 조충(趙沖), 김취려(金就礪)가 강동성(江東城)에서 거란 군대를 섬멸했다. 몽고 태조 14년

19. 『고려사』 제98권, 열전11, 김부식 附 김군수

【원문】

及韓恂多智叛 君綏仍知中軍兵馬事 討之以計 斬恂智 函首送于京 兵馬使**金就礪**嗛其不先報己 乃囚君綏 管下錄事有盧仁綏者 素與君綏有隙 因數譖**就礪** 又譖崔怡 遂流君綏于漢南 時人寃之

【번역문】

한순(韓恂)과 다지(多智)가 모반할 때 김군수는 중군병마사(中軍兵馬事)로 임명되어 교묘한 계책으로써 적을 토벌하여 한순과 다지를 죽이고 그 머리를 베어 함(函)에 넣어 서울로 보냈다. 그러나 당시의 병마사 김취려(金就礪)는 자기에게 먼저 보고하지 않은 것을 미워하여 그를 가두었다. 김군수 관하의 녹사(錄事)로서 노인수(盧仁綏)란 자가 있었는데 평소에 김군수와 사감이 있으므로, 이 기회에 김취려에게 자주 참소하고 또 최이(崔怡)에게도 참소하였으므로 드디어 김군수를 한남(漢南)으로 귀양 보내니, 당시 사람들이 이를 억울한 일로 여겼다.

20. 『고려사』 제103권, 열전16, 조충

【원문】

女眞黃旗子軍渡鴨綠來屯麟龍靜三州境 冲與戰斬獲五百一十餘級又戰
于麟州暗林平大敗之殺虜及溺江死者不可勝數僅三百騎遁去卽復冲職
明年以守司空尙書左僕射召還 賊日熾官軍懦弱不能制 復以冲爲西北面
元帥**金就礪**爲兵馬使借將軍鄭通寶爲前軍吳壽祺爲左軍申宣胄爲右軍
李霖爲後軍李迪儒知兵馬事授鉞遣之

【번역문】

　　여진(女眞)의 황기자군(黃旗子軍)이 압록강을 건너 인주(麟州), 용주
(龍州), 정주(靜州) 지경에 와서 주둔하였다. 조충이 그를 공격하여 5백
10여 명을 살상 포로하고 다시 인주 암임평(暗林平)에서 대전하여 적들
을 크게 격파하였는데, 적군의 피살자와 강물에 빠져 죽은 자의 수는
이루 계산할 수 없으며 겨우 3백여 명의 적병이 도망쳐 갔다. 이런
군공으로 조충을 전직에 즉시 복직시키고 이듬해에 수사공(守司空)
상서(尙書) 좌복야(左僕射)로서 소환하였다. 적의 기세가 날로 성해지자
관군은 겁만 내고 약해져서 좀처럼 통제할 수 없었다. 다시 조충을
서북면 원수(西北面元帥)로 삼고 김취려(金就礪)를 병마사(兵馬使)로,
차장군(借將軍) 정통보(鄭通甫)를 전군(前軍)으로, 오수기(吳壽祺)를 좌
군(左軍)으로, 신선주(申宣胄)를 우군(右軍)으로, 이림(李霖)을 후군(後軍)
으로, 이적유(李迪儒)를 지병마사(知兵馬使)로 각각 임명하고 부월(鈇鉞)
을 주어 보내었다.

21. 『고려사』제103권, 열전16, 金就礪[金文衍金聯]

【원문】

○ **金就礪**彦陽人父富禮部侍郎 **就礪**蔭補正尉選充東宮衛 累遷將軍鎭東北界擢大將軍 康宗朝巡撫塞上邊民畏愛 高宗三年 契丹遺種金山王子金始王子脅河朔民自稱大遼收國王建元天成蒙古大擧伐之 二王子席卷而東與金兵三萬戰于開州館金兵不克退守大夫營 二王子進攻之遣人告北界兵馬使云 爾不送粮助我我必侵奪汝疆 我於後日樹黃旗汝來聽皇帝詔 若不來將加兵于汝 至其日果樹黃旗兵馬使不往 明日使其將鵝兒乞奴引兵數萬渡鴨綠江攻寧朔等鎭掠城外財穀畜産而去又明日闌入義靜朔昌雲燕等州宣德定戎寧朔諸鎭皆以妻子自隨彌漫山野恣取禾穀牛馬而食之居月餘食盡移入雲中道 於是以上將軍盧元純爲中軍兵馬使知御史臺事白守貞知兵馬使左諫議大夫金蘊珠爲副使上將軍吳應夫爲右軍兵馬使崔宗峻知兵馬事侍郎庾世謙爲副使**就礪**爲後軍兵馬使崔正華知兵馬事陳淑爲副使十三領軍及神騎屬焉.

三軍啓行至朝陽鎭朝陽人報賊已近 三軍各遣別抄一百神騎四十人至阿爾川邊與賊戰官軍稍却 神騎郎將丁純祐突入賊中斬持纛者賊奔潰 乘勝斬八十餘級虜二十餘人幷獲楊水尺一人得牛馬數百匹符印器仗甚衆 乃拜純祐爲將軍三軍又與賊戰于連州東洞斬百餘級賊三百餘人來屯龜州直洞村軍候員吳應儒率步卒三千五百人銜枚擊之散員咸洪宰甄國寶李稷校尉任宗庇等斬二百五十餘級虜三千餘人得牛馬戰具銀牌銅印亦多三軍又戰于龜州三歧驛二日斬二百一十餘級虜三十九人將軍李陽升亦破賊于長興驛賊自昌州移屯延州之開平原林兩驛終日絡繹不絶 官軍遣神騎將追之遇賊與戰于新里斬一百九十級 官軍進次延州以光裕延壽周

氏光世君悌趙雄等六將守獅子岩永麟迪夫文備三將守楊州翼日九將戰
于朝宗戍斬獲七百六十餘人得馬騾牛及牌印兵仗無筭　賊不復分兵聚屯
開平驛諸軍莫敢前　右軍據西山之麓中軍受敵于野小退屯獨山　**就礪**拔劒
策馬與將軍奇存靖直衝賊圍出入奮擊賊兵潰　追過開平驛賊設伏驛北急
擊中軍　**就礪**回擊之賊又潰　元純夜謂**就礪**曰　彼衆我寡右軍又不至始齎
三日粮耳今已盡不如退據延州城以俟後便　**就礪**曰　我軍屢捷鬪志尙銳請
乘其鋒一戰而後議之.

賊布陣墨匠之野軍勢甚盛　元純馳召**就礪**且揚黑幟爲信士卒冒白刃爭赴
無不一當百　**就礪**與文備橫截賊陣所向披靡三合三克　**就礪**長子死　賊奔
入香山燒普賢寺　官軍追擊之斬獲摠二千四百餘人溺死南江者亦以千數
餘衆夜遁昌州婦女小兒委弃路傍號哭聲如萬牛　有一人弃兵自稱官人直
前請曰　我等擾貴國邊疆固有罪矣　婦子何知請無庸盡殺且無薄我我則刻
日自返矣　**就礪**使謂之曰　汝言何可信　與之酒快飮而去　俄而鵝兒乞奴送
符文陳乞如其所言　三軍各遣二千人躡其後見賊所弃資糧器仗狼藉於道
牛馬或斫其腰或刺其後　蓋使得之不可復用也　所遣六千人戰于淸塞鎭擒
殺過當平虜鎭都領祿進亦擊殺七十餘級　賊逐踪淸塞鎭遁去　或云香山之
戰賊將只奴中箭死金山摠領其衆或云擒一婦人云　我是鵝兒妻吾夫初入
藥山寺見殺只奴兼領其軍.

官軍次延州又聞賊兵後至者大入境唯留內廂自衛其餘悉發後軍獨遇于
楊州擒殺數十百級兩軍先回博州**就礪**護輜重徐行至沙現浦賊突出狙擊
就礪告急於兩軍兩軍守便宜不出　**就礪**力戰却之卒護輜重而至元純出迎
西門外賀曰　卒遇强敵能摧其鋒使三軍負荷之士無一毫之失公之力也　馬
上擧酒爲壽　兩軍將士及諸城父老皆叩頭曰　今者與强寇角立而自戰其地
可謂難矣　而於開平墨匠香山原林之役後軍每爲先鋒以小擊衆使我老弱

262

存其性命顧無以報但祝壽而已 賊復聚衆連日耀兵於昌州門外賊百五十
人犯昌州官軍擊走之 官軍屯博州夜遣卒襲賊于興郊驛虜四十餘人明日
夜戰于洪法寺克之 又明日將軍金公奭與賊百餘人戰于州城門外殺獲五
十餘人公奭手斬帶銀牌者官軍入城休卒 賊夜涉清川江指西京 官軍與賊
戰于渭州城外敗績將軍李陽升等千餘人死京都聞之哭者滿城 賊至西京
城外屠安定林原驛及昆華妙德花原等寺官軍不能沮遏 賊履冰渡大同江
遂入于西海道屠黃州 明年就拜**就礪**金吾衛上將軍又遣承宣金仲龜領南
道兵以會仲龜與賊戰陶公驛敗績.

初中軍奏請濟師以左承宣車倜爲前軍兵馬使大將軍李傅知兵馬事禮部
侍郎金君綏爲副使上將軍宋臣卿爲左軍兵馬使將軍崔愈恭知兵馬事刑
部侍郎李實椿爲副使幷前三軍爲五軍至是 五軍次于安州太祖灘與戰大
敗奔還賊乘勝馳突 **就礪**與文備仁謙逆擊之仁謙中流矢死**就礪**奮劒獨拒
槍矢交貫于身病瘡而還 賊追官軍至宣義門而退遂寇牛峯趣臨江長湍 於
是更閱五軍以吳應夫爲中軍兵馬使大將軍李茂功知兵馬事少府監權濬
爲副使上將軍崔元世爲前軍兵馬使郭公儀知兵馬事戶部侍郎金奕興爲
副使借將軍貢天源爲左軍兵馬使司宰卿崔義知兵馬事將作監李勣爲副
使借上將軍吳仁永爲右軍兵馬使借衛尉卿宋安國知兵馬事侍郎秦世儀
爲副使上將軍柳敦植爲後軍兵馬使崔宗峻知兵馬事陳淑爲副使以禦之.
五軍不發唯敦植發向交河 應夫使人沮之曰 賊在積城場可回軍 敦植不聽
請四軍合攻賊四軍從之行至積城不見賊 賊陷東州忠獻奏曰 契丹兵過東
州勢將南下五軍逗誅不戰徒費粮餉請罷應夫奪子壻職以前軍兵馬使崔
元世代之以**就礪**爲前軍兵馬使 王從之 賊指交河過澄波渡官軍與戰于楮
村却走之 官軍奏捷云 賊至豐壤縣曉星峴官軍欲戰將渡橫灘賊兵尾擊之
左軍先戰敗走 中軍後軍自山外出賊背擊却之追至盧元驛宣義場斬馘甚

多牛馬衣粮盡弃而去 時有隊正安彭祖中矢而還曰 賊兵被殺唯二人餘死
者皆我軍也 前軍右軍戰于砥平縣敗之獲馬千餘匹 賊陷安陽都護府執按
察使魯周翰殺之官屬亦多死 賊入原州州人久與賊相持 凡九戰食盡力窮
無外援城遂陷前軍右軍敗績 以大將軍任輔爲東南道加發兵馬使選城中
公私奴隷充部伍以遣之 前軍右軍遇賊于楊根砥平屢戰取金銀牌及傘子
忠獻襃之 以郭公儀爲衛尉卿右軍兵馬使吳孝貞爲上將軍公儀曾坐贓免
以功復職.

官軍追賊至黃驪縣法泉寺移次禿岾元世曰 明日之路有二歧吾行如何則
可 **就礪**曰 分軍掎角不亦可乎 元世從之 翼日會于麥谷與戰斬獲三百餘
級迫于提州之川流屍蔽川而下 後三日追至朴達峴任輔亦將兵來會 元世
謂**就礪**曰 嶺上非大軍所止欲退屯山下 **就礪**曰 用兵之術雖貴人和地利
亦不可輕 賊若先據此嶺我在其下猿猱之捷亦不得過況於人乎 官軍遂登
嶺而宿 質明賊果進軍于嶺之南先使數萬人分登左右峯欲爭要害 **就礪**使
將軍申德威李克仁當左崔俊文周公裔當右**就礪**從中鼓之士皆殊死戰 官
軍望之亦大呼爭前賊大潰老弱男女兵仗輜重狼藉委弃 賊由是不果南下
皆東走 追至溟州大關山嶺將卒怯懦退屯旬日乃進賊已踰嶺矣 中軍左軍
前軍復追賊至溟州毛老院敗之獲玉帶金銀牌器仗 賊圍溟州四軍追之後
軍不及屯剛州 右軍與賊戰于登州敗績陣主吳守貞死 賊趍咸州遂入女眞
地官軍退縮莫有追躡者 **就礪**承中軍牒移兵定州使覘賊 返曰 賊在咸州與
我比境雞犬之聲相聞 **就礪**築鹿角垣三周其隍留李克仁盧純祐申德威朴
蕤等四將守之移據興元鎭.

賊得女眞兵復振長驅而來 **就礪**回軍遇於豫州桂川交綏而退 忽遘疾將佐
請歸就醫藥答曰 寧爲邊城鬼豈可求安於家乎 疾甚勅歸京理疾肩輿至京
累月乃瘳 **就礪**所留兵戰于渭州敗績賊復聚寇高州和州陷寧仁長平二鎭

又陷豫州 於是罷五軍及加發兵置三軍以文漢卿爲中軍兵馬使李實椿知兵馬事李得喬爲副使貢天源爲左軍兵馬使宋安國知兵馬事金奕輿爲副使李茂功爲右軍兵馬使權濬知兵馬事金沿亮爲副使 明年賊又大至以守司空趙冲爲西北面元帥**就礪**爲兵馬使借將軍鄭通寶爲前軍吳壽祺爲左軍申宣胄爲右軍李霖爲後軍李迪儒知兵馬事王親授鉞遣之 冲**就礪**等數與賊戰敗之賊勢窮入保江東城.

哈眞札剌與完顏子淵追討契丹直指江東遣人來請兵粮 諸將皆憚於行 **就礪**曰 國之利害正在今日若違彼意後悔何及 冲曰 是予意也然此大事非其人不可遣 **就礪**曰 事不辭難臣子之分 吾雖不才請爲公一行 冲曰 軍中之事徒倚公重公去可乎 明年**就礪**乃與知兵馬事韓光衍領十將軍兵及神騎大角內廂精卒往焉哈眞使通事趙仲祥語**就礪**曰 果與我結好當先遙禮蒙古皇帝次則禮萬奴皇帝 **就礪**曰 天無二日民無二王天下安有二帝耶 只拜蒙古帝.

就礪身長六尺五寸以長而鬚過其腹每盛服必使兩婢子分擧其鬚而後束帶 哈眞見狀貌魁偉又聞其言大奇之 引與同坐問年幾何**就礪**曰 近六十矣哈眞曰 我未五十旣爲一家君其兄而我其弟乎 使**就礪**東向坐 明日又詣其營哈眞曰 吾嘗征伐六國所閱貴人多矣見兄之貌何其奇歟 吾重兄之故視麾下士卒亦如一家 臨別執手出門扶腋上馬數日冲亦至哈眞問元帥年與兄孰長**就礪**曰 長於我矣 乃引冲坐上座曰 吾欲一言恐爲非禮然於親情不宜自外 吾其坐兩兄之閒如何 **就礪**曰 是吾等所望但未敢先言耳 坐定置酒作樂 蒙古之俗好以銛刀刺肉賓主相啗往復不容瞥 我軍士素號勇者莫不有難色 冲**就礪**跪起承迎甚熟哈眞等極歡 哈眞善飲與冲校優劣約不勝者罰之 冲引滿輒釂雖多無醉色 及闍擧一杯不飲曰 非不能飲若勝而如約則公必受罰矣寧我見罰耳主人而罰客可乎 哈眞重其言而大悅約詰朝會

江東城下　去城三百步而止.

哈眞自城南門至東南門鑿池廣深十尺西門以北委之完顔子淵東門以北
委之**就礪**皆令鑿隍以防逃逸　賊勢窘四十餘人踰城降於蒙古軍前賊魁噭
捨王子自縊死其官人軍卒婦女五萬餘人開城門出降　哈眞與冲等行視投
降之狀　王子妻息及僞丞相平章以下百餘人皆斬於馬前其餘悉寬其死使
諸軍守之　哈眞曰　我等來自萬里與貴國合力破賊千載之幸也　禮當往拜國
王吾軍頗衆難於遠行但遣使陳謝耳　哈眞札刺請冲**就礪**同盟曰　兩國永爲
兄弟萬世子孫無忘今日　冲設犒師宴　哈眞以婦女童男七百口及吾民爲賊
虜掠者二百口歸于我以女子年十五左右者遺冲**就礪**各九人駿馬各九匹
其餘悉令自隨　冲以契丹俘虜分送州縣擇閑曠地居之量給田土業農爲民
俗呼爲契丹場.

是年義州賊韓恂多智殺守將連諸城以叛　以樞密副使李克偦將中軍李迪
儒將後軍**就礪**將右軍討之　明年拜樞密副使代克偦將中軍恂智等投金元
帥于哥下　于哥下誘斬二人傳首于京　三軍請理諸城從逆之罪　**就礪**曰　書
云　殲厥渠魁脅從罔治　大軍所臨如火燎原無辜受禍多矣況因契丹關東爲
墟今又縱兵自撤藩籬可乎餘悉不問　**就礪**遣郭元固金甫貞宗周秩宗周賽
等往義州安集遺民　周賽貪墢多受人賂無賂者借事誅殺州人怨之引賊黨
尹昌等踰城而入殺周賽等元固甫貞逃奔以告　**就礪**遣判官崔弘錄事朴文
挺諭以禍福繼遣大將軍趙廉卿將軍朴文賁以兵五千討之昌等逃賊黨瓦
解時契丹餘衆竄伏寧遠山中時出鈔盜爲民患　**就礪**遣李景純李文彥擊破
之北境以安　明年陞樞密使兵部尙書判三司事俄遷叅知政事判戶部事十
五年　守太尉中書侍郎平章事判兵部事遂拜侍中二十一年卒諡威烈.

爲人節儉正直忠義自守持軍嚴　士卒不犯秋毫有酒卽用一卮與最下者均
飮故得其死力　江東之役事皆讓於冲至臨陣制敵多出奇計以成大功然未

嘗自矜 爲相正色率下人不敢欺 配享高宗廟庭 子佺門下侍郎平章事 子良
鑑頵仲保眒良鑑子文衍.

○ 文衍幼爲僧後歸俗年踰三十不能自振女弟淑昌院妃得幸忠烈王卽授
左右衛散員驟遷至僉議侍郎贊成事 妃又寵於忠宣封王淑妃拜文衍僉議
中護 元授信武將軍鎭邊萬戶賜三珠虎符本國封彦陽君 後率禿魯花如元
又加鎭邊萬戶府達魯花赤 忠肅元年 東還卒于道 爲人豁達無迂曲每見淑
妃左右太侈抑止之 諡榮信無子.

眒字損之蔭補東面都監判官登第累遷禮部郎中 忠烈以世子入元眒從之
及忠烈尙公主襲爵東還眒功居多賜誓券曰 爾功之大予賞之微爾雖有罪
十犯九宥至于子孫亦如之 官累判秘書寺事與同修國史任翊撰元世祖事
跡 尋遷承旨進副知密直出爲西北面都指揮使歷監察大夫判三司事二十
七年 以僉議叅理卒諡文愼 性純厚無華奉公以正能業其家 子倫禍倫自有
傳 禍志操廉靜官至代言.

【번역문】

[김문연(金文衍), 김변(金眒)의 기사 첨부]

○ 김취려는 언양(彦陽) 사람이니 아버지 부(富)는 예부시랑(禮部侍郎)
이었다. 김취려는 문음으로 정위(正尉)에 임관되었다가 선발되어 동궁
위(東宮尉)로 등용되었다. 여러 번 승직되어 장군(將軍)으로 임명되어
동북계(東北界)를 진수하고 대장군(大將軍)으로 등용되었다. 강종 때에
변경 요새 지대를 순무(巡撫)하였는데 변경 주민들이 그를 경애하였다.
고종 3년에 거란(契丹)의 유종인 금산 왕자(金山王子)와 금시 왕자(金始
王子)가 하삭(河朔) 지방에 압력을 가하면서 대요수국왕(大遼收國王)이
라고 자칭하고 천성(天成)이란 연호를 썼는데 몽고가 대 병력으로 그를

토벌하였다. 두 왕자가 근거지를 버리고 동으로 와서 금나라 군대 3만 명과 개주관(開州館)에서 교전하였는데 금나라 군대가 승전하지 못하고 대부영(大夫營)으로 퇴각하여 방어하고 있었다. 두 왕자가 또 진공하면서 사람을 보내 우리 북계(北界) 병마사에게 통고하기를,

"당신네가 식량을 보내 우리를 방조하지 않으면 우리는 꼭 너희 강토를 점령할 것이다. 우리가 며칠 후에 황색 깃발을 올릴 것이니 너희들은 그곳으로 와서 황제의 명령을 들으라. 만약 오지 않으면 너희들에게 군사 행동을 취할 것이다." 하였다. 지정한 날에 이르러 과연 황색 깃발이 올랐으나 병마사는 가지 않았다. 이튿날 금산이 부하 장수 아아(鵝兒)·걸노(乞奴)로 하여금 군사 수만 명을 거느리고 압록강을 건너와서 영삭(寧朔) 등 진을 공격하며 성 밖에 있는 주민들의 재물과 곡물이며 가축 등을 약탈하여 갔으며 또 그 이튿날에는 의주(義州), 정주(靜州), 삭주(朔州), 창주(昌州), 운주(雲州), 연주(燕州) 등 고을과 선덕진(宣德鎮), 정융진(定戎鎮), 영삭진(寧朔鎮) 등 각 진에 침입하였다. 그들은 모두 처자를 데리고 왔으며 산과 들로 돌아다니면서 마음대로 알곡을 거두고 마소(牛馬)를 잡아먹으면서 한 달 이상 살다가 먹을 것이 없어지자 운중도(雲中道)로 옮겨 들어 왔다. 이에 상장군 노원순(盧元純)을 중군병마사(中軍兵馬使)로, 지어사대사(知御史臺事) 백수정(白守貞)을 지병마사(知兵馬使)로, 좌간의대부(左諫議大夫) 김온주(金蘊珠)를 부사(副使)로, 상장군 오응부(吳應夫)를 우군병마사(右軍兵馬使)로, 최종준(崔宗峻)을 지병마사(知兵馬事)로, 시랑(侍郎) 유세겸(庾世謙)을 부사(副使)로, <u>취려</u>를 후군병마사(後軍兵馬使)로, 최정화(崔正華)를 지병마사(知兵馬事)로, 진숙(陳淑)을 부사(副使)로 각각 임명하여 13령(領)의 군사와 신기군(神騎軍)을 통솔케 하였다.

3군이 출발하여 조양진(朝陽鎭)에 이르니 조양 사람들이 "적군이 이미 접근하였다."고 보고하였다. 3군에서 각각 별초(別抄) 1백 명과 신기군 40명씩을 보냈는데 아이천(阿爾川) 가에 이르러 적과 교전하여 관군이 약간 퇴각하였다. 신기낭장(神騎郎將) 정순우(丁純祐)가 적진에 돌입하여 독기(纛旗)를 가진 놈을 쳐서 쓰러뜨리니 적진에 혼란이 생겼다. 이 틈을 타서 적 80여 명을 죽이고 20여 명을 포로로 하였는데, 그 중에는 양수척(楊水尺) 1명도 있었으며 마소(牛馬) 수백 필과 병부, 관인, 기타 기계 병장기 등의 노획이 대단히 많았다. 이번 공로로 인하여 조정에서는 정순우를 장군으로 승진시켰다.

3군이 또다시 연주(連州) 동동(東洞)에서 적과 싸워 1백여 명을 죽였는데 또 적 3백여 명이 구주(龜州) 직동촌(直東村)으로 와서 있었으므로 군후원(軍候員) 오응유(吳應儒)가 보병 3천5백 명을 데리고 비밀리에 행동하여 적을 기습하였다. 산원(散員) 함홍재(咸洪宰), 견국보(甄國寶), 이직(李稷)과 교위(校尉) 임종비(任宗庇) 등이 적병 2백 50여 명을 죽이고 3천여 명을 포로로 하였으며 소, 말, 전투 기재, 은패(銀牌), 동인(銅印) 등 물을 많이 노획하였다.

3군이 구주(龜州) 삼기역(三岐驛) 전투에서 2일간 싸워 적 2백 10여 명을 죽이고 39명을 포로로 하였으며, 장군 이양승(李陽升)은 장흥역(長興驛)에서 또 적을 격파하니 적군이 창주(昌州)로부터 연주(延州)의 개평역(開平驛), 원림역(原林驛)으로 이동하는데 그들이 종일 연락 부절하였다. 관군이 신기장(神騎將)을 보내 적을 추격하여 신리(新里)에서 적을 만나 1백 90명을 죽였다. 관군 전체가 연주 방면으로 계속 전진하여 광유(光裕), 연수(延壽), 주저(周氐), 광세(光世), 군제(君悌), 조웅(趙雄) 등 여섯 장군으로 사자암(獅子嵒)을 수비하게 하고 영린(永麟), 적부(迪

夫), 문비(文備) 등 세 장군으로 양주(楊州)를 방위하게 하였다. 이튿날 아홉 장군들이 힘을 합하여 조종수(朝宗戍)에서 적과 싸워 7백 60여 명을 살해 또는 포로하고 말, 노새, 소와 패(牌), 인장, 병장기 등을 다수 노획하였다.

적은 다시 분산 작전을 하지 못하고 개평역(開平驛)에 군력을 집결하였는데 3군이 더 전진하지 못하였다. 우군은 서산(西山) 기슭에 자리잡고 있었고 중군은 평지에서 적의 공격을 받고 약간 퇴각하여 독산(獨山)에 둔취하였다. 그런데 김취려가 칼을 빼들고 장군 기존정(奇存靖)과 함께 말을 몰아 적의 포위망을 충격하여 드나들면서 맹렬히 공격하니 적병이 흩어졌다. 적을 추격하여 개평역을 지나자 역 북편에 매복하였던 적이 중군을 급격히 공격하였다. 김취려가 반격하니 적들이 또 붕괴하였다. 그날 밤에 노원순이 김취려에게 말하기를, "적은 다수요. 우리는 소수일 뿐만 아니라 우군(右軍)도 아직 도착하지 않은 형편이며 출발할 때 3일 분의 식량밖에 가지지 못한 것을 이미 다 먹었으니 연주성으로 후퇴하여 후방의 원조를 기다리는 것이 좋지 않겠는가?" 하였다. 김취려가 말하기를, "아군이 누차 승리하여 투지가 오히려 앙양 중에 있으니 이 기세로서 한 번 싸운 후에 다시 의논하자." 하였다.

적병은 묵장(墨匠) 벌판[野]에서 포진하고 있었는데 기세가 대단히 성하였다. 노원순은 김취려를 급히 불렀다. 그리고 흑색 깃발을 휘둘러 신호하니 장병들 전체가 적의 칼날을 무릅쓰고 앞을 다투며 공격하였는데 모두 한 사람이 1백 명씩 당하였다. 김취려가 문비와 함께 적진을 가로 잘라 놓으니 돌진하는 곳마다 적병이 막 쓰러졌으며 세 번 싸워 세 번 다 승리하였다. 그러나 이 격전에서 김취려의 장자가 전사하였다.

적들이 향산(香山)으로 쫓겨 가서 보현사를 불살랐다. 관군이 계속

적을 추격하여 적을 죽이고 생포한 총수가 2천 4백여 명이었으며 남강(南江)에 빠져 죽은 적병의 수효도 역시 1천 명 이상에 달하였다. 나머지 적들은 밤에 창주(昌州)로 도망갔는데 부녀들과 어린아이들을 길가에 내버리고 갔으므로 그들의 울음소리가 마치 수만 마리의 소가 일시에 우는 듯하였다.

적군 한 사람이 무기를 버리고 자기는 관원이라 자칭하면서 바로 김취려의 앞으로 와서 말하기를, "우리들이 귀국 변방을 소란하게 한 것은 물론 죄가 됩니다. 그러나 여자와 어린아이들이야 무슨 죄가 있겠습니까? 그들을 모조리 죽이는 일이 없기를 바랍니다. 그리고 우리를 박해하지 말아 주십시오. 그러면 오래지 않아 우리가 스스로 물러갈 것입니다." 하였다. 김취려가 사람을 시켜 말하기를, "네 말을 어떻게 믿겠는가?" 하고, 술을 주니 흔쾌하게 마시고 갔다. 조금 후에 아아·걸노가 공문을 보내고 애걸하였는데 아까 그 자가 말한 바와 같이 요청하여 왔다. 3군이 각각 2천 명씩 파견하여 퇴각하는 적의 뒤를 밟아 가면서 보았는데, 적이 버린 물자, 식량, 병장기 등이 길가에 흐트러져 있고 소와 말은 허리를 찍거나 엉덩이를 찔러서 버려두었다. 아마도 그것을 가져가도 다시 쓰지 못하게 만든 것일 것이다.

파견한 6천 명의 아군이 청새진(清塞鎭)에서 적과 싸워서 수많은 적을 죽이고 포로로 하였으며 평로진도령(平虜鎭都領) 녹진(祿鎭)도 70여 명의 적을 죽였다. 적은 드디어 청새진을 넘어서 도망갔다. 전하는 말에 의하면, 향산 전투에서 적장 지노(只奴)가 화살에 맞아 죽고 금산이 적군을 통솔하였다 하며, 일설에는 한 여자를 붙들었는데 그의 말이 "나는 아아의 처이다. 나의 남편이 처음에 약산사(藥山寺)에 들어갔을 때 죽었고 지노가 그 군대까지 통솔하였다."고 하였다.

관군이 연주(延州)를 지낼 때에 적의 후속 대 부대가 또 우리 국경 안으로 들어온다는 정보를 듣고 다만 내상군(內廂軍)만을 남겨 두어 지키게 하고 나머지는 전부 출발하기로 하였는데 후군이 홀로 양주(楊州)에서 적군을 만나 수십 명을 살해하거나 사로잡았고 양군(전군과 중군)은 먼저 박주(博州)로 회군(回軍)하였다. 김취려는 치중(輜重)부대를 보위하면서 천천히 행군하여 사현포(沙現浦)에 이르렀을 때에 적군이 돌연 습격하여 왔다. 김취려가 양군에게 급보로 구원을 요청하였으나 양군은 자기의 안전만을 생각하고 구원하지 않았다. 김취려는 홀로 힘껏 싸워서 적을 격퇴하고 끝내 치중부대를 보호하여 박주에 도착하니 노원순이 서문 밖까지 영접 나와서 치사하기를, "갑자기 강적을 만났는데 적의 기세를 꺾었으므로 3군의 짐을 운반하는 부대의 병사들로 하여금 자그만 손실도 없게 하였으니 이는 공의 힘이다." 하고, 마상에서 술을 부어 축수를 하였다. 양군 장병들과 여러 고을의 부로(父老)들이 모두 절하며 말하기를, "지금처럼 적의 강점지에서 강적과 맞아 싸우는 것은 참으로 어려운 일입니다. 그런데 개평, 묵장, 향산, 원림의 여러 전투에서 후군이 매번 선봉으로 싸웠으며 적은 병력으로 매번 대군을 격파하여 우리 같은 노약(老弱)의 생명을 보존하게 하여 주니 그 은덕을 생각하면 보답할 길은 없으나 오직 원수님에게 축수를 드릴 뿐입니다." 하였다.

적이 다시 잔당을 집합하여 창주(昌州) 성문 밖에 와서 연일 무력을 시위하더니 적병 1백 50명이 창주 성 안을 침범하였으므로 관군이 공격하여 패주시켰다. 관군이 박주(博州)에 주둔하고 밤에 군사를 출동시켜 흥교역(興郊驛)에 있는 적을 야습하여 40여 명을 포로로 하고 이튿날 밤에 홍법사(洪法寺) 전투에서 싸워 또 승리하였다. 또 하루를 지나 장군 김공석(金公奭)이 적 1백여 명과 창주 성문 밖에서 싸워서 50여 명을 살해, 포로로 하였는바, 김공석은 손수 은패를 찬 적을 죽이고 성 안으로 들어가 대원을 휴식시켰다.

적들이 밤을 이용하여 청천강을 건너 서경(西京)으로 향하여 갔다. 관군은 위주성(渭州城) 밖에서 적과 싸웠는데 패배당하고 장군 이양승(李陽升) 외 1천여 명이 전사하니, 수도에서 이 소문을 듣고 온 성 안 사람들이 통곡하였다. 적들이 서경성 밖까지 와서 안정역(安定驛)과 임원역(林原驛)을 비롯하여 담화사(曇華寺), 묘덕사(妙德寺), 화원사(花原寺)를 도륙하였으나, 관군은 이를 방어하지 못하였다. 적들이 얼음을 이용하여 대동강을 건너 마침내 서해도(西海道)로 들어가 황주(黃州)를 도륙하였다.

이듬해에 김취려를 금오위 상장군(金五衛上將軍)으로 임명하고 또 승선(承宣) 김중구(金仲龜)를 보내 남도(南道) 군대를 영솔하고 김취려와 합세하라고 하였는데, 김중구는 도공역(陶公驛)에서 적과 싸우다가 패배하였다.

이보다 앞서 중군이 군대를 증원하여 줄 것을 조정에 청하여 왔으므로 좌승선(左承宣) 차척(車倜)을 전군병마사(前軍兵馬使)로, 대장군 이부(李傅)를 지병마사(知兵馬使)로, 예부시랑 김군수(金君綏)를 부사(副使)로, 상장군 송신경(宋臣卿)을 좌군병마사(左軍兵馬使)로, 장군 최유공(崔愈恭)을 지병마사(知兵馬事)로, 형부시랑 이실춘(李實椿)을 부사(副使)로 각각 임명하고 이미 편성된 3군과 합쳐서 5군으로 편성하였다. 5군이 안주(安州) 태조탄(太祖灘)에 이르러 대패를 당하고 쫓겨 돌아오니 적이 이긴 기세를 타서 제멋대로 덤벼들었다. 김취려가 문비(文備), 인겸과 함께 맞아 싸웠으나 인겸은 날아온 화살에 맞아 죽었으며, 김취려는 분연히 칼을 휘두르며 대항하다가 전신에 창과 화살을 맞아 심한 부상을 당하고 돌아왔다. 적들이 관군을 추격하여 선의문(宣義門)까지 왔다가 물러가서 우봉(牛峰)을 침략하고 임강(臨江), 장단(長湍)으로 침입하였다.

이리하여 조정에서는 다시 5군을 편성하고 오응부(吳應夫)를 중군병마사로, 대장군 이무공(李茂功)을 지병마사로, 소부감(少府監) 권준(權濬)을 부사로, 상장군 최원세(崔元世)를 전군병마사로, 곽공의(郭公儀)를 지병마사로, 호부시랑(戶部侍郎) 김혁여(金奕輿)를 부사로, 차장군(借將軍) 공천원(貢天源)을 좌군병마사로, 사재경(司宰卿) 최의(崔義)를 지병마사로, 장작감(將作監) 이적(李勣)을 부사로, 차상장군(借上將軍) 오인영(吳仁永)을 우군병마사로, 차위위경(借衛尉卿) 송안국(宋安國)을 지병마사로, 시랑 진세의(陳世儀)를 부사로, 상장군 유돈식(柳敦植)을 후군병마사로, 최종준(崔宗峻)을 지병마사로, 진숙(陳淑)을 부사로 각각 임명하여 적을 방어하게 하였다.

5군이 아직 출발하지 않고 있었는데 오직 후군병마사 유돈식이 교하(交河)를 향하여 행군하였다. 오응부가 사람을 보내 말하기를, "적이 적성장(積城場)에 머물러 있으니 되돌아오는 것이 좋겠다." 하였으나, 유돈식이 듣지 않고 4군에게 합력하여 적군 공격을 청하였으므로 4군이 그에 응하고 적성에 이르니 적이 그곳에 없었다. 적이 동주(東州)를 함락하였으므로 최충헌이 왕에게 고하기를, "거란병이 동주를 지나 장차 남쪽으로 갈 기세가 보이는데 5군이 머뭇거리고 싸우지 않으며 식량만 소비하고 있으니 오응부의 관직을 파면하고 그의 아들과 사위를 관직을 빼앗아 전군병마사 최원세로 그를 교체하고 <u>김취려</u>를 전군병마사로 임명하기를 바랍니다." 하니, 왕이 그대로 시행하였다.

적군이 교하를 향하여 징파도(澄波渡)를 건넜는데 관군이 저촌(楮村)에서 적과 만나 싸워서 패주시켰다. 관군은 조정에 승전 보고를 보내기를, "적군이 풍양현(豊壤縣) 효성현(曉星峴)까지 침입하였는데 관군이 적과 싸우고자 횡탄(橫灘)을 건널 무렵에 적군이 배후로부터 공격하여 좌군이 먼저 싸우다가 패전하여 도망갔습니다. 그러나 중군과 후군이 산 뒤로부터 적의 배후를 공격하여 적을 물리치고 노원역(盧元驛) 의의장(宜義場)까지 추격하여 적을 많이 죽였는데 적은 소, 말, 의복, 식량을 모두 버리고 갔습니다." 하였다.

그러나 대정(隊正) 안팽조(安彭祖)가 그때 화살에 맞아 부상당하고 돌아와서 말하기를, "적군의 전사자는 단 두 명뿐이고 기타 죽은 자는 모두 아군이다."라고 하였다.

전군(前軍)과 우군(右軍)이 지평현(砥平縣)에서 적과 싸워 그를 격파하고 말 천여 필을 노획하였다. 적군은 안양도호부(安陽都護府)를 함락하고 안찰사 노주한(魯周翰)을 잡아 죽였으며 기타 관속(官屬)들도 많이 살해당하였다. 또 원주(原州)에도 적군이 침입하였는데 고을 사람들이 오랜 기간 적과 서로 대치하였다. 무릇 9차의 전투를 겪었으나 양식은 결핍되고 기진맥진하였으며 외부로부터의 아무런 구원도 받지 못하였기 때문에 드디어 성(城)이 함락되었고 전군과 후군도 패전하였다. 그리하여 대장군 임보(任輔)를 동남도 가발병마사(東南道加發兵馬使)로 임명하고 또 수도에 사는 노예는 공사(公私)를 막론하고 군대로 선발 편성하여 전선으로 파송하였다.

전군(前軍)과 우군(右軍)이 양근(楊根), 지평(砥平)에서 적군과 여러 번 싸워 금패(金牌), 은패(銀牌)와 산자(傘子) 등을 노획하였는데 그것을 바치기도 하고 혹 군인들에게 표창하기도 하였다. 조정에서는 곽공의(郭

公儀)를 위위경(衛尉卿)으로, 우군병마사 오효정(吳孝貞)을 상장군(上將軍)으로 각각 승직시켰는바 공의는 일찍이 뇌물 받아 먹은 죄로 면직되었다가 금번의 전쟁 공로에 의하여 복직된 것이다.

관군이 황려현(黃驪縣) 법천사(法泉寺)까지 적을 추격하고 독점(禿岾)으로 옮겨 유숙하였다. 이때 최원세가 <u>김취려</u>에게 묻기를, "내일 행군할 길이 두 갈래인데 어느 편으로 가야 하겠습니까?" 하였다. <u>김취려</u>가 말하기를, "군대를 나누어서 좌우의 팔과 같이 서로 호응하면서 행군하는 것이 좋지 않은가?" 하니, 최원세도 그의 말대로 하였다. 이튿날 맥곡(麥谷)에서 양군이 합세하여 적과 싸웠는데 적병 3백여 명을 죽이고 적을 제주(堤州)의 개울가까지 육박하였는데 적의 시체가 개울물을 덮고 내려갔다. 3일 후 적을 추격하여 박달현(朴達峴)에 이르니, 임보(任輔)도 부대를 인솔하고 와서 서로 모였다. 최원세가 <u>김취려</u>에게 말하기를, "영(嶺) 정상은 대군이 머무를 곳이 못되니 산 아래로 내려가서 주둔하려 합니다" 하니 <u>김취려</u>가 말하기를, "전술상으로 보면 비록 인심의 단결이 귀중한 것은 물론이나 지형이 유리한 것도 경시할 수 없다. 만약 적이 먼저 이 고개를 점령하고 우리가 그 밑에 있게 된다면 아무리 원숭이같이 민첩한 군대라도 통과할 수 없을 것이거늘 하물며 인간으로서 어떻게 통과하겠는가?" 하였다. 그리하여 관군이 드디어 고갯마루에 올라가 숙영하였다. 이튿날 동틀 무렵에 적군이 영(嶺) 남쪽으로 진출하여 먼저 수만 명의 병력을 나누어 고개의 좌우 고지로 올라오면서 그 요지를 점령하려고 하였다. <u>김취려</u>가 장군 신덕위(申德威), 이극인(李克仁)으로 좌측을 담당하고, 최준문(崔俊文), 주공예(周公裔)로 우측을 담당하게 하며 자기는 중간에서 북을 울리면서 지휘하였는데 전사들이 모두 결사적으로 싸웠다. 관군들이 바라보고 또 함성을 외치면서 앞을 다투어 돌격하니 적군이 대패하여 노약과 남녀, 병기와 차량 등을 내버리고 모두 도망쳤다. 그래서 적들이 이 전투로 인해서 남으로 진공할 계획을 포기하고 모두 동쪽으로 달아났다.

적을 추격하여 명주(溟州) 대관령(大關嶺)에 이르러서는 장졸들이 겁을 먹고 열흘 동안이나 머물다가 진군하니 적군은 이미 영을 넘어간 뒤였다. 중군, 좌군, 전군이 다시 적을 추격하여 명주 모로원(毛老院)에 이르러 교전하여 적을 격파하고, 옥띠(玉帶), 금(金)·은패(銀牌), 무기 등을 노획하였다. 적군이 명주성을 포위하고 있으므로 4군이 적을 추격하기로 하였으나, 후군이 미처 따르지 못하였기 때문에 강주(剛州)에서 주둔하고 있었다. 우군이 단독으로 등주(登州)에서 적군과 교전하다가 패배당하고 지휘관 오수정(吳守貞)이 전사하였다. 적은 함주(咸州)를 거쳐 마침내 여진(女眞) 지역으로 들어갔고, 관군은 위축되어 적의 뒤를 추격하는 자가 없었다. 김취려가 중군으로부터 받은 공문에 의하여 부대를 정주(定州)로 옮기고 적의 동태를 살피었다. 정찰병의 보고에 이르기를, "적군이 함주에 있는데 우리와의 거리가 가까워 개와 닭의 소리가 서로 들리는 형편입니다." 하였다. 김취려가 사슴뿔 모양[鹿角] 의 담을 설치하고 세 겹으로 참호를 파서 방어 시설을 만들었으며 이극인(李克仁), 노순우(盧純祐), 신덕위(申德威), 박유(朴蕤) 등 네 명의 장군을 남겨 수비하게 하고 주력 부대는 흥원진(興元鎭)으로 옮겨 가서 주둔하고 있었다.

적군은 여진병의 원조를 얻어 다시 활기를 띠고 침입하여 들어왔다. 김취려 부대가 되돌아오다가 예주(豫州) 생천(桂川)에서 적과 마주쳐서 교전하다가 퇴군하였다. 김취려가 갑자기 병에 걸렸으므로 막료들이 후방으로 가서 치료하기를 권하였으나, 김취려는 대답하기를, "차라리 변경의 귀신이 될지언정 어찌 집 안에서 편안히 있기를 원하겠는가?” 하였다. 그러나 병이 심해서 왕의 명령으로 수도로 돌아가서 치료하기로 되어 가마를 타고 서울에 도착하여 몇 달을 지나 겨우 완치되었다.

그 사이 김취려가 남겨 둔 부대는 위주(渭州)에서 적과 싸우다가 패전하였고, 적군은 다시 세력을 집결하여 고주(高州), 화주(和州)를 침략하고 영인(寧仁), 장평(長平) 두 진(鎭)을 함락하고 예주(豫州)까지 함락시켰다. 이에 조정에서는 전에 편성한 5군과 가발병(加發兵)을 폐지하고 새로 3군으로 개편하여 문한경(文漢卿)을 중군병마사로, 이실춘(李實椿)을 지병마사로, 이득교(李得喬)를 부사로, 공천원(貢天源)을 좌군병마사로, 송안국(宋安國)을 지병마사로, 김혁여(金奕輿)를 부사로, 이무공(李茂功)을 우군병마사로, 권준(權濬)을 지병마사로, 김연량(金沿亮)을 부사로 각각 임명하였다.

이듬해에 적군이 또다시 대거 침입하였으므로 수사공(守司空) 조충(趙沖)을 서북면 원수로 삼고 김취려를 병마사로, 차장군 정통보(鄭通寶)를 전군으로, 오수기(吳壽棋)를 좌군으로, 신선주(申宣冑)를 우군으로, 이림(李霖)을 후군으로, 이적유(李迪儒)를 지병마사로 각각 임명하고 왕이 친히 부월(鈇鉞)을 줘 보냈다.

조충과 김취려 등이 수차 적군과 교전하여 타격을 가하니 적의 세력이 궁지에 빠져서 강동성(江東城)으로 들어가서 그곳을 거점으로 삼고 있었다. 이때 몽고의 합진(哈眞)·찰라(札剌)와 동진의 완안자연(完顔子淵)이 거란을 토벌하러 바로 강동성으로 진군하여 오면서 고려에 사람을 파견하여 군대와 식량을 요청하여 왔다. 여러 장수들이 모두 가기를 꺼리고 있었다. 그런데 김취려가 말하기를, “국가의 이해가 바로 오늘의 처사에 달려 있다. 만약 그들의 뜻을 어겨 사단이 생긴다면 후회한들 무엇하리?” 하니, 조충이 말하기를, “이 말이 바로 나의 의견이다. 그러나 이는 중대한 일이니 적임자가 아니면 보낼 수 없다.” 하였다. 김취려가 말하기를, “나라에 일이 어려운 때에 사양치 않는 것이 신하된 사람의 직분이다. 내 비록 불민하나 당신을 위하여 한 번 가려 하노라.”고 하니, 조충이 말하기를, “군중의 모든 일을 공에게 의지하고 있는데 당신이 가면 되겠느냐?” 하였다. 이듬해에 김취려가 지병마사 한광연(韓光衍)과 더불어 열 명의 장군과 그들의 군대와 신기군(神騎軍), 대각군(大角軍), 내상군(內廂軍) 등의 정예 부대를 데리고 갔는데, 합진이 통역 조중상(趙仲祥)을 통하여 김취려에게 말하기를, “귀국이 과연 우리와 동맹을 맺으려면 먼저 몽고 황제에게 멀리 절하고 다음으로는 만노(萬奴) 황제에게 절해야 한다.” 하였다. 김취려가 말하기를, “하늘에는 태양이 두 개 있지 않고 백성에겐 두 임금이 없는 법인데 천하에 어찌 두 황제가 있을 수 있는가?” 하고, 다만 몽고 황제에게만 절하였다.

김취려는 키가 6척(尺) 5촌이나 되는 체격에 수염이 길어서 배를 지났으므로 예복을 입을 때마다 반드시 여종 두 명으로 하여금 수염을 좌우로 갈라 들게 한 후에 띠를 띠곤 하였다. 합진이 김취려의 용모가 위대할 뿐더러 이제 또 그의 말을 듣고 크게 기이한 인물로 인정하였다. 그를 자리에 인도하여 같이 앉힌 후 나이를 물으니, “60세에 가깝다.”고 김취려가 대답하였다. 합진이 “나는 아직 50세 미만인데 이미 한 집안으로 되었으니 당신은 형이 되고 나는 아우가 되겠다.” 하고, 김취려를 동쪽으로 향하여 앉게 하였다. 이튿날 김취려를 또 다시 자기 병영으로 초대하였는데 그 자리에서 합진이 말하기를, “내가 일찍이 여섯 나라를 정벌하면서 훌륭한 인물들을 많이 보았으나 형의 용모를 보니 어찌도 그리 기이한가? 이것이 내가 형을 존경하기 때문에 형의 휘하 병졸에게 대하여도 역시 한 집안같이 대하겠다.” 하였다. 작별하고 떠날 때에도 김취려의 손을 잡고 문 밖까지 나와서 부액(扶腋)하여 말에 올려 주었다.

며칠 후 조충도 그를 방문하였는데 합진이 묻기를, “원수의 나이가 형보다 위인가?” 하니, 김취려가 말하기를, “나보다 연장자이다.” 하니, 합진이 조충을 상좌(上座)에 앉히고 말하기를, “내가 한 말씀 드리고자 하는데 실례가 될 듯하다. 그러나 친한 정의에 체면만 차리는 것은 부당하다. 내가 두 형님 사이에 앉는 것이 어떠할까?” 하였다. 김취려가 대답하기를, “이것은 우리들이 바라던 바이나 먼저 발언하지 못했을 뿐이다.” 하고, 좌석을 정한 후 술을 차리고 흥겹게 연회하였다. 몽고 풍속에 손님을 접대할 때에 잘 드는 칼 끝으로 고기를 꿰어 주인과 손님이 서로 먹여 주는 것을 좋아하는데 눈 깜짝할 사이도 없이 주고받았 다. 우리 군사 중에 이름난 자들도 어려운 빛을 보였다. 그러나 조충과 김취려는 그와 수작하는 동작을 매우 익숙하게 하였으므로 합진 등이 지극히 유쾌하게 놀았다. 합진은 술을 잘 마시는 편인데 조충과 술 마시기 내기를 하되 지는 사람은 벌 받기로 약속하였다. 조충이 잔에 가득하게 따라 들여마셔도 취한 빛이 보이지 않았다. 그러다가 마지막 잔에 가서 잔을 받아 놓고 말하기를, “이 술을 내가 못마실 바는 아니나 만약 내가 이기면 약속대로 공이 반드시 벌을 받게 될 것이니 차라리 내가 벌을 받겠다. 주인으로서 손님을 벌 주는 것이 마음에 좋을 수 있겠느냐?” 하였더니, 합진이 그 말을 중히 여겨 대단히 기뻐하고, 이튿날 강동성 밑에서 만나기로 약속하였다. 그리하여 김취려가 성 밖 3백 보(步) 지점에 이르러 그쳤다.

합진은 강동성 남문에서 동남문에 이르기까지 너비와 깊이가 10 척(尺)이나 되는 도랑을 팠으며, 서문 이북은 완안자연에게 맡기고 동문 이북은 <u>김취려</u>에게 맡겨 각각 참호를 파게 하여 성중에 있는 적이 탈주하지 못하게 하였다. 적의 기세가 군색해서 40여 명이 성을 넘어 몽고군에 항복하고 적의 괴수 감사 왕자(噉捨王子)는 목매어 죽었으며 그의 관원, 군졸, 부녀 등 5만여 명이 성문을 열고 나와 항복하였다. 합진이 조충 등과 함께 다니면서 투항하는 상황을 시찰하였다. 왕자의 가족과 가짜 승상, 평장(平章) 이하 1백여 명을 모두 현장에서 처단하였으며 기타의 사람들에 대하여는 관대한 처분으로 죽이지 않고 여러 군대들로 하여금 수비하게 하였다. 합진이 조충에게 말하기를, "우리가 만리 밖에서 와서 귀국과 합력하여 적을 격파한 것은 천재(千載)의 다행이라. 예의상 당연히 귀국 왕을 찾아가서 배알하는 것이 응당하나 우리 군대가 대단히 많아서 멀리 행군하기 곤란하므로 사람을 보내 사례만 드리노라!" 하였다.

합진·찰라가 조충과 <u>김취려</u>에게 동맹 맺기를 청하면서 말하기를, "두 나라가 영원히 형제로 되어서 만 대에 이르기까지 오늘의 맹약을 잊지 말자!" 하였다.

조충은 군대를 위로하는 연회를 베풀어 주었다. 합진은 부녀와 소년 남자 7백 명과 우리나라 백성으로서 적에게 포로된 자 2백 명을 우리 측에 돌려주고, 여자로서 15세 전후의 처녀를 조충과 <u>김취려</u>에게 9명씩과 준마(駿馬) 9필씩을 선사하였으며 나머지는 모두 자기가 데리고 갔다.

조충이 거란 포로들을 각 고을에 나누어 보내고 빈 땅을 택해서 거주하게 하였으며 또 식구에 따라 토지를 주어 농사를 짓게 조치하였다. 향간에서 '거란장(契丹場)'이라고 부르는 곳이 바로 여기이다.

같은 해에 의주의 적 한순(韓恂)과 다지(多智)가 수비하는 장수를 죽이고 각 군과 연락하여 배반을 일으켰다. 조정에서 추밀부사 이극서(李克偦)로 중군을 영솔하게 하고 이적유(李迪儒)로 후군을, <u>취려</u>로 우군을 거느리고 적을 토벌하게 하였다.

다음해에 <u>김취려</u>를 추밀부사로 임명하고 극서와 교체하여 중군을 지휘하게 하였는데 한순 등이 금나라 원수 우가하(于哥下)에게 투항하였다. 우가하가 한순과 다지 두 명을 유인하여 죽인 후 그들의 머리를 서울로 전하여 왔다. 3군이 이번 역적에게 복종한 여러 성들에 대하여 죄에 처할 것을 청하였다. 그러나 <u>김취려</u>는 말하기를, "『서전(書傳)』에 이른바 '그 괴수를 섬멸하거든 협박에 의하여 가담한 자는 죄 주지 말라!'고 하였다. 대군이 이르는 곳에는 요원의 불길과 같아서 죄 없는 백성들도 재난을 많이 당하고 있거늘 하물며 거란의 침략으로 인하여 관동(關東)지방이 폐허로 되었는데 이제 또 우리 군대를 내놓아 나라의 울타리인 변방의 성을 허물어 버리는 것이 옳은가? 나머지 사람들은 일체 죄를 묻지 말라!" 하였다.

<u>김취려</u>가 곽원고(郭元固), 김보정(金甫貞), 종주질(宗周秩), 종주뢰(宗周賚) 등을 의주로 파견하여 피난민들을 불러들여 안착시키게 하였다. 그러나 종주뢰는 욕심이 많아서 뇌물을 많이 받아먹었으며 뇌물을 가져 오지 아니하는 자에게는 구실을 붙여 죽이곤 하였다. 고을사람들이 모두 원망하여 적의 잔당 윤창(尹昌) 등을 인도하여 성을 넘어 들어오게 하여 종주뢰 등을 죽이니 곽원고, 김보정 등이 도망하여 돌아와서 보고하였다. 그래서 <u>김취려</u>가 판관(判官) 최홍(崔弘)과 녹사(錄事) 박문정(朴文挺)을 파견하여 그들에게 거역하면 화를 당하고 순종하면 복이 온다고 타이르고 이어 대장군 조염경(趙廉卿)과 장군 박문분(朴文賁)을 보내 군대 5천 명을 거느리고 토벌하게 하였더니 윤창 등은 도망하고 적의

도당은 와해되었다. 당시 거란 패잔병이 영원(寧遠)의 산중에 숨어 있다가 때때로 나타나서 백성들의 재물을 약탈하였으므로 그것이 백성들의 우환거리로 되었다. 김취려가 이경순(李景純), 이문언(李文彦) 등을 보내 패잔병을 격파하였으므로 북부 국경지대가 모두 편안하게 되었다.

김취려는 이듬해에 추밀사(樞密使) 병부상서(兵部尙書), 판삼사사(判三司事)로 승직되었다가 얼마후 참지정사(參知政事) 판호부사(判戶部事)로 올라갔으며, 15년에 수태위(守太尉), 중서시랑(中書侍郎) 평장사(平章事) 판병부사(判兵部事)를 거쳐 마침내 시중(侍中)으로 되었으며 21년(1234년)에 졸하니, 시호를 위열(威烈)이라 하였다.

김취려는 검소하고 또 정직하며 충의(忠義)로써 스스로를 지켰다. 군대를 통솔함에 있어서는 명령이 엄격하였다. 그리하여 군사들이 백성의 재물을 털끝만치도 침범하지 않았으며, 술이 생기면 잔을 가져다가 말단 병사들과 함께 골고루 마시었기 때문에 병사들이 그의 명령이라면 죽을 힘을 다 바치었다. 강동 전투에서의 공로는 다 조충에게 돌려주었으나 전쟁터에 나서서 적군과 싸울 때에는 신기한 전술을 많이 써서 큰 공을 이루었으면서도 한 번도 그런 공적을 자랑한 적이 없었다. 그가 상(相)으로 된 후에는 바른 낯빛으로 아래를 통솔하였으므로, 사람들이 감히 그를 기만하는 일이 없었다. 그는 고종 묘정(廟庭)에 배향(配享)되었으며 그의 아들 전(佺)은 문하시랑(門下侍郎) 평장사(平章事)로 있었다. 김전의 아들은 김양감(金良鑑), 김군(金頵), 김중보(金仲保), 김변(金賆)이 있었는데 김양감의 아들은 김문연(金文衍)이다.

○ 김문연은 어려서 중이 되었다가 귀속(歸俗)하였으나 나이 30세가 넘도록 자기 힘으로 출세하지 못하였다. 그러다가 누이동생 숙창원비(淑昌院妃)가 충렬왕(忠烈王)의 총애를 받게 되자 그의 덕으로 좌우위

산원(左右衛散員)으로 임명되었으며 벼슬이 여러 번 뛰어올라 첨의시랑(僉議侍郎) 찬성사(贊成事)에 이르렀다. 그후 비(妃)가 또 충선왕(忠宣王)에게 총애를 받아 숙비(淑妃)로 책봉되자 김문연을 첨의중호(僉議中護)로 임명하였다. 원(元)나라에서는 신무장군(信武將軍), 진변만호(鎭邊萬戶) 벼슬을 주고 왕주호부(王珠虎符)도 주었으며 본국에서는 언양군(彦陽君)으로 봉하였다. 후에 독로화(禿魯花)를 데리고 원나라로 갔었는데 원나라에서 또 벼슬 진변만호부(鎭邊萬戶府) 달로화적(達魯花赤)을 더 주었다. 그 후 충숙왕 원년에 귀국하던 도중에서 죽었다.

김문연은 위인이 활달하고 마음이 솔직하여 매양 숙비의 곁에 있는 사람들이 지나치게 사치하는 것을 볼 때마다 그리 못하게 억제하였다. 그의 시호는 영신(榮信)이라 하였고 아들은 없었다.

○ 김변(金眪)의 자는 손지(損之)이니 문음으로 동면도감판관(東面都監判官)으로 되었다가 과거에 급제한 후 여러 관직을 역임하여 예부낭중(禮部郎中)에 이르렀다. 충렬왕(忠烈王)이 세자(世子)로서 원나라에 갈 때 김변이 배행하였다. 그 후 충렬왕이 원나라 공주와 결혼하여 작위를 받고 귀환한 후 김변의 공로가 제일 컸으므로, 서권(誓券 : 맹세하는 문건)을 주었는데 그 내용은 "그대의 공은 대단히 큰데 내가 준 상은 그보다 적다. 그대가 비록 앞으로 죄를 범하는 일이 있더라도 열 번에 아홉 번은 용서를 받을 것이며 자손의 대(代)에 이르기까지 또 이와 같이 하리라!" 하였다. 그의 벼슬이 여러 번 올라 판비서시사(判秘書寺事)로 되어 동료인 수국사(修國史) 임익(任翊)과 함께 원나라 세조(世祖)의 사적을 편찬하였다. 뒤이어 승지(承旨)로 임명되었다가 부지밀직(副知密直)으로 승진되었으며 서북면 도지휘사(西北面都指揮使)로 외직에 나갔고 감찰대부(監察大夫) 판삼사사(判三司事)를 지내다가 27년(1301)

284

에 첨의참리(僉議參理)로 있다가 졸하였으며, 시호를 문신(文愼)이라
하였다.

김변은 성품이 순후하고 소박하였으며 국가사업을 받들어 진행함에
있어서 항상 정직하게 하였으므로 능히 자기 가문의 유풍을 계승하였다.
아들은 김륜(金倫)과 김우(金禑)인데 김륜은 따로 전기가 있다. 김우는
지조가 청렴하며 대언(代言) 벼슬을 지냈다.

22.『고려사』제105권, 열전18, 정가신(鄭可臣)

【원문】

帝使翰林學士撒剌蠻問可臣本國歸附年月可臣對曰 太祖皇帝肇興朔方
有遼孼金山王子者自稱大遼奪掠中都子女玉帛東走江東城拒守朝廷遣
哈眞扎剌追討時方雪深道險饋餉不繼我國遣趙冲**金就礪**濟兵犒師殲其
醜虜因奉表請爲東藩太祖遣使優詔答之仍諭汝國人不能寒暑來聘固難
其貢獻方物朕當使人取之此事在. 戊寅 至今凡七十有六年

【번역문】

　황제가 한림학사 살라만(撒剌蠻)으로 하여금 정가신(鄭可臣)에게 우
리나라가 원나라에 귀순한 시일을 물었다. 정가신이 대답하기를, "태조
(원나라의 성길사한) 황제가 북방에서 처음 나라를 건립하였을 때에
요(遼)나라의 서자벌이 되는 금산(金山) 왕자란 놈이 있어 나라를 대요(大
遼)라고 자칭하고 중도(中都 : 지금의 북경)의 어린아이들과 옥, 비단
등을 약탈해 가지고 동으로 도주하여 강동성(江東城)에 들어가 문을
닫고 지키게 되었는데 원나라에서는 합진(哈眞), 찰라(札剌)를 보내

추격 토벌케 하였습니다. 그때 마침 눈이 많이 와서 쌓였고 길은 험하여
군사들에 대한 식량 공급이 두절되었는데 우리나라에서는 조충(趙冲),
<u>김취려(金就礪)</u>를 보내 원병과 식량을 가지고 가서 귀국 군대를 도와
더러운 원수 놈들을 섬멸케 하였으며 그 길로 황제께 글을 올려 동번(제
후)으로 될 것을 요청하였더니 황제는 사신을 파견하여 그에 대한 칭찬의
조서를 가져오게 하였고, 또 말하기를,

　‘그대 나라 사람들은 추위와 더위를 견디기가 힘들어 하니 공물을
가지고 오기가 아주 어려울 것이다. 그러므로 토산물을 바치는 것은
내가 사람을 보내 받아 오도록 하겠다’고 하셨습니다. 이 일은 무인년에
있었으니 지금까지 무릇 76년이 됩니다.” 하였다.

23. 『고려사』 제110권, 열전23, 이제현

【원문】

後復如元柳淸臣吳潛上書都省請立省本國比內地　　齊賢爲書上都堂曰
…… 竊惟小邦始祖王氏開國以來凡四百餘年臣服聖朝歲修職貢亦且百
餘年 有德於民不爲不深有功於朝廷不爲不厚 歲在. 戊寅 有遼民胥孽金
山王子者驅掠中原之民東入島嶼陸梁自肆太祖聖武皇帝遣哈眞扎剌兩
元帥討之 會天大雪餽餉不通我忠憲王命趙冲**金就礪**供資粮助器仗擒戮
狂賊疾如破竹 於是兩元帥與趙冲等誓爲兄弟萬世無忘 又世祖皇帝返旆
江南我忠敬王知天命之有歸人心之攸服跋涉五千餘里迎謁梁楚之郊忠
烈王亦躬修朝覲未嘗小懈 征收日本則悉竭賦而爲前驅追討哈丹則助官
軍而殲渠魁勤王之效不可枚擧 故得釐降公主世篤甥舅之好而不更舊俗
以保其宗睨社稷 繫世皇詔旨是賴 ……

【번역문】

　후에 다시 원나라에 갔을 때 유청신(柳淸臣)과 오잠(吳潛)이 원나라 정부에 상서하여 우리나라를 한 성(省)으로 만들어 내지(內地)로 병합할 것을 제의하였다. 이에 대해 이제현이 글을 지어 원나라 정부에 보내기를,

　"…… 생각컨대 우리나라는 태조 왕씨가 개국한 지 대략 4백여 년이며 귀국과의 관계를 맺고 매년 자기의 직무를 완수하여 온 지도 1백여 년이다. 그동안 국내 백성에게 입힌 덕도 깊지 않은 바 아니요 귀국을 위하여 세운 공로도 두텁지 않은바 아니다. 무인년에 요(遼)나라의 유족인 금산 왕자(金山王子)가 중원의 백성을 약탈하고 우리나라에 침입하여 제멋대로 횡행할 때에 태조 성무황제(太祖聖武皇帝)가 합진(哈眞)과 찰라(扎剌) 두 원수를 보내 적을 토벌하게 하였다. 때마침 큰 눈이 내려 군량을 수송할 수 없게 되였으므로 우리 충헌왕이 조충(趙沖), 김취려(金就礪)를 시켜 양식과 무기를 보급하는 동시에 직접 전투에 참가하여 미친듯이 날뛰던 적을 참대를 쪼개듯 단숨에 무찔러 버렸다. 이에 두 원수는 조충 등과 형제의 의를 맺고 영원히 잊지 말 것을 맹세하였다. 또 세조황제가 강남에서 회군할 때에 우리 충경왕이 정세와 인심의 동향을 예견하고 수륙 5천여 리를 거쳐 양초(梁楚) 지방에까지 가서 만나 보았고 충렬왕 역시 친히 조근(朝覲)하기를 조금도 태만하지 않았다. 또 일본을 정벌할 때는 자국의 국력을 기울여 선봉의 역할을 하였으며 합단(哈丹)을 추격할 때는 원나라 군대를 도와 적의 괴수를 섬멸하는 등 귀국을 위하여 진력한 공적을 이루 다 들 수 없었다. 그렇기 때문에 귀국에서는 공주를 출가시켜 대대로 친밀한 인척 관계를 가졌으며 옛날부터 전해 오는 제도는 변함없이 자기 국가를 보전할 수 있게 하였다. 이것들을 세조황제의 조서 내용에서 근거한 것이다. ……"

24. 『고려사』 제110권, 열전23, 이제현

【원문】

忠宣被讒流吐蕃齊賢又與崔誠之獻書元郎中曰 …… 竊惟敝邑事大以來
百有餘年歲修職貢未嘗小弛 往者遼民遺種金山王子者驅掠中原之民弄
兵于海島朝廷遣哈眞扎剌帥師討罪 天寒雪深甬道不繼軍不得前却幾爲
兇徒所笑 我忠憲王命陪臣趙沖**金就礪**轉餉濟師掎角而滅之 兩國之帥相
與約爲兄弟誓萬世無相忘 是則敝邑所以盡力於太祖皇帝時也 ……

【번역문】

　　충선왕이 참소를 입고 토번(吐蕃)으로 귀양가자 이제현은 또 최성지
(崔誠之)와 함께 원랑중(元郎中)에게 편지를 보내 말하기를,

　　"…… 생각컨대 우리나라는 귀국과 관계를 맺은 후 1백여 년이 된다.
이래 해마다 우리의 할 직무를 다하여 조금도 소홀히 한 적이 없다.
지난 번에 요(遼)나라의 유종 금산 왕자(金山王子)란 자가 중원의 백성을
약탈하고, 섬에서 전쟁의 불장난을 할 때에 조정에서는 합진(哈眞),
찰라(扎剌)에게 군대를 거느리고 가서 토벌하게 하였다. 때 마침 날이
차고 눈이 깊어 교통이 두절되고 군대가 전진할 수 없게 되어 하마터면
도리어 적의 냉소를 받게 될 뻔하였다. 이때 우리 충헌왕이 조충(趙沖),
김취려(金就礪)를 보내 군량을 보급하고 군사를 증원하여 힘을 합하여
적을 섬멸하였다. 이리하여 양국 원수들은 형제의 의를 맺고 영원히
서로 잊지 않기로 맹세하였다. 이것은 우리나라가 태조황제 때에 전력한
때의 일이다. ……"라고 하였다.

25. 『고려사』 제110권, 열전23, 이제현

【원문】

忠惠被執于元宰相國老會旻天寺議上書請赦王罪齊賢草其書曰 …… 又念小邦始祖王氏開國海隅四百二十六年 子孫相繼二十八世 歷宋遼金通使往來羈縻而已 及我太祖聖武皇帝龍興之際有金山王子者驅掠中原之民啚復亡遼之業勢窮東走陸梁島嶼 太祖命哈眞扎刺兩將帥討罪天寒雪深餉道不繼 我忠憲王遣趙冲**金就礪**等助兵与粮一擧破賊 於是兩國同盟萬世子孫無忘今日因分所虜生口爲信 今小邦有契丹場是也 ……

【번역문】

충혜왕이 원나라에 잡혀 가자 재상과 국가 원로들이 민천사(旻天寺)에 모여 왕이 죄를 용서 받기 위한 청원서를 원나라에 보내기로 할 때에 이제현이 초안을 작성하였다. 그에 이르기를,

"…… 또 우리나라로 말하면 시조 왕씨가 바닷가에 건국한 지 이미 426년이요 자손이 왕위를 계승하기를 28대에 이르렀다. 그동안에 송, 요, 금 등 세 나라들과 사신을 통하고 왕래하여 왔으나 그것은 이 나라들과의 연계를 끊지 않고 지낸 데 불과한 것이었다.

태조 성무황제가 일어서던 시기에 금산 왕자라는 자가 중원에 침입하여 백성을 약탈하고 망한 요나라의 왕업을 회복하려고 획책하다가 궁지에 빠져 동쪽으로 도망하여 바다 섬으로 들어 가 함부로 횡행하였다. 이때 태조가 합진(哈眞), 찰라(札刺) 두 장수를 보내 토벌하였는데 때마침 날이 차고 눈이 깊어 군량을 보급할 수 없게 되었다. 이때 우리 충헌왕이 조충(趙冲), <u>김취려(金就礪)</u> 등을 보내 병력으로 원조하고 식량을 보급하

여 일거에 적을 격파하였다. 이에 양국은 맹세하기를 '자손 만대까지 오늘을 잊지 말자.' 하고, 포로 인원을 나눠 가짐으로써 신표를 삼았다. 지금 우리나라에 거란장(契丹場)이 그것이다.

26. 『고려사』 제124권, 열전37, 폐행2, 김흥경

【원문】

金興慶侍中就礪之曾孫聰慧便佞

【번역문】

  김흥경은 시중 취려(就礪)의 증손인데, 사람됨이 총명하고 혜민하나 망녕되었다.

고려사절요(高麗史節要)[11]

1. 『고려사절요』 권14, 고종1, 병자 3년 8월

【원문】

八月乙丑, 契丹將鵝兒乞奴, 引兵數萬, 渡鴨綠江, 侵寧朔定戎之境, 先是,
丹兵來攻大夫營, 遣人, 告北界兵馬使云, 爾, 不送粮助我, 我, 必侵奪汝疆,
我於後日, 樹黃旗, 汝來聽皇帝詔, 若不來, 將加兵于汝, 甲子, 果樹黃旗,
兵馬使不往, 翼日渡江, 攻寧朔等鎭, 掠城外財穀畜産而去, 丙寅, 闌入義
靜朔昌雲燕等州, 宣德定戎寧朔諸鎭, 皆以妻子自隨, 瀰漫山野, 恣取禾
稼牛馬而食之, 居月餘食盡, 移入雲中道, 己巳, 以上將軍盧元純, 爲中軍
兵馬使, 知御史臺事白守貞, 知兵馬事, 左諫議大夫金蘊珠, 爲副使, 上將
軍吳應富, 爲右軍兵馬使, 崔宗俊, 知兵馬事, 侍郎庾世謙, 爲副使, 大將軍
金就礪, 爲後軍兵馬使, 崔正華, 知兵馬事, 陳淑, 爲副使, 以禦之.

【번역문】

8월 을축일에 거란의 장수 아아(鵝兒)와 걸노(乞奴)가 군사 수만 명을

---

11) 조선전기 문종 2년(1452) 김종서 등이 편찬한 35권 35책의 고려시대의
역사서로, 편년체로 기록되어 있으며 기전체인『고려사』와 함께 고려시대
를 연구하는데 아주 중요한 사료이다.『고려사』를 저본으로 찬수(纂修)하여
춘추관(春秋館)의 이름으로 간행하였다. 현재는 전하지 않지만 당시의 편년
체 사서로 세종 때 윤회(尹淮)가 편찬한『수교고려사(讎校高麗史)』와 권제(權
踶)의『고려사전문(高麗史全文)』을 참조하고, 1451년 완성된『고려사』의
내용을 축약하여 5개월 만에 편찬한 것이다.

이끌고 압록강을 건너와서 영주(寧州 : 평북 영주)·삭주(朔州)·정주(定州)·융주(戎州)의 지경을 침범하였다. 이보다 앞서 거란의 군사가 대부영(大夫營)을 공격하면서 사람을 보내어 북계병마사에게 말하기를, "너희가 군량을 보내어 우리를 돕지 않으면 우리가 반드시 너희의 강토를 침범할 것이다. 내가 훗날에 황색 깃발을 세우거든 네가 와서 황제의 조칙을 들으라. 만약 오지 않으면 너를 칠 것이다." 하였다. 갑자일이 되어 과연 황색 기를 세웠는데 병마사가 가지 않았더니 그 이튿날 압록강을 건너와서 영주·삭주 등의 진(鎭)을 공격하고, 성 밖에 있던 재물·곡식·축산을 빼앗아 갔다. 병인일에 의주(義州)·정주(靜州)·삭주(朔州)·창주(昌州 : 평북 창성)·운주(雲州)·연주(燕州) 등의 주(州)와 선덕(宣德 : 함남 정평)·정융(定戎)·영삭(寧朔) 등의 여러 진에 난입하여 모두 그들의 처자(妻子)를 데리고 다니니 산과 들에 사람이 가득히 찼다. 곡식과 우마를 마음대로 빼앗아 먹고 한 달 동안이나 있다가 먹을 것이 없어지자 운중도(雲中道)로 옮겨갔다. 기사일에 상장군 노원순(盧元純)을 중군병마사로 삼고, 지어사대사 백수정(白守貞)을 지병마사로 삼고, 좌간의대부 김온주(金蘊珠)를 부사로 삼고, 상장군 오응부(吳應富)를 우군병마사로 삼고, 최종준(崔宗俊)을 지병마사로 삼고, 시랑 유세겸(庾世謙)을 부사로 삼고, 대장군 <u>김취려(金就礪)</u>를 후군병마사로 삼고, 최정화(崔正華)를 지병마사로 삼고, 진숙(陳淑)을 부사로 삼아 거란을 방어하게 하였다.

2. 『고려사절요』 권14, 고종1, 병자 3년 9월

【원문】

○ 丹兵, 自昌州, 移屯延州之開平原林兩驛, 終日絡繹不絶, 三軍, 遣神騎將追之, 與戰于新里, 斬一百九十級, 三軍, 進次延州, 以光裕延壽周氏光世君悌趙雄等六將, 守獅子岊, 永麟迪夫文備三將, 守楊州, 翼日, 九將, 戰于朝宗戌斬獲共七百六十餘人, 得馬騾牛, 及牌印兵仗, 不可殫記, 契丹, 不復分兵, 聚屯開平驛三軍, 旣至, 皆莫敢前, 右軍據西山之麓, 中軍, 受敵于野, 小退屯獨山, 後軍兵馬使**金就礪**, 拔劍策馬, 與將軍奇存靖, 直衝賊圍, 出入奮擊, 丹兵潰, 追過開平驛, 賊, 設伏驛北, 急擊中軍, **就礪**, 回擊之, 契丹又潰, 中軍兵馬使盧元純, 夜謂**就礪**曰, 彼衆我寡, 右軍又不至, 始齎三日糧耳, 今已盡, 不如退據延州城, 以俟後便, **就礪**曰, 我軍屢捷, 鬪志尙銳, 請乘其鋒, 一戰而後議之, 賊布陣墨匠之野, 軍勢甚盛, 元純, 馳召**就礪**, 且揚黑幟爲信, 士卒, 冒白刃爭赴, 無不一當百, **就礪**, 與文備, 橫截賊陣, 所向披靡, 三合三克, **就礪**長子, 死.

○ 賊, 奔入香山, 燒普賢寺, 三軍, 追擊之, 斬獲摠二千四百餘人, 溺死南江者, 亦以千數, 餘衆夜遁於昌州, 婦女小兒, 委棄路旁, 號哭聲, 如萬牛之吼, 有一人, 棄兵, 自稱官人, 直前請曰, 我等擾貴國邊疆, 固有罪矣, 婦子何知, 請無庸盡殺, 且無薄我, 我則刻日自返矣, **就礪**, 使謂之曰, 汝言何可信, 與之酒, 快飮而去, 俄而, 鵝兒乞奴, 送符文陳乞, 如其所言, 三軍, 各遣二千人, 躡其後, 見賊所棄資糧器仗, 狼藉於道, 牛馬則或斫其腰, 或刺其後, 蓋使得之, 不可復用也, 所遣六千人, 戰于淸塞鎭, 擒殺過當, 平虜鎭都領祿進, 亦擊殺七十餘級, 賊遂踰淸塞鎭, 遁去.

○ 昌州分道將軍金公㮇, 飛報, 契丹後至兵, 自前月大入境, 三軍, 次延州,唯留內廂自衛, 其餘悉發, 後軍, 獨遇于楊州, 擒殺數十百級, 兩軍, 先回博州, **就礪**, 護輜重徐行, 至沙現浦, 賊, 突出狙擊, **就礪**, 告急於兩軍, 兩軍, 守便宜不出, **就礪**, 力戰却之, 卒護輜重而至, 盧元純, 出迎西門外, 賀曰, 卒遇强敵, 能摧其鋒, 使三軍負荷之士, 無一毫之失, 公之力也, 馬上, 酌酒爲壽, 兩軍將士, 及諸城父老, 皆扣頭曰, 今者, 與强寇角立, 而自戰其地, 可謂難矣, 而於開平墨匠香山原林之役, 後軍, 每爲先鋒, 以少擊衆, 使我老弱, 存其性命, 顧無以報, 但祝壽而已

【번역문】

○ 거란의 군사가 창주(昌州)에서 연주(延州)의 개평역(開平驛)·원림역(原林驛) 두 역으로 옮겨 주둔하고 종일토록 왕래하여 그치지 않으므로 삼군(三軍)이 신기(神騎)의 장수를 보내어 이를 뒤쫓아 가서 신리(新里)에서 싸워 머리 1백 90급을 베었다. 삼군이 나아가 연주(延州)에 주둔하고, 광유(光裕)·연수(延壽)·주저(周氐)·광세(光世)·군제(君悌)·조웅(趙雄) 등 여섯 장수는 사자암(獅子嵒)을 지키게 하고, 영린(永麟)·적부(迪夫)·문비(文備)의 세 장수는 양주(楊州)를 지키게 하였다. 그 이튿날 아홉 장수가 조종수(朝宗戌)에서 목베고 사로잡은 수가 모두 7백 60여 명이나 되고, 말·노새·소와 패인(牌印)·병장기를 노획한 것은 이루 다 기록할 수 없었다.

거란이 다시 군사를 나누지 못하고 개평역(開平驛)에 모여서 주둔하니, 삼군이 이미 이르렀으나 모두 감히 앞으로 나아가지는 못하였다. 우군(右軍)은 서산의 기슭에 웅거하고, 중군은 적군을 들에서 맞이하여 조금 후퇴하여 독산(獨山)에 주둔하였다. 후군병마사 김취려(金就礪)가 칼을 뽑아들고 말을 채찍질하여 장군 기존정(奇存靖)과 더불어 적군의 포위를 돌파하고 드나들면서 공격하니 거란의 군사가 무너졌다. 이를 뒤쫓아 개평역(開平驛)을 지나가자 적이 역의 북쪽에 군사를 매복시켰다가 급히 중군을 치므로 취려가 되돌아와서 이를 공격하니 거란의 군사가 또 무너졌다. 중군병마사 노원순(盧元純)이 밤에 취려에게 말하기를, "저들은 군사가 많고 우리는 군사가 적으며, 우군도 이르지 않았소. 당초에 3일 먹을 양식만 준비하였는데 지금 벌써 다 떨어졌으니, 물러가서 연주성(延州城)에 웅거하여 후일의 기회를 기다리는 것만 같지 못할 것이오." 하니, 취려가 말하기를, "우리 군사가 여러 번 이겼으므로 투지가 아직 왕성하니, 그 예봉을 이용하여 한 번 싸운 뒤에 의논하기로 합시다." 하였다. 적군이 묵장(墨匠) 들에 진을 치니, 기세가 매우 강성하였다. 원순(元純)이 빨리 취려를 불러오고, 또 검은 깃발을 날려 신호를 하니, 사졸들이 시퍼런 칼날을 무릅쓰고 다투어 나아가서 한 사람이 1백 명을 당해 내지 않는 사람이 없었다. 취려가 문비(文備)와 더불어 적의 진을 가로 끊으니, 가는 곳마다 적군이 쓰러졌다. 세 번 싸워 다 이겼는데, 취려의 맏아들이 전사하였다.

○ 적군이 달아나 묘향산으로 들어가서 보현사(普賢寺)를 불태웠다. 삼군이 이를 추격하여, 목베고 사로잡은 것이 모두 2천 4백여 명이나 되고, 남강(南江)에 빠져 죽은 자도 1천을 헤아렸으며, 남은 무리들은 밤에 창주(昌州)로 도망가면서 부녀와 어린아이들을 길가에 버리고 가니, 목놓아 우는 소리가 1만 마리의 소 울음소리와 같았다. 어떤 사람이 무기를 버리고 스스로 관인이라 일컬으면서 바로 취려에게 와서 청하기를, "우리들은 귀국의 변경을 침범하였으니 진실로 죄가 있습니다마는, 부녀와 아이들이야 무엇을 알겠습니까. 청하건대, 모두 죽이지 마시고 또 우리를 윽박지르지 마십시오. 우리는 날짜를 한정하여

스스로 돌아갈 것입니다.” 하였다. 취려가 그 사람에게 말하기를, “네 말을 어찌 믿을 수 있으랴.” 하면서 술을 주니, 달게 마시고 가버렸다. 조금 후에 아아(鵝兒)와 걸노(乞奴)가 부문(符文)을 보내어 청하였는데, 그의 말과 같았다. 삼군에서 각기 2천 명을 보내어 그 뒤를 밟아 가니, 적이 버리고 간 자량(資糧)과 기장(器仗)이 길의 여기저기에 흩어져 있었는데, 소와 말은 혹은 그 허리를 찍히고 혹은 그 궁둥이를 찔리는 등 대개 다시 쓰지 못하도록 한 것이었다. 보낸 6천 명이 청새진(淸塞鎭 : 평북 희천)에서 싸워 사로잡고 죽인 수가 매우 많았다. 평로진도령(平虜鎭都領) 녹진(祿進)이 쳐서 역시 70여 명을 죽였다. 적이 드디어 청새진을 넘어서 도망해 가버렸다.

○ 창주분도장군 김공석(金公奭)이 급히 보고하기를, “거란의 나중에 이른 군사가 지난달부터 국경에 많이 들어왔습니다.” 하였다. 이에 삼군이 연주(延州)에 진주해서, 내상(內廂) 군사만 남겨 두어 스스로 방위하게 하고, 그 나머지 군사는 모두 출발하니, 후군이 홀로 양주(楊州)에서 적군을 만나 수백 명을 사로잡고 죽였다. 양군(兩軍 : 전군과 중군)이 먼저 박주(博州 : 평북 박천)로 돌아가고, 취려(就礪)가 치중(輜重)을 호위하여 천천히 가는데, 사현포(沙現浦)에 이르니 적군이 갑자기 뛰어나와 저격하였다. 취려가 양군에게 급함을 알리니, 양군이 편리한 곳을 지키고 나오지 않았다. 취려가 힘을 다하여 싸워 드디어 이를 물리치고 마침내 치중을 호위하여 이르니, 노원순(盧元純)이 서문(西門) 밖에 나와 맞이하여 하례하기를, “갑자기 강한 적군을 만나서 능히 그 예봉을 꺾어, 삼군의 짐을 운반하는 군사로 하여금 조그만 물건도 잃지 않게 한 것은 공의 힘이요.” 하고, 말 위에서 술을 따라 주며 축수하였다. 양군의 장졸과 여러 성의 부로들도 모두 머리를 조아리며 말하기를,

"지금 강한 도적과 서로 버티며 우리 땅에서 싸우는 것은 어려운 일입니다. 그럼에도 개평(開平)·묵장(墨匠)·향산(香山)·원림(原林)의 전쟁에 후군이 매양 선봉이 되어 적은 군사로써 많은 군사를 쳐서 우리들 늙은이와 약한 이에게 그 생명을 보존하게 하였으니, 보답할 길이 없습니다. 다만 공의 장수를 축원할 뿐입니다." 하였다.

3. 『고려사절요』 권15, 고종2, 정축 4년 5월

【원문】

丹兵, 陷東州, 崔忠獻, 奏曰, 丹兵, 過東州, 勢將南下, 五軍, 逗留不戰, 徒費粮餉, 非委任閫外之意也, 請罷應夫, 并奪子壻職, 以前軍兵馬使崔元世, 代之, 上將軍**金就礪**, 爲前軍兵馬使, 王從之.

【번역문】

　(5월) 거란군이 동주(東州 : 강원 철원)를 함락하였다. 최충헌이 왕에게 아뢰기를, "거란군이 동주를 지났으니, 형세가 장차 남쪽으로 내려올 것입니다. 그런데 오군이 머무른 채 싸움을 하지 않으면서, 군량만 낭비하니, 장수의 움직임을 위임한 본의가 아닙니다. 응부를 파면하고 아울러 자식과 사위의 직을 빼앗아 전군병마사 최원세(崔元世)에게 그를 대신 하게 하고, 상장군 <u>김취려(金就礪)</u>를 전군병마사로 삼으소서." 하였는데, 왕이 이 말을 따랐다.

4. 『고려사절요』권15, 고종2, 정축 4년 7월

【원문】

中軍前軍, 追丹兵于忠原兩州閒, 法泉寺, 移次禿岾, 崔元世曰, 明日之路, 有二歧, 吾行何如則可, **金就礪**曰, 分軍, 掎角, 不亦可乎, 元世, 從之, 翼日, 會于麥谷, 與賊戰, 斬獲三百餘級, 迫于堤州之川, 流屍蔽川而下, 越三日, 追至朴達峴, 加發兵馬使任輔, 亦將兵來會, 元世, 謂**就礪**曰, 嶺上, 非大軍所止, 欲退屯山下 **就礪**曰, 用兵之術, 雖貴人和, 地利亦不可輕, 賊若先據此嶺, 我在其下, 猿猱之捷, 亦不得過, 況於人乎, 三軍, 遂登嶺而宿, 質明, 賊果進軍于嶺之南, 先使數萬人, 分登左右峯, 欲爭要害, 元世等, 使將軍申德威, 李克仁, 當左, 崔俊文, 周公裔, 當右, 元世, **就礪**, 從中, 鼓之, 士皆殊死戰, 三軍望之, 亦大呼爭前, 賊大潰, 老弱男女, 兵仗輜重, 狼藉委棄, 賊由是不果南下, 皆東走, 追至溟州, 大關山嶺, 將卒怯弱, 退屯旬日, 乃進, 賊已踰嶺矣.

【번역문】

　　중군·전군이 거란병을 충주·원주(原州) 사이의 법천사(法泉寺 : 강원 원주)로 추격하여, 독점(禿岾)에 이차(移次 : 행군을 옮김)하였다. 최원세가 말하기를, "내일 나가는 길이 두 갈래인데, 내가 어느 길로 가는 것이 좋겠는가?" 하니, 김취려가 말하기를, "군사를 나누어 기각지세(掎角之勢 : 양편에서 동시에 들이치려는 작전 태세)를 베푸는 것이 역시 좋지 않겠는가." 하였다. 원세가 이 말을 따라, 다음날 맥곡(麥谷)에서 모여 적과 더불어 싸워서 적의 목 3백여 급을 베고, 제주(堤州 : 충북 제천)의 냇가까지 바싹 뒤쫓으니, 물에 떠오른 시체가 내를 덮어 떠내려

갔다. 사흘이 지나 박달현(朴達峴)까지 쫓아갔는데, 가발병마사(加發兵馬使) 임보도 군사를 거느리고 와서 한데 모였다. 원세가 취려에게 이르기를, "영상(嶺上)은 대군이 머무를 곳이 못 되니, 산 아래로 내려가 둔치고자 하노라." 하였다. 취려가 말하기를, "용병(用兵)하는 법은, 비록 인화(人和)가 귀하나, 지리(地利) 또한 가볍게 여겨서는 안된다. 만약 적이 먼저 고개에 웅거하면 우리가 아래에 있게 될 것이니, 적이 들이친다면 날쌘 원숭이[猿猱]라도 지나지 못할 것인데, 하물며 사람임에랴." 하고, 삼군이 드디어 고개에 올라 밤을 지냈다. 어둑새벽에 적이 과연 고개 남쪽으로 진군하여, 먼저 수만 명에게 좌우의 봉우리를 두 패로 나누어 올라가게 하여 요해처를 빼앗으려 하였다. 원세 등이 장군 신덕위(申德威)·이극인(李克仁)에게 왼편을 담당하게 하고, 최준문(崔俊文)·주공예(周公裔)에게 오른편을 담당하게 하며, 원세와 취려는 가운데에서 북을 치며 기세를 올리니 군사들이 모두 죽기를 무릅쓰고 싸웠다. 삼군이 바라보다가 또한 큰소리를 지르며 앞을 다투어 쳐들어가니, 적이 크게 무너져 노약한 남녀와 병기·치중을 낭자하게 버리고 달아났다. 적이 이로 말미암아 남쪽으로 내려가지 못하고 모두 동쪽으로 달아나자 명주(溟州 : 강원 강릉) 대관산령(大關山嶺)까지 쫓아갔는데, 장졸이 겁내고 약하기 때문에 물러나 주둔하다가 열흘 만에야 진군하였더니, 적은 벌써 고개를 넘어갔다.

5. 『고려사절요』 권15, 고종2, 정축 4년 9월

【원문】

前軍兵馬使, **金就礪**, 承中軍牒, 移兵定州, 使覘賊, 返曰, 賊在咸州, 與我比境, 雞犬之聲相聞, **就礪**, 築鹿角垣, 三周其隍, 留李克仁, 盧純祐申德威, 朴蕤等, 四將, 守之, 移據興元鎭.

【번역문】

전군병마사 김취려가 중국의 첩문(牒文)을 받고 정주(定州 : 함남 정평)로 군사를 옮기어 적을 엿보게 하고 돌아와 말하기를, "적이 함주에서 우리와 경계를 맞대고 있어서, 닭 울고 개 짖는 소리가 서로 들린다." 하였다. 취려가 사슴뿔 모양[鹿角]의 울타리를 쌓되 그 참호를 세 겹으로 두르고, 이극인·노순우(盧純祐)·신덕위·박유(朴蕤) 등 네 장수를 머물러 지키게 하였으며, 자신은 흥원진(興元鎭)으로 옮겨 웅거하였다.

6. 『고려사절요』 권15, 고종2, 정축 4년 10월

【원문】

丹兵, 得女眞兵復振, 長驅而來, **金就礪**, 回軍, 遇於豫州杻川, 交綏而退, 忽遘疾, 將佐, 請歸就醫藥, 答曰, 寧爲邊城鬼, 豈可輿疾, 求安於家乎, 疾甚, 勅歸京理疾, 以肩輿至京, 累月乃瘳.
金就礪所留兵與丹兵戰于渭州, 敗績.

【번역문】

○ 거란병이 여진 군사를 얻어서 다시 성세를 떨쳐 멀리서부터 몰아 들어왔다. 김취려가 회군하다가 예주(豫州 : 함남 정평) 생천(杻川)에서 적을 만나 교전하고 물러났다. 김취려가 갑자기 병이 나니 장수와 보좌진들이 청하기를, "돌아가서 의약(醫藥)으로 다스리십시오." 하였는데,

300

취려가 대답하기를, "차라리 변성(邊城)의 귀신이 될지언정, 어찌 병을 가지고 수레에 올라 집에서 편안하기를 구하겠는가." 하였다. 병이 심해지자. 서울에 돌아와 병을 고치라는 칙명이 있어, 가마를 타고 서울에 와서 여러 달 만에 병이 나았다.

김취려가 남겨 둔 군사가 거란군과 위주(渭州)에서 싸워 패하였다.

7. 『고려사절요』 권15, 고종2, 무인 5년 7월

【원문】

以趙冲, 爲西北面元帥, **金就礪**, 爲兵馬使, 借將軍鄭通寶, 爲前軍, 吳壽祺, 爲左軍, 申宣胄, 爲右軍, 李霖, 爲後軍, 李迪儒, 知兵馬事.

【번역문】

(7월) 조충을 서북면 원수로, 김취려를 병마사로, 차장군 정통보를 전군으로, 오수기를 좌군으로, 신선주를 우군으로, 이림(李霖)을 후군으로, 이적유(李廸儒)를 지병마사로 삼았다.

8. 『고려사절요』 권15, 고종2, 기묘 6년 1월

【원문】

春正月, 江東城, 丹賊降, 初哈眞, 屢責添兵諸將皆憚於行, **金就礪**曰, 國之利害, 正在今日, 若違彼意, 後悔何及, 趙冲曰, 是吾意也, 然此大事, 非其人, 不可遣, **就礪**曰, 事不辭難, 臣子之分, 吾雖不才, 請爲公, 一行, 冲曰, 軍中之事, 徒倚公重, 公去可乎, **就礪**乃與知兵馬事, 韓光衍, 領十將軍兵,

及神騎, 大角內廂精卒, 往焉, 哈眞, 使通事, 趙仲祥, 語**就礪**曰, 果與我結
好, 當先遙禮蒙古皇帝, 次則, 禮萬奴皇帝, 就礪曰, 天無二日, 民無二王,
天下, 安有二帝耶, 於是, 只拜蒙古皇帝, 不拜萬奴, **就礪**, 身長六尺五寸以
長而, 鬚過其腹, 每盛服, 必使兩婢子, 分擧其鬚而後, 束帶, 哈眞見狀貌,
魁偉, 又聞其言, 大奇之, 引與同坐, 問年幾何, **就礪**曰, 近六十矣, 哈眞曰,
我未五十, 旣爲一家, 君其兄而我其弟乎, 使**就礪**, 東向坐, 明日, 又詣其
營, 哈眞曰, 吾嘗征伐六國, 所閱貴人, 多矣, 見兄之貌, 何其奇歟, 吾重兄
之故, 視麾下士卒, 亦如一家, 臨別, 執手出門, 扶腋上馬, 數日, 趙冲,
亦至, 哈眞問, 元帥年, 與兄孰長, **就礪**曰, 長於我矣, 乃引趙冲, 坐上座曰,
吾欲一言, 恐爲非禮, 然於親情, 不宜自外, 吾其坐, 兩兄之間, 如何, **就礪**
曰, 是誠吾等所望, 但未敢先言耳, 坐定, 置酒作樂, 蒙古之俗, 好以銛刀,
刺肉, 賓主相唵, 往復不容瞥, 我軍士, 素號勇者, 莫不有難色, **就礪**, 與冲,
跪起承迎, 甚熟, 哈眞等, 極歡, 哈眞, 又善飮, 將與冲, 校優劣, 約不勝者罰
之, 冲引滿輒嚼, 雖多, 略無醉色, 及關, 擧一盃, 不飮曰, 非不能飮, 若勝而
如約則, 公必受罰矣, 寧我見罰耳, 主人而罰客, 可乎, 哈眞, 重其言而大悅,
約詰朝會, 江東城下, 去城三百步而止, 哈眞, 自城南門至東南門, 鑿池,
廣深十尺, 西門以北, 委之完顏子淵, 東門以北, 委於**就礪**, 皆令鑿隍, 以防
逃逸, 至是, 丹兵, 勢窘, 賊軍四十餘人, 踰城, 降於蒙古軍前, 賊魁喊捨王
子, 自縊死, 其官人, 軍卒, 婦女, 幷五萬餘人, 開城門, 出降, 哈眞與冲等,
行視投降之狀, 王子妻息, 及僞丞相, 平章, 以下百餘人, 皆斬於馬前, 其餘,
悉寬其死, 使諸軍守之, 哈眞曰, 我等, 來自萬里, 與貴國, 合力破賊, 千載
之幸也, 禮當往拜國王, 吾軍頗衆, 難於遠行, 但遣使陳謝耳, 哈眞, 與札刺,
請冲及**就礪**, 同盟曰, 兩國, 永爲兄弟, 萬世子孫, 無忘今日, 冲設犒師之
宴, 哈眞, 以婦女, 童男, 七百口, 及吾民爲賊虜掠者, 二百口, 歸于我,

以女子, 年十五, 左右者, 遺冲及**就礪**, 各九人, 駿馬各九匹, 其餘, 悉令自
隨, 冲, 以契丹俘虜, 分送各道, 州縣, 擇閑曠之地, 俾之聚居, 量給土田,
業農爲民, 俗呼契丹場者, 是已

【번역문】

　봄 정월에 강동성의 거란적이 항복하였다. 예전에 몽고의 장수 합진이
여러 번 군사를 늘리도록 요구하였는데, 우리나라의 장수가 모두 가기를
꺼리었다. 김취려가 말하기를, "나라의 이해(利害)가 바로 오늘에 달려있
으니, 만약 저들의 뜻을 어겼다가 뉘우친들 어찌 미치겠는가." 하니,
조충이 말하기를, "이것은 바로 나의 뜻이다. 그러나 이것은 큰일이니,
거기에 적당한 사람이 아니면 보낼 수 없다." 하였다. 취려가 말하기를,
"일에 어려움을 사양하지 않는 것이 신자(臣子)의 분수다. 내 비록 재주가
없으나 공을 위하여 한 번 가리라." 하니, 조충이 말하기를, "군중의
일을 오로지 공의 중망에 의존하여 왔는데, 공이 가도 괜찮는가?" 하였다.
취려가 이내 지병마사 한광연(韓光衍)과 함께 열 장군의 군사와 신기(神
騎)·대각(大角)·내상(內廂)의 정예 군사를 거느리고 갔다. 합진이 통사
조중상(趙仲祥)을 시켜 취려에게 말하기를, "우리와 더불어 우호 관계를
맺으려면, 마땅히 먼저 몽고 황제에게 요배(遙拜)하고, 다음에 만노
황제(萬奴皇帝)에게 예를 행하라." 하였다. 취려가 말하기를, "하늘에는
두 해가 없고 백성에게는 두 왕이 없으니, 천하에 어찌 두 황제가 있겠는
가." 하고, 이에 몽고 황제에게만 절하고, 만노에게는 절하지 않았다.
취려는 신장이 6척 5촌이요, 수염이 배를 지나므로, 매양 성복(盛服)을
입을 때에는 반드시 두 여종에게 그 수염을 갈라 들게 한 뒤에 띠를
매었다. 합진이 취려의 외모가 체격이 크고 훌륭한 것을 본 데다 그

말을 듣고 매우 기이하게 여겨서 그를 이끌어 한 자리에 앉히고, "나이가
몇 이오?" 하니, 취려가 말하기를, "60에 가깝소." 하였다. 합진이, "나는
50이 못 되었소. 이미 한 집안이 되었으니, 그대는 형이고, 나는 아우요."
하고, 취려에게 동쪽을 향하여 앉게 하였다. 이튿날 취려가 또 그 군영에
찾아가니, 합진이 말하기를, "내가 일찍이 여섯 나라를 정벌하면서
겪어 지내보건대 귀인이 많았지만, 형의 용모를 보니 어찌 그리도 기이하
오. 내가 형을 중히 여기기 때문에 휘하의 사졸을 보는 것 역시 한
집안같이 할 것이오." 하였다. 서로 작별할 때에는 손을 잡고 문에
나와서 부액(扶腋)하여 말에 태웠다. 수 일이 지나서 조충 또한 거기에
가니, 합진이 묻기를, "원수와 형 중에 누가 나이가 위입니까?" 하였다.
취려가 "나보다 위이다." 하니, 합진이 이내 조충을 이끌어 상좌에
앉히고 말하기를, "내가 한마디 말을 하고자 하는데 실례가 될지 모르겠
으나 친분으로 볼 때 스스로 도외시해선 안 되니, 내가 두 형 사이에
앉는 것이 어떠하겠습니까?" 하였다. 취려가 말하기를, "이는 진실로
우리가 바라던 바이나, 다만 감히 먼저 말을 내지 못하였을 뿐이다."
하고 좌정하여 술을 차리고 풍악을 벌였다. 몽고 풍속에, 잘 드는 칼
끝으로 고기를 찔러서 손과 주인이 서로 먹이며 눈깜짝할 사이도 없이
주고받았다. 우리 군사 중에 이름난 자도 어려운 빛을 보였다. 그러나
취려와 조충은 꿇어앉고 일어나고 주고받는 것이 아주 익숙하니, 합진
등이 매우 즐거워 하였다. 합진이 또 술을 잘 마셨는데 조충과 더불어
누가 잘 먹는가를 겨루어 이기지 못하는 자를 벌하기로 약속하였다.
조충이 잔에 가득히 따라 들이마셔도 조금도 취한 빛이 없었다. 끝판이
되어 한 잔을 들고 마시지는 않으면서 말하기를, "내가 먹지 못하는
것이 아니라, 만약 이겨서 약속과 같이 한다면 공이 반드시 벌을 받아야

할 것이니, 내가 차라리 벌을 받겠다. 주인으로 손님을 벌할 수가 있겠는가." 하였다. 합진이 그 말을 중히 여겨 크게 기뻐하고, 내일 아침에 강동성 아래에서 모이기로 약속하고, 성에서 3백 보 떨어진 데서 머물렀다. 합진이 성 남문에서부터 동남문까지 못을 파되 넓이와 깊이를 10척으로 하며, 서문 이북(以北)은 완안자연에게 맡기고, 동문 이북은 취려에게 맡기되 모두 참호를 파서 도망가는 것을 막게 하였다. 이렇게 되니 거란병의 형세가 군색하게 되어, 적군 40여 명이 성을 넘어와 몽고군 앞에서 항복하였다. 적의 괴수 감사 왕자(噉捨王子)가 스스로 목을 매어 죽으니, 그 관속·군졸·부녀자 5만여 명이 모두 성문을 열고 나와 항복하였다. 합진이 조충과 함께 다니며 투항하는 모양을 보고, 왕자의 아내나 자식들과 가짜 승상·평장(平章) 이하 1백여 명을 다 말 앞에서 죽였으며, 그 나머지는 모두 너그럽게 죽음을 용서하여 여러 군대를 시켜 지키게 하였다. 합진이 말하기를, "우리가 만 리 밖에서 와서 귀국과 힘을 합쳐 적을 쳐부쉈으니, 천 년 동안에도 보기 드문 행복이다. 마땅히 국왕에게 가서 절하는 것이 예의이나, 우리 군사가 너무 많아서 멀리 행군하기 어려우니, 다만 사자를 보내어 사례를 하겠다." 하였다. 합진과 찰라가 조충과 취려를 청하여 함께 맹약하기를, "두 나라는 길이 형제가 되어, 만세 뒤의 자손이라도 오늘을 잊지 말게 하라." 하였다. 조충이 사졸들을 대접하는 잔치를 베풀었다. 합진이 부녀자와 사내 아이 7백 명, 우리나라 백성 중에 적에게 포로로 잡혔던 자 2백 명을 우리에게 돌려보내고, 15세 내외의 여자 9명씩과 준마 9필씩을 조충과 취려에게 각각 주고, 그 나머지는 모두 자기를 따르게 하였다. 조충이 거란 포로를 각도의 주·현에 나눠 보내어서 빈 땅을 골라 모여 살게 하고, 그들에게 토지를 주어 농사를 지으며 백성이 되게 하니, 이것이 속칭 '거란장(契丹

場)'이란 것이다.

9. 『고려사절요』 권15, 고종2, 기묘 6년 10월

【원문】

以樞密院副使李克偦, 將中軍, 李迪儒, 將後軍, **金就礪**, 將右軍, 討義州.

【번역문】

　추밀원부사(樞密院副使) 이극서(李克偦)에게 중군을, 이적유(李迪儒)에게 후군을, 김취려에게 우군을 거느리게 하여, 의주를 토벌하였다.

10. 『고려사절요』 권15, 고종2, 경진 7년 2월

【원문】

二月, 召義州中軍兵馬使李克偦, 爲平章事, 以右軍使**金就礪**, 爲樞密院副使, 代中軍兵馬使, 以西北面兵馬使, 上將軍吳壽祺, 代**就礪**, 以前兵馬使, 左諫議大夫金君綏, 仍知兵馬事.

【번역문】

　2월에 의주 중군병마사 이극서를 소환하여 평장사로 삼고, 우군사(右軍使) 김취려를 추밀원부사로 삼아 중군병마사를 대신하게 하며, 서북면 병마사 상장군 오수기에게 취려를 대신하게 하고, 전 병마사 좌간의대부 김군수는 그대로 지병마사를 맡도록 하였다.

11. 『고려사절요』권15, 고종2, 경진 7년 2월

【원문】

韓恂, 多智等, 以淸川江, 爲界, 投東眞, 潛引, 金元帥亏哥下, 令屯義州, 自領諸城兵, 屯博州, 相爲聲援, 中軍, 知兵馬事, 金君綏, 與宣撫使李公老議, 遣郎將尹忠孝, 朴洪輔, 寄書亏哥下, 諭以禍福, 責其違盟, 亏哥下, 悟, 陽怒, 卽囚忠孝等, 遣郎將郭允昌, 召恂智, 恂智, 擁兵六百, 赴之, 亏哥下, 宴慰, 幷及諸城賊魁慰藉厚甚, 因疏其姓名, 翼日, 伏兵設宴, 酒酣, 伏發, 捕恂, 智, 及其黨, 尹大明, 韓存烈等, 悉誅之, 忠孝等, 賫亏哥下, 文牒, 幷函恂智等首還, 時, 三軍, 請治諸城, 從逆之罪, **金就礪**曰, 書云, 殲厥渠魁, 脅從罔治, 大軍所臨, 如火燎原, 無辜受禍, 多矣, 況因丹, 寇, 關東爲墟, 今又縱兵于此, 自撤藩籬, 可乎, 餘悉不問.

【번역문】

반란 적인 한순(韓恂)·다지 등이 청천강(淸川江)을 경계로 삼아 동진에 투항하여 몰래 금나라 원수 우가하를 끌어들여서 의주에 둔치게 하고, 스스로는 여러 성의 군사를 거느리고 박주(博州 : 평북 박천)에 둔쳐서 서로 응원하였다. 중군지병마사 김군수가 선무사(宣撫使) 이공로와 의논하여, 낭장 윤충효(尹忠孝)·박홍보(朴洪輔)를 보내 우가하에게 편지를 전하여 화복(禍福)으로 타이르고, 그 맹약을 어긴데 대해 책망하였더니, 우가하가 깨닫고 겉으로 성내는 척하면서 곧 충효 등을 가두고 낭장 곽윤창(郭允昌)을 보내어 한순과 다지 등을 부르니, 한순·다지 등이 군사 6백 명에게 옹위되어 왔다. 우가하가 잔치를 베풀어 위로하고, 아울러 여러 성의 적의 괴수에게도 매우 두터이 위로하여 도와주었으며 인하여 그 성명을 써내게 하였다. 이튿날 군사를 매복시키고 잔치를 베풀었다가, 술이 얼근해지자 복병을 내어, 한순·다지와 그 당인 윤대명(尹大明)·한존렬(韓存烈) 등을 잡아 모두 목베었다. 충효 등이 우가하의 문첩(공문)을 가지고 아울러 한순·다지 등의 목을 담아 가지고 돌아왔다. 이때에 삼군(三軍)이 여러 성이 역적을 따른 죄를 다스리도록 청하니, 김취려가 말하기를, "『서경』에 '그 우두머리를 섬멸하였거든 위협당하여 복종한 사람들은 치죄하지 말라.' 하였다. 대군이 임하는 곳은 들판에 불이 붙는 격이니, 무고한 백성이 화를 받는 일이 많을 것이다. 하물며 거란 군사로 말미암아 관동(關東)이 빈터가 되었는데, 이제 또 여기에 군사를 놓아 스스로 울타리를 헐어버리는 것이 옳겠는가." 하고, 나머지는 모두 불문에 부쳤다.

12. 『고려사절요』 권15, 고종2, 경진 7년 4월

【원문】

夏四月, 中軍兵馬使**金就礪**, 遣郭元固, 金甫貞, 宗周秩, 宗周賚等, 往義州, 安集遺民, 周賚貪婪, 厚賂者, 曲加存撫, 無者, 借事誅殺, 州人怨之, 招引賊黨, 尹昌等, 踰城而入, 殺周賚等, 元固, 甫貞, 逃奔, 以告**就礪**, 更遣判官崔弘, 錄事朴文挺, 諭以禍福, 繼遣大將軍趙廉卿, 將軍朴文賁, 以兵五千討之, 尹昌等, 逃, 賊黨瓦解, 時丹兵, 餘衆, 竄伏寧遠山中, 時出抄盜爲民患, **就礪**, 遣李景純, 李文彦, 擊破之, 北境以安.

【번역문】

여름 4월에 중군병마사 김취려가 곽원고(郭元固)·김보정(金甫貞)·종주질(宗周秩)·종주뢰(宗周賚)들을 보내어 의주로 가서 남아 있는 백성들을 평안하게 해 주었는데, 주뢰는 탐욕스러워서 뇌물을 많이 주는 자에게는 사실을 왜곡하여 존무(存撫)를 하고 뇌물이 없는 자는 무슨 일이든 빌어서 죄를 얽어 죽였다. 그 주의 사람들이 그를 원망하여 적당(賊黨) 윤창(尹昌) 등을 불러들여, 성을 넘어 들어가 주뢰 등을 죽이니 원고와 보정이 도망하여 와서 고하였다. 취려가 다시 판관 최홍(崔弘)과 녹사 박문정(朴文挺)을 보내어 화복으로 타이르고, 이어 대장군 조염경과 장군 박문분(朴文賁)을 보내어 군사 5천을 거느리고 토벌하니 윤창 등은 도망하고 적의 도당도 해산하였다. 이때에 거란병의 나머지 무리가 영원(寧遠)의 산중에 몰래 숨어 있다가 때때로 나와서 도둑질을 하여 백성의 근심거리가 되었는데, 취려가 이경순(李景純)·이문언(李文彦) 등을 보내어 이들을 격파하니, 북쪽 지경이 이로 말미암아 편안해졌다.

13. 『고려사절요』 권15, 고종2, 신사 8년 윤12월

【원문】

以李延壽, 爲門下侍郞同中書平章事判吏部事, 金義元, 爲中書侍郞平章事判兵部事, 崔瑀, 參知政事吏兵部尙書判御史臺事史, 洪紀, 知門下省事, 文惟弼, 爲左僕射, **金就礪**, 爲樞密院使, 鄭通輔, 知樞密院事, 韓光衍, 同知樞密院事, 李勣, 爲樞密院副使.

【번역문】

　이연수(李延壽)를 문하시랑(門下侍郞) 동중서평장사(同中書平章事) 판이부사(判吏部事)로, 김의원(金義元)을 중서시랑(中書侍郞) 평장사

(平章事) 판병부사(判兵部事)로, 최우를 참지정사(叅知政事) 이병부상서(吏兵部尙書) 판어사대사(判御史臺事)로, 사홍기(史洪紀)를 지문하성사(知門下省事)로, 문유필(文惟弼)을 좌복야로, 김취려를 추밀원사로, 정통보(鄭通輔)를 지추밀원사로, 한광연(韓光衍)을 동지추밀원사로, 이적(李勣)을 추밀원부사로 삼았다.

14. 『고려사절요』 권15, 고종2, 임오 9년 12월

【원문】

冬十二月, 以崔甫淳, 爲中書侍郎平章事判兵部事史, 洪紀, **金就礪**, 叅知政事, 文惟弼, 知門下省事, 鄭通輔, 韓光衍, 竝爲樞密院使, 宋臣卿, 知樞密院事, 李勣, 同知樞密院事, 貢天源, 吳壽祺, 爲樞密院副使, 柳澤, 爲尙書右僕射.

【번역문】

　　겨울 12월에 최보순(崔甫淳)을 중서시랑 평장사 판병부사로, 사홍기와 김취려를 참지정사로, 문유필을 지문하성사로, 정통보와 한광연을 모두 추밀원사로, 송신경(宋臣卿)을 지추밀원사로, 이적을 동지추밀원사로, 공천원(貢天源)과 오수기를 모두 추밀원부사로, 유택(柳澤)을 상서 우복야로 삼았다.

15. 『고려사절요』 권15, 고종2, 무자 15년 12월

【원문】

崔甫淳, 判吏部事, **金就礪**, 中書侍郎平章事判兵部事, 崔瑀, 加鼇戴鎭國功臣, 貢天源, 崔正份, 竝參知政事, 崔宗峻, 知門下省事吏部尙書, 金仲龜, 知樞密院事, 奇汼, 同知樞密院事, 陳湜, 爲樞密院副使御史大夫, 史光補, 兪升旦, 竝爲樞密院副使.

【번역문】

최보순(崔甫淳)을 판이부사로, 김취려를 중서시랑 평장사 판병부사로 삼고, 최우에게는 오대진국공신(鼇戴鎭國功臣)을 올려주고, 공천원·최정분(崔正份)을 아울러 참지정사로, 최종준(崔宗峻)을 지문하성사 이부상서로, 김중구를 지추밀원사로, 기저(奇汼)를 동지추밀원사로, 진식(陳湜)을 추밀원부사 어사대부로, 사광보(史光補)·유승단(兪升旦)을 추밀원부사로 삼았다.

16. 『고려사절요』 권16, 고종3, 임진 19년 1월

【원문】

蒙兵還, 遣淮安公侹, 宰相**金就礪**, 大將軍奇允肅, 慰送

【번역문】

몽고 군사가 돌아가므로 회안공 정(侹)과 재상 김취려(金就礪), 대장군 기윤숙(奇允肅)을 보내어 위로하여 보내었다.

17. 『고려사절요』 권16, 고종3, 갑오 21년 5월

【원문】

侍中**金就礪**卒, **就礪**, 雞林彦陽郡人, 節儉正直, 嘗與趙冲, 禦丹兵, 凡軍中之事, 皆讓於冲, 至臨陣制敵, 多出奇計, 克成大功, 及爲相, 正色率下, 人不敢欺, 眞忠義人也, 諡威烈.

李齊賢, 論曰, 國家之德, 未衰, 而禍亂之萌, 或作, 必有魁傑才智之臣, 得君委用, 弘濟時艱, 蓋社稷之靈, 有以陰相之也, 自我太祖啓宇, 至于高王, 三百有餘年矣, 崔氏父子, 繼世秉政, 內擁堅甲, 以專威福, 而謀深者, 不必用, 外委羸兵, 以責攻戰, 而功高者, 多見疑, 當斯之時, 欲以有爲, 其亦難矣, 爾乃金宗, 訖籙, 遼孽構亂, 窺我土疆, 圖爲巢穴, 遠鬪窮寇, 鋒不可當, 聖元龍興, 萬里遣將, 壓境徵師, 諭以討賊, 順之則, 莫委其情, 逆之則, 必生他變, 安危之機, 間不容髮, 乃能左提右挈, 遠交近攻, 定宗盟於經綸之始, 安邦基於呼吸之間, 豈魁傑才智之臣, 而社稷之靈, 有以陰相者歟, 觀其折甘分少, 能得死力, 令行禁止, 莫犯秋毫, 可謂有古名將之風矣, 開平之戰, 我乃再救中軍, 沙峴之役盧公則不相助, 訖無一言, 而生嫌隙, 不伐其勞, 歸功於衆, 是則大人君子之用心也, 至於先詣哈眞, 固與國之心, 不拜萬奴, 明尊王之義, 多智韓恂, 旣授首矣, 斂兵而止, 以安邊民, 遠謀大節, 尤不可尙已, 史氏稱其忠義, 大常, 諡以威烈, 不亦宜哉.

【번역문】

시중 김취려가 졸하였다. 취려는 계림 언양군(彦陽郡) 사람으로, 절약하고 검소하며 정직하였다. 일찍이 조충(趙冲)과 더불어 거란 군사를 막아 싸울 때, 군중의 일은 모두 조충에게 사양하고, 싸움에 임하여 적을 제어함에 이르러서는 기이한 계교를 많이 내어 큰 공을 이루었다. 정승이 되어서는 안색을 바르게 하여 아랫사람을 거느리니 사람들이 감히 속이지 못하였다. 진정으로 충성되고 의로운 사람이었다. 시호를 위열(威烈)이라 하였다.

이제현(李齊賢)이 논하여 말하기를, "국가의 덕이 아직 쇠하지 않았을 때에 화란의 싹이 혹 일어나면, 반드시 걸출하고 재지가 있는 신하가 임금의 위임을 받아 시국의 어려움을 구제하게 되니, 사직의 신령이 가만히 도와주는 것이다. 우리 태조가 나라를 세운 뒤로 고종(高宗)에 이르기까지 3백여 년이 흘렀다. 그런데, 최씨 부자가 대를 이어 정권을 잡아, 안으로는 견고한 병갑에 의지해 권력을 휘두르니, 지혜 깊은 자가 쓰일 수 없다. 또 밖으로는 나약한 군사에게 공격과 전투의 책임을 맡겨 놓고 공을 많이 세운 자는 의심하니, 이런 때에는 공을 세우려 힘쓰는 것도 역시 어려운 일이다. 금나라가 운이 다되자 요나라의 흉악한 자들이 난을 일으키어 우리나라 강토를 엿보고 소굴을 삼으려고 꾀하였는데 멀리까지 와서 싸우는 궁한 도적이라 그 칼날을 당할 수 없었다. 원나라 태조가 일어나자 만리에 장수를 보내어 국경을 압박하고 군사를 징발하여 적을 토벌하자고 타일렀다. 그러나 그에 응하려 하자니 그들의 뜻대로 맡겨 둘 수 없었고, 그에 거스르자니 반드시 다른 변고가 생길 염려가 있었다. 국가의 안위가 판가름나는 급박한 상황에서 좌우로 보좌하여 멀리 있는 나라와 연합하고 가까운 나라를 공략하였다. 그렇게 하여, 몽고가 일어나는 초기에 종맹(宗盟)을 정하고, 숨돌릴 사이에 국가를 안정하게 하였으니, 어찌 걸출하고 재주와 지략이 있는 신하이면서 사직의 신령이 가만히 도운 것이 아닌가. 그가 좋은 음식을 마다한 채 부하들의 거친 밥을 나누어 먹으니 그들이 나라를 위하여 죽을 힘을 다하였고 명령하면 반드시 그대로 행하여져서 추호도 범하지 않은 것을 보면 옛날 명장의 기풍이 있다 하겠다. 개평(開平)의 전쟁에는 그가 두 번이나 중군(中軍)을 구하였는데, 사현(沙峴)의 전쟁에서는 노공(盧公)이 도와주지를 않았다. 그러나 끝내 한 마디 불평이 없었기 때문에 혐극(嫌隙)이 생기지 않았다. 또한 자신의 공로를 자랑하지 않고 다른 여러 사람에게 공을 돌렸으니 이는 대인 군자의 마음씀씀이다. 먼저 합진(哈眞)에게 나아갔던 것은 진실로 동맹한 우방의 마음을 굳히게 하였고, 만노(萬奴)에게 절하지 않는 것은 존왕의 의리를 분명히 한 것이다. 다지(多智)와 한순(韓恂)의 목을 베고서는 군사를 거두어 전투를 끝내어 변방 백성을 편안히 하였으니 원모(遠謨)와 대절(大節)이 더욱 견줄 데 없다. 사관(史官)이 그 충의를 칭도하고 태상(太常 : 시호를 논의하는 관청)에서 위열(威烈)이라고 시호를 내리니, 역시 의당하지 않느냐." 하였다.

18. 『고려사절요』 권21, 충렬왕3, 갑오 20년 5월

【원문】

王以四事, 奏于帝, 一請歸耽羅, 二請歸被虜人民, 三請冊公主, 四請加爵命, 帝命耽羅還隷本國, 其被虜及流徙人, 可遣使, 與遼陽行省分揀歸之, 公主冊命, 其議以聞, 國王爵命, 旣已累降, 且待來年, 帝, 嘗使翰林學士撒剌蠻, 問本國歸附年月, 王, 使鄭可臣, 上書以對曰, 太祖聖武皇帝肇興朔方, 時則有大勢國, 助征金國, 恃功而驕, 不用帝命, 有金山王子者, 改其國號, 自稱大遼, 奪掠中都等處子女玉帛, 東走江東城拒守, 朝廷遣哈眞扎剌追討, 時方雪深道險, 粮餉不繼, 高王聞之, 遣趙冲, **金就礪**, 濟兵犒師,

314

殲其醜虜, 因奉表請爲東藩, 太祖遣慶都虎思, 優詔答之, 大加稱賞, 于今七十有六年矣.

【번역문】

　왕이 네 가지 사항을 황제에게 아뢰었는데, 첫째 탐라(耽羅)를 되돌려 줄 것, 둘째 포로로 와 있는 인민을 돌려 줄 것, 셋째 공주를 책봉하여 줄 것, 넷째 왕의 작명(爵名)을 추가하여 줄 것을 청하였다. 이에 황제가 명하여, “탐라는 도로 본국에 예속하게 하고, 잡혀 온 인민과 흘러 들어와 사는 사람들은 사람을 보내어 요양행성(遼陽行省)과 함께 분간(分揀)하여 돌려보내며, 공주의 책봉은 의논하여 알리도록 하되, 국왕의 작명은 이미 여러 번 내렸으니 우선 내년까지 기다리라.” 하였다. 황제가 과거에 한림학사 살라만(撒剌蠻)으로 하여금 본국이 원나라에 귀속한 연월을 물으니, 왕이 정가신(鄭可臣)을 시켜 글을 올려 대답하기를, “태조 성무황제(太祖聖武皇帝)께서 처음 북방에서 나라를 일으키셨는데, 이때 ‘대세(大勢)’라는 나라가 금(金)나라를 정벌하는 데 도왔다 하여 공을 믿고 교만하여 황제의 명을 받들지 않았으며, 금산 왕자(金山王子)란 자는 그 국호를 고쳐 스스로 ‘대요(大遼)’라 하고, 중도(中都) 등지에서 자녀(子女)와 보물을 약탈하여 동쪽으로 강동성(江東城)으로 달아나서 항거하였습니다. 조정(몽고)에서 합진(哈眞)과 찰라(札剌)를 보내어 추격해서 토벌하였는데, 이때 한창 눈이 많이 쌓이고 길이 험하여 군량의 보급이 계속되지 못하였습니다. 고왕(高王 : 고려 고종)이 이를 듣고 조충(趙冲)과 <u>김취려(金就勵)</u>를 보내어 군사를 증원하고 가서 장병을 호궤하여 나쁜 무리들을 섬멸하고, 이어서 표문을 올려 동쪽의 제후국이 될 것을 청하니, 태조께서 경도호사(慶都虎思)를 보내어 고마우신

조서로 이를 답하시고, 크게 칭찬하신 것이 이제 76년이 되었습니다."
하였다.

19. 『고려사절요』 권24, 충숙왕, 계해 10년 1월

【원문】

春正月, 柳淸臣, 吳潛, 上書于元, 請立省比內地, 元, 前通事舍人王觀,
上書丞相曰, 伏聞, 朝廷, 建立征東行省, 欲同內地, 恐論者, 不察, 以致崇
虛名, 而受實弊, 何則高麗慕義向化, 歸順聖朝, 百餘年矣, 世世相承, 不失
臣節, 世祖皇帝, 嘉其忠懇, 妻以帝女, 位同親王, 寵錫之隆, 莫與爲比,
其在本國, 禮樂刑政, 聽從本俗, 不復以朝廷典章拘制, 故, 國家常有事於
東方, 本國未嘗不出兵以佐行役, 自遼水以東, 瀕海萬里, 賴以鎭靜, 爲國
東藩, 世著顯效, 累葉尙主, 遂爲故事, 此蓋高麗之忠勤, 祖宗之遺訓也,
今一朝, 採無稽之言, 以隳舊典, 恐與世祖皇帝聖謀神算, 似有不同, 其不
可一也, 本國, 去京師數千里之遠風土旣殊, 習俗亦異, 刑罰爵賞, 婚姻獄
訟, 與中國不同, 今以中國之法治之, 必有捍格枝梧不勝之患, 其不可二
也, 三韓, 地薄民貧, 皆依山阻海, 星散居止, 無郡縣井邑之饒, 今立行省,
勢須抄籍戶口, 科定賦稅, 島夷遠人, 罕見此事, 必驚擾逃避, 互相扇動,
脫致不虞, 深繫利害, 其不可三也, 各省官吏奉祿, 例於本省, 差發科程,
今征東省大小官吏月俸, 及一切公用所費, 每歲大較不下萬有餘錠, 本國,
旣無供上賦稅就用, 上項俸給, 必仰朝廷輸送, 則行省之設, 未有一民尺
土之益, 坐耗國家經費不重, 其不可四也, 江南諸省, 旣同一體, 例須軍兵
鎭守, 少留兵則, 不足彈壓東方諸國, 多留兵則供給倍煩, 民不堪命, 又況
國家, 自禁衛以及畿甸, 屯住軍額, 已有定制, 固非常人所敢論, 然, 不知征

316

東鎭兵, 果於何處簽發, 其不可五也, 古者集大事則博謀於衆, 防壅蔽也, 竊聞, 首獻立省之策二人, 乃其國之故相, 以讒間得罪於其主, 懷毒自疑, 遂謀覆其宗國, 以圖自安, 迹其本心, 初非納忠於聖朝也, 由是觀之, 梟獍犬豕之不若, 當明正典刑, 以戒人臣之不忠者, 昔唐太宗, 伐高麗, 至安市城, 攻之不下, 師還, 以束帛, 賜其城主, 以勉事君, 夫太宗之與高麗, 敵國也, 以天下之力, 攻一小城, 不能拔, 不以喪敗爲恥, 仍以忠義相勉, 書之史策, 以爲美談, 況聖朝之於本國, 義則君臣, 親則甥舅, 安危休戚, 靡不同之, 奈何, 反聽二人欺誑之言, 賣主自售, 果得遂其姦計, 有累政化也, 可勝慨乎, 其不可六也, 觀, 自惟草茅賤士, 其於朝廷政事, 不宜妄有論列, 然, 目覩盛世, 爲姦人所欺, 不勝忠憤所激, 輒肆狂斐, 爲朝廷惜擧措耳, 又, 都僉議司使李齊賢, 在元, 爲書上都堂曰, 竊惟, 小邦始祖王氏, 開國以來, 凡四百餘年矣, 臣服聖朝, 歲修職貢. 亦且百餘年矣, 有德於民, 不爲不深, 有功於朝廷, 不爲不厚, 往者, 歲在戊寅, 有遼民契羍號金山王子者, 驅掠中原之民, 東入島嶼, 陸梁自肆, 太祖聖武皇帝, 遣哈眞扎剌兩元帥討之, 會天大雪, 餽餉不通, 我忠憲王, 命趙冲, **金就礪**, 供資粮, 助器仗, 擒戮狂賊, 疾如破竹, 於是, 兩元帥, 與趙冲等, 誓爲兄弟, 萬世無忘, 又於己未年, 世祖皇帝反旆江南, 我忠敬王, 知天命之有歸, 人心之攸服, 跋涉五千餘里, 迎謁于梁楚之郊, 忠烈王亦躬修朝覲, 未嘗小懈, 征收日本, 則悉弊賦而爲前驅, 追討哈丹, 則助官軍而殲渠魁, 勤王之效, 不可枚擧, 故得釐降公主, 世篤舅甥之好, 而不更舊俗, 以保其宗桃社稷, 緊世皇詔旨是賴, 今聞朝廷, 擬於小邦, 立行省比諸路, 若其果然, 小邦之功, 且不論, 其如世祖詔旨何, 伏讀年前十一月新降詔條, 使邪正異途, 海宇康乂, 以復中統至元之治, 聖上發此德音, 實天下四海之福也, 獨於小邦之事, 不體世祖詔旨可乎, 今無故, 將蕞爾之國, 四百年之業, 一朝而廢絶之, 使社稷無主,

宗祧乏祀, 以理揣之, 必不應爾, 更念小邦, 地不過千里, 山林川藪, 無用之
地, 十分而七, 稅其地, 未周於漕運, 賦其民, 未支於俸祿, 於朝廷用度,
九牛之一毛耳, 加以地遠民愚, 言語與上國不同, 趨舍與中華絶異, 恐其
聞此. 必生疑懼之心, 未可以家至戶喩, 而安之也, 又與倭民, 濱海相望,
萬一聞之, 無乃以我爲戒, 而自以爲得計耶, 伏望執事閣下, 追世祖念功
之意, 國其國, 人其人, 使修其政賦, 而爲之藩籬, 以奉我無疆之休, 立省之
議, 遂寢

【번역문】

　봄 정월에 유청신·오잠이 원나라에 글을 올려, 우리나라에 성(省)을
설립하여 원 나라의 내지와 같게 하기를 청하였다. 원나라의 전 통사사인
(通事舍人) 왕관(王觀)이 승상에게 글을 올리기를, "엎드려 들으니, 조정
에서 정동행성(征東行省)을 설립하여 내지와 같게 하고자 한다고 합니
다. 아마 이것은 논의하는 자가 고려를 내지로 만든다는 헛된 명분을
숭상하고서 실지로는 폐해를 받는 것을 살피지 않은 것인가 합니다.
어째서 그런가 하면, 고려가 의를 사모하고 덕화(德化)를 향하여 성스러
운 조정을 섬긴 것이 1백여 년이 되었습니다. 대대로 서로 이어받아
신하로서의 예절을 잃지 않았으므로, 세조황제께서 그의 충성을 가상하
게 여기어 황녀를 하가(下嫁)하게 하였으며, 위계(位階)는 친왕과 같게
하여 총애의 융숭함이 비할 데가 없었습니다. 그 본국에서는 예(禮)·악
(樂)·형(刑)·정(政)의 본래의 습속에 좇을 것을 허락하였고, 다시 원나라
조정의 전장(典章)으로써 구속·제한하지 아니하였습니다. 그런 까닭에,
국가에서 동방(東方)에 일이 있을 때면, 언제나 본국이 일찍이 군사를
동원하여 일을 돕지 않은 적이 없었습니다. 요수(遼水)로부터 동쪽의

바다에 연접한 곳까지 만리(萬里)나 되는 땅이 우리 군사의 덕택으로 진정되었습니다. 동쪽 울타리가 되어 대대로 현저한 공효(功效)를 나타 냈었으며, 여러 대로 공주에게 장가들어서 전례가 되었으니, 이것은 고려의 충근(忠勤)함과 우리 조종(祖宗)의 유훈(遺訓) 때문입니다. 이제 하루아침에 근거 없는 말을 채납하여 옛 법을 허물어뜨리는 것은, 세조황 제의 신성(神聖)하신 계책과는 같지 않은 듯합니다. 이것이 첫 번째로 불가(不可)한 이유입니다. 본국은 경사(京師 연경(燕京))에서 거리가 수천 리나 떨어진 먼 곳입니다. 풍토가 이미 다르고 습속도 역시 다르오 며, 형벌과 벼슬과 혼인과 옥송(獄訟)의 제도가 중국과 같지 않습니다. 그러니 이제 중국의 법으로 다스린다면, 반드시 서로 맞지 않는 일이 생길 것입니다. 이것이 두 번째로 불가한 이유입니다. 삼한(三韓)은 땅이 박하고 백성이 가난하며 모두 산에 의지하고, 바다에 막혀 새벽 하늘의 별처럼 뿔뿔이 흩어져 살고 있으며, 풍족한 군(郡)·현(縣)·시정(市 井)·도읍(都邑)이 없습니다. 이제 행성(行省)을 설립한다면 사세상 모름 지기 호구를 초록(抄錄)하여 호적을 만들고 세금의 부과(賦課)를 법정(法 定)하여야 하니, 변방의 섬 오랑캐인 그들이 이런 일을 드물게 보았기 때문에 반드시 놀라고 동요하여 도피하면서 서로 난을 선동할 것이니, 만일 뜻밖의 걱정이라도 불러일으킨다면 이해에 깊이 관계가 됩니다. 이것이 세 번째로 불가한 이유입니다. 각 성(省)의 관리의 봉록은 통례(通 例)대로 본성(本省)에서 배당하여 지출해 보내야 하는 것이니, 이제 정동성(征東省)의 대소관리의 매달 봉급과 일체의 공용 경비가 해마다 대략 1만여 정(錠)이 될 것인데 본국에서 바치는 부세(賦稅)로서는 충당 해 쓸 만한 것이 없으니, 상기의 봉급은 반드시 조정에서 수송하기를 기다려야 될 것입니다. 그렇다면 행성을 설치하는 것이 한 사람의 백성과

한 자의 땅도 이익됨이 없으면서, 앞아서 국가의 경비를 소모하게 되니, 이것이 네 번째로 불가하다는 이유입니다. 고려에 행성을 설치하여 강남(江南)의 여러 성(省)과 일체로 한다면, 통례대로 반드시 군사를 주둔시켜 진수(鎭守)해야 할 것이나, 군사를 적게 주둔시키면 동방의 여러 나라를 탄압하는 데 부족할 것이고, 많은 군사를 주둔시키려면 군수물자 공급이 배나 번거로워져 백성들이 명령에 견디지 못할 것입니다. 또 더군다나, 국가에는 금위(禁衛)로부터 기전(畿甸)에 이르기까지 주둔하는 군사의 정원에 이미 일정한 제도가 있으니, 본래부터 보통 사람으로서 감히 논의할 것이 아니나, 정동성(征東省)에 진수할 병력은 과연 어느 곳에서 뽑아내어야 할 것인지 알지 못하겠습니다. 그것이 다섯 번째로 불가하다는 이유입니다. 옛날에 큰일을 계획할 때 널리 여러 사람과 의논하는 것은, 왕의 총명(聰明)이 가리워지는 것을 방지하기 위한 것입니다. 가만히 들으니, 행성을 설립하자는 계책을 제일 먼저 헌의한 2명은 곧 그 나라의 이전 재상으로서, 참소와 이간질을 하다가 그의 왕에게 죄를 얻고는 독심(毒心)을 품고 스스로 두려워서, 제 본국을 뒤엎고 스스로 편안하기를 기도한 것입니다. 그의 본심을 추구한다면, 처음부터 성조(聖朝)에 충성을 바치려는 것이 아닙니다. 이것으로 보더라도 올빼미·개·돼지만도 못한 자들입니다. 마땅히 형벌에 처단하여 남의 신하로서 충성하지 아니한 자를 경계하여야 할 것입니다. 옛날 당나라의 태종(太宗)이 고구려를 쳐서 안시성(安市城)까지 공격하였으나 함락시키지 못하고 군사가 돌아올 때에 비단을 그 성주(城主)에게 내려 주어 왕을 충성으로 섬긴 것을 권면(勸勉)하였습니다. 태종과 고구려는 적국(敵國)이었습니다. 온 천하의 힘으로도 한 개의 조그만 성(城)을 공격하여 함락시키지 못하였건만, 군사를 상실하고

320

싸움에 진 것을 부끄러워하지 않고 충의(忠義)로써 권면(勸勉)한 사실이 역사에 기록되어서 미담(美談)으로 전해지고 있습니다. 하물며, 성조(聖朝)와 본국과는 의(義)로는 왕과 신하 사이며, 친척으로는 사위와 장인 사이입니다. 편안함도 위태로움도 슬픔도 같이하지 않는 것이 없습니다. 어찌하여 도리어 두 사람이 속이는 말을 들으십니까. 왕을 팔아 자신만 잘 보이려 하는데, 과연 그의 간계(姦計)를 이루어 준다면 정화(政化)에 누가 됨을 어찌 이루 말할 수 있겠습니까. 이것이 여섯 번째로 불가한 이유입니다. 왕관(王觀)은 스스로 생각하건대, 초야(草野)에 있는 천한 선비이므로 조정의 정사에 대하여 망녕되게 논의를 늘어놓는 것이 마땅하지 않습니다. 그러나 눈으로 거룩한 조정에서 간사한 사람에게 속게 되는 것을 보니 충분(忠憤)이 격(激)함을 이기지 못하여 문득 미친 말을 함부로 하는 것은, 조정을 위하여 처사(處事)를 애석하게 여길 뿐입니다." 하였다.

또 도첨의사사 이제현이 원나라에 있으면서 글을 도당(都堂)에 올리기를, "그윽이 생각하건대, 우리나라의 시조 왕씨가 나라를 개창한 이래로 무릇 4백여 년이 되었습니다. 성조(聖朝)에 신하로 복종하여 해마다 공물(貢物)을 바친 것도 1백여 년이 되었으니, 백성에게 베푼 은덕이 깊지 않다고 할 수 없으며, 원나라 조정에 대한 공로가 두텁지 않다고 할 수 없습니다. 지난 무인년(1218, 고종5)에는 요(遼)의 유얼(遺孼)로 금산 왕자(金山王子)라고 불리는 자가 있어서, 중원(中原)의 백성을 노략하여 몰다가 동쪽으로 도서(島嶼)에 들어와 제멋대로 날뛰니, 태조 성무황제(太祖聖武皇帝)께서 합진(哈眞)·찰라(扎刺) 두 원수(元帥)를 보내어 토벌하였습니다. 그때 마침 하늘에서 큰 눈이 와서 식물(食物)과 군량이 통운(通運)되지 못하자 우리나라의 충헌왕(忠憲王 : 원(元)이 추시한 고종(高宗)의 시호)은 조충(趙沖)·<u>김취려(金就礪)</u>에게 명하여 물자와 군량을 공급하고, 무기를 원조하여 미친 적당을 사로잡았는데 신속하기가 대나무가 쪼개지는 것 같은 기세였습니다. 그리고 두 원수는 조충 등과 형제가 되어 만세(萬世)토록 길이 잊지 않기로 맹세하였습니다. 또 기미년에는 세조황제가 강남(江南)에서 송나라를 치고 회군(回軍)할 때, 우리 충경왕(忠敬王 : 원종(元宗))은 천명(天命)의 돌아감과 인심(人心)의 복종하는 바를 알고 산을 넘고 물을 건너 5천여 리를 가서 양(梁)·초(楚)의 들에서 맞아 뵈었으며, 충렬왕도 몸소 조현(朝見)의 예를 닦아 일찍이 조금도 게을리함이 없었습니다. 일본을 정벌할 때에는 우리의 병력을 모두 출동시켜 선봉이 되었으며, 합단(哈丹)을 쫓아 토벌할 때에는 관군을 도와서 적의 괴수를 무찔러 죽였습니다. 황실(皇室)을 위하여 바친 공로는 낱낱이 다 거론할 수 없습니다. 그렇기 때문에 공주를 하가(下嫁)시켜 대대로 구생(舅甥)의 정의를 두텁게 하도록 하고, 〈우리나라 고유의〉 옛 풍속을 고치지 않고 종묘와 사직을 보전하게 하였으니, 세조황제 조서 덕택입니다. 이제 듣건대, 조정에서는 우리나라에 행성(行省)을 설립하여 다른 성(省)들과 같이 하려고 의논한다 하니, 과연 그러하다면, 우리나라의 공로는 일단 논하지 않더라도 세조의 조서는 어찌하렵니까. 엎드려 연전 11월에 새로 내린 조서의 조목(條目)을 읽어 보니, '사(邪)와 정(正)을 분별하여 천하를 태평하게 다스려서 중통(中統 : 세조의 연호)·지원(至元 : 세조의 연호)의 정치를 회복한다' 하였습니다. 성상(聖上)께서 이 덕음(德音)을 발표한 것은 실로 천하(天下) 사해(四海)의 복입니다. 유독 우리나라의 일에 대해서만 세조의 조서를 본받지 않는 것이 옳겠습니까. 이제 까닭 없이 조그마한 나라의 4백 년의 왕업을 하루아침에 끊게 하여, 사직에 주인이 없고 종묘에는 제사가 끊어지게 한다는 것은, 사리로써 판단하여 보면 마땅한 처사가 아닙니다. 다시 생각하건대, 우리나라는 땅이 천 리를 넘지 못합니다. 게다가 산림과 내와 큰 늪 같은 쓸모없는 땅이 10분의 7입니다. 그 땅에서 세를 받더라도 조운의 비용도 되지 않으며, 백성에게서 거둔다 하더라도 녹봉(祿俸)도 지출하지 못할 것이니 조정의 세계(歲計)에서 본다면 구우일모(九牛一毛)일 뿐입니다. 더욱이 땅은 멀고 백성은 어리석으며, 언어가 상국과 같지 않아서, 숭상하는 것이 중국과 아주 다릅니다. 아마 이 소문이 들리면 반드시 의심하고 두려워하는 마음을 일으킬 것이니, 집집마다 찾아가 효유하여 안정시킬 수도 없는 노릇입니다. 그리고 왜국(倭國)의 백성들과는 바다를 사이에 두고 서로 바로 보고 있습니다. 그들이 듣는다면, 바로 우리를 경계로 여기어, 스스로 전일에 원나라에 반항한 것이 잘된 계책이라고 하지 않겠습니까. 엎드려 바라건대, 집사(執事)께서는 세조께서 고려의 공(功)을 생각하던 뜻을 좇아서, 나라를 나라대로, 사람을 사람대로 두어 그 정치와 부세(賦稅)를 닦게 하고, 번방의 울타리로 삼아서 우리의 무궁한 아름다움을 받들게 하소서.” 하였다. 성을 설립하자는 논의가 드디어 그치었다.

조선왕조실록(朝鮮王朝實錄)[12]

1. 『세종실록』 권61, 15년(1433, 계축/ 명 선덕(宣德) 8년) 윤8월 14일(갑자)

【원문】

○ 京市署司吏朴興密上言, 略曰 : "臣受差文昭殿移安都監令史, 奔走服事, 未蒙錄用." 許稠啓曰 : "此人假使有功, 乃其職分之當爲, 安有自求受職之理乎? 宋王荊公言 : '周公有人臣不能爲之功, 故成王賜周公不當受之賞.' 程子非之曰 : '荊公不知人臣之義. 居周公之位, 而行周公之事, 乃人臣職分之當爲.' 高麗侍中**金就礪**, 以攝上護軍, 破契丹賊, 朝廷不超遷, 而但加以上護軍. 胥吏之徒, 以奔走服事之微勞, 計功干職, 甚爲不當." 命留之. 稠等出, 上謂知申事安崇善曰 : "官爵, 人主之權, 有微勞而自申, 幸得官爵者, 自以爲得計, 猥濫成風. 然曹彬, 大臣也, 猶以官爵未滿其意而怏怏. 韓愈以傳道之明儒, 附宰相求官, 況下於曹彬, 韓愈者乎? 故予不立禁法爾. 他日見大臣, 議之以聞."

【번역문】

---

12) 조선 태조에서부터 조선 철종 때까지 25대 472년간(1392~1863)의 역사를 편년체(編年體)로 기록한 책이며 국보 제151호로 지정되어 있다. 1413년(태종 13)에 『태조실록』이 처음 편찬되고, 25대 『철종실록』은 1865년(고종 2)에 완성되었다. 현재 남아있는 정족산본 1,181책, 태백산본 848책, 오대산본 74책, 기타 산엽본 21책, 총 2,077책이 유네스코 세계기록유산으로 등재되었다.

　경시서(京市署) 사리(司吏) 박흥밀(朴興密)이 상언(上言)하였는데, 대략은, "신이 문소전 이안 도감 영사(文昭殿移安都監令史)에 발령받아 분주하게 일하였지만 등용함을 얻지 못하였나이다." 하니, 허조(許稠)가 아뢰기를, "이 사람이 가령 공(功)이 있다하더라도 그 직분에 당연히 할 일이온데, 어찌 자청해서 관직을 달라고 요구할 수가 있겠습니까. 송나라 왕형공(王型公)이 말하기를, '주공(周公)은 신하로서 이룰 수 없는 〈큰〉 공을 세웠기 때문에, 성왕(成王)이 주공으로는 마땅히 받지 못할 만큼의 〈큰〉 상을 주었다.'고 한 데 대하여, 정자(程子)가 그것을 비난하여 말하기를, '형공(型公)이 신하의 의리를 알지 못한 것이다. 주공의 지위에 있어서 주공으로서의 할 일을 행한 것이니, 그것은 신하 된 직분으로서의 당연히 할 일이었다.' 하였고, 고려(高麗) 시중(侍中) 김취려(金就礪)가 섭상호군(攝上護軍)으로서 거란(契丹) 도적을 쳐부셨는데, 조정에서 관등(官等)을 초월하여 승진을 시키지 아니하고 단지 상호군으로 삼았을 뿐입니다. 관아의 구실아치들이 분주하게 사무에 종사한 사소한 수고를 가지고 공(功)을 헤아리어 관직을 요구함은 매우 부당합니다." 하므로, 보류하기를 명하고, 조(稠) 등이 나간 후에 임금이 지신사 안숭선에게 이르기를, "관작은 임금의 권한인데 작은 공로가 있다 해서 자기가 요청하여 다행히 관작을 얻은 자가, 저로서 잘했다고 한다면 외람한 생각이 풍습을 이룰 것이다. 그러나 조빈(曹彬)은 대신인데도 관작이 그 뜻에 만족치 않아서 앙앙(怏怏)하였고, 한유(韓愈)는 도학을 전한 명철한 선비이로되 재상에게 붙따라 관작을 구하였으니, 하물며 조빈이나 한유만 못한 자에 있어서랴. 그러기에 내가 금하는 법을 세우지 아니했다. 그대가 다른 날 대신을 만나 의논하여서 아뢰라." 하였다.

2. 『세종실록지리지』/ 경상도/ 경주부/ 언양현

【원문】

◎ 彦陽縣：本居知火縣, 景德王改爲巘陽, 爲良州領縣. 顯宗戊午, 屬蔚州任內, 仁宗癸亥, 始置監務, 後改爲彦陽. 鷲捿山. [在縣南] 四境, 東距蔚山十五里, 西距密陽三十三里, 南距梁山十七里, 北距慶州十里. 戶四百二十一, 口一千四百五十八. 軍丁, 侍衛軍七, 營鎭軍四十四, 船軍一百五十六. 土姓二, 朴, 金 ; 來姓三, 玄, 崔, 金. 人物, 門下侍郎平章事威烈公**金就礪**[高麗高宗時人]子門下侍郎平章事翊戴公佺, 孫都僉議參理文愼公胼[忠烈王時人]曾孫都僉議左政丞貞烈公倫. [忠肅王時人] 厥土肥, 風氣暖, 墾田一千五百十八結. [水旱田相半] 土宜, 稻, 稷, 麥, 菽. 土貢, 蜂蜜, 黃蠟, 漆, 紙, 芝草, 乾竹笋, 石茸, 人蔘, 銀口魚, 獐皮, 鹿皮, 狸皮, 水獺皮. 藥材, 白茯苓, 人蔘. 土産, 沙鐵産縣西石南洞. 磁器所一, 陶器所一, 皆在縣南大吐里. [下品] 邑土城[周回一百五十七步, 內有井二] 驛一, 德川. [俗誤作泉]

【번역문】

◎ 언양현(彦陽縣)

본디 거지화현(居知火縣)인데, 경덕왕이 헌양(巘陽)으로 고쳐서 양주(良州)의 영현(領縣)을 삼았고, 〈고려〉 현종 무오년에 울주(蔚州) 임내에 붙였다가, 인종(仁宗) 계해년에 비로소 감무를 두고, 뒤에 언양(彦陽)으로 고쳤다.

취서산(鷲棲山) [현 남쪽에 있다] 사방 경계는 동쪽으로 울산(蔚山)에 이르기 15리, 서쪽으로 밀양(密陽)에 이르기 33리, 남서쪽으로 양산(梁山)

에 이르기 17리, 북쪽으로 경주에 이르기 10리이다.

호수는 4백 21호, 인구가 1천 4백 58명이며, 군정(軍丁)은 시위군(侍衛軍)이 7명, 영진군(營鎭軍)이 44명, 선군(船軍)이 1백 56명이다.

토성(土姓)이 2이니, 박·김이며, 내성(來姓)이 3이니, 현(玄)·최·김이다. 인물(人物)은 문하시랑 평장사(門下侍郎平章事) 위열공(威烈公) 김취려(金就礪) [고려 고종 때 사람] 그 아들 문하시랑 평장사(門下侍郎平章事) 익대공(翊戴公) 김전(金佺), 그 손자 도첨의참리(都僉議參理) 문신공(文愼公) 김변(金胼) [충렬왕 때 사람] 그 증손 도첨의 좌정승(都僉議左政丞) 정렬공(貞烈公) 김륜(金倫) [충숙왕 때 사람]이다.

땅이 기름지고 기후는 따뜻하며, 간전(墾田)이 1천 5백 18결이다. [논과 밭이 반반씩이다] 토의(土宜)는 벼·보리·콩이며, 토공(土貢)은 꿀·밀[黃蠟]·칠·종이·지초·마른 죽순[乾竹笋]·석이[石茸]·인삼·은어·노루가죽·사슴가죽·삵가죽·수달피(水獺皮)요, 약재(藥材)는 백복령(白茯苓)·인삼(人蔘)이다. 토산(土産)은 사철(沙鐵)이 현(縣) 서쪽 석남동(石南洞)에서 나며, 자기소(磁器所)가 1, 도기소(陶器所)가 1이니, 모두 현 남쪽 대토리(大吐里)에 있다[하품이다].

읍 토성(邑土城)[둘레가 1백 57보이며, 그 안에 우물 둘이 있다] 역(驛)이 1이니, 덕천(德川)이다[시속에서 잘못 천(泉)으로 쓴다].

3. 『단종실록』 권4, 즉위년(1452, 임신/ 명 경태(景泰) 3년) 12월 13일(신축)

【원문】

○ 議政府據禮曹呈啓 : "前朝太師開國武烈公裵玄慶, 忠烈公洪儒, 武恭公卜智謙, 壯節公申崇謙四人, 皆推戴太祖, 統一三韓爲一等功臣. 太(史)

[師] 開國忠節公庾黔弼, 北界爲北狄所侵, 太祖遣黔弼鎭之, 諸部相率來附, 北方晏然. 太祖與甄萱屢戰勝, 卒滅百濟, 皆黔弼功也. 終始寵遇, 諸將莫及, 俱配享太祖 ; 太師內史令章威公徐熙, 契丹蕭遜寧聲言復高麗故地來侵, 成宗欲割西京以北與之, 又欲開西京倉米, 投大同江, 熙歷言不可, 自請往遜寧營, 反復論詰, 辭氣慷慨, 遜寧知不可强, 罷兵還. 又率兵逐女眞城, 長興, 歸化等地, 配享成宗 ; 太師門下侍中仁憲公姜邯贊, 契丹主自將攻西京, 我軍敗報至, 群臣皆議降, 邯贊勸顯宗南幸避之, 後契丹兵十萬來侵, 將逼京城, 邯贊爲西北面都統使, 遣兵入援, 又自將大戰破之, 契丹兵生還者, 僅數千人, 配享顯宗 ; 守太保門下侍中文肅公尹瓘, 女眞方熾, 闌入東界, 睿宗命瓘擊逐之, 築九城, 立碑于(公險鎭)[公嶮鎭] 以爲界, 配享睿宗 ; 門下侍中文烈公金富軾, 妙淸等據西京叛, 仁宗命富軾討平之, 富軾以文章名世, 宋(史) [使] 徐兢見富軾, 樂其爲人, 載富軾家世, 又圖形以歸, 奏帝鏤板, 以廣其傳. 由是名聞天下, 配享仁宗 ; 門下平章事文正公趙冲, 門下侍中威烈公**金就礪**, 契丹遺種金始, 金山二王子, 領兵闌入北鄙, 入保江東, 高宗命冲及**就礪**擊之, 時, 蒙古元帥哈眞, 東眞元帥完顔子淵, 合兵聲言討丹救我, 攻和, 孟, 順, 德四城破之, 直指江東, 中外震駭. 冲等請于朝, 與哈眞, 子淵約和, 破江東降之, 遂與哈眞等同盟, 結爲兄弟之國, 二人皆配享高宗 ; 僉議令忠烈公金方慶, 林衍廢元宗, 時, 世子在蒙古, 請兵討衍, 帝遣蒙哥篤討之, 世子令方慶伴行, 方慶意謂蒙古若渡大同江, 王國必震恐生變, 奉聖旨, 令屯西京爲聲援, 毋得過江. 北界叛民崔坦等, 有乘亂吞國之志, 告蒙哥篤曰 : ‘本國將殺官軍, 欲入濟州, 不如聲言出獵, 過大同江, 掩襲王京, 子女, 玉帛可盡得也.’ 蒙哥篤將從之, 方慶以違詔渡江不可, 力言乃止. 及衍之黨三別抄, 擁承化侯爲王, 叛據珍島. 元宗命方慶討平之, 其黨遁入耽羅, 方慶又討平之. 又元世宗遣將

再征日本, 令高麗主之, 忠烈王皆命方慶爲元帥, 往征之, 韋得儒, 盧進義等誣告方慶謀叛, 洪茶丘與本國有憾, 欲使方慶誣服, 嫁禍於國, 以鐵索圈其首, 若將加頂. 王不忍視, 語方慶曰 : '天子仁聖, 將明其情僞, 何自苦乃爾?' 方慶曰 : '王何如是耶? 臣豈敢愛身誣服, 以負社稷?' 竟不屈, 帝釋不問 ; 中書平章政事安祐, 政堂文學金得培, 樞密院副使李芳實, 紅賊四萬陷西京, 祐, 得培, 芳實奮擊大破之, 賊死者相枕, 僅三百餘, 渡鴨綠江而走, 後紅賊二十萬陷京城, 祐, 得培, 芳實等率兵二十萬, 圍京城大破之, 斬十餘萬, 餘黨渡江而走. 時人謂曰 : '我輩獲安寢食, 三元帥之功也.' ; 守門下侍中文忠公鄭夢周扶恭讓王反正, 爲中興功臣, 遂拜侍中, 終伏節而死. 初大明肇興, 夢周力請恭愍王首先歸附, 恭愍王薨, 李仁任等欲復事元, 夢周又上言極陳不可. 又奉使日本請禁賊, 夢周極陳交隣利害, 主將敬服, 還被虜數百人, 禁三島侵掠. 高皇帝增定歲貢馬五千匹, 金五百斤, 銀五萬兩, 布五萬匹. 夢周如京師, 奏除增定歲貢, 又建議革胡服, 襲華制, 立家廟, 建五部學堂, 外方鄕校, 立義倉, 設水站. 此等人於各代配享之中, 特有功於生民, 請王氏奉祀時從祀." 從之.

【번역문】

　의정부가 예조의 정문(呈文)에 의거하여 아뢰기를, "고려왕조(高麗王朝)의 태사개국(太師開國) 무열공(武烈公) 배현경(裴玄慶)·충렬공(忠烈公) 홍유(洪儒)·무공공(武恭公) 복지겸(卜智謙)·장절공(莊節公) 신숭겸(申崇謙) 등 4인은 모두 〈고려〉 태조(太祖)를 추대하여 삼한(三韓)을 통일하고, 1등 공신(一等功臣)이 되었습니다. 태사개국(太師開國) 충절공(忠節公) 유금필(庾黔弼)은 북계(北界)에 북적(北狄)이 침입하였을 때 태조가 유금필을 보내어 진압하니 〈오랑캐의〉 여러 부족이 서로 좇아서 내부(來附)하여 북쪽이 안정되었고, 태조가 견훤(甄萱)과 여러 번 싸워 이기고 마침내 백제를 멸망시킨 것은 모두 유금필의 공이어서 시종 〈태조의〉 총애(寵愛)를 여러 장수들보다 깊이 받았고, 태조와 함께 배향(配享)되었습니다. 태사내사령(太師內史令) 장위공(章威公) 서희(徐熙)는 거란(契丹)의 소손녕(蕭遜寧)이 고구려의 옛 땅을 수복한다고 성언(聲言)하며 침입하였을 때 성종(成宗)이 서경(西京) 이북의 땅을 떼어서 그들에게 주려고 하였고, 또 서경의 창고(倉庫)에 있는 곡식을 풀어 대동강(大同江)에 던져 버리고자 하였으나, 서희가 불가함을 여러 차례 말하고는 자청하여 소손녕의 진영(陣營)에 가서 거듭 논설하여 힐난(詰難)하니, 그 말하는 기품(氣品)이 강개(慷慨)하였으므로 소손녕이 강제로 하지 못할 것을 알고 파병(罷兵)하여 돌아갔으며, 또 〈서희는〉 군사를 이끌고 가서 여진(女眞)을 쫓아내고 장흥(長興)·귀화(歸化) 등지에 성을 쌓았으므로 성종과 함께 배향(配享)되었습니다. 태사문하시중(太師門下侍中) 인헌공(仁憲公) 강감찬(姜邯贊)은 거란주(契丹主)가 스스로 군사를 거느리고 서경을 공격하여 아군(我軍)의 패배 소식이 이르자 여러 신하들이 모두 항복할 것을 의논하였으나, 그는 현종(顯宗)에게 남쪽으로 피난(避亂)할 것을 권하였고, 뒤에 거란 군사 10만 명이 침입해 와서 장차 서울을 핍박(逼迫)하려 할 때, 강감찬은 서북면 도통사(西北面都統使)가 되어 서울에 원병(援兵)을 보내었고, 또 스스로 군사를 거느리고 크게 싸워 〈거란군을〉 격파하니, 살아서 돌아간 자가 겨우 수천 명이었으므로 현종과 함께 배향되었습니다. 수태보문하시중(守太保門下侍中) 문숙공(文肅公) 윤관(尹瓘)은 여진(女眞)이 치열하게 동계(東界)에 난입(闌入)하였을 때 예종(睿宗)이 윤관에게 명하여 그들을 쳐서 물리치고 구성(九城)을 쌓았으며 공험진(公嶮鎭)에 비석(碑石)을 세워 경계로 삼았으므로 예종과 함께 배향되었습니다. 문하시중(門下侍中) 문열공(文烈公) 김부식(金富軾)은 묘청(妙淸) 등이 서경을 근거로 반란을 일으켰을 때, 인종(仁宗)이 김부식에게 명하여 이를 토벌 평정하였습니다. 김부식은 문장(文章)으로써 이름을 세상에 떨쳤으며 송(宋)나라 사신 서긍(徐兢)이 김부식을 보고 그 사람됨을 좋아하여 김부식의 가세(家世)와 도형(圖形)을 가지고 돌아가서 황제(皇帝)에게 아뢰어 판목(板木)에 새기고 그 전기(傳記)를 널리 퍼뜨리니, 이로 말미암아 그의 이름이 천하에 알려져서 인종과 함께 배향되었습니다. 문하평장사(門下平章事) 문정공(文正公) 조충(趙沖)과 문하시중(門下侍中) 위열공(威烈公) 김취려(金就礪)는 거란의 유종(遺種)인 금시(金始)·금산(金山) 두 왕자(王子)가 군사를 이끌고 북쪽 지방에 난입하고, 강동(江東)에 들어와 있었을 때 고종(高宗)이 조충과 김취려에게 명하여 이를 공격하였습니다. 이때 몽고 원수(蒙古元帥) 합진(哈眞)과 동진 원수(東眞元帥) 완안자연(完顔子淵)이 군사를 합하여 거란군을 토벌하여 우리를 구원한다고 성언하며, 화성(和城)·맹성(孟城)·순성(順城)·덕성(德城) 등 4성을 공파(攻破)하고 곧 바로 강동(江東)으로 향하여 나아가니 중외(中外)가 놀라서 떨었습니다. 조충 등이 조정(朝廷)에 청하여 합진·완안자연과 더불어 화약(和約)하고 강동을 공파하여 항복시키고 드디어 합진 등과 더불어 동맹(同盟)하여 형제국(兄弟國)의 관계를 맺음으로써 두 사람이 모두 고종과 함께 배향되었습니다. 첨의령(僉議令) 충렬공(忠烈公) 김방경(金方慶)은 임연(林衍)이 원종(元宗)을 폐위시켰을 때, 세자(世子)가 몽고에 있으면서 군사를 보내어 임연을 토벌할 것을 청하니, 황제가 몽가독(蒙哥篤)을 보내어 이를 토벌하게 하였습니다. 세자가 김방경으로 하여금 같이 가게 하였는데, 김방경은 몽고군이 만약 대동강을 건너게 되면 반드시 전국이 놀래어 변란(變亂)이 일어날까 두려우니 성지(聖旨)를 받들어 서경에 주둔(駐屯)하면서 성원(聲援)만 하고 대동강을 건너지 말 것을 말하였습니다만, 북계(北界)의 반민(叛民)인 최탄(崔坦) 등이 혼란한 기회를 타서 나라를 병탄(倂呑)할 뜻이 있어서 몽가독(蒙哥篤)에게 고발하여 말하기를, '본국이 장차 관군(官軍)을 죽이려고 제주(濟州)로 들어가고자 하니, 사냥나간다고 성언하고 대동강을 건너 왕경(王京)을 엄습하여 왕족을 사로잡고 옥백(玉帛)을 모두 얻는 것만 같지 못하다.' 하니, 몽가독이 장차 그대로 따르려 했으나, 김방경이 조서(詔書)를 어기고 대동강을 건너는 것이 불가함을 힘써 말하여 이를 중지시켰습니다. 임연의 무리인 삼별초(三別抄)가 승화후(承化侯)를 왕으로 옹립하고 진도(珍島)를 근거지로 하여 반란을 일으켰을 때, 원종(元宗)이 김방경에게 명하여 이를 토평(討平)하게 하였는데, 삼별초의 무리가 탐라(耽羅)로 도망해 들어가니 김방경이 또 이를 토벌하여 평정하였습니다. 또 원나라의 세종(世宗)이 군사를 보내어 일본(日本)을 다시 정벌하면서 고려로 하여금 이를 주관케 하자 충렬왕(忠烈王)이 김방경에게 모두 명하여, 원수(元帥)로 삼고 가서 정벌하게 하였습니다. 위득유(韋得儒)·노진의(盧進義) 등이 김방경이 모반하였다고 무고(誣告)하고, 홍다구(洪茶丘)가 본국(本國)에 불만이 있어서 김방경으로 하여금 〈원나라에 대하여 모반하였음을〉 무복(誣服)하게 하여 화(禍)를 국가에 전가시키고자 철색(鐵索)으로 그 목을 감고, 곧 이마에도 감으려 하자 왕이 차마 볼 수 없어서 김방경에게 말하기를, '천자(天子)가 어질고 성스러워 장차 그 사정이 거짓임이 밝혀질 터인데, 어찌 스스로 고통을 계속되게 하는가?' 하니, 김방경은 '왕께서는 어찌 이러하십니까? 신이 어찌 감히 몸을 아껴 무복함으로서 사직(社稷)을 저버리겠습니까?' 하고 끝내 굽히지 않으니, 이에 황제도 석방하고 불문에 부쳤습니다. 중서평장정사(中書平章政事) 안우(安祐)·정당문학(政堂文學) 김득배(金得培)·추밀원부사(樞密院副使) 이방실(李芳實) 등은 홍건적(紅巾賊) 4만 명이 서경을 함락했을 때 안우·김득배·이방실이 분연히 이를 공격하여 크게 격파시키니, 적의 전사자(戰死者)가 서로 머리를 이었고 겨우 3백 명만이 압록강(鴨綠江)을 건너 도주(逃走)하였으며, 뒷날 홍건적 20만 명이 개성을 함락하였을 때는 안우·김득배·이방실이 군사 20만 명을 거느리고 개성을 포위하여 크게 격파시켰는데, 10여만 명을 죽이고 나머지 무리는 강을 건너 도주하니, 그때 사람들이 말하기를, '우리들이 편안한 침식(寢食)을 하게 된 것은 세 원수(元帥)의 공이다.' 하였습니다. 수문하시중(守門下侍中) 문충공(文忠公) 정몽주(鄭夢周)는 공양왕(恭讓王)을 도와서 반정(反正)하고 중흥공신(中興功臣)이 되어 드디어 시중(侍中)에 제배(除拜)되었으나, 끝내는 절의(節義) 때문에 죽었습니다. 처음에 명나라가 비로소 일어났을 때 정몽주는 공민왕(恭愍王)에게 힘써 청하여 가장 먼저 귀부(歸附)했으나, 공민왕이 죽고 난 후 이인임(李仁任) 등이 다시 원나라를 섬기고자 함에 정몽주가 또 그 불가함을 극진히 진계(陳啓)하였습니다. 또 일본에 사신으로 가서 왜구(倭寇)를 금할 것을 청하고, 정몽주가 교린(交隣)의 이해(利害)를 극진히 펼치니, 이에 그 주장(柱將)이 공경하고 복종하여 포로된 사람 수백 명을 돌려주고, 〈왜구가〉 세 섬을 침입하여 약탈하는 것을 금지시켰습니다. 고황제(高皇帝)가 세공(歲貢)을 증가시켜 말(馬) 5천 필(匹), 금(金) 5백 근(斤), 은(銀) 5만 냥(兩), 포(布) 5만 필로 정하자, 정몽주는 명나라 서울로 가서 증가된 세공을 제감(除減)할 것을 주청(奏請)하였고, 또 호복(胡服)을 혁파하고 화제(華制)를 계승할 것을 건의하였으며, 가묘(家廟)를 세우며 오부 학당(五部學

堂)과 지방의 향교(鄕校)를 건립하고, 의창(義倉)을 세우고, 수참(水站)을 설치하였습니다. 이와 같은 사람들은 각 왕대(王代)에 배향된 사람 중에서도 특별히 백성들에게 공로가 있는 사람들입니다. 청컨대 왕씨(王氏)의 제사를 받들 때 함께 제사하도록 하소서.” 하니, 그대로 따랐다.

4. 『세조실록』 권3, 2년(1456, 병자/ 명 경태(景泰) 7년) 3월 28일(정유)

【원문】

○ 集賢殿直提學梁誠之上疏曰：臣伏觀主上殿下以上聖之資, 光登大位, 古今治亂之跡, 民俗艱難之事, 靡不洞照, 宵旰圖治, 以基我朝鮮億萬年太平之業, 誠三韓一盛際也. 方令朝廷得失, 民間利病, 大臣謀之, 臺諫論之, 其他侍從之職, 在於論思, 臣以庸劣, 獲侍經幄, 愧無寸効上報聖德. 凡國家大小之事, 罔不商確於微衷, 而思有以裨益乎萬一, 敢將便宜二十四事條錄以獻, 惟聖鑑財幸. …… 一, 武成立廟. 蓋文武之道, 如天經地緯, 不可偏廢. 唐肅宗尊太公爲武成王, 立廟享祀, 與文宣王比, 後以歷代良將六十四人配享. 吾東方先聖之祀, 上自國學下至州郡, 而武成王無祠宇, 只祭纛神四位, 豈非闕典歟 今訓鍊觀卽宋朝武學也, 乞幷纛所于訓鍊觀, 而立武成廟, 祭禮配食, 略依文廟制度, 又以新羅之金庾信, 高句麗之乙支文德, 高麗之庾黔弼·姜邯贊·楊規·尹瓘·趙冲·**金就礪**·金慶孫·朴犀·金方慶·安祐·金得培·李方實·崔瑩·鄭地, 本朝之河敬復·崔閏德配享.

【번역문】

집현전 직제학(集賢殿直提學) 양성지(梁誠之)가 상소(上疏)하기를,

"신(臣)이 엎드려 보니, 주상 전하께서는 상성(上聖)의 자질로서 대위(大位)에 영광스럽게 오르시어 고금(古今) 치란(治亂)의 자취와 민속(民俗)의 간난(艱難)한 일을 통찰(洞察)하지 않음이 없으시고 소간(宵旰)으로 부지런히 도치(圖治)하셔서 우리 조선 억만 년 태평 성업의 기틀을 닦으시니, 진실로 삼한(三韓)에서 한 번 번성할 때입니다. 바야흐로 지금 조정의 득실(得失)과 민간의 이병(利病)을, 대신(大臣)은 꾀하고 대간(臺諫)은 이를 논의하며, 기타의 시종(侍從)하는 직사(職事)들도 논사(論思)함에 있는데, 신은 용렬한 자질로써 경악(經幄)을 시종함을 얻어서도 조금의 성효(成効)도 없어 성덕(聖德)에 보답함이 없음을 부끄러워합니다. 무릇 국가의 크고 작은 일은 미충(微衷)이라도 상량하여 확정하지 않을 수 없으므로, 만분의 일이라도 비익(裨益)됨이 있었으리라고 생각하고 감히 편의(便宜) 24사(事)를 가지고 조목을 기록하여 바치니, 엎드려 바라건대 성감(聖鑑)하여 주시면 다행하겠습니다. ……

1. 무성(武成)을 입묘(立廟)하는 것입니다. 대개 문무(文武)의 도(道)는 천경지위(天經地緯)와 같으니 편벽되게 폐할 수 없습니다. 당(唐)나라 숙종(肅宗)은 태공(太公)을 높여서 무성왕(武成王)을 삼아 입묘(立廟)하여 향사(享祀)하기를 문선왕(文宣王)과 더불어 비등하게 하여 뒤에는 역대(歷代) 양장(良將) 64인을 배향하였습니다. 우리 동방은 선성(先聖)의 제사를 위로는 국학(國學)으로부터 아래로는 주·군(州郡)에 이르렀으되, 무성왕(武成王)은 사우(祠宇)가 없고 단지 둑신(纛神) 4위(位)만을 제사지내니 어찌 궐전(闕典)이 아니겠습니까? 지금 훈련관(訓鍊觀)은 곧 송나라의 무학(武學)이니, 빌건대 둑소(纛所)를 훈련관에 병합하고 무성묘(武成廟)를 세워서 제례(祭禮)와 배식(配食)은 대략 문묘(文廟)의 제도에 따르고, 또 신라의 김유신(金庾信), 고구려의 을지문덕(乙支文德),

고려의 유금필(庾黔弼)·강감찬(姜邯贊)·양규(楊規)·윤관(尹瓘)·조충(趙沖)·김취려(金就礪)·김경손(金慶孫)·박서(朴犀)·김방경(金方慶)·안우(安祐)·김득배(金得培)·이방실(李方實)·최영(崔瑩)·정지(鄭地), 본조(本朝)의 하경복(河敬復)·최윤덕(崔閏德)을 배향하게 하소서. …… (후략)

5. 『성종실록』 권48, 5년(1474, 갑오/ 명 성화(成化) 10년) 10월 28일(경술)

【원문】

○ 司憲府大司憲李恕長等上疏曰 : 自古天下之勢, 一治一亂, 否極則泰來, 泰極則復爲否, 理之必然. 姑以我國之事言之, 三國以前, 分崩離析, 自相雄長, 日尋干戈, 其亂極矣. 高麗太祖東征西討, 十有八年而新羅投降, 又一年而百濟削平, 三國之地, 合而爲一, 境內乂安. 歷七十四年, 而有契丹之兵, 顯宗南遷, 京城遂陷, 僅得興復. 又九十四年, 而東蕃擾邊, 肅宗, 睿宗相繼致討, 雖置九城, 後復不守, 戰爭之苦, 數年乃息. 又百有七年, 而有金山, 金始之兵, 高宗遣趙沖, **金就礪**, 與蒙古合兵攻滅. 自是蒙古之兵侵軼我疆, 南至于尙州, 又南至于羅州, 東民糜爛, 莫敢誰何, 如行無人之地. 四十餘年國非其國, 及元宗親朝, 以世子尙主然後稍定. 又九十一年, 而倭人始寇, 九年而紅賊大至, 恭愍王又南遷, 經年乃還. 厥後軍旅歲興, 寇賊日滋, 生民之類, 蕩無孑遺, 凡三十三年. …… (후략)

【번역문】

사헌부 대사헌(司憲府大司憲) 이서장(李恕長) 등이 상소(上疏)하기를, "예로부터 천하(天下)의 형세는 한 번 잘 다스려지면 한 번은 어지러워지고, 비(否)가 극(極)하면 태(泰)가 오는 것이며, 태(泰)가 극하면 다시 비(否)가 되는 것은 이치의 필연(必然)한 것입니다. 우선 우리나라의 일로써 말한다면, 삼국(三國) 이전에는 분붕(分崩)하기도 하고 이석(離析)하기도 하여 저마다 서로 영웅되고 어른이 되려고 날로 싸움을 계속하였으므로 그 어지러움이 지극하였었는데, 고려(高麗) 태조(太祖)가 동정서토(東征西討)하여 18년 만에 신라(新羅)가 항복하고, 또 1년 만에 후백제(後百濟)가 삭평(削平)되어 삼국의 땅이 합하여 하나로 되어서, 경내(境內)가 편안하게 다스려졌습니다. 74년을 지나면서 거란(契丹)의 병란이 있어 현종(顯宗)이 남천(南遷)하고 경성(京城)이 드디어 함락되었다가 근근이 흥복(興復)할 수 있었습니다. 또 94년에 동번(東蕃)이 변경(邊境)을 어지럽게 하므로 숙종(肅宗)·예종(睿宗)이 서로 계속하여 토벌을 이루어 비록 9성(九城)을 설치하였으나, 뒤에 다시 지키지 못하고, 전쟁의 괴로움은 수년 만에야 종식되었습니다. 또 1백 7년 만에 금산(金山)·금시(金始)의 병란이 있어서 고종(高宗)은 조충(趙沖)과 <u>김취려(金就礪)</u>를 보내어 몽고(蒙古)와 더불어 군사를 합하여 공멸(攻滅)하였습니다. 이로부터 몽고의 군사가 우리 강토(疆土)를 침범하여 남(南)으로는 상주(尙州)에 이르고, 또 남쪽으로 나주(羅州)에까지 이르러 동쪽 백성들이 미란(糜爛)하여졌으므로 감히 누구도 어떻게 할 수가 없어서 사람 없는 땅을 가는 것과 같았습니다. 40여 년 동안을 나라가 나라 같지 않다가 원종(元宗)이 친조(親朝)함에 이르러서 세자(世子)를 상주(尙主)하게 된 뒤에야 차차 안정이 되었습니다. 또 91년이 되어 왜인(倭人)이 침구(侵寇)하기 시작하였고, 9년 만에 홍건적(紅巾賊)이 크게 들어오매 공민왕(恭愍王)이 또 남쪽으로 피난했다가 해가 지나서야 겨우 돌아왔습니다. 그 뒤로 군려(軍旅)가 해마다 일어나고, 도적이 날로 심하여 생민(生民)의 무리가 텅텅비어 남은 것이 없게 된 지가 무릇 33년이 되었습니다.
······ (후략)”

6. 『선조실록』 권39, 26년(1593, 계사/ 명 만력(萬曆) 21년) 6월 17일(경자)

【원문】

○ 劉員外貽書 : 有四條 : ······ 三, 用猛士以衛邦國. 國好文學, 若晋之淸 ; 唐之逸, 庶事偕墬, 率陰刃相傾, 致豪士散去. 今無一個臣, 橫戈鋋以當關險, 不其痛乎! 卽有纖流, 寧稱熊羆之材, 如庾信, **就礪**者乎! 亟于山澤中搜羅, 如有應徵而出者, 得百餘人, 以備將相, 則邦式重以興. ······ (후략)

【번역문】

유원외(劉員外)가 보낸 글에 4개 조항이 있었다. “······ 3. 용맹 있는 장사를 등용하여 국가를 보호해야 합니다. 나라가 문학을 좋아함이 마치 진(晉)의 죽림칠현(竹林七賢)과 당(唐)의 죽계육일(竹溪六逸)과 같아 모든 일이 폐지되고 따라서 남모르게 서로 모해하여 마침내 호걸들은 흩어져 떠나게 하였습니다. 지금 신하 중에 한 명도 창을 들고 관방(關防)을 지키려는 자가 없으니 어찌 통탄할 일이 아니겠습니까. 하찮은 무리들이 있으나 어찌 웅비지재(熊羆之材)라 칭할 수 있으며 저 김유신(金庾信)과 김취려(金就礪) 같은 자가 있겠습니까. 속히 산림속에 숨어 있는 인재를 수소문하여, 만일 부름에 응하는 자가 있으면 1백여 인을 선발하여 장상(將相)의 자리에 앉혀서 국가를 부흥시키소서. ······ (후략)”

동문선(東文選)[13]

1. 『동문선』 권27, 제고(制誥) [이백순(李百順)]

【원문】

除宰臣**金就礪**, 崔正份, 崔宗峻, 金仲龜敎書.

云云. 夔龍輔舜. 肇造虞家. 方叔佐宣. 中興周室. 不 有賢者. 其能國乎.
卿全德挺生. 英才間世. 安社稷 如盤之固. 定羌戎如樂之和. 百度惟貞.
萬民以理. 其翊扶之若此. 在報責也如何. 今授卿云云.

【번역문】

제 재신 <u>김취려</u> 최정분 최종준 김중구 교서(除宰臣金就礪崔正份崔宗
峻金仲龜敎書) [이백순(李百順)]

운운. 기(夔)와 용(龍)이 순(舜) 임금을 도와서 우(虞)나라를 창조하였
고, 방숙(方叔)이 선왕(宣王)을 도와서 주(周)나라를 중흥시켰다. 어진
사람이 있지 않으면 어찌 나라가 잘될 수 있는가. 경은 빼어난 덕을
갖춘 사람이요, 몇 대 만에 나오는 영재이다. 사직을 편안히 하여 굳건한
반석같이 하고, 오랑캐를 평정하여 화평한 음악같이 하였다. 온갖 법도가
바로 서고 만백성이 다스려졌다. 그 나라를 붙잡아 세운 것이 이와

---

13) 조선전기의 문신 서거정(徐居正) 등이 시문을 모아 편찬한 시문선집이며,
   130권 45책으로 이루어져 있다. 성종의 명을 받아 서거정(徐居正), 노사신(盧
   思愼), 강희맹(姜希孟), 양성지(梁誠之) 등 23인의 찬집관이 참여하여 1478년
   (성종 9)에 편찬한 우리나라 역대 시문선집이다.

같으니, 공을 보답함에 있어서 어떻게 해야 하겠는가. 이제 경에게 제수한다. 운운.

2. 『동문선』 권27, 제고 [이백순(李百順)]

【원문】

麻制

門下. 五星珠連. 木爲文而金爲武. 四岳環列. 岱處 東而華處西. 其有上代天工而贊成燮理之功. 下 循地道而光啓經綸之業. 則曷不推於寵典. 于以 告於明廷.

具官**金就礪**. 鸞頜奇姿. 虯髥異表. 弓機入妙. 如霹靂之聲. 戰法通神. 若雷霆之疾. 逢時傑出. 當事雄 飛. 翶翔宿衛之間. 揚歷褊裨之右. 錦衣濕禁林之露. 幾入奉於九重. 金甲凝邊地之霜. 屢出巡於萬里. 及坐王常之席. 便登韓信之壇. 頃者契丹入疆. 女眞越界. 或貳鏖門之寄. 或全分閫之謀. 受命忘家. 以身許國. 始如去病鏖兵戰於焉支. 終若子儀 免胄見於回紇. 故兩帥歡如親舊. 而二國賴之和平. 外作長城. 內支大廈. 旋擢鴻樞之密邇. 驟登鷗 閣之高華. 柱石五朝. 棟樑一國. 旣成中外永安之烈. 宜錫古今罕有之恩. 是用大尉主五兵也. 兼司馬之權. 中書揚百揆也. 陟平章之座. 爲時冢宰. 冠諸台司. 可特授守大尉中書侍郎平章事判兵部事. 餘如故. …… 於戱. 朕自比金. 以爾爲之良匠. 汝惟作楫. 俾予濟 于巨川. 相須而成. 同底于道.

【번역문】

마제(麻制) [이백순(李百順)]

문하(門下). 오성(五星)이 구슬같이 연하여 목성은 문(文)이 되고 금성은 무(武)가 되었으며, 사악(四岳)이 고리처럼 둘러 대산(岱山)은 동에 있고 화산(華山)은 서에 있다. 위로 천공(天工)을 대신하여 섭리(燮理)의 공을 이루고, 아래로 지리(地理)를 따라 경륜(經綸)의 업을 열었다면, 어찌 총애하는 은전을 내리지 않으리오. 그러므로 밝은 조정에 고한다.

구관(具官) 김취려(金就礪)는 제비턱 같은 기이한 모습이요, 이무기 수염처럼 특이한 풍채였다. 활쏘는 재주는 묘한 지경에 다달아 우레 소리와 같았고, 싸움하는 전술은 귀신을 통하여 번개같이 빨랐다. 때를 만난 호걸의 인물로서 일에 당하여 힘차게 나아가, 숙위(宿衛)하는 사이에 드날렸고 편비(褊裨)의 윗자리에서 종사하였다. 비단옷에 금림(禁林)의 이슬이 젖었으니 몇 번이나 대궐에 들어가 모시었던가. 금갑옷에 변방의 서리가 어리었으니 여러 번 만 리 밖을 순찰하였다. 왕상(王常)의 자리에 앉아도 보고 한신(韓信)의 단(壇)에 올랐었다. 지난번에 거란(契丹)이 강토에 들어오고, 여진(女眞)이 경계를 넘었다. 출정하는 대장의 부관(副官)이 되기도 했고, 분곤(分閫)의 지략을 전담하기도 했다. 명령을 받으면 집안 일은 잊어버리고 몸을 나라에 바치기로 했다. 처음에는 곽거병(藿去病)이 군사를 휩쓸어 언지(焉支)에서 싸우는 것 같았고, 나중에는 곽자의(郭子儀)가 투구를 벗고 회흘(回紇)을 만나 보는 것 같았다. 그러므로 양쪽 장수가 친구처럼 다정하게 되어 두 나라도 그에 힘입어 화평하게 지내었다. 밖으로는 장성(長城)이 되고, 안으로는 큰 집을 떠받치었다. 이내 홍추(鴻樞)의 가까운 한 자리에 발탁되고, 갑자기 구각(鷗閣)의 높은 벼슬에 올랐다. 다섯 조정의 주춧돌이 되었고, 한 나라의 기둥이 되었다. 이미 안팎을 길이 편안하게 한 공을 이루었으니, 마땅히 고금에 드문 은전을 주어야 하겠다. 이에 태위(太尉)로써 오병(五

兵)을 주관하는 것이기에 사마(司馬)의 권한을 겸하게 하고, 중서(中書)는 백관(白官)을 종찰하는 것이기에 평장(平章)의 자리에 올려서, 당시의 총재가 되게 하고, 대사(臺司)의 우두머리가 되게 하였다. 특별히 수태위 중서시랑평장사 판병부사(守太尉中書侍郎平章事判兵部事)를 제수하고 나머지는 전과 같이 한다. …… 아, 나는 스스로 금(金)에 비유하여 너로써 어진 공장이로 삼고 너는 돛대가 되어서 나로 하여금 큰 내를 건너게 하라. 그리하여 서로 도와 성취하여 함께 도에 이르게 하라.

3. 『동문선』권51, 찬(贊) [이색(李穡)]

【원문】

贈侍中鄭公畫像贊 并序

守門下侍中廣平府院君李公. 在壬寅歲. 嘗與諸將. 克復京城. 其捴兵官則贊成事商議鷹揚軍上護軍鄭世雲也. 三元帥忌捴兵功在己上. 嗾麾下士突出害之. 三元帥雖伏辜. 然世之悲鄭公. 至于 今不置. 廣平公以爲鄭公之名. 可傳而不朽矣. 然 其容儀也. 後世無得而知之. 豈不悲哉. 又曰圖形 凌烟. 雖古制也. 今又不行. 莫如寫其眞. 時節致祭 之爲便也. 旣成. 請韓山李穡爲之贊. 穡與廣平公. 俱以承宣事玄陵. 故知鄭公非常人也. 事上忠. 未嘗小有所承迎. 持志確. 未嘗小有所變易. 辛丑之 南徙于福也. 君臣北顧之思. 復何言哉. 鄭公慨然 請行. 旬月間. 宗社復安. 豈偶然哉. 在昔顯廟時. 姜侍中邯贊. 庚戌請南幸. 戊午禦敵北鄙. 其功烈卓 然矣. 近世金山金氏之侵疆也. 趙冲. **金就礪**之功大矣. 己亥毛賊之犯西京也. 揚兵李承慶之功大矣. 然皆封疆之事而已. 非姜侍中二策出于一身 之比矣. 顯廟至錦城. 玄陵至福州. 嗚呼可忍言哉. 鄭公與於決策南幸. 又能揚

諸軍掃群醜. 獨立大功. 足以儷美於姜公矣. 然姜公凱旋. 顯廟親迓于郊. 賜詩以襃之. 則鄭公之不幸也. 玄陵之痛傷也. 天曷故焉. 嗚呼悲夫. 嗚呼悲夫. 後之禮鄭公之眞者. 知眞之作於廣平也. 必起敬於千載之下曰. 鄭公信有功矣. 然非李廣平. 何由而覩鄭公之容儀乎. 則廣平好善之實益著矣. 可不長言之乎. 鄭氏 出光州長澤縣. 玄陵十一年功臣也. 弟曰世文. 無子. 贊曰.

於維鄭公. 樸外確中. 玄陵功臣. 發于丙申. 賊徧中國. 侵我邦域. 我避其鋒. 公乃出敵. 亦旣殲之. 而下 害而. 害而俱亡. 嗚呼不思. 姜公遠矣. 公則儷美. 匪我廣平. 孰圖孰志. 松山蒼蒼. 壯我明堂. 鄭公之風. 播于無窮.

【번역문】

증 시중 정공화상 찬 병서(贈侍中鄭公畫像贊 幷序) [이색(李穡)]

수문하시중 광평부원군(守門下侍中廣平府院君) 이공(李公)이 임인년(壬寅年)에 여러 장군과 함께 서울을 수복했는데, 그 총병관(總兵官)은 곧 찬성사상의(贊成事商議) 응양군상호군(鷹揚軍上護軍) 정세운(鄭世雲)이었다. 원수(元帥) 세 사람은 총병의 공적이 자기네보다 위에 올라감을 시기하여 부하를 시켜서 끄집어내어 그를 해쳤다. 세 원수는 비록 죄를 받고 죽었으나 세상에서 정공을 슬퍼하는 마음은 지금까지도 풀리지 않았다. 광평공은 생각하기를, "정공의 이름은 영원히 전하고 없어지지 않을 것이다. 그러나 그의 얼굴은 후세에서 알지 못할 터이니 어찌 슬프지 아니하랴." 하였다. 또 이르기를, "능연각(凌烟閣)에 그림을 그리는 것이 옛날 제도이긴 하지만 지금에는 실시되고 있지 않으니 그의 화상을 그려서 철을 따라 제사를 드리게 하는 편이 낫겠다." 하였다. 이미 완성되매, 한산(韓山) 이색(李穡)에게 청하여 찬을 지으라 하였다.

색이 광평군과는 함께 승선(承宣)으로 있으면서 공민왕을 섬겼다. 그러므로 정공이 비상한 인물임을 알았다. 임금을 충성으로 섬기어 비위를 맞추려한 적이 없었고 뜻을 확고히 가져서 조금도 변한 적이 없었다. 신축년(辛丑年)에 남쪽 복주(福州)로 옮겨갈 때에 임금이나 신하가 북쪽을 염려하는 마음이야 다시 말한들 무엇하리오, 정공은 비장히 가기를 자청하였다. 열흘남짓 한달이내에 나라가 다시 안정하게 되었으니 그것이 어찌 우연한 일이었겠는가. 옛적 현종(顯宗)때에 강시중(姜侍中) 감찬(邯贊)이 경술년(庚戌年)에 남쪽으로 행차하실 것을 청하고 무오년(戊午年)에는 북방에서 적을 막아냈으니, 그 공적이 탁월하였다. 근세에 금산·금시가 영토를 침범할 적에 조충(趙沖)과 김취려(金就礪)의 공적이 컸고, 기해년(己亥年)에 모적(毛賊)이 서경(西京)을 침범할 적에 총병(總兵) 이승경(李承慶)의 힘이 컸었다. 그러나 그것은 모두 영토 안에서 일어난 일이었고 강시중(姜侍中)처럼 두 가지의 계책이 한 몸에서 일어난 것과 비교될 것이 아니었다. 현종(顯宗)은 금성(錦城)까지 가셨고 공민왕은 복주(福州)까지 가셨으니, 아아 차마 말할 수 있는가. 정공은 남쪽으로 행차하기를 결정할 때에 참여하였고 또 능히 모든 군대를 통솔하고 여러 적들을 쫓아내어 홀로 큰 공을 세웠으니 그 위대함은 강공과 맞세울 만 하였다. 그러나 강공은 개선(凱旋)할 때에 현종이 친히 교외에까지 나아가서 맞이하였고 시를 지어주어 그를 표창했으니, 그런즉 곧 정공이 불행을 당한 것은 공민왕으로서의 슬픔이었다. 하늘이여 이것이 무슨 까닭이었는가. 아아, 슬프다. 아아, 슬프다. 뒷날 정공의 화상 앞에 경례를 올리는 사람은 이 화상이 광평공(廣平公)에 의하여 만들어진 줄 알 터이니 반드시 천년 뒤에라도 경의를 표하면서 이르기를, "정공이 진실로 공이 있었다. 그러나 광평공이 아니었다면 어떻게 징공의 얼굴을 보게 되었으랴.” 할 터인즉 광평공이 선을 좋아한 실효가 더욱 나타나게 될 것이다. 이것을 길게 읊지 아니할 수 있겠는가. 정씨는 광주(光州) 장택현(長澤縣) 출신이며 공민왕 11년의 공신이다. 아우는 세문(世文)이며 아들은 없다. 찬에 이르기를, “아아, 정공이여, 겉으로는 소박하며 안은 확고하였다. 공민왕의 공신으로 병신년(丙申年)에 출발하였다. 적(賊)이 중국에서 두루 돌아다니다가 우리 영토에까지 침입하였다. 우리는 그들의 무력을 피하였는데 공은 마침내 적을 내쫓았다. 이미 그들을 무찔렀는데 부하가 공을 해쳐버렸네. 해친 자들도 다 없어졌으니 아아, 어쩌면 그렇게 생각이 없었던가, 강공(姜公)은 옛날 일이지만 공의 위대함, 그와 맞서리로다. 우리 광평군 아니었으면 누가 그리며 누가 기록했으랴. 송악산(松嶽山) 푸르른데 우리 명당(明堂) 웅장할사, 정공의 영향은 영원하게 전하리라.”

동국통감(東國通鑑)[14]

1. 『동국통감』 권30, 고려기 고종 3년 8월

【원문】

己巳 以上將軍盧元純 爲中軍兵馬使 知御史臺事白守貞 知兵馬事 左諫
議大夫金蘊珠 爲副使 上將軍吳應富 爲右軍兵馬使 崔宗俊 知兵馬事
侍郎庚世謙 爲副使 大將軍**金就礪** 爲後軍兵馬使 崔正華 知兵馬事 陳淑
爲副使 以禦丹兵

【번역문】

기사일에 상장군 노원순(盧元純)을 중군병마사로 삼고, 지어사대사
백수정(白守貞)을 지병마사로 삼고, 좌간의대부 김온주(金蘊珠)를 부사
로 삼고, 상장군 오응부(吳應富)를 우군병마사로 삼고, 최종준(崔宗俊)을
지병마사로 삼고, 시랑 유세겸(庚世謙)을 부사로 삼았으며 대장군 <u>김취
려(金就礪)</u>를 후군병마사로 삼고, 최정화(崔正華)를 지병마사로 삼고,
진숙(陳淑)을 부사로 삼아 거란을 방어하게 하였다.

---

14) 조선전기의 문신 서거정(徐居正) 등이 1485년(성종 16)에 왕명을 받아 신라
   초부터 고려 말까지의 역사를 엮은 사서(史書)이며, 56권 28책으로 이루어져
   있다. 이 책은 편년체 사서로, 단군조선에서 삼한까지는 외기(外紀)로 따로
   분류하여 책머리에 다루었고 삼국의 건국부터 신라 문무왕 9년(669)까지를
   삼국기, 669년에서 고려 태조 18년(935)까지를 신라기, 935년부터 고려
   말까지를 고려기로 구분하여 서술했다.

2.『동국통감』권30, 고려기 고종 3년 9월

【원문】

後軍兵馬使金就礪 與丹兵戰奮擊大破之 初丹兵 自昌州 移屯延州之開

平原林兩驛 終日絡繹不絶 三軍 遣神騎將逐之 與戰于新里 斬一百九十

級 三軍 進次延州 以光裕延壽周氏光世君悌趙雄等六將 守獅子嵒 永麟

迪夫文備三將 守楊州 翼日 九將 戰于朝宗戌斬獲共七百六十餘人 得馬

騾牛 及牌印兵仗 不可殫記 契丹 不復分兵 聚屯開平驛三軍 旣至 皆莫敢

前 右軍據西山之麓 中軍 受敵于野 小退屯獨山 後軍兵馬使金就礪 拔劍

策馬 與將軍奇存靖 直衝賊圍 出入奮擊 丹兵潰 追過開平驛 賊 設伏驛北

急擊中軍 就礪 回擊之 丹兵又潰 中軍兵馬使盧元純 夜謂就礪曰 彼衆我

寡 右軍又不至 始賷三日糧耳 今已盡 不如退據延州城 以俟後便 就礪曰

我軍屢捷 鬪志尙銳 請乘其鋒 一戰而後議之 賊布陣墨匠之野 軍勢甚盛

元純 馳召就礪 且揚黑幟爲信 士卒 冒白刃爭赴 無不一當百 就礪 與文備

橫截賊陣 所向披靡 三合三克 就礪長子 死

○ 賊 奔入香山 燒普賢寺 三軍 追擊之 斬獲摠二千四百餘人 溺死南江者

亦以千數 餘衆夜遁於昌州 婦女小兒 委棄路旁 號哭聲 如萬牛之吼 有一

人 棄兵 自稱官人 直前請曰 我等擾貴國邊疆 固有罪矣 婦子何知 請無庸

盡殺 且無薄我 我則刻日自返矣 就礪 使謂之曰 汝言何可信 與之酒 快飮

而去 俄而 鵝兒乞奴 送符文陳乞 如其所言 三軍 各遣二千人 躡其後

見賊所棄資糧器仗 狼藉於道 牛馬則或斫其腰 或刺其後 蓋使得之 不可

復用也 所遣六千人 戰于淸塞鎭 擒殺過當 平虜鎭都領祿進 亦擊殺七十

餘級 賊逐踰淸塞鎭 遁去

【번역문】

후군병마사 김취려(金就礪)가 거란병과 싸웠는데, 분발해 공격하여 이를 대패시켰다. 처음에 거란병이 창주로부터 연주의 개평역(開平驛)에 모여서 둔치고 종일토록 왕래함이 끊이지 않자, 삼군(三軍)에서 신기(神騎)의 장수를 보내어 뒤쫓아가 신리(新里)에서 싸워 1백 90급을 베었다. 삼군이 진군하여 연주(延州)에 주둔하고, 광유(光裕)·연수(延壽)·주저(周氐)·광세(光世)·군제(君悌)·조웅(趙雄) 등 여섯 장수로 사자암(獅子喦)을 지키게 하고, 영린(永麟)·적부(迪夫)·문비(文備)의 세 장수로 양주(楊州)를 지키게 하였는데, 이튿날에 아홉 장수가 조종수(朝宗戌)에서 싸워 참획한 것이 모두 7백 60여 명이나 되고, 말·노새·소와 패인(牌印)·병장기를 노획한 것은 이루 다 기록할 수 없을 정도였다. 거란병이 다시 군사를 나누지 못하고 개평역(開平驛)에 모여서 둔치니, 삼군이 이미 이르렀으나 모두 감히 앞으로 나아가지는 못하여 우군(右軍)은 서쪽 산기슭을 점거하고, 중군은 들에서 적을 만나 조금 물러나서 독산(獨山)에 둔쳤는데, 후군병마사 김취려(金就礪)가 칼을 빼어들고 말을 채찍질하여 장군 기존정(奇存靖)과 더불어 적의 포위를 곧장 부딪쳐 드나들면서 분발해 공격하니, 거란병이 패하여 무너졌다. 뒤쫓아서 개평역(開平驛)을 지나자, 적이 역 북쪽에 매복하였다가 급히 중군을 습격하였는데, 취려가 되돌아 이를 공격하매, 거란병이 또 패하여 무너졌다.

중군병마사 노원순(盧元純)이 밤에 취려에게 말하기를, "저들은 군사가 많고 우리는 군사가 적으며, 우군도 또 도착하지 않았소. 처음에 3일 동안 먹을 양식만 준비하였을 뿐인데, 지금은 이미 양식이 다하였으니, 후퇴해 연주성(延州城)에 웅거하여 후일의 편의를 기다리는 것만 같지 못합니다." 하니, 취려가 말하기를, "우리 군사가 여러 번 싸움에서 이겼으므로 투지가 오히려 정예(精銳)하니, 청컨대 그 예봉을 타서 한 번 싸워 본 다음에 의논하기로 합시다.” 하였다.

적군이 묵장(墨匠) 들에 진을 쳤는데, 군사의 기세가 대단히 강성하였다. 노원순이 급히 취려를 불러오고, 또 검은 깃발을 휘날려 신호를 하니, 사졸이 시퍼런 칼날을 무릅쓰고 다투어 달려가서 한 사람이 백 명을 당해 내지 않는 사람이 없었다. 취려가 문비(文備)와 더불어 적의 진을 가로질러 끊으매, 향하는 곳마다 쓰러져서 세 번 싸워 세 번 다 이겼는데, 김취려의 장자가 전사하였다.

적군이 도망하여 향산(묘향산)에 들어가 보현사(普賢寺)를 불태웠는데, 삼군이 추격하여 참획한 것이 모두 2천 4백여 인이었으며, 남강(南江)에 빠져 죽은 자가 또한 1천여 인이었다. 적의 남은 무리가 밤에 창주(昌州)로 도망하면서 부녀자와 어린아이를 길가에 버리고 갔는데, 목놓아 울부짖는 소리가 수많은 소의 울음소리와 같았다. 한 사람의 버려진 병사가 관인이라 자칭하면서 바로 앞에 와 청하기를, “우리들이 귀국의 변방 경계를 소란스럽게 하였으니 진실로 죄가 있습니다마는, 부녀와 아이들이야 무엇을 알겠습니까? 청컨대, 다 죽임이 없도록 하시고, 또 우리를 박대하지 마소서. 우리는 날짜를 정하여 스스로 돌아갈 것입니다.” 하였다. 취려가 그에게 이르기를, “너의 말을 어찌 믿을 수 있겠는가?” 하고 술을 주자, 시원스레 마시고 갔는데, 잠시 후에 적의 장수 아아(鵝兒)·걸노(乞奴)가 부문(符文)을 보내 와 요청한 진술이 그의 말과 같았다. 삼군에서 각각 2천 인씩 보내어 그들의 뒤를 밟게 하였는데, 적이 버리고 간 자량(資糧)과 기장(器仗)이 도로에 어지럽게 흩어져 있는 것을 보매, 소와 말은 혹 그 허리를 찍었고 혹은 궁둥이를 찔렀으니, 대개 다시 사용하지 못하게 한 것이었다. 삼군에서 보낸 6천 인이 청새진

(淸塞鎭)에서 싸워 사로잡고 죽인 적이 매우 많았으며, 평로진도령(平虜鎭都領) 녹진(祿進)도 70여 급을 격살하였는데, 적이 마침내 청새진을 넘어서 달아나 버렸다.

3. 『동국통감』 권30, 고려기 고종 4년 5월

【원문】

丹兵 陷東州 崔忠獻 奏曰 丹兵 過東州 勢將南下 五軍 逗留不戰 徒費粮餉 非委任閫外之意也 請罷應夫 幷奪子壻職 以前軍兵馬使崔元世 代之 上將軍**金就礪** 爲前軍兵馬使 王從之

【번역문】

(5월) 거란병이 동주(東州)를 함락하였다. 최충헌이 아뢰기를, "거란병이 동주를 통과했으니, 형세가 장차 남쪽으로 내려올 것인데, 오군은 한곳에 머물러 있는 채 싸움을 하지 않고 한갓 군량만 소비하고 있으니, 곤외(閫外)를 위임한 뜻이 아닙니다. 청컨대, 오응부를 파직시키고 아울러 아들과 사위의 벼슬을 삭탈한 다음, 전군병마사 최원세(崔元世)로 대신하고, 상장군 김취려(金就礪)를 전군병마사로 삼으소서." 하니, 왕이 그대로 따랐다.

4. 『동국통감』 권30, 고려기 고종 4년 7월

【원문】

中軍兵馬使崔元世 前軍兵馬使**金就礪** 追擊丹兵 於是堤州大破之 時中

軍前軍 追丹兵于忠原兩州閒 法泉寺 移次禿岾 元世曰 明日之路 有二歧 吾行何如則可 **就礪**曰 分軍 掎角 不亦可乎 元世從之 翌日 會于麥谷 與賊戰 斬獲三百餘級 迫于堤州之川 流屍蔽川而下 越三日 追至於達峴 加發兵馬使任輔 亦將兵來會 元世 謂**就礪**曰 嶺上 非大軍所止 欲退屯山下 **就礪**曰 用兵之術 雖貴人和 地利亦不可輕 賊若先據此嶺 我在其下 猿猱之捷 亦不得過 況於人乎 三軍 遂登嶺而宿 質明 賊果進軍于嶺之南 先使數萬人 分登左右峯 欲爭要害 元世等 使將軍申德威 李克仁 當左 崔俊文 周公裔 當右 元世 **就礪** 從中 鼓之 士皆殊死戰 三軍望之 亦大呼爭前 賊大潰 老弱男女 兵仗輜重 狼藉委棄 賊由是不果南下 皆東走 追至溟州 大關山嶺 將卒怯弱 退屯旬日 乃進 賊已踰嶺矣

【번역문】

　　중군병마사 최원세와 전군병마사 김취려가 거란병을 추적하여 제주(堤州)에서 크게 패퇴시켰다. 이때에 중군과 전군이 거란병을 뒤쫓아 충주·원주 사이의 법천사(法泉寺)까지 갔다가 독참(禿岾)에 옮겨 주둔하였다. 최원세가 말하기를, "내일의 길이 두 갈래가 있는데, 내가 가는 길을 어디로 하면 좋겠는가?" 하였다. 김취려가 말하기를, "군사를 나누어 앞뒤에서 몰아치는 것이 좋지 않겠는가?" 하니, 최원세가 그대로 따랐다.

　　이튿날 맥곡(麥谷)에서 모여 적과 싸워 3백여 급을 참획하고 제주의 냇가에까지 닥치니, 떠내려가는 시체가 내를 뒤덮었다. 3일이 지나 박달현(朴達峴)에까지 뒤쫓아 이르렀는데, 가발병마사(加發兵馬使) 임보가 또한 군사를 거느리고 와서 회합하였다. 최원세가 김취려에게 이르기를, "고개 위는 대군이 정지할 곳이 못 되니, 물러나서 산 아래에 주둔하려 한다.” 하자, <u>김취려</u>가 말하기를, “용병술은 비록 인화(人和)가 귀하다고는 하나 지리(地利) 또한 가볍게 여길 수 없다. 적이 만약 이 고개를 먼저 점거하게 되면 우리는 그 아래에 있게 될 것이니, 원숭이 [猿猱]의 민첩함으로 지나가지를 못할 것인데, 하물며 사람이겠는가?” 하였다. 삼군(三軍)이 드디어 고개에 올라 노숙(露宿)하였는데, 날이 밝을 무렵에 적이 과연 고개 남쪽으로 진군하면서 먼저 수만 명으로 하여금 좌·우의 봉우리에 나누어 오르게 하여 요해처를 다투려 하므로, 최원세 등이 장군 신덕위(申德威)·이극인(李克仁)으로 하여금 왼쪽을 담당하게 하고, 최준문(崔俊文)·주공예(周公裔)로 하여금 오른쪽을 담당 하게 하여, 최원세·<u>김취려</u>는 가운데로 좇아 북을 치며 전진하니, 사졸이 모두 죽기를 작정하고 싸웠으며, 삼군이 바라보다가 또한 큰 소리를 지르면서 앞다투어 진격하니, 적이 크게 무너져 노약한 남녀와 병장(兵 仗)·치중(輜重)을 낭자하게 버리고 달아났다. 적이 이로 말미암아 남쪽으 로 내려가지 못하고 모두 동쪽으로 달아났는데, 명주(溟州)의 대관산령 (大關山嶺)에까지 뒤쫓아 갔다가 장졸(將卒)이 겁을 내어 물러나 주둔하 다가 열흘 만에 진군하니, 적은 이미 고개를 넘어 갔다.

5. 『동국통감』권30, 고려기 고종 4년 9월

【원문】

前軍兵馬使 **金就礪** 承中軍牒 移兵定州 使覘賊 返曰 賊在咸州 與我比境 雞犬之聲相聞 **就礪** 築鹿角垣 三周其陻 留李克仁 盧純祐 申德威 朴蕤等 四將 守之 移據興元鎮

【번역문】

전군병마사 김취려가 중군(中軍)의 통첩을 받고 군사를 정주(定州)로 옮기어 적의 동정을 엿보게 하고서 회신하기를, "적이 함주(咸州)에 있는데 우리와 경계를 맞닿고 있어서 닭 우는 소리와 개 짖는 소리가 서로 들린다." 하였다. 김취려가 사슴뿔 모양[鹿角]으로 담을 쌓고 참호를 세 겹으로 두르고는, 이극인(李克仁)·노순우(盧純祐)·신덕위(申德威)·박유(朴蕤) 등 네 장수를 머물러 두어 지키게 한 후, 흥원진(興元鎭)으로 옮겨 웅거하였다.

6. 『동국통감』 권30, 고려기 고종 4년 10월

【원문】

丹兵 得女眞兵復振 長驅而來 **金就礪** 回軍 遇於豫州栍川 交綏而退 忽遘疾 將佐 請歸就醫藥 **就礪**曰 寧爲邊城鬼 豈可興疾 求安於家乎 疾甚 勅歸京理疾 以肩輿至京 累月乃瘳

金就礪所留兵與丹兵戰于渭州 敗績

【번역문】

거란병이 여진의 군사를 얻어 다시 기세를 떨치며 몰아쳐왔으므로, 김취려가 회군하여 예주(豫州) 생천(栍川)에서 만나 양군(兩軍)이 싸우지 않고 물러났는데, 갑자기 병이 났으므로 장수와 보좌진들이 돌아가서 의약(醫藥)으로 치료할 것을 청하자, 김취려가 말하기를, "차라리 변성(邊城)의 귀신이 될지언정, 어찌 질병으로 인해 실려가 집에서 편안함을 구하겠는가?" 하였다. 병이 매우 위급해져, 칙령으로 서울로 돌아가 치료하기 위해 견여(肩輿)를 타고 서울에 이르러, 여러 달이 지나서야 병이 나았다.

　김취려가 머물러 둔 군사가 거란병과 위주(渭州)에서 싸워 크게 패하였다.

7. 『동국통감』권30, 고려기 고종 5년 7월

【원문】

秋七月 以趙冲 爲西北面元帥 **金就礪** 爲兵馬使 借將軍鄭通寶 爲前軍 吳壽祺 爲左軍 申宣胄 爲右軍 李霖 爲後軍 李迪儒 知兵馬事

【번역문】

　가을 7월 조충(趙冲)을 서북면원수(西北面元帥)로 삼고, 김취려(金就礪)를 병마사(兵馬使)로 삼으며, 차장군(借將軍) 정통보(鄭通寶)를 전군(前軍)으로, 오수기(吳壽祺)를 좌군(左軍)으로, 신선주(申宣胄)를 우군(右軍)으로, 이임(李霖)을 후군(後軍)으로, 이적유(李迪儒)를 지병마사(知兵馬事)로 삼았다.

8. 『동국통감』권30, 고려기 고종 6년 1월

【원문】

春正月 元帥趙冲 兵馬使**金就礪** 與蒙古東眞合兵攻丹賊降之 初哈眞 屢 責添兵諸將皆憚於行 **就礪**曰 國之利害 正在今日 若違彼意 後悔何及 冲曰 是吾意也 然此大事 非其人 不可遣 **就礪**曰 事不辭難 臣子之分

吾雖不才 請爲公 一行 冲曰 軍中之事 徒倚公重 公去可乎 **就礪**乃與知兵
馬事 韓光衍 領十將軍兵 及神騎 大角內廂精卒 徃焉 哈眞 使通事 趙仲祥
語**就礪**曰 果與我結好 當先遙禮蒙古皇帝 次則 禮萬奴皇帝 **就礪**曰 天無
二日 民無二王 天下 安有二帝耶 於是 只拜蒙古皇帝 不拜萬奴 **就礪**
身長六尺五寸以長而 鬚過其腹 每盛服 必使兩婢子 分擧其鬚而後 束帶
哈眞見狀貌 魁偉 又聞其言 大奇之 引與同坐 問年幾何 **就礪**曰 近六十矣
哈眞曰 我未五十 旣爲一家 君其兄而我其弟乎 使**就礪** 東向坐 明日 又詣
其營 哈眞曰 吾嘗征伐六國 所閱貴人 多矣 見兄之貌 何其奇歟 吾重兄之
故 視麾下士卒 亦如一家 臨別 執手出門 扶腋上馬 數日 冲 亦至 哈眞問
元帥年 與兄孰長 **就礪**曰 長於我矣 乃引冲 坐上座曰 吾欲一言 恐爲非禮
然於親情 不宜自外 吾其坐 兩兄之間 如何 **就礪**曰 是誠吾等所望 但未敢
先言耳 坐定 置酒作樂 蒙古之俗 好以銛刀 刺肉 賓主相啗 徃復不容瞥
我軍士 素號勇者 莫不有難色 **就礪** 與冲 跪起承迎 甚熟 哈眞等 極歡
哈眞 又善飮 將與冲 校優劣 約不勝者罰之 冲引滿輒嚼 雖多 略無醉色
及關 擧一盃 不飮曰 非不能飮 若勝而如約則 公必受罰矣 寧我見罰耳
主人而罰客 可乎 哈眞 重其言而大悅 約詰朝會 江東城下 去城三百步而
止 哈眞 自城南門至東南門 鑿池 廣深十尺 西門以北 委之完顔子淵 東門
以北 委於**就礪** 皆令鑿隍 以防逃逸 至是 丹兵 勢窘 賊軍四十餘人 踰城
降於蒙古軍前 賊魁喊捨王子 自縊死 其官人 軍卒 婦女 幷五萬餘人 開城
門 出降 哈眞與冲等 行視投降之狀 王子妻息 及僞丞相 平章 以下百餘人
皆斬於馬前 其餘 悉寬其死 使諸軍守之 哈眞曰 我等 來自萬里 與貴國
合力破賊 千載之幸也 禮當往拜國王 吾軍頗衆 難於遠行 但遣使陳謝耳
哈眞 與札刺 請冲及**就礪** 同盟曰 兩國 永爲兄弟 萬世子孫 無忘今日
冲設犒師之宴 哈眞 以婦女 童男 七百口 及吾民爲賊虜掠者 二百口 歸于

我 以女子 年十五 左右者 遣冲及**就礪** 各九人 駿馬各九匹 其餘 悉令自隨
冲 以契丹俘虜 分送各道 州縣 擇閑曠之地 俾之聚居 量給土田 業農爲民
俗呼契丹場者 是已

【번역문】

　봄 정월, 원수 조충과 병마사 <u>김취려</u>가 몽고·동진과 더불어 군사를
합하여 거란적을 쳐서 항복받았다. 처음에 합진(哈眞)이 누차 병력 증원
을 독촉하였지만, 여러 장수들이 모두 가기를 꺼려하였는데 <u>김취려</u>가
말하기를, "나라의 이해(利害)가 바로 오늘날에 있으니, 만약 저들의
의사를 어기게 되면 후회한들 어찌 미치겠는가?" 하자, 조충이 말하기를,
"이는 내 뜻과 같다. 그러나 이번 대사(大事)는 거기에 적합한 사람이
아니면 보낼 수 없다." 하였다. <u>김취려</u>가 말하기를, "일이 난처할 때
사양하지 않는 것이 신자(臣子)의 분의(分義)이다. 내 비록 재주는 없으
나, 청컨대 공(公)을 위해 한번 가겠다." 하니, 조충이 말하기를, "군중(軍
中)의 일은 한갓 공에게 의지하고 있는데, 공이 가도 괜찮겠는가?"
하였다.

　<u>김취려</u>가 이에 지병마사(知兵馬事) 한광연(韓光衍)과 더불어 열 장군
의 병사 및 신기(神騎)·대각(大角)과 내상(內相)의 정졸(精卒)을 거느리고
갔는데, 합진이 통사(通史) 조중상(趙仲祥)으로 하여금 <u>김취려</u>에게 말하
게 하기를, "과연 우리와 더불어 화호(和好)를 맺으려면 당연히 먼저
몽고 황제에게 망배(望拜)하여 예를 올리고 다음에는 대진(大眞 : 東眞)
의 만노 황제(萬奴皇帝)에게 예를 올려야 합니다." 하므로, <u>김취려</u>가
말하기를, "하늘에는 두 해가 없고 백성에게는 두 임금이 없는 법인데,
천하에 어찌 두 황제가 있다는 말인가?" 하고, 이에 단지 몽고 황제에게만

망배하고 만노에게는 망배하지 않았다.

김취려는 신장(身長)이 6척 5촌이나 되는 장신인데도 수염이 그의 배를 지나서, 매양 성복(盛服)할 때에는 반드시 두 여종으로 하여금 그 수염을 나누어 들게 한 뒤에 속대(束帶)하였다. 합진이 김취려의 용모가 괴위(魁偉)한 것을 본데다가 또 그 말을 듣고는 크게 기이하게 여겨 인도하여 자리를 같이한 다음 묻기를, "나이가 얼마나 되었는가?" 하자, 김취려가 말하기를, "60세가 가까웠다." 하니, 합진이 말하기를, "나는 50세도 못되었습니다. 이미 한 집안이 되었으니 그대는 형이요 나는 아우입니다." 하고, 김취려로 하여금 동향(東向)하여 앉게 하였다.

이튿날 또 그의 진영(陣營)에 나아가니 합진이 말하기를, "내가 일찍이 여섯 나라를 정벌하면서 귀인(貴人)을 겪어 본 바가 많았지만, 형의 용모를 보니 어찌 그리 기이합니까? 내가 형을 중히 여기기 때문에 휘하의 사졸을 보는데도 역시 한 집안과 같이 생각합니다." 하였다. 작별하기에 임하여서는 손수 문을 열어주고 부액(扶腋)하여 말에 오르게 하였다.

수일 후에 조충이 또한 도착하자 합진이 묻기를, "원수(元帥)의 나이가 형(兄)과 더불어 누가 많습니까?" 하자, 김취려가 "나보다 많다." 하니, 이에 조충을 이끌어 상좌(上座)에 앉히고 말하기를, "내가 한 말씀 드리려 고 하는데, 예의에 어긋날까 두렵습니다. 그러나 친밀한 정분에 있어 소외(疏外)하는 것은 마땅하지 못하니 내가 두 형의 사이에 앉는 것이 어떠합니까?" 하니, 김취려가 말하기를, "이는 참으로 우리들이 바라던 바였지만 감히 먼저 말하지 못했을 뿐이다." 하였다.

좌정(坐定)하여 술자리를 베풀고 풍악을 잡히었는데 몽고의 풍속에 예리한 칼로 고기를 찔러서 빈주(賓主)가 서로 먹이기를 좋아하여 눈깜짝할 사이없이 주고받으므로, 우리 군사로서 평소에 용맹스럽다고 이름 난 자일지라도 난처한 기색을 보이지 않는 사람이 없었다. <u>김취려</u>와 조충이 꿇어앉았다가 일어나고 주고받음이 매우 능숙하니 합진 등이 대단히 즐거워하였다. 합진이 또 술을 잘 마시어 장차 조충과 더불어 우열(優劣)을 겨루어 이기지 못한 자를 벌주기로 약속하였는데, 조충이 가득히 따른 술을 단숨에 마신 것이 비록 많았으나 조금도 취한 기색이 없었다. 끝마치기에 미쳐 한 잔을 들고서 마시지 않고 말하기를, "마시지 못하는 것이 아니라 만약 이겨서 약속과 같이 한다면 공이 반드시 벌을 받게 될 것이니, 차라리 내가 벌받을 것이지 주인으로서 손님을 벌주는 것이 옳겠습니까?" 하니, 합진이 그 말을 중히 여기어 크게 기뻐하였다.

이튿날 아침에 강동성(江東城) 아래에서 모이기로 하되 성에서 3백 보 떨어진 곳에 머물기로 약속하였는데, 합진이 성 남문(南門)으로부터 동남문에 이르기까지 못을 파되 넓이와 깊이를 10척으로 하였으며, 서문(西門) 이북은 완안자연(完顔子淵)에게 위임하고, 동문(東門) 이북 은 <u>김취려</u>에게 위임하여, 모두 참호를 파게 해서 적의 달아남을 막게 하였다.

이때에 이르러 거란병이 형세가 군색해지자, 적군 40여 인이 성을 넘어와 몽고군 앞에서 항복하고, 적의 괴수 감사 왕자(噉捨王子)가 스스 로 목매어 죽으매, 그의 관인·군졸·부녀자를 합쳐 모두 5만여 인이 성문을 열고서 나와 항복하므로, 합진이 조충 등과 더불어 저들의 투항(投 降)하는 상황을 다니며 보다가 감사 왕자의 처자와 가짜 승상(丞相)·평장 (平章) 이하 1백여 인을 모두 말 앞에서 참수하고 그 나머지는 전부 그 죽음을 용서하여 여러 군대로 하여금 지키게 하였다. 합진이 밀하기를,

"우리들이 만리로부터 와서 귀국(貴國)과 더불어 힘을 합하여 적을 쳐부수었으니, 천년에 보기 드문 행운입니다. 예(禮)로 보아 당연히 국왕께 가서 배알해야 될 것이나, 우리 군사가 자못 많아서 원행(遠行)하기에 곤란하니, 다만 사자(使者)를 보내어 진사(陳謝)하겠습니다." 하였다.

합진과 찰라가 조충과 김취려에게 청하여 함께 맹세하기를, "두 나라가 길이 형제가 되어 만세(萬世)의 자손들이 오늘날을 잊지 말도록 합시다." 하였는데, 조충이 군사에게 음식을 주어 위로하는 잔치를 베풀었다. 합진이 부녀자와 동남(童男) 7백 구(口) 및 우리 백성으로 적에게 사로잡혔던 자 2백 구를 우리에게 돌려보내고, 나이 15세 안팎의 여자 각 9인씩과 준마 각 9필을 조충과 김취려에게 주었으며, 그 나머지는 모두 스스로 따르게 하였다. 조충이 거란의 포로를 각도(各道)의 주현(州縣)에 나누어 보내어서 한적하고 빈 땅을 택하여 모여 살게 하고는 논밭을 헤아려 주어 농사를 짓고 백성이 되게 하니, 속언에 '거란장(契丹場)'이라고 부르는 것이 바로 이것이다.

9. 『동국통감』 권30, 고려기 고종 6년 10월

【원문】

以樞密院副使李克偦 將中軍 李迪儒 將後軍 **金就礪** 將右軍 討義州

【번역문】

추밀원부사(樞密院副使) 이극서(李克偦)로 중군(中軍)을 거느리게 하고, 이적유(李迪儒)로 후군(後軍)을 거느리게 하고, 김취려(金就礪)로 우군(右軍)을 거느리게 하여 의주(義州)를 토벌하게 하였다.

10. 『동국통감』 권31, 고려기 고종 7년 2월

【원문】

義州賊 韓恂 多智等 附東眞金元帥亐哥下 誘誅之 先是 恂智等 以淸川江
爲界 投東眞 潛引 金元帥亐哥下 令屯義州 自領諸城兵 屯博州 相爲聲援
中軍 知兵馬事 金君綏 與宣撫使李公老議 遣郎將尹忠孝 朴洪輔 寄書亐
哥下 諭以禍福 責其違盟 亐哥下 悟 陽怒 卽因忠孝等 遣郎將郭允昌
召恂智 恂智 擁兵六百 赴之 亐哥下 宴慰 幷及諸城賊魁慰藉厚甚 因疏其
姓名 翼日 伏兵設宴 酒酣 伏發 捕恂 智 及其黨 尹大明 韓存烈等 悉誅之
忠孝等 賷亐哥下 文牒 幷函恂智等首還 時 三軍 請治諸城 從逆之罪
金就礪曰 書云 殲厥渠魁 脅從罔治 大軍所臨 如火燎原 無辜受禍 多矣
況因丹寇 關東爲墟 今又縱兵于此 自撤藩籬 可乎 餘悉不問

【번역문】

　의주의 반적 한순(韓恂)·다지(多智) 등이 동진(東眞)에 붙으니, 금(金)
나라의 원수 우가하(亐哥下)가 유인하여 죽였다. 이에 앞서 한순과 다지
등이 청천강을 경계로 하여 동진에 투항하고는 몰래 금나라 원수 우가하
를 끌어들이어 의주에 둔치게 한 다음, 스스로 여러 성(城)의 병사를
거느리고 박주(博州)에 주둔하여 서로 성원(聲援)하였는데, 중군 지병마
사 김군수(金君綏)가 선무사(宣撫使) 이공로(李公老)와 더불어 의논하여
낭장(郎將) 윤충효(尹忠孝)·박홍보(朴洪輔)를 보내 우가하에게 서찰을
부쳐서 화복(禍福)으로써 깨우치고 그들이 맹약(盟約)을 어겼다고 꾸짖

었다. 우가하가 이를 깨달아서 거짓 성내는 체하면서 곧바로 윤충효 등을 가두고는 낭장 곽윤창(郭允昌)을 보내어 한순과 다지를 부르니, 한순·다지가 병사 6백 인에 옹호되어 왔다. 우가하가 연회를 베풀어 위로하고, 아울러 여러 성의 적괴(賊魁)에게까지 위자(慰藉)하기를 매우 두텁게 하였으며, 인하여 그들의 성명을 기록하였다. 이튿날 병사를 매복시키고 연회를 베풀어 술이 거나하게 취하였을 때 매복시켰던 병사를 움직여 한순·다지와 그의 당류 윤대명(尹大明)·한존렬(韓存烈) 등을 나포하여 모두 죽였는데, 윤충효 등이 우가하의 문첩(文牒)을 간직하고 아울러 한순과 다지 등의 수급(首級)을 함에 담아서 돌아왔다. 이때 삼군(三軍)이 여러 성의 종역(從逆)한 죄를 다스리자고 청하자, <u>김취려(金就礪)</u>가 말하기를, "『서경』에 이르기를, '저들의 괴수를 섬멸하고 협박에 못 이겨 따른 자는 다스리지 않는다.'고 하였으니, 대군(大軍)이 다다른 곳은 들판에 타는 불길과 같아서 아무런 허물도 없이 화를 당하는 백성이 많은데, 더군다나 거란병의 침략으로 인하여 관동(關東)이 폐허가 된 데다가, 이제 또 이곳에 군사를 놓아 스스로 번방의 울타리를 철거케 하는 것이 옳겠는가?" 하고, 나머지는 전부 죄를 묻지 않았다.

11. 『동국통감』 권31, 고려기 고종 7년 2월

【원문】

流兵馬使金君綏于漢南 初君綏 函送恂智等首于京 **金就礪** 嗛其不先報 已 乃囚君綏管下錄事有盧仁綏者 素與君綏有隙 數譖于 **就礪** 又譖于崔 怡 遂流 時人冤之

【번역문】

  병마사(兵馬使) 김군수(金君綏)를 한남(漢南)에 유배하였다. 처음에 김군수가 한순·다지 등의 수급을 함에 담아 서울로 보낼 때, 김취려가 그 일을 자기에게 먼저 보고하지 않은 데에 원한을 품고서 이에 김군수 관하(管下)의 녹사(錄事)를 가두었는데, 노인수(盧仁綏)라는 자가 본래 김군수와 틈이 나서 자주 김취려에게 참소(讒訴)하였고, 또 최이(崔怡)에게도 참소하여 마침내 유배시키게 되니, 당시의 사람들이 원통하게 여겼다.

12.『동국통감』권31, 고려기 고종 7년 4월

【원문】

夏四月 中軍兵馬使**金就礪** 遣郭元固 金甫貞 宗周秩 宗周賚等 徃義州 安集遺民 周賚貪婪 厚賂者 曲加存撫 不則 借事誅殺 州人怨之 招引賊黨 尹昌等 踰城而入 殺周賚等 元固 甫貞 逃奔 以告**就礪** 更遣判官崔弘 錄事朴文挺 諭以禍福 繼遣大將軍趙廉卿 將軍朴文賁 以兵五千討之 尹昌等 逃 賊黨瓦解 時丹兵 餘衆 竄伏寧遠山中 時出抄盜爲民患 **就礪** 遣李景純 李文彦 擊破之 北境以安

【번역문】

  여름 4월 중군병마사(中軍兵馬使) 김취려(金就礪)가 곽원고(郭元固)·김보정(金甫貞)·종주질(宗周秩)·종주뢰(宗周賚) 등을 보내어 의주(義州)에 가서 유민들을 안집하게 하였는데, 종주뢰가 탐욕이 많아 뇌물을 두둑히 주는 자에게는 왜곡되게 은혜를 베풀어 어루만지기를 더하고 그렇게 하지 않으면 사건을 빙자하여 주살(誅殺)하였다. 고을 사람이 원망하며 반적의 무리 윤창(尹昌) 등을 불러들여 성을 넘어 들어가 종주뢰 등을 죽였다. 곽원고·김보정이 도망쳐서 <u>김취려</u>에게 고하므로, 다시 판관(判官) 최홍(崔弘)과 녹사(錄事) 박문정(朴文挺)을 보내어 화복(禍福)으로써 깨우쳐 주고, 계속하여 대장군 조염경(趙廉卿)·장군(將軍) 박문분(朴文賁)을 보내어 병사 5천 인으로써 토벌하게 하니, 윤창 등은 도망하고 반적의 무리들이 와해되었다. 이때 거란병의 남은 무리들에 영원(寧遠)의 산중에 도망해 숨었다가 때때로 나와서 노략질하고 도둑질하여 백성들의 근심이 되었는데, <u>김취려</u>가 이경순(李景純)·이문언(李文彦)을 보내어 격파케 하니, 이로써 북방 경계가 편안하게 되었다.

13. 『동국통감』 권31, 고려기 고종 7년 9월

【원문】

平章事 趙冲卒 …… 臣等按 …… 當遼孼入寇之時 蒙兵壓境之日 與**金威烈就礪** 同心協力 折衝禦侮從容盃酒之間却敵如神國家賴安 ……

【번역문】

평장사(平章事) 조충(趙冲)이 졸하였다. …… 신 등이 살펴보건대, "…… 거란적이 침략해 왔을 때와 몽고병이 국경을 넘었을 때에는 위열공 <u>김취려</u>와 더불어 마음을 같이 하고 힘을 합하여 적의 기세를 꺾어 잘 방어하였으며, 조용한 술자리에서도 귀신처럼 적을 물리치어 나라가 이로 말미암아 편안하게 되었으니 …… (하략)"

14. 『동국통감』 권31, 고려기 고종 15년 8월

【원문】

以崔甫淳 判吏部事 **金就礪** 中書侍郎平章事判兵部事 崔瑀 加鼇戴鎭國功臣 兪升旦爲樞密院副使

【번역문】

　최보순(崔甫淳)을 판이부사(判吏部事)로, 김취려(金就礪)를 중서시랑(中書侍郎) 평장사(平章事) 판병부사(判兵部事)로, 최우(崔瑀)에게는 오대진국공신(鼇戴鎭國功臣)을 더하였으며, 유승단(兪升旦)을 추밀원부사(樞密院副使)로 삼았다.

15. 『동국통감』 권31, 고려기 고종 19년 1월

【원문】

蒙兵還 遣淮安公侹 宰相**金就礪** 大將軍奇允肅 慰送

【번역문】

　몽고병이 돌아가자, 회안공(淮安公) 정(侹)과 재상 김취려(金就礪), 대장군 기윤숙(奇允肅)을 보내어 위로해 전송하였다.

16. 『동국통감』 권32, 고려기 고종 21년 5월

【원문】

侍中**金就礪**卒 **就礪** 雞林彦陽郡人 節儉正直 持軍嚴 士卒不犯秋毫 有酒

卽用一爲與最下者均飮 故得其死力 江東之役事 皆讓於冲 至臨陣制敵
多出奇計 以成大功 然未嘗自矜 爲相 正色率下 人不敢欺 眞忠義人也
諡威烈 後配享王廟

李齊賢 論曰 國家之德 未衰 而禍亂之萌 或作 必有魁傑才智之臣 得君委
用 弘濟時艱 蓋社稷之靈 有以陰相之也 自我太祖啓宇 至于高王 三百有
餘年矣 崔氏父子 繼世秉政 內擁堅甲 以專威福 而謀深者 不必用 外委羸
兵 以責攻戰 而功高者 多見疑 當斯之時 欲以有爲 其亦難矣 爾乃金宗
詑錄 遼孽構亂 窺我土疆 圖爲巢穴 遠鬪窮寇 鋒不可當 聖元龍興 萬里遣
將 壓境徵師 諭以討賊 順之則 莫委其情 逆之則 必生他變 安危之機
間不容髮 乃能左提右挈 遠交近攻 定宗盟於經綸之始 安邦基於呼吸之間
豈魁傑才智之臣 而社稷之靈 有以陰相者歟 觀其折甘分少 能得死力 令
行禁止 莫犯秋毫 可謂有古名將之風矣 開平之戰 我乃再救中軍 沙峴之
役盧公則不相助 詑無一言 而生嫌隙 不伐其勞 歸功於衆 是則大人君子
之用心也 至於先詣哈眞 固與國之心 不拜萬奴 明尊王之義 多智韓恂
旣授首矣 斂兵而止 以安邊民 遠謀大節 尤不可尙已 史氏稱其忠義 大常
諡以威烈 不亦宜哉

【번역문】

　시중(侍中) 김취려(金就礪)가 졸하였다. 김취려는 계림(雞林) 언양군
(彦陽郡) 사람으로 절약 검소하고 정직하였으며, 군사를 통솔함에 있어
서는 엄하게 하여 사졸이 조금도 남의 것을 범하지 않았고, 술이 있으면
같은 잔을 이용하여 말단에 있는 자까지 골고루 마시게 하였으므로
그들이 죽을 힘을 다하였다. 강동(江東)의 전역(戰役) 때에는 전공을
모두 조충(趙冲)에게 양보하였거니와, 싸움에 임하여 적을 제어할 때에

기이한 계책을 많이 내어 큰 공을 이루었지만, 일찍이 스스로 자랑한 적이 없었다. 정승이 되어서는 엄정하게 밑에 있는 자들을 통솔하였으므로 사람들이 감히 진실을 속이지 못하였으니, 충성스럽고 정의로운 사람이었다. 시호(諡號)는 위열(威烈)이고, 뒤에 고종(高宗) 묘정(廟廷)에 배향되었다.

이제현(李齊賢)이 논하기를, "국가의 덕이 쇠퇴하지 않았는데도 화란(禍亂)의 조짐이 혹 싹트게 되면 반드시 재주와 지혜가 걸출한 신하가 나와 임금의 위임을 얻어서 당시의 난국(難局)을 크게 구제하였으니, 대개 사직(社稷)의 영령(英靈)이 은연중에 도와주었기 때문이다. 우리 태조(太祖)께서 나라를 세운 이후부터 고종(高宗) 때에 이르기까지 3백여 년이었는데, 최씨 부자가 대를 이어 정권을 잡고서 안으로는 강한 군사로 호위하여 위세와 권력을 마음대로 부리며 지모(智謀)가 깊은 사람은 반드시 등용하지 않았고 밖으로는 파리한 병사들을 주어 전공을 세우도록 책임지우며 공이 높은 자는 의심을 받는 일이 많았으니, 이러한 때를 당하여 충성심을 발휘하려는 마음이 있어도 또한 어려웠을 것이다. 그런데 금(金)나라의 국운이 다하게 되자, 요(遼)의 유종들이 난(亂)을 꾸며 우리 국토를 그들의 소굴로 삼으려고 엿보았는데, 그 선봉(先鋒)을 당할 수 없었다. 원(元)이 일어나 만리 밖에 장수를 보내어 국경을 위압하고 군사를 요구하면서 적을 토벌하기 위한 것이라고 하였는데, 순응하자니 그들의 마음대로 하는 짓에 맡겨둘 수 없고, 거역하자니 반드시 다른 변고가 생길 지경이어서 나라의 안위가 매우 급박하였다. 그런데 〈공이〉 좌우로 끌고 당기며 먼 곳과 사귀고 가까운 데는 공격하여 경륜(經綸)하는 처음에 맹약(盟約)을 정하고 순식간에 나라의 기반을 편하게 하였으니, 이것이 어찌 재주와 지혜가 걸출한 신하가 있어 사직의 영령이 은연중에 도와준 것이 아니겠는가? 맛있는 것을 갈라 먹이고 적은 것이라도 나눠 먹이어 그들이 사력(死力)을 다하게 하고 나쁜 짓을 금지하는 영(令)을 내려 조금도 범하지 못하도록 한 일을 보건대, 가히 옛 명장(名將)의 위풍이 있다고 하겠다. 개평(開平)의 싸움에서 그가 두 번이나 중군(中軍)을 구제하였는데도 사현(沙峴)의 싸움에서는 노공(노원순)이 서로 돕지 않았으나 끝내 틈이 생길 만한 한마디 말도 하지 않았으며, 그 노고를 자랑하지 않고 공을 여러 사람에게 돌렸으니, 이는 곧 대인군자(大人君子)의 마음씀이다. 심지어 먼저 합진(哈眞)에 나아가 그 나라의 마음을 굳게 안심시켰고, 만노(萬奴)에게는 배례(拜禮)를 행하지 않음으로써 존왕(尊王)의 의리를 밝혔으며, 다지와 한순이 주륙(誅戮)된 뒤에는 군사를 거두어서 싸움을 그침으로써 변방의 백성을 편하게 하였으니, 원대한 계책과 크나큰 절의를 더욱 견줄 데가 없었다. 사씨(史氏)는 그의 충의(忠義)를 칭송하고 태상(太常)에서는 시호를 위열(威烈)이라 하였으니, 또한 당연한 것이 아니겠는가?” 하였다.

17. 『동국통감』 권39, 고려기 충렬왕 20년 5월

【원문】

…… 帝 嘗使翰林學士撒刺蠻 問本國歸附年月 王 使鄭可臣 上書以對曰 太祖聖武皇帝肇興朔方 時則有大勢國 助征金國 恃功而驕 不用帝命 有 金山王子者 改其國號 自稱大遼 奪掠中都等處子女玉帛 東走江東城拒守 朝廷遣哈眞扎刺追討 時方雪深道險 粮餉不繼 高王聞之 遣趙冲 **金就礪** 濟兵犒師 殲其醜虜 因奉表請爲東藩 太祖遣慶都虎思 優詔答之 大加稱 賞 于今七十有六年矣

【번역문】

…… 황제가 일찍이 한림학사(翰林學士) 살라만(撒刺蠻)으로 하여금 본국이 귀부(歸附)한 연월(年月)을 물어보게 하였는데, 왕이 정가신(鄭可臣)으로 하여금 상서(上書)하여 대답하게 하기를, "태조성무황제(太祖聖武皇帝)께서 처음 북방에서 나라를 일으키셨는데, 이때는 큰 세력을 가진 나라가 금(金)나라를 정벌하는 것을 도왔으나, 공(功)을 믿고 교만하여 제명(帝命)을 사용하지 않았습니다. 금산 왕자(金山王子)라는 자가 있어 국호(國號)를 고쳐 스스로 대요(大遼)라 칭하고 중도(中都) 등지의 자녀(子女)와 옥백(玉帛)을 약탈하여 동쪽으로 강동성(江東城)에 달아나서 지키므로, 조정[몽고]에서는 합진(哈眞)과 찰라(扎刺)를 보내어 뒤쫓아가서 토벌하게 하였는데, 당시에 바야흐로 눈이 깊이 쌓이고 길이 험하여 군량이 이어지지 못하였습니다. 고왕(高王 : 고종)이 이를 듣고, 조충·김취려를 보내어 군사들을 구제하고 호궤(犒饋)하여 그 더러운 오랑캐들을 섬멸하게 하고 인하여 표문(表文)을 받들어 동번(東藩)이 되기를 청하니, 태조께서 경도호사(慶都虎思)를 보내어 우악한 조서를 내려 답하시고 칭상(稱賞)을 더하신 것이 이제 76년이 되었습니다." 하였다.

18. 『동국통감』 권43, 고려기 충숙왕 10년 2월

【원문】

…… 先是 崔誠之李齊賢在元 獻書元郎中曰 切惟幣邑事大以來 百有餘年 歲修職貢 未嘗小弛 往者遼民 遺種金山王子者驅掠中原之民 弄兵于海島 朝廷哈眞扎刺使討罪 天寒雪甚通道不繼 軍不得前却幾爲兇徒所笑

我忠憲王 命陪臣趙冲 **金就礪** 轉餉濟師掎角而滅之 兩國之帥 相與約爲
兄弟誓 萬歲無相忘 是卽幣邑所以盡力於太祖皇帝時也 ……

【번역문】

…… 이에 앞서 최성지(崔誠之)·이제현(李齊賢)이 원나라에 있으면서
원나라의 낭중(郎中)에게 글을 올리기를, "가만히 생각하건대, 우리나라
에서 사대하여 온 지 백여 년이 되었습니다만, 해마다 직공(職貢)을
닦아 일찍이 조금도 해이하지 않았습니다. 지난 번 요민(遼民)의 유종인
금산 왕자(金山王子)라는 자가 중원(中原)의 백성들을 몰아 약탈하여
해도(海島)에서 병권을 농락하였는데, 원나라 조정에서 합진(哈眞)·찰라
(扎剌)를 보내어 군사를 거느리고 죄를 토벌할 때에, 날씨가 춥고 눈이
깊게 쌓여서 길이 두절되어 군사가 전진할 수 없게 되었으므로 문득
거의 흉도(兇徒)들의 웃음거리가 되었는데, 우리 충헌왕(忠憲王 : 고종)
이 배신(陪臣) 조충(趙冲)·김취려(金就礪)에게 명하여 군량을 수송하고
군사를 더하여 앞뒤에서 협공하여 섬멸시키고는 두 나라의 장수가
서로 더불어 형제가 되기로 약속하여, 만세토록 서로 잊지 말자 맹세하였
으니, 이는 우리나라에서 태조황제(太祖皇帝) 때에 힘을 다한 바입니다.
……"

19. 『동국통감』 권43, 고려기 충숙왕 10년 11월

【원문】

…… 在戊寅 有遼民罗孳號金山王子者 驅掠中原之民 東入島嶼 陸梁自
肆 太祖聖武皇帝 遣哈眞扎剌兩元帥討之 會天大雪 餽餉不通 我忠憲王

命趙冲 **金就礪** 供資粮 助器仗 擒戮狂賊 疾如破竹 於是 兩元帥 與趙冲等
誓爲兄弟 萬世無忘 ……

【번역문】

 "…… 지난 무인년(1218년/고종 5)에 요민(遼民)의 유종인 금산 왕자(金
山王子)란 자가 있어 중원의 백성을 몰아 침략하여 동으로 도서(島嶼)에
들어와서 스스로 방자하게 날뛰므로 태조성무황제께서 합진(哈眞)·찰
라(扎刺) 두 원수(元帥)를 보내어 이를 토벌하게 하였습니다. 그런데
그때 마침 큰 눈이 내려 먹을 식량을 융통할 수 없었는데, 우리 충헌왕(忠
憲王 : 고종)이 조충(趙冲)·김취려(金就礪)에게 명하여 식량을 공급하고
무기를 보조하게 하였으므로, 광적(狂賊)을 사로잡아 죽였으니 그 형세
가 파죽지세(破竹之勢)와 같았습니다. 이에 두 원수는 조충 등과 더불어
형제를 맺어 만세토록 잊지 말자고 맹세하였습니다. ……"

20. 『동국통감』 권47, 고려기 공민왕 11년 3월

【원문】

臣等按 高麗 五百年間 强寇侵軼殆無寧歲賴有英雄豪傑文武勇智之才左
右宣力能禦外侮兩鎭國家者 …… 趙冲 **金就礪**之定遼孼 …… 功在社稷
而爲時君所倚重也 ……

【번역문】

 신등이 살펴보건대, 고려 5백 년 동안에 강한 도둑 떼들이 침범하여
거의 편안했던 해가 없었지만, 마침 영웅호걸과 문무(文武)를 겸비하고

용력과 지략이 있는 재목들이 좌우에서 힘껏 주선하여 능히 외부로부터 받은 모멸(侮蔑)을 막아 국가를 진안(鎭安)시켰던 자가 있었으니, ······ 조충(趙冲)·김취려(金就礪)가 (거란의) 요얼(遼孽)을 안정시킨 것, ······ 그들의 공이 사직(社稷)을 보전한 데에 있어 당시 임금의 의중(倚重)했던 바가 되었습니다. ······

신증동국여지승람(新增東國輿地勝覽)[15]

1. 『신증동국여지승람』 권13, 경기 마전군 사묘(祠廟)

【원문】

崇義殿[在郡西五里 本朝 太祖元年 命禮曹立朝於麻田縣 祭高麗太祖惠宗成宗顯宗文宗元宗忠烈王恭愍王 給祭田 至世宗七年有司言 國家宗廟只祭五室而前朝之乃至八位未合於禮 於是只留太祖顯宗文宗元宗以每春秋二仲朔傳香祝致祭 文宗二年 求高麗後王循禮 俾主其祀 仍名其廟爲崇義殿以循禮爲副使 以卜智謙 洪儒 申崇謙 庾黔弼 裴玄慶 徐熙 姜邯贊 尹瓘 金富軾 **金就礪** 趙沖 金方慶 安祐 李芳實 金得培 鄭夢周配享]

【번역문】

　숭의전(崇義殿) [군 서쪽 5리에 있는데, 본조 태조 원년(1392)에 예조에 명하여 마전현에 사당을 짓고, 고려 태조(太祖)·혜종(惠宗)·성종(成宗)·현종(顯宗)·문종(文宗)·원종(元宗)·충렬왕(忠烈王)·공민왕(恭愍王)을 제사하게 하고 제전(祭田)을 주었다. 세종(世宗) 7년(1425)에 유사(有司)에서 말하기를, "나라의 종묘(宗廟)에도 다만 오실(五室)을 제사하는데,

---

15) 조선시대 1530년(중종 25)에 이행(李荇)·홍언필(洪彦弼)이 증보한 55권 25책의 인문지리서(人文地理書)이다. 이 책은 1481년(성종 12)에 완성된『동국여지승람(東國輿地勝覽)』50권을 다시 1486년에 증산(增刪)·수정한『동국여지승람』35권을 바탕으로 하고 있으며, 1499년(연산군 5)의 개수를 거쳐 1530년(중종 25)에 이행(李荇)·홍언필(洪彦弼)의 증보에 의해 이 책의 완성을 보게 되었다.

전조(前朝)의 사당은 팔위(八位)를 제사하니, 예에 맞지 않는다." 하였다. 이에 태조·현종·문종·원종만 남겨놓고, 봄·가을 이중삭(二仲朔)에 향과 축문을 보내 제사했다. 문종(文宗) 2년(1452)에 고려의 후손 왕순례(王循禮)를 찾아서 그 제사를 맡아 지내게 하고, 그 사당 이름을 '숭의전'이라 하여 왕순례를 부사(副使)로 삼았다. 복지겸(卜智謙)·홍유(洪儒)·신숭겸(申崇謙)·유금필(庾黔弼)·배현경(裵玄慶)·서희(徐熙)·강감찬(姜邯贊)·윤관(尹瓘)·김부식(金富軾)·김취려(金就礪)·조충(趙冲)·김방경(金方慶)·안우(安祐)·이방실(李芳實)·김득배(金得培)·정몽주(鄭夢周) 등을 배향했다].

2. 『신증동국여지승람』 권21, 경상도 경주부 인물

【원문】

金君綏 [富軾之孫 明宗朝擢魁科直翰林院拜左諫議大夫 代趙冲爲西北面兵馬使以淸白愛民稱後斬叛臣 韓恂多智函首送京 兵馬使**金就礪** 嫌其不先報已遂流君綏漢南 時人冤之]

【번역문】

김군수(金君綏) [부식의 손자이다. 명종조에 장원급제하여 직한림원(直翰林院)이 되고, 좌간의대부에 임명되었다. 조충(趙冲) 대신으로 서북면 병마사(西北面兵馬使)가 되었는데 청렴결백하고 백성을 사랑한다는 것으로 일컬어졌다. 뒤에 역적 한순(韓恂)과 다지(多智)를 베어 그들의 머리를 함에 넣어서 서울로 보냈다. 병마사 김취려(金就礪)가 자기에게 먼저 보고하지 않은 것을 싫어하였다. 드디어 (최우가) 군수(君綏)를 한남(漢南)으로 귀양보내니, 당시 사람들이 원통하게 여겼다].

3. 『신증동국여지승람』 권23, 경상도 언양현 산천

【원문】

松洞 [在縣北二里 ○**金就礪**少遊之地 手種松至今猶在 或云墓在洞內
今無所考]

【번역문】

　송동(松洞)[현의 북쪽으로 2리에 있다. ○ 김취려(金就礪)가 어릴 때
놀던 곳으로, 손수 심은 소나무가 아직도 있으며, 혹은 무덤이 송동의
안에 있다고도 하지만 지금은 알 길이 없다].

4. 『신증동국여지승람』 권23, 경상도 언양현 인물

【원문】

金就礪 [官至侍中 爲人節儉正直忠義自守持軍嚴整士卒不犯秋毫有酒
卽用一卮與最下者均飮故得其死力 江東之役事 皆讓於趙沖至臨陣制賊
多出奇計以成大功 然未嘗自矜爲相正色 率下人不敢欺諡威烈]

【번역문】

　김취려(金就礪) [벼슬은 시중(侍中)에 이르렀고, 사람됨이 절조있고
검소하며 정직하였다. 충(忠)과 의(義)를 스스로 지키고, 군사 다루기를
엄하고 질서 있게 하여 사졸들이 조금도 범하지 못하였다. 술이 있으면

곧 잔 하나를 가지고 말단에 이르기까지 함께 고루 나누어 마셨다. 그러므로 그들의 죽을 힘을 다하는 충성심을 얻을 수 있었다. 강동(江東)의 싸움에 있어서도 일을 모두 조충(趙沖)에게 양보했으나, 싸움에 당하여 적을 제어할 때에 이르러서는 기이한 계략을 많이 내어 큰 공을 성취하였다. 그러나 일찍이 스스로 자랑한 적이 없었다. 정승이 되어서는 낮빛을 엄정히 하고, 아랫사람을 거느리니 누구도 감히 속이질 못했다. 시호는 위열(威烈)이다].

5. 『신증동국여지승람』 권54, 평안도 영변대도호부 역원

【원문】

開平驛 [在府北百里　高麗高宗三年　金山兵屯延州開平驛　諸軍莫敢前 **金就礪**拔劍策馬　與將軍奇存靖　直衝賊圍出入奮擊　賊兵潰　追至開平驛 賊設伏驛北急擊中軍　**就礪**回軍擊之　又潰]

【번역문】

　개평역(開平驛) [부의 북쪽 1백 리에 있다. 고려 고종 3년에 금산(金山)의 병(兵)이 연주(延州)의 개평역에 머물러 이어 여러 군대가 앞으로 나아가지 못하니, 김취려(金就礪)가 검을 빼어 들고 말에 채찍질하여 장군 기존정(奇存靖)과 함께 적의 포위를 뚫고 드나들면서 용감히 공격하였으므로 적병이 무너져 달아났다. 추격하여 개평역에 이르니 적이 역 북쪽에 복병을 두었다가 갑자기 중군을 공격하였으나, 김취려가 군사를 돌려 적을 공격하니 적군이 다시 무너져 달아났다].

6. 『신증동국여지승람』 권55, 평안도 강동현 고적

【원문】

古邑城 [在西江東岸 土築周五千七百五十九尺 內有二井 高麗高宗三年 契丹遺種金山金始二王子 自稱大遼收國王 席卷而東入保江東城 蒙古將 哈眞及札喇 與東眞萬奴所遣完顔子淵兵來討 會天大雪 餉道不繼 哈眞患 之 使人請兵糧 王遣趙沖**金就礪** 領十將軍兵及神騎大角內廂精卒 往會 城下 哈眞自城南門至東南門鑿池 廣深十尺 西門以北委之完顔子淵 東門 以北委之**就礪** 皆令鑿隍以防逃逸 賊魁撼捨王子自縊死 其官人軍卒婦女 五萬人 開城門出降 王子妻息及僞承相 平章以下百餘人 皆斬於軍前 哈 眞以婦女童男七百口及吾民爲賊虜掠者二百口歸于我 其餘悉令自隨而 還]

【번역문】

　옛 읍성(邑城)[서강 동안(東岸)에 있다. 토축(土築)으로 둘레는 5천 7백 59척이며 안에 우물 둘이 있다. 고려 고종(高宗) 3년에 거란(契丹) 유종(遺種)인 금산(金山)과 금시(金始) 두 왕자가 스스로 대요수국(大遼 收國) 왕이라 일컫고 석권하여 동쪽으로 강동성(江東城)에 들어와 점령 하고 있었다. 몽고 장수 합진(哈眞)과 찰라(扎刺)가 동진(東眞) 만노(萬奴) 가 보낸 완안자연(完顔子淵)의 군사와 같이 와서 토벌하였다. 때마침 큰눈이 내려 군량이 이어지지 않았다. 합진이 걱정하여 사람을 시켜 군량을 청하였다. 왕(王)이 조충(趙沖)과 김취려(金就礪)를 보내어 열 장군의 군사와 신기(神騎)·대각(大角)·내상(內廂)의 정졸(精卒)을 영솔 하고 가서 성 아래서 만났다. 합진은 성의 남문(南門)에서 동남문(東南門)

에 이르기까지 못을 파 깊이와 넓이가 열 자씩 되었다. 서문(西門) 이북은 완안자연에게 맡기고 동문(東門) 이북은 <u>김취려</u>에게 맡겨 모두 참호를 파서 도망하는 것을 막았다. 적(賊)의 괴수 감사 왕자(撼捨王子)는 스스로 목매어 죽고 그 관인(官人) 군졸(軍卒) 부녀 5만 명이 성문을 열고 나와 항복하였다. 왕자(王子)의 처자식과 가짜 승상(承相) 평장(平章) 이하 1백여 명은 모두 군전(軍前)에서 베어 죽이고, 합진이 부녀 동남(婦女童男) 7백 명과 우리 백성으로 포로가 되었던 사람 2백 명은 우리에게 돌려주고, 나머지는 모두 자기를 따르게 하고 돌아갔다].

표제음주동국사략(標題音註東國史略)[16]

1. 『표제음주동국사략』 권9, 고려 고종 3년 9월

【원문】

後軍兵馬使**金就礪** 與丹兵戰 大破之 初丹兵自昌州[今昌城][17] 移屯延州
[在雲山東合寧邊府][18]之開平驛[在府北百里] 三軍旣至莫敢前 **就礪**拔
劍策馬 與[19]奇存靖直衝賊圍 出入奮擊 丹兵潰 中軍兵馬使[20]盧元純 謂
就礪曰 彼衆我寡 不如退據延州城 以俟後便 **就礪**曰 我軍屢捷 鬪志尙銳
請乘其鋒 一戰而後議之 賊兵[21]陣墨匠之野 士卒冒刃爭赴 無不一當百
就礪與文備 橫截賊陣 所向披靡 賊 奔入香山[在寧邊府] 三軍追擊 斬獲
二千餘級 餘衆逐踵淸塞鎭[今熙川郡]遁去

---

16) 조선전기의 문신인 유희령(柳希齡)이 지은 한국의 역사서이며, 1540~1550년
   대에 지어진 것으로 추정된다. 활자본으로 여러 번 간행되었고, 고려대학
   및 연세대학 도서관과 성암문고(誠菴文庫)에 부분적으로 전해진다. 단군·기
   자·위만의 고조선에서 삼국을 거쳐 고려까지 수록되어 있다. 체제상 사건의
   요지를 표제로 내세웠으며 고유명사의 음을 밝힌 것이 특징이다. 삼국에
   대한 내용은 신라 중심이 아닌 고구려 중심의 체계를 세워 서술하였고,
   삼국을 각기 독립시켜 서술한 것도 특징으로 꼽힌다.
17) [初]脫 三字.
18) [初]脫 九字.
19) [初]將軍 二字.
20) [初]脫 三字.
21) 布.

【번역문】

후군병마사 김취려가 거란병과 싸워 크게 이겼다. 처음에 거란병이 창주(昌州)로부터 연주(延州)의 개평역(開平驛)으로 옮겨 주둔하였다. 삼군이 이미 개평에 이르렀으나 모두 감히 앞으로 나아가지 못하였다. 취려가 칼을 뽑아 들고 말을 몰아 장군 기존정과 더불어 적진을 바로 격파하니 적병이 궤멸하였다. 중군병마사 노원순이 취려에게 말하기를, "물러나 연주성에 주둔하여 뒷날의 편의를 기다리는 것만 같지 못할 것이다." 하니, 취려가 말하기를, "우리 군이 여러 번 이겨서 투지가 오히려 왕성하니 그 예봉을 이용하여 한 번 싸운 후에 의논합시다." 하였다. 적군이 묵장의 들판에 진을 쳤다. 사졸들이 칼을 들고 앞다투어 달려가 한 사람이 1백 명을 당해 내지 않는 자가 없었다. 취려가 문비(文備)와 함께 적진을 가로 끊으니 나아가는 곳마다 적들이 쓰러졌다. 적들이 향산으로 도망쳐 들어가자 3군이 추격하여 죽이거나 사로잡은 것이 2천여 명이나 되었고, 나머지는 청새진(淸塞鎭)을 넘어 도망갔다.

2. 『표제음주동국사략』 권9, 고려 고종 4년

【원문】

秋 中軍兵馬使崔元世 前軍兵馬使**金就礪** 追擊丹兵 大破之 時二軍掎角 而進軍于堤州[今堤川縣] 賊大敗 由是不果南下 皆東走至溟州 將卒劫弱 退屯 賊已踰嶺矣

【번역문】

가을에 중군병마사 최원세, 전군병마사 김취려가 거란병을 추격하여

크게 격파하였다. 이때 2군이 양쪽에서 진군하여 제주(堤州)에서 적을
크게 격퇴하였다. 이로 말미암아 남하하지 못하고 모두 동쪽으로 달아나
명주에 이르렀다. 장졸이 겁을 먹고 약해져서 물러나 주둔하니 적들이
이미 고개를 넘었다.

3. 『표제음주동국사략』권9, 고려 고종 6년 1월

【원문】

春正月 元帥趙冲兵馬使**金就礪** 與蒙古東眞合兵 攻丹賊降之 初哈眞屢
責我添兵 諸將皆憚於行 **就礪**曰 國之利害 正在今日 事不辭難 臣子之分
乃與知兵馬事 韓光衍 領十將軍兵徍焉 哈眞 使通事趙仲祥 語曰 果與我
結好 當先遙禮蒙古皇帝 次則禮萬奴皇帝 **就礪**曰 天無二日 民無二王
天下安有二帝耶 於是只拜蒙古皇帝 **就礪**身長六尺22) 鬚過其腹 哈眞見
狀貌魁偉 大奇之 引與同坐 以兄呼之 數日冲至 哈眞乃置酒作樂 蒙古之
俗 好以銛刀刺肉 賓主相唂 往復不容瞥 **就礪**與冲跪起 承迎甚熟 哈眞等
極歡 約詰朝會 攻江東城 去城三百步而止 哈眞 自城南門至東南門 鑿池
廣深十尺 西門以北 委之完顔子淵 東門以北 委於**就礪** 乃令鑿隍 以防逃
逸 賊魁噉捨王子自縊死 其官人軍卒婦女 并五萬餘人 開城門出降 哈眞
與冲等 收王子妻息 及僞丞相平章以下百餘人 皆斬於馬前 哈眞與扎刺
請冲及**就礪**同盟 以婦女童男七百23)口 及吾民爲賊虜掠者 二百口歸于
我 其餘悉令自隨 冲以俘虜 擇閑曠之地 俾之聚居 號契丹場

---

22) [初]脫 一字
23) [初]六百

380

(고종 6년) 춘 정월 원수 조충, 병마사 <u>김취려</u>가 몽고, 동진과 군사를 합쳐 거란 적을 공격해 항복시켰다. 처음에 합진이 군사를 더할 것을 여러 번 요구하니 장수들이 모두 가기를 꺼렸다. <u>김취려</u>가 말하기를, "나라의 이해가 바로 오늘에 있으니 일의 어려운 것을 사양하지 않는 것이 신하의 직분이다." 하였다. 이에 지병마사 한광연(韓光衍)과 더불어 열 명의 장군과 그들의 군대를 거느리고 갔다. 합진이 통역 조중상(趙仲祥)을 통하여 <u>김취려</u>에게 말하기를, "귀국이 과연 우리와 동맹을 맺으려면 먼저 몽고 황제에게 요배(遙拜)하고 다음으로는 만노(萬奴) 황제에게 절해야 한다."라고 하였다. <u>김취려</u>가 말하기를, "하늘에는 태양이 두 개 있지 않고 백성에겐 두 임금이 없는 법인데 천하에 어찌 두 황제가 있을 수 있는가?"라고 하고, 다만 몽고 황제에게만 절하였다. <u>취려</u>의 신장은 6척이나 되고, 수염이 길어 배를 지나갔다. 합진이 그 모양의 특이함을 보고 크게 감탄하였다. 그를 이끌어 한 자리에 앉으며 형이라고 불렀다. 며칠 후 조충이 이르자 합진이 술을 베풀고 음악을 연주하였다. 몽고 풍속에 손님을 접대할 때에 잘 드는 칼 끝으로 고기를 꿰어 주인과 손님이 서로 먹여 주는 것을 좋아하였다. 그런데 주고 받고 할 때 절대로 눈을 깜짝이면 안 되었다. 조충과 <u>김취려</u>는 그와 수작하는 동작을 매우 익숙하게 하였으므로 합진 등이 지극히 유쾌하게 놀았다. 이튿날 만나서 강동성을 공격하기로 약속하였다. 그리하여 성 밖 3백 보(步) 지점에 이르러 머물렀다. 합진은 강동성 남문에서 동남문에 이르기까지 너비와 길이가 10척(尺)이나 되는 도랑을 팠으며, 서문 이북은 완안자연에게 맡기고, 동문 이북은 조충, <u>김취려</u>에게 맡겨 각각 참호를 파게 하여 성중에 있는 적이 탈주하지 못하게 하였다. 적의 괴수 감사 왕자(喊捨王

子)는 목매어 죽었다. 그의 관인(官人), 장졸(將卒), 부녀(婦女) 등 5만여 명이 성문을 열고 나와 항복하였다. 합진이 조충 등과 함께 왕자의 아내·자식을 가려내고, 가짜 승상, 평장(平章) 이하 1백여 명을 모두 말 앞에서 처단하였다. 합진과 찰라가 조충과 <u>취려</u>에게 동맹을 맺기를 청하고, 부녀(婦女)와 어린 남자 아이 7백 명과 우리나라 백성으로 적에게 잡혔었던 2백 명을 우리에게 돌려보내고, 그 나머지는 모두 자기를 따르게 하였다. 조충이 거란 포로들을 빈 땅을 택해서 거주하게 하였는데 '거란장(契丹場)'이라 부른다.

4. 『표제음주동국사략』 권9, 고려 고종 7년 2월

【원문】

義州賊 韓恂多智等 附東眞 金元帥亐哥下 誘誅之 先是 別將恂 郎將智等 殺防守將軍 以淸川江 爲界 投東眞中軍知兵馬事金君綏 寄書亐哥下 責 其違盟 亐哥下伏兵設宴 捕恂智誅之 函首以送 時三軍 請治諸城從逆之 罪 **金就礪**曰 書云 殲厥渠魁 脅從罔治 大軍所臨 如火燎原 無辜受禍 多矣 況因丹寇關東爲墟 今又縱兵于此 自撤藩籬可乎 餘悉不問

【번역문】

　의주(義州)의 적 한순(韓恂)과 다지(多智) 등이 동진에 귀부하였다. 금나라 원수 우가하(亐哥下)가 유인하여 그들을 주살하였다. 이에 앞서 별장 순, 낭장 지 등이 수비하는 장수를 죽이고 청천강을 경계로 하여 동진에게 투항하였다. 중군지병마사 김군수(金君綏)가 몰래 우가하에게 편지를 전하여 그 맹약을 어긴 것을 책망하였더니, 우가하가 군사를 숨겨두고는 연회를 베풀고 한순과 다지를 잡아 죽이고는 그 머리를 함에 담아 보내왔다. 이때 3군이 제성(諸城)을 역적을 따른 죄를 물어 다스리자고 청하자, <u>김취려</u>가 말하기를, "『서전(書傳)』에 이른바 '그 괴수를 섬멸하거든 협박에 의하여 가담한 자는 죄 주지 말라!'고 하였다. 대군이 이르는 곳에는 요원의 불길과 같아서 죄 없는 백성들도 재난을 많이 당하고 있는데 하물며 거란의 침략으로 인하여 관동(關東)지방이 폐허로 되었다. 이제 또 우리 군대를 내놓아 나라의 울타리인 변방의 성을 허물어 버리는 것이 옳은가?" 하고, 그 나머지는 모두 묻지 않았다.

5. 『표제음주동국사략』 권9, 고려 고종 7년

【원문】

夏24) 中軍兵馬使**金就礪**遣兵 討義州賊黨 北境以安

【번역문】

(고종 7년) 여름에 중군병마사 <u>김취려</u>가 군사를 파견하여 의주의 적당을 토벌하자, 북쪽 변경이 편안해졌다.

6. 『표제음주동국사략』 권9, 고려 고종 21년

【원문】

夏25) 侍中**金就礪**卒 **就礪**節儉正直 持軍甚嚴 士卒不犯秋毫 有酒卽用一卮26)與最下者均飮 故得其死力 臨陣制敵 多出奇計 以成大功 然未嘗自

---

24) [初]脫 一字.
25) 五月 二字.

矜 爲相正色率下 人不敢欺 眞忠義人也

李齊賢曰 國家之德未衰 而禍亂之萌或作 必有魁傑才智之臣 得君委用

弘濟時艱 觀其折甘分少 能得死力 令行禁止 莫犯秋毫 可謂有古名將之

風矣 開平之戰 再救中軍 沙峴之役 盧公不相助 訖無一言 至於先詣哈眞

固與國之心 不拜萬奴 明尊王之義 恂 智 授首 斂兵而止 以安邊民 遠謨大

節 尤不可尙已

【번역문】

여름 (5월) 시중 김취려가 졸하였다. 취려는 검소하고 정직했다. 군을 지휘할 때는 엄격하여 사졸들이 추호도 잘못을 저지르지 않았다. 술이 있으면 잔을 가져다가 말단 병사들과 고루 마셨기 때문에 (병사들의) 사력을 얻을 수 있었다. 전쟁에 나아가 적과 싸울 때에는 신기한 계략을 많이 내놓아 큰 공을 이루었으나 한번도 스스로 자랑하지 않았고, 재상이 되어서는 정직하게 아랫사람을 통솔하여 감히 그를 속이는 자가 없었으니 진실로 충의로운 사람이다.

이제현이 말하기를, "국가의 덕이 아직 쇠하지 않아 화란의 싹이 혹 나타나도 반드시 괴걸(魁傑)하고 재주와 지략이 있는 신하가 있어 임금의 위임(委任)을 받아 널리 구제하는 것이다. 이때 어려움을 보고는 단 것을 갈라 먹고 적은 것도 나누어 먹었기에 군사들의 사력을 얻었다. 명령은 바로 시행되고 금하면 하지 않았으며, 터럭 끝 하나도 건드림이 없었으니 참으로 명장(名將)의 위풍이 있다고 할 만 하다. 개평(開平)의 전투에서 두 번이나 중군을 구원했는데 사현(沙峴)의 싸움에서 노공(盧

---

26) [初]厄.

公)이 도와주지 않아도 한 마디 말을 하지 않았다. 심지어 합진에게 먼저 나아가 그 나라의 마음을 굳게 하고, 만노에게 절하지 않음으로써 존왕의 뜻을 밝혔다. 다지(多智)와 한순(韓恂)이 이미 참수(斬首)되자 군대를 거두어 더 응징하지 않음으로써 변방의 백성들을 편하게 하였다. 심오한 계책에 절조(節操)가 크니 더욱 높이지 않을 수 있겠는가?” 하였다.

금남집(錦南集)[27]

1. 『금남선생집』 권지2, 동국통감론

【원문】

王不知金鏞殺鄭世雲. 又以鏞殺安祐, 李芳實, 金得培 爲祐等有罪.
高麗五百年間. 强寇侵軼. 殆無寧歲. 賴有英雄豪傑文武勇智之才. 左右
宣力. 能禦外侮而鎭國家者. 如徐熙之平丹寇. 姜邯贊之制契丹. 尹瓘之
逐女眞. 趙沖, **金就礪**之定遼孼. 朴犀, 金慶孫之却蒙古. 金方慶之靖海寇.
功在社稷. 而爲時君所倚重也. 今紅賊之變. 傾陷我都城. 焚蕩我宮闕. 屠
戮我生靈. 諸元帥克復廓淸之功. 又有大於向之將相矣. 惜乎捷音纔報.
而摠兵爲賊鏞所圖. 三帥相繼遇害. 一國人人. 皆欲食鏞之肉. 而不可得.
王何不察. 以無名之罪. 加有功之人. 以死報功乎. 鄭文忠夢周. 爲文以悼
之曰. 使泰山之功. 轉爲鋒刀之血. 蓋未嘗不痛恨於恭愍云.

【번역문】

왕은 김용(金鏞)이 정세운을 죽인 것을 알지 못했다. 또 김용이 안우(安

---

27) 조선전기의 문신인 최부(崔溥)의 문집이다. 최부(1454/단종 2~1504/연산군
10)는 김종직의 문인으로, 1485년과 1486년『동국통감』·『동국여지승람』의
편찬에 참여하여 논지가 명백·정확하다는 칭송을 받았다.『금남집』에 있는
『동국통감론(東國通鑑論)』은 저자가 성균관 전적(典籍)으로 있으면서『동국
통감』편찬에 참여하였을 때 지은 것이다. 원래 문집은 외손자 유희춘(柳希
春)에 의해 2권 2책으로 간행되었고, 뒤에『표해록(漂海錄)』3권 3책이 따로
간행되었다. 이것이 1676년(숙종 2) 다시 합본으로 중간되었다.

祐)·김득배(金得培)·이방실(李芳實)을 죽인 것을 안우 등이 죄가 있었기 때문이라고 여겼다.

고려 500년 간 강한 적의 침략이 잇달아 평화로운 때가 거의 없었다. 영웅호걸이나 문무관으로서 용기와 지혜를 내놓아 좌우에서 부지런히 힘써 외적에 맞서 국가를 지킨 자들로는 거란을 평정한 서희, 거란을 제압한 강감찬, 여진을 몰아낸 윤관, 요의 유종들을 평정한 조충·김취려, 몽고를 물리친 박서·김경손, 삼별초의 난을 평정한 김방경이 있다. 그 공로는 국가에 있으므로 당시의 임금들이 특별하게 소중히 여겼다. 지금 홍적의 변란으로 우리 도성이 함락되고, 궁궐이 불타 없어지고 생령이 도륙되자 여러 원수들이 회복하여 깨끗이 쓸어내는 공을 세웠다. 애석하다. 전쟁에 승리하였다는 보고를 듣고 지휘관들이 없애려다가 3원수가 서로 피해를 당하였으니 나라의 사람들마다 모두 김용의 살점을 씹어먹고자 했으나 얻지 못했다. 왕은 어찌 근거도 없는 죄를 살피지도 못하고 공이 있는 자에게 죽음으로 보답할 수 있는가? 문충(文忠) 정몽주(鄭夢周)가 글로써 애석함을 말하기를, "태산 같은 공로를 칼 끝에 피로 변하게 하였는가?" 하였다. 아닌게 아니라 공민왕에게 통한이 되었을 것이다.

2. 『금남선생집』 권지3, 표해록(漂海錄) 1

【원문】

戊甲年 成宗十九 二月

······

人物則新羅金庾信, 金陽, 崔致遠, 薛聰. 百済階伯. 高句麗乙支文德. 高麗崔沖, 姜邯贊, 趙沖, **金就礪**, 禹倬, 鄭夢周. 我朝鮮不可歷數.

【번역문】

　성종 19년 2월 …… 신이 말하길, “인물로는 신라의 김유신, 김양, 최치원, 설총, 백제의 계백, 고구려의 을지문덕, 고려의 최충·강감찬·조충·<u>김취려</u>·우탁·정몽주가 있고, 우리 조선에는 수를 헤아릴 수 없습니다.” 하였다.

김위열공 묘비문(金威烈公墓碑文)[28]

1. 『백곡선생집(栢谷先生集)』 권지3,
   비지부행록(碑誌附行錄) 김위열공 묘비문

【원문】

公諱就礪. 姓金氏. 鷄林彦陽縣人也. 曾祖諱壽. 神虎衛別將同正. 祖諱彦連. 神虎衛中郞將同正. 父諱富. 歷仕禮部侍郞. 卒官朝請大夫金吾衛大將軍. 明王癸巳. 武臣鄭仲夫搆亂. 獼薙儒紳殆盡. 大將軍諭以天意人心. 遂得弭禍. 寔娶靑里朱氏監門衛郞將諱世明之女. 生公. 公少以先蔭起. 嘗鎭東北界. 羯貊不敢犯. 及巡撫塞上. 邊民畏而愛之. 逮事高王朝. 遼孼侵疆. 蒙兵壓境. 安危之機. 間不容髮. 公左提右挈. 遠交近攻. 折衝樽俎. 却敵如神. 臨陣制敵. 多出奇計. 以成大功. 而未嘗自矜. 遷樞密院使參知政事. 拜平章事. 端平甲午五月己未卒. 後配享高王廟庭. 公平生節儉正直. 忠義自守. 持軍嚴整. 士卒不犯秋毫. 折甘分少. 得其死力. 其臨敵也. 槍矢交貫. 而忠憤猶形. 柁櫓俱脫. 而神色自若. 及遘重疾. 將佐請歸就醫則曰. 寧爲邊死. 豈可求安於家乎. 先詣哈眞而有事不辭難之語. 不拜萬奴而謂天無二日. 遠謀大節. 論者以爲不可尙已. 公風姿魁偉. 身長六尺五寸. 鬚過其臍. 每盛服. 必使二婢子擧其鬚. 然後束帶. 哈眞曰. 吾征伐六國. 閱貴人多矣. 見兄之貌. 何其奇歟. 其見敬服如此. 爲相. 正色率下.

---

28) 조선 선조 10년(1577) 상주목사 정곤수가 작성한 것으로 그의 저서인 『백곡집』에 전한다. 묘비는 김취려의 묘라 전해지는 울산광역시 울주군 언양읍 송대리에 있다.

人不敢欺. 內子江西趙氏. 金吾衛精勇將軍彦通之女. 男曰佺. 繼入相府.
爲守太傅平章事. 諡翌戴. 子孫赫業. 稱東國名家. 本縣北數里許有松洞.
卽公墓所在. 父老猶指以相傳. 勝覽以爲無所考者. 殊不可曉. 公十三世
孫千鎰. 以薦拜本道都事. 行到縣. 爲訪其墓. 慨然興感. 遂封土具石以表
識之. 縣監黃瑄以外派. 實幹其事. 又以崑壽八世祖雪谷先生夫人外氏.
亦公之後也. 請記其跡. 辭不獲已. 謹取家譜及史傳. 撮其槪而書之.

【번역문】

김위열공 묘비문

공(公)의 휘(諱)는 취려(就礪)요 성은 김씨(金氏)니, 신라 김씨로 언양
(彦陽) 사람이다. 증조의 휘는 수(壽)니 신호위(神號衛) 별장(別將) 동정
(同正)이요, 조부의 휘는 언련(彦連)이니 신호위 중랑장(中郞將) 동정이
다.

부친의 휘는 부(富)니, 예부시랑(禮部侍郞)을 역임했고 최종 관작은
조청대부(朝請大夫) 금오위 대장군(金吾衛大將軍)이다. 고려 명종 계사
(癸巳)에 무신 정중부(鄭仲夫) 등이 난을 일으켜 문신들을 풀베듯 모조리
죽여 거의 전멸할 뻔하였는데, 대장군이 '하늘의 뜻은 알 수 없는 것이며
사람의 마음을 예측할 수 없다.'로 타이르니, 드디어 화란(禍亂)이 그치게
되었다. 청리 주씨(靑里朱氏) 감문위(監門衛) 낭장(郞將) 휘 세명(世明)의
딸과 결혼하여 위열공을 낳았다.

공은 어려서 음직(蔭職)으로 기용되어 일찍이 동북계(東北界)를 진수
(鎭守)하였는데 여진족이 감히 침범하지 못하였다. 변경을 순행 위무할
때에는 주민들이 두려워하고 경애하였다.

고종(高宗)을 섬길 때 요(遼)의 잔당들이 국내로 침입하고 몽고병이

국경을 압박하니 안전과 위태의 시기가 털 하나 들어갈 틈도 없는 급박한 상황이었는데, 왼쪽으로 끌고 오른쪽으로 이끌며 먼 나라와 우호를 맺고 가까운 적은 공격하고 외교적인 연회석상에서 담판을 하여 상대를 승복시켰다. 적을 물리침이 신(神)과 같아 싸움에 임하여 적을 제압할 때에는 특이한 꾀를 많이 내어 큰 공을 이루나 스스로 자랑한 적이 없었다. 추밀원사(樞密院使) 참지정사(參知政事)로 승진하고, 중서시랑 평장사(中書侍郎平章事)에 임명되었다. 송 단평(端平) 갑오(甲午) 5월 기미에 졸하였고 후에 고종 묘정에 배향되었다.

공은 평생을 절약, 검소하고 정직했으며 충의(忠義)를 지켰다. 군대를 엄정하게 통솔하여 사졸들이 추호도 어김이 없었다. 단 것을 갈라 먹고 적은 것도 나눠 먹으매 그들은 사력(死力)을 다했다. 그가 적군과 대적할 때에는 창과 화살이 난무해 온 몸에 상처가 나도 충성스러운 의기(意氣)가 오히려 전신에 넘치고, 강을 건너다 배가 난파되어 키와 노가 모두 부서져 나가도 얼굴빛 하나 변함없이 태연자약하였다.

중병에 걸렸을 때 장수와 보좌진들이 서울에 돌아가 치료를 받으라고 하여도 "차라리 변방에서 죽을지언정 어찌 집 안에서 편안하게 누워있겠는가." 하였다.

몽고장수 합진(哈眞)에게 솔선하여 나아갔고, "일의 어려운 것을 사양하지 않아야 한다." 하였다. 동진국 만노 황제(萬奴皇帝)에게 절하지 않고 "하늘에는 두 해가 없다."고 하였다. 원대한 계책과 위대한 절개를 평론하는 사람들이 그 이상은 다시 없다고 여겼다.

공은 풍채가 당당하고 키가 6척 5촌이나 되었다. 수염이 배꼽 밑을 지나 매양 정장을 할 때에는 반드시 두 여종에게 그 수염을 갈라 들게 한 뒤에 띠를 매었다. 합진이 말하기를, "내가 여섯 나라를 정벌하여 귀인(貴人)을 많이 만났지만 형의 모습을 뵈니 참으로 훌륭하다.” 하였다. 그가 존경을 받음이 이와 같았다. 재상이 되어서는 안색을 바르게 하여 아랫사람을 거느리니 사람들이 감히 속이지 못하였다.

부인은 강서 조씨(江西趙氏)이니, 금오위 정용장군(精勇將軍) 언통(彦通)의 딸이다. 아들은 전(佺)이니 공을 이어 재상에 올라 수태부 평장사(守太傅平章事)가 되었고 시호는 익대(翊戴)이다. 자손들이 대대로 공훈을 빛내 동방의 명문 거족으로 일컬어졌다.

본현[彦陽縣]에서 북쪽으로 몇 리쯤 가면 송동(松洞)이 있는데 곧 공의 묘소가 있는 곳이다. 부로(父老)들이 아직도 가리키며 서로 전해오는데,『동국여지승람(東國輿地勝覽)』에는 지금 상고할 수 없다고 했으니 유독 이해할 수 없다. 공의 14세손 천일(千鎰)이 경상도 도사(都事)로 천거되어 임명되었다. 부임길에 언양현에 들러 공의 묘소를 참배하고 서글픈 감회를 느끼고는 드디어 봉분을 새로 하고 석물을 갖추어 표시해 놓았다.

현감(縣監) 황선(黃瑄)은 외파(外派)로서 그 일을 주관하였다. 또한 나 곤수(崑壽)의 8세조 설곡선생(雪谷先生)[鄭誧]의 부인의 외가도 공의 후손인 연고로 그 사적을 기록해 달라고 청하니, 사양할 수 없어 삼가 가보(家譜)와 사전(史傳)을 참고하여 그 요점만 뽑아서 적었다.

백곡선생집(栢谷先生集)[29]

1. 『백곡선생집』 권지3, 비지부행록 김위열공 묘비문

【원문】

金威烈公墓碑文

公諱就礪. 姓金氏. 鷄林彦陽縣人也. 曾祖諱壽. 神虎衛別將同正. 祖諱彦連. 神虎衛中郎將同正. 父諱富. 歷仕禮部侍郎. 卒官朝請大夫金吾衛大將軍. 明王癸巳. 武臣鄭仲夫搆亂. 獮薙儒紳殆盡. 大將軍諭以天意人心. 遂得弭禍. 寔娶靑里朱氏監門衛郎將諱世明之女. 生公. 公少以先蔭起. 嘗鎭東北界. 羯貊不敢犯. 及巡撫塞上. 邊民畏而愛之. 逮事高王朝. 遼孽侵疆. 蒙兵壓境. 安危之機. 間不容髮. 公左提右挈. 遠交近攻. 折衝樽俎. 却敵如神. 臨陣制敵. 多出奇計. 以成大功. 而未嘗自矜. 遷樞密院使參知政事. 拜平章事. 端平甲午五月己未卒. 後配享高王廟庭. 公平生節儉正直. 忠義自守. 持軍嚴整. 士卒不犯秋毫. 折甘分少. 得其死力. 其臨敵也. 槍矢交貫. 而忠憤猶形. 柁櫓俱脫. 而神色自若. 及遭重疾. 將佐請歸就醫

---

29) 조선 선조 10년(1577) 상주목사 정곤수(鄭崑壽, 1538~1602)가 작성한 것으로 그의 저서인 『백곡집』에 전한다. 정곤수는 1567년(선조 즉위)에 진사시에 합격한 이후, 1577년에 공주목사로 승진하였다가 곧 상주목사로 옮겼으며 이후 강원도·황해도 관찰사를 역임하였다. 특히 1592년 병조참판이 되었다가 형조참판으로 옮겼으며, 그때 임진왜란이 일어나자 의주로 선조를 호종하여 이 공으로 이항복(李恒福)과 함께 녹훈되었다. 일찍이 수령을 지낼 때는 학문을 진흥시키고 사풍(士風)을 진작시키는 데에 힘썼다, 죽은 뒤인 1604년 호성공신(扈聖功臣) 1등에 녹훈되었으며 서천부원군(西川府院君)에 추록되었다. 성주의 유계서원(柳溪書院)에 제향되었다.

則曰. 寧爲邊死. 豈可求安於家乎. 先詣哈眞而有事不辭難之語. 不拜萬奴而謂天無二日. 遠謀大節. 論者以爲不可尙已. 公風姿魁偉. 身長六尺五寸. 鬚過其臍. 每盛服. 必使二婢子擧其鬚. 然後束帶. 哈眞曰. 吾征伐六國. 閱貴人多矣. 見兄之貌. 何其奇歟. 其見敬服如此. 爲相. 正色率下. 人不敢欺. 內子江西趙氏. 金吾衛精勇將軍彦通之女. 男曰佺. 繼入相府. 爲守太傅平章事. 謚翊戴. 子孫赫業. 稱東國名家. 本縣北數里許有松洞. 卽公墓所在. 父老猶指以相傳. 勝覽以爲無所考者. 殊不可曉. 公十三世孫千鎰. 以薦拜本道都事. 行到縣. 爲訪其墓. 慨然興感. 遂封土具石以表識之. 縣監黃瑄以外派. 實幹其事. 又以崑壽八世祖雪谷先生夫人外氏. 亦公之後也. 請記其跡. 辭不獲已. 謹取家譜及史傳. 撮其槪而書之.

【번역문】

김위열공 묘비문

공(公)의 휘(諱)는 <u>취려(就礪)</u>요 성은 김씨(金氏)니, 경주부 언양(彦陽) 사람이다. 증조의 휘는 수(壽)니 신호위(神號衛) 별장(別將) 동정(同正)이요, 조부의 휘는 언련(彦連)이니 신호위 중랑장(中郞將) 동정이다.

부친의 휘는 부(富)니, 예부시랑(禮部侍郎)을 역임했고 최종 관작은 조청대부(朝請大夫) 금오위 대장군(金吾衛大將軍)이다. 고려 명종 계사(癸巳)에 무신 정중부(鄭仲夫) 등이 난을 일으켜 문신들을 풀베듯 모조리 죽여 거의 전멸할 뻔 하였는데, 대장군이 '하늘의 뜻은 알 수 없는 것이며 사람의 마음을 예측할 수 없다.'는 말로 타이르니, 드디어 화란(禍亂)이 그치게 되었다. 청리 주씨(靑里朱氏) 감문위(監門衛) 낭장(郞將) 휘 세명(世明)의 딸과 결혼하여 위열공을 낳았다.

공은 어려서 음직(蔭職)으로 기용되어 일찍이 동북계(東北界)를 진수

(鎭守)하였는데 여진족이 감히 침범하지 못하였다. 변경을 순행 위무할 때에는 주민들이 두려워하고 경애하였다.

고종(高宗)을 섬길 때 요(遼)의 잔당들이 국내로 침입하고 몽고병이 국경을 압박하니 안전과 위태의 시기가 털 하나 들어갈 틈도 없는 급박한 상황이었는데, 왼쪽으로 끌고 오른쪽으로 이끌며 먼 나라와 우호를 맺고 가까운 적은 공격하고 외교적인 연회석상에서 담판을 하여 상대를 승복시켰다. 적을 물리침이 신(神)과 같아 싸움에 임하여 적을 제압할 때에는 특이한 꾀를 많이 내어 큰 공을 이루나 스스로 자랑한 적이 없었다. 추밀원사(樞密院使) 참지정사(參知政事)로 승진하고, 중서시랑 평장사(中書侍郎平章事)에 임명되었다. 송 단평(端平) 갑오(甲午) 5월 기미에 졸하였고, 후에 고종 묘정에 배향되었다.

공은 평생을 절약, 검소하고 정직했으며 충의(忠義)를 지켰다. 군대를 엄정하게 통솔하여 사졸들이 추호도 어김이 없었다. 단 것을 갈라 먹고 적은 것도 나눠 먹으매 그들은 사력(死力)을 다했다. 그가 적군과 대적할 때에는 창과 화살이 난무해 온 몸에 상처가 나도 충성스러운 의기(意氣)가 오히려 전신에 넘치고, 강을 건너다 배가 난파되어 키나 노가 모두 부서져 나가도 얼굴빛 하나 변함없이 태연자약하였다.

중병에 걸렸을 때 장수와 보좌진들이 서울에 돌아가 치료를 받으라고 하여도 "차라리 변방에서 죽을지언정 어찌 집 안에서 편안하게 누워있겠는가." 하였다.

몽고장수 합진(哈眞)에게 솔선하여 나아갔고, "일의 어려운 것을 사양하지 않아야 한다." 하였다. 동진국 만노 황제(萬奴皇帝)에게 절하지 않고 "하늘에는 두 해가 없다."고 하였다. 원대한 계책과 위대한 절개를 평론하는 사람들이 그 이상은 다시 없다고 여겼다.

　공은 풍채가 당당하고 키가 6척 5촌이나 되었다. 수염이 배꼽 밑을 지나 매양 정장을 할 때에는 반드시 두 여종에게 그 수염을 갈라 들게 한 뒤에 띠를 매었다. 합진이 말하기를, "내가 여섯 나라를 정벌하여 귀인(貴人)을 많이 만났지만 형의 모습을 뵈니 참으로 훌륭하다." 하였다. 그가 존경을 받음이 이와 같았다. 재상이 되어서는 안색을 바르게 하여 아랫사람을 거느리니 사람들이 감히 속이지 못하였다.

　부인은 강서 조씨(江西趙氏)이니, 금오위 정용장군(精勇將軍) 언통(彦通)의 딸이다. 아들은 전(佺)이니 공을 이어 재상에 올라 수태부 평장사(守太傅平章事)가 되었고 시호는 익대(翊戴)이다. 자손들이 대대로 공훈을 빛내 동방의 명문 거족으로 일컬어졌다.

　본현[彦陽縣]에서 북쪽으로 몇 리쯤 가면 송동(松洞)이 있는데 곧 공의 묘소가 있는 곳이다. 부로(父老)들이 아직도 가리키며 서로 전해오는데, 『동국여지승람(東國輿地勝覽)』에는 지금 상고할 수 없다고 했으니 유독 이해할 수 없다. 공의 14세손 천일(千鎰)이 경상도 도사(都事)로 천거되어 임명되었다. 부임길에 언양현에 들러 공의 묘소를 참배하고 서글픈 감회를 느끼고는 드디어 봉분을 새로 하고 석물을 갖추어 표시해 놓았다.

　현감(縣監) 황선(黃瑄)은 외파(外派)로서 그 일을 주관하였다. 또한 나 곤수(崑壽)의 8세조 설곡선생(雪谷先生)[鄭誧]의 부인의 외가도 공의 후손인 연고로 그 사적을 기록해 달라고 청하니 사양할 수 없어 삼가 가보(家譜)와 사전(史傳)을 참고하여 그 요점만 뽑아서 적었다.

동사찬요(東史纂要)[30]

1. 『동사찬요』

【원문】

金就礪[事康宗 高宗]

金就礪彦陽人父富禮部侍郎　就礪蔭補卽將俄擢將軍鎭北界　羯貊不敢
犯拜大將　軍巡撫塞上邊民畏愛　高宗三年丙子　契丹遺種金山王子者引兵
渡江　就礪將後軍禦之　所向克捷諸將斬七百級得馬駃牛及牌印兵伏無筭
賊不復分兵聚屯開平驛諸軍皆莫敢前　獨就礪拔劍策馬直衝賊圍出入奮
擊賊兵潰　追過開平賊設伏驛北急擊中軍　就礪回軍擊之賊又潰　中軍兵馬
使盧元純謂曰　彼衆我寡右軍又不至始齎三日粮今已盡不如退據延州城
以俟後便　就礪曰　我軍屢捷鬪志尙銳請乘其鋒一戰而後議之.
賊布陣軍勢甚盛　就礪與文備橫截賊陣士卒冒白刃爭赴無不一當百　所向
披靡三合三克　就礪長子死　追奔入香山斬獲摠二千四百餘人溺死南江者
亦以千數　其婦子聚哭聲如萬牛之乳有一人弃兵直前請曰　我等擾貴國邊
疆固有罪矣　婦子何知請無庸盡殺我則刻日自返矣　就礪與之酒快飮而去
三軍各遣二千人躡其後見賊所弃資糧器仗牛馬狼藉於道　所遣六千人戰

---

30) 조선 선조 때의 문신이자 의병장이었던 오운(吳澐, 1540년/중종 35~1617년/
광해군 9)이 편찬한 신라와 고려의 역사서로, 1609년(광해군 1)에 8권 8책으
로 간행되었다. 이 책은 B.C. 57년(박혁거세 1) 신라 시조로부터 1392년(공양
왕 4) 고려 멸망까지 1,449년간의 사적(事蹟)을 『동국통감(東國通鑑)』·『삼국
사기』·『고려사』 등을 참고로 하여 요약하였다.

于淸塞鎭擒殺過當賊遂遁去.

契丹後至者自前月大入境　三軍次延州後軍獨遇于楊州擒斬數十百級兩軍先回博州**就礪**護輜重徐行至沙峴浦賊突出狙擊**就礪**告急於兩軍兩軍守便宜不出　**就礪**力戰却之卒護輜重而至元純出迎門外賀曰　猝遇強敵能摧其鋒使三軍負荷之士無一毫之失公之力也　馬上酌酒爲壽　兩軍將士及諸城父老皆扣頭賀　賊復聚衆連日耀兵犯昌州三軍　夜遣卒襲賊于興郊驛明日夜戰于洪法寺　又戰于州城門外　皆克賊夜涉淸川至西京　軍與戰敗績賊冰渡大同江入于西海道屠黃州.

丁丑三月就拜**就礪**爲金吾上將軍次于安州大棗灘戰不利賊氣得乘馳突**就礪**與文備仁謙逆擊之仁謙中流矢死**就礪**奮劒獨拒槍矢交貫于身病瘡如京忠憤之氣猶形言色聞者壯之　五月加發兵復以**就礪**將前軍遣詣忠州**就礪**瘡未合力疾　受命至黃驪縣法泉寺之南川上五軍爭舟**就礪**退復諸軍畢濟然後乘舟忠州城毀於水木石崩湯舟爲巨石所輾柂櫓俱脫板漏水涌同舟之人面若死灰**就礪**堅坐不移神色自若俄有三人乘柀裁流來救得濟.

明日又與賊戰斬獲三百餘級迫于提州之川流尸蔽川而下　至朴達峴崔元世曰　嶺上非大軍所止欲退屯山下　**就礪**曰　用兵之術雖先人和地利亦不可輕　賊若先據此嶺我在嶺下猿猱之捷亦不得過况於人乎　**就礪**使諸將分當左右從中鼓之士皆殊死鬪　三軍亦大呼爭前賊大潰　不果南下皆東走　追至溟州凡次戰　皆捷賊奔還女眞　**就礪**移據興元鎭.

賊得女眞兵復振長驅而來　**就礪**回軍遇於豫州之杝川交綏而退　忽遘疾將佐請歸就醫**就礪**曰　寧爲邊城鬼豈可求安於家乎　疾甚勑歸京理疾肩輿至京累月乃瘳　於是賊破數十城如蹈無人之境　戊寅以趙冲爲元帥**就礪**爲兵馬使王親授鉞遣之　冲**就礪**等數戰敗之賊勢窮入保江東城.

398

明年己卯蒙古元帥哈眞札剌與東眞帥完顔子淵直指江東移牒我軍同討
丹賊然蒙兵凶悍雖命救我諸將皆憚於行 **就礪**謂冲曰 國之利害正在今日
若違彼意後悔何及 吾雖不才請一行 乃領十將軍兵往焉哈眞語曰 果與我
結好當先遙禮蒙古皇帝次及萬奴皇帝 **就礪**曰 天無二日民無二王天下安
有二帝 只拜蒙古皇帝.

就礪身長六尺五寸以長而鬚過其腹 哈眞見其狀貌魁偉又聞其言大奇之
引與同坐問年幾何謂曰 君兄而我其弟 使**就礪**東向坐曰 吾嘗征伐六國閱
貴人多矣未見如兄之貌 臨別執手扶腋上馬數日冲亦至哈眞引冲坐上座
曰 吾其坐兩兄之間 置酒作樂極歡 哈眞善飲約不勝者罰之 冲引滿輒倒略
無醉色 及闌擧一杯不飲曰 非不能飲若勝而如約則公必受罰主人而罰客
可乎 哈眞悅詰朝會江東城下.

分委諸將令鑿池城下以防逃逸 丹兵勢窘軍卒婦女五萬餘人開門出降 其
僞平章以下百餘人斬於馬 哈眞請冲及**就礪**同盟曰 兩國萬世永爲兄弟無
忘今日 以婦女童男七百口及吾民爲賊擄者二百口歸于我冲凱還崔忠獻
忌功停迎迓禮及論功忠獻主之有功者無賞人多怨之.

就礪節儉正直持軍嚴 士卒不犯秋毫有酒卽用一卮與最下者均飲故得其
死力 江東之役事皆讓於元帥臨陣制敵多出奇計以成大功然未嘗自矜 爲
相正色率下人不敢欺 眞忠義人也 高宗甲午卒謚威烈配享王廟子佺繼八
相府爲太傅平章事.

史氏按趙文正文武全才出將入相當遼孽入寇蒙兵壓境之日與威烈同心
禦侮從容杯酒却敵如神國家賴安徐熙姜邯贊不得專美於前矣 豈非所謂
英雄豪傑間世之人物乎.

李齊賢曰 自我太祖啓宇至于高王三百有餘年矣 崔氏父子繼世秉政內擁
堅甲以專威權外委羸兵以責攻戰當斯之時欲以有爲其亦難矣 爾乃金宗

訖籙遼孽構亂遠鬪窮寇鋒不可當蒙將壓境徵師討賊順之 則莫委其情逆
之 則必生他變安危之 機間不容髮乃能左提右挈 遠交近攻之宗盟於經綸
之始安邦基於呼吸之間 豈非魁傑才智之臣而社稷之靈有以陰相者歟 觀
其析甘分少 能得死力 令行禁止 莫犯秋毫 可謂有古名將之風矣. 開平之
戰 我乃再救中軍 沙峴之役 盧公則不相助 訖無一言以生嫌隙 不伐其勞
歸攻於衆 是則大人君子之用心也. 至於先詣哈眞 固與國之心 不拜萬奴
明尊王之義. 多智韓恂[智別將名恂郞將名捷義州以叛] 旣授首矣 斂兵而
止 以安邊民 史氏稱其忠義 太常諡以威烈 不亦宜哉.

【번역문】

김취려[강종, 고종을 섬겼다]

김취려는 언양 사람으로, 아버지 부(富)는 예부시랑이다. 취려는 음직
으로 낭장에 임명되었다가 장군으로 발탁되어 북계를 진수하니 갈맥
여진족이 감히 침범하지 못했다. 대장군에 임명되어 변방을 순찰하며
위무하니 변방의 주민들이 존경하고 사랑하였다.

고종 3년 병자에 거란의 유종(遺種)인 금산 왕자가 군대를 이끌고
강을 건넜다. 취려가 후군(後軍)을 거느리고 방어하여 가는 곳마다 승리
하였다. 여러 장수들이 7백 급(級)의 목을 베고, 말·노새·소, 패인(牌印),
병장기 등 셀 수 없을 정도로 획득했다. 적은 다시 군대를 나누어 개평역
(開平驛)에 모여 주둔하니 제군(諸軍)이 모두 진격하지 못하였다. 취려만
이 유독 검을 뽑아 들고 말을 채찍질하여 적의 포위망 속을 곧바로
충돌하여 들락날락 하면서 진격하니 적병이 패주하였다. 추격하여 개평
을 지나는데, 적들이 역의 북쪽에 몰래 숨었다가 중군(中軍)을 습격하자
취려가 군대를 돌려 반격하니 적들이 또 궤멸하였다. 중군병마사 노원순

(盧元純)이 말하기를, "저들은 많고 우리는 적다. 우군(右軍)이 또한 오지 않았고, 처음에 3일치의 군량만 가지고와 지금 거의 떨어졌으니 후퇴하여 연주성(延州城)에 웅거해서 뒷날의 편의를 도모하는 것만 못합니다." 하니, <u>취려</u>가 말하기를, "우리 군이 여러 번 승리하여 투지가 오히려 굳세니 이런 기세를 타서 한번 싸운 뒤에 논의합시다." 하였다.

적들이 진을 친 군세가 매우 성했다. <u>취려</u>가 문비(文備)와 함께 적진을 가로 끊고 사졸들은 시퍼런 칼날을 무릅쓰며 다투어 달려들어 한 사람이 1백 명을 당해내니 나아가는 곳마다 적들이 쓰러지고, 세 번 싸워 세 번 다 이겼으나, <u>취려</u>의 장자가 전사하였다. 묘향산으로 달아난 적을 추격하여 2천 4백여 인을 참획(斬獲)하였다. 남강에 빠져 죽은 자도 1천여 인이나 되고, 그 처자들이 모여 곡하는 소리가 마치 1만 마리의 소가 우는 것과 같았다. 어떤 한 사람이 무기를 버리고 바로 앞으로 나와 청하며 말하기를, "우리들이 귀국의 변강(邊疆)을 어지럽혔으니 진실로 죄가 있습니다. 처자들은 무엇을 알겠습니까? 바라건대 모두 죽이지 마십시오. 우리들은 날짜를 정해 반드시 스스로 돌아가겠습니다." 하였다. <u>취려</u>가 그에게 술을 주니 흔쾌히 받아 마시고는 돌아갔다. 3군이 각각 2천 명을 보내 그 뒤를 밟아 보니 적들이 버린 군량, 무기, 마소 등이 길에 낭자했다. 파견한 6천여 명이 청새진(淸塞鎭)에서 분전하여 사로잡고 죽인 수가 심히 많으니, 적이 드디어 달아났다.

거란 유종으로 뒤에 온 자들이 전월(前月)부터 대거 국경을 침입하였다. 삼군은 연주(延州)에 주둔하였고, 후군이 홀로 양주(楊州)에서 적을 만나 수십 수백 명을 사로잡고 목을 베었다. 양군(兩軍)은 먼저 박주(博州)로 돌아가고 <u>취려</u>는 치중(輜重)부대를 호위하여 천천히 행군하여 사현포(沙峴浦)에 이르렀다. 적병이 갑자기 나와 저격하니 <u>취려</u>가 양군에 급함을 알렸지만 양군은 편의를 고수하며 출병하지 않았다. 취려가 힘껏 싸워 물리치고 치중부대를 잘 지켜 도착하였다. 노원순이 문밖까지 나와 맞으며 치하하며 말하기를, "갑자기 강적을 만났으나 그 칼날을 잘 꺾고 3군의 짐을 진 군사들도 터럭 하나 손실됨이 없었던 것은 공의 힘이오." 하고, 말 위에서 술을 따르며 축수하였다. 양군의 장병과 여러 성의 부로(父老)들도 모두 머리를 조아리며 경하하였다. 적이 다시 무리를 모아 연일 무기를 번쩍이며 창주(昌州)를 침범하니 3군이 밤에 병졸을 보내 흥교역(興郊驛)에서 적을 습격하였다. 다음날 밤에 홍법사(洪法寺)에서 싸우고, 또 주(州)의 성문 밖에서 싸워 모두 이겼다. 적이 밤에 청천강을 건너 서경에 이르니 관군이 그들과 싸웠으나 패하였다. 적이 얼어붙은 대동강을 건너 황해도에 침입에 황주를 도륙하였다.

정축년 3월에 취려를 금오위 상장군으로 임명하였다. 안주(安州) 대조탄(大棗灘)에 주둔했는데 전세(戰勢)가 불리하자 적들이 기세좋게 말을 타고 돌진하였다. 취려가 문비와 인겸(仁謙)과 함께 적을 맞아 공격하였다. 인겸이 날아오는 화살에 맞아 전사하고, 취려는 검을 휘두르며 홀로 대항하여 창과 화살이 온몸에 가득 꽂혀 상처가 심해져 서울로 갔다. 충성으로 인해 생기는 분한 마음이 오히려 얼굴과 말씨에 나타나니 듣는 자들이 장하게 여겼다.

5월에 병사를 더 징발하고 다시 취려에게 전군(前軍)을 거느리고 충주(忠州)로 가게 했다. 취려는 상처가 아물지 않았으나 병을 무릅쓰고 명령을 받들어 황려현(黃驪縣) 법천사(法泉寺)의 남천(南川) 상류에 이르렀다. 5군이 다투어 배를 타니 취려가 뒤로 물러나 여러 군사들이 다 건넌 후에야 배에 탔다. 충주성이 물에 파괴되어 나무, 돌 등이 무너져 떠내려가는데 배가 큰 돌에 부딪쳐 키와 노가 다 떨어져 나가고 갑판이

뚫려 물이 용솟음치니 배에 탄 사람들이 낯빛이 잿빛이 되었으나, <u>취려</u>는 굳게 앉아 옮기지 아니하며 낯빛이 변하지 않았다. 얼마 뒤에 세 사람이 뗏목을 타고 흐름을 횡단하여 와 구원해서 건널 수 있었다.

다음 날 또 적과 싸워 3백여 인을 죽이고 사로잡았다. 제주(提州)의 냇가에 다다르니 시체가 흘러 냇물을 다 덮은 채 떠내려갔다. 박달현(朴達峴)에 이르니 최원세(崔元世)가 말하기를, "고개 위는 대군(大軍)이 머물 곳이 못되니 물러나 산 아래에 주둔합시다." 하였다. <u>취려</u>가 말하기를, "용병술(用兵術)은 사람의 화합을 우선하지만 지형의 이점은 더욱 중시해야 한다. 적이 만일 이 고개를 점령한다면 날쌘 원숭이라도 지날 수 없을 텐데 하물며 사람이겠는가?" 하였다. <u>취려</u>가 여러 장수들을 좌우로 나누어 대적하게 하고 중앙에서 북을 치며 사기를 북돋우니 군사들이 모두 결사적으로 싸우고 3군도 역시 크게 함성을 지르며 앞을 다투어 공격하니 적이 크게 궤멸하고 남쪽으로 더 내려가지 못하고 모두 동쪽으로 달아났다. 추격하여 명주에 이르러 다시 싸워 모두 이기니 적들이 여진땅으로 달아났다. <u>취려</u>는 흥원진(興元鎭)으로 옮겨 주둔하였다. 적이 여진 군사를 얻어 다시 사기를 떨치며 내달려 오는데, <u>취려</u>가 회군하다가 예주(豫州)의 생천(栍川)에서 만나 서로 퇴각하였다. 갑자기 병에 걸리니 장군들이 돌아가 치료하라고 하자, <u>취려</u>가 말하기를, "차라리 변성의 귀신이 될지언정 어찌 집안에서 편안하기를 구하겠는가?" 하였다. 병이 위중해지자 칙령으로 서울로 돌아와 병을 치료하게 하였다. 가마에 탄 채 서울로 도착해 여러 달 만에 병이 나았다. 이 무렵 적이 수십 개의 성(城)을 격파하고 사람이 없는 땅을 지나가듯 하였다.

무인년에 조충을 원수로, <u>취려</u>를 병마사로 삼고는 왕이 친히 부월을 주어 보냈다. 충과 <u>취려</u> 등이 수차례 전쟁에서 적을 격파하니, 적이 기세가 꺾이고 궁지에 몰려 강동성(江東城)에 들어가 지켰다.

다음 해 기묘년에 몽고 원수 합진(哈眞), 찰라(札刺)와 동진 원수 완안자연(完顔子淵)이 강동성에 바로 도착하여 우리 군에게 통첩을 보내 함께 거란적을 토벌하자고 하였다. 그러나 몽고 군사는 흉악하기 때문에 비록 우리를 구한다고 명분을 내세웠으나 제장(諸將)들이 가기를 꺼려했다. 취려가 충에게 말하기를, "나라의 이해가 바로 오늘에 있으니 만일 그들의 뜻을 어긴다면 후회해도 어쩔 수 없는 일이 생길 것이다. 내가 비록 재주가 없으나 한 번 가기를 청합니다." 하고 열 장군의 군대를 이끌고 갔다. 합진이 말하기를, "과연 나와 우호를 맺으려면 당연히 먼저 몽고 황제에게 요배(遙拜)하고 다음으로 만노 황제(萬奴皇帝)에게도 하라." 하였다. 취려가 말하기를, "하늘에는 두 해가 없고, 백성에게는 두 임금이 없는데 천하에 어찌 두 황제가 있겠는가?" 하고, 오직 몽고 황제에게만 절하였다.

취려의 신장은 6척 5촌이나 되고, 수염이 길어 배를 지나갔다. 합진이 그 모양의 특이함을 보고 또 그 말을 들어보고는 크게 감탄하였다. 그를 이끌어 한 자리에 앉으며, "나이가 몇인가?" 하고 말하기를, "당신이 형이고, 내가 동생이다." 하였다. 취려를 동쪽을 향해 앉게 하고는 말하기를, "내가 일찍이 여섯 나라를 정벌하면서 귀인들을 많이 만났으나 형의 용모와 같은 이를 보지 못했다." 하였다. 이별할 때는 손을 잡고 부액(扶腋)하여 말에 오르게 했다. 며칠 뒤에 조충도 도착하니 합진이 충을 이끌어 윗자리에 앉히고 말하기를, "내가 두 형의 사이에 앉겠다."고 하였다. 술상을 차리고 풍악을 울려 즐거움이 극에 달하였다. 합진이 술을 잘 마시는데 이기지 못하는 자에게 벌을 주기로 약속하였다. 조충이 잔에 가득 따르기가 무섭게 들이마셔도 조금도 취한 빛이 없었다. 끝판이 되어 한잔을 마시지 않고 말하기를, "내가 먹지 못하는 것이 아니라 만약 이겨서 약속과 같이 한다면 공이 반드시 벌을 받아야 할 것이니 주인으로서 손님을 벌하는 것이 옳겠는가?" 하니, 합진이 기뻐하면서 내일 아침에 강동성 아래에서 모이기로 약속하였다. 여러 장군들을 나누어 성 아래에 참호를 파서 도망가는 것을 막게 하였다. 거란병의 세력이 궁해지자 군졸과 부녀자 5만여 인이 성문을 열고 나와 항복하였다. 가짜 평장 이하 1백여 인을 모두 말 앞에서 죽였다. 합진이 조충과 취려에게 동맹하여 말하기를, "양국은 만세토록 영원히 형제가 되어 오늘을 잊지 말게 하자." 하였다. 그리고는 부녀와 어린 남자아이 7백 명과 우리 백성으로서 적에게 포로되었던 자 2백 명을 우리에게 돌려주었다. 조충이 개선하여 돌아오자 최충헌이 그 공을 시기하여 환영식을 정지하고 논공행상(論功行賞)할 때도 충헌이 주관하여 공이 있는 자에게 상을 주지 않으니 사람들이 많이 원망하였다.

취려는 검소하고 정직했다. 군을 지휘할 때는 엄격하여 사졸들이 추호도 잘못을 저지르지 않았다. 술이 있으면 잔을 가져다가 말단 병사들과 고루 마셨기 때문에 (병사들의) 사력을 얻을 수 있었다. 강동성 싸움의 일은 모두 원수에게 양보하고 전쟁에 나아가 적과 싸울 때에는 신기한 계략을 많이 내놓아 큰 공을 이루었다. 그러나 한번도 스스로 자랑하지 않았고 재상이 되어서는 정직하게 아랫사람을 통솔하여 감히 그를 속이는 자가 없었으니 진실로 충의로운 사람이다. 고종 갑오년에 죽으니, 시호는 위열이며 왕묘(고종 묘정)에 배향되었다. 아들 전(佺)이 이어서 재상의 지위에 올라 태부(太傅) 평장사(平章事)가 되었다.

사신이 상고해보니, "조문정(趙文正 : 조충의 시호)은 문무의 재능을 겸비하여 나가서는 장수가 되고 들어와서는 재상이 되었는데, 요나라가 침입하고 몽고의 군사가 국경을 압박하던 때를 당해서는 <u>김위열(金威烈 : 김취려의 시호)</u>과 더불어 합심하여 적을 방어하고, 조용히 술잔을 들면서도 적을 귀신같이 물리쳐서 국가가 이에 힘입어 안정되었으니, 옛날 서희, 강감찬만이 아름다운 이름을 독점할 수 없을 것이다. 어찌 세상에 드문 영웅호걸이 아니겠는가?” 하였다.

  이제현이 말하기를, “최씨 부자가 대를 이어 정권을 잡고 안으로는 강한 군사로 호위하게 하고 정권을 독차지하고, 밖으로는 허약한 군사에게 맡겨 싸우라고 책망하였으니 이런 때를 당해서는 일을 해보려 해도 할 수 없었을 것이다. 이에 금나라의 국운이 다하자 요나라의 잔당이 난리를 일으켜 먼 나라에 와서 싸우니 궁지에 몰려 싸우는 적들의 칼날을 감당할 수 없었고, 몽고의 장수가 국경을 압박하여 군사를 소집하며 적을 토벌할 때, 그것에 따르자니 그들의 사정을 알 수 없었고, 거역하자니 반드시 다른 변고가 생겨 안위의 기미가 터럭 하나라도 용납할 겨를이 없었다. 안전과 위기의 순간에 왼손으로 이끌고 오른손으로 붙잡으며 먼 곳은 사귀고 가까운 곳은 공격하였다. 경륜(經綸)의 시작에서 종맹(宗盟)을 정하고 위태한 나라의 기반을 편안하게 하였으니, 어찌 생김새가 특이하고 재주와 지략이 있는 신하가 아니겠으며, 사직의 신령이 몰래 도운 것[陰助]이 아니겠는가? 단 것을 갈라 먹고 적은 것도 나누어 먹었기에 군사들의 사력을 얻었다. 명령은 바로 시행되고 금하면 하지 않았으며, 터럭 끝 하나도 건드림이 없었으니, 참으로 옛 명장(名將)의 위풍이 있다고 할 만하다. 개평(開平)의 전투에서 두 번이나 중군을 구원했는데 사현(沙峴)의 싸움에서 노공(盧公)은 도와주지 않아도 한 마디 틈이 벌어질 말을 하지 않았으니, 이것이 즉 대인(大人), 군자(君子)의 마음씀이다. 심지어 합진에게 먼저 나아가 그 나라의 마음을 굳게 하고, 만노에게 절하지 않음으로써 존왕의 의리를 밝혔다. 다지(多智)와 한순(韓恂)이[다지는 별장의 이름이고, 한순은 낭장의 이름이다. 의주를 거점으로 반란하였다]. 이미 참수(斬首)되자 군대를 거두어 더 응징하지 않음으로써 변방의 백성들을 편하게 하였다. 사신이 그 충의를 칭송하고 태상(太常)이 위열(威烈)이라고 시호를 정한 것 또한 당연한 일이었다.

백호전서(白湖全書)[31]

1. 『백호전서』 권13, 경연강설(經筵講說) 날짜 미상

【원문】

…… 隋煬帝嘗以百萬之師 伐高句麗 爲乙支文德所敗而歸 唐太宗旣定天下之後 親自東征 經至遼東攻安市城 不能克而歸 遼伐高麗 爲姜邯贊所敗 金伐高麗 爲趙冲**金就礪**所敗 至丙子年 淸人獨專勝於我 此前代之所未有 而實我之失策也 我若早自樹立 豈遞出人下哉 ……

【번역문】

　… 수 양제(隋煬帝)가 백만의 군사를 거느리고 고구려(高句麗)를 쳤으나 을지문덕(乙支文德)에게 패하여 돌아갔고, 당 태종(唐太宗)은 천하를 평정하고서 직접 동정(東征)하는 데 있어 곧바로 요동(遼東)에 와서

---

31) 백호(白湖) 윤휴(尹鑴, 1617~1680)가 저술한 문집이다. 윤휴는 17세기의 천재적인 산림학자(山林學者)요 실천적인 경세가(經世家)로, 주자성리학이 교조적 권위를 누렸던 조선후기에 경학(經學)에서 독자적인 학문체계를 수립하였고, 이로 인해 사문난적(斯文亂賊)으로 지목되어 정치적, 사상적 숙청을 당하였다. 그의 저술들은 문집간행을 위하여 하제(夏濟)·경제(景濟) 두 아들이 이미 정리하였으나, 18세기 이후 정치적 적대세력인 서인과 노론계열이 계속 집권함에 따라 햇빛을 보지 못하고, 1927년에야 진주 용강서당(龍江書堂)에서 처음으로 『백호문집(白湖文集)』을 석판본으로 간행하였다. 이 문집은 중요저술인 『독서기』가 빠진 것을 비롯하여 결함이 많았으나, 1974년에 직계손 용진(容鎭)에 의하여 비전(祕傳)의 원고들을 모두 망라한 『백호전서(白湖全書)』가 출판되었다.

안시성(安市城)을 공격하였지만 이기지 못하고 돌아갔으며, 요(遼)나라는 고려(高麗)를 쳤으나 강감찬(姜邯贊)에게 패하였고, 금(金)나라도 고려를 쳤지만 조충(趙沖)·김취려(金就礪)에게 패하였습니다. 그런데 병자년(丙子年)에 청인(淸人)만이 유독 우리에게 승리하였으니, 이는 전대(前代)에 없었던 일로서 실은 우리의 실책이었습니다. 우리가 미리 계책을 수립했더라면 어찌 갑자기 다른 사람들보다 못하였겠습니까."
하였다. …… (후략)

김취려 묘표(金就礪墓表)[32]

1. 『김취려묘표』

【원문】

高麗光祿大夫守

太師特進開府儀

同三司門下侍郞

平章事上柱國上

將軍判吏部事太

子太傅　贈諡威

烈公**金就礪**之墓

後孫通政大夫守慶州府

尹金致龍歲丁酉改刻

崇禎後三十四年

庚戌九月日外裔

閔公著重按節嶺

---

32) 1670년(현종 11)에 세워진 김취려(金就礪)의 묘표로서, 비문에는 김취려의
외족인 민시중(閔著重, 1625~1677)이 영남(嶺南)을 안찰하던 도중에 황폐해
진 김취려의 묘도(墓道)의 모습을 보고, 12세손인 송라찰방 김정근(金庭謹)과
본현의 현감 강응(姜膺)이 함께 협력하여 봉토(封土)하여 비석을 세웠다는
내용이 담겨 있다. 1717년(숙종 43) 경주부윤으로 있던 김치룡(金致龍)이
다시 세운 것이 오늘에 이르고 있다.

410

南愴憾墓道荒廢

差十二世孫松羅
察訪金庭謹與本
縣縣監姜膺合力
董役封土立石

【번역문】

　김취려(金就礪) 묘비(墓碑)

　고려(高麗) 광록대부(光祿大夫) 수태사(守太師) 특진개부의동삼사(特進開府儀同三司) 문하시랑(門下侍郎) 평장사(平章事) 상주국(上柱國) 상장군(上將軍) 판이부사(判吏部事) 태자태부(太子太傅) 증시위열공(贈諡威烈公) 김취려지묘(金就礪之墓)

　후손 통정대부(通政大夫) 수경주부윤(守慶州府尹) 김치룡(金致龍)이 정유년(1717, 숙종 43)에 다시 글씨를 새겼다.

　숭정(崇禎) 기원후 34년 경술년(1670, 현종 11) 9월 일에 외예(外裔) 민공(閔公) 시중(蓍重)이 영남(嶺南)을 안찰(按察)하게 되었는데, 황폐해진 묘도(墓道)의 모습에 슬픈 감정이 인 나머지 12세손인 송라도찰방(松羅道察訪) 김정근(金庭謹)을 차출한 다음 삼가 본현의 현감(縣監) 강응(姜膺)을 차출 협력하여 감독하고 봉토(封土)하여 비석을 세웠다.

동사회강(東史會綱)[33]

1. 『동사회강』 권지8(상)

【원문】

高宗三年

八月

契丹金山金始兵入邊 以盧元純吳應富**金就礪** 爲三軍兵馬使 禦之.
…… 己巳 以上將軍盧元純爲中軍兵馬使 上將軍吳應夫爲右軍兵馬使
大將軍**金就礪**爲後軍兵馬使 率十三領軍及神騎諸衛兵以禦丹賊.

【번역문】

　고종 3년 8월 거란의 금산(金山), 금시(金始)의 군대가 변경을 침입하였
다. 노원순(盧元純), 오응부(吳應富), 김취려(金就礪)를 3군병마사로 삼
아 방어하게 하였다. …… 기사일에 상장군 노원순을 중군병마사로,
상장군 오응부를 우군병마사로, 대장군 김취려를 후군병마사로 삼아

---

33) 조선 숙종 때의 학자 임상덕(林象德, 1683～1719)이 편찬한 역사책으로,
　　27권 10책으로 구성되어 있다. 임상덕은 당대 거유인 윤증(尹拯)의 문하에서
　　수학하였고 이후 관직에 진출하여 경세(經世)의 뜻을 품고 당시의 제도와
　　시책들을 경장(更張)해야 한다고 주장하여 많은 건의책을 내놓았으며, 위기
　　지학(爲己之學)과 성리학연구에 심혈을 기울였다. 『삼국사기』 『고려사』
　　『여사제강(麗史提綱)』 『동사찬요(東史纂要)』 등 한국 역사책과 한(漢)·당
　　(唐)·송(宋)·명(明) 나라 사서에서 『대명일통지(大明一統志)』에 이르는 방대
　　한 자료를 참고하여 삼국시대와 고려에 관한 역사를 편년체(編年體)로 엮은
　　것이 바로 『동사회강(東史會綱)』이다.

412

13령의 군과 신기 및 제위의 군대를 거느리고 가서 거란적을 방어하게
하였다.

2. 『동사회강』 권지8(상)

【원문】

高宗三年

九月

……

後軍兵馬使金就礪 大破契丹於墨匠之野 契丹遁去.

先時朝廷因中軍使盧元純之請 以承宣車倜爲前軍兵馬使 上將軍宋臣卿
爲左軍兵馬使 以濟西師未至丹兵 自昌州[今寧邊]移屯延州之開平驛 自
晨至暮絡繹不絶 官軍追之 與戰于新里 斬二百級 翼日 又遣兵戰于朝宗
戍斬獲共七百六十餘級 得産蓄兵仗 不可殫記 賊由是不復分兵 聚屯開平
驛三軍 旣至 開平莫敢先進中軍受敵小退 金就礪拔劍策馬 與將軍奇存
靖 直衝賊陣出入奮擊 賊兵潰. 諸軍追過開平驛 賊伏兵邀擊中軍 就礪回
軍擊之 賊又潰. 盧元純夜謂就礪曰 彼衆我寡糧且盡 不如退屯延州 以俟
後便 就礪曰 我軍屢捷 鬪志尙銳 請乘其鋒 一戰而後議之 賊布陣墨匠之
野 軍勢甚盛 元純馳召就礪 且揚黑旗爲信 士卒爭赴 無不一當百 就礪與
文備 橫截賊陣 所向披靡 三合三捷 就礪長子死焉. ……

諸軍還至博州契丹襲輜重金就礪擊却之.

賊旣退三軍自延州回兩軍先還博州 就礪護輜重殿後行 至沙現浦 賊突出
掩擊 就礪告急於兩軍 兩軍不出 就礪力戰却之 卒護輜重而歸 兩軍將士
及諸城父老 皆扣頭曰 今者與强寇角立 而自戰其地 可謂難矣 而開平墨

匠香山林原之役 後軍每爲先鋒 以少擊衆 使我老弱 存其性命 顧無以報
但祝手而已.

【번역문】

(고종 3년 9월) …… 후군병마사 <u>김취려</u>가 묵장(墨匠)의 벌판에서
거란병을 대파하니 거란병이 달아났다. 이에 앞서 조정이 중군사 노원순
의 청에 따라 승선 차척(車侂)을 전군병마사로, 상장군 송신경(宋臣卿)을
좌군병마사로 삼아 서쪽 군사를 돕게 하였다. 아직 거란병이 이르지
않자 창주(昌州)로부터 연주(延州)의 개평역(開平驛)으로 옮겨 주둔하였
다. 새벽부터 날이 저물 때까지 왕래가 끊이지 않으므로 관군이 추격하여
신리(新里)에서 싸워 2백 명의 목을 베었다. 다음날 또 조종수(朝宗戍)에
군사를 보내 7백 80여 명을 사로잡거나 죽였고, 재산과 가축, 병장
등 획득한 것은 이루 다 기록할 수 없었다. 이로부터 적들은 다시 군사를
나누지 못하고 개평역에 모여 주둔하니 삼군이 이미 개평에 이르렀으나
모두 감히 앞으로 나아가지 못하였다. 중군은 앞뒤로 적을 만나 조금
후퇴하였다. <u>김취려</u>가 칼을 뽑아 들고 말을 몰아 장군 기존정과 더불어
적진을 바로 돌파하여 드나들면서 분발하여 격파하니 적병이 궤멸하였
다. 제군(諸軍)이 추격하여 개평역을 지나자 적이 숨어 있다가 중군을
맞아 치니, <u>취려</u>가 군대를 돌려 이를 치니 적이 또 무너졌다. 노원순이
밤에 <u>취려</u>에게 말하기를, "저들은 많고 우리는 적다. 군량 또한 없으니
물러나 연주성에 주둔하여 뒷날의 편의를 기다리는 것만 같지 못할
것이다." 하니, <u>취려</u>가 말하기를, "우리 군이 여러 번 이겨서 투지가
오히려 왕성하니 그 예봉을 이용하여 한 번 싸운 후에 의논합시다."
하였다. 적군이 묵장의 들판에 진을 쳤는데, 그 기세가 매우 강성하였다.

414

원순이 빨리 취려를 불러오고 또 검은 깃발을 날려 신호를 하니 사졸들이 앞다투어 달려가 한 사람이 1백 명을 당해 내지 않는 자가 없었다. 취려가 문비와 더불어 적의 진을 가로 끊으니 가는 곳마다 저들이 쓰러졌다. 세 번 싸워서 모두 이겼지만 취려의 장자가 전사하였다. ……

제군(諸軍)이 돌아가는 길에 박주(博州)에 이르렀는데 거란이 치중(輜重)부대를 습격하여 취려가 이를 격퇴하여 물리쳤다. 적이 이미 물러나 삼군이 연주로부터 회군하였는데, 양군이 먼저 박주에 회군하였다. 취려는 치중(군수품)을 호위하면서 뒤따르던 중 사현포(沙峴浦)에 이르자 갑자기 적이 나타나 앞을 가로막고 공격하였다. 취려가 양군(兩軍)에게 급박하게 보고하였으나 양군은 나타나지 않았다. 취려는 힘을 다해 싸워 적을 물리치고 마침내 치중을 호송하여 돌아왔다. 양군의 장사(將士) 및 제성(諸城)의 부로(父老)들이 모두 머리를 조아리며 말하기를, "이번에 강적과 맞서 이 지역에서 싸우셨는데 실로 이기기 어려운 싸움을 이기신 것입니다. 개평(開平)·묵장(墨匠)·향산(香山)·원림(原林) 등의 전투에서도 후군이 항상 선봉이 되어 소수의 병력으로 많은 적을 격파하여, 이 늙고 어린 백성들의 목숨을 보전하게 하셨으니, 그 은혜를 갚을 길이 없어 축수나 드릴 뿐입니다." 하였다.

3. 『동사회강』 권지8(상)

【원문】

高宗四年

三月

……

五軍大潰于太祖灘.

…… **金就礪**奮劍獨拒 創矢交貫于身 病創而退 大將軍李義儒白守貞將

軍李希柱等戰死 軍士死者 不可勝記. ……

【번역문】

  (고종 4년 3월) 5군이 태조탄(太祖灘)에서 크게 무너졌다. …… <u>김취려</u>

가 칼을 들고 홀로 대항하니 창과 화살이 몸에 가득 맞고 상처를 입고

물러났다. 대장군 이의유(李義儒)·백수정(白守貞), 장군 이희주(李希柱)

등이 전사하였다. 군사들로 죽은 자가 셀 수 없이 많았다.

4. 『동사회강』 권지8(상)

【원문】

高宗四年

五月

契丹陷東州 罷吳應夫 以崔元世代將中軍 **金就礪**將前軍.

庚辰賊陷東州 崔忠獻以賊兵 過東州 勢必南下 五軍逗留不進 徒費粮餉

遂罷應夫以元世代之 以非**就礪**將前軍. **就礪**創未合力疾受命賊兵遏澄

波渡追戰于楮材却走之 又戰于豊壤之橫灘追至楊州之盧元驛斬馘甚多

賊悉棄牛馬衣物而去.

【번역문】

  (고종 4년 5월) 거란이 동주를 함락하였다. 오응부(吳應夫)를 파면하고

최원세(崔元世)에게 그를 대신하여 중군을 지휘하게 하였다. 김취려는 전군(前軍)을 지휘하였다.

경진일에 적이 동주를 함락하였다. 최충헌이 적병이 동주를 지나자 형세가 반드시 남쪽으로 내려올텐데도 5군이 머무른 채 나아가지 않고 오직 군량만 낭비한다고 하였다. 드디어 응부를 파하고 원세로 하여금 그를 대신하게 하고, 취려는 전군을 지휘하게 하였다. 취려는 상처가 아물지 않았으나 병을 무릅쓰고 명령을 받들었다. 적병이 징파도(澄波渡)를 지나자 추격하여 지촌에서 싸워 물러나 달아났다. 또 풍양의 횡탄에서 싸우고 양주의 노원역까지 추격하여 목베어 죽인 것이 매우 많았다. 적들은 우마, 의복 등을 모두 버리고 도망갔다.

5. 『동사회강』 권지8(상)

【원문】

高宗四年

秋七月

崔元世 **金就礪** 大破契丹于堤州.

時元世 **就礪** 躡契丹兵追之忠原兩州間 分軍趣二路. 翌日會于麥谷 與賊戰斬獲三百餘級 迫于堤州之川 流屍蔽川. 越三日 追至朴達峴 任輔亦將兵來會. 元世欲屯嶺下 **就礪** 不可曰 用兵之雖術貴在地利 賊若先據此嶺 猿猱之捷不得過 況於人乎 三軍 遂登嶺而宿 明日賊果進兵于嶺之南 使數萬騎 分登左右 欲爭要害 元世分軍爲左右翼元世 **就礪** 從中鼓之 士皆殊死戰. 三軍望之 亦大呼爭前 賊大潰 老弱男女兵仗輜重狼藉委棄. 賊由是不果南下皆東走 諸軍不急追賊遂踰溟州[江陵]大關嶺三軍追至毛老

院敗之.

【번역문】

(고종 4년 7월) 최원세, 김취려가 제주에서 거란을 크게 격파하였다.

이때 원세, 취려군이 충주와 원주 사이의 거란병을 추격하였다. 군대를 나누어 두 길로 가게 하고 다음날 맥곡(麥谷)에서 모여 적과 싸워 3백여 명을 죽였다. 제주의 냇가까지 달려 나아가니 떠내려가는 시체가 내를 덮었다. 3일이 지나 박달현까지 추격했는데 임보(任輔) 역시 군사를 거느리고 와서 한데 모였다. 원세가 고개 아래에 주둔하고자 하니, 취려가 불가(不可)하다며 말하기를 "병사를 쓰는 기술에는 지리(地利)를 중요하게 여기는데 있다. 적이 만약 먼저 이 고개에 웅거한다면 날쌘 원숭이라도 오르지 못하는데 하물며 사람이겠는가?" 하였다. 3군이 드디어 고개를 올라 유숙하였다. 다음날 적들이 과연 고개의 남쪽으로 진군하여 수만의 기병(騎兵)으로 하여금 좌우로 나누어 올라가게 하여 요해처를 빼앗으려 하였다. 원세는 군대를 좌우익으로 나누고 원세와 취려는 가운데서 북을 치며 기세를 올리니 군사들이 모두 죽기를 무릅쓰고 싸웠다. 3군이 바라보고 또한 큰소리를 지르며 앞을 다투어 쳐들어가니 적들이 크게 무너졌다. 노약한 남녀와 병장(兵仗), 치중(輜重)을 낭자하게 버리고 달아났다. 적이 이로 말미암아 남쪽으로 내려가지 못하고 동쪽으로 달아났으나 제군(諸軍)이 급하지 않게 추격하여 마침내 명주 대관령을 넘었다. 3군이 모로원(毛老院)까지 추격하여 그들을 물리쳤다.

418

6. 『동사회강』 권지8(상)

【원문】

高宗四年

十一月

金就礪有疾 勅還京 契丹兵遂陷預州[今屬永興].

時契丹旣與女眞 連兵長驅復入高和州 會**金就礪**遘疾 將佐請歸就醫藥

就礪曰 寧爲邊城鬼 安能興疾求安於家乎. 旣而疾甚有勅還京 其所留兵

與賊戰于渭州 敗績 賊遂連破寧仁長平等鎭 進陷預州.

【번역문】

　(고종 4년 11월) 김취려가 병이 있자 칙명으로 서울에 돌아왔다. 거란병이 드디어 예주(預州)를 함락하였다[지금은 영흥(永興)에 속한다]. 이때 거란이 여진 군사를 얻어서 다시 멀리 달려 고주(高州), 화주(和州)를 침입하였다. 갑자기 김취려가 병에 걸리니 장군들이 돌아가 치료하라고 하자, 취려가 말하기를, "차라리 변성의 귀신이 될지언정 어찌 집안에서 편안하기를 구하겠는가?" 하였다. 병이 위중해지자 칙령으로 서울로 돌아오게 하였다. 그가 남겨둔 부대는 위주(渭州)에서 적과 싸우다가 패하였고, 적은 드디어 영인(寧仁), 장평(長平) 두 진을 격파하고 나아가 예주(預州)까지 함락하였다.

7. 『동사회강』 권지8(상)

【원문】

高宗五年

秋七月

契丹復大擧入邊　以趙冲爲元帥　**金就礪**爲兵馬使　率諸將禦之.

【번역문】

　(고종 5년 7월) 거란이 다시 변경으로 크게 침입하였다. 조충을 원수로, 김취려를 병마사로 삼아 제장(諸將)을 거느리고 적을 방어하게 하였다.

8. 『동사회강』 권지8(상)

【원문】

高宗六年

春正月

趙冲**金就礪**　會蒙東眞兵　攻契丹于江東城降之　西北邊兵解.

…… 哈眞屢責添兵　諸將皆憚於行　**金就礪**曰　國之利害　正在今日　事不辭難　臣子之職　請自行　冲曰　軍中之事　徒倚公重　公去可乎　**就礪**固請冲許之. **就礪**乃與知兵馬事韓光衍　領十將軍兵及神騎大角內廂精卒往焉. 哈眞使告**就礪**曰　果欲與我結好　當先遙禮蒙古皇帝　次禮萬奴皇帝. **就礪**曰 天無二日　民無二王　天下安有二帝耶　於是　只拜蒙古皇帝. **就礪**長身美鬚髯　哈眞見其狀貌魁偉　又聞其言　大奇之　引與同坐　約爲兄弟. 謂**就礪**曰 吾征伐六國　所見貴人多矣　未有如兄者　重兄之故　視麾下士　亦如一家 居數日　冲亦引兵來哈眞　引坐上座　亦兄事之冲等　亦吐露情款置酒作樂備 得懽心哈眞大悅　約詰旦會 江東城下　去城三百步而止　哈眞自城南門至東 門　鑿池廣深十尺　西門以北　委之完顔子淵　東門以北　委之於冲**就礪**等 皆令鑿隍　以防逃逸　丹兵不敢　出賊被圍　旣久勢益　窮賊魁喊捨王子　自縊

死. 辛巳其將卒男女 並五萬餘人 開門出降 哈眞與冲等 行視投降之狀 王子妻息及僞承相平章以下百餘人 皆斬於陳前 其餘悉寬其死 哈眞曰 我等來自萬里與貴國 合力破賊 千載之幸也 禮當往拜國王 吾軍頗衆 難於遠行 但遣使陳謝耳 哈眞與冲等同盟曰 兩國永爲兄弟 萬世子孫 無相忘也 歸虜俘男女七百口及我國被掠人二百口于我 其餘悉以自隨 贈冲**就礪**等 雜物深厚. 冲以契丹俘虜分送各道州縣擇閑曠地俾之 聚居量給土田業農爲民. 史氏曰 按趙文正文武全才出將入相當遼孽入寇蒙兵壓境之日與**金威烈**同心禦侮從容杯酒却敵如神國家賴安徐熙姜邯贊不得專美於前矣 豈非所謂英雄豪傑間世之人物乎. 李齊賢曰 崔氏父子繼世秉政內擁堅甲以專威權外委羸兵以責攻戰當斯之時欲以有爲其亦難矣 爾乃金宗訖錄遼孽構禍窺我土疆圖爲巢穴遠闘窮寇鋒不可當蒙將壓境徵師討賊順之 則莫委其情逆之 則必生他變安危之 機間不容髮**就礪** 乃能左提右挈 遠交近攻 定宗盟於經綸之始 安邦基於呼吸之間 豈非魁傑才智之臣 而社稷之靈 有以陰相者歟.

【번역문】

　(고종 6년 정월) 조충·김취려가 몽고와 동진의 군대를 모아 강동성에 있는 거란병을 공격하여 항복시키니 서북변의 병사가 느슨해졌다. …… 합진이 여러 번 군사를 더 보낼 것을 요청하였으나 제장(諸將)들이 가기를 꺼려했다. 김취려가 말하기를, "나라의 이해가 바로 오늘에 있으니 일의 어려운 것을 사양하지 않는 것이 신하의 직분이다." 하고, 스스로 가기를 청했다. 조충이 말하기를, "군중의 모든 일을 공에게 의지하고 있는데 당신이 가면 되겠느냐?" 하였다. 조충이 허락하지 않자 굳세게 청하자 허락하였다. 이에 김취려가 지병마 한광연과 함께

열 장군의 군사와 신기, 대각, 내상의 정예병을 이끌고 갔다. 합진이 사신을 시켜 <u>김취려</u>에게 말하기를, "우리와 우호관계를 맺으려면 먼저 마땅히 몽고 황제에게 요배(遙禮)하고, 다음에 만노 황제에게 예를 올리라." 하였다. <u>취려</u>가 말하기를, "하늘에는 두 해가 없고, 백성들에게는 두 왕이 없으니, 천하에 어찌 두 황제가 있겠는가?" 하고, 몽고 황제에게만 절하였다. <u>취려</u>는 장신(長身)에 수염이 아름다웠다. 합진이 그 생김새가 특이한 것을 본 데다 또 그 말을 듣고 매우 기이하게 여겨서 그를 이끌어 함께 앉고는 형제를 맺었다. <u>취려</u>에게 말하기를, "내가 여섯 나라를 정벌하면서 귀인들을 많이 보았지만 형만한 자는 없었다. 형을 중히 여기는 까닭으로 휘하 사졸보기를 역시 한 집안같이 하겠다." 하였다. 며칠이 지나서 조충 역시 군사를 이끌고 합진에게 왔다. 그를 이끌어 상좌에 앉히고 역시 형으로 대접하고, 조충 등도 역시 정다운 마음을 드러냈다. 술자리를 펴고 풍악을 벌여 환심을 얻으니 합진이 크게 기뻐하였다. 이튿날 강동성 밑에서 만나기로 약속하였다. 그리하여 성 밖 3백 보(步) 지점에 이르러 머물렀다. 합진은 강동성 남문에서 동문에 이르기까지 너비와 깊이가 10척(尺)이나 되는 도랑을 팠으며 서문 이북은 완안자연에게 맡기고 동문 이북은 조충, <u>김취려</u>에게 맡겨 각각 참호를 파게 하여 성중에 있는 적이 탈주하지 못하게 하였다. 적이 포위된 지 이미 오래되어 기세가 군색해지자 적의 괴수 감사 왕자(喊捨王子)는 목매어 죽었다. 신사일에 그의 장졸(將卒), 남녀 등 5만여 명이 성문을 열고 나와 항복하였다. 합진이 조충 등과 함께 다니면서 투항하는 상황을 시찰하였다. 왕자의 아내·자식과 가짜 승상, 평장(平章) 이하 1백여 명을 모두 진(陣) 앞에서 처단하였으며 기타의 사람들에 대하여는 관대한 처분으로 죽이지 않았다. 합진이 말하기를, "우리가 만리 밖에서 와서 귀국과 합력하여 적을 격파한 것은 천재(千載)의 다행이라. 예의상 당연히 귀국 왕을 찾아가서 배알하는 것이 응당하나 우리 군대가 대단히 많아서 멀리 행군하기 곤란하므로 사람을 보내 사례만 하겠다.” 하였다. 합진이 조충과 동맹하며 말하기를, “두 나라가 영원히 형제로 되어서 만세(萬世) 자손에 이르기까지 오늘의 맹약을 잊지 말자.” 하였다. 적에게 포로되었던 남녀 7백 구와 우리나라 백성으로 적에게 잡혔었던 2백 구를 우리에게 돌려보내고, 그 나머지는 모두 자기를 따르게 하였다. 조충과 김취려 등에게 잡다한 물품도 후하게 주었다. 조충이 거란 포로를 각도의 주현에 나누어 보내어 빈 땅을 골라 모여 살게 하고, 토지를 나누어 주어 농사를 지으며 백성으로 만들었다.

사신(史臣)이 말하기를, “조문정(趙文正 : 조충의 시호)은 문무의 재능을 겸비하여 나가서는 장수가 되고 들어와서는 재상이 되었는데, 요나라의 잔당이 침입하고 몽고의 군사가 국경을 압박하던 때를 당해서는 김위열(金威烈 : 김취려의 시호)과 더불어 합심하여 적을 방어하고, 조용히 술잔을 들면서도 적을 귀신같이 물리쳐서 국가가 이에 힘입어 안정되었으니, 옛날 서희, 강감찬만이 아름다운 이름을 독점할 수 없을 것이다. 어찌 세상에 드문 영웅호걸이 아니겠는가?” 하였다.

이제현이 말하기를, “최씨 부자가 대를 이어 정권을 잡고 안으로는 강한 군사로 호위하게 하고 정권을 독차지하고, 밖으로는 허약한 군사에게 맡겨 싸우라고 책망하였으니 이런 때를 당해서는 일을 해보려 해도 할 수 없었을 것이다. 이에 금나라의 국운이 다하자 요나라가 화란을 얽어서 우리의 강토를 엿보아 소굴로 만들기를 도모하여 멀리 와서 궁지에 몰려 싸우는 적들의 칼날을 감당할 수 없었고, 몽고의 장수가 국경을 압박하여 군사를 소집하며 적을 토벌할 때, 그것에 따르자니 그들의 사정을 알 수 없었고, 거역하자니 반드시 다른 변고가 생겨 안위의 기미가 터럭 하나라도 용납할 겨를이 없었다. 이에 <u>김취려가</u> 왼손으로 이끌고 오른손으로 붙잡으며 먼 곳은 사귀고 가까운 곳은 공격하여, 경륜(經綸)의 시작에서 종맹(宗盟)을 정하고 위태한 나라의 기반을 편안하게 하였으니, 어찌 생김새가 특이하고 재주와 지략이 있는 신하가 아니겠으며, 사직의 신령이 몰래 도운 것[陰助]이 아니겠는 가?” 하였다.

9. 『동사회강』 권지8(상)

【원문】

高宗七年

二月

韓恂多智等 以義州附東眞 兵馬使金君綏 喩亐哥下誘誅之西賊平.

時朝廷遣**金就礪**率三軍討義州 恂智等遂以淸川江爲界 投附東眞潛引

金元帥亐哥下 令屯義州 自領諸城兵 屯博州相爲聲援 兵馬使金君綏 寄

書亐哥下 開陳本末諭以禍福 責其違盟 背德亐哥下悟乃佯 怒囚君綏之使

者 遣人召恂智等 宴慰酒酣 伏甲擒之 並其黨悉斬之函送其首 朝廷遣使

報謝分配恂智支黨于海島 其餘黨之在邊邑者 頗懷反覆或請**金就礪**進兵

勦滅 **就礪**曰 書云殲厥渠魁 脅從罔治 大軍所臨 如火燎原 無辜受害 況因

丹寇 關東爲墟 今又縱兵 自撤藩籬 可乎 遂遣將巡撫違逆者誅殺之北邊

以安.

流兵馬使金君綏于漢南.

君綏之貽書于哥下也 不先報**金就礪** **就礪**嗛之 乃囚君綏管下 會有與君綏有隙者 因譖君綏於崔瑀**就礪**及又從而毁之瑀 遂流君綏于漢南 時人莫不冤之.

【번역문】

(고종 7년 2월) 한순(韓恂), 다지(多智) 등이 의주(義州)를 들어 동진(東眞)에 귀부하였다. 병마사 김군수(金君綏)가 우가하(亐哥下)를 회유하여 그들을 주살하고 서적(西賊)을 평정하였다.

이때 조정에서 <u>김취려</u>를 파견하여 3군을 거느리고 의주를 토벌하게 하였다. 한순, 다지 등이 드디어 청천강을 경계로 하여 동진에게 투항하여 몰래 금나라 원수 우가하를 끌어들여서 의주에 주둔하게 하고 스스로 여러 성의 군대를 거느리고 박주에 주둔하며 서로 성원하였다. 병마사 김군수가 몰래 우가하에게 편지를 전하여 사건의 본말을 진술하고 화복으로 타이르고 그 맹약을 어긴 것을 책망하였더니, 우가하가 깨닫고 겉으로 노한 척하면서, 군수의 사신을 가두었다. 사람을 보내 한순과 다지 등을 오게 하여 연회를 베풀고 위로하였다. 술이 취하자 복병이 그들을 사로잡았다. 아울러 그 일당도 모두 목베고 그 머리를 함에 담아 보내왔다. 조정에서는 사신을 보내 감사의 뜻을 전하고 한순, 다지 및 그 무리를 해도로 나누어 유배하였다. 그 나머지 일당 중 변읍(邊邑)에 있는 자 중에는 자못 반복(反覆)의 마음을 품고 있었다. 어떤 자가 <u>김취려</u>에게 군사를 보내 완전히 멸할 것을 청하자, <u>취려</u>가 말하기를, "『서전(書傳)』에 이른바 '그 괴수를 섬멸하거든 협박에 의하여 가담한 자는 죄 주지 말라!' 하였다. 대군이 이르는 곳에는 요원의 불길과 같아서 죄 없는 백성들도 재난을 많이 당하고 있거늘, 하물며 거란의 침략으로 인하여 관동(關東) 지방이 폐허로 되었는데 이제 또 우리 군대를 내놓아 나라의 울타리인 변방의 성을 허물어 버리는 것이 옳은 가?” 하였다. 드디어 장수를 보내 순무하고 위역자는 모두 주살하니 북변(北邊)이 안정되었다.

병마사 김군수를 한남(漢南)에 유배하였다.

김군수는 우가하에게 서신을 전했는데, <u>김취려</u>에게 먼저 보고하지 않았다. <u>취려</u>는 이것을 미워하여 군수를 관하(管下)에 가두었다. 때마침 군수와 평소에 사감이 있는 자가 이 기회에 최우(崔瑀)와 <u>김취려</u>에게 참소하였다. 드디어 군수를 한남으로 귀양 보내니 당시 사람들이 이를 억울한 일로 여겼다.

10. 『동사회강』 권지8(상)

【원문】

高宗七年

夏四月

義州復叛 **金就礪**討平之.

義州旣平 **就礪**遣其將宗周賚等 入州安撫 周賚貪婪暴虐 州人怨之 殺周賚遂叛 **就礪**遣人 諭以禍福 繼遣趙廉卿等 將兵臨之 賊黨瓦解 西北遂平.

【번역문】

(고종 7년 4월) 의주에서 다시 반란이 일어나자 <u>김취려</u>로 하여금 토벌하게 하였다.

의주는 이미 취려가 평정하고 종주뢰(宗周賚) 등의 장수를 보내 주에 들어가 안무하게 하였다. 주뢰는 욕심이 많고 포학하여 주민들이 원망하여 주뢰를 죽이고 드디어 반란을 일으켰다. 취려가 사람을 보내 화복(禍福)으로 깨우치고 조염경(趙廉卿) 등을 잇달아 보내 병사를 이끌고 그들을 공격하게 하니, 적당이 와해되고 서북이 드디어 평안해졌다.

11. 『동사회강』 권지8(하)

【원문】

高宗十五年

十二月

以**金就礪**守太尉中書侍郎平章事.

【번역문】

(고종 15년 12월) 김취려를 수태위 중서시랑평장사로 임명하였다.

12. 『동사회강』 권지8(하)

【원문】

高宗二十一年

夏五月

門下侍中**金就礪**卒[諡威烈].

就礪彥陽人 爲人節儉正直 忠義自守. 持軍嚴整 士卒不敢犯秋毫. 有酒卽用一危 與士卒最下者均飮. 故能得其死力. 江東之役事 皆讓於元帥 及其臨陣制敵 多出奇計 以成大功. 然未嘗自矜. 爲相正色率下 人不敢犯 後配

享高宗廟庭. 李氏齊賢曰 觀**就礪**析甘分小 能得死力 令行禁止 莫犯秋毫
可謂有古名將之風矣. 開平之戰 我乃再救中軍 沙峴之役 盧公則不相助
迄無一言以生嫌隙 不伐其勞 歸攻於衆 是則大人君子之用心也. 至於先
詣哈眞 固興國之心 不拜萬奴 明尊王之義. 多智韓恂 既授首矣 斂兵而止
以安邊民 史氏稱其忠義 太常諡以威烈 豈不宜哉.

【번역문】

(고종 21년 5월) 문하시중 김취려가 졸하였다[시호는 위열].

취려는 언양 사람으로 사람됨이 검소하고 정직하며 충의로써 스스로를 지켰다. 군을 지휘할 때는 엄격하여 사졸들이 추호도 잘못을 저지르지 않았다. 술이 있으면 잔을 가져다가 말단의 군인들과 고루 마셨기 때문에 (병사들의) 사력을 얻을 수 있었다. 강동성 싸움의 일은 모두 원수에게 양보하고 전쟁에 나아가 적과 싸울 때에는 신이한 계략을 많이 내놓아 큰 공을 이루었다. 그러나 한번도 스스로 자랑하지 않았고 재상이 되어서는 정직하게 아랫사람을 통솔하여 감히 그를 속이는 자가 없었다. 후에 고종 묘정에 배향되었다.

이제현이 말하기를, "취려를 살펴보건대 단 것을 갈라 먹고 적은 것도 나누어 먹었기에 군사들의 사력을 얻었다. 명령은 바로 시행되고 금하면 하지 않았으며, 터럭 끝 하나도 건드림이 없었으니 참으로 옛 명장(名將)의 위풍이 있다고 할 만하다. 개평(開平)의 전투에서 두 번이나 중군을 구원했는데 사현(沙峴)의 싸움에서 노공(盧公)이 도와주지 않아도 한 마디 틈이 벌어질 말을 하지 않았으니, 이것이 즉 대인(大人), 군자(君子)의 마음씀이다. 심지어 합진에게 먼저 나아가 그 나라의 마음을 굳게 하고, 만노에게 질하지 않음으로써 존왕의 의리를 밝혔다.

다지(多智)와 한순(韓恂)이 이미 참수(斬首)되자 군대를 거두어 더 응징하지 않음으로써 변방의 백성들을 편하게 하였다. 사신이 그 충의를 칭송하고 태상(太常)이 위열(威烈)이라고 시호를 정한 것이 어찌 마땅하지 않겠는가?” 하였다.

성호사설(星湖僿說)[34]

1. 『성호사설』 제20권

【원문】

經史門

東眞

(高宗)五年 蒙古元帥哈眞 率兵一萬 與東眞完顔子淵兵二萬 聲言討契丹 攻和猛順德四城破之. 直指江東 牒元帥府曰 丹兵逃在爾國于今三年 未能掃滅 故遣兵討之 於是 輸米千石送 金良鏡護送兩元帥. 明年 元帥趙冲 兵馬使金就礪 與蒙古東眞合攻 丹賊降之. 哈眞使通使語就礪 果爾結好 當遙拜兩皇帝. 就礪曰 民無二主 拜蒙古而不拜萬奴. ……

以九百餘口 遣冲及就礪 遂分處於各道閒曠地 俗稱契丹場者是也 後連年來聘.

【번역문】

경사문(經史門) 동진(東眞)

---

34) 조선후기의 실학자 성호 이익(李瀷, 1681~1763)이 평소에 기록해 둔 글과 제자들의 질문에 답한 내용을 1740년경에 집안 조카들이 정리하여 30책 30권으로 편찬한 책이다. 책의 내용이 천문·지리·역사·제도·군사·풍속·문학 등 다양한 분야에 걸쳐있어 이익의 실학적인 학풍과 해박한 학식이 집대성되어 있다. 이 사설은 원래 중복이 많고 편질(編帙)이 컸는데, 성호 이익의 제자 안정복이 중요하다고 판단되는 부분을 간추리고 소주(小註)를 달아 약 반쯤 되는 분량으로 『성호사설유선(類選)』을 편찬하였다.

　(고종) 5년에는 몽고(蒙古) 원수(元帥) 합진(哈眞)이 군사 1만 명을 거느리고 동진(東眞) 완안자연(完顔子淵)의 군사 2만 명과 함께 거란을 친다고 선언한 다음, 화주(和州)·맹주(猛州)·순주(順州)·덕주(德州) 네 성을 격파하였다. 그리고 바로 강동(江東)을 가리키면서 원수부(元帥府)에 통첩하기를, "거란 군사가 너의 나라로 도망친 지 3년이 되어도 섬멸시키지 못하므로 군사를 보내어 토벌하도록 한다." 하였다. 이렇게 선포하므로 고려는, 쌀 1천 석을 수송해 주고 김양경(金良鏡)을 보내서 두 원수(元帥)를 호송하였다. 이듬해에는 원수(元帥) 조충(趙冲)과 병마사(兵馬使) 김취려(金就礪) 등이 몽고·동진 군사와 합세하여 공격하니 거란이 항복하였다. 합진은 통사(通使)를 시켜 취려에게 "과연 네가 우리들과 화친을 맺으려면 몽고와 금의 두 황제(皇帝)를 향해 멀리 절을 해야 할 것이다." 하였다. 취려는 대답하기를, "백성에게는 두 임금이 없는 것이다." 하고 몽고에게만 절을 하고 만노에게는 절을 하지 않았다. ……

　그 중의 9백여 명은 조충과 김취려에게 보내주었으므로 드디어 각 도의 빈 땅에 분산시켜 살도록 했는데, 속칭 '거란장(契丹場)'이란 말이 바로 이것이었다. 이후로는 해마다 그들의 사신(使臣)이 오게 되었다.

2. 『성호사설』 제20권

【원문】

遼金元

…… 後契丹遺種金山金始二王子脅河朔民　自稱大遼收國王　建元天成 爲蒙古所敗　席卷而東　我將趙冲**金就礪**等　與蒙古及東眞兵擊之三年而

僅滅也. ……

【번역문】

요·금·원(遼金元)

…… 그 후에 거란의 후예 금산(金山)·금시(金始) 두 왕자(王子)가 하삭(河朔) 백성을 위협하고 자칭 대요수국왕(大遼收國王)이라 하여 천성(天成)이라는 연호까지 세웠으나 몽고(蒙古)에 패망되고 말았다. 이때 우리나라 장수 조충(趙冲), <u>김취려(金就礪)</u> 등이 몽고·동진(東眞) 두 나라 군사와 함께 공격하여 3년 만에 겨우 섬멸시켰다. ……

3. 『성호사설』 제20권

【원문】

前代君臣祠

麻田郡崇義殿 祀高麗太祖惠宗成宗顯宗文宗元宗忠烈王恭愍王八君 後以過於宗廟五室之制 去惠成烈愍 只祀四世以十六臣從祀 卜智謙洪儒申崇謙庾黔弼裵玄慶徐熙姜邯賛尹瓘金富軾**金就礪**趙冲金方慶安祐李芳實金得培鄭夢周是也. ……

【번역문】

전대군신사(前代君臣祠)

마전군(麻田郡) 숭의전(崇義殿)에는 고려의 태조(太祖)·혜종(惠宗)·성종·현종(顯宗)·문종(文宗)·원종(元宗)·충렬왕(忠烈王)·공민왕(恭愍王) 여덟 임금을 제사하였었는데, 그 뒤에 종묘(宗廟)의 오실(五室) 제도를 넘었다 해서 혜종·성종·충렬왕·공민왕을 제외하고 다시 4세(四世)만을 제사하고 열여섯 명의 신하를 배향시켰으니, 복지겸(卜智謙)·홍유(洪儒)·신숭겸(申崇謙)·유검필(庾黔弼)·배현경(裵玄慶)·서희(徐熙)·강감찬(姜邯贊)·윤관(尹瓘)·김부식(金富軾)·김취려(金就礪)·조충(趙冲)·김방경(金方慶)·안우(安祐)·이방실(李芳實)·김득배(金得培)·정몽주(鄭夢周) 등이었다. ……

여지도서(輿地圖書)[35]

1. 『여지도서』, 경기도, 마전군읍지, 단묘(壇廟)

【원문】

崇義殿[在郡西五里○嘉靖癸卯六月麻田郡守　朴世茂記曰高麗之季天命已去人心已離我　太祖康獻大王應天順人化家爲國之元年卽念松京王氏不祀忽諸乃　命禮曹立廟於麻田縣西五里之地仰巖寺之址給祭田十二結守僕六戶祀太祖神聖王惠宗義恭王成宗文懿王顯宗元文王文宗仁孝王元宗順孝王忠烈王恭愍王我　世宗七年有司言　國家宗廟尙且只祭五室而前朝之乃至八位未合於禮於是廣收群議只留太祖顯宗文宗元宗每歲春秋傳　香祝幣使畿甸列邑貢其祭物　遣使致祭我　文宗二年始　命求王氏之後於民間得循禮於公州封爲崇義殿副使章服如當代宗室朝于　王京位在三公之上而不臣之又賜田宅藏獲俾立門戶以主先祀仍命其廟曰崇義殿以武恭公　卜智謙　忠烈公　洪儒　壯節公　申崇謙　忠節公　庾黔弼　武烈公　饗玄慶　章威公　徐熙　仁憲公　姜邯贊　文肅公　尹瓘　文烈公　金富軾　**威烈公 金就礪**　文正公　趙冲　忠烈公　金方慶　平章事　安祐　樞密副使　李芳實　政堂文學　金得培　文忠公　鄭夢周配享]

---

35) 조선후기에 8도 각읍에서 편찬한 읍지(邑誌)를 모아 책으로 엮은 전국의 읍지이다. 1757년(영조 33)부터 1765년(영조 41)까지 펴낸 것을 합한 것으로, 총 55권이다. 이 책은 간행된 지 270여 년이나 된 『신증동국여지승람(新增東國輿地勝覽)』을 다시 고치고 그동안 달라진 내용을 싣기 위해서 편찬되었으며, 1757년 홍양한(洪良漢)의 건의로 왕명에 따라 홍문관에서 각읍의 읍지를 수집하여 간행하였다.

【번역문】

숭의전(崇義殿) [군 서쪽 5리에 있는데, 본조 태조 원년(1392)에 예조에 명하여 마전현에 사당을 짓고, 고려 태조(太祖)·혜종(惠宗)·성종(成宗)·현종(顯宗)·문종(文宗)·원종(元宗)·충렬왕(忠烈王)·공민왕(恭愍王)을 제사하게 하고 제전(祭田)을 주었다. 세종(世宗) 7년(1425)에 유사(有司)에서 말하기를, "나라의 종묘(宗廟)에도 다만 오실(五室)을 제사하는데, 전조(前朝)의 사당은 8위(八位)를 제사하니, 예에 맞지 않는다." 하였다. 이에 태조·현종·문종·원종만 남겨놓고, 봄·가을 이중삭(二仲朔)에 향과 축문을 보내 제사했다. 문종(文宗) 2년(1452)에 고려의 후손 왕순례(王循禮)를 찾아서 그 제사를 맡아 지내게 하고, 그 사당 이름을 숭의전이라 하여 왕순례를 부사(副使)로 삼았다. 복지겸(卜智謙)·홍유(洪儒)·신숭겸(申崇謙)·유금필(庾黔弼)·배현경(裵玄慶)·서희(徐熙)·강감찬(姜邯贊)·윤관(尹瓘)·김부식(金富軾)·<u>김취려(金就礪)</u>·조충(趙冲)·김방경(金方慶)·안우(安祐)·이방실(李芳實)·김득배(金得培)·정몽주(鄭夢周) 등을 배향했다].

2. 『여지도서』, 충청도, 제천, 산천

【원문】

…… 朴達山[在縣西三十五里舟遊山之南幹也 卽高麗**金就礪**扼丹賊之處所也] ……

【번역문】

…… 박달산[현의 서쪽 35리 주류산의 남쪽 끝에 있다. 곧 고려 <u>김취려</u>

가 거란적을 눌러 이긴 뜻깊은 곳이다]. ……

3. 『여지도서』, 평안도, 영변, 역원(驛院)

【원문】

……　開平驛[在府北一百里高麗高宗三年金山兵屯延州開平驛諸軍莫敢前**金就礪**拔劍策馬與將軍奇存靖直衝賊圍出入奮擊賊兵潰.　追至開平驛賊設伏驛北急擊中軍　**就礪**四軍擊之又潰] ……

【번역문】

　…… 개평역(開平驛)[부의 북쪽 1백 리에 있다. 고려 고종 3년에 금산(金山)의 병(兵)이 연주(延州)의 개평역에 머물러 이어 여러 군대가 앞으로 나아가지 못하니, 김취려(金就礪)가 검을 빼어 들고 말에 채찍질하여 장군 기존정(奇存靖)과 함께 적의 포위를 뚫고 드나들면서 용감히 공격하였으므로 적병이 무너졌다. 추격하여 개평역에 이르니 적이 역 북쪽에 복병을 두었다가 갑자기 중군을 공격하였으나, 취려와 사군(四軍)이 이를 공격하니 적군이 다시 무너졌다]. ……

4. 『여지도서』, 평안도, 자산, 고적

【원문】

泥城[舊址在府南三十里　石築周一千二百五十尺　麗朝**金就礪**趙冲討契丹時駐兵處] ……

【번역문】

이성[옛터는 부의 남쪽 30리에 있고 석축의 둘레가 1천 2백 50척이며 고려 <u>김취려</u>·조충이 거란을 토벌할 때에 군사가 주둔한 곳이다]. ……

5.『여지도서』, 평안도, 강동, 고적

【원문】

古邑城在縣西二十里西江東岸 土築周五千七百五十九尺 內有一井 高麗 高宗三年 契丹遺種金山 金始二王子 自稱大遼收國王席卷而東入保江東 城 蒙古將哈眞及札喇 與東眞萬奴所見完顔子淵兵來討 會天大雪 餉道不 繼 哈眞患之 使人請兵糧 王遣趙沖**金就礪** 領十將軍兵及神騎大角內箱 精卒 往會城下 哈眞自城南門至東南門 鑿池廣深十尺 西門以北委之完顔 子淵 東門以北委之**金就礪** 皆令鑿隍以防迸逸 賊魁撼捨王子 自縊死 其 官人軍卒婦女五萬人 開城門出降 王子妻息及僞承相平章以下百餘人 皆 斬於軍前 哈眞以婦女童男七百口及吾民爲賊虜掠者二百口歸于我 其餘 悉令自隨而還今有城址

【번역문】

고읍성(古邑城)은 현의 서쪽 20리 서강 동안(東岸)에 있다. 토축(土築) 으로 둘레는 5천 7백 59척이며 안에 우물 둘이 있다. 고려 고종(高宗) 3년에 거란(契丹) 유종(遺種)인 금산(金山)과 금시(金始) 두 왕자가 스스 로 대요수국(大遼收國) 왕이라 일컫고 석권하여 동쪽으로 강동성(江東 城)에 들어와 점령하고 있었다. 몽고 장수 합진(哈眞)과 찰라(札刺)가 동진(東眞) 만노(萬奴)가 보낸 완안자연(完顔子淵)의 군사와 같이 와서 토벌하였다. 때마침 큰눈이 내려 식량 보급로가 이어지지 않았다. 합진이 걱정하여 사람을 시켜 군량을 청하였다. 왕(王)이 조충(趙冲)과 <u>김취려(金就礪)</u>를 보내어 열 장군의 군사와 신기(神騎)·대각(大角)·내상(內廂)의 정졸(精卒)을 영솔하고 가서 성 아래서 만났다. 합진은 성의 남문(南門)에서 동남문(東南門)에 이르기까지 못을 파 깊이와 넓이가 10자씩 되었다. 서문(西門) 이북은 완안자연에게 맡기고 동문(東門) 이북은 <u>김취려</u>에게 맡겨 모두 해자를 파서 도망하는 것을 막았다. 적(賊)의 괴수 감사 왕자(撼捨王子)는 스스로 목매어 죽고 그 관인(官人) 군졸(軍卒) 부녀 5만 명이 성문을 열고 나와 항복하였다. 왕자(王子)의 처자식과 가짜 승상(承相) 평장(平章) 이하 1백여 명은 모두 군전(軍前)에서 베어 죽이고, 합진이 부녀 동남(婦女童男) 7백 명과 우리 백성으로 포로가 되었던 사람 2백 명은 우리에게 돌려주고, 나머지는 모두 자기를 따르게 하고 돌아갔다.

6. 『여지도서』, 경상도, 언양, 산천

【원문】

…… 松洞[在縣北二里花藏山東麓也. **金就礪**少遊之地手種松至今猶在 或云墓在洞內今無所考新增萬曆戊寅西川君 鄭崐壽以**威烈**外裔求得墓 地於洞之西麓封土立石] ……

【번역문】

…… 송동(松洞)[현의 북쪽으로 2리 화장산 동쪽 기슭에 있다. <u>김취려(金就礪)</u>가 어릴 때 놀던 곳으로, 손수 심은 소나무가 지금도 있으며,

혹은 무덤이 마을(송동)의 안에 있다고도 하지만 지금은 알 길이 없다. 1578년(선조 11) <u>위열공</u>의 외손인 정곤수가 송동의 서쪽 기슭에 묘지를 찾아내어 봉분하고 비를 세웠다]. ……

7. 『여지도서』, 경상도, 언양, 봉묘(塚墓)

【원문】

高麗 侍中 威烈公 **金就礪**墓[在縣北花藏山東麓] 本朝贈大司馬 貞武公 崔震立墓[在縣北二十里烏池淵洞]

【번역문】

고려 시중 위열공 <u>김취려</u>묘[현의 북쪽 화장산 동쪽 기슭에 있다]. 본조 증대사마 정무공 최진립묘[현의 북쪽 20리 오지연동에 있다].

동사강목(東史綱目)[36]

1. 『동사강목』 범례(凡例) – 인사(人事)

【원문】

諸例皆從本例 而卒死例 宰相雖悉書 末世宰相甚繁 不可悉書 故其事蹟
可見者書卒 其餘多略之 …… 一. 賢臣事蹟本末 鄕貫世系 收入於書卒之
下 言行可敬者 雖略必書 事業之已見於上者 不再錄小人亦箸其行事 以
存鑑戒[事業關國家興衰者 旁搜蒐輯 雖多不厥 如金庾信徐熙尹瓘趙沖
金就礪金方慶三元帥 及牧圉之類 但只致力文翰而已者 略書大槩 如李
奎報之類]

【번역문】

　모든 예는 다 본례를 따랐으며, '졸하였다[卒]' '죽었다[死]'의 예는

---

36) 조선후기 순암(順菴) 안정복(安鼎福)이 고조선으로부터 고려 말까지의 역사
　　를 기록한 책이다. 1756년(영조 32)에 초고를 준비한 후 22년 후인 1778년(정
　　조 2)에 완성하였다. 중국 송나라 주자(朱子)의 『통감강목(通鑑綱目)』의 체제
　　에 따라 강목체·편년체로 서술되었다. 『동사강목』의 특징은 기자조선, 마한,
　　통일신라, 고려만을 정통국가로 본 점과 이민족과 싸운 고구려의 을지문덕
　　과 연개소문, 고려의 서희와 윤관, 김취려 등 명장(名將)의 사실을 상세하게
　　기술한 반면, 중국에 내부(來附)한 장수들에 대해서는 낮게 평가한 점,
　　춘추사관(春秋史觀)적 관점이 반영된 점 등이다. 『삼국사기』·『고려사』·『해
　　동제국기』 등 43종과 『사기』·『한서』 등 중국서적 17종의 광범위한 자료들을
　　참고·비교·검토하는 고증학적 연구방법을 사용하였고, 기왕에 연구된 한국
　　사론을 모두 수렴하여 편찬하였기 때문에 조선시대 대표적인 역사서로
　　평가받고 있다.

440

재상의 경우에 다 썼으나, 말세의 재상은 매우 번다하여 다 쓸 수 없으므로 사적이 볼만한 자는 '졸하였다'라 쓰고, 그 나머지는 많이 생략하였다. …… 1. 현신은, '졸하였다'고 쓴 아래에 사적의 본말과 관향(貫鄕)·세계(世系)를 수록하고, 언행이 존경할 만한 것은 간략해도 반드시 적되, 사업이 이미 위에 나타났을 경우에는 두 번 기록하지 않았으며, 소인도 역시 그 행사를 드러내서 감계(鑑戒)가 되게 하였다[그들의 사업으로서 국가의 흥망에 관계된 것들은 널리 수집하여서 기사가 많아도 다 적었으니, 김유신(金庾信)·서희(徐熙)·윤관(尹瓘)·조충(趙沖)·<u>김취려(金就礪)</u>·김방경(金方慶)과 세 원수(元帥) 및 목은(牧隱)·포은(圃隱)의 류이다. 문한(文翰)에만 진력했을 뿐이면 그 대개를 간략하게 썼으니, 이규보(李奎報)의 류이다].

2. 『동사강목』 제9상, 계사년 명종 3년(송 효종 건도 9/ 금 세종 대정 13/ 1173)

【원문】

富之子**就礪**再世爲首相 其後多顯達 世以爲陰德

【번역문】

김부(金富)의 아들 <u>취려(就礪)</u>와 손자 전(佺)은 2대에 걸쳐 수상(首相)이 되었고, 그 후손들 중에는 현달(顯達)한 자들이 많이 나와 세상에서는 음덕(陰德)이라고 여겼다.

3. 『동사강목』 제10상, 병자년 고종 3년(송 영종 가정 9/ 금 선종 정우 4/ 몽고 태조 11/ 1216)

【원문】

高宗三年

八月

以盧元純吳應夫**金就礪** 爲三軍兵馬使 禦契丹.

【번역문】

고종 3년 8월

노원순(盧元純)·오응부(吳應夫)·김취려(金就礪)를 삼군(三軍)의 병마사(兵馬使)로 삼아 거란을 방어하였다.

4. 『동사강목』 제10상, 병자년 고종 3년(송 영종 가정 9/ 금 선종 정우 4/ 몽고 태조 11/ 1216)

【원문】

九月

後軍兵馬使**金就礪** 大破契丹于墨匠之野 契丹遁去.

三軍旣至開平 莫敢先進 右軍據西山之麓 中軍受敵于野 小退屯獨山 **金就礪**拔劍策馬 與將軍奇存靖 直衝賊陣出入奮擊 賊兵潰. 追至開平驛 賊設伏驛北 急擊中軍 **就礪**回擊之 賊又潰. 盧元純曰 彼衆我寡右軍又不至 始賚三日糧今已盡 不如退據延州城 以俟後便. **就礪**曰 我軍屢捷鬪志尙銳 請乘其鋒一戰而後議之. 賊布陣墨匠之野 軍勢甚盛 元純馳召**就礪** 且揚黑幟爲信 士卒冒白刃爭赴 無不一當百. **就礪**與朴文備 橫截賊陣

所向披靡 三合三克 **就礪**長子死焉. 賊奔入香山[妙香山 在今寧邊府東百三十里] 三軍追擊 斬獲二千四百餘人 溺死南江者 亦以千數. 餘衆夜遁昌州 婦兒遺棄路旁號哭聲 如萬牛之吼. 有一人棄兵 置前請曰 我等擾貴國邊疆 固有罪矣 婦女何知 請無庸盡殺 我則剋日自返矣 **就礪**與之酒 快飮而去.

【번역문】

9월

후군병마사 김취려(金就礪)가 묵장(墨匠)의 들에서 거란을 대파(大破)하니, 거란이 도망갔다.

삼군이 이미 개평역에 당도하였으나 감히 먼저 진격하지 못하여, 우군(右軍)은 서산(西山) 기슭에 웅거하고, 중군(中軍)은 묵장의 들에서 적군을 맞아 약간 후퇴하여 독산(獨山)에 주둔했는데, 김취려가 칼을 빼어 들고 말을 채찍질하여 장군 기존정(奇存靖)과 더불어 곧바로 적진을 치고 들어가 분격하니, 적군이 궤멸하였다. 추격하여 개평역에 이르렀을 때 도적이 설치해둔 역 북쪽의 복병이 중군을 갑자기 쳤으나, 취려가 이를 반격하여 또 궤멸시켰다. 노원순이 말하기를, "저들은 많고 우리는 적은데다 우군(右軍)마저 오지 않고, 당초에 가지고 온 사흘 동안의 양식도 지금은 이미 다 떨어졌으니 후퇴해서 연주성에 웅거하여 뒷날을 기다리는 것이 편의하다." 하니, 취려가 말하기를, "우리의 군사가 여러 번 승첩하여 투지(鬪志)가 아직 왕성하니, 그 예봉(銳鋒)을 타서 한번 싸운 뒤에 의논하자." 하였다. 묵장의 들에 포진한 적의 위세가 심히 성했는데 원순이 취려를 급히 부르며 검은 깃발을 흔들어 신호하니, 사졸들이 번쩍이는 칼날을 무릅쓰고 다투어 달려들어 한 사람이 1백 명을 감당하지 않은 자가 없었다. 취려는 박문비(朴文備)와 더불어 적진을 가로막아 끊으니 향하는 곳마다 바람에 초목이 쓸리듯 하여 세 번 싸워 세 번 다 이겼는데, 취려의 장자(長子)가 전사하였다. 적들이 향산(香山)[묘향산(妙香山)으로 지금의 영변부 동쪽 1백 30리에 있다]으로 도망하여, 들어가자 삼군이 추격하여 2천 4백여 명을 참획하였고, 남강(南江)에 빠져 죽은 자가 1천여 명이 되었다. 남은 무리들은 밤에 창주로 도망쳤는데 길가에 버려진 여자들과 어린아이의 울음소리는 1만 마리의 소가 울어대는 것 같았다. 낙오된 적병 한 사람이 앞으로 나와서 청하기를, "우리들이 귀국의 변방을 소란하게 한 것은 실로 죄가 있지만 부녀자가 무엇을 알겠습니까? 제발 다 죽이지는 마소서. 저희들은 날을 정하여 스스로 돌아가겠습니다." 하였다. 취려가 술을 주니, 흔쾌히 마시고 떠나갔다. 삼군이 각기 2천 명을 보내어 적을 추격하게 했는데 적들이 버린 양식과 병기·우마가 헤아릴 수 없었다. 추격하던 군사는 또 청새진(淸塞鎭)에서 싸워 많은 적을 생포하거나 사살하니, 적은 드디어 청새진을 넘어 도망쳤다. 혹은 말하기를, "향산(香山) 싸움에서 적장(賊將) 아아(鵝兒)·걸노(乞奴) 등이 모두 죽고 금산(金山)이 직접 그 무리들을 영솔하였다." 하였다.

5.『동사강목』제10상, 정축년 고종 4년(송 영종 가정 10/ 금 선종 흥정(興定) 원년/ 몽고 태조 12/ 1217)

【원문】

高宗四年

三月

契丹復入 五軍潰于太祖灘.

……

賊乘勝馳突 **金就礪**與文備等 逆擊之 **就礪**奮劍獨拒 鎗矢交貫於身 病創
而退 大將軍李義儒白守貞將軍李希柱等戰死 軍士死者 不可勝記. ……

【번역문】

3월

거란군이 다시 들어오니, 오군(五軍)이 태조탄(太祖灘)에서 궤멸하였
다. ……

적들이 이긴 기세를 타고 마구 돌진하니, 김취려가 문비(文備) 등과
더불어 반격하였는데, 취려가 칼을 휘두르며 홀로 항거하다가 전신에
창과 화살을 맞아 상처를 입고 돌아왔으며, 대장군 이의유(李義儒)·백수
정(白守貞)과 장군 이희주(李希柱) 등이 전사하고 죽은 군사의 수는
다 기록할 수 없었다. 치중(輜重)과 식량·병기를 모두 약탈당하고, 방보와
충 등이 도망쳐 서울로 돌아왔다. 추격하던 적병들이 선의문(宣義門)에
이르러 황교(黃橋)를 불지르고 물러가니 조야(朝野)가 크게 진동하였다.

6. 『동사강목』 제10상, 정축년 고종 4년(송 영종 가정 10/ 금 선종 흥정(興定) 원년/ 몽고 태조 12/ 1217)

【원문】

高宗四年

五月

契丹陷東州 罷吳應夫 以崔元世代將中軍 以**金就礪**爲前軍兵馬使.

【번역문】

5월

거란이 동주(東州)를 함락하므로, 오응부를 파면하고 최원세로 대신하여 중군을 거느리게 하였으며, 김취려를 전군병마사로 삼았다.

7. 『동사강목』 제10상, 정축년 고종 4년(송 영종 가정 10/ 금 선종 흥정(興定) 원년/ 몽고 태조 12/ 1217)

【원문】

高宗四年

秋七月

崔元世**金就礪** 大破契丹于堤州 契丹遁入女眞. 中軍前軍追賊 至黃驪縣 法泉寺 移次禿坫 元世曰 明日之路有二歧 吾行如何則可 **就礪**曰 分軍掎角 不亦可乎. 翌日會于麥谷 與賊戰斬獲三百餘級 迫于堤州[今堤川]之川 流屍蔽川而下. 月三日 追至朴達峴[在今堤川縣西三十五里] 任輔亦將兵來會. 元世以嶺上非大軍所止 欲退屯山下 **就礪**曰 用兵雖貴人和 地利亦不可輕 賊若先據此嶺 我不得過 官軍遂登嶺而宿. 質明 賊果進軍于嶺之南 先使數萬人 分登左右峯 欲爭要害. **就礪**使將軍申德威李克仁當左 崔俊文周公裔當右 **就礪**從中鼓之 士皆殊死戰. 中軍望之 亦大呼爭前 賊大潰 老弱男女兵仗輜重狼藉委棄. 賊由是不果南下皆東走 追至溟州[江陵]大關嶺[在今府西四十五里] 將卒怯弱退屯 旬日乃進 賊已踰嶺矣. 中軍左軍前軍 復追至毛老院[毛老峴在今江陵府西百二十五里]敗之. 賊圍溟州 右軍又來追之 至于登州敗績 陣主吳守貞死. 賊趨咸州 遂入女眞境 官軍退縮 莫有追躡者.

446

【번역문】

추7월

최원세·김취려가 거란을 제주(堤州)에서 크게 격파하니, 거란이 여진으로 도망쳐 들어갔다. 중군과 전군이 도적들을 추격하여 황려현(黃驪縣) 법천사(法泉寺)에 이르렀다가 독점(禿坫)으로 자리를 옮겨 진을 치고 원세가 말하기를, “내일 갈 길은 두 갈래가 있는데 나는 어느 길로 행군해야 옳겠는가?” 하니, 취려가 말하기를, “군사를 나누어 앞뒤에서 몰아치는 것이 옳지 않겠는가?” 하고, 다음날 맥곡(麥谷)에서 만나 적과 싸워 3백여 급을 베고, 제주(堤州)[지금의 제천]의 냇가에 이르니, 떠내려가는 시체가 냇물을 뒤덮었다. 3일이 지나 박달현(朴達峴)[지금의 제천현 서쪽 35리에 있다]에 이르렀을 때 임보(任輔) 또한 군사를 거느리고 와서 합세하였다. 원세가 고개 위에는 대군이 머물 곳이 아니라 하여 산 밑으로 후퇴하여 둔치려고 하니, 취려가 말하기를, “용병(用兵)은 비록 인화(人和)가 귀중하나, 지리(地利)도 경시해서는 안된다. 적이 만일 먼저 이 산마루에 웅거하면 우리는 지나갈 수가 없다.” 하여, 관군은 드디어 산마루로 올라가서 밤을 새웠다. 질명(質明 : 날이 샐 무렵)에 적이 과연 산마루 남쪽으로 진군하여 먼저 수만 명으로 하여금 좌우의 산봉우리로 나누어 올라가게 하여 요해처를 쟁취하려 하였다. 취려가 장군 신덕위(申德威)·이극인(李克仁)으로 하여금 왼편을 맡게 하고, 최준문(崔俊文)·주공예(周公裔)로 오른편을 맡게 하고, 취려는 가운데에서 북을 쳐서 격려하니 군사가 모두 죽을 힘을 다해 싸웠다. 중군이 이것을 바라보고 또한 크게 외치며 다투어 전진하니, 적이 크게 패하여 버리고 간 노약(老弱)한 남녀와 병기·치중(輜重)이 낭자하였다. 적은 이로 말미암아 끝내 남하하지 못하고 모두 동쪽으로 달아나므로 이를 추격하여 명주(溟洲)[지금의 강릉(江陵)] 대관령(大關嶺)[지금의 강릉부 서쪽 45리에 있다]에 이르렀으나, 장수와 사졸들이 겁을 먹고 후퇴하여 주둔하였다가 10일 만에 진군하니 적은 이미 대관령을 넘어간 후였다. 중군·좌군·전군이 다시 추격하여 모로원(毛老院)[모로현(毛老峴)은 지금의 강릉부 서쪽 1백 25리에 있다]에 이르러 이를 패배시켰다. 적이 명주를 포위하므로 우군이 또 와서 이를 추격하다가 등주(登州)에 이르러 패적하였는데, 진주(陣主) 오수정(吳守貞)이 전사하였다. 적은 함주(咸州)를 거쳐 드디어 여진 지경으로 들어가고 관군도 움츠리고 물러서서 추격하는 자가 없었다.

8. 『동사강목』 제10상, 정축년 고종 4년(송 영종 가정 10/ 금 선종 흥정(興定) 원년/ 몽고 태조 12/ 1217)

【원문】

高宗四年

十一月

金**就礪**有疾 勅還京 契丹遂陷預州.

契丹旣得女眞 兵勢復振 長驅而來屯咸州 與我比境 鷄犬之聲相聞. **就礪**在定州 築鹿角垣 三周其隍 留李克仁等四將守之 移據興元鎭. **就礪**回軍遇賊於預州[今屬定平]桂川 交綏而退 忽遘疾. 將佐請歸就醫藥 **就礪**曰 寧爲邊城鬼 豈可求安於家乎. 疾甚 勅歸京理疾 以肩輿至京 累月乃瘳. **就礪**所留兵 與賊戰于渭州 敗績未幾陷預州.

【번역문】

11월

448

김취려가 병이 나니 왕명으로 서울로 돌아오게 했는데, 거란이 예주(預州)를 함락하였다.

거란은 이미 여진을 얻어 병세(兵勢)를 다시 떨치다 세차게 몰아 들어와서 함주에 주둔하여 아군과 경계를 맞대니, 닭우는 소리와 개짖는 소리가 서로 들리었다. 취려가 정주에 있을 때 사슴뿔 모양의 울타리[鹿角垣]를 쌓고 그 주위에 3겹으로 참호(塹壕)를 파서 이극인(李克仁) 등 네 장수를 머물러 지키게 하고는, 흥원진(興元鎭)으로 이동하여 웅거하였다. 취려가 회군(回軍)하다가 예주[지금은 정평(定平)에 소속되었다] 생천(栍川)에서 적을 만났으나, 싸우지 않고 서로 후퇴하였는데, 갑자기 병을 얻었다. 장수와 막료들이 집으로 돌아가 요양하기를 청하니, 취려는 말하기를, "차라리 변성(邊城)의 귀신이 될지언정 어찌 집에 가서 편안하기를 구하겠는가?" 하였다. 병이 심해지자 왕명으로 서울로 돌아와 병을 다스리게 하였는데 가마로 서울에 와서 여러 달 만에 병이 나았다. 남아 있던 취려의 군사가 위주(渭州)에서 적과 싸워 패하니, 얼마 안 되어 예주가 함락되었다.

9. 『동사강목』 제10상, 무인년 고종 5년(송 영종 가정 11/ 금 선종 흥정 2/ 몽고 태조 13/ 1218)

【원문】

高宗五年

秋七月

契丹復大擧入邊 以趙冲爲元帥 **金就礪**爲兵馬使 帥諸將禦之.

時賊日熾 不能制 復遣冲等 王親授鉞送之 初冲恨敗軍 作詩見勵 [詩曰

萬里霜蹄容一蹶 悲鳴不覺換時節 儻敎造父更加鞭 踏躪沙場摧古月] 至
是部伍整齊 號令嚴明 秋毫不犯 諸將莫敢以書生易之 冲**就礪**率鄭通寶
吳壽祺申胄宣李霖前左右後四軍 道長湍至洞州[今瑞興縣] 遇賊敗之 進
次成州[今成川] 以待諸道兵.

【번역문】

추7월

거란이 다시 크게 일어나 변방을 침입하니, 조충을 원수로, <u>김취려</u>를
병마사로 삼아 모든 장수를 거느리고 이를 방어하게 하였다.

이때에 적이 날로 치열하여 제어할 수 없으므로 다시 조충 등을
보냈는데, 왕이 친히 부월(鈇鉞)을 주어 전송하였다. 처음에 충이 패군(敗
軍)한 것을 한탄하여 시(詩)를 지어 스스로 분려하였다. [시에 이르기를,
"만 리를 달리던 준마의 단 한 번 실수로(萬里霜蹄容一蹶) / 비명 소리에
시절이 바뀐 줄 몰랐네(悲鳴不覺換時節) / 혹 조보(造父, 옛날 말 잘타던
사람의 이름)로 하여금 채찍을 가하게 하면(儻敎造父要加鞭) / 백사장
짓이겨 밟으며 오랑캐를 꺾으리라(踏躪沙場摧古月)" 하였다.]

그러나 이때에 이르러서는 부오(部伍)가 정제하고 호령이 엄명하여
조금도 범하지 못할 만하니, 모든 장수도 감히 서생(書生)이라 하여
얕잡아보지 못하였다. 충과 <u>취려와</u> 정통보(鄭通寶)·오수기(吳壽祺)·신
주선(申胄宣)·이임(李霖)이 전군·좌군·우군·후군의 4군을 인솔하고 장
단(長湍)을 거쳐 동주(洞州)[지금의 서흥현(瑞興縣)]에 이르러 적을 만나
이를 패배시키고, 진군하여 성주(成州)[지금의 성천(成川)]에 머물러
여러 도의 군사가 오기를 기다렸다.

10. 『동사강목』 제10상, 기묘년 고종 6년(송 영종 가정 12/ 금 선종 흥정 3/ 몽고 태조 14/ 1219)

【원문】

高宗六年

春正月

趙冲**金就礪**, 會蒙眞兵, 攻契丹于江東城降之, 諸軍解嚴.

時蒙眞兵, 雖以破丹救我爲名, 然蒙於夷狄中最兇悍, 且未嘗與本國舊好, 中外人心震駭, 朝議亦依違. 久冲隨冝和, 解之, 哈眞屢責添兵, 諸將皆憚於行. **金就礪**曰, 國之利害, 正在今日, 事不辭難, 臣子之職, 請自行, 冲不許 固請許之. **就礪**乃與知兵馬事韓光衍, 領十將軍兵及神騎大角內廂精卒往焉. 哈眞使告**就礪**曰, 果欲與我結好, 當先遙禮蒙古皇帝, 次禮萬奴皇帝. **就礪**曰, 天無二日, 民無二王, 天下安有二帝耶. 於是, 只拜蒙古皇帝. **就礪**長身美鬚髥, 哈眞見其狀貌魁偉, 又聞其言, 大奇之, 引與同坐約爲兄弟, 以**就礪**年長, 兄事之. 謂**就礪**曰, 吾征伐六國, 所見貴人多矣. 未有如兄者, 重兄之故, 視麾下士, 亦如一家, 臨別執手出門, 扶腋上馬. 居數日, 冲亦引兵來, 哈眞引坐上座, 亦兄弟事之, 蒙古俗, 好以銛刀刺肉, 賓主相啗, 往復不容瞥, 我軍士素號勇者, 莫不有難色, 冲**就礪**, 跪起承迎甚熟, 哈眞等極懽, 哈眞善飮, 與冲校優劣, 約不勝者罰之, 冲, 引滿輒釂畧無醉色, 及闋擧一杯不飮曰 非不能飮, 若勝而如約, 則公必受罰, 主人而罰客 可乎, 哈眞重其言而大悅, 約詰朝辛巳, 會江東城下, 去城三百步而止, 哈眞自城南門至東門, 鑿地廣深十尺, 西門以北, 委完顔子淵, 東門以北, 委**就礪** 皆令鑿隍以防逃逸, 賊勢窘 賊魁噉捨王子自縊死, 其將卒男女並五萬餘人, 開門出降, 哈眞與冲等行視投降之狀, 王子妻息及僞丞相

平章以下百餘人, 皆斬於陣前, 其餘悉寬其死, 哈眞曰, 我等來自萬里與
貴國合力破賊, 千載之幸也. 禮當往拜國王, 吾軍頗衆, 難於遠行, 但遣使
陳謝耳. 乃冲等同盟曰, 兩國永爲兄弟, 萬世子孫, 無相忘也. 歸虜俘男女
七百口, 及我國被掠人二百口于我, 其餘悉以自隨, 賜冲**就礪**等襪物甚
厚. 冲以契丹俘虜, 分送各道州縣, 擇閑曠地, 俾之聚居, 量給田土業農爲
民, 俗號爲契丹場.

崔氏曰, 趙文正文武全才, 出將入相當遼孼入寇, 蒙兵壓境之日, 與**金威
烈**同心禦侮, 從容杯酒, 却敵如神, 國家賴安徐熙 姜邯贊, 不得專美於前
矣, 豈非所謂英雄豪傑, 間世之人物乎.

李氏[齊賢]曰, 崔氏父子繼世秉政, 內擁堅甲, 以專威權, 外委羸兵, 以責
攻戰, 當斯之時, 欲以有爲, 其亦難矣, 爾乃金宗訖籙, 遼孼搆禍, 窺我土彊,
圖爲巢穴, 遠鬪窮寇, 鋒不可當, 蒙將壓境 徵師討賊, 順之則莫委其情,
逆之則必生他變, 安危之機, 間不容髮, 乃能左提右挈, 遠交近攻, 定宗盟
於經綸之始, 安邦基於呼吸之間, 豈非魁傑才智之臣, 而社稷之靈 有以陰
相者歟.

【번역문】

고종 6년 봄 정월

조충·김취려가 몽고·동진병과 함께 강동성에서 거란을 공격하여 항
복하게 하니, 제군(諸軍)이 계엄을 풀었다.

이때 몽고·동진병이 비록 거란을 격파하고 우리를 구제한다는 것으로
명분을 삼았으나, 몽고는 이적(夷狄) 중에서도 가장 흉한(凶悍)하고,
또 일찍이 본국(本國)과 구호(舊好)가 없었으므로 중외의 인심이 몹시
놀라고 조정의 논의도 결정되지 않아서 오래도록 그들의 군사를 호궤(犒

饋)하지도 않았었다. 다만, 조충만은 의심하지 않고 치문(馳聞)하기를 그치지 않았다. 몽고는 호궤가 지체되는 것을 화내어 꾸짖고 독책하기를 매우 심히 하니, 충이 편의에 따라 이를 화해시켰다. 합진이 여러 번 원병(援兵)을 보내라고 독촉하였으나 여러 장수가 다 가기를 꺼려하는데, 김취려가 말하기를, "국가의 이해(利害)는 바로 오늘에 있으며, 어려운 일을 사양하지 않는 것이 신자(臣子)의 직분이니 청컨대 내가 가겠다." 하니, 충이 허락하지 않다가 굳이 청하므로 이를 허락하였다. 취려가 이에 지병마사(知兵馬事) 한광연(韓光衍)과 더불어, 열 장군이 거느렸던 군병 및 신기(神騎)·대각(大角)·내상(內廂)의 정병(精兵)을 영솔하고 갔다. 합진이 사자를 보내어 취려에게 고하기를, "참으로 우리와 호의를 맺고자 한다면 마땅히 먼저 몽고 황제에게 요배(遙拜)하고 다음으로 만노 황제에게 예를 해야 합니다." 하였다. 취려가 말하기를, "하늘에는 해가 둘이 없고, 백성에게는 두 임금이 없는 법인데 천하에 어찌 두 황제가 있겠습니까?" 하고, 이에 몽고 황제에게만 배례하였다. 취려는 키가 크고 수염이 아름다웠다. 합진이 그의 뛰어난 상모(狀貌)를 보고, 또 그의 말을 듣고는 크게 기이하게 여겨 그를 이끌어 자리를 함께 하고는 형제가 되기를 언약하였는데, 취려가 나이가 많아 형으로 섬기겠다고 하면서 취려에게 말하기를, "내가 여섯 나라를 정벌하면서 귀인을 많이 보았으나 형만한 이가 없었습니다. 형을 소중히 여기기 때문에 휘하(麾下)의 군사보기를 또한 한 집안같이 하겠습니다." 하고, 작별할 때에는 손을 잡고 문밖에 나와 부축하여 말에 오르게 하였다. 수일 후에 충이 또한 군사를 이끌고 오니, 합진이 끌어당겨 상좌에 앉히고 또한 형으로 섬기었다. 몽고의 풍속에, 예리한 칼로 고기를 잘라서 빈주(賓主)가 서로 주고받으며 먹기를 좋아하되 눈 깜짝할 사이도 없을 만큼 하였는데, 우리 군사 중에 본래 용맹이 있다고 하는 자들도 서툴러서 난색(難色)을 보이지 않는 자가 없었다. 충과 <u>취려</u>는 꿇어앉고 서로 주고받고 하는 것이, 매우 익숙하였으므로 합진이 아주 즐거워하였다.

합진은 술을 잘하여 충과 우열을 겨루어서 이기지 못하는 자에게 벌을 주기로 언약하였다. 충은 가득 찬 술잔을 비우면서 연방 마셨으나 조금도 취한 빛이 없었는데, 마지막 한 잔은 마시지 않고 말하기를, "만일 내가 이겨서 언약대로 한다면 공(公)은 반드시 벌을 받아야 하는데, 주인으로서 손님에게 벌을 주는 것이 옳겠습니까?" 하니, 합진이 그 말을 중히 여겨 크게 기뻐하고, 다음날 아침 신사(辛巳)에 강동성(江東城) 아래에서 만나기로 언약하되, 성에서 3백 보 떨어진 곳에서 머물기로 하였다. 합진은 강동성 남문에서 동문까지 깊이가 10척이 되는 못을 파기로 하는데, 서문 북쪽은 완안자연(完顏子淵)에게 맡기고, 동문 북쪽 은 <u>취려</u>에게 맡겨 모두 참호(塹壕)를 파서 도망하는 자를 방어하게 하였다. 적은 형세가 군색하게 되자 적괴(賊魁) 감사 왕자(喊捨王子)가 스스로 목을 매어 죽으니, 그 장졸(將卒) 남녀 등 5만여 명이 문을 열고 나와 항복하였다. 합진이 충과 더불어 투항한 상황을 돌아보고, 왕자의 처자 및 가짜 승상(丞相)·평장(平章) 이하 1백여 인을 진(陣) 앞에서 목베고, 그 나머지는 죽이지 않고 모두 살려주었다. 합진이 말하기를, "우리들이 만리 밖에 와서 귀국과 힘을 합쳐 적을 격파한 것은 천년에 한번 있는 행운이라, 예로 보아서는 당연히 국왕을 가서 뵈어야 하나 우리 군사가 매우 많고 멀리 가기가 어려우니 다만 사신을 보내어 사례하고자 한다." 하고, 곧 충 등과 더불어 동맹하기를, "양국은 길이 형제가 되어서 만대의 자손까지도 서로 잊어서는 안 된다." 하면서 포로된 남녀 7백 명과 우리나라 사람으로 납치된 2백 명을 우리에게 돌려주고, 그 나머지는 모두 자신이 데리고 갔으며 충과 <u>취려</u> 등에게는 여러 가지 물건을 매우 많이 주었다. 충은 거란의 포로를 각 도의 주현(州縣)으로 나누어 보내서 빈 땅을 가려 그곳에 모여 살게 하고 전지를 요량해 주어 농사로 생업을 삼게 하니, 시속에서 '거란장(契丹場)'이라 불렀다.

최씨(崔氏)는 이렇게 적었다. "조문정(趙文正 : 문정은 조충의 시호)은 문무의 재능을 겸비하여 나가서는 장수가 되고 들어와서는 재상이 되었는데, 요(遼)나라가 침입하고, 몽고(蒙古)의 군사가 국경을 압박하던 때를 당하여는 <u>김위열(金威烈</u> : 위열은 <u>김취려</u>의 시호)과 더불어 합심하여 적을 방어하고, 조용히 술잔을 들면서도 적을 귀신같이 물리쳐서 국가가 이를 힘입어 안정되었으니, 옛날 서희(徐熙)·강감찬(姜邯贊)만이 아름다운 이름을 독점할 수 없을 것이다. 어찌 세상에 드문 영웅호걸이 아니겠는가?"

이씨(李氏)[제현(齊賢)]는 이렇게 적었다. "최씨 부자(父子)가 대를 이어 정권을 잡고 안으로는 견갑(堅甲)을 이끌어 권위를 독차지하고, 밖으로는 허약한 군사를 맡겨 싸우라고 책망하였으니 이런 때를 당하여는 일을 해보려 해도 어려웠을 것이다. 이에 금나라의 국운이 다하자 요나라가 화란을 얽어서 우리의 강도를 엿보아 소혈(巢穴)로 만들기를 도모하여 멀리 와서 궁지에 몰려 싸우는 적들의 칼날을 감당할 수 없었고, 몽고의 장수가 국경을 압박하여 군사를 소집하여 적을 토벌할 적에 순종하자니 그들의 심정을 알 수 없었고, 거역하자니 반드시 다른 변괴가 생길 터라, 안위(安危)의 기미가 터럭 하나를 용납할 겨를이 없었건만, <u>취려</u>가 이를 왼손으로 이끌고 바른손으로 붙잡으며 먼 곳은 사귀고 가까운 곳은 공격하여, 경륜(經綸)의 시작에서 종맹(宗盟)을 정하고 위태한 나라의 기반을 편안하게 하였으니, 어찌 괴걸(魁傑)하고 재주와 지략이 있는 신하가 아니겠으며, 사직(社稷) 신령의 도움[陰助]이 아니겠는가?”

11.『동사강목』제10상, 기묘년 고종 6년(송 영종 가정 12/ 금 선종 흥정 3/ 몽고 태조 14/ 1219)

【원문】

高宗六年

冬十月

義州人韓恂多智等作亂 遣李克壻等 將三軍討之.

…… 又以李克壻將中軍李迪儒將後軍**金就礪**將右軍討之 克壻尋召還 **金就礪**代之.

【번역문】

고종 6년 겨울 10월

의주인(義州人) 한순(韓恂)·다지(多智) 등이 난을 일으키니, 이극서(李克壻) 등을 보내어 삼군을 거느리고 이를 토벌하게 하였다. ……

또 이극서로 중군을, 이적유(李迪儒)로 후군을, 김취려로 우군을 거느리게 하여 토벌하게 하였는데, 극서는 조금 후에 소환되고 김취려가 이를 대신하였다.

12. 『동사강목』 제10하, 경진년 고종 7년(송 영종 가정 13/ 금 선종 흥정 4/ 몽고 태조 15/ 1220)

【원문】

高宗七年

二月

…… 時三軍請理諸城從逆之罪 **金就礪**曰 殲厥桀魁 脅從罔治 大軍所臨 如火燎原 無辜受禍多矣 況回丹寇 關東爲墟 今又縱兵 自撤藩籬 可乎 餘悉不問. ……

流知兵馬事金君綏于漢南.

君綏之貽書于哥下也 不先報中軍使**金就礪 就礪**嗛之 乃囚君綏管下錄 事. 會有盧仁綏 與君綏有隙 回譖于**就礪**及崔瑀 流君綏于漢南[今水原] 時人莫不冤之.

【번역문】

고종 7년 2월

…… 이때에 삼군(三軍)이 여러 성의 부역(附逆)한 죄를 다스릴 것을 청하니, 김취려(金就礪)가 말하기를, "『서경(書經)』에 '그 두목만 죽일 뿐 위협에 못 이겨 따른 자는 치죄할 것이 없다.' 하였고, 대군(大軍)이 가는 곳은 불붙은 벌판과 같아서 무고(無辜)한 자가 재화를 받음이 많은 것이다. 하물며 거란의 침구로 관동이 폐허가 되었거늘, 이제 또 군사를 풀어 놓아 스스로 울타리를 헐어 버리는 것이 옳겠는가?" 하고, 나머지는 불문에 부쳤다. ……

지병마사(知兵馬事) 김군수(金君綏)를 한남(漢南)으로 귀양보냈다.

김군수가 글을 우가하에게 보낼 때 먼저 중군사(中軍使) <u>김취려</u>에게 알리지 않았으므로, <u>김취려</u>가 이를 혐의쩍게 여기더니 마침내 김군수 관하(管下)의 녹사(錄事)를 가두었다. 마침 노인수(盧仁綏)란 자가 김군수와 틈이 나서 그 때문에 <u>김취려</u>와 최우에게 참소하여 마침내 김군수를 한남(漢南)[지금의 수원(水原)]으로 귀양보내니, 그때 사람들이 억울한 일로 여겼다.

13. 『동사강목』 제10하, 경진년 고종 7년(송 영종 가정 13/ 금 선종 흥정 4/ 몽고 태조 15/ 1220)

【원문】

夏四月

義州復叛 金就礪遺將討平之.

就礪遺郭元固宗周賚等 往義州 安集遺民 周賚貪婪喜誅殺 州人怨之 引賊黨尹昌等 踰城入殺周賚 元固等奔還. 就礪更遺人 諭以禍福 繼遺大將軍趙廉卿 以兵五千討之 昌等逃 賊黨瓦解. 時丹兵餘衆 竄伏寧遠山中 時出爲盜 就礪擊破之 北境以安.

【번역문】

　여름 4월

　의주(義州)가 또 배반하자 <u>김취려(金就礪)</u>가 장수를 보내어 토평(討平)하였다.

　<u>김취려</u>가 곽원고(郭元固)·종주뢰(宗周賚) 등을 보내어 의주에 가서 유민(遺民)을 안집(安集)하게 하였는데, 주뢰는 탐욕이 많고 주살(誅殺)

하기를 좋아하였다. 고을 사람들이 이를 원망하여 적당(賊黨) 윤창(尹昌)
등을 끌어들여 성을 넘어 들어와서 주뢰를 죽이니, 원고 등은 도망쳐
돌아왔다. 김취려는 다시 사람을 보내어 화복(禍福)으로 타이르고, 이어
서 대장군(大將軍) 조염경(趙廉卿)을 보내어 군사 5천 명으로 치게 하니,
윤창 등은 도망치고 적당이 와해되었다. 이때에 거란병의 남은 무리들이
영원산(寧遠山)으로 달아나 숨어 있다가 때때로 나와서 도둑질을 하므로
취려가 격파하니 북쪽 변경이 편안하여졌다.

14. 『동사강목』 제10하, 신사년 고종 8년(송 영종 가정 14/ 금 선종 흥정 5/ 몽고 태조 16/ 1221)

【원문】

高宗八年

冬十二月

以**金就礪**爲樞密院使.

【번역문】

고종 8년 겨울 12월

김취려(金就礪)를 추밀원사(樞密院使)로 삼았다.

15. 『동사강목』 제10하, 무자년 고종 15년(송 이종 소정 (紹定) 원년/ 금 애종 정대 5/ 몽고 태조 23/ 1228)

【원문】

高宗十五年

十二月

以**金就礪**守太尉中書侍郎平章事.

【번역문】

  고종 15년 12월

  김취려(金就礪)를 수태위 중서시랑 평장사(守太尉中書侍郎平章事)
로 삼았다.

16. 『동사강목』 제10하, 갑오년 고종 21년(송 이종 단평(端平) 원년(元年)/ 금 애종 천흥 3/ -이해에 금 멸망-몽고 태종 6/ 1234)

【원문】

高宗二十一年

夏五月

門下侍中**金就礪**卒.

就礪彥陽人 爲人節儉正直 忠義自守. 持軍嚴正 士卒不敢犯秋毫. 有酒卽
用一危 與士卒最下者均飮. 故能得其宛力. 江東之役 事皆讓於元帥 及其
臨陣制敵 多出奇計 以成大功. 然未嘗自矜. 爲相正色率下 人不敢欺. 諡威
烈.

李氏[齊賢]曰 觀其析甘分少 能得士力 令行禁止 莫犯秋毫 可謂有古名將
之風矣. 開平之戰 我乃再救中軍 沙峴之役 盧公則不相助 訖無一言以生
嫌隙 不伐其勞 歸攻於衆 是則大人君子之用心也. 至於先詣哈眞 固與國
之心 不拜萬奴 明尊王之義. 多智韓恂 旣授首矣 斂兵而止 以安邊 史氏稱

其忠義 太常諡以威烈 不亦宜哉.

【번역문】

고종 21년 여름 5월

문하시중 김취려(金就礪)가 졸하였다.

취려는 언양 사람인데, 절검(節儉)하고 정직하였으며 충의(忠義)를 스스로 지켰다. 군사를 거느리기를 엄정(嚴正)히 하였으므로 사졸(士卒)들이 감히 조금도 범하지 못하였다. 술이 있으면 술잔 하나를 가지고 말단에 있는 사졸과 더불어 똑같이 마셨다. 그러므로 나라를 위하여 죽을 힘을 얻을 수가 있었다. 강동(江東)의 싸움에서는 모든 일을 원수(元帥：조충(趙沖))에게 사양하였으나, 그가 전진에 임하여 적을 제압함에 있어서는 기이한 계교를 많이 내어 큰 공을 이루었다. 그러나 한 번도 자랑한 적이 없었다. 정승이 되어서는 정색(正色)하여 부하를 거느려서 사람들이 감히 속이지 못하였다. 시호는 위열(威烈)이다.

이씨(李氏)[제현(齊賢)]가 말하기를, "그 단 것을 쪼개어 먹고 적은 것을 나누어 먹어 군사의 힘을 얻을 수 있었고, 명령하면 행하고 금하면 그치어 추호도 범하는 것이 없는 것을 보면 가위 옛 명장(名將)의 풍도가 있다고 하겠다. 개평(開平)의 싸움에서는 그가 중군을 두 번이나 구하였는데도 사현(沙峴)의 싸움에서 노공(盧公)이 돕지 않았으나, 끝까지 한 마디 말도 하지 않아 혐극(嫌隙)을 내지 않았으며, 그 공로를 자랑하지 않고서 여러 사람들에게 공을 돌렸으니, 이는 대인 군자의 마음씀이로다. 먼저 합진(哈眞)에게 나아간 것은 진실로 우방(友邦)의 마음을 굳게 한 것이고, 만노(萬奴)에게 절하지 않은 것은 존왕(尊王)의 뜻을 밝힌 것이었다. 다지(多智)와 한순(韓恂)의 목을 베고서 군사를 거두고 싸움을 그치게 하여 변방의 백성을 안정시켰으니, 사관(史官)이 그 충의를 일컫고, 태상(太常)에서는 시호를 위열(威烈)이라 하였으니, 또한 당연하지 아니한가?"

17. 『동사강목』 제11상, 신유년 원종 2년(송 이종 경정 2/ 몽고 세조 중통 2/ 1261)

【원문】

元宗二年

秋八月

祔高宗于太廟[史闕] 以安惠太后柳氏祔[文正公趙冲 侍中李抗 侍中威烈公**金就礪** 配享].

【번역문】

원종 2년 가을 8월

고종을 태묘(太廟)에 부(祔)하고[사서에는 빠졌다] 안혜태후(安惠太后) 유씨(柳氏)를 함께 부하였다[문정공(文正公) 조충(趙冲), 시중(侍中) 이항(李抗), 시중 위열공(威烈公) 김취려(金就礪)를 배향(配享)하였다].

18. 『동사강목』 제12하, 정유년 충렬왕 23년(원 성종 대덕(大德) 원년/ 1297)

【원문】

忠烈王二十三年

八月

世子納金良鑑之女于王.

金氏**金就礪**之孫 衛尉尹良鑑之女. 有姿色 嘗嫁進士崔文早寡 世子旣殺
無比 欲慰解王意 聞金氏之美 納之 是爲淑昌院妃.

【번역문】

충렬왕 23년 8월

세자가 김양감(金良鑑)의 딸을 왕에게 바쳤다.

김씨는 <u>취려(就礪)</u>의 손녀요 위위윤(衛尉尹) 양감(良鑑)의 딸이다.
얼굴이 잘 생겼으며 진사(進士) 최문(崔文)에게 출가했다가 일찍 과부가
되었다. 세자는 무비를 죽이고 나서 왕의 마음을 위로하고 풀기 위하여
김씨가 예쁘다는 말을 듣고 바쳤다. 이가 숙창원비(淑昌院妃)다.

휘찬여사(彙纂麗史)[37]

1. 『휘찬여사』고종 3년 8월

【원문】

契丹兵來侵. …… 遣上將軍盧元純大將軍**金就礪**等 統三軍禦之 ……
自昌州入延州 **金就礪**擊却之.

【번역문】

거란의 군사가 침략하여 왔다. …… 상장군 노원순과 대장군 <u>김취려</u>
등을 보내어 삼군을 통솔하여 방어하도록 하였다. …… 창주로부터
연주에 들어가 <u>김취려</u>가 이들을 격파하였다.

---

37) 조선 숙종대 문신 홍여하(洪汝河, 1620~1674)가 기전체(紀傳體)로 쓴 고려의
    시대사(時代史)로『휘찬고려사(彙纂高麗史)』라고도 한다. 44권 22책으로
    구성되어 있는데, 홍여하가 타계(他界)한 100여 년 후에 영남(嶺南)의 인사들
    이 상의하여 간행한 것이다. 책의 서문에서 조선의 인사들이 중국의 역사만
    을 애호하고 조선의 것을 모르는 점을 개탄한다고 하여 저술 동기를 밝히고
    있다. 대체로『고려사』를 간추린 내용이나, 고려사에 누락된 것을 보충하고
    있어 사료적 가치가 높으며, 지(志)·전(傳)의 말미에 거란(契丹)·여진(女眞)·
    일본(日本)의 전이 들어 있는 점도 특색이다. 현재 책의 목판이 현존하여
    경북유형문화재 제251호로 지정되어 있다.

2. 『휘찬여사』 고종 4년 5월

【원문】

丹兵陷東州 罷吳應夫以崔元世代之 以**金就礪**爲前軍兵馬使. ……

【번역문】

　거란병이 동주를 함락하여 오응부를 파하고 최원세로 이를 대신하게 하고, 김취려로 전군병마사를 삼았다.

3. 『휘찬여사』 고종 4년 추7월

【원문】

中軍前軍追丹兵至堤州 斬獲甚衆流屍蔽江而下 越三日追至朴達峴 會兵馬使任輔 亦至三軍登嶺而宿 質明賊先遣數萬人 登左右峯欲爭要害 元世**就礪**力戰破之 賊大潰. ……

【번역문】

　중군과 전군이 거란군을 추격하여 제주에 이르러 매우 많이 참획하니 떠내려가는 시체가 강을 뒤덮었다. 3일 뒤에 박달현까지 추격하였다. 병마사 임보가 이르렀으며 또한 삼군이 산마루로 올라가서 밤을 새웠다. 날이 샐 무렵에 적이 먼저 수만인을 보내어 좌우의 산봉우리로 올라가 요해처를 쟁취하려 하였다. 원세와 취려가 죽을 힘을 다해 싸워 이를 파하니 적이 크게 패하였다.

4. 『휘찬여사』 고종 5년 추7월

【원문】

趙冲爲元帥 **金就礪**爲兵馬使.

【번역문】

　조충을 원수로, <u>김취려</u>를 병마사로 삼았다.

5. 『휘찬여사』 고종 5년 동12월

【원문】

蒙遣將哈眞合東眞兵聲言追丹賊 丹兵入江東城 哈眞遣使我軍**金就礪**趙
冲 赴蒙師講好合兵圍江東.

【번역문】

　몽고에서 장수 합진을 동진 군사와 합하여 보내 거란을 추격하도록
하니, 거란병이 강동성에 들어와 합진이 우리 군 <u>김취려</u>, 조충을 보냈다.
몽고 군사가 와서 힘을 합쳐 강동을 포위하였다.

6. 『휘찬여사』 고종 21년

【원문】

侍中**金就礪**卒.

【번역문】

시중 김취려(金就礪)가 졸하였다.

7. 『휘찬여사』 권26, 명신6, 조충

【원문】

高宗三年 …… 金山兵復至 沖與中軍帥**金就礪** 協力破之 ……

【번역문】

　고종 3년 …… 금산의 병사가 다시 이르자, 조충과 중군수 김취려가
힘을 합하여 무찔렀다. ……

8. 『휘찬여사』 권26, 명신6, 김취려

【원문】

金就礪彦陽人 禮部侍郞富之子也 蔭補東宮衛 累遷將軍擢大將軍 巡撫
北塞邊民畏愛 高宗三年 秋八月 契丹遺種金山王子金始王子脅河朔民
圖復舊遼 蒙人伐之 二王子敗而東攻金兵于開州館
遺人告北界兵馬使曰 我於某日樹黃旗汝來聽皇帝詔 不來將加兵 至其日
果樹黃旗兵馬使不往 明日使其將鵝兒乞奴引兵渡鴨綠江 攻寧朔 掠財畜
而去 又明日闌入義靜朔昌雲燕等州 彌漫山野恣取禾穀牛馬而食之居月
餘食盡移入雲中道 於是以上將軍盧元純將中軍白守貞金蘊珠副之 吳應
夫將右軍崔宗峻庾世謙副之 **就礪**將後軍崔正華陳淑爲副十三領軍及神
騎屬焉
三軍啓行至朝陽鎭[在价川郡西南三十里]與賊逆官軍稍却 郞將丁純祐

突入賊中斬持纛者賊奔潰 乘勝斬虜頗多 獲牛馬符印器仗甚衆 乃拜純祐
爲將軍 賊屯于連州[今价川]東洞 三軍進戰斬百餘級 是時軍候吳應儒咸
洪宰等遇賊于龜州直洞村銜枚進擊斬獲三千餘人
將軍李陽升亦破賊于長興驛 而三軍又敗之于龜州 賊趍昌州移屯延州之
開平驛[延州今寧邊開平屬魚川]終日絡繹不絶 官軍遣神騎將追之遇賊
與戰于新里破斬之 官軍進次延州以光裕延壽周氏光世君悌趙雄等六將
守獅子巖永麟迪夫文備守楊州 翼日九將戰于朝宗戌斬虜八百餘人獲驢
騾兵仗無筭 賊不復分兵聚屯開平驛諸軍莫敢前 右軍據西山之麓中軍受
敵于野退屯獨山[在江界府西南五里然恐非其地] **就礪**拔劒策馬與將軍
奇存靖直衝賊圍出入奮擊賊兵潰 追過開平驛賊設伏驛北急擊中軍 **就礪**
回擊之賊又潰 元純夜謂**就礪**曰 彼衆我寡右軍又不至始齎三日粮耳今已
盡不如退據延州以俟後便 **就礪**曰 我師屢捷鬪志尙銳請一戰而後議之
賊布陣墨匠之野軍勢甚盛 元純馳召**就礪**且揚黑幟爲信士卒冒白刃爭赴
無不一當百 **就礪**與文備橫截賊陣所向披靡三合三克 **就礪**長子死焉 賊
奔入香山燒普賢寺 官軍追擊之斬獲二千餘人溺死南江者亦以千數 賊將
鵝兒死 金山引餘衆夜遁昌州婦女小兒委弃路傍號哭聲如萬牛 有一人弃
兵直前請曰 我等有罪婦子何知且無薄我刻日自返 **就礪**與之酒快飮而去
俄而賊陳送符文陳乞如其所言 三軍各遣二千人躡其後見賊所弃資糧器
仗狼藉於道牛馬或斫其腰或刺其後 使得之不復用也 所遣六千人戰于淸
塞鎭擒殺過當都領祿進亦擊殺七十餘級 賊遂踰淸塞鎭[今熙川]遁去
官軍次延州聞賊兵後至者甚盛唯留內廂自衛其餘悉發後軍獨遇于楊州
擒殺數十百級兩軍先回博州**就礪**護輜重徐行至沙峴浦賊突出狙擊**就礪**
告急於兩軍守便宜不出 **就礪**力戰却之卒護輜重而至元純出迎西門外賀
曰 卒遇强敵能摧其鋒使三軍負荷之士無一毫之失公之力矣 馬上擧酒爲

壽 兩軍將士及諸城父老皆扣頭曰 今者與强寇角立而自戰其地可謂難矣
而於開平墨匠香山原林之役後軍每爲先鋒以小擊衆使我老弱存其性命
顧無以報但祝壽而已 賊復聚衆耀兵於昌州門外擊走之 官軍夜遣卒襲賊
于興郊驛敗之

明日夜戰于洪法寺克之 將軍金公奭戰于昌州門外又敗之而三軍屯博州
入城休卒 賊夜涉淸川江指西京 官軍與賊戰于渭州城外[在寧邊西北四
十里今廢]敗績將軍李陽升等千餘人死京都聞之哭者滿城 賊至西京城
外屠安定林原驛 躡冰濟大同江遂入西海道屠黃州 是時賊犯境逾半年而
崔忠獻顓國日耽遊宴不問邊事且問就礪屢捷倚以爲重不設備及 是賊勢
猝逼中軍奏請濟師 冬十二月乃以左承宣車倜將前軍 上將軍宋臣卿將左
軍 幷前三軍爲五軍 而參知政事鄭叔瞻爲行營中軍元帥 樞密副使趙冲副
之統五領軍 括京都不論有無職悉部伍發僧爲兵共可數萬 叔瞻等點兵於
順天館時驍勇之士皆爲崔忠獻父子所占官軍皆老羸不堪戰 元帥心懈 王
御崇文殿 叔瞻冲以戎服統諸摠管入庭行禮王親授鉞遣之 師至興義驛 前
軍望見平州 軍還認爲賊遂潰唯冲勒兵以待 叔瞻聞賊兵至鹽白州乃退師
明年春正月 罷叔瞻以知門下 鄭邦輔代之 邦輔冲耀兵鹽州賊遁去

是時就拜就礪爲金吾衛上將軍 三軍皆入援而邦輔冲統五軍追賊 三月行
至安州太祖灘遇雨而止置酒宴樂 有一賊乘白馬突入陣中舉旗而麾俄而
賊兵趣至急攻 前軍先潰遂薄中軍縱火燒壘 邦輔冲奔左軍左軍亦敗五軍
皆潰 大將軍李義儒白守貞等戰死士卒死者不可勝記 輜重器仗兵書文籍
悉爲所奪 邦輔冲遯歸 賊乘勝馳突 就礪收餘兵逆擊奮劍獨拒槍矢交貫于
身病創而還 賊追官軍至宣義門焚黃橋而退朝野大震 於是臺諫論邦輔冲
罷之 更閱五軍以吳應夫將中軍 崔元世將前軍 貢天源將左軍 吳仁永將右
軍 柳敦植將後軍以禦之 賊趣牛峯臨江長湍 五軍追之至積城不及 賊遂陷

東州　忠獻奏　丹兵勢將南下五軍逗遛不戰　請罷應夫以崔元世代統中軍
以**就礪**統前軍　從之

賊指交河過澄波渡官軍與戰于楮村却走之　賊至豐壤曉星峴　官軍欲戰將
渡橫灘賊兵尾擊之　左軍先戰敗走　中軍後軍自山外出賊背擊却之追至盧
元驛　斬馘居多　前軍左軍亦戰于砥平縣敗之　獲馬千餘匹　賊陷安陽府執按
察使魯周翰殺之　遂抵原州州人與賊相持　凡九戰食盡力竭外援不至城遂
陷前軍右軍敗　以任輔爲加發兵馬使遣之　前軍右軍遇賊楊根砥平屢戰破
之

秋七月　諸軍追賊至黃驪縣移次禿岾　元世曰　明日之路有二吾行如何則可
就礪曰　分軍掎角不亦可乎　元世從之　翼日會于麥谷與戰斬獲三百餘級迫
于提州之川流屍蔽川而下　後三日追至朴達峴任輔亦將兵來會　元世謂**就
礪**　嶺上非大軍所止欲退屯山下　**就礪**曰　兵法先據地利者勝師　遂登嶺而
宿　質明賊進軍于嶺南先使數萬人分登左右峯欲爭要害　**就礪**使申德威李
克仁當左崔俊文周公裔當右**就礪**從中鼓之士皆殊死鬪　諸軍望之亦大呼
爭前賊大潰老弱男女兵仗輜重狼藉委棄　賊由是不果南遂東走　追至溟州
大關山將卒怯儒退屯旬日乃進賊已踰嶺　元世天源**就礪**追之　毛老院敗之
賊圍溟州四軍追之後軍不及屯於剛州　賊趨登州右軍進攻敗績　賊遂入咸
州　官軍莫敢追躡　**就礪**承中軍牒移兵定州　築鹿角垣三周其隍留李克仁申
德威等守之移據興元鎭

賊得女眞兵復振長驅而來　**就礪**回兵遇於豫州桂川交綏而退　忽遘疾將佐
請歸就醫　**就礪**曰　寧爲邊城鬼豈可求安於家乎　疾甚勑歸理疾肩輿至京累
月乃瘳　沖旣罷旋拜西北面兵馬使　尋授樞密使吏部尙書　諫官奏駁之　冬十
二月　女眞黃旗子軍渡鴨綠來屯麟龍靜州[今義州龍川等地]　沖與戰斬獲
五百餘級又戰于暗林平大敗之殺虜及溺死者不可勝數　旗子軍逭還乃復

470

沖職 **就礪**所留兵戰于渭州敗績賊復聚寇高州和州陷寧仁長平二鎮又陷
豫州 於是罷五軍及加發兵置三軍以文漢卿貢天源李茂功統之 明年[戊
寅]賊勢寢盛 召拜沖守司空爲西北面元帥 **就礪**爲中軍兵馬使 鄭通寶將
前軍 吳壽祺將左軍 申宣胄將右軍 李霖將後軍 王親授鉞遣之
初沖恨敗作詩見志 [詩曰 萬里霜蹄容一蹶 悲鳴不覺換時節 儻敎造父更
加鞭 踏躪沙場摧古月] 及是受命統衆號令嚴明部伍整肅諸將莫敢以書
生易之 沖道長湍至洞州 遇賊擒其將帥次成州以待諸道兵 慶尙按察使李
勣引兵來遇賊不得前 遣將軍李敦守擊之以迎勣 旣而賊從二道直指中軍
沖張左右翼鼓而前賊軍望風而潰 敦守勣來會 將軍朴義鄰敗 賊于禿山賊
散而復集盡銳來攻 沖迎擊大破之 賊欲引還 慮我激其歸路入保江東城
會蒙古太祖遣元帥哈眞札剌領兵一萬以東眞萬奴將完顔子淵兵二萬偕
至聲言討契丹賊攻和孟順德四城破之[今永興孟山順川德川等地] 直指
江東 會天大雪餉道不繼賊堅壁以疲之 哈眞患之 牒元帥府曰 皇帝以契丹
兵竄在爾國于今三年 未克掃盪故遣兵討之爾國惟兵粮是助無致欠闕 其
辭甚嚴 且謂帝命破賊之後兩國約爲兄弟 沖卽輸米一千石遣中軍判官金
良鏡領一千護送 哈眞大喜又良鏡甚款 是時蒙古東眞雖以討賊救我爲名
然蒙古於夷狄最匈悍且未嘗與我有舊好 以故中外震駭疑馳啓不已 朝議
依違未報因稽往犒 哈眞怒其緩 沖欲遣使慰解諸將皆憚行 **就礪**曰 事不
辭難臣子之節 吾雖不才請爲公一行 沖曰 軍中之事徒倚公重公去可乎
就礪遂行神騎內廂十將軍兵從焉 哈眞使謂曰 貴國誠能結好當先遙禮蒙
古皇帝次則禮萬奴皇帝 **就礪**曰 天無二日民無二王天下安有二帝耶 只拜
蒙古帝
就礪身長六尺五寸以長而鬚過其腹每盛服必使兩侍女擧其鬚而後束帶
哈眞見狀貌魁偉又聞其言大奇之 引與同坐曰 吾嘗征伐六國閱貴人多矣

見公之貌何其奇歡年幾何矣　曰　近六十矣　哈眞曰　吾尙未五十兩國一家吾
其弟乎　**就礪**出門哈眞扶腋上馬數日沖亦至哈眞問元帥年孰長曰　長於我
乃引沖坐上座曰　吾欲坐兩兄閱於禮何如　**就礪**曰　是吾等所望但未敢先言
耳　坐定置酒作樂　蒙俗好以銛刀刺肉賓主相啗往復不容瞥從者皆難色　沖
就礪跪起承迎甚熟哈眞歡甚　請與沖較飮量不勝者罰之　沖引滿輒釂雖多
不醉色　及闌擧觴不飮曰　勝而如約則罰及於公主而罰客於心安乎　哈眞重
其言而大悅約詰朝會江東城下　去城三百步而止　哈眞自城南門至東南門
鑿池廣深十尺西門以北委之子淵東門以北委之　**就礪**皆令鑿隍以防逃逸
賊勢窘多出降者　賊魁噉捨王子自縊死其官人軍卒五萬餘人開門出降　哈
眞與沖等行視投降之狀　王子僞丞相平章以下百餘人皆斬於馬前其餘悉
貸之　哈眞曰　俺來自萬里與貴國協力破賊千載之幸也　而軍行迫遽不得往
拜國王此所恨也　因請沖**就礪**同盟曰　兩國永爲兄弟萬世子孫無忘今日　沖
設宴犒之　哈眞被虜民數百及以婦女駿馬遺沖**就礪**餘悉令自隨

沖送至義州　哈眞執沖手泣下不能別　子淵頗知人　謂我人曰　汝國帥奇偉非
常人也汝國有此帥天之賜也　沖嘗被酒枕其膝而睡子淵恐其驚寤略不動
左右請易以枕子淵終不肯　其恩信之感人者如此　蒙兵奪諸將　沖曰　此皆官
馬雖死納皮不可奪也　蒙人信之有一將以馬易銀者乃以沖言爲誣復多奪
馬去　沖以契丹俘虜分送州縣擇閑曠地居之業農爲民俗呼爲契丹場　凱還
忠獻忌之停郊迓禮　以沖爲政堂文學判禮部事尋加守太尉同中書門下侍
郎平章事修國史

久之拜**就礪**爲樞密副使　是歲義州賊韓恂多智殺守將連諸城以叛　獨延州
成州龜州安北府堅守　乃以李克偦將中軍李迪儒將後軍**就礪**將右軍討之
明年以**就礪**代克偦將中軍恂智等投金帥于哥下　于哥下誘斬二人傳首于
京　三軍請理諸城從逆之故　**就礪**曰　殲厥渠魁脅從罔治　大軍一臨如無辜

橫權況兵興四年關東爲墟今復縱兵自撤藩籬可乎 乃遣郭元固金甫貞宗
周秩宗周賚等往義州安集遺民 周賚貪婪受賂無賂者借事誅殺州人怨之
引賊黨尹昌踰城入殺周賚等元固等遁歸以告 **就礪**遣大將軍趙廉卿將以
兵五千討之昌逃賊黨瓦解 契丹餘衆凵竄寧遠山中時出鈔盜爲民患 **就礪**
遣李景純李文彥擊破北境以安 明年陞拜**就礪**樞密使兵部尙書判三司事
俄遷僉知政事 九月平章事沖卒 王震悼輟朝三日 贈開府儀同三司門下侍
中
二十一年 **就礪**卒諡威烈 爲人節儉正直忠義自奮持軍嚴 士卒不犯秋毫
有酒卽用一卮 與最下者均飮 故得其死力 江東之役事皆讓於沖至臨陣制
敵多出奇計以成大功然未嘗自伐 及爲相正色御下人不敢欺 子佺門下侍
郞 佺之子曰良鑑 良鑑之子曰文衍
論曰 高王之世 崔氏父子繼世秉政 內擁堅甲 以專權外 委羸兵以責戰當
斯之時欲以有爲其亦難矣 而遼孽遁據於險要 蒙將壓境而徵師師 順之則
莫委其情 逆之則必生他變 安危之機 間不容髮
沖與**就礪** 乃能相機決策 不震不疑 定盟哈眞 固與國之心 不拜萬奴 明尊
王之義 折衝樽俎 却敵如神 功成不伐 社稷底寧 徐熙姜邯贊不得專美於
前矣 豈非所謂英雄豪傑間世之人物乎

【번역문】

　김취려는 언양(彦陽) 사람이니 예부시랑(禮部侍郎) 부(富)의 아들이
다. 문음으로 동궁위(東宮尉)로 등용되었다. 여러 번 승직되어 장군(將軍)
으로 임명되었고 대장군(大將軍)으로 등용되었다. 북방 변경 요새 지대
를 순무(巡撫)하였는데 변경 주민들이 그를 경애하였다. 고종 3년 가을
8월, 거란(契丹)의 유종인 금산 왕자(金山王子)와 금시 왕자(金始王子)가

하(河), 삭(朔) 지방에 압력을 가하면서 옛 요나라를 회복하려 도모하였으나 몽고인이 그를 토벌하여 두 왕자가 패하여 동으로 와서 금나라 군대와 개주관(開州館)에서 교전하였다. (두 왕자가) 사람을 보내 우리 북계(北界)병마사에게 통고하기를, "우리가 며칠 후에 황색 깃발을 올릴 것이니 너희들은 그곳으로 와서 황제의 명령을 들으라. 오지 않으면 너희들에게 군사 행동을 취할 것이다."고 하였다. 지정한 날에 이르러 과연 황색 깃발이 올랐으나 병마사는 가지 않았다.

이튿날 금산이 부하 장수 아아(鵝兒)·걸노(乞奴)로 하여금 군사 수만 명을 거느리고 압록강을 건너와서 영삭(寧朔)을 공격하며 재물과 가축 등을 약탈하여 갔으며 또 그 이튿날에는 의주(義州), 정주(靜州), 삭주(朔州), 창주(昌州), 운주(雲州), 연주(燕州)에 난입하였다. 산과 들로 돌아다니면서 마음대로 곡식을 거두고 마소(牛馬)를 잡아먹으면서 한 달 이상 살다가 먹을 것이 없어지자 운중도(雲中道)로 옮겨 들어왔다. 이에 상장군 노원순(盧元純)이 중군(中軍)을 거느리고 백수정(白守貞)과 김온주(金蘊珠)가 이를 도왔으며, 상장군 오응부(吳應夫)가 우군(右軍)을 거느리고 최종준(崔宗峻)과 유세겸(庾世謙)이 이를 도왔으며, 취려가 후군(後軍)을 거느리고 최정화(崔正華)와 진숙(陳淑)을 다음으로 삼아 13령(領)의 군사와 신기군(神騎軍)을 통솔케 하였다.

3군이 출발하여 조양진(朝陽鎭)에 이르었는데[개천군(价川郡) 서남쪽 30리에 있다] 적과 싸워 관군이 약간 퇴각하였다. 낭장(郎將) 정순우(丁純祐)가 적진에 돌입하여 독기(纛旗)를 가진 놈을 쳐서 쓰러뜨리니 적진에 혼란이 생겼다. 이 틈을 타서 베고 포로로 잡은 자가 자못 많았으며 우마(牛馬)와 병부, 관인, 기계 병장기 등의 노획이 대단히 많았다. 이로 인하여 조정에서는 정순우를 장군으로 승진시켰다.

적이 연주(連州)[지금의 개천] 동동(東洞)에 주둔하고 있었는데 3군이 나아가 공격하여 1백여 급을 베었다. 이때 군후(軍候) 오응유(吳應儒)·함홍재(咸洪宰) 등이 적을 구주(龜州) 직동촌(直洞村)에서 만나 비밀리에 행동하고 진격하여 3천여 명을 참획하였다. 장군 이양승(李陽升) 또한 장흥역(長興驛)에서 적을 격파하였고, 3군(三軍)이 또 구주(龜州)에서 패퇴시키니, 적이 창주(昌州)로부터 연주(延州)의 개평역(開平驛)[연주는 지금 영변이고, 개평은 어천에 속한다]으로 이동하는데 그들이 종일 연락부절하였다. 관군이 신기장(神騎將)을 보내 적을 추격하여 신리(新里)에서 적을 만나 이들을 죽였다. 관군 전체가 연주 방면으로 계속 전진하여 광유(光裕), 연수(延壽), 주저(周氏), 광세(光世), 군제(君悌), 조웅(趙雄) 등 여섯 장군으로 사자암(獅子岩)을 수비하게 하고, 영린(永麟), 적부(迪夫), 문비(文備)로 양주(楊州)를 방위하게 하였다. 이튿날 아홉 장군들이 조종수(朝宗成)에서 적과 싸워 8백여 명을 포로로 잡고 노새, 병장기 등을 다수 노획하였다.

적은 다시 분산 작전을 하지 못하고 개평역(開平驛)에 군력을 집결하였는데 3군이 더 전진하지 못하였다. 우군은 서산(西山) 기슭에 자리잡고 있었고 중군은 평지에서 적의 공격을 받고 약간 퇴각하여 독산(獨山)[강계부(江界府) 서남쪽 50리에 있다고 하는데, 추측컨대 그 땅은 아니다]에 주둔하였다. 취려가 칼을 빼들고 장군 기존정(奇存靖)과 함께 말을 몰아 적의 포위망을 충격하여 드나들면서 맹렬히 공격하니 적병이 흩어졌다. 적을 추격하여 개평역을 지나자 역 북편에 매복하였던 적이 중군을 급격히 공격하였다. 김취려가 반격하니 적들이 또 붕괴하였다. 그날 밤에 노원순이 김취려에게 말하기를, "적은 다수요. 우리는 소수일 뿐만 아니라 우군(右軍)도 아직 도착하지 않은 형편이며 출발할 때

3일 분의 식량밖에 가지지 못한 것을 이미 다 먹었으니 연주로 후퇴하여 후방의 원조를 기다리는 것이 좋지 않겠는가?" 하였다. 김취려가 말하기를, "아군이 누차 승리하여 투지가 오히려 용맹하니 이 기세로서 한 번 싸운 후에 다시 의논하자." 하였다.

적병은 묵장(墨匠) 벌에서 포진하고 있었는데 기세가 대단히 성하였다. 노원순은 김취려를 급히 불렀다. 그리고 흑색 깃발을 휘둘러 신호하니 장병들 전체가 적의 칼날을 무릅쓰고 앞을 다투며 공격하였는데 모두 한 사람이 1백 명씩 당하였다. 김취려가 문비와 함께 적진을 가로 잘라 놓으니 돌진하는 곳마다 적병이 막 쓰러졌으며 세 번 싸워 세 번 다 승리하였다. 그러나 김취려의 장자가 전사하였다.

적들이 향산(香山)으로 쫓겨 가서 보현사를 불살랐다. 관군이 계속 적을 추격하여 적을 죽이고 생포한 숫자가 2천여 명이었으며 남강(南江)에 빠져 죽은 자 역시 1천 명 이상이었다. 적은 장수 아아(鵝兒)가 죽자 금산(金山)이 남은 무리를 이끌고 밤에 창주(昌州)로 갔는데, 부녀들과 어린아이들을 길가에 내버리고 갔으므로 그들의 울음소리가 마치 수만 마리의 소가 일시에 우는 듯하였다.

적군 한 사람이 무기를 버리고 청하기를, "우리들은 죄가 있으나 여자와 어린아이들은 무엇을 알겠습니까? 나를 박해하지 말기를 바랍니다. 오래지 않아 우리가 스스로 물러갈 것입니다." 하였다. 김취려가 술을 주니, 흔쾌히 마시고 갔다. 조금 후에 적이 공문을 보내고 애걸하였는데 아까 그 자가 말한 바와 같이 요청하여 왔다. 3군이 각각 2천 명씩 파견하여 퇴각하는 적의 뒤를 밟아 가면서 보았는데 적이 버린 물자, 식량, 병장기 등이 길가에 흐트러져 있고 소와 말은 허리를 찍거나 엉덩이를 찔러서 버려두었다. 아마도 그것을 가져가도 다시 쓰지 못하게 만든 것일 것이다. 파견한 6천 명의 아군이 청새진(淸塞鎭)에서 적과 싸워서 수많은 적을 죽이고 포로하였으며 도령(都領) 녹진(祿鎭)도 70여 명의 적을 죽였다. 적은 드디어 청새진[지금의 희천(熙川)]을 넘어서 도망갔다.

관군이 연주(延州)를 지날 때에 뒤에 이른 적병이 심히 성하다는 소식을 듣고, 다만 내상군(內廂軍)만을 남겨 두어 지키게 하고 나머지는 전부 출발하기로 하였다. 후군이 홀로 양주(楊州)에서 적군을 만나 수십 명을 살해하거나 사로잡았고 양군(전군과 중군)은 먼저 박주(博州)로 회군(回軍)하였다. 김취려는 치중(輜重)부대를 보위하면서 천천히 행군하여 사현포(沙峴浦)에 이르렀을 때에 적군이 돌연 습격하여 왔다. 김취려가 양군에게 급보로 구원을 요청하였으나 양군은 자기의 안전만을 생각하고 구원하지 않았다. 김취려는 홀로 힘껏 싸워서 적을 격퇴하고 끝내 치중부대를 보호하여 박주에 도착하였다. 노원순이 서문 밖까지 영접 나와서 치사하기를, "갑자기 강적을 만났는데 적의 기세를 꺾었으므로 3군의 짐을 운반하는 부대의 병사들로 하여금 자그만 손실도 없게 하였으니 이는 당신의 힘이다." 하고, 마상에서 술을 부어 축배를 들었다.

양군 장병들과 여러 고을의 부로(父老)들이 모두 절하며 말하기를, "지금처럼 적의 강점지에서 강적과 맞아 싸우는 것은 참으로 어려운 일입니다. 그런데 개평, 묵장, 향산, 원림의 여러 전투에서 후군이 매번 선봉으로 싸웠으며 적은 병력으로 매 번 대군을 격파하여 우리 같은 노약(老弱)의 생명을 보존하게 하여주니 그 은덕을 생각하면 보답할 길은 없으나 오직 원수님에게 축수를 드릴 뿐입니다." 하였다.

적이 다시 잔당을 집합하여 창주(昌州) 성문 밖에 와서 무력을 시위하여 (관군이) 공격하여 패주시켰다. 관군이 밤에 군사를 출동시켜 흥교역(興郊驛)에 있는 적을 야습하여 패퇴시켰고 이튿날 밤에 홍법사(洪法寺) 전투에서 싸워 승리하였으며, 장군 김공석(金公奭)이 창주 문 밖에서 (적을) 또 패퇴시켰다.

3군은 박주에 주둔하여 성에 들어가 휴식을 취하였는데, 적들이 밤을 이용하여 청천강을 건너 서경(西京)으로 향하여 갔다. 관군은 위주(渭州) 성[영변 서북쪽 40리에 있는데 지금은 폐(廢)하였다] 밖에서 적과 싸웠는데 패배당하고 장군 이양승(李陽升) 외 1천여 명이 전사하니, 수도에서 이 소문을 듣고 온 성 안 사람들이 통곡하였다. 적들이 서경 성 밖까지 와서 안정역(安定驛)과 임원역(林原驛)을 도륙하였고, 얼음을 이용하여 대동강을 건너 마침내 서해도(西海道)로 들어가 황주(黃州)를 도륙하였다.

이때 적이 변경을 침범한 지 반년이 되었는데, 최충헌(崔忠獻)이 국정을 전단하고 날마다 연회를 베풀면서 변방의 일을 묻지 않았다. 또 김취려가 누차 승리하였다는 소식을 들었기 때문에 거듭 준비하지 않고 있다가 곧 이에 적의 기세가 갑자기 닥치니 중군이 군사를 보낼 것을 청하여 아뢰었다. 겨울 12월, 이에 좌승선(左承宣) 차척(車倜)으로 전군을 거느리게 하고, 상장군 송신경(宋臣卿)으로 좌군을 거느리게 하고, 전의 3군과 합쳐서 5군으로 편성하였다. 참지정사(參知政事) 정숙첨(鄭叔瞻)을 행영중군원수(行營中軍元帥)로, 추밀부사(樞密副使) 조충을 부원수로 하고 5령(領)의 군대를 통솔하게 하였다. 또한 수도의 주민 중에서 직업의 유무를 묻지 않고 종군할 수 있는 자는 모조리 징발하여 군대에 편입시키고 한편, 승려들도 징발하여 입대시키니 그 숫자가 수만 명이나 되었다. 정숙첨 등이 순천관(順天館)에서 군사들을 점검하였는데 당시 날래고 용감스러운 장정은 모두 최충헌 부자가 점유하였고 관군은 모두 늙고 약한 쓸모없는 병졸뿐이었으므로 원수도 긴장하였던 마음이 풀어졌다. 왕이 숭문전(崇文殿)으로 나오니 정숙첨과 조충은 군복 차림으로 휘하 장령들을 데리고 뜰에서 식을 거행하였는데 왕이 친히 원수에게 부월(鈇鉞)을 수여하였다. 군사가 흥의역(興義驛) 앞에 도착하였다. 전군이 평주를 바라다보니 군대가 적인 줄 알고 돌아왔으나, 오직 조충만은 병사들을 제어하고 기다렸다. 정숙첨은 적군이 염주(鹽州), 백주(白州)까지 왔다는 말을 듣고 군사를 퇴각시켰다. 이듬해 봄 정월, 정숙첨을 해임시키고 지문하성사(知門下省事) 정방보(鄭邦甫)로 교체시켰다. 정방보와 조충 등이 염주에서 병력을 시위하니 적병이 도망갔다. 이 해에 <u>김취려</u>는 금오위 상장군(金吾衛上將軍)에 제수되어 3군이 모두 들어가 도왔고, 정방보와 조충이 5군을 통솔하여 적을 추격하였다. 3월에 안주(安州) 태조탄(太祖灘)에 도착하였을 때 비를 만났으므로 그곳에 주둔하면서 주연(酒宴)을 즐겼다. 그때에 적 한 명이 흰 말을 타고 고려군 진중으로 달려들면서 깃발을 내흔드니 삽시간에 적병이 몰려와서 급속히 5군을 포위하였다. 전군(前軍)이 먼저 흩어지므로 적병이 드디어 중군(中軍)을 향하여 육박하면서 불을 질러 보루를 태웠다. 정방보와 조충이 좌군으로 달려가니 좌군마저 패하여 결국 5군이 모두 흩어지게 되었다. 대장군 이의유(李義儒), 백수정(白守貞) 등이 전사하고 사졸(士卒)의 희생자 수는 셀 수 없었으며 차량, 병장기, 병서(兵書), 문적(文籍)을 모두 적에게 빼앗겼다. 정방보와 조충은 도망쳐서 돌아갔다. 적이 이긴 기세를 타서 제멋대로 덤벼들었다. <u>김취려가</u> 남은 병사들을 거두어 도리어 공격하여 분연히 칼을 휘두르며 대항하다가 전신에 창과 화살을 맞아 심한 부상을 당하고 돌아왔다.

적들이 선의문(宣義門)까지 추격하여 와서 황교(黃橋)를 불태우고 물러갔으나 조야(朝野)에는 대혼란이 생겼다. 대간에서 정방보와 조충을 파면할 것을 논의하였다. 다시 5군을 편성하고 오응부(吳應夫)로 중군을 거느리게 하였고, 최원세(崔元世)로 전군을 거느리게 하였고, 공천원(貢天源)으로 좌군을 거느리게 하였고, 오인영(吳仁永)으로 우군을 거느리게 하였고, 유돈식(柳敦植)으로 후군을 거느리게 하여 적을 방어하게 하였다.

적이 우봉(牛峯)·임강(臨江)·장단(長湍)으로 나아가자 5군이 추격하여 적성(積城)에 이르렀으나 미치지 못하였다. 적이 드디어 동주(東州)를 함락하였으므로 최충헌이 왕에게 고하기를, "거란병이 동주를 지나 장차 남쪽으로 갈 기세가 보이는데 5군이 머뭇거리고 싸우지 않으니, 오응부의 관직을 파면하고 최원세로 대신하여 중군을 통솔하게 하고 <u>김취려</u>로 전군을 통솔하게 하십시오." 하니, 왕이 따랐다.

적군이 교하를 향하여 징파도(澄波渡)를 건넜는데 관군이 저촌(楮村)에서 적과 만나 싸워서 패주시켰다. 적이 풍양(豊壤) 효성현(曉星峴)까지 침입하였는데 관군이 적과 싸우고자 횡탄(橫灘)을 건널 무렵에 적병이 후미로부터 공격하여 좌군이 먼저 싸우다가 패전하여 도망갔다. 그러나 중군과 후군이 산 뒤로부터 적의 배후를 공격하여 적을 물리치고 노원역(盧元驛)까지 추격하여 적을 많이 죽였다.

전군(前軍)과 좌군(左軍) 또한 지평현(砥平縣)에서 적과 싸워 그를 격파하고 말 1천여 필을 노획하였다. 적군은 안양도호부(安陽都護府)를 함락하고 안찰사 노주한(魯周翰)을 잡아 죽이고 드디어 원주(原州)에 침입하였는데 주인(州人)들이 오랜 기간 적과 서로 대치하였다. 무릇 9차의 전투를 겪었으나 양식이 다하여 기진맥진하였으며, 외부로부터 아무런 구원도 이르지 않았기 때문에 드디어 성(城)이 함락되었고 전군과 우군도 패전하였다. 이에 임보(任輔)를 가발병마사(加發兵馬使)로 삼아 보내었다. 전군(前軍)과 우군(右軍)이 양근(楊根), 지평(砥平)에서 적을 만나 여러 번 싸워 패퇴시켰다.

가을 7월, 제군(諸軍)이 적을 추격하여 황려현(黃驪縣)에 이르렀다. 독점(禿岾)으로 옮겨 유숙하였는데 최원세가 말하기를, "내일 행군할 길이 두 갈래인데 우리는 어느 편으로 가야 하겠습니까?" 하였다. 김취려가 말하기를, "군대를 나누어서 좌우의 팔과 같이 서로 호응하면서 행군하는 것이 좋지 않은가?" 하니, 최원세도 그의 말대로 하였다. 이튿날 맥곡(麥谷)에서 양군이 합세하여 적과 싸웠는데 적병 3백여 명을 죽이고 적을 제주(堤州)의 개울가까지 육박하였는데 적의 시체가 개울물을 덮고 내려갔다. 3일 후 적을 추격하여 박달현(朴達峴)에 이르니, 임보(任輔)도 부대를 인솔하고 와서 서로 모였다. 최원세가 김취려에게 말하기를, "영(嶺) 정상은 대군이 머무를 곳이 못되니 산 아래로 내려가서 주둔하려 합니다." 하니, 김취려가 말하기를, "병법(兵法)상 먼저 이 땅을 점거하는 자가 이긴다." 하였다. 군사가 드디어 고개에 올라가 숙영하였다.

이튿날 동틀 무렵에 적이 영(嶺) 남쪽으로 진군하여 먼저 수만 인을 나누어 고개의 좌우 고지로 올라오면서 그 요지를 점령하려고 하였다. 김취려가 장군 신덕위(申德威), 이극인(李克仁)으로 좌측을 담당하고, 최준문(崔俊文), 주공예(周公裔)로 우측을 담당하게 하며 자기는 중간에서 북을 울리면서 지휘하였는데 전사들이 모두 결사적으로 싸웠다. 제군(諸軍)들이 바라보고 또 함성을 외치면서 앞을 다투어 돌격하니 적군이 대패하여 노약과 남녀, 병장기와 수레 등을 버리고 모두 도망쳤다.

그래서 적들이 이 전투로 인해서 남으로 진공할 계획을 포기하고 모두 동쪽으로 달아났다.

적을 추격하여 명주(溟州) 대관산령(大關山嶺)에 이르러서는 장졸들이 겁을 먹고 열흘 동안이나 머물다가 진군하니 적군은 이미 영을 넘어간 뒤였다. 최원세, 공천원 및 김취려가 이를 추격하여 모로원(毛老院)에 이르러 격파하였다. 적군이 명주를 포위하고 있으므로 4군이 적을 추격하기로 하였으나, 후군이 미처 따르지 못하였기 때문에 강주(剛州)에서 주둔하고 있었다. 적이 등주(登州)로 달아나 우군이 나아가 싸웠으나 패하였다. 적은 드디어 함주(咸州)로 들어갔는데 관군이 감히 추격하지 못하였다. 김취려는 중군으로부터 받은 공문에 의하여 부대를 정주(定州)로 옮기고 사슴뿔 모양[鹿角]의 울타리를 설치하고 세 겹으로 참호를 파서 방어 시설을 만들었으며, 이극인(李克仁), 신덕위(申德威) 등으로 이를 지키게 하고 (나머지 군대는) 흥원진(興元鎭)으로 옮겨갔다.

적군은 여진병을 얻어 다시 활기를 띠고 침입하여 들어왔다. 김취려가 병사를 되돌리다가 예주(豫州) 생천(栍川)에서 적과 마주쳐서 교전하다가 퇴군하였다. 김취려가 갑자기 병에 걸렸으므로 막료들이 후방으로 가서 치료하기를 권하였으나, 김취려는 대답하기를, "차라리 변경의 귀신이 될지언정 어찌 집 안에서 편안히 있기를 원하겠는가?" 하였다. 그러나 병이 심해서 수도로 돌아가서 치료하기로 되어 가마를 타고 서울에 도착하여 몇 달을 지나 겨우 완치되었다.

조충은 이미 파면되었으나 다시 서북면병마사로 임명하고, 얼마 지나지 않아 추밀사(樞密使) 이부상서(吏部尙書)로 승진시키니 간관(諫官)이 이를 핵주(劾奏)하였다. 겨울 10월, 여진(女眞)의 황기자군(黃旗子軍)이 압록을 건너 인주·용주·정주[지금의 의주 용천 등지이다] 지경에 와서 주둔하였다. 조충이 그를 공격하여 5백여 급을 참획하고 또 암임평(暗林平)에서 대전하여 적들을 대파하였는데, 적군의 피살자와 익사자의 수는 이루 계산할 수 없었으며 기자군은 돌아갔다. 이에 조충이 복직되었다.

그런데 김취려가 남겨 둔 병사는 위주(渭州)에서 싸우다가 패전하였다. 적군은 다시 세력을 집결하여 고주(高州), 화주(和州)를 침략하고 영인(寧仁), 장평(長平)을 함락하고 또 예주(豫州)를 함락하였다. 이에 조정에서는 5군과 가발병(加發兵)을 폐지하고 새로 3군으로 개편하여 문한경(文漢卿), 공천원(貢天源), 이무공(李茂功)으로 하여금 통솔하게 하였다.

이듬해[무인(戊寅)] 적의 기세가 더욱 성하게 되므로 수사공(守司空) 조충(趙沖)을 서북면 원수로 삼고, 김취려를 중군병마사로 삼았다. 차장군 정통보(鄭通寶)로 전군을 거느리게 하였고, 오수기(吳壽棋)로 좌군을 거느리게 하였고, 신선주(申宣冑)로 우군을 거느리게 하였고, 이림(李霖)으로 후군을 거느리게 하였다. 왕이 친히 부월(鈇鉞)을 주어 이들을 보냈다.

처음 조충이 군의 패함을 한탄하며 시를 지어 뜻을 보였다[시는 다음과 같다. "만 리 전장 달리는 준마 발 한 번 실수하여 거꾸러졌다. 슬피 울고 우노라고 시절 바뀐 줄 몰랐네. 만일 다시 조보(造父 : 옛날 말 잘 타던 사람 이름)로 하여금, 그 말 한번 더 타라 한다면, 적의 진지 마음껏 달리며, 고월(古月 : 합해서 호(胡)로 되니 오랑캐의 뜻)을 쓸어버리리"]. 이에 이르러 명을 받아 군대를 통솔할 때 호령하는 것이 엄명(嚴明)하였고 대오의 규율이 정숙(整肅)하여 여러 장수들이 감히 서생(書生)이라고 얕보지 못하였다.

조충이 장단(長湍) 길로 들어서서 동주(洞州)에 이르렀다. 동곡(東谷)에서 적을 만나 적장을 생포하였다. 또 성주(成州)로 나가서 각 도의 원조군을 기다리고 있었는데, 경상안찰사(慶尙按察使) 이적(李勣)이 군대를 인솔하고 오다가 적과 만나서 전진할 수 없다는 정보를 들었다. 조충이 장군 이돈수(李敦守), 김계봉(金季鳳)을 보내 격퇴하고 이적의 군대를 맞이하게 하였다. 그러던 차에 적군은 두 길로 나누어 모두 우리 중군을 목표로 집중 공격하여 왔다. 조충이 좌익 우익을 벌리고 북을 울리면서 전진하니 적군이 기세에 눌리어 붕괴하였으며, 이돈수 등이 이적과 함께 와서 모였다. 장군 박의린(朴義鄰)이 독산(禿山)에서 격파하였으나 적은 흩어졌다 다시 모여 정예 기병으로 공격하여 왔다. 조충이 격파하여 크게 무찌르니 적군의 두목이 또 군대를 이끌고 돌아가려 하였다. 아군이 그 퇴로를 요격할 것이 두려워서 강동성(江東城)으로 들어가 지켰다.

때마침 몽고 태조(太祖)가 원수 합진(哈眞)과 찰라(札剌)를 보내 군대 1만 명을 거느리고 와서 동진(東眞)의 만노(萬奴)가 보낸 완안자연(完顔子淵)의 군대 2만 명과 더불어 거란 적군을 공격한다고 선언하면서 화주(和州), 맹주(孟州), 순주(順州), 덕주(德州) 등 4성(城)을[지금 영흥(永興), 맹산(孟山), 순천(順川), 덕천(德川) 등지이다] 격파하고 바로 강동으로 향하여 진격하였다. 때마침 큰 눈이 내려서 양식이 계속되지 못하였으므로 적들은 방어를 굳게 하고 상대방을 피로하게 하였다. 합진이 근심하여 원수부에 첩문을 보내기를, “거란이 도망쳐 귀국에 있은 지 3년이 지났으나 아직까지 소탕하지 못하여 우리 황제가 군대를 파견하여 토벌하려 하므로 귀국은 식량과 물자를 준비하여 방조하되 결핍되지 않게 하라.” 하면서 계속하여 도와줄 것을 요구하였는데, 그 언사가 심히 엄격하였다. 또 이르기를 황제가 적을 물리친 후 양국(兩國)이 형제의 맹약을 맺으라고 하였다.

조충이 즉시 쌀 1천 석을 수송하게 하였는데 중군 판관(判官) 김양경(金良鏡)을 파견하여 정병 1천 명을 거느리고 군량미를 호송하게 하였다. 합진이 크게 기뻐하며 김양경을 심히 위로하였다. 당시 몽고와 동진이 비록 적을 토벌하여 우리를 구한다고 하였으나, 몽고는 오랑캐 중에도 가장 강하고 흉악한 종족이며 또 일찍이 고려와는 옛날에도 우호 관계를 가진 일이 없는 나라이다. 이런 까닭에 온 나라가 당황하여 그것이 사실이 아니라고 의심하였으나, 조충이 홀로 의심치 않고 급보로써 조정에 보고하는 것을 계속하였는데, (고려는) 회답을 지연시키며 음식을 보내어 군사를 위무하자고 하였는데, 이에 합진이 화를 냈다. 조충은 사신을 파견하여 (합진을) 위로하려고 하였는데 여러 장수들이 가기를 꺼려했다. 김취려가 말하기를, "나라에 일이 어려운 때에 사양하지 않는 것이 신하된 사람의 절개이다. 내 비록 재주가 없으나 공을 위하여 한 번 가려 하노라." 하니, 조충이 말하기를, "군중의 모든 일을 공에게 의지하고 있는데 당신이 가면 되겠느냐?" 하였다.

김취려가 드디어 신기(神騎), 내상(內廂) 열 장군의 병사들을 이끌고 갔다. 합진이 통역을 통하여 김취려에게 말하기를, "귀국이 과연 우리와 동맹을 맺으려면 먼저 몽고 황제에게 멀리 절하고 다음으로는 만노(萬奴) 황제에게 절해야 한다." 하였다. 김취려가 말하기를, "하늘에는 태양이 두 개 있지 않고 백성에겐 두 임금이 없는 법인데 천하에 어찌 두 황제가 있을 수 있는가?" 하고, 다만 몽고 황제에게만 절하였다.

김취려는 키가 6척 5촌이나 되는 체격에 수염이 길어서 배를 지났으므로 예복을 입을 때마다 반드시 시녀 두 명으로 하여금 수염을 좌우로 갈라 들게 한 후에 관을 쓰고 띠를 맸다. 합진이 <u>김취려</u>의 용모가 위대할 뿐더러 이제 또 그의 말을 듣고 크게 기이한 인물로 인정하였다. 합진이 그를 자리에 인도하여 같이 앉은 후 말하기를, "내가 일찍이 여섯 나라를 정벌하면서 많은 귀인(貴人)을 보았으나 공의 용모를 보니 어찌 이리 기이한가? 나이가 어떻게 되는가?" 하니 <u>김취려</u>가 "60세에 가깝다."고 대답하였다. 합진이 "나는 아직 50이 안되었는데 양국이 한 집안으로 되었으니 나는 아우가 되겠다."라고 하였다. <u>김취려</u>가 문 밖을 나갈 때 합진이 부액(扶腋)하여 말에 올려 주었다.

며칠 후 조충 또한 이르렀는데, 합진이 원수의 나이를 물어 <u>김취려</u>가 나보다 연장자라고 대답하였다. 합진이 조충을 상좌(上座)에 앉히고 말하기를, "내가 두 형님 사이에 앉는 것이 어떠한가?" 하였다. <u>김취려</u>가 말하기를, "이것은 우리들이 바라던 바이나 먼저 발언하지 못했을 뿐이다." 하고, 좌석을 정한 후 술을 차리고 흥겹게 연회하였다. 몽고 풍속에 손님을 접대할 때에 잘 드는 칼끝으로 고기를 꿰어 주인과 손님이 서로 먹여 주는 것을 좋아하여 눈 깜짝할 사이도 없이 주고받았는데, 종자(從者)들은 곤란한 빛을 보이었다. 그러나 조충과 <u>김취려</u>는 그와 수작하는 동작을 매우 익숙하게 하였으므로 합진이 매우 유쾌히 여겼다.

합진이 조충에게 청하여 술 마시기 내기를 하였는데, 지는 사람은 벌을 받기로 하였다. 조충은 술잔을 끌어 가득차면 바로 마셨는데 비록 많이 마셔도 취하지 않았다. 마지막 잔에 가서 마시지 않고 말하기를, "만약 내가 이기면 약속대로 공이 반드시 벌을 받게 될 것이다. 주인이 손님에게 벌주는 것이 편하겠는가?" 하자, 합진이 그 말을 중히 여겨 대단히 기뻐하고, 이튿날 강동성 밑에서 만나기로 약속하였다. 이에 성 밖 3백 보(步) 지점에 이르러 그쳤다.

합진은 강동성 남문에서 동문에 이르기까지 너비와 길이가 10척(尺)이나 되는 도랑을 파서 서문 이북은 완안자연에게 맡기고, 동문 이북은 김취려에게 맡겨 각각 참호를 파게 하여 성중에 있는 적이 탈주하지 못하게 하였다. 적의 기세가 군색해서 많은 사람들이 나와 항복하였으며 적의 괴수 감사 왕자(喊捨王子)는 스스로 목매어 죽었으며 그의 관인, 군졸 등 5만여 명이 성문을 열고 나와 항복하였다. 합진이 조충 등과 함께 다니면서 투항하는 상황을 시찰하였다. 왕자의 가짜 승상(丞相) 평장(平章) 이하 1백여 명을 모두 말 앞에서 목베었으며 나머지 사람들은 관대히 다스렸다.

합진이 말하기를, "우리가 만리 밖에서 와서 귀국과 합력하여 적을 격파한 것은 천재(千載)의 다행이나, 우리 군대가 멀리 행군하기 곤란하므로 부득이하게 국왕을 배알하지 못하는 것이 한탄스럽소." 하였다. 이로 인하여 조충과 김취려에게 동맹 맺기를 청하면서 말하기를, "두 나라가 영원히 형제로 되어서 만 대에 이르기까지 오늘의 맹약을 잊지 말자!" 하였다. 조충은 군대를 위로하는 연회를 베풀어 주었다. 합진은 포로된 자 수백 명을 (우리측에) 돌려주고 부녀자와 준마(駿馬)를 조충과 취려에게 주었으며, 나머지는 모두 자기가 데리고 갔다.

조충이 그들을 의주까지 전송하였는데 합진이 조충의 손을 잡고 눈물을 흘리며 차마 작별하지 못하였다. 완안자연은 자못 인재를 알아보는 식견이 있었다. 그가 우리나라 사람에게 말하기를, "귀국의 원수는 위대하며 비상한 인물이다. 귀국에 이런 원수가 있는 것은 하늘이 준 복이다." 하였다. 조충이 일찍이 술을 많이 마시고 자연의 무릎을 베개 삼고 잠이 들었는데, 자연은 조충이 놀라 잠을 깰까 염려하여 조금도 꼼짝하지 않고 앉아 있었다. 곁에 있던 사람들이 베개로 바꾸라고 권하였으나 자연은 끝까지 듣지 않았다. 조충의 은혜와 신의가 사람으로 하여금 이처럼 감동하게 한 것이다. 또, 몽고 군인들이 우리측 장령들이 타는 말(馬)을 강탈하여 가지고 갔는데, 조충이 말하기를, “이 말은 모두 관가 말이다. 비록 말이 죽어도 가죽은 나라에 바치는 법이니 빼앗지 말라.” 하였다. 몽고인이 그 말을 곧이듣고 있었는데 어느 한 장군이 은을 받고 말을 주었으므로 이때부터 조충의 말을 거짓으로 생각하고 또다시 많은 말을 빼앗아 갔다. 조충이 거란 포로들을 각 주현(州縣)에 나누어 보내고 빈 땅을 택해서 거주하게 하였으며 농사를 짓게 조치하였다. 세속에서 ‘거란장(契丹場)’이라고 부르는 곳이 바로 여기이다. 조충 등이 개환(凱還)할 때 최충헌이 조충을 시기하여 환영하는 예식을 정지시켰다. 조충은 정당문학(政堂文學) 판예부사(判禮部事)로 임명되었고 얼마 지나지 않아 수태위(守太尉) 동중서문하시랑(同中書門下侍郞) 수국사(修國史)가 더해졌다.

김취려는 추밀부사(樞密副使)에 제수되었다. 이 해에 의주의 적 한순(韓恂)과 다지(多智)가 수비하는 장수를 죽이고 각 군과 연락하여 배반을 일으켰는데 오로지 연주(延州), 성주(成州), 구주(龜州), 안북부(安北府)만이 견고히 지켰다. 이에 조정에서 이극서(李克偦)로 중군을 거느리게 하고 이적유(李迪儒)로 후군을, 김취려로 우군을 거느리고 적을 토벌하게 하였다.

다음해에 김취려를 이극서와 교체하여 중군을 지휘하게 하였는데 한순·다지 등이 금나라 원수 우가하(于哥下)에게 투항하였다. 우가하가 한순과 다지 두 명을 유인하여 죽인 후 그들의 머리를 서울로 전해왔다. 3군이 이번 역적에게 복종한 여러 성들에 대하여 죄에 처할 것을 청하였다. 그러나 김취려는 말하기를, “괴수를 섬멸하거든 협박에 의하여 가담한 자는 죄 주지 말라. 대군이 이르는 곳에는 죄없는 백성들이 재난을 많이 당하고 있거늘 하물며 거란의 침략한 지 4년이 되어 관동(關東) 지방이 폐허로 되었는데 이제 또 우리 군대를 내놓아 나라의 울타리인 변방의 성을 허물어 버리는 것이 옳은가? 나머지 사람들은 일체 죄를 묻지 말라!" 하였다.

이에 <u>김취려</u>가 곽원고(郭元固), 김보정(金甫貞), 종주질(宗周秩), 종주뢰(宗周贄) 등을 의주로 파견하여 유민을 안집하게 하였다. 그러나 종주뢰는 욕심이 많아서 뇌물을 많이 받았으며 뇌물을 주지 않는 자에게는 구실을 붙여 죽였다. 고을사람들이 이를 원망하여 적의 잔당 윤창(尹昌) 등을 인도하여 성을 넘어 들어오게 하여 종주뢰 등을 죽이니, 곽원고 등이 도망하여 돌아와서 보고하였다. <u>김취려</u>는 대장군 조염경(趙廉卿)을 보내 군대 5천 명을 거느리고 토벌하게 하였더니 윤창은 도망가고 적의 도당은 와해되었다. 당시 거란의 남은 무리들이 영원(寧遠)의 산중에 숨어 있다가 때때로 나타나서 백성들의 재물을 약탈하였으므로 그것이 백성들의 우환거리로 되었다. <u>김취려</u>가 이경순(李景純), 이문언(李文彦) 등을 보내 이들을 격파하여 북부 국경지대가 모두 편안하게 되었다.

다음해에 <u>김취려</u>는 추밀사(樞密使) 병부상서(兵部尙書) 판삼사사(判三司事)로 승직되었다가 얼마 뒤에 참지정사(參知政事) 판호부사(判戶部事)가 되었다. 9월에 평장사(平章事) 조충이 죽었는데 부고를 듣고 왕이 심히 애도하고 3일간 조회를 정지하였으며 개부의동(開府儀同) 삼사 문하시중(三司門下侍中) 벼슬을 추증하였다.

고종 21년(1234년) <u>김취려</u>가 죽으니 시호를 위열(威烈)이라고 하였다. <u>김취려</u>는 검소하고 또 정직하며 충심과 의리를 신조로 삼았으며 군대를 통솔함에 있어서는 명령이 엄격하였다. 그리하여 군사들이 털끝만치도 침범하지 않았으며 술이 생기면 잔을 가져다가 말단 군인들과 함께 골고루 마시었기 때문에 병사들이 그의 명령이라면 죽을 힘을 다 바쳤다. 강동 전투에서의 공로는 다 조충에게 돌려주었으나 전쟁터에 나서서 적군과 싸울 때에는 신기한 전술을 많이 써서 큰 공을 이루었으면서도 한 번도 그런 공적을 자랑한 적이 없었다. 그가 상(相)으로 된 후에는 정직하게 하부를 통솔하였으므로 부하들이 감히 그를 기만하는 일이 없었다. 아들 전(佺)은 문하시랑(門下侍郞)이었다. 김전의 아들은 김양감(金良鑑)이고, 김양감의 아들은 김문연(金文衍)이다.

논하기를, 우리 태조께서 나라를 여신 뒤로 고왕(高王)까지 3백여 년인데 최씨 부자가 대를 이어 정권을 잡아 안으로 정예(精銳)한 병력을 독차지하고서 위세를 멋대로 부리며 밖으로 노약한 병사들을 내주고는 싸움을 독려하였다. 그런데 요(遼)의 잔당들이 험요(險要)한 곳에 머무르니 몽고병이 변방을 위압하면서 군대를 요구하며 적을 토벌하고자 했다. 순응하자니 그 심정을 알 수 없고, 거역하자니 반드시 다른 변고가 있을 것이라 안위가 매우 긴박하였다. 조충과 <u>김취려</u>는 서로 계책을 결정하는 데 있어 출동하거나 의심하지 않았으며, 합진(哈眞)과 맹약을 체결한 것은 나라를 위한 마음을 굳게 한 것이고, 만노(萬奴)에게 절하지 않은 것은 왕을 존중하는 뜻을 밝힌 것이다. 조용히 술잔을 들면서도 적을 귀신같이 물리쳐서 사직이 이에 안정되었으니, 서희(徐熙)·강감찬(姜邯贊)만이 아름다운 이름을 독점할 수 없을 것이다. 어찌 세상에 드문 영웅호걸이 아니겠는가?

자저(自著)[38]

『자저』 권지1 부(賦)

【원문】

廣韓賦 [幷序○乙未]

[廣. 廣之也. 韓. 三韓也. 古者東國有弁辰馬三韓. 至今俗稱東國爲三韓. 盖採掇東國之事蹟而廣之也. 揚六百五十二句.]

…… 樂園毅以讋狄. 威烈神於禦戎. 當二寇之陸梁. 樽俎澹以折衝. 及干城之淪喪. 愈外食而內訌. [樂園趙冲獨樂園. 威烈金就礪謚也. 二寇. 契丹蒙古也. 冲出入將相. 朝野倚重. 當丹蒙之亂. 與就礪同心協力. 雍容盃酒之間. 却敵如神. 國家賴安. 爲相. 開獨樂園於東皐. 與賢士大夫逍遙. 以琴酒自娛. 就礪身長六尺五寸. 鬚過其腹. 每盛服. 令二婢分擧其鬚而後束帶. 與冲合東眞兵. 擊丹寇. 東眞哈眞語就礪曰. 果與我結好. 當先遙禮蒙

---

38) 조선후기의 문장가이자 서화에도 능했던 유한준(兪漢雋)의 문집이다. 문집에는 국화를 소재로 철학적 사색을 담고 있는 「창하종국기(蒼下種菊記)」, 역사소설의 성격을 지닌 「강홍립전(姜弘立傳)」 등이 담겨져 있다. 유한준은 (1732년/영조 8~1811년/순조 11)은 남유용(南有容)의 문인(門人)으로, 고문(古文)에 뛰어난 문장가로 평가받았다. 52세에 『자저(自著)』라는 이름으로 자신의 시문을 자편(自編)한 것을 시작으로 이후 여러 차례 시문을 보충하고 재산정(再刪定)하는 작업을 계속하였는데, 아쉽게도 저자 사후에 문집으로 총정리되어 간행되지는 못하였다. 현재 장서각과 규장각에『임술본 자저(壬戌本自著)』가 소장되어 있는데 둘 다 3책(권3~4, 권7~8, 권19~20)이 결책된 결본(缺本)이다. 저자가 임술본자저의 편찬을 1802년에 착수했기 때문에 임술본이라고 불리나 실제 수록 내용은 1804년까지 되어 있는 것으로 보아 완결된 해는 1804년인 듯하다.

古皇帝. 次禮萬奴皇帝. **就礪**只拜蒙古曰. 天下安有二皇帝邪. 哈眞見**就
礪**狀貌奇偉. 又奇其言. 問年稱兄曰. 吾行天下多矣. 未見如公者. 遂飮酒
極懽.]

【번역문】

광한부[병서○을미]

[광(廣)은 넓다는 뜻이다. 한(韓)은 삼한(三韓)을 의미하는데, 옛날에
동국(東國)에 변한·진한·마한의 삼한이 있었으며 지금에 이르러 속칭
동국을 삼한이라고 한다. 대개 동국의 사적(事蹟)을 가려 뽑으니 이것이
넓으니 총 6백5십2구이다]

…… 낙원(樂園)은 섭적(讋狄)에 강인하며, 위열(威烈)은 방어하는
데에 신이하다. 두 도적의 육량(陸梁)을 술자리에서 평화롭게 절충하였
고 나라를 지키는 데에 목숨을 다하였으며 외식(外食)과 내홍(內訌)에
근심하였다[낙원은 조충(趙沖)의 독락원(獨樂園)이며 위열(威烈)은 <u>김
취려</u>의 시호이다. 이구(二寇)란 거란과 몽고이다. 충은 장상(將相)으로
나아가 조야(朝野)에서 중히 여겨졌다. 거란과 몽고의 난을 당하여 <u>취려</u>
와 더불어 같은 마음으로 협력하여 평안하고 조용히 술 한잔 하는
사이에 적을 물리치는 것이 신이하여 국가를 편안케 하였다. 상(相)이
되어 독락원을 열어 현사대부(賢士大夫)와 함께 자유로이 돌아다니며
거문고와 술로 스스로 즐겼다. <u>취려</u>의 신장은 6척 5촌이며 수염이 배를
넘어서니, 매번 옷을 입을 때에는 두 여종에게 명하여 그 수염을 나누어
들게 한 후에 띠를 매었다. 충이 동진병(東眞兵)이 더불어 거란을 치니,
동진(東眞)의 합진(哈眞)이 <u>취려</u>에게 말하기를, "과연 나와 좋은 의를
맺으려면 마땅히 먼저 가서 몽고 황제(蒙古皇帝)에게 예를 갖추어야

하고 다음으로 만노 황제(萬奴皇帝)에게 예를 갖춰야 한다." 하였다. <u>취려</u>가 단지 몽고에 배(拜)하고 말하기를, "천하에 어찌 두 황제가 있을 수 있겠는가." 하였다. 합진이 <u>취려</u>의 웅장한 용모와 기이한 풍모를 보고 또한 그 말을 기이하게 여기며 나이를 물어 형이라 칭하고 말하기를, "내가 천하에서 많은 일을 행하였으나 공과 같은 사람을 본적이 없다." 하며 드디어 술을 마시며 매우 기뻐하였다].

무명자집(無名子集)[39]

『무명자집시고』 책6 시(詩) 영동사(詠東史)

【원문】

…… 其四百九十五 趙冲**就礪**破丹兵. 忠獻忌功賞不行. 從古權臣中用事. 將難爲國敵難幷.[元帥趙冲, 兵馬使**金就礪**. 與蒙古哈眞合兵. 大破丹兵凱還. 忠獻忌功. 停迎迓禮. 有功者無賞. 將士皆怨.]

【번역문】

495. 조충(趙冲)과 김취려(金就礪)가 거란병을 격파하였다. 최충헌(崔忠獻)이 그들의 공로를 시기하여 상을 주지 않았다. 예부터 따르는 권신들이 일을 처리하여 장차 나라를 위해 적을 물리치기도 어려워졌다[원수 조충, 병마사 김취려가 몽고 합진과 함께 군사를 합하여 거란병을 크게 물리치고 개선하여 돌아왔는데, 충헌이 공을 시기하여 환영하는 의식을 정지하였다. 공이 있어도 상을 받지 못해 장사들이 모두 원망했다].

---

39) 조선후기의 남인(南人) 학자 윤기(尹愭, 1741~1826)의 문집이다. 윤기는 생전에 자신의 문집을 정리하였는데 현존하는 저자의 문집으로는 후손인 윤병희씨 가장본이 유일하다. 시고(詩稿) 6책, 문고(文稿) 13책 합 19책으로 이루어져 있는데, 시고는 1745년부터 1810년경 사이에 지은 시가 연대순으로 편차되어 있고, 문고는 1759년부터 1826년경 사이에 지은 글이 대략 연대순으로 편차되어 있다.

고려명신전(高麗名臣傳)[40]

1. 『고려명신전』

【원문】

金就礪 文衍 胼

金就礪彦陽人 父富禮部侍郎 **就礪**蔭補正尉 選充東宮衛 累遷將軍 鎭東
北界 擢大將軍 康宗朝巡撫塞上邊民畏愛 高宗三年 契丹兵數萬人 渡鴨
綠江 攻寧朔諸鎭 **就礪**從上將軍盧元純往擊之 遇賊戰于開平驛 斬獲甚
多 又得馬驟銀牌銅印兵仗無算 **就礪**又奮劍躍馬 衝賊圍而出賊兵大潰
於是

元純欲休兵退據延州 **就礪**曰 今我軍屢捷 鬪志尙銳 請乘其鋒而一戰勝
之 元純遂使**就礪**樹黑幟軍 中爲信令出戰 士皆冒白刃爭赴無不一以當百
就礪與諸將 橫截賊陣大破之 斬獲二千餘級 餘皆溺死江中 江水爲之盡
赤 又追其餘軍 後至者悉却之 盡獲輜重而至 元純出迎西門賀曰 將軍卒
遇强敵 能摧其鋒 三軍負荷之士 無一失亡 此皆公之力也 仍馬上擧酒爲
壽曰 願公且盡之 諸將士與城中父老 皆叩頭曰 將軍爲國家 掃平强寇

---

40) 1822년(순조 22)에 금릉(金陵) 남공철(南公轍, 1760~1840)이 지은 고려시대
의 충신·효자·열녀·일민(逸民)에 관한 전기집(傳記集)이다. 제신(諸臣)에 홍
도(洪濤) 등 244명, 도학(道學)에 정몽주(鄭夢周) 1명, 사절(死節)에 하공진(河
拱辰) 등 7명, 사사(死士)에 신숭겸(申崇謙) 등 6명, 효자에 문충(文忠) 등
17명, 열녀에 유씨(兪氏) 등 12명, 일민에 남을진(南乙珍) 등 25명의 사적(事蹟)
과 태학생(太學生)·무관·판사(判事) 등 후세에 전할 만한 사람들의 약전(略傳)
을 12권 6책에 기록하였다.

且使我老弱得免於塗炭 仍呼百歲 明年 賊又大擧兵 由大同江 屠畧廣州
王拜**就礪**金吾衛上將軍 以左承宣車倜爲前軍兵馬使 大將軍李傅知兵馬
使 禮部侍郎金君綏爲副使 上將軍宋臣卿爲左軍兵馬使 將軍崔愈恭知兵
馬使 刑部侍郎李實春爲副使 至是 諸軍皆來會 次于太祖灘與戰 賊乘勝
突馳圍之數重 **就礪**遂拔所佩劍 單身大呼而出 忽中流矢病創而還 至長
湍閱諸軍 更以吳應夫爲中軍兵馬使 大將軍李茂攻知兵馬使 小府監權濬
爲副使 上將軍崔元世爲前軍兵馬使 郭公儀知兵馬事 戶部侍郎金奕輿爲
副使 借將軍貢天源爲左軍兵馬使 司宰卿崔義知兵馬事 將作監李勣爲副
使 借上將軍吳仁永爲右軍兵馬使 借衛尉卿宋安國知兵馬事 侍郎秦世儀
爲副使 上將軍柳敦植爲後軍兵馬使 崔宗峻知兵馬事 陳淑爲副使 各指授
方略而禦之 **就礪**遂自將兵追賊至黃驪江泉寺 又令元世分軍爲掎角之勢
翌日會于麥谷與戰 斬首三百餘級 所殺傷不可勝計 後三日 追至朴達縣
諸將皆率兵來會 元世謂**就礪**曰 嶺上非大軍所止欲退屯山下 **就礪**曰 用
兵之術 雖貴人和地利亦不可輕 賊若先據此嶺 我在其下猿猱之捷 亦不得
過 況於人乎 官軍遂登嶺而宿 質明賊果進軍于嶺之南 先使數萬人 分登
左右峯 欲爭要害 **就礪**使將軍申德威李克仁當左 崔俊文周公裔當右 **就
礪**從中鼓之士皆殊死戰 官軍望之亦大呼爭前賊大潰老弱男女兵仗輜重
狼藉委弃 賊由是不果南下皆東走 追至溟州大關山嶺將卒怯懦退屯旬日
乃進賊已踰嶺 中軍左軍前軍 復追賊至溟州敗之 獲玉帶金銀牌器仗 賊圍
溟州 四軍追之 後軍不及屯剛州 右軍與賊戰于登州敗績陣主吳守貞死
賊趍咸州 遂入女眞地 官軍退縮莫有追躡者 **就礪**承中軍牒移兵定州使覘
賊 返曰 賊在咸州與我比境 雞犬之聲相聞 **就礪**築鹿角垣三周其隍留李
克仁盧純祐申德威朴蕤等四將守移據興元鎮 賊得女眞兵復振長驅而來
就礪回軍遇於豫州栝川交綏而退 忽遘疾將佐請歸就醫藥 **就礪**曰 吾寧

死於此 豈可求安於家乎 疾甚勅歸京理疾肩輿至京累月乃瘳 **就礪**所留兵
戰于渭州敗績賊復聚寇高州和州陷寧仁長平二鎭 又陷豫州 於是 罷五軍
及加發兵置三軍 以文漢卿爲中軍兵馬使 李實椿知兵馬事 李得喬爲副使
貢天源爲左軍兵馬使 宋安國知兵馬事 金奕興爲副使 李茂功爲右軍兵馬
使 權澝知兵馬事 金沿亮爲副使 明年賊又大至 以守司空趙冲爲西北面元
帥 **就礪**爲兵馬使 借將軍鄭通寶爲前軍 吳壽祺爲左軍 申宣胄爲右軍 李
霖爲後軍 李迪儒知兵馬事 王親授鉞遣之 冲**就礪**等數與賊戰敗之 賊勢
窮入保江東城 哈眞札剌與完顔子淵追討契丹 直指江東遣人來請兵粮 諸
將皆憚於行 **就礪**曰 國之利害正在今日 若違彼意後悔何及 冲曰 是予意
也 然此大事非其人不可遣 **就礪**曰 事不辭難臣子之分 吾雖不才請爲公
一行 冲曰 軍中之事徒倚公重公去可乎 明年 **就礪**乃與知兵馬事韓光衍
領十將軍兵及神騎大角內廂精卒 往焉哈眞使通事趙仲祥語**就礪**曰 果與
我結好當先遙禮蒙古皇帝次禮萬奴皇帝 萬奴者前爲金將已而叛之據遼
東 自稱皇帝國號大眞金 嘗移書令 本國拒絶之事 在高宗世家 **就礪**曰
天無二日 民無二王 天下安有二帝耶 只拜蒙古帝 **就礪**身長六尺五寸 鬚
髯過其腹 每盛服必起立 使兩婢子分擧其鬚而後束帶 哈眞見狀貌魁偉
又聞其言大奇之 引與同坐問年幾何 **就礪**曰 今近六十矣 哈眞曰 君齒長
於我 旣爲一家 我呼君爲兄 君謂我爲弟可乎 仍使**就礪**東向坐 明日又詣
其營 哈眞曰 吾常征伐六國 閱天下士多矣 見兄之貌 眞貴人也 吾重兄之
賢視麾下士卒亦如一家 臨別執手出門扶腋上馬而去 後冲亦至哈眞 問元
帥年與兄孰長 **就礪**曰 長於我矣 乃引冲坐上座曰 吾欲一言恐爲非禮然
以兄之故不宜自外 吾其坐兩兄之閒如何 **就礪**曰 是吾等所望 但未敢先
言耳 坐定置酒作樂 哈眞令美人皷瑟 自爲歌和之 冲**就礪**皆起舞 哈眞善
飮與冲較飮約不勝者罰之 冲引滿輒釂 然終不醉 及闍擧一杯不飮曰 非不

能飮若勝而如約則公必受罰矣 寧我見罰豈可以主人而罰客耶 哈眞大笑
詰朝會江東城下 去城三百步而止 哈眞自城南門 至東南門鑿池 廣深十尺
西門以北 委之完顏子淵 東門以北 委之就礪 皆令鑿隍以防逃逸 賊勢窘
四十餘人 踰城降於蒙古軍 賊魁嗛捨王子自縊死 其官人軍卒婦女五萬餘
人 開城門出降 哈眞與冲等行視投降之狀 王子妻息及僞丞相平章以下百
餘人 皆斬於馬前 其餘悉寬其死使諸軍守之 哈眞曰 我等來自萬里與貴國
合力破賊千載之幸也 禮當往拜國王 吾軍頗衆難於遠行 但遣使陳謝耳
哈眞札刺請冲就礪同盟曰 兩國永爲兄弟 萬世子孫 無忘今日 冲設犒師
宴 哈眞以婦女童男七百口 及吾民爲賊虜掠者二百口歸于我 以女子年十
五左右者 遺冲就礪各九人 駿馬各九匹 其餘悉令自隨 冲以契丹俘虜分
送州縣 擇閑曠地居之 量給田土業農爲民 俗呼爲契丹場 是年義州賊韓恂
多智殺守將 連諸城以叛 以樞密副使李克偦將中軍 李迪儒將後軍 就礪
將右軍討之 明年拜樞密副使代克偦將中軍 恂智等投金元帥亏哥下 亏哥
下誘斬二人傳首于京 三軍請理諸城從逆之罪 就礪曰 書云 殲厥渠魁脅
從罔治 大軍所臨如火燎原無辜受禍多矣 況因契丹關東爲墟 今又縱兵自
撤藩籬可乎 餘悉不問 就礪遣郭元固金甫貞宗周秩宗周賚等 往義州安集
遺民 周賚貪婪多受人賂無賂者借事誅殺 州人怨之引 賊黨尹昌等 踰城而
入 殺周賚等 元固甫貞逃奔以告 就礪遣判官崔弘 錄事朴文挺諭以禍福
繼遣大將軍趙廉卿 將軍朴文賁 以兵五千討之 昌等逃賊黨瓦解時契丹餘
衆竄伏寧遠山中時出鈔盜爲民患 就礪遣李景純李文彥擊破之 北境以安
就礪爲人剛嚴正直 其臨陳對敵慨然 有爲國一死意 號令明肅 士卒不犯
秋毫有酒 輒用一卮與最下者均飮 故能得其死力 江東之役皆多出奇計以
成大功 然皆讓於冲 未嘗自居 爲相正色率下人莫敢欺 及歿家無餘財 人
比之郭汾陽而多其廉焉 明年 陞樞密使 兵部尙書 判三司事 俄遷叅知政

498

事 判戶部事 十五年 守太尉 中書侍郎平章事 判兵部事 遂拜侍中 二十一
年 卒謚威烈 配享高宗廟庭 子佺門下侍郎 子良鑑頵仲保胼 良鑑子文衍
文衍幼爲僧 後歸俗 年踰三十不能自振 女弟淑昌院妃 得幸忠烈王 卽授
左右衛散員 驟遷至僉議侍郎贊成事 妃又寵於忠宣 封王淑妃 拜文衍僉議
中護 元授信武將軍鎭邊萬戶 賜三珠虎符 本國封彦陽君 後率禿魯花如元
又加鎭邊萬戶府 達魯花赤 忠肅元年 東還卒于道 爲人豁達無迂曲 每見
淑妃左右 太侈抑止之 謚榮信無子
胼字損之 蔭補東面都監判官 登第累遷禮部郎中 忠烈以世子入元胼從之
及忠烈尙公主 襲爵東還 胼功居多 賜誓券曰 爾功之大 予賞之微 爾雖有
罪 十犯九宥 至于子孫 亦如之 官累判秘書寺事 與同修國史任翊 撰元世
祖事跡 尋遷承旨 進副知密直 出爲西北面都指揮使 歷監察大夫 判三司
事 二十七年 以僉議叅理卒 謚文愼 性純厚無華奉公以正能業其家 子倫
禑 倫自有傳 禑志操廉靜 官至代言.

【번역문】

　김취려는 언양(彦陽) 사람이니 아버지 부(富)는 예부시랑(禮部侍郎)이
었다. 김취려는 문음으로 정위(正尉)에 임관되었다가 선발되어 동궁위
(東宮尉)로 등용되었다. 여러 번 승직되어 장군(將軍)으로 임명되어
동북계(東北界)를 진수하고 대장군(大將軍)으로 등용되었다. 강종 때에
변경 요새 지대를 순무(巡撫)하였는데 변경 주민들이 그를 경애하였다.
　고종 3년에 거란병(契丹兵) 수만 인이 압록강을 건너 영삭(寧朔) 등
여러 진에 침입하였다. 취려가 상장군 노원순을 따라가서 그들을 격파하
였다. 적군을 개평역(開平驛)에서 만나 싸워 참획한 것이 매우 많았다.
또 말과 노새, 은패, 동인, 병장 등 얻은 것이 셀 수 없었다. 취려가

또 칼을 빼들고 말을 몰아 적의 포위망을 충격하여 드나들면서 맹렬히 공격하니 적병이 크게 무너졌다. 이때 원순이 병력을 연주를 거점으로 퇴거하고자 하니 취려가 말하기를, "지금 우리군은 여러 번 승리하여 투지가 왕성하니, 이 예기를 몰아 한번의 싸움으로 승리를 거둡시다." 하였다. 노원순은 드디어 취려에게 명하여 검은 깃발을 들어 군사들에게 신호를 보내니 출전하는 병사들이 모두 서슬이 번쩍이는 칼을 들고 앞다투어 나아가 일당백(一當百)의 용맹으로 적을 무찔렀다. 취려는 여러 장수들과 함께 적진을 가로질러 차단하고 크게 격파하였다. 참획한 것이 2천여 급이나 되었고, 나머지는 모두 강에 빠져 죽었다. 강물이 모두 빨갛게 변하였다. 또 나머지 군으로 뒤에 도착한 군대도 모두 무찌르고 치중(輜重)까지 모두 빼앗아 도착하였다. 노원순이 서문 밖까지 영접 나와서 치사하기를, "갑자기 강적을 만났는데 적의 기세를 꺾었고 3군의 짐을 운반하는 부대의 병사들도 자그만 손실도 없게 하였으니 이는 당신의 힘이다." 하고, 말 위에서 술을 부어 축수(祝壽)하며 말하기를, "원컨대 공은 천수를 다하시라." 하였다. 여러 장사들과 성 안의 부로(父老)들이 모두 절하며 말하기를, "장군이 국가를 위해 강적을 소탕해서 우리 같은 노약자들이 또 도탄을 면하였습니다." 하며 "백세"를 외쳤다.

　다음 해 적군이 또 크게 일어나 대동강을 건너 황주를 건너 왔다. 왕이 취려를 금오위 상장군에 재배하고, 좌승선(左承宣) 차척(車倜)을 전군병마사(前軍兵馬使)로, 대장군 이부(李傅)를 지병마사(知兵馬使)로, 예부시랑 김군수(金君綏)를 부사(副使)로, 상장군 송신경(宋臣卿)을 좌군병마사(左軍兵馬使)로, 장군 최유공(崔愈恭)을 지병마사(知兵馬事)로, 형부시랑 이실춘(李實椿)을 부사(副使)로 각각 임명하였다. 이때 이르러 제군(諸軍)이 모두 태조탄(太祖灘)에 이르러 전쟁을 벌였다. 적군은 이긴 기세를 타서 갑자기 돌격하여 겹겹이 포위하였다. 김취려는 차고 있던 칼을 빼어들고 단신으로 크게 외치며 출격하다가 전신에 창과 화살을 맞아 심한 부상을 당하고 돌아왔다. 장단(長湍)에 이르러 제군을 검열하고, 다시 오응부(吳應夫)를 중군병마사로, 대장군 이무공(李茂功)을 지병마사로, 소부감(少府監) 권준(權濬)을 부사로, 상장군 최원세(崔元世)를 전군병마사로, 곽공의(郭公儀)를 지병마사로, 호부시랑(戶部侍郎) 김혁여(金奕輿)를 부사로, 차장군 공천원(貢天源)을 좌군병마사로, 사재경(司宰卿) 최의(崔義)를 지병마사로, 장작감(將作監) 이적(李勣)을 부사로, 차상장군 오인영(吳仁永)을 우군병마사로, 차위위경(借衛尉卿) 송안국(宋安國)을 지병마사로, 시랑 진세의(陳世儀)를 부사로, 상장군 유돈식(柳敦植)을 후군병마사로, 최종준(崔宗峻)을 지병마사로, 진숙(陳淑)을 부사로 각각 임명하여 적을 방어하게 하였다.

김취려가 드디어 장병들을 거느리고 황려(黃驪) 법천사(法泉寺)까지 적을 추격하였다. 또 최원세에게 군대를 나누어서 앞뒤 서로 호응하면서 적을 견제하라고 명령하였다.

이튿날 맥곡(麥谷)에서 양군이 합세하여 적과 싸워 적병 3백여 명의 머리를 베고 살상자는 셀 수 없을 정도였다. 3일 후 적을 추격하여 박달현(朴達峴)에 이르니 여러 장수들도 부대를 인솔하고 와서 서로 모였다. 최원세가 김취려에게 말하기를, "고개 정상은 대군이 머무를 곳이 못되니 산 아래로 내려가서 주둔해야 합니다." 하니, 김취려가 말하기를, "용병의 기술에서 보면 비록 인심의 단결이 귀중한 것은 물론이나 지형이 유리한 것도 경시할 수 없다. 만약 적이 먼저 이 고개를 점령하고 우리가 그 밑에 있게 된다면 아무리 원숭이같이 민첩한 군대라도 통과할 수 없을 것이거늘 하물며 인간으로서 어떻게 통과하겠는가?”
하였다. 그리하여 관군이 드디어 영마루에 올라가 숙영하였다.

　이튿날 동틀 무렵에 적군이 영(嶺) 남쪽으로 진출하여 먼저 수만
명의 병력을 나누어 좌우 고지로 올라오면서 그 요지를 점령하려고
하였다. 김취려가 장군 신덕위(申德威), 이극인(李克仁)으로 좌측을 담당
하고, 최준문(崔俊文), 주공예(周公裔)로 우측을 담당하게 하며, 취려는
중간에서 북을 울리면서 지휘하였는데 전사들이 모두 결사적으로 싸웠
다. 관군들이 바라보고 또 함성을 외치면서 앞을 다투어 돌격하니 적군이
대패하여 노약자, 남녀, 병장과 차량 등을 내버리고 모두 도망쳤다.
그래서 적들이 이 전투로 인해서 남으로 진공할 계획을 포기하고 모두
동쪽으로 달아났다. 적을 추격하여 명주(溟州) 대관산령(大關山嶺)에
이르러서는 장졸들이 겁을 먹고 열흘 동안이나 머물다가 진군하니
적군은 이미 영을 넘어간 뒤였다. 중군, 좌군, 전군이 다시 적을 추격하여
명주에 이르러 적을 격파하고 옥띠(玉帶), 금패(金牌)·은패(銀牌), 기장
(器仗) 등을 노획하였다. 적군이 명주성을 포위하고 있으므로 4군이
적을 추격하기로 하였으나, 후군이 미처 따르지 못하였기 때문에 강주(剛
州)에서 주둔하고 있었다. 우군이 단독으로 등주(登州)에서 적군과 교전
하다가 패배당하고 지휘관 오수정(吳守貞)이 전사하였다. 적은 함주(咸
州)를 거쳐 마침내 여진(女眞) 지역으로 들어갔고, 관군은 위축되어
적의 뒤를 추격하는 자가 없었다. 김취려가 중군으로부터 받은 공문에
의하여 부대를 정주(定州)로 옮기고 적의 동태를 살펴었다. 정찰병의
보고에 이르기를, “적군이 함주에 있는데 우리와의 거리가 가까워 개와
닭의 소리가 서로 들리는 형편입니다.” 하였다. 김취려가 사슴뿔 모양[鹿
角]의 담을 설치하고 세 겹으로 참호를 파서 방어시설을 만들었으며

502

이극인(李克仁), 노순우(盧純祐), 신덕위(申德威), 박유(朴蕤) 등 네 장군을 남겨 수비하게 하고 주력 부대는 흥원진(興元鎭)으로 옮겨 가서 주둔하고 있었다.

적군은 여진병의 원조를 얻어 다시 떨쳐 일어나 침입하여 들어왔다. 김취려 부대가 되돌아오다가 예주(豫州) 생천(桂川)에서 적과 마주쳐서 교전하다가 퇴군하였다. 김취려가 갑자기 병에 걸렸으므로 막료들이 후방으로 가서 치료하기를 권하였다. 김취려가 대답하기를, "내가 차라리 이곳에서 죽을지언정 어찌 집 안에서 편안히 있기를 원하겠는가?" 하였다. 그러나 병이 심해서 왕의 명령으로 수도로 돌아가서 치료하기로 되어 가마를 타고 서울에 도착하여 몇 달을 지나 겨우 완치되었다.

그 사이 김취려가 남겨둔 부대는 위주(渭州)에서 적과 싸우다가 패전하였다. 적군은 다시 세력을 집결하여 고주(高州), 화주(和州)를 침략하고 영인(寧仁), 장평(長平) 두 진(鎭)을 함락하고 또 예주(豫州)까지 함락시켰다. 이에 조정에서는 전에 편성한 5군과 가발병(加發兵)을 폐지하고 새로 3군으로 개편하여 문한경(文漢卿)을 중군병마사로, 이실춘(李實椿)을 지병마사로, 이득교(李得喬)를 부사로, 공천원(貢天源)을 좌군병마사로, 송안국(宋安國)을 지병마사로, 김혁여(金奕興)를 부사로, 이무공(李茂功)을 우군병마사로, 권준(權濬)을 지병마사로, 김연량(金沿亮)을 부사로 각각 임명하였다.

이듬해에 적군이 또다시 대거 침입하였으므로 수사공(守司空) 조충(趙沖)을 서북면 원수로 삼고, 김취려를 병마사로, 차장군 정통보(鄭通寶)를 전군으로, 오수기(吳壽棋)를 좌군으로, 신선주(申宣胄)를 우군으로, 이림(李霖)을 후군으로, 이적유(李迪儒)를 지병마사로 각각 임명하고 왕이 친히 부월(鈇鉞)을 주어 보냈다.

조충과 <u>김취려</u> 등이 여러 번 적군과 교전하여 타격을 가하니 적의 세력이 궁지에 빠져서 강동성(江東城)으로 들어가서 그곳을 거점으로 삼고 있었다. 합진(哈眞)·찰라(札剌)와 완안자연(完顔子淵)이 거란을 토벌하러 바로 강동성으로 진군하여 오면서 고려에 사람을 파견하여 군대와 식량을 요청하여 왔다. 여러 장수들이 모두 가기를 꺼리고 있었는데, <u>김취려</u>가 말하기를, "국가의 이해가 바로 오늘의 처사에 달려 있다. 만약 그들의 뜻을 어겨 사단이 생긴다면 후회한들 무엇하리?" 하니, 조충이 말하기를, "이 말이 바로 나의 의견이다. 그러나 이는 중대한 일이니 적임자가 아니면 보낼 수 없다." 하였다. <u>김취려</u>가 말하기를, "나라에 일이 어려운 때에 사양치 않는 것이 신하된 사람의 직분이다. 내 비록 재주가 없으나 당신을 위하여 한 번 가겠습니다." 하니, 조충이 말하기를, "군중의 모든 일을 공에게 의지하고 있는데 당신이 가면 되겠느냐?" 하였다.

이듬해에 <u>김취려</u>가 지병마사 한광연(韓光衍)과 더불어 열 명의 장군과 그들의 군대와 신기군(神騎), 대각군(大角軍), 내상군(內廂軍) 등의 정예 부대를 데리고 갔다. 합진이 통역 조중상(趙仲祥)을 통하여 <u>김취려</u>에게 말하기를, "귀국이 과연 우리와 동맹을 맺으려면 먼저 몽고 황제에게 멀리 절하고 다음으로는 만노(萬奴) 황제에게 절해야 한다." 하였다. 만노는 전에 금나라 장군이었는데 요동을 근거로 반란을 일으켜 스스로 황제라 칭하고 국호를 대진(大眞)이라 하였다. 금나라에서 일찍이 서신을 보내 본국에게 거절하게 한 일에 대해서는 고종세가에 실려 있다. <u>김취려</u>가 말하기를 "하늘에는 두 개의 태양이 있지 않고 백성에게는 두 임금이 없는 법인데 천하에 어찌 두 황제가 있을 수 있는가?" 하고, 다만 몽고 황제에게만 절하였다.

김취려는 키가 6척(尺) 5촌이나 되는 체격에 수염이 길어서 배를 지났으므로 항상 예복을 입을 때마다 반드시 일어서서 여종 두 명으로 하여금 수염을 좌우로 갈라 들게 한 후에 띠를 띠곤 하였다. 합진이 김취려의 용모가 위대할 뿐더러 이제 또 그의 말을 듣고 크게 기이한 인물로 인정하였다. 그를 자리에 인도하여 같이 앉힌 후 나이를 물으니, 김취려가 "지금 60세에 가깝다." 하였다. 합진이 "당신이 나보다 나이가 많다. 이미 한 집안으로 되었으니 당신은 형으로 되고 나는 아우가 되겠다." 하고 김취려를 동쪽으로 향하여 앉게 하였다.

이튿날 김취려를 또 다시 자기 병영으로 초대하고 그 자리에서 합진이 말하기를 "내가 일찍이 여섯 나라를 정벌하면서 훌륭한 인물들을 많이 보았으나 형의 용모를 보니 진실로 귀인이다. 이것이 내가 형이 어진 것을 중하게 여겨 형의 휘하 병졸에게 대하여도 역시 한 집안같이 대한다." 하였다. 작별하고 떠날 때에도 김취려의 손을 잡고 문 밖까지 나와서 겨드랑을 받들어 말에 올려 주었다.

며칠 후 조충도 그를 방문하였는데 합진이 묻기를, "원수와 형 중 누구의 나이가 더 많으신가?" 하니, 김취려가 "나보다 나이가 많다" 하니, 합진이 조충을 상좌(上座)에 앉히고 말하기를, "내가 한 말씀 드리고자 하는데 실례가 될까 두렵다. 그러나 친한 정의에 체면만 차리는 것은 부당하다. 내가 두 형님 사이에 앉는 것이 어떠할까?" 하였다. 이에 대하여 김취려가 말하기를, "이것은 우리들이 바라던 바이나 먼저 발언하지 못했을 뿐이다." 하고, 좌석을 정한 후 술을 차리고 흥겹게 연회하였다. 합진이 미인들에게 북과 거문고를 연주하게 하고는 스스로 노래를 불러 화답하였다. 조충과 취려도 모두 일어나 춤을 추었다. 합진은 술을 잘 마시는 편인데 조충과 술 마시기 내기를 하되 지는 사람은 벌 받기로 약속하였다. 조충은 줄곧 마셔도 취한 빛이 보이지 않았다. 그러다가 마지막 잔에 가서 잔을 받아 놓고 말하기를, "이 술을 내가 못 마실 바는 아니나 만약 내가 이기면 약속대로 공이 반드시 벌을 받게 될 것이니 차라리 내가 벌을 받겠다. 주인으로서 손님을 벌주는 것이 마음에 좋을 수 있겠느냐?" 하였는데, 합진이 크게 웃었다.

이튿날 강동성 밑에서 만나기로 약속하였다. 그리하여 <u>김취려</u>가 성밖 3백 보(步) 지점에 이르러 그쳤다. 합진은 강동성 남문에서 동남문에 이르기까지 너비와 깊이가 10척(尺)이나 되는 도랑을 팠으며 서문 이북은 완안자연에게 맡기고, 동문 이북은 <u>김취려</u>에게 맡겨 각각 참호를 파게 하여 성중에 있는 적이 탈주하지 못하게 하였다. 적의 기세가 군색해서 40여 명이 성을 넘어 몽고군에 항복하고 적의 괴수 감사왕자(喊捨王子)는 목매어 죽었으며 그의 관원, 군졸, 부녀 등 5만여 명이 성문을 열고 나와 항복하였다. 합진이 조충 등과 함께 다니면서 투항하는 상황을 시찰하였다. 왕자의 가족과 가짜 승상, 평장(平章) 이하 백여 명을 모두 현장에서 처단하였으며 기타의 사람들에 대하여는 관대한 처분으로 죽이지 않고 여러 군대들로 하여금 수비하게 하였다.

합진이 조충에게 말하기를, "우리가 만 리 밖에서 와서 귀국과 합력하여 적을 격파한 것은 천재(千載)의 다행이라. 예의상 당연히 귀국의 왕을 찾아가서 배알하는 것이 응당하나 우리 군대가 대단히 많아서 멀리 행군하기 곤란하므로 사람을 보내 사례만 드리노라." 하였다.

합진과 찰라가 조충과 <u>김취려</u>에게 동맹 맺기를 청하면서 말하기를, "두 나라가 영원히 형제로 되어서 만 대에 이르기까지 오늘의 맹약을 잊지 말자!" 하였다.

조충은 군대를 위로하는 연회를 베풀어 주었다. 합진은 부녀(婦女)와 동남(童男) 7백 명과 우리나라 백성으로서 적에게 포로된 자 2백 명을 우리 측에 돌려주고, 15세 전후의 처녀를 조충과 김취려에게 9명씩과 준마(駿馬) 9필씩을 선사하였으며, 나머지는 모두 자기가 데리고 갔다.

조충이 거란 포로들을 각 고을에 나누어 보내고 빈 땅을 택해서 거주하게 하였으며 또 식구에 따라 토지를 주어 농사를 짓게 조치하였는 바, 항간에서 '거란장(契丹場)'이라고 부르는 곳이 바로 여기이다.

같은 해에 의주의 적 한순(韓恂)과 다지(多智)가 수비하는 장수를 죽이고 각 군과 연락하여 배반을 일으켰다. 조정에서 추밀부사 이극서(李克偦)로 중군을 영솔하게 하고, 이적유(李迪儒)로 후군을, 취려로 우군을 거느리고 적을 토벌하게 하였다.

다음해에 김취려를 추밀부사로 임명하고, 극서와 교체하여 중군을 지휘하게 하였는데 한순과 다지 등이 금나라 원수 우가하(亐哥下)에게 투항하였다. 우가하가 한순과 다지 두 명을 유인하여 죽인 후 그들의 머리를 수도로 전하여 왔다. 3군이 이번 역적에게 복종한 여러 성들에 대하여 죄에 처할 것을 청하였다. 그러나 김취려는 말하기를, "『서전(書傳)』에 말하기를, '그 괴수를 섬멸하거든 협박에 의하여 가담한 자는 죄 주지 말라'고 하였다. 대군이 이르는 곳에는 요원의 불길과 같아서 죄 없는 백성들도 재난을 많이 당하고 있거늘, 하물며 거란의 침략으로 인하여 관동(關東) 지방이 폐허로 되었는데 이제 또 우리 군대를 내놓아 나라의 울타리인 변방의 성을 허물어 버리는 것이 옳은가? 나머지 사람들은 일체 죄를 묻지 말라!" 하였다.

김취려가 곽원고(郭元固), 김보정(金甫貞), 종주질(宗周秩), 종주뢰(宗周賚) 등을 의주로 파견하여 피난민들을 불러들여 안착시키게 하였다. 그러나 종주뢰는 욕심이 많아서 뇌물을 많이 받아먹었으며 뇌물을 가져 오지 아니하는 자에게는 구실을 붙여 죽이곤 하였다. 고을사람들이 모두 원망하여 적의 잔당 윤창 등을 인도하여 성을 넘어 들어오게 하여 종주뢰 등을 죽이니 곽원고, 김보정 등이 도망하여 돌아와서 보고하였다. 그래서 <u>김취려</u>가 판관(判官) 최홍(崔弘)과 녹사(錄事) 박문정(朴文挺)을 파견하여 그들에게 거역하면 화를 당하고 순종하면 복이 온다고 타이르고 이어 대장군 조염경(趙廉卿)과 장군 박문분(朴文賁)을 보내 군대 5천 명을 거느리고 토벌하게 하였더니 윤창 등은 도망하고 적의 도당은 와해되었다.

당시 거란 패잔병이 영원(寧遠) 산중에 숨어 있다가 때때로 나타나서 백성들의 재물을 약탈하였으므로 그것이 민간의 우환거리로 되었다. <u>김취려</u>가 이경순(李景純), 이문언(李文彦) 등을 보내 패잔병을 격파하였으므로 북부 국경 지대가 모두 편안하게 되었다.

<u>김취려</u>는 사람됨이 강건하고 엄격, 정직하며 대적(對敵)에 관해 진술할 때는 분개하여 국가를 위해 죽을 뜻이 있었으며, 엄격하게 호령하니 사졸들이 털끝만치도 어긋나지 않았으며, 술이 생기면 잔을 가져다가 최하급 군인들과 함께 고루 마시었기 때문에 병사들이 그의 명령이라면 죽을 힘을 다 바치었다. 강동 전투에서는 기이한 계책을 많이 내어 큰 공을 이루었으나, 공로는 다 조충에게 사양하고 한 번도 그런 공적을 자랑한 적이 없었다. 그가 상(相)으로 된 후에는 바른 기색으로 통솔하였으므로 부하들이 감히 그를 기만하는 일이 없었다. 죽을 무렵에는 집안에 재산이 없자 사람들이 곽분양(郭汾陽)이 염치가 많았던 것에 비교하였다.

<u>김취려</u>는 이듬해에 추밀사(樞密使) 병부상서(兵部尚書), 판삼사사(判三司事)로 승직되었다가 곧 참지정사(參知政事) 판호부사(判戶部事)로

올라갔으며, 15년에 수태위(守太尉) 중서시랑평장사 판병부사(判兵部事)를 거쳐 마침내 시중(侍中)이 되었다. 21년에 졸하니 시호가 위열(威烈)이며, 고종 묘정(廟庭)에 배향(配享)되었다.

그의 아들 전(佺)은 문하시랑 평장사(門下侍郎平章事)로 있었다. 김전의 아들은 김양감(金良鑑), 김군(金頵), 김중보(金仲保), 김변(金胼)이 있었는데, 김양감의 아들은 김문연(金文衍)이다.

김문연은 어려서 중이 되었다가 귀속(歸俗)하였으나 나이 30세가 넘도록 자기 힘으로 출세하지 못하였다. 그리다가 누이동생 숙창원비(淑昌院妃)가 충렬왕(忠烈王)의 총애를 받게 되자 그의 덕으로 좌우위산원(左右衛散員)으로 임명되었으며, 벼슬이 여러 번 뛰어올라 첨의시랑(僉議侍郎) 찬성사(贊成事)에 이르렀다. 그 후 비(妃)가 또 충선왕(忠宣王)에게 총애를 받아 숙비(淑妃)로 책봉되자 김문연을 첨의중호(僉議中護)로 임명하였다. 원(元)나라에서는 신무장군(信武將軍), 진변만호(鎭邊萬戶) 벼슬을 주고 왕주호부(王珠虎符)도 주었으며 본국에서는 언양군(彦陽君)으로 봉하였다. 후에 독로화(禿魯花)를 데리고 원나라로 갔었는데 원나라에서 또 벼슬 진변만호부(鎭邊萬戶府) 달로화적(達魯花赤)을 더 주었다. 그 후 충숙왕 원년에 귀국하던 도중에서 죽었다. 김문연은 위인이 활달하고 마음이 솔직하여 매양 숙비의 곁에 있는 사람들이 지나치게 사치하는 것을 볼 때마다 그리 못하게 억제하였다. 그의 시호는 영신(榮信)이라 하였고 아들은 없었다.

김변(金胼)의 자는 손지(損之)이니 문음으로 동면도감판관(東面都監判官)으로 되었다가 과거에 급제한 후 여러 관직을 역임하여 예부낭중(禮部郎中)에 이르렀다. 충렬왕(忠烈)이 세자(世子)로서 원나라에 갈 때 김변이 배행하였다. 그 후 충렬왕이 원나라 공주와 결혼하여 작위를 받고 귀환한 후 김변의 공로가 제일 컸으므로 서권(誓券)을 내려 이르기를, "그대의 공은 대단히 큰데 내가 준 상은 그보다 적다. 그대가 비록 앞으로 죄를 범하는 일이 있더라도 열 번에 아홉 번은 용서를 받을 것이며 자손의 대(代)에 이르기까지 또 이와 같이 하리라!" 하였다. 그의 벼슬이 여러 번 올라 판비서시사(判秘書寺事)로 되어 동료인 수국사(修國史) 임익(任翊)과 함께 원나라 세조(世祖)의 사적을 편찬하였다. 뒤이어 승지(承旨)로 임명되었다가 부지밀직(副知密直)으로 승진되었으며, 서북면 도지휘사(西北面都指揮使)로 외직에 나갔었고 감찰대부(監察大夫) 판삼사사(判三司事)를 지내 27년(1301년)에 첨의참리(僉議參理)로 있다가 졸하였다. 시호는 문신(文愼)이다.

김변은 성품이 순후하고 소박하였으며 국가사업을 받들어 진행함에 있어서 항상 정직하게 하였으므로 능히 자기 가문의 유풍을 계승하였다. 아들은 김륜(金倫)과 김우(金禑)인데 김륜은 따로 전기가 있다. 김우는 지조가 청렴하며 대언(代言) 벼슬을 지냈다.

해동역사(海東繹史)[41]

1. 『해동역사』 권15, 세기(世紀) 15

【원문】

四年[忠惠王後五年]三月壬寅 特授八禿麻朵兒只 征東行省左丞相 嗣高
麗國王[仝上 按麗史 元以忠惠王貪淫不道 遣乃住朵赤 帝執王媯 流揭陽
縣 中途至岳陽而薨 王之被執 宰相國老 會于旻天寺 欲上書請赦王罪
李齊賢草其書 欲署名呈省 事意未就 其書曰 …… 又念小邦始祖王氏.
開國海隅四百二十六年. 子孫相繼二十八世. 歷宋遼金通使往來. 羈縻而
已. 及我太祖聖武皇帝龍興之際. 有金山王子者驅掠中原之民. 圖復亡遼
之業. 勢窮東走. 陸梁島嶼. 太祖命哈眞扎剌兩將 帥師討罪. 天寒雪深.
餉道不繼. 我忠憲王遣趙冲**金就礪**等助兵與糧. 一擧破賊. 於是兩國同
盟. 萬世子孫. 無忘今日. 因分所虜生口爲信. 今小邦有契丹場是也. ……

---

41) 단군~고려시대까지의 역사책이다. 조선 정조·순조 때의 실학자인 한치윤
(韓致奫)이 1814년(순조 14) 본편 70권을 저술하였으나 책을 완성하지 못하고
죽었다. 이에 그의 조카 한진서(韓鎭書)가 「지리고」 15권 6책을 속찬하여
1923년 『해동역사』 총 85권 6책을 완성하였다. 기전체(紀傳體)로 서술된
것으로, 조선의 『동국문헌비고(東國文獻備考)』 등의 서적은 물론 중국의
사서 523종과 일본의 사서 22종 등 550여 종의 외국 서적에서 조선 관련
기사를 발췌하여 세기(世紀)와 지(志) 및 전기(傳紀) 부분으로 나누어 편찬하
였다. 필사본을 조선고서간행회(朝鮮古書刊行會)에서 양장(洋裝) 4책으로
간행하였고, 또 1913년 광문회(光文會)에서 한장(漢裝) 6책으로 간행하였다.
국립중앙도서관에는 정교한 필사본(71권 26책)이 소장되어 있다.

【번역문】

　4년 [충혜왕 후 5년] 3월 임인에 팔독마타아지(八禿麻栥兒只)에게 정동행성 좌승상을 특별히 제수하여 고려국왕의 자리를 이어받게 하였다. [『상동』(역자 : 元史) 살펴보건대,『고려사』에는, “원나라에서 충혜왕이 탐학스럽고 음란하며 부도하다는 이유로 내주(乃住)·타적(栥赤) 등을 파견하여 충혜왕을 원나라로 잡아가 게양현(揭陽縣)에 유배하였는데, 중도에 악양(岳陽)에 이르러서 훙하였다. 왕이 원나라로 잡혀갔을 때 재상(宰相)과 국로(國老)들이 민천사(旻天寺)에 모여 글을 올려서 충혜왕의 죄를 용서해 주기를 청하기로 의논하였다. 이제현(李齊賢)이 그 글을 초하여 서명을 받은 다음 정동성(征東省)에 바치고자 하였는데, 일이 마침내 성사되지 못하였다. 그 글은 다음과 같다. …… 또 생각해 보건대, 우리나라는 시조(始祖) 왕씨가 바다 귀퉁이에서 개국한 지 이미 4백 26년이 되었고, 자손들이 서로 계승한 것이 이미 28대나 되었습니다. 그동안에 송(宋)·요(遼)·금(金)나라를 두루 섬기면서 사신을 통하여 내왕하기는 하였으나, 그들에게 얽매여 있었을 뿐입니다. 그러다가 우리 태조 성무황제(太祖聖武皇帝)께서 나라를 일으키실 즈음에 미쳐서 금산왕자(金山王子)란 자가 중원의 백성들을 노략질하고 망한 요나라의 왕업을 다시 일으키기를 도모하다가 형세가 궁해져 동쪽으로 달아나 섬에서 숨어 지내며 날뛰었습니다. 태조께서 합진(哈眞)·찰라(札剌) 두 장수에게 명하여 그의 죄를 토벌하게 하였는데, 날씨는 차고 눈은 높이 쌓여 군량미를 이어 대지 못하였으므로, 우리 충헌왕(忠憲王)이 조충(趙沖)과 김취려(金就礪) 등을 파견해 군사와 식량을 도와 일거에 적들을 격파하였습니다. 이에 두 나라가 서로 동맹을 맺어 자손만대토록 그 당시의 일을 잊지 말자고 하였으며, 인하여 포로로 잡은 사들을 서로 나누어서 징표로 삼았습니다. 지금 우리나라에 '거란장(契丹場)'이란 것이 있는데, 이것이 바로 그것입니다. ……"

여유당전서(與猶堂全書)[42]

1. 『여유당전서』 제6집 지리집 제4권, ○강역고(疆域考) 강역고 4

【원문】

西北路沿革續

…… [高麗史] 高宗五年[戊寅歲]六月. 女眞叛賊黃旗子賈裕. 來屯大夫營. [鴨江西] 請與丁公壽相見. 公壽邀致鴨江賓館. 宴慰. 乘其醉. 擒殺之. 金元帥亏哥下聞裕被擒. 親詣公壽謝之. 欲結和親. [玆後. 亏哥下. 又來侵寇] ○七月. 契丹賊. 又大至. 以趙沖爲元帥. **金就礪**爲兵馬使. 道長湍. 至洞州[今瑞興] 遇賊. 擒其毛克[卽謀克軍帥也] 高延, 千戶阿老. 次成州 [今成川. 西海軍. 又戰子谷州] 九月. 賊自殷州. [今殷山] 入保江東. …… [高麗史] 高宗六年[己卯歲]正月. 趙沖**金就礪**. 會蒙眞兵. [眞者. 東眞萬奴之兵.]攻契丹于江東城. 降之. 諸軍解嚴. [輿地勝覽. 江東縣. 詳載受降事實.] **金就礪**往見哈眞. 詰朝. 會江東城下. [哈眞主南門. **金就礪**主東門.

---

42) 조선후기의 문신이자 실학자인 다산(茶山) 정약용(丁若鏞)의 저술을 총정리한 문집으로, 154권 76책으로 구성되어 있다. 정약용의 대표적인 저술인 『목민심서(牧民心書)』·『경세유표(經世遺表)』·『흠흠신서(欽欽新書)』 등 이른바 1표 2서(一表二書)에서 시문에 이르기까지 방대한 저술이 망라되어 있다. 1935~1938년에 걸쳐 신조선사(新朝鮮社)에서 처음 발행하였고 이후 1962년 문헌편찬위원회에서 『정다산전서(丁茶山全書)』라는 책명으로 간행하였고, 1970년에 경인문화사(景仁文化社)에서 같은 책명으로 간행하였다. 1973~1974년 다산학회(茶山學會)에서는 『여유당전서보유(與猶堂全書補遺)』 5책을 간행했다.

514

完顔子淵主西門.]皆令鑿隍. 以防逃逸. 賊魁撼捨王子自縊死. 其官人軍
卒婦女五萬餘人. 開城門出降. [王子妻息及僞承相平章以下百餘人. 皆
斬之. 其餘分送諸道居之.] 蒙眞兵撤還. 趙沖等送至義州. ……

【번역문】

서북로연혁 속편

…… [『고려사』] 고종 5년[무인년] 6월에 여진(女眞) 반군(叛軍) 황기
자군(黃旗子軍)의 가유(賈裕)가 대부영(大夫營)[압록강 서쪽]에 와서
진을 치고 정공수(丁公壽)와 서로 만나보기를 청하니, 공수가 압록강
빈관(賓館)에 불러 잔치를 베풀어 위로하여 술에 취하게 하고 사로잡아
죽였다. 금나라 원수(元帥) 우가하(亐哥下)가 유(裕)를 잡았다는 것을
듣고 친히 공수를 찾아와 감사를 표하고 화친(和親)을 맺고자 하였다[이
후에 우가하는 또다시 침략하였다]. ○ 7월에 거란적이 크게 이르러
조충으로 원수를 삼고, 김취려로 병마사를 삼아 장단(長湍)에서 동주(洞
州)[지금의 서흥(瑞興)]에 이르러 적을 만났다. 모극(毛克)[곧 모극군(謀
克軍)의 우두머리이다] 고연(高延)과 천호(千戶) 아로(阿老)를 사로잡아
성주(成州)에 이르렀다[지금의 성천(成川)이다. 서해군(西海軍)은 또한
곡주(谷州)에서 싸웠다]. 9월에 적이 은주(殷州)로부터 와서[지금의 은산
(殷山)이다] 강동(江東)으로 입보하였다. ……

[『고려사』] 고종 6년[기묘년] 정월에 조충과 김취려가 몽고와 여진의
군사를 만나[진(眞)은 동진만노(東眞萬奴)의 군사이다] 거란을 강동성
(江東城)에서 공격하여 항복하니 군사들의 경계를 풀었다[여지승람(輿
地勝覽)에는 강동현(江東縣)이라 하였으며, 항복을 받아낸 사실을 상세
히 기록하였다]. 김취려가 가서 합진(哈眞)을 보고 다음날 아침에 강동성

아래에서 만났다[합진은 남문(南門)을 주관하고 김취려는 동문(東門)을
주관하고 완안자연(完顔子淵)은 서문(西門)을 주관하였다]. 모두에게
해자를 파도록 명하여 도망하는 것을 막으니 적의 괴수 감사 왕자(撼捨王
子)가 스스로 목을 매어 죽었다. 관인과 군졸, 부녀자 5만여 인들이
성문을 열고 항복하였다[왕자의 처자식 및 승상(承相)·평장(平章) 이하
1백여 인은 모두 참수하였고, 나머지는 여러 도에 나누어 보내 살도록
하였다]. ……

2. 『여유당전서』 제6집 지리집 제7권, ○대동수경(大東水經) 대동수경 3 살수(薩水) 정수(淀水)

【원문】

薩水[卽淸川] 淀水[卽大寧水]

…… 薩水. 又右合開平水. 水出於寧邊府東北開平洞. 南流至魚川館. 入
于薩水. 傍有驛曰開平. 屬于魚川道. 宋寧宗嘉定九年. [高麗高宗三年]
契丹金山兵. 寇高麗. 屯於延州開平驛川邊. 高麗兵莫敢前. 上將軍**金就
礪**. 拔劍策馬. 與將軍奇存靖. 直衝賊圍. 出入舊擊. 賊兵大潰. 追至開平
驛. 賊設伏於驛北. 急擊中軍. **就礪**回軍擊之. 又破之. 賊奔入香山. 官軍追
之. 斬獲二千餘人. 溺死南江者. 亦以千數. 高麗史南江者. 指薩水也. ……
高麗史**金就礪**傳云. 高宗三年. 金山兵入寇. **就礪**爲金吾衛上將軍. 領五
軍. 次于安州太祖灘. [盆齋行軍記作大棗灘] 戰不利. 賊氣得馳突. **就礪**與
文備仁謙逆擊之. 仁謙中流矢死. ……

516

살수(薩水)[곧 청천(淸川)] 정수(淀水)[곧 대녕수(大寧水)]

…… 살수는 또한 오른쪽으로 개평수(開平水)와 합하여 물은 영변부(寧邊府) 동북쪽 개평동(開平洞)으로 나가며, 남쪽으로 흘러 어천관(魚川館)에 이르며 살수에 들어간다. 옆에 있는 역은 개평(開平)이며 어천도(魚川道)에 속한다. 송(宋)나라 영종(寧宗) 가정(嘉定) 9년[고려 고종 3년]에 거란(契丹)의 금산병(金山兵)이 고려에 침략하여 연주(延州) 개평역 개천 주변에 주둔하였다. 고려 군사가 감히 앞으로 나아가지 못했는데, 상장군 김취려가 검을 빼어들고 말을 채찍질하여 장군 기존정(奇存靖)과 더불어 직접 부딪혀 적을 포위하고 분격(奮擊)하여 출입하니 적병(賊兵)이 크게 무너졌다. 개평역까지 추격하여 적이 역 북쪽에서 매복해 있다가 급히 중군(中軍)을 치니 취려가 회군(回軍)하여 이를 추격하니 또한 크게 파하였다. 적이 분주히 향산(香山)으로 들어가니 관군(官軍)이 이를 추격하여 2천여 명을 참획(斬獲)하고 남강(南江)에 익사(溺死)한 자 또한 1천 명이 되었다. 『고려사』에서 남강은 살수를 가리킨다. ……『고려사』 김취려 전(傳)에 이르기를, 고종 3년에 금산병이 침입하여 취려가 금오위 상장군(金吾衛上將軍)이 되어 오군(五軍)을 거느리고 안주(安州)의 태조탄(太祖灘)에 이르러[익재행군기(益齋行軍記)에는 대조탄(大棗灘)이라 하였다] 싸웠으나 이기지 못했다. 적의 기세가 매우 세차게 달려들었는데, 취려와 문비(文備)·인겸(仁謙)이 돌이켜 이를 추격하였다. 인겸은 화살을 맞아 죽었다. ……

3. 『여유당전서』 제6집 지리집 제7권, ○대동수경
대동수경 3 패수 1(浿水一)

【원문】

浿水一辨說, 寧遠, 德川, 价川, 順川, 慈山, 殷山, 江東.

…… 江東古縣. 在今縣西二十二里. 城依進士峯而築之. …… 高麗史高宗三年. 蒙古太祖十一年契丹遺種金山金始二王子. 自稱大遼收國王來寇. 王遣上將軍**金就礪**討之. 賊勢窮入保江東城. 依水爲險. 蒙古將哈眞及札刺. 與東眞萬奴所遣完顔子淵兵來討. 會天大雪. 餉道不繼. 哈眞患之. 使人請粮於高麗. 王使趙沖**金就礪**. 領十將軍兵及神騎, 大角內廂精卒. 往會之. 去城三百步而至. 哈眞自城南門至. 東南門鑿池. 西門以北. 委之子淵. 東門以北. 委之**就礪**. 皆令鑿隍. 賊魁捨王子. 自縊死. 其所署僞平章以下官人軍卒五萬餘人. 開門出降. 賊黨悉平.

【번역문】

패수일변설(浿水一辨說), 영원(寧遠), 덕천(德川), 개천(价川), 순천(順川), 자산(慈山), 은산(殷山), 강동(江東)

…… 강동고현(江東古縣)은 지금 현의 서쪽 22리에 있으며, 성은 진사봉(進士峯)에 의지하여 축성되었다. ……『고려사』 고종 3년에 몽고 태조(太祖) 11년에 거란 유종(契丹遺種) 금산(金山)·금시(金始) 두 왕자가 스스로 대요수국왕(大遼收國王)이라 칭하고 침략하니, 왕이 상장군 김취려를 보내어 이를 토벌하였다. 적의 세력이 궁색하여 강동성(江東城)에 입보하여 물을 의지하여 요새가 되었다. 몽고가 장수 합진(哈眞) 및 찰라(札刺), 동진만노(東眞萬奴) 휘하의 완안자연(完顔子淵)을 함께

보내 거란군사를 토벌토록 하였다. 큰 눈을 만나 군량미가 계속 오지 못하여 합진이 근심하여 사람을 보내 고려에 군량미를 청하니, 왕이 조충과 <u>김취려</u>를 보내어 열 명의 장수와 신기(神騎)·대각(大角)·내상(內廂)의 정예 군사를 거느리고 가서 이를 만났다. 성에서 3백 보 떨어진 곳에 이르렀는데 합진이 성의 남문으로부터 동남문에 이르기까지 못을 팠다. 서문 이북은 자연(子淵)에게 위임하였고, 동문 이북은 <u>취려</u>에게 위임하였다. 모두에게 해자를 파도록 명하니 적괴(賊魁) 감사 왕자가 스스로 목을 매어 죽었다. 그가 임명한 가짜 평장(平章) 이하 관인과 군졸 5만여 인은 문을 열고 나와 항복하여 적당(賊黨)이 모두 평정되었다.

위열공전(威烈公傳)

위열공전(『언양김씨족보』 권지1)

【원문】

威烈公傳[事康宗 高宗]

金就礪彦陽人父富禮部侍郎 就礪蔭補郎將俄擢將軍鎭北界 羯貊不敢
犯拜大將 軍巡撫塞上邊民畏愛 高宗三年丙子 契丹遺種金山王子者引兵
渡江 就礪將後軍禦之 所向克捷諸將斬七百級得馬騾牛及牌印兵仗無算
賊不復分兵聚屯開平驛諸軍皆莫敢前 獨就礪拔劍策馬直衝賊圍出入奮
擊賊兵潰 追過開平賊設伏驛北急擊中軍 就礪回軍擊之賊又潰 中軍兵馬
使盧元純謂曰 彼衆我寡右軍又不至始 三日粮今已盡不如退據延州城以
俟後便 就礪曰 我軍屢捷鬪志向銳請乘其鋒一戰而後議之.

賊布陣軍勢甚盛 就礪與文備橫截賊陣士卒冒白刃爭赴無不一當百 所向
披靡三合三克 就礪長子死 追奔入香山斬獲摠二千四百餘人溺死南江者
亦以千數 其婦子聚哭聲如萬牛之吼有一人棄兵直前請曰 我等擾貴國邊
疆固有罪矣 婦子何知請無庸盡殺我則剋日自返矣 就礪與之酒快飮而去
三軍各遣二千人躡其後見賊所弃資糧器仗牛馬狼藉於道 所遣六千人戰
于淸塞鎭擒殺過當賊遂遁去.

契丹後至者自前月大入境 三軍次延州後軍獨遇于楊州擒斬數十百級兩
軍先回博州就礪護輜重徐行至沙峴浦賊突出狙擊就礪告急於兩軍兩軍
守便宜不出 就礪力戰却之卒護輜重而至元純出迎門外賀曰 猝遇强敵能

摧其鋒使三軍負荷之士無一毫之失公之力也 馬上酌酒爲壽 兩軍將士及
諸城父老皆扣頭賀 賊復聚衆連日耀兵犯昌州三軍 夜遣卒襲賊于興郊驛
明日夜戰于洪法寺 又戰于州城門外 皆克賊夜涉淸川至西京 官軍與戰敗
績賊冰渡大同江入于西海道屠黃州.

丁丑三月就拜**就礪**爲金吾上將軍五軍次于安州棗灘戰不利賊氣得乘馳
突 **就礪**與文備仁謙逆擊之仁謙中流矢死**就礪**奮劍獨拒槍矢交貫于身病
瘡如京忠憤之氣猶形言色聞者壯之 五月加發兵復以**就礪**將前軍遣詣忠
州**就礪**瘡未合力疾 受命至黃驪縣法泉寺之南川上五軍爭舟**就礪**退須諸
軍畢濟然後乘舟忠州城毀於水木石崩蕩舟爲巨石所轊柂櫓俱脫板漏水
涌同舟之人面若死灰**就礪**堅坐不移神色自若俄有三人乘栿裁流來救得
濟.

明日又與賊戰斬獲三百餘級迫于堤州之川流尸蔽川而下 至朴達峴崔元
世曰 嶺上非大軍所止欲退屯山下 **就礪**曰 用兵術雖先人和地利尤不可輕
賊若先據此嶺我在嶺下猿猱之捷亦不得過況於人乎 乃登嶺而宿質明賊
果大進欲爭要害 **就礪**使諸將分當左右從中鼓之士皆殊死鬪 三軍亦大呼
爭前賊大潰 不果南下皆東走 追至溟州凡六皆捷賊奔還女眞 **就礪**移據興
元鎭.

賊得女眞兵復振長驅而來 **就礪**回軍遇於豫州之桂川交綏而退 忽遘疾將
佐請歸就醫**就礪**曰 寧爲邊城鬼豈可救安於家乎 疾甚勒歸京理疾肩輿至
京累月乃療 於是賊破數十城如蹈無人之境 戊寅以趙沖爲元帥**就礪**爲兵
馬使王親授鉞遣之 沖**就礪**等數戰敗之賊勢窮入保江東城.

明年己卯蒙古元帥哈眞札剌與東眞帥完顏子淵眞詣江東移牒我軍同討
舟賊然蒙兵兇悍雖命救我諸將皆憚於行 **就礪**謂沖曰 國之利害正在今日
若違彼意後悔莫及 吾雖不才請一行 乃領十將軍兵往焉哈眞語曰 果與我

結好當先遙禮蒙古皇帝次及萬奴皇帝 **就礪**曰 天無二日民無二王天下安有二帝 只拜蒙古皇帝.

就礪身長六尺五寸以長而鬚過其腹 哈眞見其狀貌魁偉又聞其言大奇之引與同坐問年幾何謂曰 君兄而我其弟 使**就礪**東向坐曰 吾嘗征伐六國閱貴人多矣未見如兄之貌 臨別執手扶腋上馬數日冲亦至哈眞引冲坐上座曰 吾其坐兩兄之間 置酒作樂極歡 哈眞善飮約不勝者罰之 冲引滿輒倒略無醉色 及闋擧一盃不飮曰 非不能飮若勝而如約則公必受罰主人而罰客可乎 哈眞悅 詰朝會江東城下.

分委諸將令鑿池城下以防逃逸 丹兵勢窘軍卒婦女五萬餘人開門出降 其僞平章以下百餘人斬於馬 前哈眞請冲及**就礪**同盟曰 兩國萬世永爲兄弟無忘今日 以婦女童男七百口及吾民爲賊所擄者二百口歸于我冲及**就礪**凱還崔忠獻忌功停迎迓禮及論功忠獻主之有功者無賞人多怨之.

就礪節儉正直持軍嚴肅 士卒不犯秋毫有酒卽用一卮與最下者均飮故得其死力 江東之役事皆讓於元帥臨陣制敵多出奇計以成大功然未嘗自矜爲相正色率下人不敢欺 眞忠義人也 高宗甲午卒諡威烈配享王廟 子佺繼入相府爲太傅平章事.

史氏按趙文正文武全才出將入相當遼孼入寇蒙兵壓境之日與威烈公**就礪**同心禦侮從容杯酒却敵如神國家賴安徐熙姜邯贊不得專美於前矣 豈非所謂英雄豪傑間世之人物乎.

李齊賢曰[號益齊諡文忠高麗大賢] 自我太祖啓宇至于高王三百有餘年矣 崔氏父子繼世秉政內擁堅甲以專威權外委羸兵以責攻戰當斯之時欲以有爲其亦難矣 爾乃金宗訖籙遼孼構亂遠鬪窮寇鋒不可當蒙將壓境徵師討賊順之 則莫委其情逆之 則必生他變安危之 機間不容髮乃能左提右挈 遠交近攻之宗盟於經綸之始安邦基於呼吸之間 豈非魁傑才智之臣而

社稷之靈有以陰相者歟 觀其析甘分少 能得死力 令行禁止 莫犯秋毫 可謂有古名將之風矣. 開平之戰 我乃再救中軍 沙峴之役 盧公則不相助 訖無一言以生嫌隙 不伐其勞 歸攻於衆 是則大人君子之用心也. 至於先詣哈眞 固與國之心 不拜萬奴 明尊王之義. 多智韓恂[智別將名恂郎將名據義州以叛] 旣授首矣 斂兵而止 以安邊民 史氏稱其忠義 太常諡以威烈 不亦宜哉.

【번역문】

위열공전

김취려(金就礪)는 언양 사람이다. 부친 부(富)는 예부시랑이다. 음직으로 낭장에 임명되었다가 장군으로 발탁되어 북계를 진수하니, 갈맥(羯貊) 여진족(女眞族)이 감히 침범치 못했다. 대장군(大將軍)에 임명되어 변방을 순찰하며 위무하니 변방의 주민들이 경애(敬愛)하였다. 고종 3년 병자에 거란(契丹)의 유종(遺種)인 금산 왕자(金山王子)가 군대를 이끌고 압록강을 건너 침입했다. 취려는 후군(後軍)을 거느리고 방어하여 가는 곳마다 승리하였다. 제장(諸將)이 7백여 명의 적을 죽이고 말과 소, 노새 및 기패(旗牌), 인신(印信), 병장기(兵仗器) 등을 셀 수 없을 정도로 많이 노획했다.

적들은 다시 감히 군대를 분산하여 싸우지 못하고 개평역(開平驛)에 모여 주둔하니 아군의 다른 군대는 다 진격하지 못하였는데, 취려만이 검(劍)을 뽑아 들고 말을 채찍질하여 적의 포위망 속을 곧바로 충돌하며 들락날락 하면서 분격(奮擊)하매 적병이 패주(敗走)하였다. 추격하여 개평(開平)을 지나는데 적들이 복병(伏兵)을 역(驛)의 북쪽에 숨겼다가 중군(中軍)을 급하게 공격하자 취려가 군대를 돌려 반격하니, 적들이 또 패주했다. 중군병마사(中軍兵馬使) 노원순(盧元純)이 말하기를, “적군은 많고 아군은 적은데 우군(右軍)조차 오지 않았고 처음 3일 치의 군량만 가져왔는데 지금 다 떨어졌으니 후퇴하여 연주성[평북 영변]에 웅거해서 뒷날의 편의를 도모하는 것만 못하다.” 하니, 취려가 말하기를, “아군이 여러 번 승리하여 투지가 아직까지 날카로우니 이런 기세를 몰아 한 번 싸운 뒤에 논의하자.” 하였다.

적들이 포진(布陣)한 군세(軍勢)가 매우 성하였는데, 취려가 문비(文備)와 함께 적진을 가로 끊고 사졸(士卒)들이 시퍼런 칼날을 무릅쓰며 다투어 달려들었다. 한 사람이 1백 명을 당해내지 못함이 없어 나아가는 곳마다 적들이 쓰러지고 세 번 싸워 세 번 다 이겼는데, 취려의 아들이 전사하였다.

묘향산으로 달아난 적을 추격하여 2천 4백여 명을 죽이고 사로잡았다. 남강(南江)에 빠져 죽은 자도 1천여 인이고 그 처자들이 모여 곡하는 소리가 마치 1만 마리 소가 우는 듯하였다. 한 사람이 무기를 버리고 바로 앞으로 나와 청하여 말하기를, “우리들이 귀국(貴國)의 변방을 어지럽혔으니, 진실로 죄가 있다고 하겠으나 처자들이야 무엇을 알겠습니까. 바라건대 전부 죽이지 말아 주십시오. 우리는 날짜를 정해 반드시 스스로 돌아갈 것입니다.” 하였다. 취려가 그에게 술을 주니 흔쾌히 마시고 갔다.

삼군(三軍)이 각각 2천 명을 보내 그 뒤를 밟아 보니 적들이 버린 군량·무기·마소 등이 길에 낭자하였다. 보낸 6천여 명이 청새진(淸塞鎭)[평북 회천]에서 분전하여 사로잡고 죽인 수가 6천여 명이 넘으니 적들이 마침내 도주하였다. 거란 유종으로 뒤에 이른 자들은 전 달로부터 대규모로 국경을 침입했다. 삼군은 연주(連州)에 주둔하고 후군은 양주(楊州)

[경기 개풍]에서 외로이 적을 만났는데, 수십, 수백 명을 사로잡고 목을 베었다. 양군(兩軍)은 먼저 박주(博州)[평북 박천]로 돌아가고 취려는 군수품 수레를 호위하며 천천히 행군하여 사현포(沙峴浦)에 이르렀는데, 적이 갑자기 나와 저격하였다. 취려가 양군에 급함을 알렸으나 양군은 편의를 도모하여 출병하지 않았다. 취려가 힘껏 싸워 물리치고 군수품 수레를 잘 보호하여 도착했다.

노원순이 문 밖까지 나가 맞으며 치하하여 말하기를, "갑자기 강적을 만났으나 그 예봉을 잘 꺾고 삼군의 짐을 진 군사들로 하여금 터럭 하나도 손실됨이 없게 한 것은 공의 힘이오." 하고, 말 위에 술을 따르며 축수(祝壽)하였다. 양군의 장병과 여러 성(城)의 부로(父老)들도 모두 머리를 조아리며 경하하였다.

적이 다시 무리를 모아 연일 무기를 번쩍거리며 창주(昌州)[평북 창성]를 침범하였다. 삼군이 밤에 병졸을 보내 흥교역(興郊驛)에서 적을 습격하고 다음 날 밤에 홍법사(洪法寺)에서 싸우고 또 성(城) 문 밖에서 싸워 전부 이겼다. 적이 밤에 청천강(淸川江)을 건너 서경(西京)[평양]에 이르니 관군이 그들과 싸웠으나 패배하였다. 적이 언 대동강(大同江)을 건너 황해도에 침입하여 황주(黃州)를 도륙하였다.

정축[고종 4년] 3월에 취려를 금오위 상장군(金吾衛上將軍)에 임명하였다. 오군(五軍)이 안주(安州) 대조탄에 주둔했는데 싸움에 불리하매 적이 기세 좋게 돌진해왔는데, 취려가 문비 및 인겸(仁謙)과 함께 적을 맞아 공격하였다. 인겸은 유시(流矢)에 맞아 전사하고, 취려는 검을 휘두르며 혼자 대항하여 창과 화살이 온 몸에 가득 꽂혀 상처가 커다랗게 되었으나, 충분(忠憤)의 기세는 더욱 언어와 안색에 나타나니, 듣는 이들이 장하게 여겼다.

5월에 군대를 더 징집하고 다시 취려로써 전군(前軍)을 거느리고 충주(忠州)로 가게 하였다. 취려는 상처가 아물지 않았으나 병을 무릅쓰고 명령을 받들어 황려현(黃驪縣)[경기 여주] 법천사(法泉寺)의 남천(南川)가까지 도착하였다. 오군이 다투어 배를 타려고 하자, 취려는 물러나 제군(諸軍)이 다 건너기를 기다려서 승선하였다.

충주성(忠州城)이 큰물에 파괴되어 나무·돌 등이 무너져 떠내려가는데 배가 큰 돌에 부딪쳐 키와 노가 다 떨어져 나가고 갑판이 뚫려 물이 용솟음치니, 배에 탄 사람들은 낯빛이 잿빛이 되었으나 취려는 굳게 앉아 옮기지 아니하며 신색(神色)이 자약(自若)하였다. 얼마 뒤에 세 사람이 뗏목을 타고 흐름을 횡단하여 와 구원해서 건널 수 있었다.

다음날 또 적과 싸워 3백여 명을 죽이고 사로잡았다. 제주(堤州)[충북 제천]의 냇물에까지 추격하니 시체가 흘러 냇물을 다 덮은 채 떠내려갔다. 박달현(朴達峴)에 이르니 최원세(崔元世)가 말하기를, "고개 위는 대군(大軍)이 머물 곳이 못된다." 하고, 산 아래로 물러나 진을 치고자 하였는데, 취려가 말하기를, "용병술은 사람 사람의 화합을 우선하지만 지형의 이점은 더욱 중시해야 한다. 적이 만일 이 고개를 점령하면 날쌘 원숭이도 지날 수 없을 것인데 하물며 사람이겠는가." 하였다. 그리하여 고개에 올라가서 묵었다.

날샐 녘에 적이 과연 크게 진격하여 요새지를 쟁탈하려고 하였다. 취려가 제장(諸將)을 좌우로 나누어 대적하게 하고 중앙에서 북을 치며 사기를 북돋우니 군사들이 다 결사적으로 싸우고 삼군도 크게 함성을 지르며 앞을 다투어 공격하였다. 적들이 크게 패배하여 남쪽으로 더 내려오지 못하고 모두 동쪽으로 달아났다.

추격하여 명주(溟州)[강릉]에 이르기까지 모두 여섯 번 싸워 다 이기니

526

적은 여진(女眞)땅으로 달아났다. 취려는 홍원진으로 옮겨 주둔하였다.
적이 여진병을 얻어 다시 사기를 떨치며 계속 내달려 오는데, 취려가
회군하다가 예주(豫州)[함남 정평]의 생천(栍川)에서 만나 서로 퇴각하
였다.

갑자기 병에 걸리니, 장군과 보좌진들이 귀환하여 의원에게 치료받도
록 청하였으나, 취려가 말하기를, "차라리 변방의 귀신이 될지언정
어찌 집안에서 편안하기를 바라겠는가" 하였다. 병이 위중해지자 칙명
으로 서울로 돌아와 병을 치료하라고 하여 가마에 탄 채 서울에 도착하여
여러 달 만에 병이 나았다. 그 무렵 적이 수십 성(城)을 공취(攻取)하는
걸 사람 없는 땅을 지나가듯 하였다.

무인(고종 5년)에 조충(趙冲)을 원수(元帥)로 삼고, 취려를 병마사(兵馬
使)로 삼아 왕이 친히 부월(斧鉞)을 주어 보냈다. 충과 취려가 여러
번 분전하여 적을 격파하니 적은 기세가 꺾이고 궁지에 몰려 강동성에
들어가 굳게 지켰다.

이듬해 기묘(己卯)에 몽고 원수(蒙古元帥) 합진(哈眞), 찰라(札剌)와
동진국(東眞國) 장수(將帥) 완안자연(完顔子淵) 등이 바로 강동에 도착하
여 아군에 통첩을 보내 함께 거란적을 토벌하자고 하였다. 몽고 군사는
흉포하기 때문에 비록 우리를 구원한다고 해도 명분을 내세웠으나
여러 장수들이 다 가기를 꺼렸다. 취려가 충에게 말하기를, "나라의
이해(利害)가 바로 오늘에 있으니 만일 그들의 뜻을 어긴다면 후회해도
어쩔 수 없는 일이 생길 것이오. 내 비록 재주가 모자라나 한번 가기를
원한다." 하고, 열 명의 장수와 병사들을 거느리고 갔다.

합진이 말하기를, "과연 나와 우호를 맺으려면 먼저 몽고 황제에게
배례(拜禮)하고 다음에 만노 황제(萬奴皇帝)[東眞國王 浦鮮萬奴]에게

도 하라.” 하니, <u>취려</u>가 말하기를, “하늘에는 두 해가 없고 백성에게는 두 임금이 없는 법이니, 천하에 어찌 두 황제가 있으리오.” 하고, 몽고 황제에게만 배례하였다.

<u>취려</u>는 키가 6척 5촌이나 되고 수염이 배꼽 밑을 지났다. 합진이 그 용모의 장대함을 보고 또 그 말을 들어보고는 크게 감탄하여 훌륭하게 여겼다. 손목을 이끌어 한 자리에 앉으며 나이가 어떻게 되나 묻고서, “그대는 형이오 나는 아우이다.” 하고는 <u>취려</u>를 동쪽을 향해 앉게 하고 말하기를, “내 일찍이 여섯 나라를 정벌하여 귀인을 많이 만났으나 형의 용모와 같은 이를 보지는 못했다.” 하였다. 이별할 때에 손을 잡고 부축해서 말에 오르게 하였다.

며칠 뒤에 조충도 도착하니 합진이 충을 인도하여 윗자리에 앉히고 말하기를, “내 두 형의 중간에 앉고자 하는데 어떻습니까?” 하였다. 술상을 차리고 풍악을 울려 즐거움이 고조되었다. 합진이 술을 잘 마시는데 이기지 못하는 사람에게 벌주자고 약속하고 충이 가득 술잔을 당겨 곧 비우나 조금도 취한 기색이 없었다. 다 마시고는 한 잔을 든 채 마시지 않으며 말하기를, “마시지 못하는 것이 아니라 만일 이겨서 약속대로 한다면 공(公)이 반드시 벌을 받아야 하니, 주인으로서 손님을 벌한다는 것이 옳겠는가.” 하자, 합진이 기뻐하였다.

아침에 강동성 아래 모여서 제장(諸將)에게 나누어 맡겨 성 아래에 해자(垓字)를 파서 도망하는 것을 방지하게 하니, 거란병의 세력이 궁해지매 군졸 부녀자 5만여 명이 성문을 열고 나와 항복하였다. 가짜 평장(平章) 이하 1백여 명을 말 앞에서 참수하였다. 합진이 충과 <u>취려</u>에게 청해 동맹하여 말하기를, “두 나라가 만세토록 길이 형제가 되어 오늘을 잊지 말자.” 하고, 적의 부녀자와 어린 사내아이 7백 명과 우리 백성으로 적에게 포로가 되었던 2백 명을 우리에게 돌려주었다.

조충과 <u>김취려</u>가 개선하니, 최충헌은 공(功)을 시기하여 환영식을 그만두고 논공행상(論功行賞)을 할 때에도 충헌이 주관하여 공이 있는 이에게 상이 돌아가지 않으니 사람들이 대부분 그를 원망하였다.

<u>취려</u>는 절약 검소하고 정직하여 엄숙하게 군대를 통솔하니 사졸들이 터럭 끝 하나도 탐하는 일이 없었다. 술이 있으면 한 잔에다 담아 가장 아랫사람과 고루 나누어 마시기 때문에 그들의 사력(死力)을 얻었다. 강동성 싸움의 일은 다 원수(元帥)에게 양보하고 싸움터에 임해 적을 제압하는 데 있어서 기이한 계략을 많이 내어 큰 공을 세웠다. 그러나 스스로 자랑삼은 적은 한 번도 없었고, 재상(宰相)이 되어서는 안색을 바르게 하여 아랫사람을 통솔하니 사람들이 감히 속이지 못하였다. 참으로 충의(忠義)로운 사람이었다. 고종 갑오(21년)에 졸하니, 시호는 위열(威烈)이다. 왕묘(王廟)에 배향(配享)하다. 아들 전(佺)이 이어서 재상의 지위에 올라 태부(太傅) 평장사(平章事)가 되었다.

사신(史臣)이 상고해 보니, 조 문정공(文正公)은 문무(文武)를 겸전하고 출전하면 명장이오 조정에 들면 명상이었다. 요(遼)나라 잔당이 침략해 오고 몽고병이 국경을 위압하던 무렵에 위열공 <u>취려</u>와 합심하여 침략을 방어하고 조용히 술잔을 들면서 적을 물리치는 것이 신(神)과 같으니 국가가 의지하여 편안하였다. 어찌 이른바 영웅호걸 세상에 희유한 인물이 아니리오. 서희, 강감찬만이 앞에서 칭송을 독점할 바는 못 된다.

이제현[호 익재, 시호 문충. 고려의 큰 현인이다]이 말하기를, 우리 태조께서 나라를 여신 뒤로 고왕(高王)까지 3백여 년인데 최씨 부자가 대를 이어 정권을 잡아 안으로 정예(精銳)한 병력을 독차지하고서 위세를 멋대로 부리며 밖으로 노약한 병사들을 내주고는 싸움을 독려하였다. 이때를 당하여 무엇을 해보고자 해도 어려운 일이었다. 금(金)나라가 쇠망기에 들고 요나라 잔당이 난리를 일으켜 먼 나라에 와 싸우니 궁한 도적의 처음 기세를 당할 수 없었고, 몽고병이 변방을 위압하면서 군대를 요구하며 적을 토벌하고자 했다. 그 말을 따르자니 그 실정을 알 수 없고 거역하자니 반드시 다른 변고가 있을 것이라 안전과 위기의 순간에 훌륭히 왼쪽으로 끌고 오른쪽으로 이끌며 먼 나라와 사귀고 가까운 적을 공격하였다. 원(元)나라가 일어나던 시초에 종주국(宗主國)과의 맹약을 정하고 국기(國基)를 위기의 순간에서 안정시켰으니 어찌 위대하고 지혜로운 명신(名臣)이 아니리오. 종묘(宗廟)와 사직(社稷)의 영령(英靈)들이 음으로 도와준 것이 아니겠는가. 단 것을 갈라 먹고 적은 것도 나눠 먹었기에 군사들의 사력(死力)을 얻었다. 명령은 바로 시행되고 금하면 하지 않았으며 백성들 것은 터럭 끝 하나도 건드림이 없었다. 참으로 명장의 풍도가 있었다. 개평(開平)의 전쟁에서 그는 두 번이나 중군(中軍)을 구원하였는데 사현(沙峴)의 전투에서 노공(盧公)이 도와주지 않아도 불평하지 않았고, 만노(萬奴)에게 절하지 않음으로써 존왕(尊王)의 의리를 밝혔고, 다지와 한순이 처형되자 군대를 거두어 더 응징하지 않음으로써 변방의 백성들을 편안하게 하였다. 사신(史臣)이 그 충의를 칭송하고 태상(太常)이 위열(威烈)이라고 시호를 정한 것 또한 마땅한 일이었다.

기년동사략(紀年東史約)[43]

1. 『기년동사략』 권지6, 고려기 정축(丁丑) 4년[10년]

【원문】

興王等諸寺僧徒, 謀誅崔忠獻不克, 忠獻大殺僧徒, 興王等諸寺僧人之從軍者, 謀殺忠獻, 佯若奔潰者, 曉至宣義門, 斬關而入, 殺門者將攻忠獻家, 至市街爲巡檢軍所逐, 忠獻軍追斬三百餘人, 閉城門大索僧人皆殺之, 鞫其黨辭連鄭叔瞻, 叔瞻常語軍中, 曰忠獻自招寇賊, 反遣我討賊, 所謂人則食醢, 我自飮水者也, 召還鄭叔瞻, 以鄭邦輔代之, 元帥聞賊兵屯安州往擊之, 行至太祖灘, 遇雨留止, 置酒宴樂, 不設備賊, 大軍掩至急圍, 五軍前軍先潰, **金就礪**與文備等逆擊之, **就礪**奮釰獨拒, 槍矢交貫于身, 病創而免, 邦輔 趙沖等奔還京師, 賊追兵至宣義門, 焚黃橋而退, 朝野大震, 時天狗隕于軍營, 又有赤氣橫亘四方, 彌日不散, 白虹貫北斗.

---

43) 조선후기 학자인 이원익(李源益, 1792~1854)이 지은 책으로, 책의 원명은 『기년동사략(紀年東史約)』이다. 『동사략』은 헌종이 돌아가던 해인 1849년 (헌종 15)에 쓴 것으로 이원익의 58세 저작이다. 그러나 이 책의 초본(草本)을 읽은 조영화(趙英和)로부터 입강(立綱)에 관한 몇가지 지적을 받아 내용을 수정한 끝에 1851년(철종 2)에 완성을 보았다. 헌종·철종 때의 소론의 명신이던 정원용(鄭元容)과 인척관계였던 것이 인연이 되어, 뒷날 정원용의 후손인 정인보(鄭寅普)가 『東史約』을 빌려본 사실이 있다고 한다. 1990년 국사편찬위원회에서 한국사료총서(33)로 영인 편찬하였다.

【번역문】

　흥왕사 등 여러 절의 승도들이 최충헌을 죽이고자 모의했으나 성공하지 못했다. 충헌이 승도들을 크게 죽였다. 흥왕사 등 여러 절의 승려들 중 종군한 자들이 충헌을 죽이고자 모의하여 거짓으로 도망쳐 새벽에 선의문에 이르렀다. 문지기를 죽이고 최충헌의 집을 공격하려하다가 시가에 이르러 순검군에게 쫓기게 되었다. 충헌의 군사들이 추격하여 3백여 인을 죽이고, 성문을 닫고 수색하여 승려들을 모두 죽였다. 그 일당을 국문하니 정숙첨과 연루되어 있었다. 정숙첨은 항상 군중에 말하기를, "충헌이 적군을 불러놓다시피하고, 도리어 나를 보내어 적군을 토벌하라 하니 이것은 이른바 육장은 남주고 나는 물만 마시는 것이다." 하였다. 정숙첨을 소환하고 정방보로 하여금 대신하게 하였다. 원수는 적병이 안주에 주둔하고 있는 것을 듣고 가서 격파하게 하였다. 태조탄에 이르러 비를 맞나 그칠 때까지 머물렀다. 술을 준비하여 연회를 즐기며 적에 대한 방어를 준비하지 않았다. 대군이 갑자기 이르러 포위하니 오군 중 전군이 먼저 궤멸되었고, <u>김취려</u>와 문비 등이 맞받아 쳤다. <u>김취려</u>가 분연히 칼을 휘두르며 대항하다가 전신에 창과 화살을 맞아 심한 부상을 당하고 돌아왔다. 정방보와 조충 등이 급하게 서울로 돌아왔다. 적들이 관군을 추격하여 선의문(宣義門)까지 와서 황교를 불지르고 퇴각하니 조야(朝野)가 크게 놀랐다. 이때 천구성(天狗星)이 군영안으로 떨어졌다. 또 붉은 기운이 사방에 뻗쳤고 여러 날동안 흩어지지 않았고, 흰 무지개가 북두를 관통했다.

532

2. 『기년동사략』 권지6, 고려기 무인(戊寅) 5년[11년]

【원문】

○ 以趙沖爲西北面元帥, **金就礪**爲兵馬使, 以禦契丹, 時, 丹兵又大至逼近楊州, 遂以沖爲元帥, **就礪**爲兵馬使, 鄭通寶將前軍, 吳壽祺將左軍, 申宣胄將右軍, 李霖將後軍, 王親授沖等鈇鉞以送之, 沖, 深恥前敗, 銳意討賊, 部伍整齊, 號令明肅, 詩將莫敢以書生易之 宰樞議生徒未登仕版者, 試之以詩選取八十人, 其不中者皆令從軍.

【번역문】

조충을 서북면 원수로, <u>김취려</u>를 병마사로 삼아 거란을 방어하게 하였다. 이때 거란병이 또 양주 근처까지 크게 닥쳐오자 드디어 조충을 원수로, <u>김취려</u>를 병마사로 삼았던 것이다. 정통보에게 전군을, 오수기에게 좌군을, 신선주에게 우군을, 이림에게는 후군을 맡게 하고 왕이 친히 조충 등에게 부월을 주어 보냈다. 조충이 전날의 패배를 매우 부끄러워하여 적을 토벌할 뜻을 단단히 다졌다. 부오(部伍)가 정제되고, 호령이 엄숙하여 모든 장수들이 감히 서생이라고 만만히 여기지 못했다. 재추가 회의하여 아직 급제하지 못한 자들을 시로 시험하여 80명을 선발하고, 거기에 뽑히지 못한 자는 종군하게 하였다.

3. 『기년동사략』 권지6, 고려기 무인 5년[11년]

【원문】

○ 蒙古哈眞書報, 趙沖約伐契丹, 蒙兵, 旣向江東, 而天寒大雪, 餉道不繼, 哈眞遣通事牒元帥府, 曰皇帝以丹兵迯在爾國, 于今三年未能掃滅, 故遣

兵討之, 爾國惟兵糧是助, 且言帝命破賊之後, 約爲兄弟, 朝廷以尙書省
牒答, 曰大國興兵救患, 凡所指揮悉皆應副, 趙冲欲遣人詗之, 而難其人,
中軍判官 金仁鏡請行, 曰吾嘗聞, 蒙布陣取法孫吳, 予少讀其書, 習知之,
故敢請, 冲許之, 遣仁鏡率精兵一千輸米一千石與之, 會哈眞 子淵等方攻
丹兵于岱州 屯州西禿山, 仁鏡往見之, 兩帥宴慰極歡而罷, 仁鏡就州西門
外結方陣, 兩帥登高而望之, 仁鏡軍容整肅, 使善射者遙射城中, 矢入州
城, 丹兵皆奔避, 哈眞等稱歎不已, 趙冲**金就礪**等, 引兵會蒙古 東眞兵圍
江東城, 時, 蒙, 東眞兵雖以破丹救我爲名, 然蒙於夷狄中最兇悍, 且未嘗
與本國有舊好, 中外人心震駭, 朝議亦依違, 久未往犒, 獨冲不疑, 相聞不
已, 蒙怒其稽緩, 詞責甚急, 冲隨宜和解之, 哈眞屢責添兵, 諸皆憚於行,
金就礪曰國之利害正在今月, 事不辭難臣子之職, 請自行, 冲不許, 固請
許之, **就礪**乃與知馬事韓光衍 領十將軍兵, 及神騎大角內廂精卒往焉,
哈眞使告**就礪**, 曰果欲與我結好, 當先遙禮蒙皇帝, 次禮萬奴皇帝, **就礪**
曰天無二日, 民無二王, 天下安有二帝耶, 於是只拜蒙皇帝, **就礪**身長六
尺五寸, 以長鬚過其腹, 每盛服必使兩婢子分擧其鬚而後束帶, 哈眞見其
狀貌魁偉, 又聞其言大奇之, 約爲兄弟, 謂, 曰吾征伐六國, 所見貴人多矣,
未有如兄者, 重兄之, 故視麾下士亦如一家 居數日, 冲亦引兵來哈眞, 引
坐上座, 亦兄事之, 冲等亦吐露情款, 置酒作樂, 哈眞善飮, 與冲校優劣,
約不勝者罰之, 冲, 引滿輒釂無醉色, 及闌擧一杯不飮, 曰非不能飮, 若勝
而如約, 則公必受罰, 主人而罰客可乎, 哈眞重其言而大悅, 冲, 嘗被酒枕
子淵膝, 而睡, 子淵恐其驚悟, 略不動, 左右請易以枕, 子淵終不肯, 其恩信
忠義, 感動人者如此, 哈眞約詰旦會江東城下, 去城三百步而止, 哈眞自
城南門至東門, 鑿池深廣十尺, 西門以北委之完顔 子淵, 東門以北委之於
冲, **就礪**等, 皆令鑿隍以防逃逸丹兵不敢出, 賜崔忠獻几杖, 忠獻以年滿

七十, 陽欲告老, 王知其意, 命有司備禮儀賜几杖, 令出視事.

【번역문】

　몽고의 합진이 문서를 보내 알리자, 조충이 거란을 토벌할 것을 약속하였다. 몽고병이 이미 강동으로 향했는데, 날씨가 춥고 눈이 많이 내려 군량을 나르는 길이 끊겼다. 합진이 통사(通事)를 보내 원수부에 편지를 보내 아뢰기를, "거란병이 너희 나라에 도망친 지가 지금까지 3년이나 되었는데 아직도 소멸하지 못하여 황제가 군대를 보내 토벌하게 하였다. 너희 나라는 병량으로 이것을 돕도록 하라." 하였다. 또 말하기를, "황제가 적을 격파한 후에는 형제의 약속을 맺도록 명했다." 하였다. 조정에서 상서성에 첩을 보내 답하기를, "대국이 군사를 일으켜 걱정거리를 구하신다고 하니 무릇 지휘하는 모든 것을 돕겠다." 하였다. 조충이 그들의 군정을 탐지해 보려 하였으나 적임자를 얻기 어려웠다. 이때 중군판관 김인경이 가기를 청하며 말하기를, "일찍이 듣건대 몽고는 포진(布陣)할 때 손오병법(孫吳兵法)에 의거하여 작전한다고 하는데 나도 젊었을 때 병서(兵書)를 읽어 그 내용을 약간 알기 때문에 가기를 청합니다." 하였다. 조충이 허락하고 김인경에게 정예 부대 1천 명과 쌀 1천 석을 주어 보냈다. 그때 합진과 완안자연이 거란병을 대주(岱州)에서 공격하기 위하여 그 고을 서편 독산(禿山)에 군대를 주둔하고 있었다. 김인경이 가서 보니 양 원수가 군악을 치며 위로연을 베풀어 주어 흥겹게 놀고 끝냈다. 그때 김인경이 그 고을 서문 밖에 방진(方陣)을 치고 있었는데 두 원수가 높은 곳에 올라서서 바라보고 있었다. 김인경은 군용을 엄숙하게 하고 활을 잘 쏘는 군사를 시켜서 일시에 활을 쏘니 화살이 성중으로 넘어 들어갔다. 거란 병사들이 모두 다 피하여 도망치니 합진 등이 기뻐해마지 않았다. 조충과 <u>김취려</u> 등이 군대를 이끌고 몽고와 동진군을 만나 강동성을 포위하였다. 이때 몽고, 동진병이 비록 적을 격파하여 우리를 구한다고 명분을 내세웠으나, 몽고는 오랑캐(夷狄) 중 가장 흉악하고 사나우며, 또 일찍이 우리와 우호 관계가 없었으므로, 중외가 모두 놀랐고, 조정의 의논 역시 우물쭈물하고 정하지 못하여 드디어 가서 호군(犒軍)하는 정도에 그쳤다. 조충은 홀로 의심할 것이 없다하고 위에 알리기를 마지않았다. 몽고는 그 늑장부리는 것에 화를 내어 책망이 심하므로 조충이 형세를 보아가며 적당히 처리하여 그들을 화해시켰다. 합진이 군사를 더할 것을 요구하니 장수들이 모두 가기를 꺼렸다. <u>김취려</u>가 말하기를, "나라의 이해가 바로 오늘에 있으니 일의 어려운 것을 사양하지 않는 것이 신하의 직분이다." 하고, 스스로 가기를 청했다. <u>김취려</u>가 이에 지병마사(知兵馬事) 한광연(韓光衍)과 더불어 10장군의 병사 및 신기(神騎)·대각(大角)과 내상(內相)의 정졸(精卒)을 거느리고 갔는데, 합진이 통사(通史) 조중상(趙仲祥)으로 하여금 <u>김취려</u>에게 말하게 하기를, "과연 우리와 더불어 화호(和好)를 맺으려면 당연히 먼저 몽고 황제에게 망배(望拜)하여 예를 올리고 다음에는 대진(大眞 : 東眞) 의 만노 황제(萬奴皇帝)에게 예를 올려야 합니다." 하자, <u>김취려</u>가 말하기를, "하늘에는 두 해가 없고 백성에게는 두 임금이 없는 법인데, 천하에 어찌 두 황제가 있다는 말입니까?" 하고, 이에 단지 몽고 황제에게만 망배하고 만노에게는 망배하지 않았다.

　<u>김취려</u>는 신장(身長)이 6척 5촌이나 되는 장신인데도 수염이 그의 배를 지나서, 매양 성복(盛服)할 때에는 반드시 두 여종으로 하여금 그 수염을 나누어 들게 한 뒤에 속대(束帶)하였다. 합진이 <u>김취려</u>의 용모가 괴위(魁偉)한 것을 본데다가 또 그 말을 듣고는 크게 기이하게

536

여겨 인도하여 자리를 같이한 다음 묻기를, "나이가 얼마나 되셨습니까?" 하므로, 김취려가 말하기를, "60세가 가까웠습니다." 하니, 합진이 말하기를, "나는 50세도 못되었습니다. 이미 한 집안이 되었으니 그대는 형이요 나는 아우입니다." 하고, 김취려로 하여금 동향(東向)하여 앉게 하였다.

이튿날 또 그의 진영(陣營)에 나아가니 합진이 말하기를, "내가 일찍이 여섯 나라를 정벌하면서 귀인(貴人)을 겪어 본 바가 많았지만, 형의 용모를 보니 어찌 그리 기이합니까? 내가 형을 중히 여기기 때문에 휘하의 사졸을 보는데도 역시 한 집안과 같이 생각합니다." 하였다.

며칠 후에 조충이 또한 도착하자 합진이 조충을 이끌어 상좌(上座)에 앉히고 형으로 섬겼다. 조충과 또한 친밀한 정분을 드러내고 술을 베풀고 음악을 연주하였다. 합진이 술을 잘 마시어 장차 조충과 더불어 우열(優劣)을 겨루어 이기지 못한 자를 벌주기로 약속하였는데, 조충이 가득히 따른 술을 단숨에 마신 것이 비록 많았으나 조금도 취한 기색이 없었다. 끝마치기에 미쳐 한 잔을 들고서 마시지 않고 말하기를, "마시지 못하는 것이 아니라 만약 이겨서 약속과 같이 한다면 공이 반드시 벌을 받게 될 것이니, 차라리 내가 벌을 받을지언정 주인으로서 손님을 벌주는 것이 옳겠는가?" 하니, 합진이 그 말을 중히 여기어 크게 기뻐하였다.

이튿날 아침에 강동성(江東城) 아래에서 모이기로 하되 성에서 3백 보 떨어진 곳에 머물기로 약속하였는데, 합진이 성 남문(南門)으로부터 동남문에 이르기까지 못을 파되 넓이와 깊이를 10척으로 하였으며, 서문(西門) 이북은 완안자연(完顔子淵)에게 위임하고, 동문(東門) 이북은 김취려에게 위임하여, 모두 참호를 파게 해서 적이 달아나는 것을 막게 하였다. 최충헌에게 궤장(几杖)을 주었다. 충헌이 연령이 70세가 되었다는 이유로 연로 사직을 청원하려 하였으므로 왕은 그의 본심을 알고서 해당 기관에 명령하여 예의를 갖추고 궤장을 주어서 국사를 계속 보게 하였다.

4. 『기년동사략』 권지6, 고려기 기묘(己卯) 6년[12년]

【원문】

趙冲**金就礪**等, 攻契丹於江東城, 降之, 西北邊兵解嚴, 賊旣被圍, 勢益窘, 賊魁喊捨王子自縊死, 五萬餘人開門出降, 僞承相 平章以下百餘人, 皆斬於陣前, 其餘悉寬其死. 哈眞, 曰我等來自萬里, 與貴國合力破賊千載之幸也, 禮當往拜國王, 吾軍頗衆難於遠行, 但遣使陳謝耳, 乃與冲等同盟, 曰兩國永爲兄弟, 萬世子孫無相忘也,

歸虜俘男女七百口, 及我國被掠人二百口于我, 其餘悉以自隨賜, 冲**就礪**等雜物甚厚, 冲以契丹俘虜, 分送各道州縣, 擇閑曠之地, 俾之聚居量給土田, 業農爲民, 史氏, 曰趙文正, 文武全才, 出將入相當遼孽入寇, 蒙兵壓境之日, 與金威烈同心禦侮, 從容杯酒, 却敵如神, 國家賴安徐熙 姜邯贊, 不得專美於前矣, 豈非所謂英雄豪傑間世之人物乎, 李齊賢, 曰崔氏父子繼世秉政, 內擁堅甲以專威權, 外委羸兵以責攻戰, 當斯之時, 欲以有爲, 其亦難矣, 爾乃金宗訖鎭遼孽, 構禍窺我土壃圖, 爲巢穴遠鬪窮寇, 鋒不可當, 蒙將壓境徵師, 討賊 順之則莫委其情 逆之則必生他變, 安危之機, 間不容髮, **就礪**乃能左提右挈, 遠交近攻, 定宗盟於經綸之始, 安邦基於呼吸之間, 豈非魁傑寸智之臣, 而社稷之靈有以陰相者歟. ……

538

【번역문】

　조충, <u>김취려</u> 등이 강동성에서 거란을 공격하여 항복시켰다. 서북변 군사들의 경계가 해이해졌다. 적은 이미 포위당한 지가 오래되어 그 형세가 더욱 군색하게 되었다. 적의 두목 감사 왕자(嘁捨王子)는 스스로 목을 매서 죽자, 5만여 명이 성문을 나와 항복하였다. 가짜 승상, 평장 이하 1백여 인을 모두 진 앞에서 죽였다. 그 나머지는 관대한 처분으로 죽이지 않았다. 합진이 말하기를, “우리가 만 리 밖에서 와서 귀국과 협력하여 적을 격파한 것은 천재(千載)의 다행이다. 예의상 당연히 귀국의 왕을 찾아가서 배알하는 것이 당연하나, 우리 군대가 자못 많아서 멀리 행군하기 곤란하므로 사람을 보내 사례만 드릴 뿐입니다.” 하였다. 이에 조충과 동맹을 맺고 말하기를, “두 나라가 영원히 형제가 되어서 만대의 자손에 이르기까지 잊지 말도록 하자.” 하였다.

　적에게 포로가 되었던 남녀 7백 구와 우리나라 백성으로 적에게 잡혔었던 2백 구를 우리에게 돌려보내고, 그 나머지는 모두 자기를 따르게 하였다. 조충과 <u>김취려</u> 등에게 잡다한 물품도 후하게 주었다. 조충이 거란 포로를 각도의 주현에 나누어 보내어 빈 땅을 골라 모여 살게 하고, 토지를 나누어 주어 농사를 지으며 백성으로 만들었다.

　사신(史臣)이 말하기를, “조문정(趙文正 : 조충의 시호)은 문무의 재능을 겸비하여 나가서는 장수가 되고 들어와서는 재상이 되었는데, 요나라의 잔당이 침입하고 몽고의 군사가 국경을 압박하던 때를 당해서는 <u>김위열(金威烈 : 김취려의 시호)</u>과 더불어 합심하여 적을 방어하고, 조용히 술잔을 들면서도 적을 귀신같이 물리쳐서 국가가 이에 힘입어 안정되었으니, 옛날 서희, 강감찬만이 아름다운 이름을 독점할 수 없을 것이다. 어찌 세상에 드문 영웅호걸이 아니겠는가?” 하였다.

이제현이 말하기를, "최씨 부자가 대를 이어 정권을 잡고 안으로는 강한 군사로 호위하게 하고 정권을 독차지하고, 밖으로는 허약한 군사에게 맡겨 싸우라고 책망하였으니 이런 때를 당해서는 일을 해보려 해도 할 수 없었을 것이다. 이에 금나라의 국운이 다하자 요나라의 유종이 화란을 얽어서 우리의 강토를 엿보아 소굴로 만들기를 도모하여 멀리 와서 궁지에 몰려 싸우는 적들의 칼날을 감당할 수 없었고, 몽고의 장수가 국경을 압박하여 군사를 소집하며 적을 토벌할 때, 그것에 따르자니 그들의 사정을 알 수 없었고, 거역하자니 반드시 다른 변고가 생겨 안위의 기미가 터럭 하나라도 용납할 겨를이 없었다. 이에 김취려가 왼손으로 이끌고 오른손으로 붙잡으며 먼 곳은 사귀고 가까운 곳은 공격하여, 경륜(經綸)의 시작에서 종맹(宗盟)을 정하고 위태한 나라의 기반을 편안하게 하였으니, 어찌 생김새가 특이하고 재지가 있는 신하가 아니겠으며, 사직의 신령이 몰래 도운 것[陰助]이 아니겠는가?" 하였다.

5. 『기년동사략』 권지6, 고려기 갑오(甲午) 21년 [단평(端平) 원년]

【원문】

門下侍中 **金就礪**卒, **就礪**鷄林彦陽人, 節儉正直, 持軍嚴, 士卒不犯秋毫, 有酒卽用一卮, 與最下者均飮, 故得其死力, 臨陣制敵多出奇計, 以成大功, 然未嘗自矜, 爲相正色率下人不敢欺 眞忠義人也, 謚**威烈**, 配享王廟.

【번역문】

문하시중 김취려가 졸하였다. 김취려는 계림 언양 사람으로 검소하고 정직했다. 군을 지휘할 때는 엄격하여 사졸들이 추호도 잘못을 저지르지 않았다. 술이 있으면 잔을 가져다가 말단의 병사들과 고루 마셨기 때문에 (병사들의) 사력을 얻을 수 있었다. 전쟁에 나아가 적과 싸울 때에는 신기한 계략을 많이 내놓아 큰 공을 이루었다. 그러나 한번도 스스로 자랑하지 않았고, 재상이 되어서는 정직하게 아랫사람을 통솔하여 감히 그를 속이는 자가 없었으니, 진실로 충의로운 사람이다. 시호는 위열이며 왕묘(고종 묘정)에 배향되었다.

6. 『기년동사략』 권지7, 고려기 정유(丁酉) 23년 [육덕(六德) 원년]

【원문】

納金氏爲淑昌院妃. 金氏**就礪**之孫, 良鑑之女, 有姿色 嘗嫁進士崔文早寡, 世子旣殺無比, 欲慰解王意, 以金氏納之, 後封淑昌院妃.

【번역문】

김씨를 맞이해 숙창원비로 삼았다. 김씨는 김취려의 손자 양감(良鑑)의 딸이니 용모가 아름다웠다. 진사(進士) 최문(崔文)에게 시집갔다가 청상과부가 되었다. 세자(충선왕)가 무비(無比)를 죽이고 (충렬)왕의 마음을 위로하기 위하여 김씨를 맞아들이게 하였다. 후에 숙창원비로 봉하였다.

7. 『기년동사략』 권지21, 본조기(本朝期) 정묘(丁卯) 5년 [7년]

【원문】

浚字澄彦 **金就礪**之後孫.

【번역문】

준(浚)의 자는 징언으로 김취려의 후손이다.

보통교과 동국역사(普通敎科東國歷史)[44]

1. 『보통교과 동국역사』 권4, 고려기 고종 3년 8월

【원문】

八月에 契丹이 來侵ᄒ거늘 上將軍 盧元純 等을 遣ᄒ야 禦敵ᄒ다. 時에 契丹遺種의 金山王子와 金時王子 河朔人民을 脅降ᄒ고 自稱曰 大遼收國王이오 建元ᄒ야 曰元成이라 ᄒ다가 蒙兵의게 被逐ᄒ야 其將 鵝兒乞奴로 ᄒ여곰 몬져 數萬兵을 率ᄒ고 渡江ᄒ야 會寧朔州等郡을 侵犯ᄒ야 財穀과 畜産을 奪掠ᄒ고 雲中道[在今北關]에 移入ᄒ니 朔州分道將軍盧仁綏 棄城ᄒ고 走ᄒᄂ지라 이에 盧元純으로 中軍兵馬使를 合고 吳應夫로 右軍兵馬使를 삼고 **金就礪**로 後軍兵馬使를 삼고 十三領軍과 밋 神騎諸衛兵을 率ᄒ고 徃擊홀시 時에 賊兵이 이미 寧德城[在今義州]을 屠ᄒ고 安[安州]義[義州]鐵[鐵山]宣[宣川]等 州를 進圍ᄒ고 移書ᄒ야 降服을 督促홀 시 敵이 我國人 楊水尺을 得ᄒ야 嚮導를 삼으니 楊水尺은 太祖 百濟를 攻홀 時에 勇悍難制ᄒ든 遺種이라 田獵을 爲事ᄒ더니 忠獻의 侵暴를 不堪ᄒ야 賊을 迎降ᄒ고 山川險要를 다 指示ᄒ더라 三軍이 蓮州[今价川]에셔 迎戰ᄒ야 數千級을 斬ᄒ고 坐 延州[在今寧邊]

---

44) 대한제국의 보통학교 국사 교과서이다. 1899년(광무 3년) 학부(學部)에서 펴낸 중학교 교과서 『대한역대사략(大韓歷代史略)』을 기본으로 하여 현채 (玄采, 1886년/고종 23~1925년)가 엮은 국한문 혼용의 편년체 역사책이다. 1910년 국권이 상실되자 최남선(崔南善) 등과 광문회를 창설하여 우리 고전을 지키려 애썼다. 『보통교과 동국역사』를 통해 당시 조선인들이 가져야 할 역사의식의 방향성을 엿볼 수 있다.

開平驛에셔 戰홀시 **金就礪** 丹兵을 大破ᄒ니 丹兵이 妙香山[在今寧邊]
에 入ᄒ야 淸塞鎭[在今熙川]을 踰ᄒ야 遁去ᄒ니 賊의 前後死者 萬餘人
이러라 賊이 旣退ᄒ미 三軍이 延州로부터 回軍ᄒ다가 博川에셔 丹賊을
更遇ᄒ야 **就礪** 力戰却退ᄒ다 **就礪** 能히 以少擊衆ᄒ고 奇計를 出ᄒ야
每戰輒勝ᄒ더라

【번역문】

8월에 거란이 침략하였다. 상장군 노원순(盧元純) 등을 보내 막았다.
이때 거란 유종(契丹遺種)인 금산 왕자(金山王子)와 금시 왕자(金始王子)
가 하삭(河朔)의 백성들을 협박하여 항복받고, 스스로 대요수국왕(大遼
收國王)이라 칭하고, 연호를 원성(元聖)이라고 하다가 몽고 군사에게
쫓기게 되어 그 장수 아아(鵝兒)·걸노(乞奴)로 하여금 먼저 수만 명을
이끌고 압록강을 건너 회녕(會寧)과 삭주(寧州) 등 고을을 공격하여
재물과 곡식과 기르는 짐승을 빼앗고, 운중도(雲中道)[지금의 북관]로
들어오니 삭주분도장군 노인수(盧仁綏)가 성을 버리고 달아났다. 이에
노원순을 중군병마사로 삼고, 오응부(吳應夫)를 우군병마사로 삼고,
<u>김취려</u>를 후군병마사로 삼고, 13영군(領軍)과 신기(神騎)와 제위병(諸衛
兵)을 인솔하고 공격하도록 하였다. 이때 적병이 이미 영덕성(寧德城)[지
금의 의주]을 무찌르고 안주(安州)와 의주(義州), 철산(鐵山), 선천(宣川)
등 고을을 포위하고 글을 보내 항복을 독촉하였다. 적병이 우리나라
사람인 양수척(揚水尺)을 얻어 향도로 삼았다. 양수척은 태조가 백제를
공격할 때 용맹하고 사나와 제어치 못한 거세고 거친 종류이다. 사냥을
일삼다가 최충헌의 포악한 침탈을 견디지 못하여 적병을 맞아 항복하고
산천의 험하고 긴요한 긧을 다 가르쳐 주었다. 삼군이 연주(連州)[지금의

개천]에서 맞아 싸워 수천 급을 베고, 또 연주(延州)[지금의 영변] 개평역(開平驛)에서 싸워 <u>김취려</u>가 거란 군사를 크게 물리치니, 거란 군사가 묘향산(妙香山)[지금의 영변에 있다]에 들어가 청새진(淸塞鎭)[지금의 희천]을 넘어 도망하여 갔는데, 적병의 전후 죽은 자가 1만여 인이었다. 적병이 이미 물러가자 삼군이 연주로부터 군사를 돌려 오다가 박천(博川)에서 거란의 도적을 만나니, <u>취려</u>가 힘써 싸워 물리쳤다. <u>취려</u>는 능히 적은 수로써 많은 수를 물리치고 기이한 계책을 내어 싸움마다 쉽게 이겼다.

2. 『보통교과 동국역사』 권4, 고려기 고종 4년 7월

【원문】

秋七月에 兵馬使崔元世와 **金就礪** 等이 丹兵을 堤州[今堤川]에서 大破ᄒ다 先是에 丹兵이 西歸ᄒ다가 定州를 焚ᄒ고 安州에 駐屯ᄒ거늘 官軍이 往擊홀시 太祖灘에 至ᄒ니 大雨가 如注라곳 罷屯ᄒ야 置酒宴樂ᄒ고 設備치 아니ᄒ엿더니 賊이 大至ᄒ니 **金就礪** 逆戰ᄒ다가 槍과 矢를 獨受ᄒ고 其餘諸將의 死한 者 不知其數오 丹兵이 長湍에 至ᄒ고 ᄯ 金郊驛[在今平山]에 屯ᄒ거늘 다시 吳應夫로써 中軍兵馬使를 拜ᄒ고 崔元世로써 前軍을 將ᄒ고 黃大源은 左軍을 將ᄒ고 吳仁永은 右軍을 將ᄒ고 柳敦植은 後軍을 將ᄒ야 崇仁門을 出ᄒ야 禦敵ᄒ더니 이윽고 丹兵이 ᄯ 東州[今鐵原]를 陷ᄒ거늘 이에 應夫를 罷ᄒ고 崔元世로뼈 代ᄒ고 **就礪**는 前軍을 將ᄒ고 賊兵을 澄波度에서 擊却ᄒ고 ᄯ 豊壤[在今楊州]에서 戰ᄒ야 盧元驛[在今楊州]에 追至ᄒ야 斬馘이 甚多ᄒ니 賊이 다시 楊州로부터 原州에 至ᄒ엿다가 未幾에 春川을 陷ᄒ야 按廉使盧周

翰을 殺ᄒᆞ고 ᄯᅩ 原州를 進攻ᄒᆞ거늘 州人이 相持ᄒᆞ야 凡九戰에 食盡援絶ᄒᆞ야 城이 陷ᄒᆞ더니 旣而오 官軍이 賊을 忠[忠州]原[原州]兩州에셔 大破ᄒᆞ야 三百餘級을 斬ᄒᆞ고 堤州에 追至ᄒᆞ니 賊屍가 川流를 蔽塞ᄒᆞ고 ᄯᅩ 朴達峴[在今堤川]에 追及ᄒᆞ야 元世 就礪로 더브러 嶺上을 先據ᄒᆞ엿더니 明日에 賊數萬騎가 嶺을 分登ᄒᆞ야 要害를 爭ᄒᆞ거늘 元世 等이 곳 大呼死戰ᄒᆞ니 賊이 大潰ᄒᆞ야 男女兵仗輜重을 狼藉委棄ᄒᆞ고 東走ᄒᆞ야 溟州[今江陵] 大關嶺을 踰ᄒᆞ야 遁去ᄒᆞ다

【번역문】

가을 7월에 병마사 최원세(崔元世)와 <u>김취려</u> 등이 거란 병사를 제주(堤州)[지금의 제천]에서 크게 파하였다. 앞서 거란 군사가 서쪽으로 돌아가다가 정주(定州)를 불지르고 안주에 주둔하였다. 관군이 공격하려고 태조탄(太祖灘)에 이르니 큰 비가 와서 곧 머무르고 술을 마시며 잔치를 벌이고 방비하지 않았다. 적병이 크게 쳐들어오자 <u>김취려</u>가 맞이하여 싸우다가 창과 화살을 많이 맞았으며, 남은 모든 장수들도 그 죽은 수를 헤아리지 못하였다. 거란 군사가 장단(長湍)에 이르러 또 금교역(金郊驛)[지금의 평산에 있다)에 주둔하였는데, 다시 오응부로 중군병마사를 삼고, 최원세로 전군을 거느리고 황대원(黃大源)으로 좌군을 거느리고, 오인영(吳仁永)으로 우군을 거느리고, 유돈식(柳敦植)은 후군을 거느려 숭인문으로 나가 적병을 막았다. 이윽고 거란 군사가 또 동주(東州)[지금의 철원이다]를 공격하였다. 이에 응부를 파직하고 최원세로 대신하고 <u>취려</u>는 전군을 거느리고 징파도(澄波渡)[지금의 양주에 있다]에서 공격하여 물리치고 또 풍양(豊壤)에서 싸워 노원역(盧元驛)[지금의 양주에 있다]까지 쫓아 벤 것이 매우 많았다. 적병이 다시 양주로부터 원수에

이르렀다가 이윽고 춘천을 공격하여 안렴사 노주한(盧周翰)을 죽였다. 또 원주를 공격하였는데, 고을 사람들이 막아 무릇 아홉 번 싸워 양식이 다하고 구원할 군사마저 끊어져 성이 무너졌다. 이윽고 관군이 적병을 충주(忠州)와 원주에서 크게 무너뜨려 3백여 급을 베고 제주(堤州)까지 쫓아 이르니 적병의 주검이 흐르는 내를 덮었다. 또 박달치(朴達峙)[지금의 제천에 있다]에 쫓아 이르러 원세, 취려와 함께 고개 위에 먼저 웅거하였다. 이튿날 적병 수만 기(騎)[기는 말탄 군사이다]가 고개로 나누어 올라와 요해한 곳을 지나갔다. 원세 등이 크게 부르짖으며 죽도록 싸우니 적병이 크게 패하여 남녀와 병장기와 수레를 낭자하게 버리고 동쪽으로 달아나 명주(溟州)[지금의 강릉이다] 대관령(大關嶺)을 넘어 달아났다.

3. 『보통교과 동국역사』 권4, 고려기 고종 5년 7월

【원문】

　秋七月이라 先是에 丹兵이 堤州에셔 敗還ᄒ야 女眞의게 援兵을 請ᄒ니 軍勢가 復振ᄒᄂᆞᆫ지라 이에 官軍을 連破ᄒ고 楊州를 進逼ᄒ거늘 趙冲으로 西北面元帥를 拜ᄒ고 **金就礪**로 兵馬使를 拜ᄒ고 鄭通寶 等으로 더브러 前後左右軍을 分領홀시 王이 親히 鈇鉞을 授ᄒ고 生徒의 入仕치 아니ᄒᆫ 者를 다 從軍케 ᄒ다 時에 冲이 前敗를 深恥ᄒ야 銳意討賊홀시 號令이 明肅ᄒ고 賊을 禿山[在今博州]에셔 連敗ᄒ니 賊이 數萬騎를 引ᄒ고 江東城을 入保ᄒ더라

【번역문】

　가을 7월이다. 앞서 거란 군사가 제주에서 패하여 돌아가 여진에게 구원병을 청하여 군사의 형세가 다시 떨치었다. 이에 관군을 연이어 파하고 양주를 핍박하였다. 조충으로 서북면 원수를 삼고, 김취려를 병마사로 삼고, 정통보 등으로 더불어 전후우군을 나누어 거느리게 하였는데, 왕이 친히 부월(斧鉞)을 주고, 생도(生徒)로 벼슬하지 아니한 자는 다 군사에 종군하게 하였다. 때에 충이 전에 패함을 매우 부끄러워하여 뜻을 다하여 적병을 공격하였는데, 호령이 밝고 엄숙하였다. 적병을 독산(禿山)[지금 박천에 있다]에서 이어서 파하니 적병이 수만 기를 이끌고 강동성 안으로 들어갔다.

4. 『보통교과 동국역사』 권4, 고려기 고종 5년 12월

【원문】

　趙冲 **金就礪** 等이 蒙兵과 東女眞兵을 會合ᄒ야 江東城을 圍ᄒ다 時에 蒙古와 東女眞이 비록 救我ᄒ다 稱ᄒ나 蒙古ᄂ 가쟝 兇悍ᄒ고 또 本國과 舊好가 無ᄒ지라 이에 中外人心이 震駭ᄒ되 獨히 冲은 坦然下疑ᄒ고 隨事彌縫ᄒ며 哈眞이 또 添兵을 屢督ᄒ니 諸將이 다 其行을 憚ᄒᄂ지라 **金就礪**曰 國家利害가 正히 今日에 在ᄒ고 또 臨事ᄒ야 難을 不辭ᄒ음은 臣子의 職이라 ᄒ고 自行ᄒ기를 請ᄒ야 知兵馬使 韓光衍으로 더브러 十將과 밋 神騎大角과 內廂精卒을 領率ᄒ고 徃會ᄒ다 **就礪** 身長이 九尺이오 鬚髯이 美ᄒ거늘 哈眞이 其狀貌의 魁偉홈을 見ᄒ고 또 其言論을 大奇ᄒ야 兄弟를 結ᄒ고 **就礪**다려 謂曰 我 六國을 征伐ᄒ야 貴人을 多見ᄒ엿스나 兄과 如ᄒ 者를 未見ᄒ엿다ᄒ고 禮待가

深厚ᄒ더니 數日에 趙冲이 亦至ᄒ니 哈眞이 쏘흔 兄으로 事之ᄒ거늘 이에 置酒作樂ᄒ고 情款을 吐露ᄒ다 詰朝에 諸軍이 江東城下에 會ᄒ야 四面을 合圍ᄒ니 丹兵이 敢出치 못ᄒ더라

【번역문】

조충·김취려가 몽고 군사·동여진 군사와 함께 강동성을 에워쌌다. 이때 몽고·동여진이 비록 우리를 구원한다고 칭하나, 몽고는 가장 흉(凶)하고 사나우며, 또 본국(本國)과는 원래 친하지 아니 하였다. 이에 세상의 인심이 몹시 놀라되, 조충만은 탄연히 의심하지 않고 일을 따라 처리하였다. 합진이 또 군사를 더 보내도록 여러 번 재촉하였으나 여러 장수들이 다 가기를 꺼려하였다. 김취려가 말하기를, "국가의 이해(利害)는 바로 오늘에 있으며, 또 일을 당하여 어려운 일을 사양하지 않는 것이 신자(臣子)의 직책이다." 하고, 스스로 가기를 청하였다. 지병마사(知兵馬事) 한광연(韓光衍)과 더불어, 열 명의 장군과 신기(神騎)·대각(大角)·내상(內廂)의 정졸(精卒)을 거느리고 가서 모였다. 취려는 신장이 9척(6척의 오기)이요 수염이 아름다웠다. 합진이 그의 준걸스러운 얼굴을 보고, 또 그의 말을 듣고는 크게 기이하게 여겨 형제를 맺고, 취려에게 말하기를, "내가 여섯 나라를 정벌하면서 귀인을 많이 보았으나 형만한 이를 보지 못했습니다." 하고, 예로 대접함이 매우 두터웠다. 수일 후에 충이 또한 이르니, 합진이 또한 형으로 섬기었다. 이에 술을 놓고 풍악을 연주하며 즐기고 정을 서로 말하였다. 이튿날 아침에 모든 군사가 강동성(江東城) 아래에 모여 사면으로 에워싸니, 거란 군사가 감히 나오지 못했다.

5. 『보통교과 동국역사』 권4, 고려기 고종 20년 5월

【원문】

金就礪 卒ᄒ다 **就礪**는 彦陽人이라 爲人이 節儉正直ᄒ고 忠義自守ᄒ며 持軍홈이 嚴整ᄒ야 士卒이 敢犯치 못ᄒ나 酒가 有ᄒ면 곳 士卒最下者로 더브러 同飮ᄒ고 臨陣制敵에 奇計롤 多出ᄒ야 大功을 成ᄒ더라

【번역문】

여름 5월에 문하시중 <u>김취려</u>가 졸하였다. <u>취려</u>는 위인이 절검하고 정직하며 충의로써 스스로 지키며 군사를 지휘함에 엄정하여 사졸이 감히 범하지 않았다. 술이 있으면 곧 말단 사졸들과 함께 마시고, 싸움에 임하여 도적을 제어하매 기이한 계교를 많이 내어 능히 큰 공을 이루었다.

역사집략(歷史輯略)[45]

1. 『역사집략』 권8, 고려기 고종 3년 8월

【원문】

八月 使其將鵝兒乞奴 先引兵數萬 渡鴨綠江 攻掠朔州等鎭 皆以妻子自隨 瀰漫山野 居月餘食盡

移入雲中道[今雲山] 朔州分道將軍盧仁綏棄城走 乃以上將軍盧元純爲中軍兵馬使 上將軍吳應夫爲右軍兵馬使 大將軍**金就礪**爲後軍兵馬使 率十三領軍及神騎諸衛兵 徃擊之 得我國楊水尺爲嚮導 楊水尺者 太祖攻百濟時 所難制遺種也 本無貫籍賦役 逐水草遷徙無常惟事田獵 至是爲崔忠獻所侵暴迎降于賊故山川險要無不詳之 所在窺突號稱難敵三軍進戰連利至開平驛[在寧邊] 中軍受敵小却 **就礪**拔劍策馬 與將軍奇存靖 奮擊潰之 又與賊大戰於墨匠之野 三合三捷 丹兵奔入香山[卽妙香山] 於是諸軍乘勝追擊之 斬獲九千餘級 賊逐踰淸塞鎭[今熙川]遁居 或言香山之戰鵝兒乞奴戰死云 旣以契丹後兵大入昌州

---

45) 1905년 김택영(金澤榮, 1850~1927)이 단군조선부터 고려의 멸망까지 다룬 역사책으로, 그가 1902년에 저술한 『동사집략(東史輯略)』을 증보하여 발간한 것이다. 이 책은 11권 3책으로 구성되어 있는데, 왕조 중심의 서술에서 사회, 문화에 관한 비중을 늘린 점과 사실을 고증하고 비교분석한 점 등에서 그 가치를 높이 평가받지만, 중국을 중심으로 보는 모화사관(慕華史觀)이 반영되어 있고 임나일본부설(任那日本府說) 등의 일제의 주장을 그대로 수용한 점 등에서 비판되고 있다.

【번역문】

　(고종 3년) 8월 (거란의) 장수 아아(鵝兒)·걸노(乞奴)가 군사 수만 명을 이끌고 압록강을 건너와서 삭주 등 진(鎭)을 공략하여 모두 저의 처자(妻子)를 데리고 다니니 산과 들에 사람이 가득히 찼다. 몇 달을 지내면서 식량이 다 떨어지자 운중도[지금의 운산]로 옮겨 들어갔는데 삭주 분도 장군 노인수가 성을 버리고 도망갔다. 이에 상장군 노원순(盧元純)을 중군병마사로 삼고, 상장군 오응부(吳應夫)를 우군병마사로 삼고, 대장군 김취려(金就礪)를 후군병마사로 삼아 13영군(領軍) 및 신기제위병(神騎諸衛兵)을 거느리고 가서 격퇴하여 우리나라 양수척을 얻어 향도로 삼았다. 양수척은 태조가 백제를 공격할 때 제압하기 어려웠던 유종(遺種)이다. 본래 관적(貫籍)과 부역(賦役)이 없이 수초(水草)를 쫓아다니며 일정한 거주지가 없이 사냥을 일삼았다. 이때에 이르러 최충헌의 침학(侵虐)이 심하자 적병이 침입할 때 그들이 마중 나가 항복하고 길 안내를 한 까닭에 적병이 산천, 요해지 등 자세히 알지 못하는 것이 없었다. 개평역(開平驛)에 이르러 중군(中軍)이 앞뒤에서 적의 공격을 받고 약간 퇴각하였다. 취려가 칼을 빼들고 말을 몰아 장군 기존정(奇存靖)과 함께 맹렬히 공격하여 적을 무너뜨렸다. 또 묵장(墨匠) 들판에서 적병과 크게 싸웠는데 3번 싸워 3번 모두 승리하였다. 거란병들이 향산(香山)[지금의 묘향산]으로 쫓겨 갔다. 이때 제군(諸軍)이 승리의 기세를 타서 적병을 추격하여 9천여 명을 죽이거나 사로잡았다. 적병이 마침내 청새진(淸塞鎭)[지금의 희천(熙川)]에 숨어들었다. 혹자가 말하기를, 향산의 전투에서 아아·걸노가 전사했다고 하였다. 거란의 후병이 창주에 크게 침입하였다.

2. 『역사집략』권8, 고려기 고종 4년 5월

【원문】

夏五月 賊陷東州 崔忠獻謂 五軍逗留不進 徒費粮餉 遂罷應夫 以元世代之 以**金就礪**爲前軍兵馬使 始太祖灘之戰 **就礪**奮劍獨戰 槍矢交貫于身 創尙未合力疾受命 與賊連戰 皆克 賊奔陷原州[古北原] 又以將軍任輔爲東南道加發兵馬使 選城中公私奴隷 充部伍以送之

【번역문】

　(고종 4년) 여름 5월, 적이 동주를 함락하였다. 최충헌이 (왕에게) 아뢰기를, "5군이 머무른 채 진격하지 않으면서 군량만 낭비합니다." 하니, 드디어 응부를 파면하고 최원세(崔元世)에게 그를 대신하게 하고, 김취려(金就礪)를 전군병마사로 삼았다. 태조탄(太祖灘)의 전투가 시작되자 김취려는 검을 떨치며 홀로 전투하였는데 창과 화살이 몸을 관통하였다. 상처가 아직 낫지 않았지만 명을 받들고 적과 계속해서 전쟁을 치루어 모두 이겼다. 적이 패주하면서 원주[옛 북원]를 함락하였다. 또 장군 임보(任輔)를 동남도가발병마사(東南道加發兵馬使)로 삼아 성중의 공사노예(公私奴隷)를 뽑아 부오(部伍)에 충당하여 보냈다.

3. 『역사집략』권8, 고려기 고종 4년 7월

【원문】

秋七月 元世**就礪** 追賊于忠原兩州間 至朴達峴[在今堤川] 輔亦引兵來會 元世用**就礪**言 先據嶺上 明日 賊數萬騎分登左右 欲爭要害 元世等 分軍爲左右翼下麾之 賊大潰 逐入北關與女眞合

【번역문】

(고종 4년) 가을 7월에 최원세와 <u>김취려</u>가 적을 충주·원주(原州) 사이로 추격하여 박달현에 이르렀는데, 임보 또한 군사를 거느리고 와서 한데 모였다. 최원세가 <u>김취려</u>의 말을 이용하여 먼저 고갯마루를 점거하였다. 다음 날 적 수만 기가 좌우로 나누어 올라와 요해처를 빼앗으려 하였다. 최원세 등이 군을 나누어 좌·우익으로 삼아 쫓으니, 적이 크게 무너져 쫓겨나 북관(北關)에 들어가 여진과 합하였다.

4. 『역사집략』 권8, 고려기 고종 5년

【원문】

先是 丹人旣得女眞兵 軍勢復振 會**金就礪** 以病召還 丹兵連敗 官軍進逼
楊州

【번역문】

이에 앞서 거란인이 이미 여진의 병사를 얻어 군세를 다시 회복하였다. <u>김취려</u>가 (적을) 만났는데 병으로 인하여 (서울로) 소환되었다. 거란병이 연달아 패하였고 관군이 양주로 진격하였다.

5. 『역사집략』 권8, 고려기 고종 5년 7월

【원문】

秋七月 趙冲爲西北面元帥 **金就礪**爲兵馬使 鄭通寶爲前軍 李霖吳壽祺
申宣胄等分將前後左右軍 王親授鈇鉞以送之 生徒未入仕板者 皆令從軍

【번역문】

　(고종 5년) 가을 7월에 조충을 서북면 원수로, <u>김취려</u>를 병마사로, 정통보, 이림, 오수기 등을 나누어 전후좌우군의 장수로 삼아 왕이 친히 부월을 주어 보냈다. 생도 중 입사하지 않은 자들은 모두 종군하도록 하였다.

6. 『역사집략』 권8, 고려기 고종 5년 12월

【원문】

(冬十二月)　時蒙古主[蒙太祖十三年]鐵木眞欲窮剿契丹遣其元帥哈眞 等 率兵一萬 與東女眞萬奴所遣完顔子淵兵二萬合聲言討丹賊 來攻我猛 [今猛山]順[今順川]等城破之 引兵直至江東城 會天寒大雪 餉道不繼 哈 眞移牒請兵粮 朝廷以精兵一千米一千石應之 趙冲內令中軍判官金仁鏡 領往以調之 哈眞等 見仁鏡宴慰極歡 時蒙眞 雖以破丹 求我爲名 然蒙素 號兇悍 且未嘗與我有舊好 人心震駭 獨冲不疑 相聞不己 哈眞責添兵諸 將 皆憚於行 **金就礪**曰 國家利害 正在今日 遂與知兵馬事韓光衍 領十將 軍兵及神騎 大角內廂精卒徃焉 **就礪**狀貌魁偉 言辭慷慨 哈眞見而重之 引與同坐 約爲兄弟曰 吾征伐六國 所見貴人多矣 未有如兄者 居數日 冲亦引兵來 哈眞引坐上座 亦兄事之 冲等置酒作樂以答情款 遂與共圍江 東城

【번역문】

　(고종 5년 12월)

　당시 몽고주(蒙古主)[몽고 태조 13년] 철목진(鐵木眞)이 거란을 모두 소탕하고자 하여 원수 합진 등을 파견해 군사 1만 명을 거느리고 동여진의 만노가 보낸 완안자연의 병사 2만 명과 합쳐 거란 적을 토벌한다고 소리치고는 와서 우리의 맹주[지금의 맹산], 순주[지금의 순천] 등의 성을 격파하였다. 군사를 이끌고 바로 강동성으로 갔다. 마침 날씨가 춥고 눈이 많이 내려 군량을 조달하는 도로가 끊어졌다. 합진이 첩문을 보내 병사와 군량을 요청하였다. 조정에서는 정병 1천 명과 쌀 1천 석을 보내었다. 조충이 중군판관 김인경에게 명하여 가서 살피게 하였다. 합진 등이 인경을 보고 연회를 베풀어 위로하고 크게 기뻐하였다. 몽고와 동진(東眞)이 비록 거란을 격파하여 우리를 구한다고 명분을 내세웠으나, 몽고는 오랑캐(夷狄) 중 가장 흉악하고 사나우며, 또 일찍이 우리와 우호 관계가 없었으므로, 인심(人心)이 모두 놀랐다. 조충은 홀로 의심할 것이 없다 하고 위에 알리기를 마지않았다. 합진이 군사를 더할 것을 요구하니 장수들이 모두 가기를 꺼렸다. 김취려가 말하기를, "나라의 이해가 바로 오늘에 있다." 하고 지병마 한광연(韓光衍)과 더불어 열 명의 장군과 그들의 군대와 신기군(神騎軍), 대각군(大角軍), 내상군(內廂軍) 등의 정예 부대를 데리고 갔다. 취려의 생김새가 특이하고 언사(言辭)가 강개(慷慨)하니, 합진이 보고 그를 중히 여겼다. 그를 끌어 한 자리에 앉아 형제를 맺고 말하기를, "내가 여섯 나라를 정벌하면서 많은 귀인들을 보았지만 일찍이 형과 같은 자는 없었다." 하였다. 며칠 후 조충 역시 군사를 이끌고 왔다. 합진이 그를 이끌어 윗자리에 앉히고 역시 형으로서 대접하였다. 조충 등이 술을 베풀고 음악을 연주하여 정성스런 마음에 답하였다. 드디어 함께 강동성을 포위하였다.

7. 『역사집략』 권8, 고려기 고종 8년 12월

【원문】

冬十二月 以李延壽爲門下侍郎同中書門下平章事 金義元爲中書侍郎平章事 崔瑀參知政事吏兵部尙書 **金就礪**爲樞密院事

【번역문】

(고종 8년) 겨울 12월에 이연수를 문하시랑 동중서문하 평장사로 삼고, 김의원을 중서시랑 평장사로 삼고, 최우를 참지정사 이병부상서로 삼고, 김취려를 추밀원사로 삼았다.

8. 『역사집략』 권8, 고려기 고종 15년 12월

【원문】

冬十二月 以**金就礪**爲守太尉中書侍郎平章事

【번역문】

겨울 12월에 김취려를 수태위 중서시랑 평장사로 삼았다.

9. 『역사집략』 권8, 고려기 고종 19년 1월

【원문】

春正月 三軍就蒙[蒙太宗四年]營降 蒙使乃還 遣首宰**金就礪**等慰送之

【번역문】

(고종 19년) 춘 정월에 3군이 몽고의 진영에 나아가 항복하였다. 이에 몽고 사신이 돌아가고 수재(首宰) 김취려 등을 위로하여 보냈다.

10. 『역사집략』 권8, 고려기 고종 21년 5월

【원문】

夏五月 門下侍中**金就礪**卒 **就礪**彦陽人 爲人節儉正直 忠義自守持軍嚴整 士卒不敢犯秋毫 有酒卽用一巵 與士卒最下者均飮 故罷得其死力 臨陣制敵 多出奇計 以成大功 然未嘗自矜 爲相正色率下 人不敢欺 諡威烈 後配享高宗廟廷

【번역문】

(고종 21년) 여름 5월에 문하시중 김취려가 졸하였다. 김취려는 언양 사람으로 사람됨이 검소하고 정직했다. 충의로써 스스로를 지켰고, 군을 지휘할 때는 엄격하여 사졸들이 추호도 잘못을 저지르지 않았다. 술이 있으면 잔을 가져다가 최하의 군인들과 고루 마셨기 때문에 (병사들의) 사력을 얻을 수 있었다. 전쟁에 나아가 적과 싸울 때에는 신기한 계략을 많이 내놓아 큰 공을 이루었으나 한번도 스스로 자랑하지 않았고, 재상이 되어서는 정직하게 아랫사람을 통솔하여 감히 그를 속이는 자가 없다. 시호는 위열이며, 고종 묘정에 배향되었다.

대동역사략(大東歷史略)[46]

1. 『대동역사략』, 고려기 고종 3년 8월

【원문】

(丙子 三年) 八月에 契丹이 入寇ᄒ야 寧德城(今義州)을 陷ᄒ고 安(安州) 鐵(鐵山)宣(宣川)等州를 進逼ᄒ거날 盧元純으로 中軍兵馬使를 삼고 吳應夫로 右軍兵馬使를 삼고 **金就礪**로 後軍兵馬使를 삼고 十三領軍과 밋 神騎諸衛兵을 率ᄒ고 往討ᄒ야 屢戰大破ᄒ고 斬獲이 萬餘級이러라

【번역문】

(병자 3년) 8월에 거란적이 쳐들어와 영덕성(寧德城)[지금의 의주]을 함락하고, 안주(安州)와 의주(義州), 철산(鐵山), 선천(宣川) 등 고을을 핍박하였다. 이에 노원순으로 중군병마사로 삼고, 오응부(吳應夫)를 우군병마사로 삼고, 김취려를 후군병마사로 삼고, 13영군(領軍)과 신기제위병(神騎諸衛兵)을 인솔하고 토벌하도록 하였는데, 여러 차례의 싸움에서 크게 이기고 죽인 자가 1만여 인이었다.

---

46) 대한제국 때인 1906년 국민교육회(國民敎育會)가 만든 국사교과서이다. 7권 1책으로 구성되어 있으며 222면의 본문과 권수부(卷首部)·역대왕도표(歷代王都表)·역대일람 등 26면으로 된 한장본(漢裝本)이다. 『대동역사략』은 국민교육회의 이러한 목적에 따라 저술된 교과서로 당시 조선인들이 가져야 할 역사의식의 방향성을 엿볼 수 있다.

2. 『대동역사략』, 고려기 고종 4년 7월

【원문】

(丁丑 四年) 秋七月에 兵馬使崔元世와 **金就礪** 等이 丹兵을 忠(忠州) 原(原州) 兩州에셔 大破ᄒᆞ야 三百餘級을 斬ᄒᆞ고 堤州에 追至ᄒᆞ니 敵屍가 川流를 蔽塞ᄒᆞ고 坯 朴達峙(在今堤川) 追及ᄒᆞ야 元世가 **就礪**로 더부러 嶺上을 先據ᄒᆞ엿더니 明日에 賊數萬騎가 嶺을 分登ᄒᆞ야 要害를 爭ᄒᆞ거날 元世 等이 곳 大呼死戰ᄒᆞ니 賊이 大潰ᄒᆞ야 男女兵仗輜重을 狼藉委棄ᄒᆞ고 東走ᄒᆞ야 溟州(今江陵) 大關嶺을 踰ᄒᆞ야 遁去ᄒᆞ다

【번역문】

(정축 4년) 가을 7월에 병마사 최원세(崔元世)와 김취려 등이 거란 병사를 충주(忠州)와 원주에서 크게 무너뜨려 3백여 급을 베고 제주까지 쫓아 이르니, 적병의 주검이 흐르는 내를 덮었다. 또 박달치(朴達峙)[지금의 제천에 있다]에 쫓아 이르러 원세, 취려와 함께 고개 위에 먼저 웅거하였다. 이튿날 적병 수만 기(騎)[기는 말탄 군사이다]가 고개로 나누어 올라와 요해한 곳을 다투었다. 원세 등이 크게 부르짖으며 죽도록 싸우니 적병이 크게 패하여 남녀와 병장기와 수레를 다 버리고 동쪽으로 달아나 명주(溟州)[지금의 강릉이다] 대관령(大關嶺)을 넘어 달아났다.

3. 『대동역사략』, 고려기 고종 5년

【원문】

(戊寅) 五年이라 先是에 丹兵이 堤州에셔 敗遁ᄒᆞ야 女眞의게 援兵을 請ᄒᆞ니 軍勢가 復振ᄒᆞᄂᆞᆫ시라 秋에 官軍을 連破ᄒᆞ고 楊洲룰 進逼ᄒᆞ거날

560

趙冲으로 西北面元帥룰 拜ᄒ고 **金就礪**로 兵馬使룰 拜ᄒ고 鄭通寶 等으로 더부러 前後左右軍을 分領ᄒᆯ시 王이 親히 鈇鉞을 授ᄒ고 生徒의 入仕치 아니ᄒᆫ 者룰 다 從軍케 ᄒ다 時에 冲이 前敗룰 深恥ᄒ야 銳意討賊ᄒᆯ시 號令이 明肅ᄒ고 賊을 禿山(在今博州)에셔 連敗ᄒ니 賊이 數萬騎룰 引ᄒ고 江東城을 入保ᄒ더라

【번역문】

　(무인) 5년이다. 앞서 거란 군사가 제주(堤州)에서 패하여 돌아가 여진에게 구원병을 청하여 군사의 형세가 다시 떨치었다. 이에 관군을 연이어 파하고 양주(楊州)를 핍박하였다. 조충으로 서북면 원수를 삼고, 김취려를 병마사로 삼고, 정통보 등으로 더불어 전후우군을 나누어 거느리게 하였는데, 왕이 친히 부월(斧鉞)을 주고, 생도(生徒)로 벼슬하 지 아니한 자는 다 군사에 종군하게 하였다. 때에 충이 전에 패함을 매우 부끄러워하여 뜻을 다하여 적병을 공격하였는데, 호령이 밝고 엄숙하였다. 적병을 독산(禿山)[지금 박천에 있다]에서 이어서 파하니, 적병이 수만 기를 이끌고 강동성 안으로 들어갔다.

4.『대동역사략』, 고려기 고종 5년 12월

【원문】

　(戊寅 五年 冬十二月) 趙冲 **金就礪** 等이 蒙兵과 東女眞兵을 會合ᄒ야 江東城을 圍ᄒ다 時에 蒙古와 東女眞이 비록 救我ᄒ다 稱ᄒᄂ 蒙古는 가장 兇悍ᄒ고 또 本國과 舊好가 無ᄒᆫ지라 이에 中外人心이 震駭호디 獨히 冲은 坦然下疑ᄒ고 隨事彌縫ᄒ며 哈眞이 또 添兵을 屢請ᄒ니

諸將이 다 其行을 憚ᄒᄂᆫ지라 **金就礪** 日國家利害가 正히 今日에 在ᄒ고 ᄯᅩ 臨事ᄒᆞ야 難을 不辭홈은 臣子의 職이라 ᄒᆞ고 自行ᄒᆞ기를 請ᄒᆞ야 知兵馬使 韓光衍으로 더부러 十將과 밋 神騎大角과 內廂精卒을 領率ᄒᆞ고 往會ᄒᆞ다 **就礪** 身長이 九尺이오 鬚髥이 美ᄒᆞ거날 哈眞이 其狀貌의 魁偉홈을 見ᄒᆞ고 ᄯᅩ 其言論을 敬服ᄒᆞ야 兄弟를 結ᄒᆞ고 **就礪**다려日 我가 六國을 征伐ᄒᆞ야 貴人을 多見ᄒᆞ엿스ᄂ 兄과 如ᄒᆫ 者를 未見ᄒᆞ엿다 ᄒᆞ고 禮待가 甚厚ᄒᆞ더니 數日에 趙冲이 亦至ᄒᆞ니 哈眞이 ᄯᅩᄒᆫ 兄으로 事之ᄒᆞ거날 이에 置酒作樂ᄒᆞ고 情款을 吐露ᄒᆞ다 詰旦에 諸軍이 江東城 下에 會ᄒᆞ야 四面을 合圍ᄒᆞ니 丹兵이 敢出치 못ᄒᆞ더라

【번역문】

(무인 5년 겨울 12월) 조충·<u>김취려</u>가 몽고 군사·동여진 군사를 모아 강동성을 에워쌌다. 이때 몽고·동여진이 비록 우리를 구원한다고 칭하나, 몽고는 가장 흉(凶)하고 사나우며, 또 본국(本國)과는 원래 친하지 아니 하였다. 이에 세상의 인심이 몹시 놀라되, 조충만은 탄연히 의심하지 않고 일을 따라 처리하였다. 합진이 또 군사를 더 보내라고 자꾸 재촉하였으나 여러 장수가 다 가기를 꺼려하였다. <u>김취려</u>가 말하기를, "국가의 이해(利害)는 바로 오늘에 있으며, 또 일을 당하여 어려운 일을 사양하지 않는 것이 신자(臣子)의 직책이다." 하고, 스스로 가기를 청하였다. 지병마사(知兵馬事) 한광연(韓光衍)과 더불어, 열 명의 장군과 신기(神騎)·대각(大角)·내상(內廂)의 정졸(精卒)을 거느리고 가서 모였다. <u>취려</u>는 신장이 9척(6척의 오기)이요 수염이 아름다웠다. 합진이 그의 준걸스러운 얼굴을 보고, 또 그의 말을 듣고는 크게 기이하게 여겨 형제를 맺고, <u>취려</u>에게 말하기를, "내가 여섯 나라를 정벌하면서 귀인을

많이 보았으나 형만한 이를 보지 못했습니다.” 하고, 예로 대접함이
매우 두터웠다. 수일 후에 충이 또한 이르니, 합진이 또한 형으로 섬기었
다. 이에 술을 놓고 즐기고 정을 서로 말하였다. 이튿날 아침에 모든
군사가 강동성(江東城) 아래에 모여 사면으로 에워싸니, 거란 군사가
감히 나오지 못했다.

5. 『대동역사략』, 고려기 고종 20년 5월

【원문】

(癸巳 二十年 五月) **金就礪** 卒ᄒ다 **就礪**ᄂ 彦陽人이라 爲人이 節儉正
直ᄒ고 忠義自守ᄒ며 持軍이 嚴整ᄒ야 士卒이 敢犯치 못ᄒ고 臨陣制敵
에 奇計ᄅ 多出ᄒ야 大功을 成ᄒ더라

【번역문】

(계사 20년 5월) 문하시중 김취려가 졸하였다. 취려는 언양(彦陽)
사람이다. 사람됨이 절검하고 정직하며 충의로써 스스로 지키며 군사를
지휘함에 엄정하여 사졸이 감히 범하지 않았다. 싸움에 임하여 적을
제어하매 기이한 계교를 많이 내어 능히 큰 공을 이루었다.

동국사략(東國史略)[47]

1. 『동국사략』 권2, 중고사(中古史) 몽고입구급일본역 (蒙古入寇及日本役)

【원문】

蒙古의 入寇 及 日本의 役

蒙古는 支那北部에서 起ᄒᆞ니 熙宗二年 距今七百一年前에 太祖鐵木眞이 斡難河[外蒙古北境]上에서 帝位에 卽ᄒᆞ니 號曰 成吉思汗이라 勢力이 四方에 伸張ᄒᆞ더니 高宗三年 距今六百九十一年前에 契丹의 殘孼 金山金始二子가 舊遼를 恢復고자ᄒᆞ야 河朔民을 脅ᄒᆞ야 大遼라 稱ᄒᆞ거늘 蒙古 往伐ᄒᆞ니 二王子가 이에 東으로 向ᄒᆞ야 兵九萬을 領ᄒᆞ고 鴨綠江을 渡ᄒᆞ야 義州 朔州 等을 破ᄒᆞ고 西京에 至ᄒᆞ야 大同江을 濟ᄒᆞ고 다시 西海道로브터 進ᄒᆞ야 長湍 原州 忠州 溟州[江原道 江陵]를 侵ᄒᆞ고 쏘 轉ᄒᆞ야 咸州[咸鏡道 咸興]에 入ᄒᆞ야 女眞地에 至ᄒᆞ니 兵勢가 復振ᄒᆞᄂᆞᆫ지라

다시 長驅ᄒᆞ야 高州[咸鏡道 高原] 和州[咸鏡道 永興]를 寇ᄒᆞ고 豫州[咸鏡道 德原]를 陷ᄒᆞ니 其初에ᄂᆞᆫ 兵馬使 **金就礪** 等이 此를 破ᄒᆞ얏스나 當時에 驍勇ᄒᆞᆫ 兵士ᄂᆞᆫ 崔忠獻父子가 占有ᄒᆞ고 官軍이 다 羸老ᄒᆞ야

---

47) 현채(玄采, 1886~1925)가 1906년 저술한 한국의 통사이다. 원제는『중등교과 동국사략』이다. 한국인이 최초로 근대적인 역사 서술방법을 이용하였다는 점이 특징이나 일본인 하야시[林泰輔]의『조선사』를 편역한 것으로, 일본의 조선에 대한 제국주의적 침략 과정의 본질을 파악하지 못하였다는 한계를 지닌다.

564

戰爭에 不堪ᄒ니 賊勢가 益熾ᄒ더니 五年에 至ᄒ야 蒙古元帥哈眞이 東眞[時에 金의 蒲鮮萬奴가 遼東을 據ᄒ야 號曰 東眞이라]과 合ᄒ야 來援ᄒ거늘 元帥 趙冲 **金就礪** 蒙古 東眞兵을 合ᄒ야 此ᄅ 討平ᄒ고 自此로 蒙古와 講好ᄒ야 其使臣이 來ᄒ면 곳 國贐이라 稱ᄒ고 物貨ᄅ 予ᄒ더니

其後 蒙使者 著古與가 還國홀 時에 …… (후략)

【번역문】

몽고의 침입과 일본의 역(役)

몽고는 지나(支那) 북부에서 일어났다. 희종 2년 지금으로부터 7백 2년 전에 태조 철목진(鐵木眞)이 알난하(斡難河) 상에서 황제의 자리에 즉위하니 이름을 칭기즈칸(成吉思汗)이다. 세력이 사방에 떨치더니 고종 3년, 지금으로부터 6백 91년 전에 거란의 잔얼(殘孼) 금산(金山), 금시(金始) 두 왕자가 옛땅을 회복하고자 하여 하삭(河朔)의 백성을 위협하여 대요(大遼)라 칭하였다. 몽고가 가서 징벌하니, 두 왕자가 이에 동으로 향하여 병사 9만을 거느리고 압록강을 건너 의주(義州)·삭주(朔州) 등을 무너뜨리고 서경(西京)에 이르러 대동강을 건너 다시 서해도로 나아가 장단(長湍)·원주(原州)·충주(忠州)·명주(溟州)[강원도 강릉]를 침노하고, 또 옮기어 함주(咸州)[함경도 함흥]에 들어가 여진의 땅에 이르니 병사의 세력이 거듭 떨치었다.

다시 먼곳까지 쫓아가 고주(高州)[함경도 고원]·화주(和州)[함경도 영흥]를 노략질하고, 예주(豫州)[함경도 덕원]를 함락하였다. 그 당시에는 병마사 김취려(金就礪) 등이 이를 쳐부쉈으나, 당시에 날래고 용맹한 병사는 최충헌(崔忠獻) 부자가 점유하고 관군이 모두 노약하여 전쟁에

감당하기 어려워 하였다. 적의 세력이 더욱 왕성하더니 5년에 이르러 몽고 원수 합진(哈眞)이 동진(東眞)[때에 금의 포선만노가 요동에 준거하여 일러 동진이라 한다]과 합하여 와서 도와주었다. 원수 조충, <u>김취려</u>와 몽고·동진병이 합하여 이를 쳐부수어 평정하였다. 이로써 몽고와의 우호관계를 맺고 몽고의 사신이 오면 국신(國贐)이라 부르고 물화(物貨)를 주었다. 이후 몽고의 사신 저고여(著古與)가 환국할 때에 …… (후략)

동국명장전(東國名將傳)[48]

1. 『동국명장전』

【원문】

金就礪

金就礪彦陽人 父富禮部侍郎 **就礪**蔭補正尉 累遷將軍 鎭東北界 擢大將

軍 高宗三年 契丹遺種二王子 脅河朔民 自稱大遼收國王 建元天聖 其將

鵝兒乞奴 引兵數萬 渡鴨綠江 攻寧朔等鎭 又明日 闌入義靜朔昌雲燕等

州 彌漫山野 恣取禾穀牛馬而食之 居月餘食盡 移入雲中道 於是 分三軍

討之 **就礪**爲後軍兵馬使 崔正和陳淑爲副 十三領軍及神騎屬焉 三軍啓

行 至朝陽鎭 人報賊已近 三軍各遣別抄一百 神騎四十人 至阿爾川邊

與賊戰 官軍消却 神騎郎將丁純祐 突入賊中 斬持纛者 賊奔潰乘勝 斬八

十餘級 虜二十餘人 獲揚水尺一人 得牛馬數百匹 符印器仗甚衆 乃拜純

祐爲將軍 三軍又與賊戰于連州 斬百餘級 賊三百餘人 來屯龜州 軍侯員

吳應儒等 率步卒 銜枚擊之 散員咸洪宰等 斬二百五十級 虜三千餘人

三軍又戰于龜州三岐驛 二日 斬二百二十餘級 虜三十九人 將軍李陽升

亦破賊于長興驛 賊自昌州移延州 屯開平原林兩驛 絡繹不絶 官軍遣神騎

將追之 遇賊與戰 斬一百九十級 進次延州 九將戰于朝宗戍 斬獲七百六

十餘人 得馬騾牛 及牌印兵仗無算 賊分兵 聚屯開平驛 諸軍莫敢前 **就礪**

---

48) 조선 영·정조 때의 학자이며 문신인 홍양호(洪良浩, 1724~1802) 쓴 『해동명장
전(海東名將傳)』을 1907년 탑인사(搭印社)에서 『동국명장전』이란 제목으로
바꾸어 다시 펴낸 것이다.

拔劍策馬 與將軍奇存靖 直衝 賊圍出入奮擊 賊兵潰 追過開平驛 賊設伏
驛北 急擊中軍 **就礪**回擊之 賊又潰 元純夜謂**就礪**曰 彼衆我寡 右軍又不
至 始賷三日糧 耳今已盡 不如退據延州城 以俟後便 **就礪**曰 我軍屢捷
鬪志尙銳 請乘其鋒 一戰而後議之 賊布陣墨匠之野 軍勢甚盛 元純馳召
就礪 且揚墨幟爲信 士卒冒白刃爭赴 無不一當百 **就礪**與元純 橫截賊陣
所向披靡 三合三克 **就礪**長子死 賊奔入香山 燒普賢寺 官軍追擊之 斬獲
總二千四百餘人 溺死南江者 亦千數餘 衆夜遁昌州 婦女小兒 委棄路傍
號哭聲如萬牛吼 有一人棄兵 自稱官人 直前請曰 我等擾貴國邊疆 固有
罪矣 婦子河知請無盡殺 且無薄我我則刻日目返矣 **就礪**使謂之曰 汝言
何可信 與之酒快飮而去 俄而鵝我乞奴送符文陳 乞如其言 三軍各遣三千
人躡其後見 賊所棄資糧器仗 狼藉於道牛馬 或斫其腰刺其後 蓋使不可復
用也 所遣六千人 戰于淸塞鎭 擒殺過當 平虜鎭都領祿進亦擊 殺七十餘
級 賊遂踰淸塞鎭 遁去官軍 次延州 又聞賊兵後至者大入境惟留內廂自衛
其餘悉發而後軍獨遇楊州 擒殺數十百級 兩軍先回博州 **就礪**獲輜重 徐
行至沙峴浦 賊突出狙擊 **就礪**力戰却之 獲輜重而至 元純出迎西門外賀
曰 卒遇强敵 能摧其鋒 使三軍負荷之士 無一毫之失 公之力也 馬上擧酒
爲壽 兩軍將士及諸城父老 皆叩頭曰 今者與强寇角立而自戰其地 可謂難
矣 而開平墨匠香山原林之役 後軍每爲先鋒 以少擊衆 使我老弱 獲全性
命 顧無以報 但祝壽而已 賊復聚衆百五十人 犯昌州 官軍擊走之 屯博州
夜襲 賊于興郊驛 虜四十餘人 明日又戰洪法寺克之 又明日 將軍金公奭
與賊戰于州城門外 殺獲五十餘人 公奭手斬帶銀牌者 官軍入城休卒 賊夜
涉淸川江指西京 官軍與賊戰敗 續將軍李陽升等千餘人死 賊至西京城外
屠安定林原驛 官軍不能沮遏賊冰渡大同江 遂入西海道 屠廣州 明年拜
就礪金吾衛上將軍 又遣承宣金仲龜 領南道兵 以會仲龜與賊戰 敗于陶

公驛 初中軍奏請濟師 以左承宣車個爲前軍兵馬使 大將軍李傅金君綏爲副 上將軍宋臣卿爲左軍兵馬使 崔愈恭李實春爲副 幷前三軍爲五軍 次于安州太祖灘與戰大敗奔還 賊乘勝馳突 就礪逆擊之奮劍獨拒 搶矢貫于身病瘡 而還賊追至宣義門而退 遂寇牛峯 趣臨江長湍 於是 更閲五軍以禦之 賊陷東州 忠獻奏曰 契丹兵過東州 勢將南下 五軍逗遛不戰徒費糧餉 請罷中軍兵馬使吳應夫職 以前軍兵馬使崔元世代之 以就礪爲前軍兵馬使 賊指交河 過澄波渡 官軍擊却之 賊至豊壤縣 官軍將渡橫灘 賊兵尾擊之 左軍先敗 中軍後軍自山外出 賊背擊却之 追之盧元驛 斬馘甚多 牛馬衣糧盡棄而去 前軍右軍戰于砥平縣敗之 獲馬千餘匹 賊入原州 凡九戰城中食盡城遂陷 以大將軍任輔爲加發兵馬使 使選城中公私奴隷 充部伍而遣之 前軍右軍遇賊于楊根砥平屢戰 取金銀牌及傘子 官軍追賊至黃驪縣法泉寺 翌日元世就礪與賊戰于麥谷 斬獲三百餘級 後三日 追至朴達嶺 任輔亦將兵來 官軍登嶺而宿 質明賊進軍于嶺之南 分登左右峯 欲爭要害 就礪分軍左右 從中鼓之士 皆殊死戰 賊大潰 老弱男女兵仗輜重狼藉委棄 賊由是不果南下 皆東走 追至溟州大關山嶺 獲玉臺金銀牌 賊趨咸州 遂入女眞地 得女眞兵 復振長驅而來 就礪回軍忽遘疾 將佐請歸就醫藥 答曰 寧爲邊城鬼可歸安於家乎 疾甚勑歸京理疾 肩輿至京 累月乃瘳 賊復聚寇高州和州 陷豫州 於是 罷五軍置三軍 明年賊又大至 以趙沖爲西北面元帥 就礪爲兵馬使 王親授鉞遣之 沖就礪等數與賊戰敗之 賊勢窮入保江東城 哈眞札剌與完顔子淵追討契丹 直指江東 遣人請兵糧 諸將皆憚於行 就礪曰 國之利害正在今日 若違彼意 後悔何及 沖曰 然此大事非其人不可遣 就礪曰 事不辭難臣分也 吾雖不才 請爲公一行 沖曰 軍中之事 徒倚公重公去可乎 就礪乃與知兵馬使韓光衍 領十將軍兵及神騎大各內廂精卒 就礪身長六尺五寸 而鬚過其腹 每盛服 必使兩婢子 分擧其

鬚 而後束帶 哈眞見狀貌魁偉 又聞其言大奇之 引與同坐 問年幾何 **就礪**
曰 六十矣 哈眞曰我未五十矣 旣爲一家 君其兄而我其弟乎 **就礪**東向坐
明日又詣其營 哈眞曰 吾嘗征伐六國 貴人多矣 見兄之貌 何其奇歟 吾重
兄之 故視麾下士卒 亦如一家 臨別執手出門 扶腋上馬 數日 冲亦至哈眞
問元帥年與兄孰長 **就礪**曰 長於我矣 乃人冲上坐 置酒作樂 蒙古之俗
好以銛刀刺肉 賓主相啗往復不容瞥 我軍士素號勇者 莫不有難色 冲**就**
礪跪起承迎甚熟 哈眞等極歡 哈眞善飮 與冲較優劣 約不勝者罰之 冲引
滿雖多無醉色 及別擧一杯不飮曰 非不能飮 勝而如約 則公必受罰矣 寧
我見罰 主人而罰客可乎 哈眞重其言而大悅 約詰朝會江東城下 去三百步
而止 哈眞自城南門 鑿池十尺 西門以北 委之完顔子淵 東南以北 委之**就**
礪 皆令鑿隍 以防逃逸 賊勢窘 四十餘人蹜城 降於蒙古軍前 賊魁噉捨王
子 自縊死 軍卒婦女五萬餘人 皆城門出降 哈眞與冲等 行視投降之狀
王子妻息 及僞丞相平章以下百餘人 皆斬於馬前 其餘寬其死 使諸軍守之
哈眞曰 我等來自萬里與貴國 合力破賊 千載之行也 禮當往拜國王 吾軍
衆難於遠行 但遣使陳謝耳 哈眞札剌請冲**就礪**同盟曰 兩國永爲兄弟 萬
歲子孫 無忘今日 冲設犒師宴 哈眞以婦女童男七百口 及吾民爲賊虜掠者
二百口 歸于我 以女子年十五左右者 遺冲**就礪**各九人 駿馬各九匹 其餘
悉自隨 冲以契丹俘虜分送州縣 擇閒曠地居之 量給田土 業農爲民 俗呼
爲契丹場 是年 義州賊韓恂多智 殺守將 連諸城以叛 以樞密副使李克偦
將中軍 李迪儒將後軍 **就礪**將右軍討之 明年拜樞密副使代克偦 將中軍
恂智等投金元帥亏哥下 亏哥下誘斬二人 傳首于京 三軍請理諸城從逆之
罪 **就礪**曰 書云 殲厥巨魁 脅從罔治 大軍所臨 如火燎原無辜 受禍多矣
況因契丹 關東爲墟 今又自撤藩籬可乎 遣郭元固金甫貞宗周秩宗周賓等
往義州 安集遺民 周賓貪婪 多受人賂 無賂者 借事誅殺 州人怨之 引賊黨

踰城而入 殺周賓等 元固甫貞 逃奔以告**就礪** 遣判官錄事 諭以禍福 繼遣
大將軍趙廉卿討之 賊黨瓦解 時 契丹餘衆竄伏寧邊山中 時出鈔盜 **就礪**
遣將擊破之 北境以安 明年 陞樞密使 兵部尙書 判三司使 俄遷參知政事
十五年 守太尉 中書侍郎平章事 遂拜侍中 二十一年卒 諡威烈 **就礪**爲人
節儉正直 指軍嚴肅 士卒不犯秋毫 有酒卽用一卮與最下者均飮 故得其死
力 江東之役事 皆讓於冲 至臨陣制敵 多出奇計 以成大功 然未嘗自矜
爲相正色率下 人不敢欺 配享高宗廟庭

【번역문】

　김취려(金就礪)는 본관이 언양(彦陽)이다. 그의 부친 김부(金富)는
예부시랑(禮部侍郎)을 지내었다. 김취려는 부친의 음덕으로 정위(正尉)
가 된 뒤, 여러 차례 승진하여 장군(將軍)이 되어 동북계(東北界)를
지키다가 대장군(大將軍)으로 발탁되었다.

　고종 3년에 거란 유종(契丹遺種)인 두 왕자가 하삭(河朔) 일대의 백성
들을 위협하여 거느리고, 대요수국왕(大遼收國王)이라 자칭하며 연호
를 천성(天聖)이라고 정하였다.

　그 장수 아아(鵝兒)·걸노(乞奴)가 군사 수만 명을 이끌고 압록강을
건너 영삭(寧朔) 등 진(鎭)을 습격하였다. 그 이튿날 적은 다시 의주(義州)·
정주(靜州)·삭주(朔州)·창주(昌州)·운주(雲州)·연주(燕州) 등 여러 고을
로 침입하였는데, 이들은 산과 들판을 뒤덮고 마음대로 곡식과 가축을
약탈해 먹으면서 한 달이 넘도록 머물고 있다가 먹을 것이 떨어지자,
운중도(雲中道)를 따라 침입하였다. 이에 고려 조정은 삼군을 나누어
보내어 거란족을 토벌하게 하였다. 김취려는 후군병마사(後軍兵馬使)
로서 최정화(崔正和)와 진숙(陳淑)을 부장(副將)으로 삼아 13개 영군(領

軍)과 신기군(神騎軍)을 지휘하였다.

삼군이 조양진(朝陽鎭)에 도착하자, 적이 이미 근접하였다는 보고가 들어왔다. 이에 삼군은 각각 별초군(別抄軍) 1백 명과 신기군 40명씩을 선발하여 출동시켰다. 이들 별초군과 신기군으로 편성된 별동대는 조양진의 아이천(阿爾川) 강가에서 적과 교전을 하게 되었다. 전투중 고려군이 불리하여 조금 밀렸는데, 신기낭장(神騎郎將) 정순우(丁純祐)가 적진 속으로 돌입하여 독기(纛旗)를 잡은 적병을 베어 죽이니, 적진은 혼란에 빠졌다. 고려군은 승세를 타고 달려들어 적 80여 명을 죽이고 적병 20여 명과 적의 향도 노릇을 하고 있던 양수척(揚水尺) 1명을 사로잡았으며, 소와 말 수백 필과 적장의 도장[符印], 그리고 많은 무기와 장비를 노획하였다. 이 전투의 전공으로 정순우는 장군으로 승진되었다. 뒤이어, 삼군은 연주(連州)에서 적과 싸워 1백여 명을 베어 죽였다.

이때 적 3백여 명은 구주(龜州)에 진주하였으므로, 군후원(軍侯員) 오응유(吳應儒) 등이 입에 재갈을 물려 소리가 나지 않게 한 다음 보병을 이끌고 은밀히 적진에 접근하여 기습을 가하였다. 그리하여, 산원(散員) 함홍재(咸洪宰) 등이 적 2백 50명을 베어 죽이고 33명을 사로잡았다. 그리고, 삼군은 다시 구주 삼기역(三岐驛)에서 2일 동안 싸워 적 2백 10명을 죽이고 39명을 사로잡았다. 장군 이양승(李陽升)의 부대도 또한 장흥역(長興驛)에서 적을 격파하였다.

한편, 거란군은 창주에서 연주 지역으로 이동하여 개평역(開平驛)과 원림역(原林驛)에 진을 쳤는데, 그들의 대오가 줄을 이어 끊이지 않았다. 고려군은 신기군으로 추격하게 한바, 신기군은 중도에서 적군을 만나 교전 끝에 적 1백 90명을 베었다.

삼군은 진군하여 연주에 주둔하는데, 이때 삼군의 비장 9명이 조종수

(朝宗戌)에서 적과 교전하여 7백 60여 명을 죽이거나 사로잡았으며, 말·노새·소 그리고 패인(牌印)·무기 들을 많이 노획하였다. 거란군은 병력을 개평역에 집결시켰다. 고려군도 개평역에 이르렀으나, 적의 기세가 강성해 보였으므로 어느 부대도 감히 그 적을 공격하지 못하고 있다가 오히려 적의 공격을 받아 포위를 당하였다. 이에, 김취려는 칼을 뽑아 들고 말을 몰아 장군 기존정(奇存靖)과 함께 적의 포위망을 돌파한 다음, 적진을 드나들면서 보이는 대로 적을 무찔렀다. 김취려의 좌충우돌에 적은 크게 당황하여 흩어졌다. 삼군이 적을 추격하여 개평역을 통과하자, 적이 개평역의 북방에 복병을 매복시켜 중군(中軍)을 급습하였다. 그러나 선두에서 적을 추격하던 김취려 군이 되돌아와 거란군의 복병을 협공해서 궤멸시켰다. 그날 밤, 중군병마사(中軍兵馬使) 노원순(盧元純)이 김취려에게 말하기를, "적은 병력이 많고 아군은 병력이 적소. 우리는 지금 우군이 도착하지 않고 있을 뿐 아니라, 당초 준비했던 3일분의 식량도 이미 다 떨어졌소. 그러니, 일단 여기서 철수하여 연주성을 거점으로 삼아 다음 기회를 기다리는 것이 어떻겠소?" 하니, 김취려가 말하기를, "아군은 여러 번 승리하여 투지가 왕성하니, 이 예기를 몰아 다시 한 번 싸워 본 다음에 그 문제를 의논합시다." 하였다.

거란군은 묵장(墨匠)의 들에 진을 쳤는데, 그 군세가 매우 강성하였다. 노원순은 말을 치달려 전진하면서 김취려를 부르며 검은 깃발을 들어 후군에게 신호를 보내었다. 후군의 병사들은 앞을 다투어 달려나가 일당백의 용맹으로 적을 무찔렀다.

김취려는 문비와 함께 적진을 가로질러 차단하고 닥치는 대로 적병을 쳐부수었다. 고려군은 세 번 싸워 세 번 모두 승리하였으나, 이 전투에서 김취려의 맏아들이 전사하였다.

거란군의 패잔 부대는 향산(香山)으로 들어가서 보현사(普賢寺)를 불태웠다. 고려군은 그들을 계속 추격하여 2천 4백여 명을 죽이거나 사로잡았으며, 이때 남강(南江)에 빠져 죽은 적은 수천 명이나 되었다. 거란의 패잔군은 야음을 타서 창주로 도주하였다. 거란군은 부녀자와 어린아이들을 길가에 버리고 달아났으므로, 그들이 우는 소리가 마치 소떼의 울음소리와 같았다. 그들 중에서 한 사람이 거란의 관원이라고 자칭하면서, 무기를 버리고 앞으로 나서서 간청하기를, "우리들이 귀국의 변방을 소란하게 만들었으니 실로 죄가 큽니다. 그러나 부녀자들이야 무엇을 알겠습니까? 이들을 다 죽이지 말아 주십시오. 또 우리를 너무 몰아치지만 않는다면, 우리 스스로 시일을 재촉해서 돌아가도록 하겠습니다." 하니, 김취려는 사자(使者)를 보내 말하기를, "너의 말을 어떻게 믿을 수 있겠느냐?" 하고 그에게 술을 주니, 그는 흔쾌히 마시고 돌아갔다. 그 얼마 후 아아·걸노가 고려군측에 서한을 보내 왔는데, 그 내용은 적병이 애걸한 말 그대로 돌아가게 해 달라는 것이었다.

거란군이 철군하려 하자, 고려군은 삼군에서 각각 2천 명씩을 차출하여 퇴각하는 적을 뒤쫓게 하였다. 적들이 버리고 간 양곡과 무기, 장비들이 길가에 낭자하였다. 그런데, 소와 말들은 거란군이 허리를 찍어 놓거나, 꽁무니를 찔러 놓아 고려군이 다시 쓰지 못하게 한 것이다. 청새진(淸塞鎭)에서는 고려군 6천 명이 거란군과 격전을 벌여 많은 적을 죽이거나 사로잡았다. 평로진(平虜鎭)에서는 도령(都領)인 녹진(祿進)이 또한 적 70여 명을 죽였다. 적은 마침내 청새진을 넘어 도망하였다.

고려군은 연주에 주둔하였는데, 거란군의 후속부대가 대거 국경을 넘어 들어오고 있다는 보고가 들어왔으므로, 고려군은 지휘부의 호위 부대인 내상군(內廂軍)만을 남겨 지휘부를 지키게 하고, 그 나머지 전병력을 출동시켰다. 김취려의 후군은 양주(楊州)에서 적과 조우하여 수백 명을 생포하거나 죽였다. 이때 중군과 우군은 후군보다 먼저 박주(博州)에 회군시켜 놓고 있었다. 김취려는 군수품을 호송하면서 천천히 행군하여 뒤따르던 중 사현포(沙峴浦)에 이르자 갑자기 적이 나타나 앞을 가로막고 공격하였다. 김취려군은 힘을 다해 싸운 끝에 그 적을 물리치고 군수품을 다시 호송하여 박주의 노원순의 진영에 도착하였다. 노원순은 서문 밖에까지 나와 김취려를 맞이하면서 치하하기를, "불시에 강적을 만났는데도 그 예봉을 꺾고 짐을 진 삼군의 병사들이 조금도 손실이 없게 한 것은 모두 공의 힘이오." 하고, 노원순은 말 위에서 술을 따라 대접하며 축하의 뜻을 표하였다. 양군(兩軍)의 장병들과 여러 성에서 모인 사람들이 모두 절을 하며 축하하기를, "이번에 강적과 맞서 이 지역에서 싸우셨는데 실로 이기기 어려운 싸움을 이기신 것입니다. 개평(開平)·묵장(墨匠)·향산(香山)·원림(原林) 등의 전투에서도 후군이 항상 선봉이 되어 소수의 병력으로 많은 적을 격파하여, 이 늙고 어린 백성들의 목숨을 보전하게 하셨으니, 그 은혜를 갚을 길이 없어 축수나 드릴 뿐입니다." 하였다.

거란군이 다시 병력을 모아 그중 1백 50명이 창주를 침범하므로, 고려군은 이를 격퇴시켰다. 고려군은 박주에 주둔하면서 야간에 흥교역(興郊驛)에서 거란군을 기습하여 40여 명을 사로잡았으며, 다음날 홍법사(洪法寺)에서 적과 교전하여 승리를 거두었다. 또 그 다음날에는 장군 김공석(金公奭)이 박주의 성문 밖에서 적과 교전하여 50여 명을 사로잡거나 베어 죽였다. 이때, 김공석은 은패를 차고 있는 적의 목을 손수 베었다.

고려군은 성 안으로 들어가 군사를 휴식시켰는데, 거란군은 야간을 이용하여 청천강(淸川江)을 건너 서경(西京)으로 진격하였다. 고려군이 이들 거란군을 저지하려다가 패배하였으며, 장군 이양승(李陽升) 등 1천여 명이 전사하였다. 거란군은 서경성 밖에 이르러 안정역(安定驛)·임원역(林原驛) 등을 유린하였으나, 고려군은 이를 막아낼 수가 없었다. 거란군은 얼음을 타고 대동강(大同江)을 건너 서해도(西海道)로 침입하여 황주를 공략하였다.

그 다음해 왕은 김취려를 금오위 상장군(金吾衛上將軍)으로 승진시키고, 또 승선(承宣) 김중구(金仲龜)로 하여금 남도의 군사를 이끌고 합세하여 싸우게 하였으나, 김중구는 도공역(陶公驛)에서 적과 싸우다가 패전하였다.

이보다 앞서 중군이 원병을 요청하였으므로, 왕은 좌승선(左承宣) 차척(車倜)을 전군병마사(前軍兵馬使)로, 대장군 이부(李傅)와 김군수(金君綏)를 부사로, 상장군 송신경(宋臣卿)을 좌군병마사(左軍兵馬使)로, 최유공(崔愈恭)과 이실춘(李實春)을 부사로 삼아, 이미 편성되어 있는 삼군과 함께 5군을 편성한 바 있었다.

그런데 이해 3월에, 5군은 행영중군원수 정방보의 지휘 아래 안주로 북진하다가 태조탄(太祖灘)에서 적과 격전을 벌인 끝에 대패하고 말았다. 적이 승세를 타고 달려들자, 김취려는 문비와 함께 후군으로 반격을 시도하였다. 그는 칼을 휘두르며 단신으로 적을 막아내었으나, 적의 창날과 화살에 맞아 부상을 입게 되어 서울로 돌아왔다.

거란군은 개경의 서문인 선의문(宣義門)까지 고려군을 추격하였다가 물러가서는, 우봉현(牛峯縣)을 약탈하고 임진강의 장단(長湍) 지역으로 향하였다.

이에 (고려 조정은) 5군을 재정비하게 한 뒤 거란군을 격퇴시키도록 하였는데, (거란군이) 동주를 함락시켰다. 이에 최충헌이 고종에게 아뢰기를, "적군이 동주를 통과하여 계속 남하할 기세를 보이고 있는데도 5군은 머뭇거리기만 할 뿐 싸우지는 않고 군량만 허비하고 있습니다. 중군병마사(中軍兵馬使) 오응부(吳應夫)의 직임을 파하고, 전군병마사(前軍兵馬使) 최원세(崔元世)로 대신하게 하고, 상장군 김취려를 전군병마사로 임명하시기 바랍니다." 하였다.

거란군은 교하(交河)를 향하여 징파도(澄波渡)를 건넜다. 고려군은 이들을 공격하여 일단 격퇴시켰다. 그러자, 거란군은 다시 풍양현(豊壤縣)으로 밀려들었다. 이때 고려군은 횡탄(橫灘)을 도하하려는 준비를 하던 중이었으며, 거란군의 공격을 받아 좌군이 먼저 무너지게 되었다. 그러자 중군과 후군은 산을 우회하여 적의 배후를 공격하여 격파하였다. 고려군은 패주하는 적을 노원역(盧元驛)까지 추격하여 많은 적병의 목을 베었다. 적군은 소와 말 그리고 옷과 식량 등을 모두 버리고 도주하였다.

그뒤 전군과 우군은 지평현(砥平縣)에서 적을 격파하고 말 1천 필을 노획하였다. 이때 거란군이 원주(原州)를 침범하였는데, 성 안의 군민들은 9차례나 적의 공격을 막아 내었으나, 식량이 떨어져 마침내 성이 함락되고 말았다.

조정은 대장군 임보(任輔)를 가발병마사(加發兵馬使)로 임명하고, 개경성 안의 공사(公私) 노예(奴隸)를 뽑아 군에 충원시켜 급파하여 전군과 우군을 지원하게 하였다.

전군과 우군은 양근, 지평 지역에서 적을 만나 여러 차례 교전한 끝에 적장의 금·은패와 산자(傘子)를 노획하고, 황려현(黃驪縣)의 법천사(法泉寺)까지 추격하였다. 그 다음날 최원세의 중군과 김취려의 전군은 맥곡(麥谷)에서 합류하여 적과 교전 끝에 3백여 명을 죽이고, 3일 후에는 박달령[朴達嶺]까지 적을 추격하였다.

이때 가발병마사 임보가 지원부대를 이끌고 와서 합류하였는데, 고려군은 박달령 마루에 진을 치고 숙영하였다. 그 이튿날 새벽, 거란군은 고개 남쪽으로 진입하여 좌우의 봉우리로 기어올라 요지를 점령하려고 하였다. 김취려는 병력을 고지 좌우측에 나누어 배치시키고 자신은 그 중간 지점에서 북을 울려 전투를 독려하였다. 이에 군사들은 모두 사력을 다하여 싸워 적을 크게 격파하였다. 거란군은 노약자와 부녀자를 버리고 무기와 식량 등을 사방에 버려둔 채 도망하였다. 거란군은 더 이상 남하하지 못하고, 잔여 병력은 모두 동쪽으로 도망하였다. 고려군은 명주(溟州)의 대관령(大關嶺)까지 그들을 추격하여 옥대와 금·은패들을 노획하였다. 적은 함주(咸州)로 패주하였다가 여진족의 거주지역으로 들어가서 여진족의 군사 지원을 받아 군세를 떨치며 재 침입 준비를 시작했다.

거란군을 일단 여진족의 거주지역으로 몰아낸 후, 김취려는 회군 도중 갑자기 병에 걸렸다. 그의 보좌진들은 개경으로 돌아가 치료하도록 간청하였으나, 대답하기를, "내가 차라리 변성의 귀신이 될지언정 집에 돌아가서 편안히 지낼 수는 없다." 하였다. 그의 병이 더욱 위독해지자 '서울로 돌아와 치료받도록 하라'는 왕명에 따라 가마에 실려 서울로 귀환되었다. 그 후 여러 달을 치료한 후에야 그는 완쾌되었다.

거란군은 다시 병력을 모아 고주(高州)와 화주(和州)를 침범하고 뒤이어 예주(豫州)를 함락시켰다. 고려 조정은 5군을 삼군으로 개편하였다. 또다시 거란군이 대거 서북 지역으로 침입하였다. 고려 조정은 조충을 서북면원수(西北面元帥)로, 김취려를 병마사로 임명하고, 왕은 이들에게 친히 부월(斧鉞)을 내려 출전하게 하였다. 조충과 <u>김취려</u>가 여러 차례 적을 격파하자, 적은 마침내 형세가 궁하여 강동성으로 들어가 웅거하였다.

이때 몽고의 장군 합진(哈眞)과 찰라(札刺)가 (동진의) 완안자연(完顔子淵)과 함께 군사를 거느리고 거란을 토벌한다는 구실을 내세우고 곧바로 강동(江東)으로 가서는, 사자를 파견하여 고려측에 병력과 군량의 지원을 요구하였다. 고려측의 여러 장수들은 모두 몽고군 진영에 가기를 꺼려하였다. 이에 <u>김취려</u>가 말하기를, "국가의 이해관계가 바로 오늘에 달려 있는데, 만약 저들의 뜻을 거슬러 후회할 일이 생간다면 어떻게 하겠습니까?" 하니, 조충이 말하기를, "그렇소. 그러나 이는 국가의 큰일이니, 이 일을 감당할 만한 사람이 아니면 보낼 수가 없소." 하였다. 이에 <u>김취려</u>가 자청하기를, "나라에 일이 생기면 어려움을 사양하지 않는 것이 신하 된 자의 본분입니다. 내 비록 재주는 없으나, 공을 위하여 한번 가보겠습니다." 하였다.

조충은 선뜻 허락하지 아니하고, "군중의 일을 오로지 공에게 의지하고 있는데 공이 가서야 되겠소?" 하였다. 결국 <u>김취려</u>는 지병마(知兵馬) 한광연(韓光衍)과 함께 10명의 장군과 신기(神騎)·대각(大各)·내상(內廂)의 정예병을 거느리고 몽고군 진영으로 갔다.

<u>김취려</u>는 신장이 6척 5촌이나 되고, 수염이 배를 덮을 정도여서 옷을 입을 때마다 여종 두 사람이 수염을 갈라 들게 한 다음에 허리띠를 매었다. 합진은 <u>김취려</u>의 헌걸찬 풍채와 또 응대하는 말솜씨에 압도당하여, 그를 맞아들이고는 나이가 얼마인지를 묻자, <u>김취려</u>가 "60세에 가깝다." 하자, 합진이, "나는 아직 50세도 안 되었습니다. 우리는 이미 한 집안이 되었으니, 이제 형님입니다." 하고, <u>김취려</u>를 동쪽의 상석에

앉게 하였다.

그 다음날 김취려가 다시 합진의 진영으로 가니, 합진이 말하기를, "내가 일찍이 여섯 나라를 정벌하는 동안 귀인(貴人)을 많이 보아 왔습니다만, 형님의 용모는 참으로 뛰어납니다. 내가 형님을 존중하는 만큼 형님 휘하의 군사들을 대할 때도 역시 한집안 식구처럼 생각하겠습니다." 하였다. 합진이 작별할 때, 김취려의 손을 잡고 문 밖까지 나와 김취려를 부축하여 말에 태워 주기도 하였다.

며칠 후 조충이 합진을 방문하자, 합진이 "조 원수와 형님 중에서 어느 분이 연세가 더 많냐"고 물었다. 취려가 말하기를, "조 원수께서 나보다 연장이다." 하니, 합진은 조충을 맞아들여 윗자리에 앉게 한 다음, 잔치를 베풀고 풍악을 울렸다. 몽고에는 날카로운 칼끝으로 고기를 찍어 주인과 손님이 번갈아 먹여 주는 풍속이 있으며, 이때 칼끝을 보고 눈을 감으면 안 되었다. 고려 군사 중에 평소 용맹스럽다는 자들도 모두 겁을 먹고 난처한 기색을 보였으나, 조충과 김취려는 조금도 어색하지 않게 고기를 건네주고 받아먹었는데, 합진 등이 크게 환대하였다.

합진은 술을 잘 마셨는데, 조충과 더불어, 누가 술을 더 잘 마시는가 내기를 하여 진 사람이 벌을 받기로 하였다. 조충은 술잔이 차는 대로 마셔도 조충은 취하는 기색이 없었다. 헤어질 무렵, 조충은 술잔을 들었으나 마시지는 않고, 말하기를, "내가 이 잔을 마실 수 없는 것이 아니오. 내가 이 잔을 비우면 그대(합진)가 벌을 받게 될 것이니, 차라리 내가 벌을 받는 것이 났겠소. 주인으로서 손님을 벌 받게 해서야 되겠소?" 하자, 합진은 그 말을 듣고 크게 기뻐하였다. 조충과 합진은 그 다음날 아침 강동성 아래에 집결하되, 성에서 3백 보 떨어진 곳에서 정지하기로 약속하였다.

합진은 강동성의 남문으로부터 동남문에 이르기까지 너비와 깊이가 각각 10척 되는 못을 판 다음, 서문 이북은 완안자연군에게, 동문 이북은 김취려군에게 담당시켜 성벽 밖에 깊은 도랑을 파게 하여 성 안의 거란군이 도망하는 것을 막았다.

고려군과 몽고군이 강동성을 포위하자 거란군은 궁지에 몰렸다. 이에 적병 40여 명이 성을 넘어와 몽고군 진영에 항복하였으며, 적의 괴수 감사 왕자(喊捨王子)는 목을 매어 자살하였다. 거란군 장병과 부녀자 등 5만여 명이 성문을 열고 나와 항복하였다.

합진과 조충은 적의 항복을 받은 뒤, 감사 왕자의 처자와 가짜 승상(丞相) 평장(平章) 등과 그 외 1백여 명을 군진 앞에 끌어내어 목을 베었다. 그 나머지는 모두 사형을 면하게 해 주고, 군사들로 하여금 이들을 감시하게 하였다. 합진이 말하기를, "우리들이 만 리 먼 길을 와서 귀국과 힘을 합하여 적을 격파한 것은 실로 천만다행한 일입니다. 예의상 마땅히 내가 귀국의 국왕을 배알해야 하겠지만, 우리 군사의 수효가 많아서 원거리를 행군할 수 없으므로, 사절을 파견하여 사례를 표하겠습니다." 하였다. 합진과 찰라는 조충과 김취려에게 동맹을 맺자고 청하고 말하기를, "우리 두 나라는 영원히 형제가 되어 자손만대에 이르도록 오늘을 잊지 않도록 합시다." 하였다.

조충이 잔치를 베풀고 몽고 군사들을 위로하였다. 합진은 부녀자와 동남(미혼남자) 7백 명과 그간 거란군에 포로가 되었던 고려인 2백 명을 돌려주었다. 그리고 15, 16세 안팎의 처녀를 조충과 김취려에게 각각 9명씩, 좋은 말을 각각 9필씩 주고, 그 나머지는 모두 합진이 데리고 갔다.

조충은 거란군의 포로들을 주와 현에 나누어 보내어 빈 땅을 지정해

주고 그곳에서 살게 하였으며, 토지를 분배하여 농사를 짓게 함으로써 고려 백성이 되도록 하였다. 속칭 '거란장(契丹場)'이다.

이해(1219) 12월에 의주(義州)의 적 한순(韓恂)과 다지(多智)가 의주성을 지키는 장수를 죽이고 여러 성과 연합하여 반란을 일으켰다. 조정은 추밀부사(樞密副使) 이극서(李克偦)를 중군병마사로, 이적유(李廸儒)를 후군병마사로, 김취려를 우군병마사로 임명하여 반란군을 토벌하게 하였다. 이듬해 2월에 조정은 김취려를 이극서 대신 추밀부사에 승진시키고, 이극서는 중군병마사로 임명하였다.

한순과 다지는 동진국 원수 우가하(亏哥下)에게 투항하였는데, 우가하는 이들을 유인하여 목을 베어 고려로 돌려보내었다. 삼군이 한순, 다지의 무리에 호응했던 여러 성을 부역죄로 다스릴 것을 요청하자, 김취려가 말하기를, "『서경』에 '도적은 그 괴수만 죽이고, 협박에 못이겨 따른 사람은 죽이지 말라' 하였다. 대군이 지나간 데는 불에 탄 언덕처럼 죄없는 백성들이 화를 입는 경우가 많다. 거란군의 침입으로 인하여 관동 지방이 모두 폐허가 되었는데, 이제 변방의 성들을 부역죄로 다스린다면 울타리를 스스로 헐어 버리는 격이 될 것이다." 하였다.

곽원고(郭元固)·김보정(金甫貞)·종주질(宗周秩)·종주뢰(宗周賚) 등을 의주(義州)로 파견하여 의주 백성을 안정시키게 하였다. 탐욕이 심한 종주뢰는 백성들로부터 뇌물을 거두어들이며, 뇌물을 바치지 않는 사람은 트집을 잡아 처형하였으므로 주민들의 원망을 샀다. 이에 의주 사람들은 반란군의 잔당을 끌어들여 종주뢰 등을 살해하고 다시 반란을 일으켰다. 곽원고·김보정 등이 도망하여 이 사실을 김취려에게 보고하였다. 김취려는 판관(判官)과 녹사(錄事)를 의주에 보내어 화복의 이치를 들어 반란군을 타이르게 하고, 이어 대장군 조염경(趙廉卿)으로 하여금 반란군을 토벌하게 하여, 이를 평정시켰다.

이때 거란 유족의 잔당이 쥐새끼처럼 영변(寧邊)의 산 속에 숨어 있다가 때때로 출몰하여 약탈을 하므로, 김취려는 부대를 출동시켜 이들을 섬멸하였다. 이로써 북쪽 변방은 평안을 되찾게 되었다.

이듬해에 추밀사(樞密使) 병부상서(兵部尙書) 판삼사사(判三司使)가 되었다가 곧 참지정사(參知政事)로 옮겼다. 고종 15년에 수태위(守太尉) 중서시랑 평장사(中書侍郞平章事)가 되었다가 시중(侍中)에 제수되었다. 고종 21년에 졸(卒)하였으며, 시호는 위열(威烈)이다.

김취려는 사람됨이 검소하고 정직하며, 군을 엄정하게 다스려 군사들이 추호도 잘못을 저지르지 않았다. 그는 술이 생기면 말단의 병졸까지도 고루 나누어 마시게 함으로써 (장병들이) 사력을 다해 싸우게 만들었다. 강동성 전투 때에 그는 지휘권을 조충에게 양보하였지만, 싸움에 임하여서는 적을 제압하는 기개로써 큰 공을 세웠으나 항상 자신의 공을 내세우지 않았다. 그는 재상이 되어서도 바른 태도로 아랫사람을 거느렸으므로, 아랫사람들이 감히 그를 속이지 못하였다. 후에 고종(高宗)의 묘정(廟廷)에 배향되었다.

유년필독(幼年必讀)[49]

1. 『유년필독』 권2, 제33과 고려역대총설 2

【원문】

高麗時에 相臣은 徐弼과 崔沆과 崔冲과 金富軾과 文克謙과 趙冲과 **金就礪** 等이오 將帥는 朴犀와 崔椿命과 金慶孫과 金允侯와 元冲甲과 安祐와 金得培와 李芳實과 崔瑩 等이오이다

【번역문】

고려 때의 훌륭한 신하는 서필(徐弼)·최항(崔沆)·최충(崔冲)·김부식(金富軾)·문극겸(文克謙)·조충(趙冲)·김취려(金就礪) 등이요. 장수는 박서(朴犀)·최춘명(崔椿命)·김경손(金慶孫)·김윤후(金允侯)·원충갑(元冲甲)·안우(安祐)·김득배(金得培)·이방실(李芳實)·최영(崔瑩) 등이다.

---

49) 대한제국 말기(1907)에 현채(玄采, 1886~1925)가 발행한 아동용 교과서. 현채는 청년기에 국민교육회(國民敎育會)에 가입하여 계몽운동을 하였다. 이 책은 아동용 교과서로 편찬되었으나 수록된 수준이 당시의 청장년층에도 지대한 영향을 끼쳤으며, 그 후 금서(禁書)가 되어 1909년 일제에 의하여 압수된 출판물 중 가장 많은 부수를 차지하였다.

유년필독석의(幼年必讀釋義)[50]

1. 『유년필독석의』 권2, 제33과 고려역대총설 2

【원문】

金就礪는 高宗時人이라 節儉正直ᄒ고 身長이 六尺五寸이오 鬚長, 過腹ᄒ야 盛服時에는 兩婢子가 其鬚를 分擧흔 後, 帶를 束ᄒ고 宰相이, 되미 正色, 立朝ᄒ야 人이 敢히 犯欺치 못ᄒ더라 契丹이 來寇ᄒ거늘 後軍兵馬使로 契丹을 大破ᄒ니 諸城父老가 酌酒相賀曰, 今에 强寇가 入境ᄒ미 後軍으로 先鋒이 되고 小로써 擊衆ᄒ야 我老弱으로, ᄒ야 곧 性命이 存케, 흠은 將軍의 力이라. ᄒ더라 蒙古元帥 哈眞이 其狀貌를 見ᄒ고 大奇ᄒ야曰, 吾가 六國을 攻伐ᄒ야 貴人을 閱홈이 多ᄒ얏스나 兄과 如흔 者 一未有ᄒ다ᄒ고 臨別에 親히 扶腋ᄒ야 上馬케ᄒ고 持軍ᄒ기 嚴整ᄒ야 士卒이 秋毫도 不犯ᄒ며 酒가 有ᄒ면 士卒最下者라도, 다 均歡ᄒ는 故로 其死力을 得ᄒ고 江東役에 事事를, 다 趙沖의게 讓ᄒ고 臨陣, 對敵에 奇計를 出ᄒ야 大功을 成ᄒ나 自矜이 無ᄒ니라

【번역문】

김취려는 고종 때 사람이다. 사람됨이 검소하고 정직했다. 신장은 6척 5촌이며 수염이 배 밑으로 내려와 옷을 입을 때에는 두 여종이 그 수염을 나누어 든 후에 띠를 매었다. 재상이 되어 안색을 바르게

---

50) 대한제국 말기(1907)에 현채(玄采, 1886~1925)가 발행한 아동용 교과서인 『유년필독』의 교사용 해설서로 4권 2책이 별도로 간행되었다.

하고 입조하면 다른 사람들이 감히 범하지 못하였다. 거란의 적이 쳐들어오자, 김취려가 후군병마사(後軍兵馬使)로서 거란적을 대파하니, 모든 성(城)의 부로(父老)들이 술을 마시며 서로 축하하는 말이 "오늘에 거란 적이 국경에 들어오니 후군의 선봉은 적은 수로서 많은 무리를 공격하여 우리가 노약하나, 곧 사람의 천성과 천명이 있게 함은 장군의 힘이라." 하였다. 몽고 원수 합진이 웅장한 용모와 기이한 풍모를 보고 말하기를, "내가 여섯 나라를 공격하고 정벌할 때 귀인을 많이 보았으나 형과 같은 사람은 보지 못하였다." 하고, 헤어질 때에 친히 어깨를 부축하여 말에 오르게 하였다. 군을 지휘할 때는 엄정하게 하여 사졸들이 추호도 잘못을 저지르지 않았다. 술이 있으면 말단의 사졸이라도 고루 마셨기 때문에 (병사들의) 사력을 얻을 수 있었다. 강동(江東)의 일도 다 조충(趙沖)에게 양보하고, 적을 만나 싸울 때에도 기이한 계략을 내어 큰 성과를 이루어도 스스로 자랑하지 않았다.

대한력ᄉ[51)

1. 『대한력ᄉ』 제오, 고려긔 고종 3년 8월

【원문】

　팔월에 거란이와 침로ᄒ거눌 샹쟝군 로원슌(盧元純) 등을 보내여 막다째에 거란의 끼친종류의 금산왕ᄌ(金山王子)와 금시왕ᄌ(金始王子) 하삭(河朔)의 빅셩을 협박ᄒ야 항복밧고 ᄌ칭ᄒ야 대료슈국(大遼收國)왕이라ᄒ고 년호를 원셩(元成)이라 ᄒ다가 몽고군ᄉ의게 쫏긴바 되여 그 쟝슈 아ᄋ걸로(鵝兒乞奴)로 ᄒ여 곰몬져 수만명을 거ᄂ리고 강을 건너 회녕(會寧)과 삭쥬(朔州) 등 고을을 침로ᄒ야 직물과 곡식과 기르ᄂ 즘싱들을 쎄앗고 셜즁도(雪中道)[지금 복관에 잇ᄂ니라]로 드러오니 삭쥬분도장군 로인유(盧仁綏) 셩을 ᄇ리고 ᄃ라나ᄂ지라 이애 로인슌으로 즁군병마ᄉ를 삼고 오응부(吳應夫)로 우군병마ᄉ를 삼고 **김쥐려(金就礪)**로 후군병마ᄉ를 삼고 열세 영군과 신긔위[영문일흠]모든 군ᄉ를 거ᄂ리고 가 칠시째에 뎍병이 임의 녕덕셩(寧德城)[외쥬에 잇ᄂ니라]을 뭇지르고 안쥬(安州)와 의쥬(義州)와 텰산(鐵山)과 션쳔(宣川) 등 고을을

---

51) 이 책은 1908년 헐버트(Homer Bezaleel Hulbert, 1863~1949)와 오성근(吳聖根)이 만든 것으로, 헐버트는 초고를 쓰고 오성근이 가필 수정하였다. 헐버트는 대한제국 때 고종의 밀사로 활동하는 등 '한국의 은인' '한국 사람보다 더 한국을 사랑한 외국인'으로 칭송받는 인물이다. 그러나 일제가 을사5조약 이후 교과용 도서검정규칙을 공포하여(1908.9) 교과서 통제를 통해 민족 교육을 억제하고자 한 때문에 1909년 학부에 의해 사용금지처분을 당하였다.

에우고 글을 보내여 항복을 지촉홀시 뎍병이 고려사룸 양슈쳑(楊水尺)을
엇어 향도를 삼으니 양수척은 태조 빅계를 칠 때에 용밍ᄒ고 사오나와
졔어치 못ᄒ든 거새쩌친 종류라 산양으로 열을 삼더니 츙헌의 괴악ᄒ고
침로홈을 견디지 못ᄒ야 뎍병을 마져 항복ᄒ고 산쳔의 험ᄒ고 긴요ᄒᆫ
거슬 다ᄀᆞᄅ치더라 삼군이 련쥬(連州)[지금 기쳔]이셔마져 싸화 수쳔급
을 벼히고 ᄯᅩ 연쥬(延州)[지금 영변] 기평역(開平驛)에셔 싸홀시 **김취려**
거란군ᄉ를 크게 파ᄒ니 거란군ᄉ 묘향산(妙香山)[지금 녕변에 잇ᄂᆞ니]
에 드러가 쳥치진(淸塞鎭)[지금 회쳔에 잇ᄂᆞ니라]을 넘어 도망ᄒ야 가니
뎍병의 젼후 죽은쟈 만여인이러라 뎍병이 임의 믈너가매 삼군이 연쥬(延
州)로브터 군ᄉ를 돌녀 오다가 박쳔(博川)에셔 거란의 도젹을 다시 맛나
취려 힘써 싸회 믈니치다 **취려** 능히 젹은 거스로 만흔 거슬 치고 긔이ᄒᆫ
계칙을 내여 싸흠마다 문득 이긔더라

【번역문】

　8월에 거란이 침략하였다. 상장군 노원순(盧元純) 등을 보내 막았다.
이때 거란 유종(契丹遺種)인 금산 왕자(金山王子)와 금시 왕자(金始王子)
가 하삭(河朔)의 백성들을 협박하여 항복받고, 대요수국왕(大遼收國王)
이라 자칭하며 연호를 원성(元聖)이라고 하다가 몽고 군사에게 쫓기게
되어 그 장수 아아(鵝兒)·걸노(乞奴)로 하여금 먼저 수만 명을 이끌고
압록강을 건너 회녕(會寧)과 삭주(寧州) 등 고을을 공격하여 재물과
곡식과 기르는 짐승을 빼앗고 설중도(雪中道, 雲中道의 오기이다)[지금
의 북관에 있다]로 들어오니 삭주분도장군 노인수(盧仁綏)가 성을 버리
고 달아났다. 이에 노인순으로 중군병마사로 삼고, 오응부(吳應夫)를
우군병마사를 삼고, 김취려를 후군병마사로 삼고, 13영군(領軍)과 신기

위(神騎軍)[영문이름] 모든 군사를 거느리고 가서 치도록 하였다. 이때 적병이 이미 영덕성(寧德城)[회주에 있다]을 무찌르고 안주(安州)와 의주(義州), 철산(鐵山), 선천(宣川) 등 고을을 포위하고 글을 보내 항복을 재촉하였다. 적병이 고려 사람 양수척(揚水尺)을 얻어 향도로 삼았다. 양수척은 태조가 백제를 공격할 때 용맹하고 사나와 제어치 못한 거세고 거친 종류이다. 사냥을 일삼다가 최충헌의 괴악하고 침로함을 견디지 못하여 적병을 맞아 항복하고 산천의 험하고 긴요한 것을 다 가르쳐 주었다. 삼군이 연주(連州)[지금의 개천이다]에서 맞아 싸워 수천 급을 베고, 또 연주(延州)[지금 영변] 개평역(開平驛)에서 싸워 김취려가 거란 군사를 크게 물리치니, 거란 군사가 묘향산(妙香山)[지금의 영변에 있다] 에 들어가 청새진(淸塞鎭)[지금의 희천이다]을 넘어 도망하여 갔는데, 적병의 전후 죽은 자가 1만여 인이었다. 적병이 이미 물러가자 삼군이 연주로부터 군사를 돌려 오다가 박천에서 거란의 도적을 만나 취려가 힘써 싸워 물리쳤다. 취려는 능히 적은 것으로 많은 것을 치고 기이한 계책을 내어 싸움마다 문득 이겼다.

2. 『대한력ᄉ』 제오, 고려긔 고종 4년 7월

【원문】

츄칠월에 병마ᄉ 최원셰(崔元世)와 **김취려** 등이 거란군ᄉ를 데쥬(堤 州)[지금 졔천]에셔 크게 파ᄒ다 션시에 거란군ᄉ 시흐로도라가다가 뎡쥬(定州)를 불지르고 안쥬에 둔치거늘 관군이 가칠시 태조탄(太祖灘) 에 니르니 큰 비가 오는지라 곳 머므르고 슐을 두어 잔 치ᄒ고 방비치 아니ᄒ얏더니 뎍병이 크개 니르기늘 **김취려** 마지ᄊᄒ다가 창과 슐을 만히 밧고 그 놈은 모든 쟝슈의 죽은 쟈 그 수를 하지 못ᄒ고 거란군스 쟝단(長湍)에 니ᄅ러 또 금교역(金郊驛)[지금 평산에 잇ᄂ니라]에 둔치거늘 다시 오응부로 즁군병마스를 삼고 최원셰로 젼군을 거ᄂ리고 황대원(黃大源)으로 좌군을 거ᄂ리고 오인영(吳仁永)은 우군을 거ᄂ리고 류돈식(柳敦植)은 후군을 거ᄂ리려 슝인문으로 나가 뎍병을 막더니 이윽고 거란군스 또 동쥬(東州)[지금 텰원]를 파ᄒ거늘 이에 응부를 파ᄒ고 최원셰로 디신 ᄒ고 **취려**는 젼군을 거ᄂ리고 뎍병을 즁파도(澄波渡)[지금 양쥬에 잇ᄂ니라]에셔 ᄯ화 로원역(盧元驛)[지금 양쥬에 잇ᄂ니라]ᄭ지 ᄧ차니ᄅ러버힌거시 심히 만ᄒ니 뎍병이 다시 양쥬(楊州)로브터 원쥬(原州)에 니ᄅ럿다가 이윽고 츈쳔(春川)을 파ᄒ야 안렴스 로쥬한(盧周翰)을 죽이고 또 원쥬를 와 치거늘 고을 사ᄅᆷ이 막아 므릇 아홉 번 ᄊ호 매량식이 다ᄒ고 구원홀 군시ᄯᆫ허져셩이 파ᄒ더니 이윽고 관군이 뎍병을 츙쥬(忠州)와 원쥬에셔 크게 파ᄒ야 삼빅여 급을 버히고 졔쥬ᄭ지 ᄧ차니ᄅ니 뎍병의 죽엄이 흐라ᄂ 니를 덥헛고 또 박달치(朴達峙)[지금 졔쳔에 잇ᄂ니라]에 ᄧ차밋쳐 원셰 **취려**로 더브러 고기우혜몬져웅거ᄒ얏더니 잇은 날 뎍병 수만긔[긔는 물탄군스라]가고 긔로ᄂ화 올나와 요히ᄒ 곳슬 듯로거늘 원셰 등이 곳 크게 부ᄅ 지지며 죽도록 ᄊ호니 뎍병이 크게 패ᄒ야 남녀와 병쟝긔와 슈례를 다 ᄇ리고 동으로 다라나 명쥬(溟州)[지금 강릉] 대관령(大關嶺)을 넘어 다라나다

【번역문】

가을 7월에 병마사 최원세(崔元世)와 <u>김취려</u> 등이 거란 군사를 제주(堤州)[지금의 제천]에서 크게 파하였다. 앞서 거란 군사가 서흥(瑞興)으로 돌아가다가 정주(定州)를 불지르고 안주에 주둔하였다. 관군이 공격하

려고 태조탄(太祖灘)에 이르니 큰 비가 와서 곧 머무르고 술을 마시며 잔치를 벌이고 방비하지 않았다. 적병이 크게 쳐들어오자 김취려가 맞이하여 싸우다가 창과 화살을 많이 맞았으며, 남은 모든 장수들도 그 죽은 수를 헤아리지 못하였다. 거란 군사가 장단(長湍)에 이르러 또 금교역(金郊驛)[지금의 평산에 있다]에 주둔하였는데, 다시 오응부로 중군병마사를 삼고, 최원세로 전군을 거느리고 황대원(黃大源)으로 좌군을 거느리고, 오인영(吳仁永)으로 우군을 거느리고, 유돈식(柳敦植)은 후군을 거느려 숭인문으로 나가 적병을 막았다. 이윽고 거란 군사가 또 동주(東州)[지금의 철원이다]를 공격하였다. 이에 응부를 파하고 최원세로 대신하고 취려는 전군을 거느리고 징파도(澄波渡)[지금의 양주에 있다]에서 싸워 노원역(盧元驛)[지금의 양주에 있다]까지 쫓아 벤 것이 매우 많았다. 적병이 다시 양주로부터 원주에 이르렀다가 이윽고 춘천을 공격하여 안렴사 노주한(盧周翰)을 죽였다. 또 원주를 공격하였는데, 고을 사람들이 막아 무릇 아홉 번 싸워 양식이 다하고 구원할 군사마저 끊어져 성이 무너졌다. 이윽고 관군이 적병을 충주(忠州)와 원주에서 크게 무너트려 3백여 급을 베고 제주까지 쫓아 이르니 적병의 주검이 흐르는 내를 덮었다. 또 박달치(朴達峙)[지금의 제천에 있다]에 쫓아 이르러 원세, 취려와 함께 고개 위에 먼저 웅거하였다. 이튿날 적병 수만 기(騎)[기는 말탄 군사이다]가 고개로 나누어 올라와 요해한 곳을 다투었다. 원세 등이 크게 부르짖으며 죽도록 싸우니 적병이 크게 패하여 남녀와 병장기와 수레를 다 버리고 동으로 달아나 명주(溟州)[지금의 강릉이다] 대관령(大關嶺)을 넘어 달아났다.

3. 『대한력ᄉ』 제오, 고려긔 고종 5년 7월

【원문】

츄칠월이라 션시에 거란군시 졔쥬(堤州)에셔 패ᄒ야 도라가 녀진의게 구원병을 쳥ᄒ니 군ᄉ 형세가 다시 썰치는지라 이에 관군을 련ᄒ야 파ᄒ고 양쥬를 와 핍박ᄒ거놀 죠츙으로 셔북면원슈를 삼고 **김취려**로 병마ᄉ를 삼고 졍통보 등으로 더브러 젼후우군을 ᄂ화거ᄂ릴시 왕이 친히 부월[옥긔니 원슈의 가지는 거시라]을 주고 션비의 벼슬ᄒ지 아니ᄒ 쟈는 다 군ᄉ에 좃게 ᄒ다 째에 츙이 젼에 패홈을 심히 붓그러워ᄒ야 ᄯᅳ슬 다 ᄒ야 뎍병을 칠 시 호령이 붉고 엄슉ᄒ며 뎍병을 독산(禿山)[지금 박쳔에 잇ᄂ니라]에셔 련ᄒ야 파ᄒ니 뎍병이 수만긔롤 잇글고 강동(江東)셩 안흐로 드러가 보젼ᄒ더라

【번역문】

가을 7월이다. 앞서 거란 군사가 제주에사 패하여 돌아가 여진에게 구원병을 청하여 군사의 형세가 다시 떨치었다. 이에 관군을 연이어 파하고 양주에 핍박하였다. 조충으로 서북면 원수를 삼고 <u>김취려</u>를 병마사로 삼고, 정통보 등으로 더불어 전후우군을 나누어 거느리게 하였는데, 왕이 친히 부월(斧鉞)[도끼. 원수가 가지는 것이다]을 주고, 선비로 벼슬하지 아니한 자는 다 군사에 종군하게 하였다. 때에 충이 전에 패함을 매우 부끄러워하여 뜻을 다하여 적병을 공격하였는데, 호령이 밝고 엄숙하였다. 적병을 독산(禿山)[지금 박천에 있다]에서 이어서 파하니, 적병이 수만 기를 이끌고 강동성 안으로 들어갔다.

4. 『대한력ᄉᆞ』 제오, 고려긔 고종 5년 12월

【원문】

조츙과 **김취려** 등이 몽고군ᄉᆞ와 동녀진 군ᄉᆞ를 합ᄒᆞ야 강동셩을 에우다 ᄯᅢ에 몽고와 동녀진이 비록 우리를 구원ᄒᆞᆫ다 칭ᄒᆞ나 몽고는 가장 흉ᄒᆞ고 사오납고 ᄯᅩ 본군과 근본 친홈이 아니라 이에 셰샹인심이 놀내되 홀노 츙은 탄연이 의심치 아니ᄒᆞ고 일을 ᄯᅡ라 쳐치ᄒᆞ며 합진이 ᄯᅩ 군ᄉᆞ더홈을 자초 지촉ᄒᆞ니 졔쟝이 다 그가 긔를 새려 ᄒᆞᄂᆞᆫ지라 **김취려** ᄀᆞᆯᄋᆞ디 국가 의리해가 졍히 오늘에 있고 ᄯᅩ 일을 힘ᄒᆞ야 어려운 거슬 피치 아니홈은 신쟈의 작칙이라 ᄒᆞ고 스스로 ᄒᆡᆼᄒᆞ기를 쳥ᄒᆞ야 지병마ᄉᆞ 한광연(韓光衍)으로 더브러 열쟝슈와 신긔디 각과니샹의 졍졸을 거ᄂᆞ리고 가셔 모히다 **취려** 신쟝이 구척이오 슈염이 아름답거늘 합진이 그 형용의 쥰결스러움을 보고 ᄯᅩ 그 언론을 크게 긔이히 녁여 형뎨를 믿고 **취려**ᄃᆞ려 닐너 ᄀᆞᆯᄋᆞ디 내가 여섯 나라흘 쳐셔 귀인을 만히 보앗스나 형ᄀᆞᆺᄒᆞᆫ 사롬은 보지 못ᄒᆞ얏다 ᄒᆞ고 례로 디졉홈이 심히 둣텁더니 수일 후에 조츙이 ᄯᅩ혼 니ᄅᆞ니 합진이 ᄯᅩ혼 형으로써 셤기거늘 이에 슐 두어 줄기고 졍을 셔로 말ᄒᆞ다 잇흔날 아츰에 졔군이 강동셩 아래 모혀 ᄉᆞ면으로 에우니 거란군ᄉᆞ 감히 나지 못ᄒᆞ더라

【번역문】

조충·김취려가 몽고 군사·동여진 군사를 모아 강동성을 에워쌌다. 이때 몽고와 동여진이 비록 우리를 구원한다고 칭하나, 몽고는 가장 흉(凶)하고 사나우며, 또 본국(本國)과는 원래 친하지 아니 하였다. 이에 세상의 인심이 몹시 놀라되, 조충만은 탄연히 의심하지 않고 일을 따라

처리하였다. 합진이 또 군사를 더 보내라고 자꾸 재촉하였으나 여러 장수가 다 가기를 꺼려하였다. 김취려가 말하기를, "국가의 이해(利害)는 바로 오늘에 있으며, 또 일을 당하여 어려운 일을 사양하지 않는 것이 신자(臣子)의 직책이다." 하고, 스스로 가기를 청하였다. 지병마사(知兵馬事) 한광연(韓光衍)과 더불어, 열 명의 장군과 신기(神騎)·대각(大角)·내상(內廂)의 정졸(精卒)을 거느리고 가서 모였다. 취려는 신장이 9척이요 수염이 아름다웠다. 합진이 그의 준걸스러운 얼굴을 보고, 또 그의 말을 듣고는 크게 기이하게 여겨 형제를 맺고, 취려에게 말하기를, "내가 여섯 나라를 정벌하면서 귀인을 많이 보았으나 형만한 이가 보지 못했습니다." 하고, 예로 대접함이 매우 두터웠다. 수일 후에 충이 또한 이르니, 합진이 또한 형으로 섬기었다. 이에 술을 놓고 즐기고 정을 서로 말하였다. 이튿날 아침에 모든 군사가 강동성(江東城) 아래에 모여 사면으로 에워싸니, 거란 군사가 감히 나오지 못했다.

5. 『대한력ᄉ』 제오, 고려긔 고종 21년 5월

【원문】

하오월에 문하시중 **김취려** 죽다 **취려**는 언양(彦陽) 사름이라 위인이 졀검ᄒ고 졍직ᄒ고 튱의로써 스스로이 직희며 군ᄉ를 가지매 엄ᄒ고 졍졔ᄒ야 군ᄉ 감히 범치 못ᄒ나 슐이 잇스면 곳 군ᄉ의 뎨일 ᄂ진쟈로 홈끠 마시고 진에 림ᄒ야 도적을 졔어ᄒ매 긔이 ᄒᆫ 계교를 만히 내여 능히 큰 공을 일우나 그러나 일즉 스스로 자랑치 아니ᄒ며 졍승이 되매 낫빗흘 졍졔히 ᄒ고 아래를 거ᄂ리니 사름이 감히 속이지 못ᄒ고 시호는 위렬(威烈)이라 ᄒ다 최우의 천도ᄒᆫ 공을 의론ᄒ야 진양후를

봉흐고 마을을 세우다

【번역문】

여름 5월에 문하시중 김취려가 죽었다. 취려는 언양(彦陽) 사람이다. 위인이 절검하고 정직하며 충의로써 스스로 지키며 군사를 가지매 엄하고 경계하여 군사는 감히 범하지 않았다. 술이 있으면 곧 군사의 제일 낮은 자와 함께 마시고 싸움에 임하여 도적을 제어하매 기이한 계교를 많이 내어 능히 큰 공을 이루었다. 그러나 일이 스스로 자랑치 아니하며 정승이 되어서도 낯빛을 가지런히 하고 아래를 거느리니, 사람이 감히 속이지 못하였다. 시호는 위열(威烈)이라 한다. 최우의 천도한 공을 의논하여 진양후를 봉하고 마을을 세우다.

신정 동국역사(新訂東國歷史)[52]

1. 『신정 동국역사』 권2, 고종 3년 8월

【원문】

八月에 契丹兵이 來侵ᄒ거늘 上將軍 盧元純 等을 遣ᄒ야 禦ᄒ다 時에 契丹遺種의 金山王子等이 大遼收國王이라 自稱ᄒ고 元을 建ᄒ야 天成이라 ᄒ고 其將鵝兒乞奴로 ᄒ야곰 州郡을 攻掠ᄒ거늘 盧元純, 吳應夫, **金就礪**로써 往擊大破ᄒ니 契丹兵이 香山으로 奔入ᄒ니라

【번역문】

8월에 거란병이 침략하여 오니 상장군 노원순 등을 파견하여 방어하였다. 이에 거란 유종의 금산 왕자 등이 대요수국왕(大遼收國王)이라 자칭하고 연호를 천성(天成)이라 하고 그 장수 아아(鵝兒)·걸노(乞奴)로 하여금 주군(州郡)을 공격하고 약탈하였다. 노원순, 오응부, <u>김취려</u>가 가서 공략하여 대파하니, 거란병이 향산(香山)으로 달아났다.

---

52) 1908년 유근(柳瑾)이 저술한 교과서이다. 유근(1861~1921)은 1898년 5월 남궁억·나수연 등과 함께 『황성신문』을 창간하였으며, 1905년 을사조약의 강제 체결을 신문에 게재하여 이를 비판하였다. 또한 1908년에 『신정동국역사』·『초등본국역사』·『신찬초등역사』를 저술하여 역사 교육에 진력하였다. 『신정동국역사』는 일제강점 초기 대한제국 역사학자의 인식이 잘 반영되었다는 점에서 의의가 크다.

596

2. 『신정 동국역사』 권2, 고종 4년 7월

【원문】

　秋七月에 崔元世, **金就礪** 等이 契丹兵을 太祖灘에 往擊홀시 我軍이 大潰ᄒ니 **就礪**가 奮劒獨戰ᄒ다가 槍矢가 身에 交貫ᄒ야 創이 未合ᄒ거늘 力戰連克ᄒ니 賊이 原州를 奔陷ᄒᄂ지라 元世, **金就礪** 等이 堤州 朴達嶺에 追至ᄒ야 大破ᄒ다

【번역문】

　가을 7월에 최원세, 김취려 등이 거란병을 태조탄에 가서 공격하므로 우리 군대가 크게 궤멸되었다. 취려가 칼을 빼들고 홀로 싸우다가 창과 화살이 몸에 뚫는 것도 모르고 온힘을 다하여 싸워 이겼다. 적이 원주를 함락하였으나, 원세, 김취려가 제주(堤州) 박달령에 이르러 크게 이겼다.

3. 『신정 동국역사』 권2, 고종 6년 1월

【원문】

　春正月에 趙冲, **金就礪** 等이 蒙古 東女眞兵으로 더부러 江東城을 攻拔ᄒ다 先是에 蒙古主가 契丹兵을 窮勦코져ᄒ여 元帥哈眞 等을 遣ᄒ야 東眞將 完顔子淵으로 더부러 江東城에 至ᄒ야 兵糧을 我에 求ᄒ거늘 精兵 二千과 米 一千石으로써 應ᄒ고 **就礪**가 往會ᄒ니 哈眞이 其狀貌의 魁偉함을 見ᄒ며 其言을 又問ᄒ고 大奇ᄒ야 兄弟됨을 約ᄒ고 冲이 引兵ᄒ야 至홈이 哈眞이 ᄯᅩ흔 兄으로 事ᄒ야 江東城을 共圍ᄒ니 賊이 出降ᄒ거늘 其魁를 斬ᄒ고 哈眞이 冲 等으로 더부러 同盟日 兩國이 永爲兄弟ᄒ야 萬世子孫이 無相忘이라 ᄒ더라

【번역문】

봄 1월에 조충, 김취려 등이 몽고 동여진병으로 더불어 강동성을 공략하였다. 이에 앞서 몽고 황제가 거란병을 모두 소탕하고자, 원수 합진 등을 보내어 동진의 장수 완안자연과 함께 강동성에 이르러서 병사의 양식을 고려에 요구하였다. 정병 2천과 쌀 1천 석을 주고 취려가 가서 만나니, 합진이 그의 외모가 장대함을 보고, 그 말을 물으며 크게 기이하게 여겨 형제가 될 것을 약속하였다.

조충이 병사를 이끌고 이르자, 합진이 또한 형으로 모시며 강동성을 함께 포위하니 적이 항복하였다. 그 괴수를 참수하고 합진이 조충 등으로 더불어 양국이 동맹하고 영원한 형제가 되어 자손만대에 근심을 없애었다.

4. 『신정 동국역사』 권2, 고종 21년 5월

【원문】

二十一年 五月에 門下侍中 **金就礪** 卒ㅎ다 **就礪**ᄂ 彦陽人이라 持軍홈을 嚴整히 ㅎ고 有酒에 士卒로 더부러 均飮ㅎ며 大功을 成ㅎ되 自矜치 아니ㅎ지라 諡를 威烈이라 ㅎ다

【번역문】

21년 5월에 문하시중 김취려가 졸하다. 취려는 언양 사람이다. 군사를 지휘함을 엄정히 하고 술이 있으면 말단 병사로 더불어 고루 마시며, 큰 공을 이루어도 스스로 자랑하지 아니하였다. 시호를 위열이라 하였다.

증보문헌비고(增補文獻備考)[53]

1. 『증보문헌비고』 제21권, 여지고 9/ 산천 3/ 충청도 제천

【원문】

堤川 …… 朴達山[在西三百五里] 高麗**金就礪** 扼丹賊之處 ……

【번역문】

　제천(堤川)

　…… 박달산(朴達山)[서쪽 35리에 있다] 고려(高麗)의 <u>김취려(金就礪)</u>가 거란(契丹)의 적(賊)을 지키던 곳이다. ……

---

53) 상고(上古) 때부터 구한말에 이르기까지의 문물제도(文物制度)를 총망라하여 분류 정리한 책이다. 1770년(영조 46)에 홍봉한(洪鳳漢) 등이 왕명을 받아 상위(象緯)·여지(輿地)·예(禮)·악(樂)등 13고(考)로 분류하여 100권으로 만들어 『동국문헌비고(東國文獻備考)』라 하였다. 그러나 누락 부분이 많고 시대의 변천에 따라 법령·제도 등이 바뀌어 1782년(정조 6) 왕명으로 이만운(李萬運) 등에게 이를 바로잡아 보편(補編)토록 하였는데, 이것이 제 2차 편찬으로 146권의 『증보동국문헌비고(增補東國文獻備考)』이다. 그러나 이 책은 간행되지 못하였고 100여 년 뒤인 1903년(광무 7) 고종이 박용대(朴容大) 등 30여 명의 문사들에게 명하여 이를 보수하게 하였다. 박용대 등은 5년여에 걸쳐 16고 250권으로 재편성하여 이를 『증보문헌비고』라 이름 붙여 1908년(융희 2)에 간행하였다.

2. 『증보문헌비고』 제30권, 여지고 18/관방 6/ 평안도 자산

【원문】

慈山 …… 泥城 在南三十里石築 [周一千二百五十尺 今廢] 麗朝 **金就礪**
趙冲 討契丹時駐兵處 ……

【번역문】

　자산(慈山)

　…… 이성(泥城) 남쪽 30리에 있는데, 돌로 쌓았다[둘레가 1천 2백 50척(尺)이다. 지금은 폐성(廢城)이다]. 고려조에 <u>김취려(金就礪)</u>·조충 (趙冲)이 거란(契丹)을 칠 때에 군사를 주둔시켰던 곳이다. ……

3. 『증보문헌비고』, 제계고 8/부록/ 씨족 2/ 김씨/ 언양 김씨

【원문】

彦陽金氏

始祖 金鐥[新羅敬順王第六子 封彦陽君 分籍彦陽]

金壽[神虎衛別將同正 ○ 敬順王後孫爲一派] 曾孫 **就礪**[太師 威烈公 配高宗廟室] **就礪**子 佺[太傅 翼戴公] 佺子 䏌[文太學士 文愼公] 仲保[平章事] 䏌子 倫[左政丞 貞烈公] 倫佺敬直[侍仲] 佺七世孫 瓘[文 贊成 功臣彦陽君 恭襄公 享鄕祠] 瓘玄孫 承續[生員 享鄕祠] 承續弟 承緒[禮賓寺參奉 享鄕祠] 承緒玄孫 天瑞[明陵參奉 享鄕祠] **就礪**十一世孫 大鼎[武 延安府使 享忠祠] **就礪**十三世孫 千鎰[遺逸 判決事倡義使 文烈公 享書院] 應會[歸厚別坐 享鄕祠] 浚[武 安州牧使 壯武公 享忠祠] 千鎰子 象乾[司圃署別坐 享忠祠] **就礪**十六世孫 重萬[功臣 彦城君]

600

【번역문】

언양 김씨(彦陽金氏)

시조 김선(金鐥)[신라 경순왕(敬順王)의 여섯째 아들로서54) 언양군(彦陽君)에 봉해졌으며, 언양(彦陽)으로 분적(分籍)하였다.]

김수(金壽)[벼슬이 신호위 별장 동정(神虎衛別將同正)이었다. ○ 경순왕(敬順王)의 후손인데, 한 파를 이루었다]. 증손 김취려(金就礪)[벼슬이 태사(太師)였고, 시호는 위열공(威烈公)이며, 고종 묘실(高宗廟室)에 배향되었다]. 김취려의 아들 김전(金佺)[벼슬이 태부(太傅)였으며, 시호는 익대공(翼戴公)이다]. 김전의 아들 김변(金腁)[문과 출신으로 벼슬이 태학사(太學士)였으며, 시호는 문신공(文愼公)이다]. 김중보(金仲保)[벼슬이 평장사(平章事)였다]. 김변의 아들 김륜(金倫)[벼슬이 좌정승(左政丞)이었으며, 시호는 정렬공(貞烈公)이다]. 김륜의 조카 김경직(金敬直)[벼슬이 시중(侍仲)이었다]. 김전의 7세손 김관(金瓘)[문과 출신으로 벼슬이 찬성(贊成)이었으며, 공신으로서 언양군(彦陽君)에 봉해졌다. 시호는 공양공(恭襄公)이며, 향사에 배향되었다]. 김관의 현손 김승적(金承績)[생원(生員)으로서, 향사에 배향되었다]. 김승적의 아우 김승서(金承緒)[벼슬이 예빈시 참봉(禮賓寺參奉)이었으며, 향사에 배향되었다]. 김승서의 현손 김천서(金天瑞)[벼슬이 명릉 참봉(明陵參奉)이었으며, 향사에 배향되었다]. 김취려(金就礪)의 11세손 김대정(金大鼎)[무과 출신으로 벼슬이 연안 부사(延安府使)였으며, 충사(忠祠)에 배향되었다]. 김취려의 13세손 김천일(金千鎰)[유일(遺逸)로서 벼슬이 판결사(判決事)·창의사(倡義使)였으며, 시호는 문열공(文烈公)이다. 서원에 배향되

---

54) 문중에 따르면, 일곱째 아들임.

었다]. 김응회(金應會)[벼슬이 귀후서 별좌(歸厚署別坐)였으며, 향사에 배향되었다]. 김준(金浚)[무과 출신으로 벼슬이 안주 목사(安州牧使)였으며, 시호는 장무공(壯武公)이다. 충사(忠祠)에 배향되었다.] 김천일의 아들 김상건(金象乾)[벼슬이 사포서 별좌(司圃署別坐)였으며, 충사(忠祠)에 배향되었다]. 김취려의 16세손 김중만(金重萬)[공신으로서 언성군(彦城君)에 봉해졌다].

4. 『증보문헌비고』 제58권, 예고 5/종묘 4/ 공신 배향/ 고려

【원문】

高麗

…… 高宗室 平章事文正公趙沖 侍中李杭 侍中威烈公**金就礪** ……

【번역문】

　고려(高麗)

　…… 고종실(高宗室)에는 평장사(平章事) 문정공(文正公) 조충(趙沖)·시중(侍中) 이항(李杭)·시중(侍中) 위열공(威烈公) 김취려(金就礪)이고, ……

5. 『증보문헌비고』 제64권, 예고 11/제묘/ 숭의전/ 본조

【원문】

本朝

…… 補 麻田郡故事云 公州地 有高麗顯宗遠孫王牛知 變姓名 爲齊民與

隣民 爭畔而告之 王特命 釋褐進三品 賜名循禮 命以高麗功臣卜智謙
洪儒 申崇謙 庾黔弼 裵玄慶 徐熙 姜邯贊 尹瓘 金富軾 **金就礪** 趙冲
金方慶 安祐 李芳實 金得培 鄭夢周 配享于崇義殿庭
世祖十二年 上御康寧殿 崇義殿副使王循禮入侍 賜御饌 ……

【번역문】

조선(朝鮮)

…… 보(補) : 마전군(麻田郡) 고사(故事)에 이르기를, "공주 땅에 고려 현종의 먼 후손 왕우지(王牛知)가 성명을 변경시켜 제민(齊民)이라고 하는 이가 있었는데, 이웃 사람과 밭이랑을 다투다가 고발되었는데 임금이 특별히 명하여 벼슬을 주어 3품에 올리고 이름을 '순례'라고 내려 주었다." 하였다.

명하여 고려 공신(功臣) 복지겸(卜智謙)·홍유(洪儒)·신숭겸(申崇謙)·유금필(庾黔弼)·배현경(裵玄慶)·서희(徐熙)·강감찬(姜邯贊)·윤관(尹瓘)·김부식(金富軾)·김취려(金就礪)·조충(趙冲)·김방경(金方慶)·안우(安祐)·이방실(李芳實)·김득배(金得培)·정몽주(鄭夢周)를 숭의전정(崇義殿庭)에 배향(配享)하게 하였다.

세조 12년(1466)에 임금이 강녕전(康寧殿)에 나아갔는데, 숭의전 부사(副使) 왕순례(王循禮)가 입시(入侍)하였더니 어찬(御饌)을 내려 주었다. ……

6. 『증보문헌비고』 제241권, 직관고 28/시호 3/ 역대 명신 시호 2/ 위열

【원문】

威烈 高麗 太尉韓蘭 侍中**金就礪** 本朝 贊成高荊山

【번역문】

위열(威烈) 고려 태위(太尉) 한난(韓蘭), 시중 김취려(金就礪), 조선 찬성 고형산(高荊山)

초등본국략사(初等本國略史)[55]

1. 『초등본국략사』 제23, 김취려의 공덕

【원문】

　金就礪는 高麗高宗쩨사람이니 사람됨이 儉素ᄒ고 正直ᄒ며 平生에 忠義로써 自期ᄒ더니 紀元前一百七十五年에 契丹의 軍士를 西方에막을새 後軍將이되야 連ᄒ야 싸호아大破ᄒ매 邊方이힘입어 平安ᄒ지라 모든고을百姓들이 술을잔질ᄒ고 셔로賀禮ᄒ야갈오대 金將軍이 後軍將으로써 압서나아가 盜賊을물니처 우리를保護ᄒ야 安靖케ᄒ니 그功德을 갑흘길이업는지라 이슐로써 壽를빈다ᄒ더라

　金就礪가 軍士씀에 紀律이嚴明ᄒ야 到處에 秋毫도犯치아니ᄒ고 敵陣을對ᄒ매 神騎ᄒ計策이만ᄒ야 能히大功을니루되 自矜ᄒ는일이업심으로 쩨사람이 그忠正흠을일컷더라

【번역문】

　김취려는 고려 고종 때 사람이다. 사람됨이 검소하고 정직하며 평생을 충의로써 스스로를 지키더니 기원전 175년에 거란의 군사를 서쪽으로 막을 때에 후군장이 되어 연이어 싸워 크게 쳐부수어 변방이 힘입어

---

55) 이 교과서는 1909년 흥사단(興師團) 편으로 단군에서 조선 순종 3년(1909)까지의 역사를 다룬 개설서이다. 교과서의 저자는 1908년 경상도지역의 교육진흥을 위해 조직된 애국계몽운동단체인 교남교육회(嶠南敎育會)의 발기인인 박정동(朴晶東)으로 알려져 있다.

평안해졌다. 모든 고을 백성들이 술을 잔에 따라 돌리고 서로 하례하여 말하기를, "김 장군이 후군장으로서 앞서 나아가 도적을 물리치고 우리를 보호하여 나라를 편안하게 다스리니 그 공덕을 갚을 길이 없습니다. 이 술로써 축수(祝壽)합니다." 하였다. 김취려가 군사를 지휘함에 기율이 엄하고 명백하여 도처에 털끝만큼도 범치 아니하고 적진을 대하기를 신묘하고 기이한 계책이 많아 능히 큰 공적을 이루었으나, 자랑하는 일이 없음으로서 사람들이 그 충정을 말하였다.

동국속수잠헌보감(東國續修簪獻寶鑑)[56]

1. 『동국속수잠헌보감』 권1, 조충

【원문】

趙冲

橫城人 平章事永仁子風姿魁偉外兒莊和 出將入相朝野倚重圭稜不露世
人以寬厚長者稱之 及掌大兵決大事不滯然後知磊落不凡 高宗五年丹兵
自堤川敗還後援兵於女眞 入保江東城 冲與**金就礪**會合蒙及東女眞兵圍
江東平丹寇 斬王子眷屬及承相平章以下百餘人 東女眞元帥完顔子淵敬
重其爲人曰 趙元帥非常人也 高麗此人天之所眖也 及爲宰相東率皐開獨
樂園公餘招引賢士大夫琴酒自娛至是卒年五十 文正公子叔昌以大將軍
與蒙兵講和

---

56) 단군조선부터 조선 말기에 이르기까지 우리나라 역사의 개요와 각 시대별로
배출된 인물의 약력을 비롯해 각 성씨(姓氏)의 세보(世譜) 등을 체계적으로
정리, 편집한 책으로, 12권 12책이다. 이 책은 1914년에 송병유(宋秉游)·이병
두(李秉斗) 등을 포함한 기호·호남 지방의 유생 들이 간행한『조선잠헌보감
(朝鮮簪獻寶鑑)』에 수록된 내용 가운데 각 관청의 실무 및 구성원 등을
밝힌 '조선관제' 부분이 빠지고, 각 시대별로 일어난 중요 사건에 대해
잡저·보유(補遺)의 형태로 분석에 치중해 서술한 역사 기록이 추가된 점을
제외하고는 체재에서 차이는 거의 없으나, 규모면에서 두 배 가량 많은
인물을 수록하고 있다. 일설에 의하면 1916년에 이석(李褯)·김형규(金衡逵)
등이 편집, 간행한 것으로 전해지나 분명하지 않다.

【번역문】

(조충은) 횡성 사람으로 평장사 조영인의 아들이다. 조충은 체격이 우람하여 보기에는 장중하여 위엄이 있으나 내심이 너그러웠다. 그는 장수로서 출정하고 재상으로 조정에 들어왔는데 조정에서나 지방에서나 모두 그를 소중히 여겼다. 그는 평시 일을 처리할 때에는 별로 모지게 처리하거나 싫어하는 일은 아니었으므로 관후하고 활달한 장자(長者)로만 알고 있었다. 그러나 그의 일단 대군을 지휘할 때나 중대 사건을 해결하는 것을 본 연후에 세상 사람들은 비로소 그가 비범한 거인임을 알았다. 고종 5년에 거란병이 제천에서 패한 뒤 돌아와 여진의 구원병과 함께 강동성에 입보하자, 조충과 <u>김취려</u>가 몽고병과 동여진병과 회합하여 강동성을 포위하고 거란적을 평정하였다. 왕자의 권속들과 승상, 평장사 이하 1백여 인의 목을 베었다. 동여진의 원수 완안자연은 조충의 사람됨을 중히 여겨 말하기를, "조원수는 평범한 사람이 아니다. 고려의 이 사람은 하늘이 내린 사람이다."라고 하였다. 재상이 된 후 동고(東皐)에 독락원(獨樂園)을 꾸리고 공사(公事)에 여가가 있을 때마다 어진 선비와 유능한 관원들을 초청하여 놀았으며 거문고와 술로써 스스로 즐기는 생활을 하였다. 50세에 이르러 죽었다. 문정공의 아들 조숙창은 대장군으로 몽고병과 강화를 맺었다.

2. 『동국속수잠헌보감』 권1, 김취려

【원문】

金就礪

彦陽人 性節儉正直忠義自守指軍嚴整 有酒與士卒最下者同飲 臨陣除敵

多出奇計以成大功 及丹兵之入江東也 會合東女眞及蒙兵圍江東蒙入兇
悍行陣師法孫吳詗察虛實 遣刑官金仁鏡 助糧千石 蒙將哈眞大喜及見我
軍容整齊○歎不已 又見就麗狀貌魁偉身長九尺美鬚髯 又聽言論大奇之
結兄弟曰 我征伐六國多見貴人未有如兄者禮遇甚厚焉

【번역문】

　(김취려는) 언양 사람으로 성격이 절약, 검소하고 정직하며, 충의로서
스스로 지켰다. 군사를 지휘할 때는 엄정하게 다스렸으며, 술이 생기면
말단 사졸과도 함께 나누어 마셨다. 전쟁에 나아가 적을 제압할 때는
신기한 계략을 많이 내놓아 큰 공을 이루었다. 거란병과의 강동성 전투
때에는 동여진과 몽고병과 함께 강동성을 포위하였다. 몽고병은 손자병
법에 의거해 진을 편성하고 허실을 엿보며 살피고 있었다. 형관(刑官)
김인경(金仁鏡)을 보내 군량(軍糧) 1천 석을 원조하였다. 몽고장수 합진
(哈眞)이 크게 기뻐하고 우리 군대의 위용이 정제되어 더 이상 탄식거리
가 없을 것을 보았다. 또 생김새가 위대하고 신장이 9척(6척의 오기)에
수염이 아름다운 것을 보고 또 그의 말을 듣고 크게 기이한 인물로
여겨 형제를 맺고 말하기를, "내가 여섯 나라를 정벌하면서 귀인들을
많이 보았지만 형과 같은 사람은 없었다." 하고, 예우를 더욱 극진히
하였다.

여한십가문초(麗韓十家文秒)[57]

『여한십가문초』권2, 고려 익재(益齋) 이제현(李齊賢)

【원문】

上征東省書

…… 又念小邦始祖王氏. 開國海隅四百二十六年. 子孫相繼二十八世. 歷宋遼金通使往來. 羈縻而已. 及我太祖聖武皇帝龍興之際. 有金山王子者驅掠中原之民. 圖復亡遼之業. 勢窮東走. 陸梁島嶼. 太祖命哈眞扎剌兩將 帥師討罪. 天寒雪深. 餉道不繼. 我忠憲王遣趙冲**金就礪**等助兵與糧. 一擧破賊. 於是兩國同盟. 萬世子孫. 無忘今日. 因分所虜生口爲信. 今小邦有契丹塲是也. ……

【번역문】

　정동성(征東省)에 올리는 글

　…… 또 생각건대 우리나라 시조 왕씨가 바다 귀퉁이에서 개국(開國)한 지가 426년이고, 자손들이 서로 이어 28대를 내려오는 동안 송(宋)나라·요(遼)나라·금(金)나라와 사신을 통하여 왕래하며 견제할 뿐이었습니다. 그런데 우리의 태조 성무황제(太聖武皇帝)가 왕업을 일으킬 무렵

---

57) 조선 말기 김택영(金澤榮)이 편찬한 고문선집(古文選集)으로 신활자본으로 편자가 망명해 있던 중국의 한묵림서국(翰墨林書局)에서 1921년 간행되었다. 고려와 조선의 대표적인 고문가 9인과 편자인 김택영까지 모두 10인의 대표적인 문장을 문체별로 한두 편씩 선하여 엮은 책이다.

에 이르러, 금산 왕자(金山王子)란 자가 중원 백성들을 몰아 약탈하면서 망한 요나라의 왕업을 회복하기를 도모하다가 형세가 궁해지자 동쪽으로 달아나 섬 지방에서 난동을 부렸습니다. 그래서 원나라 태조께서 합진(哈眞)과 찰라(札喇) 두 장수에게 명하시어 군사를 거느리고 가서 죄를 토벌하게 하셨습니다. 날씨는 춥고 눈이 많이 내렸으며 거기에다 군량미마저 끊겼을 때, 우리 충헌왕(忠憲王)이 조충(趙冲)·김취려(金就礪) 등을 보내어 군사와 양식을 보태 주어 일거에 적을 격파하였습니다. 이에 두 나라가 동맹을 맺고 만세의 자손들은 오늘을 잊어버리지 말자 하였습니다. 이어 생포한 포로를 나눠 주어 증거를 삼았는데, 지금 우리나라에 거란장(契丹場)이 있는 것이 바로 이것입니다. ……

부 록

1. 『牧隱文藁』卷之十二, 讚

贈侍中鄭公畫像讚 并序

守門下侍中廣平府院君李公在壬寅歲. 嘗與諸將. 克復京城. …… 辛丑之
南徙于福也. 君臣北顧之思. 復何言哉. 鄭公慨然請行. 旬月間. 宗社復安.
豈偶然哉. 在昔顯廟時. 姜侍中邯贊. 庚戌. 請南幸. 戊午. 禦敵北鄙. 其功
烈卓然矣. 近世金山金氏之侵疆也. 趙冲, **金就礪**之功大矣. 己亥毛賊之
犯西京也. 摠兵李承慶之功大矣. ……

2. 『訥齋集』卷之二, 南原梁誠之著 奏議

武成立廟. 盖文武之道. 如天經地緯. 不可偏廢. 唐肅宗. 尊太公爲武成王.
立廟享祀. 與文宣王比. 後以歷代良將六十四人配享. 吾東方先聖之祀.
上自國學. 下至州郡. 而武成王無祠宇. 只祭纛神四位. 豈非闕典歟. 今訓
鍊觀. 卽宋朝武學也. 乞倂纛所于訓鍊觀而立武成廟. 祭禮配食. 略依文
廟制度. 又以新羅之金庾信. 高句麗之乙支文德. 高麗之庾黔弼, 姜邯贊,
楊規, 尹瓘, 趙冲, **金就礪**, 金慶孫, 朴犀, 金方慶, 安祐, 金得培, 李芳實,
崔瑩, 鄭地. 本朝之河敬復, 崔潤德配享. ……

3. 『湖陰雜稿』卷之七, 碑誌

有明朝鮮國通訓大夫三和縣令金君墓碣銘 幷序

高麗侍中**金就礪**. 系出彦陽. 以武功大顯于世. 其後至諱素. 仕至黃海道
觀察使. 諱仲. ……

4. 『雪月堂先生文集』卷之三, 書

答金方伯子昂睟

…… 至如高麗**金就礪**礪. 亦一時之名將也. 與行伍中最下者. 用一巵飮
酒. 以故得其死力而勝敵焉. 今之受任者. 亦賞罰分明. 恩澤流布. 則麾下
之士. 亦必有親上死長之志矣. ……

5. 『拙翁集』卷之九, 慕遠錄

皇考通政大夫. 守黃海道觀察使兼兵馬水軍節度使. 贈純忠積德補祚功
臣, 大匡輔國崇祿大夫, 議政府領議政兼領經筵觀象監春秋館事, 南寧府
院君洪公行狀

先君諱某. 字某. 南陽之洪. 遠有序. 有諱悅. 佐麗太祖. 策勳經濟. 爲太師.
…… 寔生皇考. 曰係貞. 藝文館待敎. 贈資憲吏曹判書. 妣貞夫人彦陽金
氏. 麗朝名相**金就礪**之後. 同福縣監期壽之女. 當弘治丁巳十一月六日而
生公. ……

6. 『蒼石先生文集』卷之六, 疏

論和議選將足食恤民疏

…… 高麗初. 用尹瓘破女眞. 用**金就礪**, 趙冲破丹兵. 用朴犀, 金慶孫却蒙兵. 其後奸臣崔瑀以兵自衛. 而出老弱守城. 遂至國勢不支. ……

7. 『蒼石先生文集』卷之十七, 行狀

先考贈通政大夫承政院左承旨兼經筵參贊官府君行狀

先公歿今數紀. 不肖薄祐. 旣不以微祿逮在堂時. 又無剞劂以銘潛德. 將恐歲月愈久. 終於泯泯. 痛心泣血. 無以自立. 竊念撰述遺事. 賁諸荒隧. 於契家分誼. 實有所不可已者. 敢撫世係志行大槪. 謹稽顙再拜以請. 先公諱守仁. 字春卿. 姓李氏. 興陽人. 高麗朝有諱陽升. 從**金就礪**禦契丹于渭州. 力戰死之. 歷三世至興陽君諱言. 生門下贊成事諱舒原. 贊成生諱垠. ……

8. 『蒼石先生續集』卷之八, 墓表

王父墓表

王父諱某. 字季獻. 姓李氏. 籍興陽. 遠祖諱彦林. 在高麗中葉. 由貢生中生員. 其後有諱陽升. 隷**金就礪**部下. 禦契丹于渭州. 力戰死之. 封植之久. 旣蕃且秀. 歷三世至諱舒原. 仕麗季. 位至門下贊成事. 實於王父五世祖也. ……

9. 『蒼石先生續集』卷之八, 墓表

道藏阡表

先公歿今數紀. 不肖薄祐. 旣不以微祿逮在堂時. 又無剞劂以銘潛德. 將

614

恐歲月愈久. 終於泯泯. 痛心泣血. 無以自立. 竊念撰述遺事. 賁諸荒隧.
於契家分誼. 實有所不可已者. 敢摭世系志行大槩. 謹稽顙再拜以請. 先
公諱某字某. 姓李氏. 興陽人. 高麗朝有諱陽升. 從**金就礪**禦契丹于渭州.
力戰死之. ……

10. 『玄谷集』卷之十二

策 一首[鼎革宿弊日新萬化 幷題]

…… 康宗値蒙古之亂. 而**金就礪**, 趙冲之輩. 雖能擊却. 而卒爲崔瑀之脅
迫. 避縮江都. 吁其惜哉. ……

11. 『澤堂先生別集』卷之十二, 傳 記事付

金防禦使傳

金防禦使浚. 字澄彦. 彦陽人. 高麗名將威烈公**金就礪**十四代孫. 世有官
閥. ……

12. 『記言』卷之四十五, 外家墓文遺事

林虞候誌石文

…… 公諱枰. 字均甫. 明睿皇帝天順六年我惠莊王八年壬午公生. ……
娶黔陽金氏. 高麗名臣**金就礪**之後. 而司醞署副直長沃之女. 亦以善行.
爲家有法. ……

13. 『水村文集』卷之五, 疏箚

箚記

…… 是以歷觀前史. 大功多出儒將. 以我東言之. 自三國以來. 表表成大功者. 不過徐熙, 姜邯贊, 尹瓘, **金就礪**, 朴犀, 金慶孫, 金方慶, 安祐, 李芳實, 金得培. 而此皆文士也. ……

14. 『密菴先生文集』卷之十一, 雜著

錦水記聞

早晚敗虜歸騎. 飮馬江漬. 則安知收國, 沙劉之變. 不發於今日. 而何處得徐熙, 姜邯贊, 趙冲, **金就礪**, 朴犀, 金慶孫, 安祐, 李芳實諸人來邪. 杞人憂天. 眞所謂非愚則妄也. ……

15. 『小山先生文集』卷之十一, 墓碣銘

李忠彦墓碣銘 幷序

…… 君諱國培. 忠彦其字. 興陽人也. …… 上祖陽升. 高麗時隷上將**金就礪**麾下. 遇契丹力戰死之. ……

16. 『立齋先生文集』卷之四十七, 行狀

興陽李君行錄

君名國培字忠彦姓李氏. 其先興陽人也. 高麗初有諱彦林. 始擧生員. 至孫諱陽升. 以上將**金就礪**麾下將. 禦契丹兵于渭州. 力戰死. 自後入本朝. 代有名位. 爲國著姓. 至月澗先生諱埰. 與弟蒼石先生諱埈. 俱事西厓柳

先生. 得聞陶山之緒. 舉遺逸官至縣監. 於君爲七世祖 ……

17. 『靑莊館全書』卷之二十二，完山李德懋懋官著男光葵
　　　奉杲編輯德水李畹秀蕙隣校訂 編書雜稿[二]

宋史筌高麗列傳

…… (康宗)子㬚立. 㬚字大明. 母元德王后. 宗室珹女. 從外姓柳氏. 九年. 契丹金山，金始等來侵. 遣**金就礪**等禦之. ……

18. 『松沙先生文集』卷之四十四，行狀

梧軒李公行狀

公諱廷賓字子寬. 梧軒其自號也. 李氏其先興陽人. 上世有諱陽升仕高麗. 從**金就礪**. 討契丹於渭州. 力戰而殞. 事載麗史. ……

19. 『韶濩堂文集定本』卷四，詩文集總名曰合刊韶濩堂集
　　　○花開金澤榮于霖著 記

觀德亭重修記 戊子

…… 澤榮踊然曰. 夫此山者. 非李文順公所謂負鵠嶺腋龍岫. 扼四方之會. 據神京之中者乎. 是其形勢之雄拔. 風氣之固密. 龍騰虎躍. 雲蒸霧蔚. 實爲孕英招傑之地. 故其人之以武用者在高麗. 有如姜邯賛，**金就礪**，金方慶，崔瑩，李芳實之倫. 或破契丹. 或平耽羅. 或殲紅巾賊. 如拉枯朽. 動不下十數萬兵. 悍將健卒. 大劍强弩. 號爲天下之勁. ……

20. 『韶濩堂集』續卷二, 序

新高麗史序　癸亥

……

附說

世之論鄭氏高麗史者. 必先病其辛王一案之非. 然辛王之案. 當時撰史者
之情勢. 所不得不然者. 固不必深責. 況於鄭夢周氏, 金震陽氏二公之傳.
極口讚揚. 其一段苦心. 隱然破辛王之案者乎. 惟鄭氏與編輯官權尹諸人.
未有作者之名. 如前之金富軾氏, 後之徐居正氏. 故其記事之法. 大不及
三國史及東國通鑑. 盖其名臣列傳. 出於碑誌鍛鍊之作. 故頗多佳者. 而
其外之諸傳不然矣. 至於本紀. 蕪拙太甚. 不成其章. 豈其取高麗史局所
在日記謄錄之類. 卽付于刊. 而都不加剪裁陶鎔歟. 又其疎闊謬悞之病.
全部皆然. 以本紀言之. 如高宗三年契丹之難. 但書小捷而不書**金就礪**之
大捷. ……

21. 『西厓先生文集』卷之七, 啓辭

嚮導天將啓六月

　…… 自古請中原兵力討賊者. 非止一二. 舊事俱在高麗. 江東之役. 趙冲,
金就礪爲之嚮導. 珍島之役. 金方慶爲之嚮導. 今雖不得如此人者爲之.
豈可使卑微一堡官. 立於天兵之前而爲莫大之任乎. ……

김취려(金就礪) 연보(1172~1234)

명종 2년(1172)

공이 이 해에 탄생했다. 성은 김씨(金氏)이고, 이름은 취려(就呂 初名 : 就礪)이며, 언양현(彦陽縣) 사람이다. 조부 언량(彦良)은 금오위 섭낭장(金吾衛攝郎將)이고, 아버지 부(富)는 예부시랑(禮部侍郎), 금오위 대장군(金吾衛大將軍)을 지냈다. 어머니 대부인 주씨(大夫人 朱氏)는 검교장군 행낭장(檢校將軍 行郎將) 세명(世明)의 딸이다.

고종 3년(1216)

8월 거란이 몽고의 공격을 받아 압록강을 건너 고려의 북방 지역으로 밀려오자, 대장군으로서 후군병마사가 되어 조양진(朝陽鎭) 등에서 거란군을 물리치다.

9월 연주(延州)에서 거란군과 싸울 때 장군 기존정(奇存靖)과 함께 앞장서서 적군의 포위를 돌파하여 큰 승리를 거두다. 이어서 묵장(墨匠)의 들판에서 문비(文備)와 함께 거란군과 3번 싸워 3번 모두 이겼으나 맏아들이 전사하다.

고종 4년(1217)

5월 거란이 동주(東州)를 함락하자, 금오위 상장군(金吾衛上將軍)으로 전군병마사에 임명되어 거란 군사를 쫓아내다.

620

고종 4년(1217)

7월　최원세(崔元世)와 함께 충주(忠州), 원주(原州) 사이로 거란군을 추격하다가 맥곡(麥谷)에서 교전하였으며, 박달현(朴達峴)까지 추격하여 크게 격파하다.

9월　거란병이 의주(義州), 정주(靜州), 인주(麟州)와 영덕성(寧德城)에 침입하자, 전군병마사로 흥원진(興元鎭)에 옮겨 주둔하다.

10월　회군하다가 예주(豫州) 생천(桂川)에서 적을 만나 교전하다. 갑자기 병이 나자 왕명을 받고 서울로 돌아와 병을 치료하다.

고종 5년(1218)

7월　거란이 또다시 침입하므로 병마사가 되어 서북면원수 조충(趙沖)과 함께 적을 강동성(江東城)으로 쫓아내고, 몽고군, 동진국과 힘을 합쳐 강동성을 공격하다.

고종 6년(1219)

정월　조충(趙沖), 합진(哈眞), 완안자연(完顔子淵) 등과 군사를 합하여 강동성을 함락시키다.

10월　의주별장 한순(韓恂)과 낭장 다지(多智) 등이 반란을 일으키자, 우군(右軍)을 통솔하여 반란 진압에 파견되다.

고종 7년(1220)

2월　중군병마사 이극서(李克偦)가 소환되자, 추밀원부사로 승진하여 중군병마사를 대신하다.

4월　영원(寧遠) 산 중에 숨어있던 거란의 잔병을 격파하여 북경(北境)

을 편안하게 하다.

고종 8년(1221)

12월 추밀원사(樞密院事) 병부상서(兵部尙書) 판삼사사(判三司事)에
     임명되다.

고종 9년(1222)

12월 참지정사(參知政事) 판호부사(判戶部事)에 임명되다.

고종 14년(1227)

정월 태자부(太子府)가 설치되자, 문하시중 이연수(李延壽)와 함께 참
     지정사로서 책문과 인장을 전달하다.

고종 15년(1228)

12월 수태위(守太尉) 중서시랑 평장사(中書侍郎平章事) 판병부사(判
     兵部事)에 임명되다.

고종 19년(1232)

정월 몽고 군사가 귀환하자 회안공(淮安公) 왕정(王侹), 대장군 기윤숙
     (奇允肅) 등과 함께 재상으로서 그들을 위로하여 보내다.

고종 21년(1234)

5월   시중으로서 죽다.
     고종 묘정(高宗廟庭)에 배향되었으며, 시호는 위열(威烈)이다.

찾아보기

논문 발표
박한남 국사편찬위원회 편사연구관
김용선 한림대학교 사학과 교수
신안식 숙명여자대학교 연구교수
김호동 영남대학교 독도연구소 연구교수
윤용혁 공주대학교 역사교육과 교수

자료 정리
홍영의 숙명여자대학교 연구교수
전경숙 숙명여자대학교 연구교수
이정기 숙명여자대학교 박사 수료
이지선 숙명여자대학교 박사과정

한국중세사학회 연구총서 3

13세기 고려와 김취려의 활약

한국중세사학회 편

2011년 12월 30일   초판 1쇄 발행

펴낸이 · 오일주
펴낸곳 · 도서출판 혜안
등록번호 · 제22-471호
등록일자 · 1993년 7월 30일

☑ 121-836 서울시 마포구 서교동 326-26번지 102호
전화 · 3141-3711~2 / 팩시밀리 · 3141-3710
E-Mail hyeanpub@hanmail.net

ISBN 978-89-8494-439-8 93910

값 40,000 원